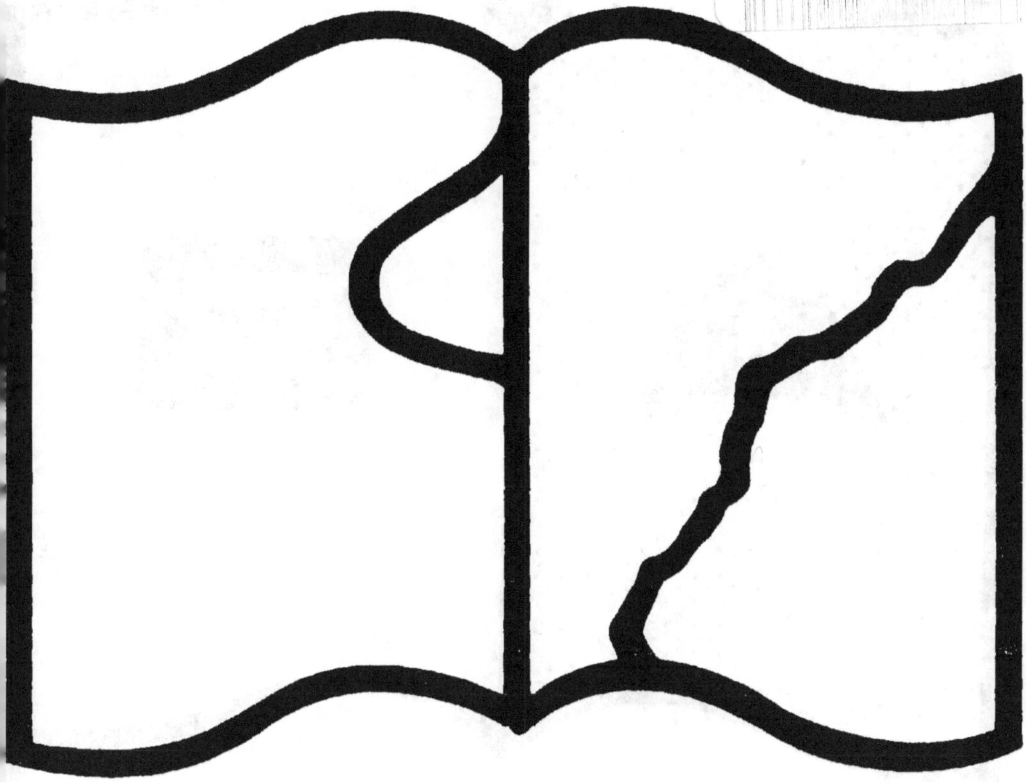

Texte détérioré — reliure défectueuse

**NF Z 43**-120-11

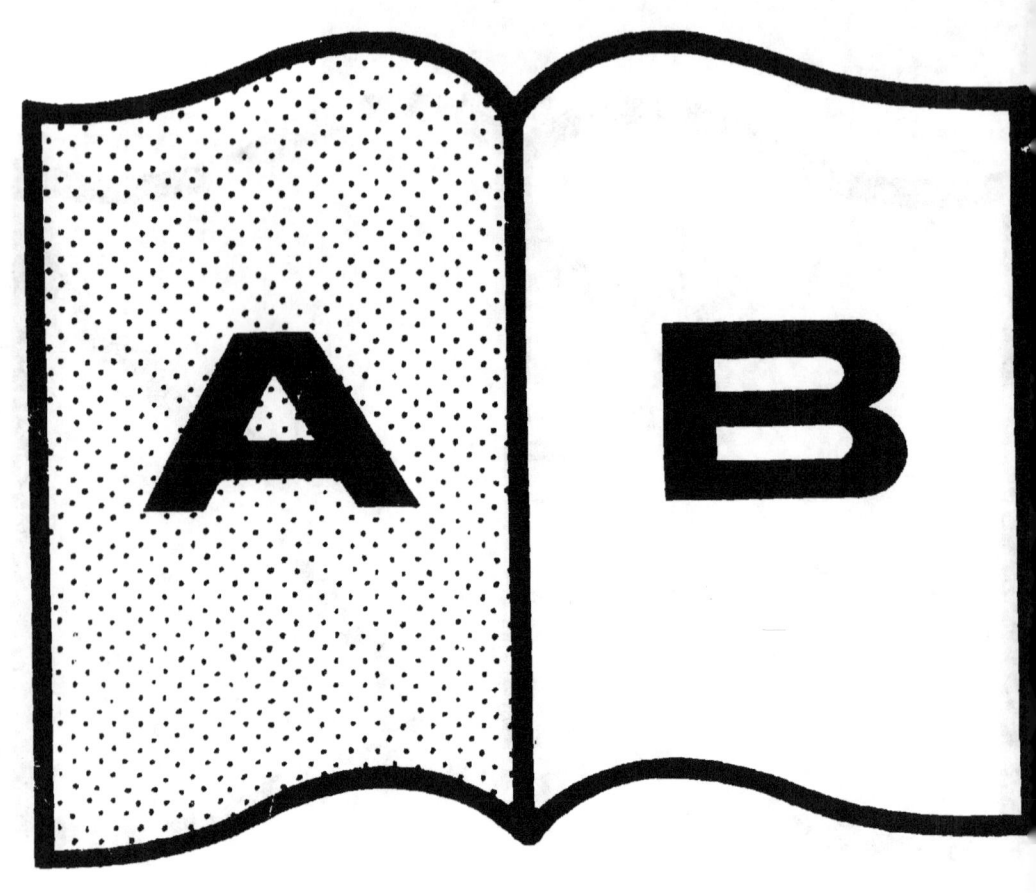

Contraste insuffisant

**NF Z 43**-120-14

# La Science du Blason

ACCOMPAGNÉE D'UN

## ARMORIAL GÉNÉRAL
### des Familles Nobles de l'Europe

PUBLIÉE PAR

**M. LE VICOMTE DE MAGNY**

Directeur de l'Institut Héraldique

PREMIÈRE PARTIE

## Paris

A L'INSTITVT HERALDIQVE RVE S! ANNE, N° 48
et
CHEZ AVG. AVBRY LIBRAIRE RVE DAVPHINE

MDCCCLVIII

Manquent pages : 69-170

# LA
# Science du Blason

# La Science du Blason

ACCOMPAGNÉE D'UN

## ARMORIAL GÉNÉRAL

### des Familles Nobles de l'Europe

PUBLIÉE PAR

## M. LE VICOMTE DE MAGNY,

CAMÉRIER D'HONNEUR DE S. S. LE PAPE PIE IX,
CHEVALIER DE JUSTICE DE L'ORDRE CONSTANTINIEN DE NAPLES, CHEVALIER DES ORDRES
DE LA CONCEPTION DE VILLA-VIÇOSA DE PORTUGAL, DU SAUVEUR DE GRÈCE,
DE SAINT-JEAN DE JÉRUSALEM (MALTE),
MEMBRE DE PLUSIEURS SOCIÉTÉS SAVANTES, DIRECTEUR
DE L'INSTITUT HÉRALDIQUE.

### PARIS

A L'INSTITVT HÉRALDIQVE, RVE S.<sup>te</sup> ANNE, N.º 48,
ET
CHEZ AVG. AVBRY LIBRAIRE

## M·DCCCLVIII

# TABLE
### DES
## ARMOIRIES GRAVÉES
#### DANS LA PREMIÈRE PARTIE.

**Nota.** Cette Table est provisoire ; elle sera remplacée par la Table générale qui sera donnée à la fin de la troisième partie. Les numéros mis à côté des noms sont les numéros d'ordre sous lesquels sont classées les Armoiries gravées.

| Nom | N° | Nom | N° | Nom | N° |
|---|---|---|---|---|---|
| Abbadie (d') | 1 | Barry de Merval (du) | 169 | Boceret (de) | 182 |
| Abric de Fenouillet | 10 | Basire (de) | 170 | Bodard de la Jacopière (de) | 38 |
| Acbard | 118 | Bassecourt (de) | 27 | Bogaerde (van den) | 216 |
| Acquet de Férolles | 119 | Bastard (de) | 191 | Bois de la Villerabel (du) | 30 |
| Agoult (d') | 121 | Bastide (de la) | 90 | Boisseau de la Galernerie | 31 |
| Ajasson de Grandsagne | 18 | Bastier de Bez (le) | 181 | Boistard de Prémagny et de |  |
| Alès (d') | 95 | Baudier | 199 | Glanville | 32 |
| Alexandre de Rouzat (de) | 96 | Baudot (de) | 192 | Bombelles (de) | 220 |
| Alfaro (d') | 5 | Bauffremont (de) | 17 | Bonabry (de) | 277 |
| Alsace (d') | 98 | Baulny (de) | 350 | Bonadona (de) | 33 |
| Alvimare (d') | 99 | Beaucorps - Créquy (de) | 14 | Bonafous (de) | 209 |
| Amazy (d') | 194 | Beaufort (de) | 316 | Bonamy | 217 |
| Ambly (d') | 355 | Beaujeu (de) | 19 | Bonar (de) | 218 |
| Amiot | 4 | Beaujeu-Jauge (de) | 20 | Bonfils-Lapeyrouse (de) | 35 |
| Angelis (d') | 6 | Beaulieu (de) | 173 | Bonnamy (de) | 34 |
| Angerville d'Auvrecher (d') | 9 | Beaulieu (de) | 197 | Bonneau (de) | 36 |
| Anglade (de l') | 24 | Beaumont (de) | 200 | Bonneau de Lestang (de) | 37 |
| Arblade de Pardaillan - Gondrin (d') | 8 | Beauregard (de) | 135 | Bonnefont (de) | 219 |
|  |  | Beaurepaire (de) | 291 | Bonnegarde (de) | 130 |
| Arcambal (d') | 7 | Beaussier (le) | 21 | Bonnieu de la Rivaudière | 39 |
| Arcy ou Darcy (d') | 16 | Bellœuvre de Charbou | 198 | Borde (de) | 124 |
| Arenberg (d') | 11 | Bellier du Charmeil | 22 | Borghèse | 222 |
| Argenson (d') | 305 | Bellisle (de) | 139 | Bosanquet (de) | 223 |
| Armissan (de) | 62 | Benery (de) | 291 | Botherel de la Bretonnière | 231 |
| Armynot du Châtelet | 141 | Beneyton (alias Bénéton) | 195 | Bouchareinc de Chaumeils |  |
| Arnauld (d') | 12 | Bentzmann (de) | 23 | de la Coste (de) | 232 |
| Arnoult de Berry (d') | 144 | Bérard de Montalet - Alais |  | Bouczo de Kercaradec | 239 |
| Arras (d') | 122 | (de) | 196 | Bouez d'Amazy (de) | 194 |
| Assailly (d') | 2 | Berluc de Perussis (de) | 163 | Bourdin de Montréal | 40 |
| Assier (d') | 3 | Bernard de Calonne | 203 | Bourgeois du Marais | 29 |
| Auberjon de Murinais | 373 | Bernard de Lauzière (de) | 204 | Bouyn (de) | 235 |
| Audiffret (d') | 142 | Bernard de la Vernette | 205 | Bragelongne (de) | 375 |
| Augicour (d') | 322 | Berthelin | 25 | Brancas (de) | 41 |
| Augustin (d') | 15 | Berthus de l'Anglade | 24 | Bras-de-Fer (de) | 42 |
| Aureilhan (d') | 131 | Bessas de la Mégie (de) | 202 | Brassier de Saint-Simon (de) | 251 |
| Auvrecher (d') | 9 | Béthune (de) | 13 | Brauer (de) | 43 |
| Aviau de Piolant (d') | 145 | Bez (de) | 181 | Breda-Wassenaer (de) | 44 |
|  |  | Bézieux (de) | 206 | Breil de Rays et de Pontbriant (du) | 45 |
| Bacot de Romant | 164 | Biancourt (de) | 26 |  |  |
| Baizieux (de) | 28 | Bigault de Casanove (de) | 361 | Brenas (de) | 46 |
| Balestrier (de) | 165 | Billy (de) | 280 | Bretonnière (de la) | 231 |
| Balmondière (de la) | 175 | Blacas (de) | 207 | Breuil (du) | 243 |
| Bar (de) | 167 | Blanc | | Breuilly (de) | 240 |
| Barbentane (de) | 137 | Blanc de Châteauvillard (le) | 212 | Bridien (de) | 47 |
| Barral d'Arène (de) | 379 | Blanchetti (de) | 224 | Briey (de) | 242 |
| Barrault (de) | 168 | Blondin de Baizieux | 28 | Briolle ou Briolles (de) | 177 |
| Barre (de la) | 180 | Blondel | 206 | Brives de Peyrusse (de) | 48 |

## TABLE DES ARMOIRIES GRAVÉES DANS LA PREMIÈRE PARTIE.

| Nom | Page |
|---|---|
| Brousse (de la) | 57 |
| Brousse de Verteillac (de la) | 253 |
| Bruno (de) | 263 |
| Bruslé | 254 |
| Bue (de) | 255 |
| Burguet | 49 |
| By (de) | 227 |
| Cabot de Dampmartin | 259 |
| Cabot de la Fare | 264 |
| Calonne (de) | 203 |
| Cambier de Buhat | 256 |
| Candolle (de) | 257 |
| Carcado-Molac (de) | 151 |
| Cardinal de Cuzey | 258 |
| Cardon de Sandrans (de) | 260 |
| Carmentrand (de) | 360 |
| Carpentier de Changy | 262 |
| Carrière (de) | 50 |
| Cars (des) | 354 |
| Cartier de la Malmaison | 51 |
| Carvoisin d'Harmancourt | 52 |
| Castries (de) | 287 |
| Caulaincourt (de) | 327 |
| Caussia de Mauvoisin (de) | 234 |
| Caze (de) | 233 |
| Celle de Chateaubourg (de la) | 53 |
| Chaban (de) | 263 |
| Chabannes (de) | 264 |
| Chabron (de) | 378 |
| Challet ou Chellet | 362 |
| Chamblay (de) | 84 |
| Chamillart de la Suze (de) | 265 |
| Champeron (de) | 282 |
| Champvallins (de) | 308 |
| Chanoleilles (de) | 54 |
| Changy (de) | 262 |
| Charbon (de) | 198 |
| Charbonnel (de) | 266 |
| Chargères (de) | 382 |
| Charneil (du) | 22 |
| Chastenet de Puységur (de) | 238 |
| Chateaubourg (de) | 53 |
| Chateaumorand (de) | 90 |
| Chateauvillard (de) | 212 |
| Chatelet (du) | 141 |
| Chatton ou Chaton des Morandais | 267 |
| Chaumeils (de) | 232 |
| Chauvenet (de) | 364 |
| Chauvin des Orières | 64 |
| Chazelles (de) | 59 |
| Chefdebien-d'Armissan (de) | 62 |
| Chefdebien-Zagarriga (de) | 58 |
| Chirol de la Brousse | 57 |
| Chrestien de Libus | 185 |
| Cissey (de) | 279 |
| Claret de la Touche | 56 |
| Clermont-Tonnerre (de) | 55 |
| Closières (des) | 172 |
| Coderc de Lacam | 214 |
| Cœuret de Nesle | 381 |
| Colin de Labrunerie | 201 |
| Combarel (de) | 269 |
| Commingos (de) | 268 |
| Compasseur de Courtivron (le) | 275 |
| Comps (de) | 278 |
| Condamine (de la) | 244 |
| Condé (de) | 276 |
| Conigliano (de) | 60 |
| Corail (du) | 187 |
| Coral (de) | 190 |
| Corbeau de Vaulserre et de | |
| Saint-Albin (de) | 63 |
| Corgne de Bonabry (le) | 277 |
| Cornette (de) | 61 |
| Coste (de la) | 232 |
| Costecaude (de) | 179 |
| Coste de Champeron | 282 |
| Coupigny (de) | 109 |
| Cour (de la) | 65 |
| Court de la Villethassetz (le) | 274 |
| Courtivron (de) | 275 |
| Courtot de Cissey (de) | 279 |
| Courty (de) | 66 |
| Constin du Masnadaud (de) | 371 |
| Crespin de Billy (de) | 280 |
| Crespy-le-Prince (de) | 286 |
| Croix de Castries (de la) | 287 |
| Croizier de Sainte-Segraux (de) | 211 |
| Crozant de Bridiers (de) | 67 |
| Custine (de) | 288 |
| Cuzey (de) | 258 |
| Damas (de) | 290 |
| Dampmartin (de) | 259 |
| Danoys de Tourville des Essarts (le) | 68 |
| Davet de Benery et de Beaurepaire | 291 |
| David de Beaufort | 171-316 |
| Denis du Péage | 289 |
| Depéry | 69 |
| Devèze (de la) | 292 |
| Devonshire (de) | 296 |
| Digard de Palcy | 166 |
| Digoine du Palais (de) | 70 |
| Doisy de Villargennes | 237 |
| Dollin du Fresnel | 188 |
| Doublet de Persan | 71 |
| Durban (de) | 295 |
| Dureau | 293 |
| Durfort (de) | 72 |
| Escoubleau de Sourdis (d') | 297 |
| Espinassy (d') | 302 |
| Espouy (d') | 366 |
| Essars (des) | 299 |
| Essarts (des) | 68 |
| Esterhazy (d') | 300 |
| Eterpigny (d') | 97 |
| Eynard | 301 |
| Falieuse (de) | 138 |
| Fare (de) | 264 |
| Fayet (de) | 298 |
| Febvre de Lattre (le) | 303 |
| Fenouillet (de) | 10 |
| Férolles (de) | 111 |
| Féron d'Éterpigny (le) | 97 |
| Fialin de Persigny | 73 |
| Fitte (de la) | 252 |
| Fonclare (de) | 136-229 |
| Forets (des) | 370 |
| Fornel (de) | 304 |
| Fonchier (de) | 74 |
| Franchessin (de) | 306 |
| Fresnel (du) | 188 |
| Frévol d'Aubignac de Ribains (de) | 247 |
| Froissard (de) | 284 |
| Gabriac (de) | 307 |
| Gaigneau de Champvallins (de) | 308 |
| Gaillard de Vancocour | 76 |
| Galbert (de) | 311 |
| Galernerie (de la) | 31 |
| Galbault (de) | 75 |
| Gargiolli | 309 |
| Gaulejac (de) | 79 |
| Genestet de Chairac | 310 |
| Georgin de Mardigny | 368 |
| Gérard | 272 |
| Gibouin de la Héronnière | 221 |
| Giraudon du Teil (de) | 236 |
| Glanville (de) | 32 |
| Goddes de Varennes (de) | 189 |
| Goislard de Villebresme (de) | 77 |
| Gouvello (de) | 78 |
| Grand (de) | 312 |
| Grandsagne (de) | 18 |
| Granet (de) | 313 |
| Grateloup (de) | 176 |
| Graville (de) | 109 |
| Graziani | 80 |
| Groiseilliez (de) | 314 |
| Guidi (de) | 245 |
| Guinaumont (de) | 331 |
| Guironnet de Massas | 241 |
| Guynemer | 81 |
| Harcourt (de) | 317 |
| Harenc de la Coudamine (de) | 244 |
| Harmancourt (d') | 52 |
| Harscouet de Saint-Georges | 82 |
| Hault de Lassus (de) | 83 |
| Hénissart (d') | 85 |
| Henry de Chamblay | 84 |
| Henrys | 318 |
| Herbemont (d') | 85 |
| Héronnière (de la) | 221 |
| Hinnisdal (de) | 88 |
| Hody de Warfusée | 319 |
| Huc de Monsegou (d') | 87 |
| Hugon d'Augicour | 322 |
| Hupais (d') | 315 |
| Jacopière (de la) | 38 |
| Jaladon de la Barre | 180 |
| Janvier de la Motte | 89 |
| Jassand | 248 |
| Johanne de Lacarre de Saumery (de) | 320 |
| Joret des Closières | 172 |
| Joubert de la Bastide de Chateaumorand | 90 |
| Jouffrey (de) | 321 |
| Jourda de Vaux | 91 |
| Kalbrenner | 367 |
| Kercaradec (de) | 239 |
| Kérimel (de) | 225 |
| Kernabat (de) | 116 |
| Labrunerie (de) | 201 |
| Lacam (de) | 214 |
| Lacarre (de) | 320 |
| Lacombe (de) | 92 |
| Lambron de Lignim | 374 |
| Lannes de Montebello | 93 |
| Lart de Bordeneuve (de) | 376 |
| Large de Morton (le) | 323 |
| Lassus (de) | 83 |
| Lastic (de) | 324 |
| Lattre (de) | 303-328 |
| Lauraguais | 154 |
| Lauthonnye (de) | 329 |

## TABLE DES ARMOIRIES GRAVÉES DANS LA PREMIÈRE PARTIE.

| Nom | Page |
|---|---|
| Lauzière (de) | 204 |
| Layrolles (de) | 281 |
| Lespinasse (de) | 309 |
| Lestang (de) | 37 |
| Liége (du) | 94 |
| Ligne (de) | 325 |
| Lihus (de) | 185 |
| Linage (Rozier) (de) | 303 |
| Liron d'Airoles (de) | 326 |
| Lockhart | 330 |
| Loisel (de) | 100 |
| Loisson de Guinaumont | 331 |
| Londe (de la) | 339 |
| Lorde ou de Lourde (de) | 101 |
| Macé de Gastines | 332 |
| Magne (de) | 334 |
| Magny (de) | 294 |
| Mahé de la Villeglé | 365 |
| Maignault (de) | 102 |
| Maillefaud | 103 |
| Malavois | 333 |
| Malet de Graville et de Coupigny | 109 |
| Mallat (de) | 335 |
| Malmaison (de la) | 51 |
| Malrieu (de) | 336 |
| Manara | 337 |
| Mandat de Grancey | 338 |
| Marais (du) | 29 |
| Marc (de) | 105 |
| Mardigny (de) | 368 |
| Mare de la Londe (de la) | 339 |
| Marin de Montmarin | 340 |
| Marquessac (de) | 270 |
| Marsucco | 341 |
| Martel de la Galvagne et de Charmont (de) | 106 |
| Massas (de) | 241 |
| Massimo | 250 |
| Maulbon d'Arbaumont | 178 |
| Mauvoisin (de) | 234 |
| Mégie (de la) | 202 |
| Merle de Beaufond (le) | 271 |
| Merval (de) | 109 |
| Michel de la Morinerie | 342 |
| Milhau (de) | 343 |
| Minette de Beaujeu (de) | 104 |
| Miron | 344 |
| Moges (de) | 346 |
| Monsegou (de) | 87 |
| Montalet-Alais (de) | 195 |
| Montendre (de) | 345 |
| Montigny (de) | 108 |
| Montmarin (de) | 340 |
| Montpezat (de) | 110 |
| Montréal (de) | 40 |
| Morand | 347 |
| Morandais (des) | 267 |
| Moré de Pontgibaud (de) | 228 |
| Morinerie (de la) | 342 |
| Morton (de) | 323 |
| Motte (de la) | 111 |
| Moulin (du) | 112 |
| Moustier (de) | 348 |
| Murinais (de) | 372 |
| Nesle (de) | 381 |
| Noailles (de) | 113 |
| Ogier de Baulny | 350 |
| Olive (d') | 349 |
| Ozières (des) | 64 |
| Ornano (d') | 351 |
| Pagerie (de la) | 152 |
| Pagèse de la Vernède | 114 |
| Palais (du) | 70 |
| Panévinon (de) | 353 |
| Pape | 352 |
| Pardaillan-Gondrin (de) | 8-115 |
| Parlan (de) | 132 |
| Pays de Bourjolly (le) | 117 |
| Pays de Kernabat (du) | 116 |
| Péage (du) | 289 |
| Pelerin (de) | 226 |
| Pellerin de Saint-Loup (de) | 123 |
| Pelleterat de Borde | 124 |
| Périou de Boceret | 182 |
| Perpessac (de) | 383 |
| Perrien (de) | 107 |
| Persigny (de) | 73 |
| Pérusse des Cars (de) | 354 |
| Pérussis (de) | 163 |
| Peschart d'Ambly | 355 |
| Peyronny (de) | 120 |
| Peyrusse (de) | 48 |
| Phelippe de Billy | 358 |
| Phélippes-Beaulieu | 173 |
| Pichot | 125 |
| Picot de Vaulogé | 356 |
| Pierrepont (de) | 126 |
| Pigache | 357 |
| Pignol ou Pigniol (de) | 359 |
| Pindray (de) | 127 |
| Pinet des Forets | 370 |
| Pons (de) | 128 |
| Pontcharra (de) | 129 |
| Pontgibaud (de) | 228 |
| Port de Pontcharra (du) | 129 |
| Pouy de Bonnegarde (du) | 130 |
| Pradines d'Aureilhan (de) | 131 |
| Prémagny (de) | 32 |
| Prince (le) | 286 |
| Puel de Parlan (de) | 132 |
| Puységur (de) | 238 |
| Quesnoy (du) | 285 |
| Raquet (du) | 133 |
| Raynauds (des) | 149 |
| Rayssac (de) | 134 |
| Réveillé de Beauregard | 135 |
| Reynaud (de) | 146 |
| Ribains (de) | 247 |
| Riols de Fonclare (de) | 136 229 |
| Riondet de Falieuse | 138 |
| Rivaudière (de la) | 39 |
| Robin de Barbentane | 137 |
| Rochon de Lapeyrouse (de) | 249 |
| Romant (de) | 164 |
| Rougemont (de) | 380 |
| Rotours (des) | 230 |
| Rous de la Mazelière (de) | 210 |
| Ronzat (de) | 96 |
| Roye de Wichen (de) | 273 |
| Ruel de Bellisle (de) | 139 |
| Sablon du Corail (de) | 187 |
| Saigne de Saint-George (de la) | 183 |
| Saint-Albin (de) | 63 |
| Saint-George (de) | 183 |
| Saint-Georges (de) | 92 |
| Saint-Loup (de) | 123 |
| Saint-Pern (de) | 147 |
| Saint-Roman (de) | 193 |
| Sainte-Segraux (de) | 211 |
| Saint-Simon (de) | 254 |
| Samatan (de) | 148 |
| Sandrans (de) | 260 |
| Sappin des Raynauds | 149 |
| Sarrau (de) | 150 |
| Sarrazin (de) | 143 |
| Saumery (de) | 320 |
| Sénéchal de Carcado-Molac | 151 |
| Sermizelles (de) | 160 |
| Sigand (de) | 184 |
| Sorbier (de) | 140 |
| Sourdis (de) | 297 |
| Suze (de la) | 265 |
| Symons | 377 |
| Tascher de la Pagerie | 152 |
| Teil (du) | 135 236 |
| Tillet (du) | 153 246 |
| Titon du Tillet | 153 |
| Tivollier (de) | 245 |
| Tonduti de la Balmondière | 175 |
| Touche (de la) | 56 |
| Tour-d'Auvergne Lauraguais (de la) | 154 |
| Tourville (de) | 68 |
| Trenqualye (de) | 186 |
| Uhertin | 156 |
| Urbain (d') | 157 |
| Valentin (de) | 372 |
| Valleton (de) | 158 |
| Vallier de By (de) | 227 |
| Van den Bogaerde | 216 |
| Varennes (de) | 189 |
| Vaucocour (de) | 76 |
| Vaulogé (de) | 356 |
| Vaulserre (de) | 63 |
| Vaux (de) | 91 |
| Vaylac d'Eudeville (de) | 159 |
| Vernède (de) | 114 |
| Vernette (de la) | 205 |
| Vertellac (de) | 253 |
| Villargennes (de) | 237 |
| Ville (de la) | 162 |
| Villebresme (de) | 77 |
| Villerabel (de la) | 30 |
| Visien (de) | 174 |
| Voyer d'Argenson (de) | 305 |
| Vyau | 161 |
| Warfusée (de) | 319 |

Paris. Impr. de Dubuisson et Cⁱᵉ, rue Coq-Héron 5.

# INTRODUCTION.

lors même que toutes les branches de l'histoire ne témoigneraient pas de la haute importance de la science héraldique, on en trouverait une assez grande preuve dans les nombreux travaux qu'elle inspire de nos jours. Et, fait bien digne de frapper les esprits sérieux, c'est au XIX$^e$ siècle, c'est-à-dire quand cette science semble le plus délaissée, qu'elle s'affirme plus positivement que jamais, et prend pour la première fois son rang dans le monde de l'érudition, à côté de l'archéologie, de la numismatique, de la paléographie.

La raison de ce contraste est fort simple :

C'étaient des intérêts privés qui guidaient les anciens héraldistes dans leurs recherches; les modernes ont, eux, en vue des intérêts généraux ou de nationalité. On peut dire que les premiers sont les chroniqueurs d'une science dont les seconds sont les historiens.

A Dieu ne plaise qu'on nous prête la pensée de méconnaître ce que nous devons à nos patients et laborieux prédécesseurs! Ils ont défriché le champ qu'il nous est donné d'ensemencer, et, à ce titre, la moisson leur appartient-elle peut-être plus qu'à nous.

Mais si nous leur rendons la justice qui leur est due, si nous donnons même nos travaux comme le fruit de leurs innombrables et savantes compilations, c'est pour nous un droit à une entière impartialité d'appréciation. Nous pouvons donc ainsi avancer que, dans la multitude d'ouvrages qu'ils ont écrits sur la *Science du blason*, on en trouverait difficilement un qui puisse être toujours et sûrement consulté.

La *Vraie et parfaite Science des armoiries*, de Palliot, sort à peu près seule de la médiocre uniformité de cette masse d'écrits. L'infatigable et savant généalogiste des États de Bourgogne s'était proposé d'élever à l'art héraldique un monument aussi brillant que solide, et il crut — ses contemporains crurent du reste avec lui — qu'il y avait réussi. Malheureusement la critique historique était une méthode fort peu connue au temps de Palliot. L'écrivain héraldiste mettait alors sa gloire à entasser les uns sur les autres le plus de faits possible, à recueillir des masses de citations et de détails. Quant à les contrôler, à en vérifier l'exactitude, en remontant aux sources historiques, on y songeait peu : la *Vraie et parfaite Science* était encore, à cette époque, dans sa période mythique ou légendaire.

Quelque remarquable que fût donc l'œuvre de Palliot, elle n'en était pas moins à refaire. Mais, pour remanier cet immense travail, pour l'élever au niveau des connaissances de la société actuelle, il fallait un homme qui, à la fois héraldiste et historien, se consacrât à ce labeur avec le dévouement et l'abnégation que donne seul l'amour de la science.

Ce fut le Marquis DE MAGNY, fondateur et directeur du *Collége héraldique et archéologique de France*, qui entreprit cette tâche si difficile. Grâce à son érudition, à son infatigable activité, grâce surtout à cette sûreté d'examen et de critique dont toutes ses œuvres témoignent à un si haut point, il donna à l'ouvrage de Palliot les qualités dont ce dernier n'avait pu doter son œuvre; il en fit disparaître les nombreuses imperfections et augmenta l'œuvre d'une foule d'aperçus entièrement nouveaux sur l'histoire et la symbolique du blason. Le Marquis DE MAGNY put dire qu'il avait rendu sienne la *Vraie et parfaite Science des armoiries*.

Il y a treize ans que cette savante et brillante publication fut mise au jour, et la sensation qu'elle produisit dans le monde savant, l'accueil qu'elle reçut de la noblesse, les éloges que lui décernèrent d'une commune voix les savants et les bibliographes, ne seront pas oubliés de longtemps. L'ouvrage du Marquis DE MAGNY s'inscrivit dans le catalogue de toutes les bibliothèques importantes; il devint et il est resté le document le plus précieux et le plus sûr qu'on puisse consulter en matière de blason, comme le monument le plus brillant qu'on ait jamais élevé à la science héraldique. Mais la première et unique édition, tirée à un fort petit nombre d'exemplaires, fut promptement épuisée, et cette œuvre si importante et si utile ne se trouve plus aujourd'hui dans le commerce (1).

Tout ce que nous avons dit montre suffisamment la pensée dans laquelle

---

(1) Il en reste encore quelques exemplaires en vente à la Librairie ancienne et héraldique d'Aug. AUBRY, 16, rue Dauphine.

nous avons travaillé à l'œuvre que nous soumettons maintenant au public. Notre but a été de publier un ouvrage complet sur le blason, à un prix qui le rendît accessible à tous. La *Vraie et parfaite Science des armoiries*, du Marquis de Magny, ne devait entrer, par le luxe de son édition, que dans un petit nombre de bibliothèques privilégiées; notre *Science du blason* peut et doit arriver entre toutes les mains.

Nous avons dû, on le comprend, sacrifier certains détails d'ornementation qui distinguent les ouvrages de très grand prix. Mais nous n'avons rien cédé de ce qui tient aux exigences de la distinction et du bon goût; et il nous est même permis de dire que le soin avec lequel est traitée la partie matérielle de notre œuvre suffit seul à en établir *à priori* la valeur intrinsèque.

Dans un ouvrage qui s'élève à la hauteur d'un traité, nous nous sommes fait une loi de ne rien avancer qui ne pût être justifié par de puissantes autorités. Après avoir été félicité, à diverses reprises, de la tendance éminemment historique et critique de nos publications, c'était évidemment dans ce même esprit que nous devions aborder la *Science du blason* et l'étude des armoiries. C'est qu'en effet si les signes distinctifs de la noblesse ne sont qu'un objet de curiosité traditionnelle pour les intelligences superficielles, ils ont une utilité et une importance réelles pour ceux qui, après en avoir saisi le sens et l'origine, en les éclairant du flambeau de l'histoire, appliquent à l'étude de l'histoire elle-même les renseignements précieux et souvent inattendus qu'ils lui fournissent.

L'étude du blason, ainsi rattachée à celle de nos annales, puisant ses documents essentiels dans la connaissance des vieux monuments de l'histoire nationale, dans la description des costumes, dans l'explication des usages et des mœurs du temps passé, des habitudes de la vie chevaleresque, des lois qui régissaient les tournois et les guerres, dans le dépouillement et la restitution des chartes, des titres et des diplômes, souvent altérés par l'injure des temps; dans l'examen des sceaux, des cachets, des anneaux, des monnaies; appelant, en un mot, à son secours l'archéologie, la paléographie et la numismatique, cesse d'être une sèche et aride nomenclature, une espèce de hors-d'œuvre brillant, sans liaison avec les faits positifs et réels de la vie, inutile hochet de la vanité et de l'orgueil. Pour nous, le blason est une histoire vivante et animée, c'est la mise en relief de tout ce que les siècles passés et les temps modernes ont produit d'héroïque et d'illustre; pour nous, dans ces signes éclatants, dans ces innombrables symboles, tout a un sens, une cause, un but, une raison d'être, et c'est seulement parce que nous avons cette conviction et que cette conviction est fondée, qu'il nous est permis de nommer notre ouvrage : la *Science du blason*.

Ce titre indique certes un enseignement, et tout enseignement a besoin d'exemples. Nous avions à en invoquer beaucoup, et, à première vue, ils pouvaient indifféremment être pris dans les armes des familles existantes ou éteintes. Après mûr examen, considérant que nos exemples doivent appuyer et élucider nos définitions, que les blasons des familles éteintes pourraient, dans quelques cas très rares, mais possibles, présenter des incertitudes, nous nous sommes attaché à ne donner, autant que possible, comme exemples à l'appui, que les armoiries des familles existantes. Ajoutons que, obéissant à un sentiment d'orgueil national, que nous ne pouvions pas ne pas éprouver, nous avons réuni, dans une collection d'écussons gravés qui s'élève à plus de 2,000, les armoiries de notre ancienne noblesse et celles de la noblesse de l'Empire. Enfin, pour que cette collection de symboles héraldiques renfermât tout ce qui peut intéresser et la noblesse, et les savants, et les artistes, nous l'avons enrichie des armoiries des puissances souveraines, de celles des principales familles étrangères et de celles — si dignes d'étude — des principales villes de France.

Les dessins, n'oublions pas de le dire, en sont exécutés d'après les principes de l'art héraldique. Tous ceux qui se sont un peu occupés de blason comprendront combien ce point avait d'importance ; mais certains de nos lecteurs pouvant bien ne pas saisir l'à-propos de cette observation, nous allons leur en donner l'explication en quelques mots :

Le blason est une langue symbolique et figurative, qui se sert de signes et d'images dont les types sont dans la nature ou dans notre esprit. Seulement ces signes et ces images ont été composés par les premiers peintres héraldistes avec des formes conventionnelles qui s'éloignent beaucoup de la réalité et qui leur donnent par cela même quelque chose de l'inflexible rigidité des caractères de l'écriture. Vouloir, sous prétexte de vérité, ramener les animaux du blason à n'être que des copies des hôtes du Jardin-des-Plantes, c'est tomber à peu près dans la même erreur que le sculpteur qui, chargé de reproduire un obélisque égyptien, en dessinerait les images d'après les modèles qui se trouvent dans la nature.

Cette erreur, quelque grossière qu'elle soit, un grand nombre de peintres d'armoiries l'ont commise, et on les a vus transporter sans façon sur leurs tablettes, soi-disant héraldiques, les types que leur avait fournis l'histoire naturelle.

## INTRODUCTION.

Si les conditions dans lesquelles nous publions ce travail ne nous ont pas permis de donner, comme Palliot et le Marquis de Magny, les exemples d'armoiries après l'explication de chaque terme de blason, le lecteur n'en sera pas moins à même de résoudre les difficultés qui se présenteront à lui. Notre *Dictionnaire héraldique* offre, par ordre alphabétique, tous les termes employés dans le blason, sans en excepter aucun. Nous avons mis plus de dix ans à le composer, et il nous est permis d'avancer qu'il n'existe nulle part aussi complet et aussi exact. A chaque terme de blason se trouvant une indication qui renvoie à l'exemple, il sera donc facile de recourir à cet exemple, toutes les fois que la description du terme paraîtra obscure ou difficile.

La table générale des noms des familles citées dans l'ouvrage, en aidant aux recherches relatives au blason, aura, en outre, l'avantage de présenter dans un seul coup d'œil une nomenclature de plus de 15,000 noms de familles existantes.

Préparé par de longues années d'études à l'œuvre que nos précédentes publications ont commencée et que celle-ci poursuit, nous n'avons rien négligé pour mériter, encore une fois, ces éloges et ces encouragements qu'on s'est plu à donner à nos travaux. Dans cette restauration historique et artistique de l'art héraldique, à laquelle nous sommes depuis si longtemps voué, un *Traité complet de la Science du blason* nous avait toujours paru l'ouvrage par excellence, mais aussi l'ouvrage le plus difficile qu'il nous fût donné de réaliser. Puissent nos lecteurs voir d'abord avec bienveillance cette tentative, et la sanctionner ensuite par leur approbation!

Nous ne terminerons pas sans remercier M. le Chevalier d'Hénissart de son précieux concours à notre œuvre. Sa vaste érudition, sa connaissance approfondie du blason nous ont puissamment aidé dans notre tâche, et nous serions heureux si notre gratitude associait son nom au succès de ce livre.

V$^{te}$ L. DE MAGNY.

Janvier 1858.

COURONNE D'ISABELLE LA CATHOLIQUE.

# DES ARMOIRIES
## ET DE LEUR ORIGINE.

n a beaucoup écrit sur les armoiries, et, après avoir compulsé ces nombreux ouvrages, on serait assez porté à croire qu'ils n'ont fait qu'ajouter à l'incertitude et aux ténèbres qu'ils prétendaient dissiper. C'est qu'il ne suffit pas, en effet, pour traiter cette importante question de la science héraldique, de s'entourer de documents multipliés; il faut plutôt les choisir avec une grande discrétion et ne s'en faire une autorité qu'avec une non moins grande réserve. De ce défaut de choix ou d'examen critique dans les preuves résultent, suivant nous, les erreurs, les contradictions, et nous pouvons même dire les puérilités qui ont été publiées sur les armoiries, sur leur origine, leur signification et leur symbole.

Nous essayerons de jeter quelque clarté historique sur cette matière si digne d'étude, et, tout d'abord, nous ferons une énumération sommaire des documents que nous avions à accepter ou à rejeter à titre de preuves. Si le lecteur ne partage pas entièrement nos appréciations personnelles, il sera, du moins, mis à même de pouvoir sûrement se former une opinion personnelle.

Les documents relatifs aux armoiries et aux diverses questions qui s'y rattachent peuvent se diviser en trois grandes classes :

La première comprend ce que nous appellerons les sources légendaires, c'est-à-dire cette masse d'écrits où la tradition, quelle qu'elle soit, fait autorité (1).

Dans la seconde rentrent les ouvrages dont les auteurs (2) s'appuient également sur les données du chroniqueur et sur celles de l'historien.

La troisième comprend enfin les traités qui résument les principes du blason, alors que ces principes sont tellement arrêtés, tellement positifs que leur ensemble compose une vraie science (3).

Hâtons-nous de dire que ce classement n'a aucun rapport direct avec l'ordre chronologique. Ainsi Jacques Bretex, qui blasonne les armoiries des chevaliers ayant figuré à l'une des joûtes qui eurent lieu à Chauvency, en 1285, nous donne évidemment un document de la deuxième classe; tandis que le célèbre roman du *Petit Jehan de Saintré*, écrit au xive siècle, rentre de toute évidence aussi dans la classe des preuves légendaires.

Ces préliminaires, dont on comprendra toute l'importance, une fois posés, nous nous demanderons où, quand et comment furent, pour la première fois, employées les armoiries.

C'est un fait pouvant se passer d'exemple, tant il est évident par lui-même, que toutes les inventions humaines cherchent à reculer le plus possible leur origine. Il y a, en effet, dans la consécration du temps quelque chose de si grandiose, de si sacré, qu'elle donne aux actes des mortels comme un caractère quasi divin. De là cette tendance à placer bien loin derrière nous les commencements des grandes institutions sociales; de là cette tendance à les vieillir d'autant plus qu'elles nous paraissent plus respectables.

Durant de longs siècles, la noblesse a seule exclusivement occupé la scène politique. Aux conseils et dans les combats, dans le monde de la pensée et dans le monde de l'action, elle était tout. Faut-il s'étonner que ceux qui ont été témoins de sa grandeur et de sa puissance lui aient assigné des origines presque divines! Faut-il être surpris que des écrivains plus enthousiastes que critiques aient voulu voir des symboles héraldiques jusque dans les sociétés au berceau!

Ainsi Favin donne des armoiries aux enfants du premier homme; Ségoing en

---

(1) Dante, l'Arioste, le Tasse ont attribué à leurs héros des armoiries imaginaires. Les passages dans lesquels ces poètes parlent du blason ne peuvent donc pas être pris en plus sérieuse considération que le roman du *Petit Jehan de Saintré*, où l'auteur s'amuse à décrire les armoiries qu'il donne de son autorité privée à un grand nombre de familles du royaume.

(2) Le héraut Sicile, le héraut Rixner, François des Fossés, Pierius, Panciroli, Favin, Ségoing, Petra-Sancta, Bara, le P. Monet, etc., etc.

(3) *Origine des armoiries et du blason*, du P. Ménestrier ; le *Nouveau Traité de diplomatique*, des Bénédictins de Saint-Maur; la *Vraie Science des armoiries*, du marquis de Magny, etc., etc.

attribue l'invention aux fils de Noé ; Petra-Sancta et plusieurs autres en font remonter l'usage aux temps héroïques ; Bara rapporte et blasonne les armoiries des héros qui firent la conquête de la Toison d'or, sous la conduite de Jason : il peut, dit-il, les décrire avec d'autant plus de certitude, qu'il les a tirées d'un vieux livre composé par Pygmalion !

Que répondre à cela ? Rien, sinon que ces héraldistes primitifs imitent les peintres naïfs qui, représentant la Passion, affublent leurs personnages de costumes moyen âge, et chaussent invariablement Ponce Pilate et Caïphe de souliers à la poulaine. Ces peintres et ces écrivains ne voient rien en dehors de leur époque ; la forme sociale d'alors est le moule où ils coulent toutes les sociétés passées. Pour eux, les personnages héroïques et bibliques s'habillent, vivent et parlent en hommes du XIIe siècle, et comme ils qualifient Noé et Jason de Messires, la logique veut évidemment qu'ils leur donnent des armoiries.

Mais, après ces héraldistes du mythe historique et de la légende, en viennent d'autres, dont l'erreur est à la fois et plus importante et plus raisonnable. Ces derniers veulent que l'usage des armoiries remonte à la plus haute antiquité, et, suivant eux, on les retrouve dans la plupart des sociétés qui sont les souches de la grande famille humaine.

Le Féron a donné et figuré, sans toutefois en indiquer les sources, les armoiries des Rois des deux premières races, ainsi que celles des princes et des hauts dignitaires de ces époques reculées, sur lesquelles il nous est parvenu si peu de documents authentiques.

Deux savants du XVIe siècle, Pierius et Panciroli, s'appuyant sur l'autorité de manuscrits trouvés dans la maison de Maffei, décrivent avec une très grande précision le blason des cohortes romaines dans lequel ils ont vu, comme Court de Gebelin, les métaux, les couleurs et les figures employés dans les armoiries actuelles.

M. Fischer renvoie au chapitre VI de la *Germanie*, de Tacite, pour établir que les Germains connaissaient le blason (1).

Acceptant comme argument sans réplique des preuves d'une valeur tout aussi équivoque, M. Granier de Cassagnac prétend à son tour que, dès le siècle d'Auguste, les armoiries existaient avec les symboles et les signes employés au moyen âge (2).

Si nous voulions combattre ces affirmations, en prouvant à Le Féron que les documents d'où il tire les armoiries des Rois des deux premières races sont apocryphes ;

A Pierius et Panciroli, que les insignes des cohortes romaines n'ont pas le caractère du blason ;

A M. Fischer, que le passage de Tacite n'est pas concluant ;

A M. Granier de Cassagnac, que les tableaux portés aux pompes funéraires de la Rome d'Auguste n'ont rien des armoiries du moyen âge ;

---

(1) Nulla cultûs jactatio, scuta tantum lectissimis coloribus distinguunt.
(2) *Histoire des classes nobles*, page 76.

Si nous voulions, disons-nous, réfuter ainsi l'opinion qui fait remonter au delà des temps chevaleresques l'origine des armoiries, nous n'arriverions qu'à prolonger les incertitudes du lecteur. Après les écrivains précités, n'aurions-nous pas, en effet, à réfuter encore Sicile, qui affirme qu'Alexandre régla l'usage des armoiries; Silvius Italicus, qui prétend que le corbeau de Valerius Corvinus était porté en cimier par ses descendants? n'aurions-nous pas enfin à réfuter, les uns après les autres, tous ceux qui, à leur exemple, tirent de tel ou tel fait isolé la conclusion que nous ne voulons pas accepter?

C'est seulement par une argumentation synthétique qu'on peut victorieusement réfuter l'erreur provenant de faits multipliés à l'infini. Si nous prouvons que l'usage des armoiries n'a pas pu être avant les temps chevaleresques, toutes les prétendues preuves contraires seront implicitement mises à néant.

Le monde féodal, dirons-nous d'abord, a été une forme sociale ayant un caractère si tranché, qu'elle ne ressemble à rien de ce qui avait précédé. Sans doute, la fraternité d'armes des Germains rappelle les devoirs imposés par le code chevaleresque; on a fait remarquer que la vie de certains chefs indiens de la Confédération des Sicks offre quelque analogie avec celle des châtelains du moyen âge. Les *equites romani*, nous en convenons encore, jouissaient de priviléges et de distinctions ayant de nombreux points de contact avec les prérogatives de nos chevaliers; dans toutes les sociétés, enfin, on trouve des particularités présentant des analogies ou des ressemblances plus ou moins grandes avec la société féodale; mais y a-t-il un seul historien qui ait avancé que cette organisation sociale fût un calque d'une organisation antérieure?

La science historique affirme que le monde féodal a été un monde à part, une forme de société inconnue des anciens, une organisation sociale originale et typique.

Et maintenant, nous demanderons à l'héraldiste comme à l'historien, quelle est la manifestation la plus vraie, la plus complète, et en même temps la plus simple du monde féodal. Qu'on nous montre ce en quoi s'est résumée cette société si éminemment différente des autres; qu'on nous précise l'institution qu'elle a créée pour servir de lien à tous ses membres; qu'on nous dise quelle a été sa langue, son symbole, sa bannière.

Il n'y a qu'une voix pour nous répondre : le blason.

Oui, le blason a été pour le monde féodal son symbole et sa langue, c'est-à-dire ce qui procède le plus directement d'une société. Le blason est l'hiéroglyphe chevaleresque du moyen âge; il a été, on peut le dire, une sorte de poésie emblématique et héroïque de cette époque. Et ce qu'il y a de frappant, ce qui démontre invinciblement qu'il n'est pas un ensemble de signes distinctifs, mais une langue, c'est son universalité. De même que le monde féodal n'a pas été limité dans telle ou telle partie du continent, et s'est développé partout, s'est greffé sur toutes les nationalités, toujours identique, toujours lui-même, de même le blason s'est uniformément manifesté chez tous les peuples du moyen âge. L'Allemand et l'Italien, l'homme du Nord et l'homme du Midi, ne l'ont ni écrit ni parlé différemment : il a été le même pour tous.

Et l'on voudrait que cette langue du monde féodal, se développant et se compliquant à mesure que ce monde grandit, répondant à tous ses besoins, caractérisant si parfaitement son organisation, on voudrait, disons-nous, que cette langue eût existé avant lui ; mais cela ne se peut soutenir ! Qui oserait sérieusement avancer que les poésies d'Homère ont précédé les mythes religieux de l'antique Grèce ? Quel est l'homme de bon sens qui voudra reculer au delà de la théocratie égyptienne, la langue sacrée des hiéroglyphes ? Qui dira, enfin, sans être taxé de folie, que la langue d'un peuple existait avant ce peuple même ?

Ceux qui soutiennent que le blason était connu et en usage avant les temps chevaleresques ne font pas cependant autre chose.

Mais, nous objecteront-ils, vous reconnaissez que dans la plupart des anciennes sociétés on trouve des signes emblématiques qui sont entrés plus tard dans le blason. Sans doute, et cela n'infirme en rien ce que nous avons dit. La langue latine a emprunté la plus grande partie de sa syntaxe à la langue grecque, et la plupart de ses caractères à la langue étrusque ; en est-elle moins pour cela une langue-mère ? Les hommes du moyen âge, fils des générations antérieures, ont pris à ces générations certains signes, certains emblèmes dont ils ont composé un symbole, est-ce à dire que le symbole ne soit pas leur création ?

Admettons même pour un moment, ce qui du reste n'est pas exact, que tous les signes employés par le blason aient été des emblèmes distinctifs chez la généralité des peuples. Buffon proclame que le style c'est l'homme ; or, le style se composant de mots appartenant à tous, n'accusant aucune personnalité, c'est évidemment par l'arrangement, par la combinaison de ce qui est à tous, que le style personnalise l'individu, qu'il est l'homme, suivant l'expression de Buffon ; mais, alors, pour le blason il n'en serait pas autrement. Le monde féodal n'eût-il pas imaginé tous les signes héraldiques, qu'en les combinant, qu'en leur donnant un sens, une expression, une pensée, il les aurait faits siens, il se serait personnifié en eux, et il pourrait encore dire : le blason c'est moi !

Nous n'insisterons pas davantage ; à moins qu'on ne veuille fermer systématiquement les yeux à l'évidence, nous en avons assez dit pour qu'il ne soit plus possible de reculer au delà des temps chevaleresques l'origine et l'usage des armoiries (1).

---

(1) Cette opinion peut s'appuyer de l'autorité d'un très grand nombre de célèbres héraldistes, tels que Fauchet, du Tillet, les frères Sainte-Marthe, Velser, Olivier d'Urée, Spelman, Du Chesne, Du Cange, D. Calmet, le P. Ménestrier, La Roque, les Bénédictins de Saint-Maur, d'Hozier, etc. Mais, avec tout le respect que nous devons à ces maîtres de la science héraldique, nous nous permettrons de faire observer qu'ils n'ont pas nettement saisi le lien intime qui unit le blason au monde féodal. Leur bon sens, leur profonde connaissance de la matière, les portent à repousser l'opinion de ceux qui reculent au delà du moyen âge l'origine et l'usage des armoiries, et, en cela, ils agissent plutôt par intuition de la vérité que par une appréciation bien raisonnée de cette vérité. Les uns et les autres discutent à l'envi la valeur de tel ou tel fait invoqué par leurs adversaires, et leur argumentation va se prolongeant, à mesure qu'un fait nouveau leur est opposé, sans pouvoir jamais parvenir à un triomphe définitif. Nous ne pouvons

Cette filiation du blason avec le monde féodal fait comprendre qu'il n'est pas possible de préciser positivement à quel moment apparurent, pour la première fois, les armoiries. Les historiens, en effet, ne disent pas qu'à telle année commence la féodalité; ils se bornent à en constater d'abord les germes, à en suivre ensuite les manifestations, à indiquer enfin une période historique comme ayant enfanté cette forme sociale. Il ne pouvait en être différemment pour le blason. Ses commencements sont comme ceux d'une langue, des essais tout rudimentaires, n'ayant ni fixité ni sens bien arrêté.

On arrive ainsi à se rendre compte de la difficulté qu'éprouvaient les héraldistes à juger si les diverses armoiries qui se manifestent de 900 à 1099 rentrent bien réellement dans le blason (1). Oui, dirons-nous, ces armoiries sont le blason, mais le blason dans son enfance, et s'il viole les principes qui seront plus tard érigés en lois, c'est que les règles régissant toutes les inventions humaines ne viennent qu'après de longs siècles de tâtonnements et d'essais.

Mais, si nous cherchons quelque grande manifestation du monde féodal, si nous prenons ce monde alors qu'il s'affirme par quelque acte accusant bien son originalité, nous trouverons le blason s'affirmant, c'est-à-dire se caractérisant avec la même netteté que la société dont il procède. La grande épopée des croisades nous donne évidemment cette manifestation. Or, que dit la science héraldique? *qu'on peut placer la seconde période de la formation des armoiries au temps des premières croisades, et attribuer aux expéditions d'outre-mer la coutume plus généralement répandue de se distinguer par des figures et des couleurs particulières* (2).

---

mieux faire comprendre le vice d'une pareille méthode qu'en citant le passage suivant, emprunté à l'*Origine des Armoiries et du Blason*, du P. Ménestrier :

« ..... Tout ce qu'on allègue d'Homère, d'Euripide, de Virgile, d'Ovide, de Stace, de Silvius Ita» licus, etc., ne fait pas plus foi que ce que Dante, l'Arioste, le Tasse et quelques autres poëtes mo» dernes ont attribué à leur héros. Cela montre seulement qu'aux temps de ces anciens poëtes, on met» tait des ornements sur les casques et sur les boucliers, et qu'il y avait des marques de distinction de » guerre, que ces poëtes ont attribuées à des temps plus reculés, comme l'Arioste et le Tasse donnèrent » des armoiries régulières à Renaud et à Roger, parce qu'à l'époque à laquelle ils composaient leurs » poëmes, les armoiries régulières étaient universellement en usage. »

Mais, seraient en droit de répondre les adversaires du P. Ménestrier :

Vous regardez les faits cités par ces poëtes comme douteux, d'accord ; vous ne pouvez en dire autant de tous les passages historiques et de tous les monuments qui nous montrent la louve comme l'emblème symbolique de la vieille Rome ; sur quoi vous fondez-vous pour avancer que ce n'est pas là un blason et des armoiries?

(1) Au tournoi donné à Gottingen, en 934, par Henry l'Oiseleur, duc de Saxe, et depuis empereur, on vit des pièces d'étoffe rangées selon les formes qu'affectent encore, dans une multitude d'écussons, les bandes, les barres, les cotices, le coupé, le tranché, l'échiqueté, le losangé, etc.

On trouve appendu à deux chartes des années 1030 et 1037, le sceau d'Adelbert, duc et marquis de Lorraine, sur lequel est représenté l'*aigle* au vol abaissé.

Une autre Charte de l'année 1072 est scellée de celui de Robert I$^{er}$, comte de Flandres, lequel est chargé d'un *lion*; et le sceau de Raymond de Saint-Gilles, comte de Toulouse, portant la croix clechée, vidée et pommetée, est attaché à une charte de 1088. (*Nouveau Traité de diplomatique*, t. IV, p. 378.)

(2) *La vraie et parfaite science des Armoiries*, par le marquis de Magny, t. I$^{er}$, p. 48.

Le blason, plus répandu dès l'origine en Allemagne (1) qu'il ne le fut en France, fusionne dès lors avec toutes les nationalités; il passe à l'état de langue symbolique, et, en même temps qu'il se précise, il se généralise. Enfin, viennent les armures fermées, et le blason s'impose à toute la société féodale, par le besoin qu'éprouve chacun d'*écrire* ou de *parler* son nom à l'aide de signes ou de figures tracés sur sa personne, sa bannière et son écu. Ces *armes parlantes* ont, dès ce moment, une telle valeur, un tel cachet de symbolisme pour la famille, qu'elles passent aux descendants, et l'hérédité des armoiries dans les familles est ainsi constituée.

C'est au temps du roi Louis VII (1137-1180) qu'il faut placer la plus grande extension que prit l'usage de ces *armes parlantes*; il semble même que si ce prince n'en est pas l'inventeur, il a été tout au moins le promoteur de cette utile coutume; car il paraît être le premier qui ait placé sur son écu un objet pouvant rappeler son nom de Loys, le lys (2), et qu'à son exemple, tous les seigneurs aient cherché à reproduire leurs noms dans leurs armoiries.

Le nom signifiait-il quelque chose ou ressemblait-il à celui d'un objet animé ou inanimé, on se formait des armes par la représentation même de cet objet sur l'écu; d'où l'on peut conclure qu'une très grande partie des anciennes armoiries sont *parlantes* ou *équivoques*, comme les appellent les premiers héraldistes.

Ainsi, les armes furent *parlantes* :

1º Par les premières lettres ou par une seule syllabe du nom;

2º Par des objets animés ou inanimés dont les figures étaient directement allusives ou équivoques aux noms propres;

3º Par des objets qui ne se rapprochaient des noms que d'une manière éloignée;

4º Par des figures qui ne représentaient pas immédiatement le nom, mais qui y avaient rapport;

5º Enfin, par des objets dont on prenait les noms dans une langue étrangère ou un dialecte ancien.

Lorsque le nom n'avait aucune analogie avec celui d'un objet matériel qui pût le rappeler, on cherchait à le reproduire par des signes qui pouvaient y faire allusion d'une manière plus ou moins directe. Ces *armoiries allusives* furent tirées :

1º Des événements mémorables et actions illustres;

---

(1) « Nous avons dit, et c'est aussi l'opinion du P. Ménestrier et de Spelman, que les armoiries nous
» sont venues d'Allemagne; l'emploi du mot *blason*, blasonner, tiré de l'allemand *blasen*, sonner du cor,
» le seul que nous ayons pour désigner la description et l'action de décrire les armoiries, semble confir-
» mer cette opinion. Ce mot fait allusion à ce qui avait lieu lorsqu'un chevalier, se présentant devant la
» barrière pour se faire reconnaître par les hérauts, les appelait en sonnant du cor, et que ceux-ci, après
» avoir vérifié sa noblesse, annonçaient son admission en sonnant du cor à leur tour. »
(*La vraie et parfaite science des Armoiries*, t. I$^{er}$, p. 46.)
Cette opinion sur l'origine du mot *blason* est aussi la nôtre, et nous la tenons pour la plus sensée et la plus rationnelle. Nous ne pensons pas, comme M. Grandmaison, qu'il soit besoin d'aller chercher cette origine dans le mot *blasus* de la basse latinité, mot qui, suivant le glossaire du *Polyptique d'Irminon*, signifiait une arme de guerre, mais une arme offensive et non une arme défensive.

(2) *Dissertation sur différents sujets de l'Histoire de France*, par Bullet.

2° De l'assiette des lieux et des singularités des pays ;
3° Des négociations, ambassades et fonctions ;
4° Des découvertes et inventions nouvelles ;
5° Des railleries et des sobriquets ;
6° Des droits honorifiques, marques de fiefs, dignités ou emplois ;
7° De l'imitation et de la conformité ;
8° De la piété et de la foi orthodoxe.

Enfin, à ces diverses espèces d'armoiries de famille il faut en ajouter d'autres qui compléteront la nomenclature de toutes les sortes d'armoiries employées dans le blason, et qui trouveront, comme les précédentes, leurs définitions et leurs exemples dans le cours de cet ouvrage ; ce sont les suivantes :

1° Les armoiries adoptées par suite d'alliances ;
2° Celles de domaines ;
3° Celles de prétention ;
4° Celles des ordres religieux, des confréries, des communautés, des villes et corporations ;
5° Celles de patronage ;
6° Et celles de succession.

Résumant maintenant notre opinion sur les différentes périodes de la formation des armoiries, nous répétons que nous ne reportons pas au delà du X<sup>e</sup> siècle l'emploi des signes et couleurs dont nous usons encore aujourd'hui. Nous plaçons leur assemblage plus complexe et plus significatif, prenant les caractères du symbole et de l'emblème, au XI<sup>e</sup> siècle ; l'invention des armoiries parlantes, et l'usage plus étendu qu'on en fit, au XII<sup>e</sup> ; le commencement de la fixité et de l'hérédité de toutes les armoiries en général, et particulièrement des armes parlantes, allusives et commémoratives, au XIII<sup>e</sup> siècle ; enfin, leur stabilité définitive et leur transmission comme partie intégrante des preuves de noblesse, soumises à des règles rigoureuses, rassemblées en une sorte de code qui fait l'objet de la science héraldique, au XIV<sup>e</sup> siècle.

# EXPOSÉ ÉLÉMENTAIRE
## DE LA
# SCIENCE DU BLASON.

Le Traité, au moyen duquel nous nous proposons de donner une connaissance approfondie de tout ce qui constitue *la science du Blason*, soit dans les lois qui la régissent, soit dans les applications qu'elle a reçues, ne pouvait être mieux coordonné que dans l'ordre alphabétique adopté par Palliot et plusieurs autres auteurs.

En donnant sous forme de *Dictionnaire* tous les termes usités dans le Blason, et en leur consacrant à chacun un article raisonné, nous aurons produit à la fois le *Traité de Blason* le plus complet qui ait jamais été offert au public, et un *Armorial général des familles nobles existantes*, qui permettra d'appliquer facilement et promptement l'exemple à l'explication de chaque terme.

Mais, comme les règles générales du Blason ne peuvent être rappelées que d'une manière succincte et décousue dans le cours de chacune des définitions du *Dictionnaire héraldique*, il nous a paru indispensable de faire précéder ce Dictionnaire des matières d'un exposé des règles générales et de la pratique du Blason, et de donner au lecteur des notions préliminaires qui rendent la langue héraldique intelligible pour lui.

Nous résumerons donc dans un tableau simple, rapide et presque synoptique, en les rapportant à un petit nombre de divisions, toutes les matières qui constituent le Blason proprement dit, n'ayant d'autre but dans ce chapitre que de fournir au lecteur les moyens de connaître, de distinguer et de *blasonner* n'importe quel écusson avec promptitude et précision :

1º Les différentes espèces d'armoiries ;
2º L'écu et ses partitions ;
3º Les émaux, couleurs et fourrures ;
4º Les diverses pièces et figures qui meublent l'écu ;
5º Les supports et tenants ;
6º Les timbres, couronnes, cimiers et lambrequins ;
7º Les ornements propres aux dignités militaires, civiles et ecclésiastiques.

Nous nous abstiendrons donc de tous détails, et nous renvoyons le lecteur aux définitions qu'il trouvera toujours appuyées de figures et de nombreux exemples.

## DES DIFFÉRENTES ESPÈCES D'ARMOIRIES.

Les différentes espèces d'armoiries peuvent être évaluées à six, et définies de la manière suivante :

1º Les armoiries propres ou de famille ;
2º Celles qui ont été adoptées par suite d'alliances ;
3º Celles de domaines ;
4º Celles de prétention ;
5º Celles des ordres religieux ou militaires, des sociétés, des confréries, des communautés, des corporations, etc. ;
6º Celles de patronage et de concession.

### I. — DES ARMOIRIES PROPRES OU DE FAMILLE.

Au chapitre précédent des *Armoiries et de leur origine*, et à celui des *Armoiries parlantes et allusives* du Dictionnaire, nous avons indiqué, avec tous les développements nécessaires, quelles sont les différentes classes d'armoiries propres ou de famille ; il serait donc superflu d'en reparler dans celui-ci.

### II. — DES ARMOIRIES ADOPTÉES PAR SUITE D'ALLIANCES.

Les armoiries d'alliances sont celles que les familles ajoutent aux leurs propres, pour en augmenter le lustre, en indiquant les alliances qu'elles ont contractées.

Ces sortes d'armoiries se portent de différentes manières : tantôt *parties* ou *accolées*, tantôt *écartelées* ou posées dans un écu *sur le tout*. Ce dernier mode est fort usité en Angleterre, surtout si l'héritière d'une maison est issue d'une famille plus ancienne et plus considérable que celle du mari.

Nous donnons ci-contre un exemple d'armoiries d'alliances.

GEORGES VAUGHAN JACKSON, en Angleterre, porte : parti de deux et coupé d'un (écartelé de six dans le blason anglais) : au 1, d'argent, au chevron de sable, chargé de trois quintefeuilles du champ et accompagné de trois têtes de faucon d'azur arrachées, qui est de JACKSON ; au 2, d'argent, à une bande denchée de sable, chargée de trois fleurs de lis du champ et accostée de deux cotices d'azur besantées d'or, qui est de CUFF ; au 3, d'hermines, à un griffon d'azur, qui est de AUNGIER ; au 4, d'argent, à un cerf au naturel, et un chef d'azur, chargé de trois étoiles d'or, qui est de RUTLEDGE ; au 5, d'or, au lion de gueules, qui est de VAUGHAN ; au 6, de sable, à une chèvre d'argent rampant contre un lierre au naturel grimpant, qui est de VAUGHAN DE WALL. CIMIER : un cheval passant d'argent. DEVISE : *Celer et audax*.

Les armes de succession et de substitution peuvent être rangées dans cette classe, comme étant presque toujours le résultat d'alliances.

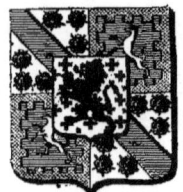

Ainsi : Jacques de MONTBOISSIER ayant hérité des biens de Jacques de BEAUFORT, Seigneur de Canillac, frère d'Isabeau de Beaufort, seconde femme de Jean de Montboissier, son grand-oncle maternel, à la charge par lui et ses descendants de relever et porter à perpétuité le nom et les armes de BEAUFORT, la maison de MONTBOISSIER porte depuis cette époque : Écartelé : aux 1 et 4, de ROGER DE BEAUFORT, aux 2 et 3, de CANILLAC ; et sur le tout, en cœur, de MONTBOISSIER.

### III. — DES ARMOIRIES DE DOMAINES.

Les armoiries de domaines ou de fiefs sont celles qui appartiennent à un pays ou à un grand fief, et que les souverains, les princes, les grands feudataires joignent à leurs armoiries propres pour marquer leur souveraineté ou suzeraineté.

Lors de la réunion définitive du royaume de Navarre à la couronne de France, par l'avénement au trône du Roi Henri IV, en 1589, les armoiries de FRANCE furent mi-parties de celles de NAVARRE, pour marquer la souveraineté de la France sur ce royaume ; elles l'avaient déjà été précédemment sous les Rois Louis le Hutin, Philippe le Long et Charles le Bel, parce que la Navarre avait été réunie au domaine de la couronne par le mariage de Philippe le Bel avec Jeanne, Reine de Navarre, en 1284.

Avant saint Louis, qui voulut que les princes du sang royal prissent désormais les fleurs de lis avec différentes brisures, ces princes ne portaient que les armoiries de leurs apanages. Robert de France, fils de Louis le Gros, avait les armoiries de Dreux avec le titre de Comte, et Pierre de France, son frère, celles de Courtenay.

Charles, frère du roi saint Louis, apanagé du Comté d'Anjou, en 1246, donna pour armoiries à ce comté, conformément aux ordres du Roi, le semé de fleurs de lis en champ d'azur des armes de FRANCE, qu'il brisa d'une bordure de gueules.

Les ducs de Modène et de Ferrare, de la maison d'ESTE, portaient : écartelé : aux 1 et 4, de l'EMPIRE; aux 2 et 3, de FRANCE, à la bordure endentée d'or et de gueules, qui est de FERRARE; cet écartelé séparé par un pal de gonfalonnier de l'ÉGLISE, et sur le tout : un écusson d'azur, à une aigle d'argent, couronnée, becquée, et membrée d'or, qui est d'ESTE.

Les Rois de Pologne écartelaient de l'aigle de POLOGNE et du cavalier de LITHUANIE.

Les Rois d'Espagne écartèlent des royaumes de CASTILLE et de LÉON.

Les Rois d'Angleterre écartèlent les armoiries d'ANGLETERRE de celles d'ÉCOSSE et d'IRLANDE.

En général, il y a peu d'armoiries de souverains qui ne contiennent des armoiries de domaines.

En Belgique, le plus grand nombre des fiefs avaient leurs armoiries particulières, dont leurs possesseurs écartelaient leurs armoiries propres de famille, ou les portaient en bannière. En Pologne, les villes et les terres ont leurs bannières.

## IV. — DES ARMOIRIES DE PRÉTENTION.

Les armoiries de prétention sont celles de royaumes, de principautés ou de certains fiefs que les souverains placent dans leurs armoiries propres, pour indiquer qu'ils ont des prétentions sur ces royaumes, principautés ou fiefs, bien que ceux-ci soient en la possession d'autres Princes étrangers : ainsi, les Rois d'Angleterre ont longtemps écartelé de FRANCE; les Rois de Sardaigne ont écartelé des armoiries de CHYPRE et portent encore dans leur écu celles de JÉRUSALEM, pour montrer qu'ils ont eu des prétentions sur ces deux royaumes.

C'est pour la même raison que les Rois de Naples écartèlent encore leurs armoiries, comme les Rois de Sardaigne, de celles de JÉRUSALEM avec celles des provinces de BOURGOGNE et d'ANJOU-SICILE, qui autrefois ont fait partie de l'apanage de plusieurs Princes de leur maison.

De tous les souverains qui portent les armoiries du royaume de JÉRUSALEM, les Rois de Sardaigne sont ceux qui y ont le plus de droits, attendu l'alliance contractée, en 1458, par Louis de Savoie avec Charlotte, fille unique de Jean, Roi de Chypre, de Jérusalem et d'Arménie, et d'Hélène Paléologue, qui, ayant été couronnée Reine de ces trois royaumes, en porta tous les droits successifs à son mari.

## V. — Des armoiries des ordres religieux ou militaires, des sociétés, des confréries, des communautés, des corporations, etc.

Les ordres religieux, les chapitres, les abbayes, les églises ont, comme les ordres militaires, leurs armoiries particulières.

Les religieux de la Merci portaient celles de leur ordre sur la poitrine.

Les grands maîtres et les chevaliers des ordres militaires du Temple, de Saint-Jean de Jérusalem (Malte), de l'ordre Teutonique, des ordres de Saint-Jacques, de Calatrava, du Christ, d'Alcantara, ajoutent à leurs armoiries de famille les insignes ou armoiries de ces différents ordres.

Ainsi les grands maîtres des ordres du Temple, de Saint-Jean de Jérusalem, Teutonique, écartèlent leurs armoiries de celles de leur ordre; les chevaliers des mêmes ordres et ceux de Saint-Étienne les placent en chef et posent leur écu sur la grand'-croix de l'ordre entourée du chapelet; les chevaliers de Saint-Jacques, de Calatrava, du Christ, d'Alcantara, etc., se bornent à placer l'écu de leurs armes sur la grand'-croix de ces ordres.

Les confréries instituées dans un but de plaisir, tel que le tir de l'arc et de l'arquebuse, avaient adopté également des armoiries distinctives qu'elles portaient sur une bannière.

Les communautés, les corporations, les corps de métiers, avaient aussi leurs armoiries.

L'Université de Paris, à laquelle le Roi Charles VI donna le titre de *fille aînée*, avait pour armoiries : *D'azur, à trois fleurs de lis d'or, et un bras tenant un livre ouvert et naissant d'une nuée mouvante du chef, le tout d'argent.*

L'Académie française, instituée en 1638, portait pour armoiries : *De France, et en chef un soleil d'or.* Devise : *A l'immortalité.*

L'Académie des Inscriptions et Belles-Lettres portait aussi *l'écu de France, et en cœur, une médaille représentant le buste du Roi.*

La Communauté des Consuls de la ville de Paris portait : *D'argent à un navire voilé de sable, voguant sur une mer d'argent, soutenu par une bonne foi et surmonté de l'écusson de France, couronné d'or.*

La Corporation des Libraires portait les armoiries de l'Université écartelées de celles de la ville de Paris, et un chef de France ancien.

La Corporation des Peintres : *D'azur, à trois écussons d'argent, et une fleur de lis d'or en abîme.*

Et la Corporation des Orfèvres : *De gueules, à une croix d'or engrêlée, cantonnée aux 1 et 4 d'un ciboire; aux 2 et 3, d'une couronne antique, le tout du même; et un chef cousu de France ancien.*

## VI. — DES ARMOIRIES DE PATRONAGE ET DE CONCESSION.

Les armes de patronage sont celles que l'on emprunte aux armoiries d'un supérieur dont on se reconnaît l'obligé ou la créature, et que l'on place dans la partie la plus honorable de l'écu, pour marquer la sujétion ou la dépendance dans laquelle on est vis-à-vis de ce supérieur.

C'est à Rome que ce genre d'armoiries a été le plus répandu, et ce sont les Cardinaux, neveux des Papes, qui ont introduit l'usage des quartiers de patronage; les Cardinaux Arnaud de Vias et Pierre de Monterone portèrent chacun leurs armoiries parties de celles de leur oncle maternel.

Le Cardinal de Lugo portait : *D'or, à trois tiges d'orties de sinople, mouvantes de trois mottes du même sur des ondes d'argent ombrées d'azur, et en chef arrondi (orbiculaire)* les armoiries du Pape Urbain III, qui l'avait créé Cardinal.

Le Cardinal de Saint-Onuphre, frère du Pape Urbain VIII, de la maison de Barberini, ajouta à ses armoiries, qui sont : *D'azur, à trois abeilles d'or,* un chef de celles de l'ordre de Saint-François, parce qu'il avait été tiré de l'ordre des Capucins.

Le Pape Grégoire XVI *partissait* ses armoiries de celles de l'ordre religieux des Camaldules, dont il avait fait partie.

En 1456, Roderic Lanzuola ayant été adopté par le Pape Calixte III, de la maison de Borgia, prit le nom et les armes de Borgia, et se fit appeler Roderic Borgia.

Jacques Sclafenat, Milanais, *cameriere* de Sixte IV, de la maison de Rovere, ajouta à ses armoiries, qui étaient un château sommé de trois tours, le chêne de la maison de Rovere, qu'il plaça derrière le château.

Jules II, de la même maison, ayant donné la pourpre à Fatio Santorio, son précepteur, et à trois de ses amis intimes, ceux-ci ajoutèrent un chêne à leurs armoiries.

Sous Léon X, de la maison des Médicis, un grand nombre de Cardinaux écartelèrent ou *partirent* leurs armoiries des siennes.

Le Cardinal Gambara, créature de Pie IV, de la maison de Médicis, dont les armes étaient *d'or, à une écrevisse de gueules en pal,* mit autour de l'écrevisse les boules des Médicis.

Monseigneur Ferdinand Romuald GUICCIOLI portait : Parti : au 1, *d'or, à trois pals de gueules*, armoiries du Pape BENOIT XIV, de la maison de LAMBERTINI, qui l'avait créé Archevêque; au 2, *de gueules, au lion échiqueté d'argent et d'azur*, qui est de GUICCIOLI, et en chef les armoiries de la religion des CAMAL-DULES, dont il avait été *Abbé visiteur*.

Les quarante villes de France qui avaient été élevées, sous la restauration, au titre de *bonnes villes*, portaient le chef de FRANCE, pour marquer leur obéissance et leur sujétion au Souverain. Les provinces, fiefs de la Couronne, portaient également le chef de FRANCE.

MEAUX, ville de France, porte : *De gueules, parti de sinople, à un M d'or gothique brochant, et un chef de* FRANCE ANCIEN.

PONT-A-MOUSSON, en Barrois, porte : *De gueules, à un pont d'argent de cinq arches, flanquées de deux tours carrées du même, ajourées, essorées et girouettées de sable; le tout posé sur une rivière de sinople*, et en chef l'écusson des ducs de BAR.

Les ARMOIRIES DE CONCESSION sont celles qu'accordent les Souverains en récompense de belles actions et de services signalés rendus au pays ou à leur personne.

Les armes ou les pièces concédées sont ajoutées aux armoiries de famille, soit en chef, soit sur le tout, ou dans un écusson séparé.

Les fleurs de lis des armoiries de la maison de MÉDICIS et celles de la maison d'ESTE sont également des concessions de nos Rois.

Les fleurs de lis qu'on rencontre dans un grand nombre d'armoiries italiennes sont, pour la plupart, des concessions faites par Charles Ier d'Anjou, Roi de Naples, à celles des familles de la faction des Guelfes qui avaient embrassé son parti.

La maison de CIBO, originaire de Gênes, Princes de MASSA et de CARRARE, porte : *De gueules, à une bande échiquetée d'argent et d'azur de trois traits* (armoiries propres de CIBO), et *un chef de gueules, chargé d'une croix d'argent* (armoiries de Gênes, concédées par la république à Guillaume CIBO, son Ambassadeur, qui vivait en l'an 1290).

Cet écu posé sur les armoiries de Malespine (Malaspina), qui sont : *d'or, coupé de gueules, et deux branches d'aubépine de sable fleuries d'argent, posées en pal et arrondies en pointe, brochant sur le tout* (armoiries d'alliance et de substitution). Le tout surmonté d'un chef d'or, chargé d'une aigle d'EMPIRE, posée sur un liston d'argent, sur lequel est écrit le mot LIBERTAS. Ce chef fut concédé, l'an 1568, à Albéric CIBO par l'Empereur Maximilien II, lorsqu'il le créa Prince du Saint-Empire et de Massa.

Le Pape Grégoire XV ayant créé, en 1621, vingt-trois des principaux officiers de sa maison, chevaliers, citoyens et nobles romains, avec le titre de Comte Palatin, leur permit de porter ses armoiries pleines ou en partie, et de les ajouter comme ils l'entendraient à celles de leurs familles.

Nous bornerons là nos exemples d'armes de concession, parce que ces armoiries se confondent en quelque sorte avec celles du chapitre des armoiries concédées pour *événements mémorables et actions illustres*.

Nous devons cependant faire observer que les armoiries concédées pour services rendus à un Souverain sont plutôt prises dans ses propres armoiries que dans les objets symboliques et commémoratifs du fait récompensé, comme dans la figure ci-contre des armoiries de Christophe Colomb.

# DE L'ÉCU
### ET DE
## SES PARTITIONS

En armoiries, l'écu représente le fond, le sol ou le champ du bouclier, de la cotte d'armes, de la bannière et du pavillon sur lesquels on émaillait, brodait ou peignait les pièces et figures qui composent les armoiries.

Chaque nation s'est choisi une forme d'écu qui lui est particulière.

L'écusson des Français est un carré long légèrement arrondi aux deux angles inférieurs, et terminé en pointe à sa base, en forme d'accolade, comme nous le représentons ici.

Cette forme n'est pas tellement de rigueur que l'artiste ne puisse en adopter une autre pour plus d'élégance, et sans manquer pour cela aux règles héraldiques.

Ainsi la forme de l'écu des Français a beaucoup varié depuis cinq siècles : elle fut d'abord, à l'époque des armoiries simples, presque triangulaire ; puis, lorsque les armoiries devinrent plus compliquées, l'écu devint alors un rectangle terminé en pointe, arrondi par en bas, à partir à peu près du tiers de sa hauteur; et enfin lorsqu'on pratiqua les écartelures et que l'on multiplia les pièces sur l'écu, celui-ci prit une forme tout à fait carrée et fort peu arrondie aux angles inférieurs. C'est cette forme dont nous avons donné un exemple ci-contre, et qui paraît avoir prévalu depuis deux ou trois siècles sur toutes les autres.

Nous avons adopté pour nos exemples de blason la forme ordinaire de l'écu français.

L'écusson des dames ou demoiselles, chez presque toutes les nations qui ont usé d'armoiries, a la forme d'une losange.

Le Marquis de Magny est le seul auteur qui ait expliqué le sens symbolique de cette forme singulière, qui n'a aucune analogie avec celle des écus militaires. Suivant lui, nos pères, qui ne mettaient pas dans l'expression de leurs idées autant de retenue que nous le faisons de nos jours, ont voulu, en adoptant la forme rhomboïde pour l'écusson des femmes, lui donner un sens symbolique parfaitement approprié au sexe des personnes qui devaient le porter, sens symbolique complété en quelque sorte par l'addition de la cordelière introduite par la Reine Anne de Bretagne, épouse de Charles VIII et de Louis XII (1483-1515) et adoptée par les veuves.

Il y a une forme d'écusson que l'on nomme *en bannière*; à ce mot du *Dictionnaire*, on verra pour quel motif plusieurs maisons portent l'écu entièrement carré dit *en bannière*.

Les écus portugais, espagnols et flamands sont complétement arrondis par le bas.

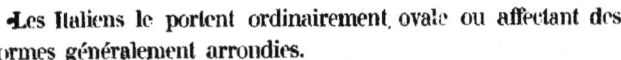

Les Italiens le portent ordinairement ovale ou affectant des formes généralement arrondies.

Les Anglais ont adopté à peu près l'écu français, sauf les angles du chef qui sont prolongées en pointes horizontales.

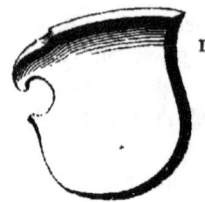
L'écu allemand a presque toujours la forme de l'écu de tournoi, avec ou sans l'échancrure.

Toutes les formes que nous venons d'énumérer ne sont pas de règle rigoureuse, et chez les diverses nations dont nous venons de figurer les écus, les peintres et les artistes s'écartent souvent de la forme générique. Cependant un héraldiste exercé, en voyant un blason, reconnaîtra tout d'abord à la forme extérieure de l'écu et aussi à la nature et à l'arrangement des pièces qui le meublent et l'accompagnent, de quelle nation sont les armoiries soumises à son examen.

Les anciens héraldistes ont en quelque sorte personnifié l'écu pour en blasonner les divisions, ou plutôt ils l'ont considéré comme la cotte d'armes sur laquelle on plaçait des figures symboliques; c'est pourquoi le côté droit de l'écu comme celui de la cotte d'armes qui fait face au lecteur, est placé à la gauche de celui-ci : c'est un point important qu'il ne faut pas oublier, lorsqu'il s'agit de blasonner ou de peindre des armoiries, car autrement on tomberait dans d'étranges erreurs : on placerait à dextre ce qui doit être à sénestre, et *vice versâ*.

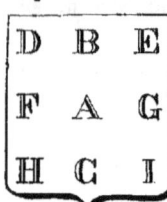
Voici comment, en restant dans l'ingénieuse fiction que l'écu des armoiries représente la cotte d'armes ou le chevalier qui la portait, on désigne chacun des points de l'écu :

A sert à désigner le milieu ou le cœur de l'écu sur lequel on place la pièce qui est seule ou qui est la pièce principale;

B est le point du chef ou du milieu du chef;

C est la pointe de l'écu;

D est le canton dextre du chef;

E le canton sénestre du chef;

F le flanc dextre;

G le flanc sénestre;

H le canton dextre de la pointe;

I le canton sénestre de la pointe;

Trois pièces rangées en D B E se disent rangées en chef :

En B, A, C : posées en pal;

En F, A, G : posées en fasce;

En D, A, I : posées en bande;

En E, A, H : posées en barre;

En H, C, I : posées en pointe.

Neuf pièces posées en D, B, E, en F, A, G et en H, C, I se disent posées 3, 3 et 3 ou en bannière. Cinq pièces posées en A, B, C, F, G se disent mises en croix.

En A, D, I, E, H, elles sont en sautoir;

En D, B, E, G, I, C, H, F, elles sont en orle.

L'écu a encore d'autres divisions, que nous croyons inutile de rapporter ici, celles que nous avons indiquées étant suffisantes pour déterminer la position exacte qu'occupent les meubles sur l'écu, ainsi que toutes ses partitions.

## DES PARTITIONS ET RÉPARTITIONS DE L'ÉCU.

Le *champ* de l'écu se divise en quatre grandes partitions ou sections principales, que l'on nomme : *parti, coupé, tranché* et *taillé*, d'où dérivent toutes les autres divisions ou répartitions de l'écu.

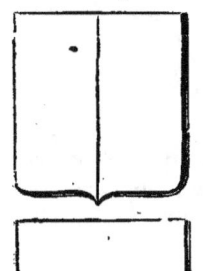

Le *parti* se forme au moyen d'une ligne perpendiculaire abaissée du point B en C, en passant sur le point A au cœur de l'écu.

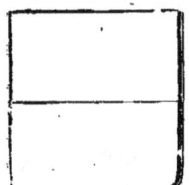

Le *coupé*, qui partage l'écu en deux parties égales, dans sa hauteur, est formé par une ligne horizontale, conduite du point F en G.

Le *tranché* est formé d'une diagonale tracée du point D en I, toujours en passant par le centre, c'est-à-dire de l'angle dextre du chef à l'angle sénestre de la pointe.

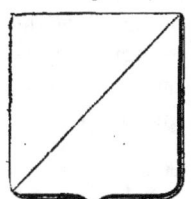

Le *taillé* est formé d'une diagonale tracée dans le sens opposé du point E au point F, ou de l'angle sénestre du chef à l'angle dextre de la pointe.

Les *répartitions* ou subdivisions de l'écu ne sont autres que des divisions multipliées du champ au moyen des quatre lignes qui servent à former les partitions ou grandes sections que nous venons de décrire ; ces *répartitions* ou subdivisions sont assez nombreuses et ont des noms qu'il faut connaître, parce qu'ils se représentent assez souvent dans le blason.

Ces répartitions sont au nombre de *treize*, savoir :

Le *tiercé en pal*, ou le parti de deux, se forme, comme le parti, de deux perpendiculaires abaissées, du chef à la pointe de l'écu.

Le *tiercé en fasce*, ou coupé de deux, est formé de deux lignes conduites du flanc dextre au flanc sénestre.

Le *tiercé en bande* et le *tiercé en barre* sont formés : le premier de la diagonale du taillé, et le second de la diagonale du tranché, répétée deux fois.

L'*écartelé*, qui divise l'écu en quatre quartiers ou carrés égaux, est formé du parti et du coupé.

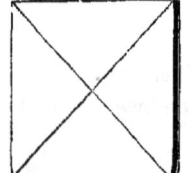

L'*écartelé en sautoir*, qui divise l'écu en quatre triangles isocèles, un en chef, un en pointe et les deux autres aux flancs, est formé des diagonales du tranché et du taillé.

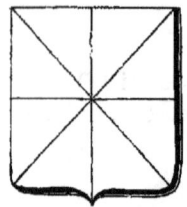

Le *gironné* est formé des quatre divisions principales; on y retrouve en effet le parti, le coupé, le tranché et le taillé.

L'écartelé n'étant le plus souvent employé que pour placer dans un seul et même écu deux ou quatre armoiries différentes, on comprend alors que chacun des quartiers peut subir les divisions ou répartitions dont il vient d'être parlé.

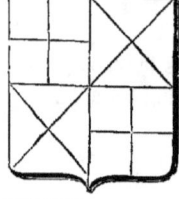

Ainsi l'écu peut être écartelé, aux 1 et 4 contr'écartelé, etc., de même aux 2 et 3 écartelé en sautoir.

Lorsqu'il s'agit de former le *pennon* des armoiries d'une famille, c'est-à-dire de placer sur l'écu, outre les armoiries propres de famille, celles d'alliances, de fiefs et de domaines, l'écu peut être divisé en quatre, six, huit, dix, douze, seize quartiers et plus.

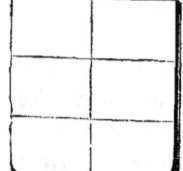

L'écu *parti d'un coupé de deux* forme six quartiers.

TRAITÉ ÉLÉMENTAIRE

Le *parti de trois traits coupé d'un* forme huit quartiers.

Le *parti de quatre traits coupé d'un* divise l'écu en dix quartiers.

Le *parti de trois traits coupé de deux* le divise en douze quartiers.

Le *parti de trois traits coupé de trois* divise l'écu en seize quartiers.

Ces répartitions sont assez fréquemment usitées en Angleterre et en Allemagne.

Le *parti de quatre traits coupé de trois* le divise en vingt quartiers.

Et le *parti de sept traits coupé de trois* en trente-deux quartiers. Ces deux dernières répartitions sont fort peu usitées.

## DE LA SCIENCE DU BLASON.

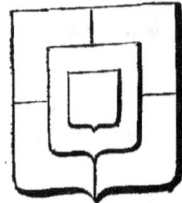

En Espagne et en Angleterre, l'écu des armoiries propres entre ordinairement dans la composition du pennon général des armoiries d'une famille ; mais en France il est d'usage que l'écusson de famille se pose en cœur sur le tout, et si un autre écu est placé sur celui-ci, alors on dit de ce troisième écu qu'il est *sur le tout du tout*.

## DES ÉMAUX ET DES COULEURS.

On a donné le nom générique d'Émaux aux couleurs employées en armoiries, probablement parce que les couleurs étaient rendues inaltérables sur l'écu à l'aide d'un ciment et d'un vernis en couleur métallique qui, durci au feu, résistait à l'eau et au soleil comme les émaux sur les bijoux et les vases d'or et d'argent, sur les verres, les cristaux et les faïences.

L'usage, qui consacre les choses même les plus irrationnelles, a fait que l'on dit indistinctement de nos jours les couleurs ou les émaux pour désigner les sept couleurs employées dans le blason. Ces couleurs ou émaux sont : l'*or*, l'*argent*, le *gueules*, l'*azur*, le *sinople*, le *sable* et le *pourpre*.

En gravure, on exprime les sept couleurs du blason par des signes particuliers et conventionnels dont on ne sait positivement à qui attribuer l'utile invention, et dont on paraît ne s'être servi que vers la fin du xvi<sup>e</sup> siècle.

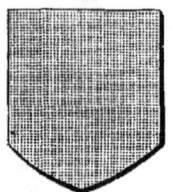

L'*or* est figuré dans la gravure en creux ou en relief par un pointillé.

L'*argent* ne s'indique en gravure sur l'écu ou sur les pièces qui sont d'argent par aucune ligne.

Le *gueules* ou l'écarlate est représenté au moyen de lignes verticales très rapprochées.

L'*azur* par des lignes horizontales.

Le *sinople* par des lignes diagonales partant de l'angle dextre du chef et allant à l'angle sénestre de la pointe.

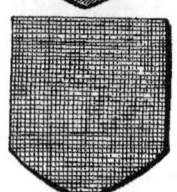
Le *pourpre* par des lignes diagonales inverses tracées de l'angle sénestre du chef à l'angle dextre de la pointe.

Le *sable* est représenté par des lignes verticales et horizontales très serrées.

Outre ces couleurs ou émaux employés en armoiries, il y a deux fourrures ou pannes : l'*hermine* et le *vair*.

L'*hermine* se compose d'un fond d'argent sur lequel on trace un semé de petites croix de sable dont la branche inférieure plus allongée est fendue en trois parties.

La *contre-hermine* est formée par l'inversion des couleurs de l'hermine, c'est-à-dire que le champ est de sable et les petites croix sont d'argent.

Le *vair* est une sorte de fourrure qui est composée de petites peaux blanches et de martre noire azurée, découpées en forme de cloches. Le *vair* proprement dit est figuré en armoiries par l'argent et l'azur posés alternativement, et il est indiqué sur les écussons gravés par les signes convenus pour ces deux couleurs.

Lorsque les découpures d'un même émail sont aboutées ou retournées et se joignent à leur base, cette figure se nomme *contre-vair*.

Le *vair* peut être formé d'autres couleurs, mais alors on dit de la pièce ou de l'écu, qu'il est vairé, de tel ou tel émail.

## DES DIVERSES PIÈCES ET FIGURES QUI CHARGENT L'ÉCU.

Les *figures* ou *meubles* qui chargent l'écu sont de quatre sortes, savoir :

1° Les figures héraldiques ;
2° Les figures naturelles ;
3° Les figures artificielles et inanimées ;
4° Et les figures chimériques.

### DES FIGURES HÉRALDIQUES.

Les figures héraldiques ou propres au blason sont celles dont l'origine remonte au temps primitif des armoiries et qui, créées pour la chose même, n'auraient isolément aucune signification ; elles n'eurent même d'abord aucun sens symbolique et ne furent que des marques distinctives, passagères et accidentelles, choisies pour le tournoi, les joûtes et les pas d'armes. En effet, les bandes d'étoffe que l'on plaçait en long, en travers, en diagonale sur la cotte d'armes ou sur la bannière ; les bandes, les barres, les carreaux, les losanges, etc., que l'on faisait peindre sur l'écu, n'avaient dans le principe aucun caractère symbolique, si ce n'est par la couleur.

Les *figures héraldiques*, les seules à peu près dont on se soit servi jusqu'au moment où l'usage et la mode des armes parlantes et allusives vint inspirer l'emploi des pièces naturelles ou artificielles, sont les plus anciennes. Quoique fort simples de leur nature, elles doivent cependant être divisées en quatre ordres distincts, parce qu'elles sont devenues successivement plus composées à mesure que l'usage des armoiries se répandait.

Les *figures héraldiques* du premier ordre, dites honorables parce qu'elles occupent ordinairement le tiers de l'écu, sont :

| Le *chef*. | La *croix*. | Le *franc-quartier*. |
| Le *pal*. | Le *sautoir*. | Le *giron*. |
| La *fasce*. | Le *chevron*. | La *champagne*. |
| La *bande*. | La *bordure*. | L'*écusson en cœur*. |

Les *figures héraldiques* du second ordre sont de création plus moderne et ont par conséquent une forme déjà plus composée ; on range parmi celles-ci :

| Le *lambel*. | La *pile*. | Le *canton*. |
| Le *pairle*. | La *pointe*. | |
| L'*orle*. | Le *trescheur*. | |

Les *figures héraldiques* du troisième ordre sont beaucoup plus nombreuses; nous mentionnerons seulement les principales :

| | | |
|---|---|---|
| Les *besants*. | Les *billettes*. | Les *fusées*. |
| Les *tourteaux*. | Les *carreaux*. | Les *macles*. |
| Les *besants-tourteaux*. | Les *losanges*. | Les *rustres*. |

Les figures héraldiques que nous rangeons dans le quatrième ordre sont des diminutions ou multiplications des pièces des trois autres ordres ci-dessus, parmi lesquelles se trouvent aussi les figures que les anciens héraldistes nomment *séantes* ou *sécantes partitions* et *rebattements*, deux qualifications qui sont pour le moins inintelligibles de nos jours (1). Ces figures sont :

| | | |
|---|---|---|
| Le *fascé*. | Le *chevronné*. | Le *losangé*. |
| Le *palé*. | Le *vairé*. | Le *fuselé*. |
| Le *bandé*. | Les *points équipollés*. | Le *cantonné*. |
| Le *barré*. | L'*échiqueté*. | Le *fretté*. |
| Le *papelonné*. | Le *mantelé*. | L'*émanché*. |
| Le *plumeté*. | Le *chaussé*. | Le *contre-palé*. |
| Le *flanqué* ou *flanché*. | Le *chapé-chaussé*. | Le *contre-fascé*. |
| Le *chapé*. | L'*embrassé*. | Le *contre-bandé*, etc. |

Un article spécial est consacré à chacun de ces termes dans notre *Dictionnaire héraldique*.

## DES FIGURES NATURELLES.

Les *figures naturelles* représentent, comme leur nom l'indique, les objets appartenant à la création. Le corps humain et toutes ses parties, le ciel, les astres, le soleil, la lune, les arbres, les éléments, les animaux, les oiseaux, etc., que l'on rencontre si fréquemment dans les armoiries, surtout dans celles postérieures au XIV$^e$ siècle, sont ce qu'on nomme *figures naturelles*.

## DES FIGURES ARTIFICIELLES ET INANIMÉES.

Les *figures artificielles*, produites par la main des hommes, ne sont pas moins nombreuses que les figures naturelles, et c'est surtout depuis l'invention des armes parlantes et allusives que tous les objets dont on se sert dans la vie ordinaire ont trouvé place dans les armoiries.

---

(1) L'interprétation la plus raisonnable que l'on puisse donner de ces deux qualifications est celle-ci : Les *séantes* ou *sécantes partitions* sont les bandes d'étoffe qui, placées en nombre plus ou moins grand sur l'écu et dans le sens des pièces usitées dans le blason, partageaient le champ en plusieurs sections; et les *rebattements* sont les figures formées sur le champ de la robe ou de la cotte d'armes par le rabattement de la doublure qui était d'une autre couleur, en signes réguliers et conformes aux figures héraldiques.

## DES FIGURES CHIMÉRIQUES.

On nomme figures chimériques celles qui représentent des animaux fabuleux et fantastiques qui n'existent pas dans la nature et qui ont été créés par les poètes et pour les fictions mythologiques : le centaure, la sirène, le griffon, le phénix, la salamandre, l'aigle à deux têtes, l'amphiptère, le diable, le lion dragonné, l'hydre, etc., sont des figures chimériques.

---

Nous venons d'indiquer les moyens de distinguer la nature des différentes pièces qui meublent l'écu; nous avons précédemment fourni les indications nécessaires pour déterminer avec précision la partie de l'écu qu'elles occupent; mais une des plus grandes difficultés du blason, c'est d'apprécier la position exacte des pièces sur l'écu et leur situation par rapport aux autres pièces qui le meublent; car, afin de simplifier le langage héraldique, chaque pièce a reçu une position fixe et de convention que l'on ne doit pas exprimer en blasonnant, et c'est seulement lorsque la pièce sort de sa position normale qu'on doit l'énoncer.

Le P. Ménestrier, avec son esprit méthodique ordinaire, divise en six espèces les diverses positions données aux meubles de l'écu ; il les nomme : 1º *fixes ou naturelles*, 2º *pleines*, 3º *de rapport*, 4º *arbitraires*, 5º *réciproques*, 6º et *irrégulières*.

Le lecteur nous saura gré peut-être de ne pas embarrasser ce court exposé de toutes ces distinctions de positions, qu'il trouvera du reste suffisamment expliquées dans le cours de l'ouvrage ; mais nous croyons ne pouvoir nous dispenser de parler des positions de la première catégorie que le P. Ménestrier nomme *fixes ou naturelles*, parce que nous nous sommes proposé, dans ce chapitre, de mettre le lecteur en état de blasonner toute espèce d'armoiries sans le secours d'autres notions.

Les positions *fixes ou naturelles* sont celles données invariablement aux pièces héraldiques et aussi à quelques pièces naturelles et artificielles que l'on n'exprime pas en blasonnant, telles que celles qu'ont reçues le chef, la fasce, la bande, la barre, la croix, le sautoir, la bordure, l'orle, le canton, le pairle, le chevron, etc.

Les tours, les colonnes, les arbres, les figures humaines, les bourdons, les crosses, les épées, les fleurs de lis, les billettes, les plantes, les fers de pique, les flèches et en général tous les objets longs, sont dans leur assiette ou position naturelle lorsqu'ils sont posés droit ou perpendiculairement ; les fusées, les losanges, les mâcles et les rustres se trouvent également dans leur position naturelle lorsqu'elles sont posées en longueur sur une de leurs pointes.

A l'article *Animaux*, on verra quelle est la situation et l'assiette naturelle des animaux que l'on n'exprime pas en blasonnant.

Quand il n'y a qu'une figure, sa situation fixe est d'être placée au centre ou cœur de l'écu.

S'il y en a deux, ces figures se placent l'une sur l'autre et on les dit en pal.

S'il y en a trois, il est de règle de les placer 2 et 1, comme les fleurs de lis de l'écu en France; ou 1 et 2, alors on les dit *mal ordonnées;* ou rangées en chef, en pal, en bande, en barre, en fasce, etc., etc.

Quatre figures se placent 2 et 2 ou *cantonnées.*

Cinq, 2, 2 et 1, ou bien en *croix* ou en *sautoir.*

Six, 3, 2 et 1 ou 2, 2 et 2, en *pal* ou en *orle.*

Huit, 4 et 4, en *pal* ou en *orle.*

Neuf, 3, 3 et 3 ou 3, 3, 2 et 1.

Les jumelles sont toujours deux à deux.

Les tiers de trois en trois.

Savoir distinguer la nature ou la position des figures héraldiques, naturelles, artificielles ou chimériques sur l'écu pour nommer chacune d'elles sans omettre aucune des propriétés caractéristiques dont elle est revêtue, décrire un écu dans toutes ses parties en se servant des termes consacrés, c'est posséder la science du blason.

## DES SUPPORTS ET TENANTS.

Les *supports* et les *tenants* d'armoiries sont les principaux ornements extérieurs de l'écu; ils sont ainsi nommés parce qu'ils semblent supporter et soutenir l'écu.

L'usage des supports et tenants est très répandu en France, en Angleterre et dans les Pays-Bas; on en rencontre fort peu dans les armoiries d'Allemagne, d'Italie et d'Espagne, si ce n'est dans celles de quelques grandes familles ou de Princes souverains.

Divers héraldistes donnent indifféremment le nom de supports et de tenants à des figures d'hommes ou d'animaux.

Si une figure est placée seule à l'un des côtés de l'écu, qu'elle soit d'homme ou d'animal, Palliot la nomme tenant; s'il y en a deux, une à chaque flanc, il les appelle supports. Vulson de la Colombière a proposé une distinction qui a prévalu et que nous avons nous-même adoptée; nous disons donc avec lui que la dénomination de *supports* ne doit s'appliquer qu'aux animaux de toute espèce que l'on place aux côtés de l'écu, rampants, reposés ou *en baroque,* mais le plus souvent rampants et dans une attitude menaçante, comme pour le défendre, tels que les lions, les licornes, les léopards, les cerfs, les chiens lévriers, les aigles, les griffons, etc., et celle de *tenants* aux figures humaines ou chimériques à tête humaine, telles que les anges, les sirènes, les sauvages, les chevaliers, les Maures, etc.

Quelques écrivains, entre autres le P. Ménestrier, prétendent que l'usage d'accompagner les armoiries de supports ou tenants, vient de ce que les chevaliers faisaient porter l'écu de leurs armes et leur heaume (ils auraient pu ajouter leurs bannières), dans les tournois, par des gens de leur maison, travestis et recouverts de peaux de lions et d'autres bêtes; et ils disent, à l'appui de cette assertion, qu'Amédée VI, de Savoie, surnommé le *Comte-Vert,* parce qu'il fit revêtir une livrée verte à tous les gens de sa suite au tournoi donné à Chambéry le 1$^{er}$ mai 1346, ayant fait garder son écu par deux hommes couverts de peaux de lions, conserva ces lions pour supports et les transmit à ses descendants.

Il est fort probable, en effet, que ce sont les déguisements dont on affublait ses pages et ses valets qui portaient l'écu des armoiries, le heaume et la bannière dans les marches des tournois, qui ont donné l'idée des supports et tenants ; mais il semble au moins extraordinaire que les supports n'apparaissent sur les sceaux armoriés qu'au xiv° siècle, plus de trois cents ans après l'invention des armoiries, circonstance qui dénote, du reste, que si on a voulu, par l'addition de ce genre d'ornement, rappeler un usage ancien et indiquer une origine chevaleresque, l'emploi en est cependant assez moderne.

Les premiers tenants paraissent avoir été des branches ou troncs d'arbres auxquels les écussons des chevaliers étaient attachés, à l'imitation de ce qui se pratiquait dans les tournois lorsque les hérauts exposaient les écussons des chevaliers aux arbres voisins de la lice.

Plus tard, on donna pour tenants à l'écu des armoiries les chevaliers eux-mêmes, comme ils sont représentés sur les anciens tombeaux, et comme Philippe de Valois, par exemple, est figuré sur les deniers qu'il fit frapper en 1336, tenant une épée dans sa main droite et appuyant la gauche sur l'écu de France. C'est à partir de cette époque, dit-on, que certaines monnaies armoriées ont reçu le nom d'écu.

Le choix des supports et tenants n'est pas obligatoire pour les descendants, parce qu'ils étaient la plupart du temps l'effet du caprice ; mais ils sont héréditaires lorsqu'ils proviennent de concession royale, ou qu'ils rappellent l'une des pièces de l'écu, comme pour une foule d'armoiries qui renferment des lions, des aigles, des griffons, des cerfs, des ours, etc. Chez les Allemands, qui usent peu des supports, comme nous l'avons déjà dit, les pièces de l'écu sont ordinairement reproduites sur le haut du casque, en cimier.

Il y a des supports et tenants qui ont été tirés des devises ou emblèmes particuliers. Les Rois Charles VI, Louis XII et François I$^{er}$ portaient pour supports : Le premier deux cerfs ailés, le second deux porcs-épics, et le troisième deux salamandres. D'autres font allusion aux noms de ceux qui les portent, comme les *ours* des Ursins et les *moines* de Monaco.

Le droit de supports n'était primitivement reconnu en France, comme en Angleterre, qu'aux familles de la haute noblesse. En France, les supports les plus communs sont les lions, les aigles, les griffons, les lévriers et les sauvages, et ils sont presque toujours de même nature aux deux côtés de l'écu ; en Angleterre, au contraire, ils diffèrent le plus ordinairement. Les armoiries de la Grande-Bretagne ont pour supports, depuis l'avénement de Jacques I$^{er}$ à la couronne, à dextre un léopard d'or couronné, et à sénestre une licorne d'argent.

## DES TIMBRES, COURONNES, CIMIERS ET LAMBREQUINS.

Le mot *timbre* désigne en général tout ce qui surmonte l'écu pour distinguer le degré de noblesse et de dignité ecclésiastique ou séculière, comme la *tiare*, le *chapeau* des Cardinaux et des Évêques, les *croix*, les *mitres*, les *heaumes*, les *couronnes*, les *bonnets*, les *mortiers*, etc.; mais il s'applique plus particulièrement au casque ou heaume, accompagné de ses accessoires.

Il n'y avait que les nobles qui eussent le droit de timbrer leurs armoiries d'un heaume; à ce mot du Dictionnaire, on verra les différentes sortes de heaumes ou casques dont les armoiries étaient timbrées, selon le degré de noblesse et le titre nobiliaire de chacun; et à l'article suivant, *des ornements propres aux dignités militaires, civiles et ecclésiastiques*, nous décrirons quelques-uns des timbres affectés aux principales dignités de ces trois ordres.

La couronne est une marque de dignité dont on *timbre* les armoiries, soit qu'on la place immédiatement sur l'écu, soit qu'on la mette sur le heaume.

Les Rois de la première race n'eurent d'abord pour couronne qu'un simple cercle d'or; ceux de la seconde sont représentés avec des couronnes de chêne ou de laurier, et ce n'est que sous les Rois de la troisième race que le cercle d'or des Rois francs reçut des fleurons ou fleurs de lis. Les Rois Louis VI et Louis VII portaient un bonnet carré entouré d'un cercle d'or fleuronné.

Le Roi Charles VII est le premier qui timbra les armoiries de France de la couronne royale sur les monnaies, et c'est le Roi Charles VIII qui le premier aussi adopta la couronne fermée; le Roi François Ier la porta encore quelquefois ouverte; mais à partir de Henri II, tous les Rois ses successeurs, et même les Rois des autres pays, la portèrent fermée.

On ne sait pas précisément depuis quel temps la hiérarchie des titres a été indiquée par la forme des couronnes; c'est une question que nous examinerons à l'article *Couronne* du Dictionnaire, auquel nous renvoyons le lecteur; mais pour mettre le lecteur à même de reconnaître, avant d'aller plus loin, le rang de la personne dont il rencontrera les armoiries timbrées d'une couronne, nous donnons ici les figures de celles qui sont portées en France par l'Empereur et les Princes, Ducs, Marquis, Comtes, Vicomtes et Barons.

La couronne de l'Empereur des Français se compose d'un cercle d'or, enrichi de pierreries, surmontée de huit aigles essorant et fermée par huit demi-cercles qui soutiennent un globe. (*Voir la planche gravée des armoiries de la maison impériale de* BONAPARTE.)

Les personnes dont les terres ont été érigées en principautés, ou celles qui ont été revêtues du titre de *Prince* du saint-empire, portent soit une couronne à l'an-

tique rehaussée de douze pointes d'or, soit un bonnet de velours écarlate rebrassé d'hermines et diadèmé d'un demi-cercle d'or, orné de perles et surmonté d'un globe, comme les Rois et les Empereurs.

La couronne de Prince français diffère notablement de celle-ci, comme on peut en juger par la figure ci-contre. C'est ainsi que la portent les Princes de la Tour d'Auvergne et autres Princes de création française. Elle ne diffère de la couronne royale ordinaire que par le nombre de demi-cercles qui la ferment. La couronne royale en a huit, tandis que la couronne de Prince n'en a que quatre.

La couronne de *Duc* se compose d'un cercle d'or enrichi de pierreries et orné de huit fleurons ou feuilles d'ache, aussi d'or.

Celle de *Marquis* a également huit fleurons : quatre sont d'or, et les quatre autres sont formés chacun de trois perles disposées en trèfles.

Celle de *Comte* n'a pas de fleurons, mais le cercle d'or est orné de seize grosses perles élevées sur des pointes d'or.

La couronne de *Vicomte* est surmontée seulement de quatre grosses perles, entre chacune desquelles est une pointe d'attente.

Enfin celle de *Baron* est un simple cercle d'or orné de pierreries, entortillé d'un collier ou d'un double bracelet de petites perles.

Les couronnes de ces différentes dignités nobiliaires sont à peu près les mêmes en Espagne et en Portugal, mais elles diffèrent en Angleterre. Cependant nous croyons utile d'indiquer ici qu'en Allemagne et dans d'autres pays du Nord, en Flandre et dans le Brabant surtout, les couronnes de simples gentilshommes ressemblent beaucoup aux couronnes ducales de France, en ce qu'elles sont ornées de feuilles d'ache, mais celles-ci sont seulement au nombre de quatre, entre chacune desquelles sont des pointes *d'attente* sans ornement.

Le CIMIER est la partie la plus élevée des ornements de l'écu; il se pose toujours sur la couronne ou sur le sommet du casque : le cimier est l'ornement du timbre comme le timbre est l'ornement de l'écu.

L'usage du cimier remonte à la plus haute antiquité : il est commun à toutes les nations; on a vu qu'il existe chez les peuplades guerrières du Nouveau-Monde avec les mêmes caractères que chez les peuples de l'antiquité.

Les dieux du paganisme, les héros de l'*Iliade*, les Rois d'Égypte étaient représentés avec des cimiers : c'était des têtes d'animaux féroces, d'oiseaux de proie, des figures hideuses ou chimériques.

Les cimiers bizarres chantés par les poëtes ont servi de fondement à toutes sortes de fables : les anciens donnèrent à Sérapis une tête d'épervier, parce que ce guerrier portait la tête de cet oiseau pour cimier; ils firent de Géryon un monstre à trois têtes, parce qu'il avait un triple cimier; ils feignirent que Protée changeait de forme à volonté, parce que ce Roi d'Égypte changeait souvent de costume et de cimier.

Les cimiers extravagants furent aussi en usage chez les Gaulois.

L'usage du cimier, que l'on rendit symbolique par le choix de la pièce qu'on y plaça, s'est continué jusqu'au temps des armures, et il est certain que, lorsque vint la coutume de peindre sur l'écu un signe distinctif particulier à l'individu, plus d'un seigneur qui avait déjà pour cimier une figure d'animal la fit placer dans ses armoiries; c'est ce qui explique pourquoi quelques armoiries primitives, du reste en fort petit nombre, contiennent des figures d'animaux.

Les cimiers de plumes sont les plus anciens et les plus fréquents; les autres figures étaient faites de carton, de cuir bouilli, de bois peint et verni.

Il est rare qu'on ait mis sur les cimiers les pièces dites honorables; leur forme d'ailleurs s'y opposait; elles ont été peintes cependant sur les vols bannerets et les volets.

Le cimier comme le timbre est une marque d'antique noblesse et de chevalerie; par cela même il est héréditaire; les simples gentilshommes, les écuyers et même les chevaliers qui n'avaient pas assisté à un tournoi n'avaient pas le droit d'en porter.

Le cimier semble avoir été adopté en Allemagne de préférence aux supports et autres ornements; dans ce pays, le cimier est compliqué d'une foule d'objets disparates : l'écu est presque toujours timbré de plusieurs casques qui tous ont un cimier composé de pièces bizarres, dont le principal objet est de rappeler l'assistance et l'admission à des tournois; il est aussi formé de pièces prises dans l'écu.

Les LAMBREQUINS étaient des morceaux d'étoffes ou de cuir découpés en fleurons et attachés au bourrelet; ils descendaient sur les épaules du chevalier et étaient destinés à couvrir le casque, comme la cotte d'armes couvrait l'armure, pour le garantir des injures du temps, mais plutôt, selon nous, pour atténuer l'ardeur du soleil et la force des coups dans la mêlée. Les lambrequins et le bourrelet ou tortil étaient aux couleurs de l'écu. De nos jours ces objets servent à orner des armoiries, qu'ils embrassent presque entièrement; et les Allemands, qui n'ont pour ainsi dire pas d'autres ornements pour l'écu, excellent dans l'art de grouper et d'enlacer les feuilles des lambrequins; c'est même dans leur blason qu'il faut aller chercher les plus beaux modèles de lambrequins et d'armoiries : chez eux l'élégance de la forme est portée au plus haut degré; il est vrai que leurs plus grands artistes n'ont pas dédaigné de tracer des figures d'armoiries : Albert Durer a laissé en ce genre les plus beaux types assurément que jamais l'art héraldique ait produits.

# DES ORNEMENTS

### PROPRES AUX DIGNITÉS ECCLÉSIASTIQUES, MILITAIRES ET CIVILES.

L'usage des marques de dignités et d'offices est fort ancien, comme l'atteste un grand nombre de médailles antiques.

A Rome, la charge d'amiral était symbolisée par une proue de vaisseau; celle d'augure, de pontife et de sacrificateur, par le bâton augural, la hache et le sympule.

Anciennement, les personnes qui avaient des offices à la cour des Rois de France et des Empereurs plaçaient les unes des fleurs de lis et les autres des aigles dans leurs sceaux; ces signes étaient même répétés sur leurs tombeaux; aussi ne doit-on pas douter que la plupart des fleurs de lis et des aigles, que tant de familles portent dans leurs armoiries, ne soient plutôt des marques de fonctions ou d'offices remplis auprès de la personne des Rois de France et des Empereurs que le résultat de concessions spéciales.

On compte quatre espèces différentes de marques de dignités dont on a fait usage pour les armoiries, lesquelles peuvent ainsi être qualifiées : *ecclésiastiques*, *politiques*, *militaires* et *civiles*.

Les MARQUES DE DIGNITÉS ECCLÉSIASTIQUES sont : la tiare et les clefs pour le souverain Pontife, le chapeau rouge pour les Cardinaux, le chapeau vert pour les Archevêques et Évêques, la croix à double traverse pour les Patriarches et Primats, la croix simple pour les Cardinaux envoyés en légation et pour les Archevêques.

La crosse et la mitre pour les Évêques et pour les Abbés.

Les chapeaux noirs pour les Protonotaires.

Le bâton ou bourdon pour les Prieurs et les Chantres.

Les MARQUES DE DIGNITÉS POLITIQUES sont les couronnes, signe de la souveraineté et du rang nobiliaire; les manteaux de Ducs, de Pairs et de Marquis.

Sous l'Empire français, et lors du rétablissement des armoiries et de la création d'un blason approprié à la nouvelle noblesse instituée par l'Empereur Napoléon I$^{er}$, chaque corps de l'ordre ecclésiastique, civil ou militaire, reçut un signe particulier, ajouté le plus ordinairement en *canton*; les corps politiques eurent aussi les leurs. (Voir l'*Armorial de l'Empire français*, par SIMON.)

Les **marques de dignités militaires** employées en France jusqu'à la Révolution de 1830 ont été, pour les dignitaires ci-après :

Le Connétable : à chaque côté de l'écu, une main armée tenant une épée nue et sortant d'une nuée.

Le Maréchal : deux bâtons de commandement couverts de velours bleu, parsemés, sous nos anciens rois, de fleurs de lis; sous l'Empire, d'abeilles.

L'Amiral : deux ancres passées en sautoir, les trabes d'azur semées de fleurs de lis d'or ou d'étoiles.

Le Vice-Amiral : une ancre en pal.

Le Colonel général de l'infanterie : six drapeaux aux couleurs du Roi, blanc, rouge et bleu; trois de chaque côté.

Le Colonel général de la cavalerie : quatre cornettes aux armes de France; deux de chaque côté.

Le Grand maître de l'artillerie : deux canons ou couleuvrines sur leurs affûts.

Le Grand Écuyer : deux épées royales d'azur, semées de fleurs de lis d'or.

Le Capitaine des gardes du corps du Roi : deux bâtons d'ébène en sautoir.

Le Capitaine des cent-suisses : deux bâtons d'ébène, garnis d'ivoire, et, en pointe de l'écu, deux toques de velours.

Le Capitaine des gardes de la porte : deux clefs d'argent en pal.

De nos jours, il n'y a plus guère que les Maréchaux de France et les Amiraux qui aient coutume de porter dans leurs armoiries la marque de leur dignité.

Les **marques de dignités civiles** sont pour les dignitaires ci-après :

Le Chancelier de France : le mortier en toile d'or, rebrassé d'hermines, posé sur le casque et ayant pour cimier une femme à mi-corps, habillée du manteau royal et couronnée d'or, tenant de la main droite un sceptre, et de la gauche le sceau du Roi, et, derrière l'écu, deux masses d'argent; le tout environné du manteau fourré d'hermines.

Le Grand Maitre de la maison du Roi : deux bâtons d'or passés en sautoir et terminés par une couronne royale.

Le Grand Chambellan : deux clefs d'or passées en sautoir; les anneaux terminés par une couronne royale.

Le Premier Maitre d'hotel : deux bâtons d'or en sautoir.

Les Présidents de Parlement : un mortier de velours noir, bordé d'or, avec le manteau ducal.

Les Surintendants des Finances : deux clefs en pal et adossées, l'une d'or à dextre, et l'autre d'argent à sénestre; les anneaux terminés par une couronne royale.

Il y avait d'autres dignités civiles qui avaient chacune leurs marques particulières; nous nous contenterons de les indiquer ici, en renvoyant à l'ouvrage de Palliot et à celui du P. Ménestrier (*Origine des ornements des Armoiries*) pour connaître quelles étaient ces marques : ainsi, les charges de grand bouteiller ou de premier échanson, de grand veneur, de grand pannetier, de grand fauconnier, de grand louvetier, de grand écuyer tranchant, de grand prévôt de l'hôtel, avaient des marques indicatives de leurs fonctions, que l'on plaçait, comme toutes celles qui précèdent, à l'extérieur de l'écu.

## REMARQUES GÉNÉRALES

### SUR LA MANIÈRE DE BLASONNER LES ARMOIRIES.

Il est nécessaire de compléter cet exposé par des remarques générales sur la manière de blasonner les armoiries et par quelques réflexions sur la pratique du blason dans divers royaumes et provinces de l'Europe.

La première règle du blason est de s'exprimer en termes propres et concis, afin d'éviter les répétitions.

En France et en Angleterre, on commence par blasonner l'émail du champ, puis la figure principale, et l'on termine par les figures qui chargent ou accompagnent la figure principale.

Les Italiens, les Espagnols et quelquefois les Allemands commencent, nous l'avons déjà dit, par nommer les pièces de l'écu, et finissent par le champ; ainsi, ils disent : un lion en champ d'azur; une tour en champ d'or.

Les pièces honorables se nomment les premières après le champ de l'écu; cependant, lorsque le chef, l'orle, la bordure, le canton se trouvent avec d'autres pièces, on commence par ces pièces, attendu que, dans ce cas, le chef, l'orle, la bordure, etc., doivent presque toujours être considérés comme des brisures.

Lorsqu'une figure *broche* et s'étend sur des partitions et rebattements, lorsqu'une fasce passe sur un chevron, *et vice versâ*, on nomme d'abord le champ et les partitions ou rebattements, puis la fasce ou le chevron qui en est le plus près, et l'on finit par la pièce qui est brochant, ou sur le premier plan.

On remarquera qu'après avoir nommé : 1º le champ, 2º la pièce honorable ou toute autre figure principale ; 3º et les figures qui chargent ou accompagnent la pièce principale, nous énonçons la couleur de celle-ci avant de déterminer sa situation. Nous croyons rectifier par là une mauvaise locution employée jusqu'à nous et qui ne saurait être logiquement justifiée ; ainsi nous disons : une tête de *lion de gueules arrachée*, au lieu de *arrachée de gueules*; une *fasce d'or ondée*, une *bande de sable engrêlée*, une *croix de gueules cléchée*, au lieu d'une *fasce ondée d'or*, une *croix cléchée de gueules*, une bande *engrêlée de sable*.

Lorsqu'une figure principale occupe le milieu de l'écu, on ne l'exprime pas, parce qu'il est de règle qu'elle doit toujours être placée au cœur de l'écu.

Quand plusieurs figures de même espèce semblent, par leur arrangement sur l'écu, former une des pièces honorables, on doit exprimer leur position par le nom de la pièce honorable qu'elles représentent; ainsi l'on dit : cinq besants posés en sautoir, cinq fusées posées en bande, trois étoiles posées en pal, etc.

Des meubles *placés en chef* ou *rangés en chef* ne sont pas la même chose : on dit d'une ou de deux pièces qu'elles sont *en chef*, et on dit de trois étoiles qu'elles sont *rangées en chef* pour exprimer qu'elles sont rangées en ligne horizontale à la manière du chef.

En blasonnant les tours, les châteaux et les murs qui sont donjonnés, crénelés et pignonnés, il faut exprimer de combien de pièces.

Les mâcles, les molettes et les rustres étant toujours ajourés, on ne l'exprime pas, et on ne dit des rais d'une étoile qu'autant qu'il y en a plus de cinq.

La position *naturelle* des animaux et autres figures ne s'énonce pas en blasonnant : ainsi le lion est dans sa position naturelle s'il est rampant ; le cheval, le bœuf, le chien, le cerf, etc., s'ils sont passants ; mais s'ils ont une toute autre position, il faut l'exprimer.

On n'oubliera pas sans doute qu'il est de règle absolue de ne jamais mettre couleur sur couleur ou métal sur métal.

Ces quelques remarques sur la manière de blasonner les armoiries ont été placées dans le Traité élémentaire de la science du blason, comme complément du chapitre précédent ; mais en parcourant le *Dictionnaire héraldique* aux articles de principes généraux, on trouvera toutes les règles ci-dessus énoncées, reproduites avec des développements et appuyées d'exemples et de figures qui les graveront beaucoup mieux dans la mémoire que ne le ferait une plus longue dissertation théorique.

## LA PRATIQUE DU BLASON

### DANS DIVERS ROYAUMES DE L'EUROPE ET PROVINCES DE LA FRANCE.

La pratique du blason n'est pas la même chez tous les peuples qui ont des armoiries ; et, sauf quelques règles générales qui ont été adoptées par tous, il y a des différences assez marquées, pour que nous ayons cru devoir terminer cet Exposé par quelques indications à ce sujet.

### EN FRANCE.

En France, le blason est généralement plus exact dans la pratique que dans les autres pays, parce que c'est en France que les premières règles ont été posées ; aussi est-ce dans les armoiries françaises qu'on rencontre le plus de pièces primitives dites honorables, lesquelles sont, comme on sait, les marques de la plus ancienne comme de la meilleure noblesse.

*L'azur* ou le bleu et *l'or* dominent dans le blason français ; la cause en est, qu'indépendamment des circonstances qui ont fait adopter en France le bleu de préférence à une autre couleur, les nobles prirent généralement pour leurs armoiries les couleurs choisies par le souverain, qu'ils tenaient à honneur de porter comme marques de sujétion et de nationalité, surtout à une époque où les armées réunies de divers peuples n'avaient pas, comme de nos jours, des uniformes et des cocardes qui les fissent reconnaître. C'est par le même motif que les pièces naturelles ou artificielles sont venues se placer, à l'imitation des trois fleurs de lis de France, au nombre de trois sur l'écu; comme autrefois, avant la réduction des fleurs de lis à ce nombre par le Roi Charles VI, c'était au contraire en *semé* que les petites pièces étaient distribuées sur le champ de la robe, de la cotte d'armes et de l'écu.

Les nobles de l'ancien duché de Bourgogne adoptèrent la couleur *gueules* à l'imitation de leurs souverains, comme aussi la dévotion à saint André multiplia les *Sautoirs* ou *croix de Saint-André* dans les armoiries des seigneurs bourguignons.

Par le même motif d'imitation et de sujétion, les gentilshommes bretons placèrent *l'hermine* dans leurs armoiries, ainsi que des *billettes*, à cause de l'illustre maison de Beaumanoir, et des *mâcles* à cause de celle de Rohan.

Les brisures introduites dans les armoiries des Princes français mirent ce genre de modification fort à la mode parmi les seigneurs leurs sujets.

Les *chefs* et les *bandes* sont fréquents dans les armoiries des plus grandes familles des provinces centrales de la France, probablement à cause de la maison de Poitiers, qui était très influente dans le Dauphiné et le Valentinois.

Plusieurs familles de la Franche-Comté portent des *billettes* à l'exemple des anciens Comtes de cette province.

En Provence, on voit beaucoup d'armoiries qui diffèrent totalement de celles des provinces voisines, parce que la plupart des anciennes familles de ce pays sont originaires d'Italie et d'Espagne; c'est ainsi que l'on trouve beaucoup de *tours*, de *châteaux*, de *tourteaux*, de *besants*, d'*étoiles*, de *croix*, etc.

Les *croix* comme les *coquilles* sont également très répandues en Normandie : les *croix* parce que ce pays a donné beaucoup de chevaliers aux Croisades, et les *coquilles* par dévotion à saint Michel.

Les *pals* et les *bordures* sont très répandus dans le Languedoc, à l'imitation des maisons de Catalogne, de Foix et d'Aragon, comme les *lions* et les *léopards* sont fréquents en Guyenne, dans la Normandie et la Picardie parce que ces trois provinces en portent dans leurs armoiries, et aussi par suite de l'occupation anglaise.

On rencontre beaucoup de *merlettes* dans les armoiries de Champagne et de Normandie à cause de voyages d'outre-mer.

## EN ANGLETERRE.

Le blason ne diffère pas essentiellement du blason français dans la pratique, si ce n'est que les partitions et divisions de l'écu y sont très multipliées, que le blason de chaque famille se complique d'un grand nombre de pièces diverses, et que les pièces dites honorables comme le chevron, la bande, la fasce, y sont presque toujours chargées et surchargées.

Les *léopards* tirés des armes de Normandie et de celles des Plantagenets; les *roses* blanches et rouges, causées par les deux factions qui désolèrent si longtemps l'Angleterre de leurs luttes sanglantes; l'*hermine*, par suite des rapports de l'Angleterre avec la Bretagne; les *manches* mal taillées, les pièces *engrêlées*, les *piles* et les *bouses* ou *chantepleurs*, qui sont particulières aux armoiries anglaises, y sont très répandues.

Les armoristes anglais usent beaucoup du cimier : une seule famille en a quelquefois trois ou quatre, et ceux-ci ne sont pas toujours posés sur des casques comme en Allemagne ; ils sont au contraire le plus ordinairement placés au-dessus des armoiries, sans liaison avec elles. En général, on voit que le blason anglais, par la profusion des pièces qui encombrent l'écu, n'est pas ancien ; qu'il vise plus à l'effet, par l'arrangement et la combinaison de couleurs et de pièces variées, qu'au maintien de la simplicité ancienne, qui dénote seule, comme nous l'avons dit, une antique et illustre origine.

## EN ALLEMAGNE.

L'Allemagne est le pays où l'on voit les plus belles armoiries sous le rapport des formes extérieures : les lambrequins placés autour de l'écusson, qui lui-même prend les formes les plus gracieuses, sont toujours arrangés avec le goût le plus parfait. C'est peut-être en Allemagne seulement que les armoiries ou plutôt que les meubles qui chargent l'écu, ont conservé la simplicité primitive des temps les plus anciens du blason ; nulle autre part l'écu n'est moins chargé de pièces, et celles qui le meublent, lorsqu'elles ne sont pas parlantes du nom, rappellent toujours les nobles exercices de la guerre ou de la chasse ; mais c'est dans les nombreux cimiers qui surmontent un même écu que se révèle le goût germanique, et le cachet particulier que les Allemands ont donné aux armoiries. Ces cimiers se composent de choses naturelles et artificielles les plus bizarres, les plus disparates, et quelquefois les plus burlesques.

Les cimiers d'alliances et de fiefs s'ajoutent à ceux de famille, comme en France ou en Angleterre, on ajoute un quartier d'alliance ou on accole à ses armoiries l'écu d'une famille alliée.

Dans ces cimiers, qui semblent n'avoir été créés que pour les jeux militaires et les tournois, on voit que toutes les pièces qui surmontent quelquefois un seul casque, et sous le poids desquelles l'homme le plus robuste eût ployé, lors même qu'elles auraient été fabriquées des matières les plus légères, rappellent la chevalerie et les droits seigneuriaux ; c'est ainsi qu'on y remarque beaucoup de trompes ou cornets de tournois, des plumes de paon, des figures humaines sans bras et des membres d'animaux. Les pièces honorables de l'écu, ne pouvant trouver place sur le casque, sont souvent peintes sur les vols et volets ou sur les bannières du cimier.

C'est en Allemagne que la damasquinure, que nous appelons *diapré* et qui donne tant d'élégance au champ de l'écu, a pris naissance. Les partitions irrégulières y sont aussi fort usitées, et ces partitions prennent des formes si bizarres que l'héraldiste le plus expert est quelquefois embarrassé pour les blasonner sans hésitation ; nous en donnerons quelques-unes pour exemples dans le cours de l'ouvrage.

On doit penser que les aigles sont très fréquentes dans les armoiries allemandes, soit comme concession des Empereurs, soit comme armoiries d'origine, l'aigle étant l'attribut particulier de l'Empire.

Tous les objets propres à symboliser des droits seigneuriaux : les haches, les cors de chasse ou huchets, les hameçons et harpons, les roues et fers de moulin viennent aussi se placer sur le cimier.

Les seigneurs avoués des églises ou abbayes, ou les officiers héréditaires des Évêques, y placèrent quelquefois des mitres.

Par les cimiers, on indique aussi les fiefs. Enfin, on pourrait dire du cimier allemand qu'il est l'armoirie, et que l'écu n'en est que l'accessoire.

On compte nombre de familles d'Allemagne et de Belgique qui ont des fleurs de lis dans leurs armoiries ; on y voit peu de brisures. Cela vient de ce que les enfants partagent également les biens du père, et qu'ils portent tous le titre principal de la maison : ainsi les fils d'un Comte sont tous Comtes, les filles sont Comtesses. Si cependant il est utile d'indiquer des brisures, c'est par la diversité des cimiers, et ceux-ci sont quelquefois si nombreux pour une seule famille, qu'il n'est pas rare de voir un écusson timbré de douze ou quinze heaumes surmontés d'autant de cimiers, où les pièces de toutes sortes se pressent et se multiplient à l'infini. Paul Fursten, dans son curieux ouvrage, donne les cimiers de la maison de ZORN, qui en a trente-trois.

Le cimier du milieu est toujours le principal et celui de la famille ; les autres, à dextre et à sénestre, sont les cimiers d'alliances et de fiefs.

Les marques de dignité ne se placent pas, comme en France, à l'extérieur de l'écu ; c'est au contraire sur le champ qu'elles sont posées.

Il est fort utile de faire observer qu'en Allemagne les figures sont tournées indifféremment vers le côté dextre ou sénestre, qu'ainsi le blason allemand ne reconnaît pas de figures contournées ; en effet, on fait même confronter, pour plus d'élégance, les figures sur l'écu ou sur le cimier : les bandes y deviennent indifféremment des barres, et celles-ci des bandes, selon qu'il est besoin de les faire correspondre. On peut consulter à ce sujet les deux *Armoriaux* de Sibmacher et de Fursten.

Nous avons déjà dit qu'il y avait peu de supports en Allemagne ; les devises n'y sont pas plus communes, et il est assez remarquable, pour un pays que nous considérons comme la terre classique du blason, que la règle de ne pas mettre couleur sur couleur et métal sur métal n'y soit pas mieux observée ; aussi y rencontre-t-on beaucoup d'armoiries irrégulières dites à *enquerre*.

## EN ITALIE.

Nulle autre part, les armoiries parlantes ne sont plus répandues qu'en Italie, et par cela même, elles contiennent peu de pièces primitives dites honorables, qui sont fort peu parlantes, comme l'on sait ; ce qui indique que les armoiries ne sont pas tout à fait aussi anciennes dans ce pays qu'en Allemagne et en France. L'usage des armoiries en Italie ne remonterait donc pas au delà des XIIe et XIIIe siècles. Une circonstance qui fait aussi qu'on retrouve de nos jours beaucoup plus d'armes parlantes en Italie que partout ailleurs, c'est d'abord parce que les noms primitifs y ont moins changé que dans les autres pays, qu'en France, par exemple, où tant de familles ne portent plus le nom d'après lequel les armoiries ont été composées; puis, que les noms patronymiques n'y ont pas été altérés par les surnoms de fiefs, dont on use peu en Italie; circonstance qui explique aussi l'absence de la particule, qui n'y est pas en usage, si ce n'est dans les provinces limitrophes de la France.

Les chefs aux armes de France et à lambel, ceux à l'aigle d'Empire, sont très communs dans toute l'Italie, notamment à Gênes, Milan, Bologne, Parme, Plaisance, Pavie, etc. Les premiers furent concédés par nos Rois; ils étaient un signe de la faction des Guelfes, et les seconds par l'Empereur comme signe de celle des Gibelins.

Les partitions sont très fréquentes en Italie à cause des mêmes factions guelfes et gibelines, et l'on y rencontre aussi beaucoup de tours et de pièces crénelées et bretessées, surtout à Florence, où les seigneurs avaient des palais crénelés et construits comme des forteresses.

A Venise à cause des canaux, à Padoue à cause d'une rivière qui fait plusieurs contours, ont voit des pals et des bandes ondées ou vivrées dans un grand nombre d'armoiries; les maisons *Canale*, *Grimani*, *Viaro*, *Vitturi* portent des *pals* dans les leurs.

## EN ESPAGNE ET EN PORTUGAL.

Les armoiries écartelées et contr'écartelées ou en pennons, les partitions multipliées de l'écu ne sont pas moins fréquentes en Espagne qu'en Angleterre. Les armoiries se composent d'objets les plus disparates : dans le même écusson se rencontrent des animaux avec des croix, des étoiles ou des croissants. Cette grande diversité qui règne dans l'assemblage des pièces du blason espagnol, et cette multiplication des divisions de l'écu, proviennent de ce que les seigneurs réunissaient à leurs armoiries de famille celles des fiefs nombreux qu'ils possédaient et des titres qu'ils portaient.

Les armoiries parlantes et allusives sont communes en Espagne : les chaudières, attribut particulier des *ricos hombres* (hommes puissants), qui étaient pour l'Espagne ce qu'étaient dans les autres pays les chevaliers bannerets, y sont très fréquentes. Les croix fleurdelisées, les chaînes depuis la célèbre victoire remportée sur les Maures par Sanche le Fort en 1212, n'y sont pas moins répandues. Les coquilles prises par dévotion à saint Jacques, les besants et les tourteaux que l'on nomme *roel* en Espagne, choisis, soit comme symboles de charges de finance, soit pour figurer des forteresses et des châteaux comme dans les armoiries des Castro, qui portaient *treize tourteaux d'azur en champ d'argent* pour rappeler les treize maisons fortes ou châteaux qu'ils possédaient; les sautoirs ou croix de Saint-André, adoptés en commémoration de la prise de Baeça sur les Maures en 1489, le jour de la Saint-André, y sont également fort répandus.

Les *échiquiers* et les *pièces échiquetées*, les *croissants*, les *étoiles*, qui marquent des victoires remportées sur les Maures dans des combats de nuit, y sont aussi très communs.

Quelques familles originaires de la France ont pris des *fleurs de lis* pour marquer leur origine; les *loups* sont fréquents dans les armoiries des nobles de la Biscaye, de la Catalogne et de la Navarre.

Les *bordures* figurent avec honneur dans le blason espagnol, parce qu'elles sont des concessions royales ou des additions en commémoration de faits accomplis dans des batailles, ou pour rappeler des alliances illustres.

Les *châteaux* et les *lions* sont souvent reproduits dans les armoiries des seigneurs espagnols, à cause de celles de Castille et de Léon.

Les chapés, les tiercés en mantel sont particuliers aux armoiries d'Espagne et de Portugal.

En général, tout ce que nous venons de dire du blason espagnol s'applique, quant aux coutumes générales, au blason portugais.

### AUX PAYS-BAS.

La couleur de *sinople*, les *pals* et les *fasces* sont fort répandus dans les armoiries des dix-sept provinces des Pays-Bas : la première, probablement à cause des grandes prairies dont ce pays est couvert, et les seconds à cause des nombreux canaux et rivières qui les traversent; les *sautoirs* et les *chevrons* y sont aussi assez nombreux, probablement à cause des digues levées. On y rencontre aussi beaucoup de *fleurs de lis*, parce qu'un grand nombre de familles de ces provinces prirent le parti pour la France contre les Bourguignons et les Anglais.

On donnait le nom de *Liliarts* à ceux qui tenaient pour le roi de France.

Les *lions* et aussi les *hermines* s'y rencontrent presque autant qu'en Bretagne, parce que la Comtesse de Montfort mena avec elle, en Bretagne, un grand nombre de seigneurs des Pays-Bas pour la défense de ses droits.

### EN SAVOIE.

En Savoie et dans les anciennes provinces de Bresse et Bugey, dans le pays de Vaud, un grand nombre de familles ont pris des *croix*, à l'exemple de leurs souverains; des *aigles* à cause des anciennes armes de Savoie, qui contenaient une aigle; et des *lions*, à cause de celles de Chablais et du duché d'Aost, qui avaient des lions pour supports et en cimier; les *pals* y sont aussi assez fréquents, à cause des armoiries de Faucigny, qui rappellent elles-mêmes des pays arrosés de rivières.

### EN POLOGNE, EN SUÈDE ET EN DANEMARK.

Le blason polonais affecte des formes particulières, dont les figures, lorsqu'elles ne représentent pas des animaux, approchent si peu de la nature, qu'elles ressemblent plutôt à des hiéroglyphes qu'aux objets qu'elles doivent rappeler.

Le champ de l'écu est presque toujours, comme celui de l'écu national, *de gueules*, et les meubles *d'argent*.

En Pologne, on réunit les noms de fiefs aux noms de famille, d'où il résulte que les fils d'une même maison, qui ont pris les noms des terres qu'ils possèdent, peuvent paraître autant de personnes différentes, quoiqu'elles aient les mêmes armoiries.

La plupart des armoiries y sont composées de *fers de dard*, de *fers à cheval*, de *haches*, de *badelaires*, de *lances*, et autres objets militaires et chevaleresques.

Les *paillis* ou *huttes*, les *portes de camp*, les *pavillons* y sont des marques de haute noblesse.

Il existe peu d'armoiries parlantes en Pologne.

En Suède, pays essentiellement maritime et couvert de vastes forêts, le blason est peu chevaleresque : les pièces qui meublent l'écu sont le plus souvent des animaux et des instruments de chasse et de pêche, des poissons, des armes, des rivières ou bandes ondées qui les représentent.

En Danemark, le blason est régulier et renferme beaucoup d'armes parlantes ; les partitions ou divisions de l'écu y sont pratiquées : le parti, le coupé, le tranché, le taillé s'y rencontrent fréquemment, ainsi que les pièces dites honorables.

Comme chez les Allemands, les cimiers compliqués y sont fort en usage : ils sont composés des mêmes pièces et des mêmes objets ; cependant une circonstance qui tend à donner au blason danois un caractère plus chevaleresque et plus sévère, c'est la quantité de bannières qui accompagnent ordinairement l'écu, comme signe de la puissance et de la richesse des seigneurs en terres et en vassaux. La maison de Flemminck porte vingt bannières ; celle de Banner, treize ; et celle d'Hoger, onze.

Nous bornerons là nos remarques sur le blason chez les diverses nations de l'Europe : il nous eût été facile de les étendre, mais nous avons déjà dépassé les limites que nous nous sommes tracées ; puis nous croyons avoir fourni, dans ce chapitre, des notions suffisantes pour mettre nos lecteurs le moins familiarisés avec la science du blason, à même de distinguer et blasonner, selon les règles et les principes de la science du blason, toute espèce d'armoiries, les plus simples comme les plus compliquées.

# DICTIONNAIRE HÉRALDIQUE

COMPRENANT TOUS LES

## TERMES USITÉS DANS LE BLASON

NOTA. — Les numéros placés à côté des noms de famille servant d'exemple, indiquent le numéro d'ordre sous lequel le blason gravé est rangé dans l'ouvrage.

**ABAISSÉ**. — Se dit du vol des aigles et des autres oiseaux dont les ailes sont pendantes.

On se sert aussi de ce mot pour les pals, chevrons, etc., lorsque ces pièces sont posées plus bas que leur place ordinaire.

Le chef est également dit *abaissé*, lorsqu'il est surmonté d'un filet de l'émail du champ, et lorsqu'il y a deux chefs, le second est dit *abaissé* sous le premier : les chevaliers de Malte, par exemple, qui ont un chef dans leurs armes, l'*abaissent* sous celui de leur ordre (ou religion). La fasce peut aussi être abaissée quand on la place plus bas que le tiers du milieu de l'écu qu'elle occupe ordinairement.

*Voy.* MANARA, 337. — LE BÈGUE D'AMBLY, 449. — D'ANDIGNÉ DE MAINEUF, 413.

**ABEILLE**. — Les abeilles rentrent dans la catégorie des insectes (Voir ce mot); et si nous leur consacrons un article spécial, c'est pour constater combien l'on apprécie leur industrie, l'ordre et la régularité de leur gouvernement, puisque des souverains sèment d'abeilles leurs manteaux de parade, et en font ainsi un symbole éminent.

Plusieurs grandes familles d'Italie portent des abeilles dans leurs armes.

Elles se représentent de face, vues de dos, les pattes étendues, les ailes entr'ouvertes.

*Voy.* STAMPFER, 930.

**ABIME**. — C'est le cœur de l'écu. Quand on dit *mis en abime*, ces mots s'entendent de la pièce mise au milieu de l'écu, sans toucher ni charger aucune autre pièce.

La pièce *mise en abime* doit être alors plus petite que celles qui l'accompagnent, car elle n'est jamais que pièce secondaire.

*Voy.* DU RAQUET, 133. — CARPENTIER DE

Changy, 262, 518. — Le Bas de Courmont, 444. — Le Leizour, 730.

**ABOUTÉ.** — Se dit des pièces allongées qui peuvent être mises *bout à bout*, et qui correspondent par les pointes, comme les épées, les otelles, les cœurs, les branches, les mâcles, etc., et même les hermines, dont les bouts correspondent et se joignent en croix.
*Voy.* Aubé de Braquemont, 422.

**ACCOLÉ.** — Se dit de deux écus joints ensemble, comme pour les armes du mari et de la femme, ou des pièces posées l'une contre l'autre.
Quelques auteurs se sont servis de ce mot pour désigner les animaux qui ont un collier; ces animaux sont mieux dits *colletés*. (Voir ce mot.)
Les bâtons des maréchaux de France posés en sautoir derrière l'écu, ainsi que le sceptre et la main de justice des rois, sont dits aussi *accolés* à l'écu. Il en est de même des clefs, des épées et de toutes autres pièces qui affectent cette position.
Les *fusées* et les *mâcles* principalement sont presque toujours *accolées*.
*Voy.* de la Bretonnière, 492. — d'Ajasson, 405. — de la Rochelambert et de Bruges, 1201 et 1202.

**ACCOMPAGNÉ.** — Se dit de la pièce principale d'un écu, lorsque cette pièce est *accompagnée* de meubles ou pièces secondaires.
Les croix sont dites *cantonnées* et non *accompagnées*; le chef n'est jamais *accompagné* : il ne peut être que *chargé*.
*Voy.* Bonadona 33. — de Carvoisin, 52. — Le Féron d'Éterpigny, 97. — de Linage, 363. — Lambron de Lignim, 374. — de la Chapelle, 540. — Lybault, 750. — de Madonc de Quemadonc, 752.

**ACCORNÉ.** — Ce mot s'applique aux cornes des animaux, lorsque ces cornes sont d'un autre émail ou couleur que la tête.
Il ne faut pas le confondre avec *ancorné*, qui ne s'applique qu'à la corne du pied.
*Voy.* de Saint-Belin, 1203.

**ACCOSTÉ.** — Se dit d'une pièce posée entre deux autres, et toutes trois rangées en fasce. La similitude de position fait que quelques auteurs appliquent le mot *accosté* aux bandes et aux pals, lorsqu'ils sont accompagnés de menus meubles ou pièces en nombre égal et en position pareille de chaque côté.
*Voy.* de Rayssac, 134. — de Bosanquet, 223. — de Bernard, 454. — de Pouzols, 861.

**ACCROUPI.** — Se dit des animaux quand ils sont assis, des lièvres et des lapins quand ils sont ramassés, ce qui est leur position ordinaire.
*Voy.* de Liotard, 737.

**ACCULÉ.** — Se dit du *cheval* quand il est sur le cul en arrière; ou de deux *canons* opposés sur leurs affûts, tels que les portait, au bas de ses armoiries, le grand-maître de l'artillerie, comme marque de sa dignité.

**ADEXTRÉ.** — Se dit de la pièce principale d'un écu à la droite de laquelle s'en trouve une autre secondaire. Il faut spécifier si la pièce dont la principale est *adextrée* est posée en chef, au milieu ou en pointe.
*Voy.* de la Cour, 65. — de Barjot, 439.

**ADOSSÉ.** — Se dit des animaux rampants et ayant le dos tourné; des clefs ayant leurs pannetons tournés en dehors, l'un d'un côté, l'autre de l'autre; et généralement de deux pièces posées dos à dos.
*Voy.* d'Arnauld, 12. — Mahé de Villeglé, 365. — de Trémault, 960.

**AFFRONTÉ.** — Le contraire d'*adossé*, se dit de deux animaux (ou têtes d'animaux) qui se regardent, ou de deux pièces qui sont opposées de front.
*Voy.* de Frevol, 247. — Le Boucher, 480. de la Tour-Beaulieu, 955 bis.

**AFFÛTÉ.** — Se dit d'un canon dont l'affût est d'un émail différent (rare).

**AGNEAU.** — L'agneau, du mot grec αγνος, chaste, pur, innocent, est assez fréquent dans les armoiries; il convient mieux aux fonctions civiles et religieuses qu'aux vertus militaires; c'est le symbole de notre divin Rédempteur.
Il est représenté *passant*.
Il est nommé *Agneau pascal*, Agnus Dei, lorsqu'il tient entre ses pattes, une *croix* à laquelle est attachée une banderole d'*argent chargée d'une croix de gueules*.

*Voy.* DE SÉGUIER, 914. — PASCAL (Agneau pascal), 1204.

**AIGLE.** — L'aigle est le plus usité des oiseaux, et tient le premier rang parmi eux, comme le lion parmi les autres animaux.

L'aigle, en blason, est toujours du *genre féminin*.

L'*aigle* symbolise la puissance.

Elle se représente la tête de profil, le corps de face, et les ailes détachées du corps.

Il est nécessaire, pour blasonner cette pièce, de connaître ses différences, et la valeur des termes qui lui sont appliqués.

Lorsqu'elle n'a qu'une tête, il est inutile de le dire, il faut seulement spécifier si l'aigle est *éployée*, c'est-à-dire si elle a les ailes étendues, ce qui est sa position la plus ordinaire, ou si elle a les ailes *abaissées*, c'est-à-dire pendantes le long du corps. On se sert aussi, et assez généralement, de ces mots : *vol éployé, vol abaissé*.

Mais si elle a deux têtes, non-seulement il faut toujours spécifier cette circonstance, mais encore il faut dire si elle a le vol *éployé* ou le vol *abaissé*. Souvent des auteurs ont appliqué à l'aigle à deux têtes la qualification d'*aigle éployée*, ce qui a introduit dans la terminologie une déplorable confusion ; on se servait ainsi, pour désigner la forme de la tête de l'aigle, d'une expression qui ne doit s'appliquer qu'à la nature de son vol : les aigles peuvent être *éployées* sans avoir deux têtes, et avoir *deux têtes* sans être éployées.

L'empereur Sigismond fut le premier qui employa l'aigle à deux têtes dans ses armoiries, au xv$^e$ siècle, probablement pour symboliser la réunion de l'empire d'Orient à l'empire d'Occident ; cette aigle à deux têtes est devenue le symbole particulier de l'empire d'Allemagne, comme elle est devenue plus tard celui de l'empire de Russie. L'usage s'en est répandu depuis parmi la noblesse, mais il est moins fréquent, dans les armoiries françaises, que celui de l'aigle à une seule tête.

Lorsque l'émail du bec de l'aigle est différent de celui de son corps, on la dit *becquée* ; *lampassée* quand il s'agit de la langue ; *membrée* quand il s'agit des pattes, et *armée* pour ses griffes.

On dit aussi l'aigle *essorante* quand elle semble prendre sa volée, et *essorée* quand elle est en plein vol ; ces deux cas sont assez rares.

*Voy.* LE FEBVRE DE LATTRE, 303.—DE COMPS,
278. — DE LAYROLLES, 281. — DU QUESNOY, 285.—DE BAUDOT, 192.—PETIT DE VERGY, 838. — STRENIAWKA-KWILECKI, 931. — DE VALORI DE LECÉ, 967. — WAHA, 986.

Pour l'aigle à 2 têtes :
*Voy.* ALEXANDRE DE ROUZAT, 96. — DE BONAFOUS, 209. — LE COURT DE LA VILLETHASSETZ, 274. — DE LANGLET, 718.

**AIGLONS, AIGLETTES.** — Ainsi appelés quand il s'en trouve plusieurs sur un écu.

Ils ne diffèrent aucunement de l'aigle ; on les blasonne de la même manière.

Les aiglons symbolisent la puissance, et la volonté qu'ont les enfants de suivre les traces de leurs ancêtres.

*Voy.* BOISTARD DE PRÉMAGNY, 32.—DE MOGES, 346. — DE MOUSTIER, 348. — CORETTE, 580.

**AIGRETTE.** — Touffe de plumes qui doit son origine aux tournois, et dont les chevaliers décoraient leurs casques.

Les aigrettes sont particulièrement employées dans les cimiers allemands.

Sous l'empereur Napoléon 1$^{er}$, les toques furent substituées aux couronnes ; elles étaient surmontées d'*aigrettes*, dont la forme indiquait la dignité de celui qui les portait. Nous renvoyons, pour plus d'explications, à l'article *Toque*.

**AIGUIÈRE.** — Vase pour contenir de l'eau, qui servait aux cérémonies religieuses et aux baptêmes.

*Voy.* DE PAUZE DE LARTIGUE, 1205.

**AIGUISÉ.** — Se dit du pal et de toute autre pièce dont les extrémités peuvent être amincies. Cette pointe est moins aiguë toutefois que celle des croix *au pied fiché*.

C'est à tort que quelques auteurs appliquent le mot *aiguisé* au tranchant d'un instrument, dont le manche ou la poignée est d'un émail différent. Il faut se servir du mot *emmanché* (voir EMMANCHÉ) pour spécifier cette différence.

*Voy.* DE BRIEY, 242.

**AILE.** — Voir *Demi-Vol* et *Vol* pour les *ailes*.

**AILÉ.** — Se dit quand les ailes d'un oiseau sont d'un autre émail que le corps ; ou d'un animal qui, de sa nature, n'a pas d'ailes, comme le lion de Saint-Marc.

*Voy.* Choppin d'Arnouville, 561.

**AJOURÉ.** — Se dit des fenêtres d'un château, d'une tour, d'un mur ou d'une maison quand ces fenêtres sont d'un émail différent. On dit *ouvert* pour la porte.

On se sert encore du mot *ajouré*, mais improprement, lorsqu'une pièce est percée à jour sur une de ses parties, soit en carré, soit en losange, etc., et qu'elle laisse voir l'émail du champ ; la pièce est mieux dite *chargée*. L'exemple rapporté ci-dessous (1) fera mieux comprendre notre observation.

*Voy.* Castera d'Artigues, 525.

**AJUSTÉ.** — Se dit de la flèche posée sur la corde de l'arc. *Encoché* vaut mieux. — (Voir ce mot.)

**ALAISÉ.** — Voir Alésé.

**ALCYON.** — Espèce de cygne qu'on représente dans son nid et voguant sur les flots. Très peu d'auteurs ont fait mention de ce mot, en ont donné d'exemple, ou ont traité de la signification symbolique qu'il peut avoir. Pour cette signification, nous pourrions adopter la fable d'Alcyone et de son époux Ceyx, transformés en Alcyons par Éole, si l'une des sommités de notre église, le célèbre prédicateur *Massillon*, n'avait adopté un alcyon pour armoiries.

*Voy.* Massillon, 1206.

**ALÉRIONS.** — Petites aigles sans bec ni pattes, qui se mettent en nombre sur un écu, et dont le vol est toujours abaissé : ils symbolisent des ennemis désarmés et vaincus.

Après la bataille de Bouvines, gagnée, en 1214, sur l'empereur Othon, Philippe-Auguste substitua aux 4 aiglettes qui la cantonnaient, 12 alérions à la croix des *Montmorency*, en commémoration des 12 drapeaux pris sur l'ennemi par Mathieu de Montmorency. Les quatre aiglettes primitives prirent la forme des alérions, et complétèrent les 16 qui figurent sur les armes de cette célèbre maison.

*Voy.* de Montlhéry, 792.

**ALÉSÉ.** — Se dit des croix et des sautoirs, des fasces, bandes, pals et chevrons, des pièces honorables, en un mot, dont les extrémités ne touchent pas le bord de l'écu.

Quand les croix et les sautoirs sont en nombre, il n'est pas nécessaire de les dire *alésés*, puisqu'alors ils ne peuvent être autrement.

*Voy.* de Bonfils-Lapeyrouse, 35. — de Briey, 242. — de Boislève, 487. — de Gentil, 644.

**ALLUMÉ.** — Se dit des yeux des animaux quand ils sont d'un autre émail que le reste du corps ; pour le sanglier, on dit aussi *flamboyant*. (Voir ce mot.)

*Allumé* se dit encore des bûchers, des flambeaux, ou de toute autre pièce dont il sort une flamme d'une couleur différente.

*Voy.* Picot de Vaulogé, 356. — de la Fare.

**ALTERNÉ.** — Se dit des pièces d'émaux différents et de forme régulière, placées côte à côte, et se renouvelant alternativement : ainsi, par exemple, les triangles des pièces endentées, les carrés des pièces componées, alternent successivement.

Se dit encore des figures semblables placées dans chaque partition de l'écu, quand il y a un changement régulier des émaux de cette partition. Les pièces posées de *l'un à l'autre* offrent, en ce sens, un emploi du mot *alterné*.

**AMADES**, ou Hamades, pour Hamaïdes. (Voir *Hamaïdes*.)

**AMPHIPTÈRE.** — Serpent ailé.

*Voy.* Le Camoens, 1207.

**AMPHISBÈNE.** — Serpent à deux têtes.

**ANCHÉ**, pour *recourbé*, s'applique au cimeterre.

**ANCOLIES.** — Fleurs imaginaires à trois pétales, tigées et feuillées. Quand la

---

(1) La Rouère. On disait anciennement : *D'argent, à la croix dentelée et alésée de sable, ajouré en cœur d'une losange du champ.* Il vaut mieux dire : *D'argent, à la croix, etc., chargée en cœur d'une losange du champ.*

Cela est plus régulier et plus uniforme. Pourquoi inventer un mot nouveau quand déjà il y en a un d'une application générale ?

tige et la feuille sont d'un autre émail que celui de la fleur, il faut le spécifier.

*Voy.* Lefèvre de Sormont, 625. — Versoris, 1208.

**ANCORNÉ**. — Se dit de la corne du pied des animaux, tels que vaches, taureaux, bœufs et buffles, et du sabot du cheval, quand cette corne est d'un autre émail que le corps.

*Voy.* de Béarn, 320, dont les armoiries doivent être ainsi blasonnées : *D'or, à 2 vaches de gueules passant l'une au-dessus de l'autre, accornées, ancornées, colletées et clarinées d'azur.*

**ANCRE**. — Instrument de marine bien connu : la pièce du milieu s'appelle la *flanque* ou *strangue*, la traverse *la trabe*, et le câble passé dans l'anneau le *gumène*. (Voir ces mots.)

L'ancre est honorablement admise en armoiries et convient aux guerriers illustrés par des combats sur mer, aux navigateurs célèbres par leurs découvertes, aux ingénieurs renommés par leurs talents dans les constructions navales.

*Voy.* de Sablon du Corail, 187. — Le Riche, 876.

**ANCRÉ**. — Ce mot s'applique aux pièces dont les extrémités peuvent se terminer en *ancre*, telles que les croix et les sautoirs.

*Voy.* Hody de Warfusée, 319. — de Biotière, 463. — de Montclar, 784.

**ANE**. — Symbole de travail et de patience. Il est ordinairement représenté de profil et *passant*, et est dit *effrayé* quand il est sur ses pieds de derrière. Il rentre dans la catégorie des autres animaux et se blasonne comme le cheval.

**ANGE**. — Esprits célestes, messagers et ministres de Dieu, les anges sont commis à la garde des hommes. En armoiries, ils symbolisent la foi que l'on a dans leur assistance divine.

Les armoiries des papes ont des anges pour *tenants* ; de même que les armoiries des rois de France, depuis Louis XI.

On en rencontre peu dans les armoiries ; ils font plus souvent partie des ornements extérieurs.

Quand ils figurent dans l'écu, leur position ordinaire est d'être de front, les mains jointes et les ailes étendues vers le chef.

*Voy.* de Limieu, 1210.

**ANGEMME**, ou Angenne. — Fleur artificielle à six pétales ou feuilles arrondies. On prétend que ce mot vient de *gemma*, pierre précieuse, parce que cette fleur était formée primitivement de rubans et de pierreries.

*Voy.* Tancarville, 1211.

**ANILLE**. — L'anille, dont la figure est formée par deux portions de cercle adossées et réunies au centre par un tirant, est l'espèce d'agrafe en fer que l'on place à l'extérieur des maisons pour soutenir les murs ou en empêcher l'écartement. Elle signifie que l'on était propriétaire d'une maison ayant pignon sur rue.

Quelques auteurs, Palliot entre autres, appellent indistinctement *anille* le *fer de moulin*. Ces deux pièces diffèrent essentiellement entre elles, et ne doivent pas être confondues. Le *fer de moulin*, qu'on appelle aussi *croix de moulin*, est le fer qui se pose au milieu de la meule ; il a peu de ressemblance avec l'anille, puisqu'il est ajouré au centre en carré, et que ses branches sont écartées, tandis que l'*anille*, au contraire, réunit ses deux branches au centre. (Voir *Fer de moulin*.)

*Voy.* de Vauclerois, 1212.

**ANILLÉ**. — Se dit des croix dont les extrémités sont recourbées en forme d'anille. Les sautoirs peuvent également être anillés.

Il ne faut pas confondre les pièces *anillées* avec les pièces *ancrées* : dans les premières, les extrémités se terminent carrément ; dans les autres, au contraire, elles se terminent en pointe. Le *resercelé* (voir ce mot) établit une troisième différence.

*Voy.* des Barres, 1213.

**ANIMAUX**. — Il y a lieu de penser que ce sont les tournois qui ont donné naissance à l'emploi des animaux en armoiries. Les chevaliers qui prenaient part à ces démonstrations militaires, sous le titre de Chevaliers du cygne, de l'aigle ou du lion, portaient sur leur écu ou sur leur casque la représentation de l'animal dont ils avaient emprunté le nom.

Toutefois, les qualités qui distinguent les

diverses espèces d'animaux ont pu contribuer aussi à les faire figurer, comme marque allusive, sur les armoiries des gentilshommes, sans qu'elles aient eu primitivement leur source dans les figures adoptées pendant les tournois.

Nous ne nous occuperons, dans cet article, que des animaux à quatre pattes; nous réserverons un article spécial pour les oiseaux, les poissons, les reptiles, les insectes, etc.

Nous renvoyons à l'article de chaque animal pour les détails qui lui sont propres; nous nous bornons ici à consigner les notions applicables à tous les animaux quadrupèdes en général.

Les animaux doivent être représentés dans leur position la plus naturelle, c'est-à-dire *rampants* (grimpants), *passants*, *courants* ou *accroupis*; ils se mettent de profil, excepté le léopard et le chat, et sont tournés du côté dextre de l'écu. Quand il en est autrement, quand ils sont tournés du côté senestre, ils sont dits *contournés*, et *regardants* quand c'est la tête seule qui est tournée à gauche.

Le lion est toujours *rampant*.

Le léopard, au contraire, est toujours *passant*, et il en est de même de presque tous les autres animaux.

Le chien est ordinairement représenté *courant*; le lièvre, le lapin, le chat sont presque toujours dans la position d'*accroupis* (assis).

Quand les animaux ne sont pas dans la position qui leur est ordinaire, il est nécessaire de le spécifier.

Le mot *rampant*, par exception, ne s'applique pas aux animaux qui ont le pied de corne, et l'on dit alors *effarouché* (quelques auteurs se servent du mot *furieux*) pour les vaches, bœufs, taureaux et buffles; *saillant* pour les chèvres, licornes, boucs, moutons, brebis et béliers, et *élancé* pour le cerf et le daim.

On se sert aussi des mots *cabré* ou *effrayé* pour le cheval; *hérissonné* pour le chat, et *ravissant* pour le loup.

Ces exceptions nous paraissent les seules à consigner ici.

Nous renvoyons, du reste, pour plus ample explication, à chaque article spécial; le *lion* et le *léopard* méritent surtout une étude particulière.

Si plusieurs animaux à quatre pattes ont été omis dans cet ouvrage, c'est qu'il suffit pour les blasonner de spécifier seulement s'ils sont représentés *rampants* ou *passants*.

*Voy.* D'AUGUSTIN, 15. — DE BIGAULT DE FOUCHÈRES, 361. — DE FAY, 621. — DE PORCELET, 857.

**ANIMAUX CHIMÉRIQUES.** — Les hommes ne se sont pas contentés des objets naturels que leur fournissent le ciel, la terre, le feu et l'onde; il a fallu que leur imagination entrât dans le merveilleux pour trouver des signes qui servissent à les distinguer. Ils ont emprunté des sujets aux légendes mythologiques, aux traditions populaires; ils ont créé des figures fantastiques qu'ils emploient en armoiries: le diable même y joue son rôle.

Les croisades ont pu contribuer à cet état de choses, par les tendances des chevaliers à considérer les hommes et les choses comme le résultat d'événements surnaturels.

Il est vrai de dire aussi que, quelquefois, les *animaux chimériques* ont été employés comme *armes parlantes*; ce qui explique le choix que l'on en a fait, et ce qui tendrait à prouver que les armes n'ont pas toujours été la cause du nom, mais que le nom a été la cause des armes.

Nous signalerons les figures suivantes, sauf à nous reporter, pour chacune d'elles, aux articles que nous citons: l'*Alcyon*, l'*Aigle à deux têtes*, l'*Amphiptère*, le *Centaure*, la *Chimère*, le *Dragon*, le *Griffon*, la *Harpie*, la *Licorne*, le *Lion dragonné*, le *Lion mariné*, le *Phénix*, la *Salamandre*, le *Sphinx*, la *Sirène*, etc.

**ANIMÉ.** — Pour *allumé*. (Voir ce mot.) S'applique aux yeux des animaux, et principalement du cheval.

**ANNEAU, ANNELETS.** — L'anneau est la marque distinctive des chevaliers, et rappelle la puissance seigneuriale, le rang militaire et la noblesse de race.

Au moyen âge, c'est avec l'anneau que les chevaliers scellaient les actes qu'ils souscrivaient; les cachets armoriés sont d'un usage plus moderne.

L'anneau a été de tout temps le signe de la plus haute noblesse: chez les Romains, les chevaliers seuls avaient le privilège de le porter en or, au troisième doigt de la main droite, d'où ce doigt a pris le nom d'*annulaire*.

Quand, en armoiries, l'anneau a un chaton, il faut le spécifier.

Les anneaux mis en nombre s'appellent *annelets*, petits anneaux: ils prennent aussi leur nom des anneaux que, dans les tournois, les chevaliers étaient appelés à enlever avec la lance pour faire preuve de leur adresse.

Les *annelets* sont très usités et très honorablement admis en armoiries.

Quelques auteurs pensent que le cercle désigné sous le nom d'*anneau* ou d'*annelet* pourrait bien être le plan d'une tour vue à vol d'oiseau. Ils citent, comme preuve de cette allégation, les armes de *Castillon* (*castellum*, château fort) : de gueules, à 3 *annelets* d'or : ce serait alors des *armes parlantes*.

*Voy.* DE PELLERIN DE SAINT-LOUP, 123. — LE LARGE DE MORTON, 323. — DE COETMEN, 568. — DE LAMOCK, 715.

**ANSE.** — (Voir *Cornière*.)

**ANTENNE.** — Longue vergue mobile qui soutient les voiles, ou cornes mobiles des insectes, qu'il ne faut relater que lorsque l'émail est différent du reste de la partie.

**ANTIQUE.** — Se dit des couronnes à pointes ou rayons, que l'on voit quelquefois, en armoiries, sur les bustes des rois ou des reines, sur les têtes des aigles ou des lions, et aussi sur la tête des empereurs romains, ainsi qu'en font foi leurs monnaies.

*Voy.* JUBERT, 699.

**APPAUMÉ.** — Se dit des mains ouvertes dont on voit le dedans ou la paume. Il faut spécifier si ces mains sont dextres ou senestres.

*Voy.* DE BRASDEFER, 42. — DE MAGNE, 334.

**APPENDICES.** — Extrémités des animaux, telles que la queue, les cornes, les griffes, etc.

Les *appendices*, lorsqu'elles sont d'autre émail que le corps, peuvent être du même émail que l'écu, sans fausseté.

On ne se sert plus de ce mot maintenant : on désigne les parties de l'animal qui donnent lieu à des distinctions d'émail, en appliquant les termes consacrés pour chaque partie.

**APPOINTÉ.** — Se dit de deux pièces dont les pointes se regardent, se touchent, ou convergent au même point.

*Voy.* BAILLY DE SAINT-MARS, 1214.

**APPOINTI.** — Même signification qu'*aiguisé*. (Voir ce mot.)

**AQUILON.** — Très rare en armoiries. L'aquilon se représente sous la forme d'une tête d'enfant joufflu qui souffle avec force.

*Voy.* CHASSIN DE ROUFIAT, 1215.

**ARBALÈTE.** — Ancienne arme de guerre, assez rare en armoiries, et représentant l'arme des milices bourgeoises.

Elle est employée surtout comme *armes parlantes*.

*Voy.* DE BALESTRIER, 165.

**ARBRE GÉNÉALOGIQUE.** — On appelle ainsi un tableau dressé pour faire connaître la filiation des familles et leurs alliances.

Il prend le nom d'*arbre*, parce que, en effet, il se représente ordinairement comme un arbre dont le tronc est destiné à la souche de la famille et à la ligne aînée, et dont les branches sont réservées aux lignes cadettes et collatérales.

*Voy.* HARENC DE LA CONDAMINE, 1215 bis.

**ARBRES.** — Ils se représentent avec ou sans feuilles, avec ou sans fruits; quand ils n'ont pas de feuilles, ou quand ils ont des fruits, on doit alors seulement le spécifier en les blasonnant.

Quand les fruits sont d'un autre émail, on les dit *fruités*;

Le chêne se dit *englanté*;

Si le tronc est d'une autre couleur que le feuillage, l'arbre est dit *fûté*;

L'arbre sans feuilles est dit *effeuillé*, ou *arbre sec*.

Les arbres sont employés en armoiries, soit comme *armes parlantes*, soit pour indiquer la propriété de forêts, de bois ou de vergers : l'essence de l'arbre, quand elle est indiquée, fait souvent connaître l'espèce de propriété qu'elle représente.

L'arbre est dit *arraché* quand il montre ses racines.

L'arbre est d'un usage très général en armoiries.

*Voy.* DE PUEL, 132. — DE RIOLS, 136. — DU TEIL, 155. — VAN DEN BOGAERDE, 216. — DE LA BROUSSE, 253. — DE CASSES, 523. — CELLOT, 528. — DE PÈRE, 833. — TEILHARD, 942

**ARC.** — L'arc est l'arme offensive la plus ancienne; tous les peuples primitifs en ont fait usage : mais, de même que l'arbalète, l'arc ne figure le plus souvent en armoiries que comme *armes parlantes*.

Les compagnies d'archers d'ordonnance ordinaire, créées par Charles VII, en 1448, sous le nom de *francs archers*, supprimées par Louis XI en 1481, ont donné lieu à une gentilhommerie dite *noblesse archière*, dont les membres n'ont pas été généralement maintenus, à cause des abus qui, à l'époque des troubles civils, s'étaient introduits dans l'admission de ce corps privilégié. Toutefois, les archers de la garde du roi devaient être de noble race.

L'arc tendu est le symbole de la puissance.

Il faut toujours spécifier la position de l'arc, c'est-à-dire s'il est en fasce, en pal ou en bande.

Quand l'arc est chargé d'une flèche, on le dit *encoché*. (Voir ce mot.)

*Voy.* L'ARCHIER, 1216.

**ARC-EN-CIEL.** — Météore qui paraît dans les nues comme une bande de diverses couleurs courbée en arc ; il est le présage de l'espérance. On le représente arrondi vers le chef, à peu près de la largeur de la fasce ou de la bande, suivant sa position, et il se compose ordinairement de quatre bandes d'émaux différents, d'or, de gueules, de sinople et d'argent. (Voir *Eléments*.)

**ARCHIÈRES.** — Embrasures des châteaux ou des tours d'où l'on lançait des flèches. On ne les blasonne que lorsqu'elles sont d'un émail différent.

**ARDENT.** — Pour *allumé*. Se dit du charbon ou des flambeaux quand le feu est d'un autre émail.

**ARGENT.** — Le deuxième des métaux. Dans la symbolique, l'argent signifie pureté, innocence et chasteté.

Il se représente tout blanc, sans hachure ni pointillé, sur les armoiries non coloriées.

La maison Boquet porte d'*argent plein*.

*Voy.* AMIOT, 4. — DE BONNAMY, 34. — DE CHARENTON, 541. — DE MARQUIÈRE, 764.

**ARMÉ.** — Se dit des griffes des lions, léopards, aigles, griffons, etc., quand ces griffes sont d'un autre émail que le corps.

C'est improprement que l'on applique le mot *armé* aux flèches, dards et piques, lorsque le bois est d'un autre émail que le fer ; ces armes doivent être dites *fûtées* : on ne blasonne pas ainsi : une flèche de sable *armée* d'argent, mais bien : une flèche d'argent *fûtée* de sable. (Voir *Fûté*.)

*Armé* se dit encore du corps de l'homme lorsqu'il est couvert d'une armure, du bras s'il a un brassard, de la main si elle tient une arme, ou si elle est recouverte d'un gantelet de fer.

Il y a, chez quelques héraldistes, de la confusion entre les mots *armé*, *onglé* et *ancorné* :

*Onglé* ne s'applique qu'aux ongles ou à la corne des animaux à pied fourchu, tels que cerfs, moutons, chèvres, etc. ;

*Ancorné*, ainsi que nous l'avons déjà dit, ne s'applique qu'à la corne du pied des taureaux, vaches, bœufs et buffles, et au sabot du cheval ;

*Armé* s'applique seulement à tout ce qui porte griffes et n'a pas de corne au pied.

*Voy.* DU BREIL, 45. — DE PANEVINON, 353. — CHAMONT DE RAT DE CHAVANNES, 534.

**ARMES, ARMOIRIES.** — Les armoiries servent à distinguer les royaumes, les provinces, les villes, les ordres religieux et de chevalerie, les communautés, les corporations, les confréries et les familles. Pour ces dernières, elles sont des marques héréditaires de noblesse communes à tous les membres d'une même famille.

Quand on veut les faire peindre ou sculpter, il faut suivre les règles fixes et déterminées qui font l'objet de la science héraldique.

On ne peut reporter au delà du x$^e$ siècle la première apparition des armoiries ; elles ont dû commencer avec les premiers tournois. L'usage en est devenu plus général à la première croisade ; elles ont été régularisées seulement au xii$^e$ siècle, par les soins de Louis VII et de son fils, Philippe-Auguste. Ce n'est qu'au xiii$^e$ siècle qu'elles ont été rendues fixes et héréditaires dans les familles.

Les héraldistes, L. P. Ménestrier, entre autres, distinguent particulièrement neuf espèces d'armoiries :

1° Les armoiries de *souveraineté*, qui sont celles que portent constamment les empereurs, les rois et les autres souverains, et qui deviennent ainsi celles des Etats qu'ils gouvernent.

2° Les armoiries de *prétention*, qui représentent les droits que les souverains prétendent avoir sur certains royaumes ou sur certaines provinces. Ainsi, autrefois, les rois d'Angleterre écartelaient de France, sans avoir aucune possession en France; et, il n'y a pas longtemps encore, les rois de Sardaigne écartelaient de Chypre et de Jérusalem, bien que depuis longues années ils n'aient aucune possession dans ces contrées.

3° Les armoiries de *concession* ou *d'augmentation d'honneur*, qui sont des armoiries entières, ou une ou plusieurs figures accordées par le prince en récompense de quelque grand service ou de quelque noble action. Telles sont, ainsi que nous l'avons dit à l'article *Alérions*, les augmentations des aiglettes qui cantonnent la croix des Montmorency.

4° Les armoiries de *communauté*. Ce sont celles des archevêchés, évêchés, des villes, des universités, des sociétés, compagnies ou corporations.

5° Les armoiries de *patronage*, qui sont celles que les gouverneurs de province, les intendants, les châtelains, etc., ajoutent temporairement à celles de leur famille, comme marque de supériorité ou de juridiction.

6° Les armoiries de *famille*. Celles-là appartiennent à une maison, se transmettent à sa postérité, et servent à la distinguer des autres. C'est une propriété personnelle dont on ne peut jouir sans autorisation, et quiconque s'en empare commet un grave délit.

7° Les armoiries d'*alliance*, qui sont celles que les familles et les particuliers joignent aux leurs, pour désigner les alliances qu'ils ont contractées par mariage.

8° Les armoiries de *succession*, que l'on prend à la suite d'héritage, soit par la volonté du testateur, soit par substitution. Ces armoiries peuvent se porter pleines, en remplacement des armes de la famille, ou s'adjoindre à ces armes de famille par écartelure ou par tout autre genre de partitions.

9° Et enfin les armoiries de *choix*. Ces dernières sont celles que prennent, par caprice ou par vanité, des personnes riches, sans avoir aucun droit légitime de les porter. Mais cela ne suffit pas pour conférer la noblesse; il faut, à cet égard, des lettres patentes spéciales.

**ARMES DÉFENSIVES ET OFFENSIVES.** — Ces meubles sont des plus honorablement admis en armoirie, et ne conviennent qu'à la noblesse militaire.

L'épée tient le premier rang parmi les armes. Il faut avoir soin de spécifier si elle a la pointe en bas ou en haut, si la poignée est d'un émail différent, si la lame est dans le fourreau, détails pour lesquels nous renvoyons à l'article spécial qui lui est réservé dans cet ouvrage.

Les autres armes se représentent sans qu'il y ait d'autre distinction à établir que leur position. (Voir *Arbalète*, *Arc*, *Casque*, *Épée*, *Flèche*, *Bocquet*, etc., etc.)

*Voy.* Titon du Tillet (casque), 153. — de Balestrier (arbalète et flèche), 165. — Mahé de Villeglé (haches), 365. — Morand (épée), 347. — Auberjon de Murinais (cottes d'armes), 373. — de Buffevent (lances), 502. — de Captal de Saint-Jorry-Labloun (bombes), 519. — de Loas (gantelets), 738.

**ARMES PARLANTES.** — Dans son remarquable ouvrage, intitulé : *la Vraie science des armoiries*, le marquis de Magny tend à prouver que les armes parlantes sont les plus anciennes et les plus nobles, et que ces armoiries primitives furent l'effet et non la cause du nom.

« Sauf un très petit nombre, dit-il, toutes » avaient un sens et furent formées avec l'intention de leur faire exprimer un nom, un » fait, une idée. » Il ajoute que « ce genre » d'armoiries occuperait la plus large place » dans les Armoriaux, si toutes les familles » avaient retenu les noms qu'elles portaient » lorsque leurs armoiries ont été créées » d'après ces noms, ou si les pièces qui meublent leur écu n'avaient pas elles-mêmes » changé de dénomination. Une autre raison, » dit-il encore, empêche de reconnaître que » beaucoup d'armoiries sont *parlantes*, c'est » que l'on ignore l'étymologie de beaucoup » de noms, et leur signification dans les langues d'où ils ont été tirés. » Il cite alors à l'appui de cette assertion les *roses* des seigneurs de Beaufort et de Hermenc, vicomtes de Turenne, dont les noms primitifs étaient *Rogier*, seigneurs des *Rosiers*, armes parlantes; les pattes de lion des armoiries de la maison de Brancas, *Branca* signifiant patte en italien, armes parlantes; les cloches de Bellegarde, nom tiré de l'anglais *Bell*, cloche; armes parlantes, etc., etc.

Cette opinion, qui paraît spécieuse, et que nous partageons, est combattue toutefois par le savant Eusèbe de Salverte qui, dans son *Essai sur les noms d'hommes, de peuples et de lieux*, pense que les noms sont plutôt nés des armoiries que celles-ci des noms, attendu que les armoiries, en usage dès les premières croisades, se transmettaient héréditairement à cette époque et bien avant que les noms, d'individuels qu'ils étaient, devinssent noms de famille et héréditaires à leur tour.

Un grand nombre des plus illustres maisons de France, d'Italie, d'Espagne et d'Allemagne, ont des *armes parlantes*.

Le père Ménestrier divise les armes parlantes en cinq classes.

Il comprend dans la première, les armoiries parlantes par les premières lettres ou par une syllabe du nom;

Dans la deuxième, celles qui sont parlantes par des objets animés ou inanimés, dont les figures sont directement allusives ou équivoques aux noms propres;

Dans la troisième, les armoiries parlantes par des objets qui ne se rapprochent des noms que d'une manière éloignée;

Dans la quatrième, celles qui sont parlantes par des figures qui ne représentent pas immédiatement le nom, mais qui y ont rapport;

Et enfin dans la cinquième, les armoiries qui sont parlantes par des objets dont on a pris les noms dans une langue étrangère ou un dialecte ancien.

Le père Ménestrier admet encore une autre classe, à propos des *armes parlantes*, qu'il appelle *armoiries allusives et commémoratives*, et qu'il subdivise elles-mêmes en huit classes. C'est un système ingénieux que nous nous bornons à indiquer.

*Voy.* D'ANGELIS, 6. — BELLIER DU CHARMEIL, 22. — BOISSEAU DE LA GALERNERIE, 31. — D'HUC DE MONSEGOU, 87. — DE SORDIER, 140. — SAPIN DES RAYNAUDS, 149. — DE LA TOUR, 154. — DE GRATELOUP, 176. — JALADON DE LA BARRE, 180. — GIBOUIN DE LA HÉRONNIÈRE, 221. — LE MERLE, 271. — LE COMPASSEUR, 275. — DE LA CROIX, 287. — D'OLIVE, 349. — PINET DES FORÊTS, 370. — COEURET DE NESLE, 381. — DU BUISSON, 503. — LE CHAT, 546. — DES GROISELLIERS, 665. — DE LA HOUSSAYE, 690. — DE LARBRE, 722. — TRICORNOT, 961.

**ARMES PLEINES.** — Armes sans chargeure ni brisure qui servent à distinguer les aînés des maisons.

Ainsi le chef de la maison de Bourbon porte : de France, plein; la branche d'Orléans brise d'un lambel d'argent; celle de Condé, d'un bâton de gueules péri en bande, et celle de Conti y ajoute une bordure aussi de gueules.

*Voy.* ROYAUME DE FRANCE, 1217.

**ARMORIAL.** — Registre où sont consignées les armoiries des nobles d'un royaume ou d'une province. L'Armorial le plus complet et le plus exact qui ait jamais été fait pour la France est l'Armorial Général, en 32 volumes in-f°, manuscrits, conservés à la Bibliothèque impériale, et créé en vertu d'un édit du Roi, du mois de novembre 1696.

**ARMOIRIES.** — *Voir* ARMES.

**ARRACHÉ.** — Se dit des arbres et des plantes dont on voit la racine; et des têtes ou membres d'animaux qui ne sont pas tranchés net, mais qui paraissent arrachés avec force, et montrent divers lambeaux de chair. Quand ces filaments ne sont pas du même émail que les membres, il ne faut pas oublier de le spécifier.

*Voy.* LE DANOIS DE TOURVILLE (arbres), 68. — DE BUISSY (plante), 504. — DE LESRAT (tête de loup), 733. — DE LOSSANDIÈRE, 742. — DE LOUICHE (têtes de lions), 743.

**ARRÊTÉ.** — Se dit d'un animal posé sur ses quatre pattes, sans faire aucun mouvement. On le dit aussi *en pied* ou *posé*.

*Voy.* DE BONNEFOND DE KERDOUAL, 1218.

**ARRONDI.** — Se dit des pièces dont la position est plus ordinairement droite, mais qui se trouvent, par cas spécial, représentées dans la forme courbe, telles que les serpents, les branches d'arbre, etc.

*Voy.* DE LAUZON, 1219.

**ASSIS.** — Est pris dans le même sens qu'*accroupi*. (Voir ce mot.)

*Voy.* DE CONIGLIANO, 60. — GEORGIN DE MARDIGNY, 368. — BRACHET, 488.

**ASTRES.** — (Voir *Comète, Croissant, Etoile, Lune, Soleil,* etc.)

**AVANT-MUR.** — Pan de muraille joint à une tour pour en augmenter la force; c'est le signe, comme la tour, de la puissance féodale.

*Voy.* DE BIANCOURT, 26.

**AZUR.** — C'est le bleu céleste, et vient,

dit-on, du mot arabe *azul* suivant les uns, *lazurd* suivant les autres.

L'azur est la deuxième des couleurs et il est très employé en armoiries : il signifie justice, loyauté, beauté et bonne réputation. Les rois de France ont adopté cette couleur, et, par suite, les nobles qui fréquentaient la cour ; de même que la noblesse de Bourgogne avait pris la couleur rouge (gueules), qui est celle de son souverain ; et la noblesse de Bretagne, celle de ses ducs qui est l'argent ou plutôt l'hermine. Aussi l'*azur* domine-t-il dans les armes des gentilshommes des provinces qui relevaient plus directement de la couronne de France.

L'azur est représenté sur les armoiries gravées par une hachure horizontale.

*Voy.* DE BONADONA, 33. — DE BRILLAC, 497. — DE LAUZANE, 727.

**ADELAIRE**, du latin *balthearis*, sabre oriental dont la lame est large et recourbée vers la pointe.

Le *badelaire* représente un trophée pris sur l'ennemi.

*Voy.* DU BOIS DE LA FÉRONNIÈRE, 471.

**BAILLONNÉ**. — Se dit des animaux qui ont un bâton entre les dents. (Rare.)

**BALANCES**. — Les balances sont employées, en armoiries, comme symbole d'équité et d'impartialité ; et quand elles ne sont pas, comme pour la famille de Montpezat, des armes parlantes, elles conviennent principalement à la magistrature.

*Voy.* BAUDIN DE SAINT-POL, 1220.

**BANDE**. — La bande occupe environ le tiers de l'écu ; elle commence à l'angle droit du chef et finit à l'angle gauche de la pointe. Elle est la quatrième des pièces honorables ordinaires.

La bande peut figurer en armoiries l'écharpe du chevalier et symboliser la qualité de banneret.

Elle peut se multiplier sur l'écu, mais pas au delà du nombre quatre : les bandes se mettent alors à égale distance les unes des autres, en laissant ainsi entre elles autant de place que chacune d'elles en occupe.

Lorsqu'il y a plus de quatre bandes sur un écu, elles prennent le nom de *cotices* (voir ce mot).

Quelques auteurs font cette différence : ils appellent *bandelette* une bande de moitié moins large que la bande ordinaire, *cotice* celle qui n'en a que le quart, et *ruban* celle qui en a seulement le huitième. Ces distinctions ne servent qu'à jeter de la confusion dans le blasonnement : l'appellation générale de *cotice* pour toute bande plus étroite que la bande proprement dite, nous paraît suffisante et préférable.

Il ne faut pas oublier, toutefois, parmi les diminutifs, le *bâton*, qui est moins large encore que la *cotice*. (Voir *Bâton*.)

La bande, comme nous l'avons dit plus haut, peut être multipliée jusqu'à quatre ; elle peut être accompagnée, chargée, et l'un et l'autre en même temps ; elle peut être également componnée, bretessée, ondée, dentelée, engrêlée, cannelée, frettée, échiquetée, losangée, vivrée, fuselée, treillissée, etc., etc.

Une pièce quelconque du blason, animée ou inanimée, peut se dire *posée en bande*, lorsqu'elle affecte cette position.

*Voy.* D'ASSIER (trois), 3. — DE CROZANT DE BRIDIERS (une), 67. — D'HERBEMONT (trois),

86. — D'ALSACE (une), 98. — DE SARRAZIN (une chargée), 143. — DE LA VILLE (une), 162. — DU BARRY DE MERVAL (deux), 169. — HUGON D'AUGICOUR (ondée), 322. — DE LIGNE (une), 325. — DE BLAYN DE MARCEL (trois), 465. — DE BRISSOLES (trois), 491. — BOULOGNE (accompagnée), 484 bis.—D'AUMALE, 423. — DU CREST, 591. — DE FLEYRES, 626. — DE GODEFROY, 655. — DE MENOU, 773. — DE MONTIGNY (engrêlée), 789. — DE NOAILLES, 811. — D'URRE, 964. — DE VERNET, 973.

**BANDÉ.** — Lorsque, sur un écu, le nombre des bandes est égal au nombre des pièces du champ, et que cet écu est divisé de manière à ce qu'on ne puisse distinguer quelles sont les bandes, quel est le champ, on dit alors de l'écu qu'il est *bandé*, de telle couleur et de tel métal, de tant de pièces, en ayant soin de désigner de combien de pièces : le moins est six, le plus est huit; au delà, l'écu serait dit *cotice*. Pour blasonner et faire connaître les émaux, on aura soin de commencer par la première bande vers le chef.

*Voy.* DE BLANCHETTI (six pièces), 224. — MORAND (six pièces), 347. — DE L'ART DE BORDENEUVE (huit pièces), 376. — DE MAROLLES (six pièces), 763.— DE PIERRE DE BEHNIS, 844. — DE LA ROCHE, 879.

**BANDÉ-CONTREBANDÉ.** — Lorsque, dans un écu parti, coupé, taillé ou tranché, les bandes sont opposées les unes aux autres, c'est-à-dire, quand la couleur est opposée au métal et le métal à la couleur, l'écu est dit alors *bandé-contrebandé*, en énonçant d'abord le trait de la division.

**BANDEROLE.** — Petite bannière qui décore et surmonte la lance du cavalier ; on appelle aussi *banderole* l'ornement à forme ondoyante, qui se place sous l'armoirie, et sur lequel on inscrit la devise.

**BANNERET.** — Signifie qui a le droit de lever bannière.

Il fallait pour cela être de noble race, posséder un fief considérable et avoir un nombre suffisant de vassaux pour fournir 50 hommes d'armes, tous gentilshommes, accompagnés chacun de deux ou trois archers, d'un écuyer ou coustillier, et d'un page ou valet, ce qui produisait un effectif de 250 à 300 hommes levés dans la circonscription du fief, montés et armés.

On pouvait être *banneret* sans être *chevalier*, et *chevalier* sans être *banneret* : on était *banneret* par la possession du fief, et l'on méritait la qualité de *chevalier* par sa valeur et ses exploits. Cette qualité de *chevalier* était donc toute personnelle et non héréditaire. L'on rencontre souvent ces deux titres réunis : c'est qu'alors le *banneret* avait mérité d'être élevé à la dignité de *chevalier*.

**BANNIÈRE.** — Par corruption de *pannière*, du latin *pannus* (drap), qui désignait un étendard fait en drap ou en étoffe de laine.

La bannière est le drapeau, le signe distinctif du *banneret*, et elle est de forme carrée. Il ne faut pas la confondre avec le *pennon*, qui a une pointe à l'une de ses extrémités, et qui appartenait au chevalier ou à l'écuyer ayant droit de *pennon*.

**BAR** ou **BARBEAU.** — Poisson représenté légèrement courbé, de profil et posé en pal, qui affecte un peu la forme du dauphin. S'il a une autre position, il faut le spécifier. Le Bar a été employé, comme les autres poissons, dans les armoiries de famille dont les terres sont arrosées par des rivières et dans celles des villes ports de mer. On ne trouve guère que sur les armoiries anciennes, quelquefois seul, le plus souvent au nombre de deux et adossés. (Voir *Poissons*.)

*Voy.* HENISSART, 85. — DE SAISSEVAL, 1221.

**BARBÉ.** — Se dit du coq et des dauphins, quand leur barbe est d'un autre émail que le corps.

*Voy.* CHASTENAY, 1222. — DANTIL, 1223.

**BARDÉ.** — Se dit du cheval caparaçonné.

**BARIL, BARILLET.**—Petit tonneau que l'on rencontre quelquefois dans les armoiries. Nous ne faisons mention de cette pièce que parce que les cercles qui l'entourent peuvent donner lieu à une distinction d'émail, ou lorsqu'il est nécessaire d'établir le nombre de ces cercles. On dit alors *cerclé*.

*Voy.* BARILLON, 1224.

**BARRE.** — Une des pièces honorables ordinaires.

Elle ne diffère de la *bande* que par sa position, qui est de gauche à droite, tandis que la bande est de droite à gauche.

La *barre* est quelquefois employée comme signe de bâtardise, mais alors elle est moins large et s'appelle Traverse. (Voir ce mot.)

*Voy.* Caucabane, 516.

**BARRÉ.** — Tous les détails que nous avons donnés sur la *bande* et le *bandé* s'appliquent à la *barre* et au *barré*.

*Voy.* Fleyres, 1225.

**BASTILLÉ.** — Se dit des pièces à créneaux renversés vers la pointe de l'écu ; c'est le contraire de *crénelé*, dont les ouvertures sont dirigées vers le chef. *Bastillé* se dit aussi de tout lieu défendu par des bastilles.

*Voy.* Boyle, 296. — de Pontbriant, 1226.

**BASTOIGNE.** — Bande alésée en chef. (Très rare.)

**BATAILLÉ.** — Se dit de la cloche dont le batail ou battant est d'un autre émail.

La cloche symbolise les communes, et quand elle n'est pas employée comme armes parlantes, ainsi qu'on le voit dans les armes de Bellegarde, elle figure généralement une noblesse commencée par l'échevinage, et qu'on appelait autrefois *noblesse de cloche*, par allusion aux cloches que l'on mettait en branle pour célébrer l'élection des magistrats municipaux.

*Voy.* Le Gardeur de Tilly, 641. — de Montginot, 787.

**BATARDS.** — Les enfants naturels des gentilshommes ont joui, dès les temps les plus anciens jusqu'au règne de Henri III, des mêmes prérogatives de nom et d'armes que les enfants légitimes, sauf qu'ils étaient astreints, pour pouvoir porter le nom de la famille, à le faire précéder du nom de *bâtard*, et pour porter les armes, à les briser d'un bâton, traverse ou filet mis en barre (ou *contre-bande*; de là vient qu'on dit en proverbe, lorsqu'on veut taxer quelqu'un de bâtardise : « qu'il est du côté gauche ou de contrebande »). Les bâtards brisaient aussi les armes de famille de pièces qu'eux et leurs enfants ne pouvaient retirer sans l'assentiment du chef de nom et d'armes de la maison.

**BATON.** — Le *bâton* est un diminutif de la bande ; il a le tiers de sa largeur et vient après la cotice. Il se met ordinairement en brisure. Posé en barre, il sert à dénoter la bâtardise, et se nomme alors *traverse*.

Il y a des bâtons *écotés*, *fleurdelysés* et *péris* (alésés) en bande ou en barre. (Voir ces différents mots.)

Lorsque le bâton est *écoté* et *alésé* (voir ces mots), alors c'est un tronc, une branche, ou l'écot d'un arbre, qui se met indifféremment en bande, pal ou fasce ; il ne rentre plus alors dans les variétés de la bande, et ce n'est plus qu'un meuble ordinaire.

*Voy.* d'Arces, 1227. — de Sugny, 1228.

**BECQUÉ.** — Se dit des oiseaux dont l'émail du bec est différent de celui du reste du corps.

*Voy.* Marin de Montmarin (coq), 340. — de Montendre (aigle), 345. — Laurent (aiglettes), 725.

**BEFFROI.** — Quand le vair a quatre tires, traits ou rangées, ou moins, on le nomme *beffroi*, ou *gros vair*, parce que les pièces alors étant plus grandes que celles du vair, ressemblent davantage à de grosses cloches ou *beffrois*.

Le *Beffroi* est toujours comme le vair, d'argent et d'azur; on n'en blasonne les émaux que s'ils sont d'autres couleurs. (Voir *Vair*.)

*Voy.* d'Aubeterre, 1229.

**BÉLIER.** — Le bélier est le mâle de la brebis, il se représente ayant les cornes tournées en spirales, de profil et *passant;* s'il a une autre position, il faut l'indiquer.

On le dit *saillant*, au lieu de *rampant*, ainsi que nous l'avons déjà fait observer à l'article *Animaux*, lorsqu'il est levé sur ses pattes de derrière ; on dit *accorné* de ses cornes, et *onglé* de ses pieds, lorsqu'ils sont d'un autre émail que son corps.

Il peut être considéré comme le symbole de la hardiesse dans les combats ; il indique aussi la possession de terres et pâturages.

*Voy.* de Bessas de la Mégie, 202. — Junosta Galecki, 703.

**BÉLIERS MILITAIRES.** — Instruments de guerre dont on se servait autrefois pour battre en brèche les murailles des places fortes.

Symbole qui convient aux chefs qui ont habilement dirigé le siège de quelque place importante.

*Voy.* DE BERTY, 1230.

**BESANT et BESANS.** — Les besans sont des pièces de monnaie qui tirent leur nom (*byzantius vel byzantinus*) de ce qu'elles étaient fabriquées à Constantinople, autrefois Byzance. Les besans sont toujours de métal, quelquefois de fourrure. Ces pièces sont des plus honorablement admises en armoiries.

Lorsque les besans sont de couleur, on les nomme *tourteaux*. (Voir ce mot.)

Les besans peuvent être considérés comme un indice de souveraineté de la part d'un seigneur, qui a le droit de faire battre monnaie dans l'étendue de ses domaines, ou comme rançon des prisonniers de guerre : saint Louis, après son traité avec les Sarrasins, paya 200,000 besans d'or pour sa délivrance. Ils sont un souvenir des Croisades.

Dans les *Assises de Jérusalem*, il est dit que le maréchal aura de chacun « sodeer dou Roy quatre besants sarrazinas. »

Joinville, dans la Vie de saint Louis, chapitre XXIII, écrit : « Or devez entendre que le soudan fist crier en son camp qu'il donneroyt un bezant d'or pour chacune teste de chrestien qu'on lui apporteroyt. »

Au livre II, de la *Chapelle de nos Rois*, du Peyrat prétend que les besans n'ont été en usage en France que depuis Louis le Jeune, qui le premier fit en personne la guerre aux infidèles.

Autrefois nos rois en présentaient treize le jour de leur sacre, à l'offrande de la messe ; Henri II, voulant observer cette ancienne coutume, fut obligé d'en faire forger treize pour cette cérémonie ; ils furent nommés, d'après le cérémonial, *bizantins*, et évalués à un double ducat la pièce.

Les besans sont fréquents en armoiries, surtout dans celles dont la formation date des croisades ; ils rappellent la part que l'on a prise à ces guerres saintes ou la rançon payée par le croisé.

Les *besans* indiquent aussi les fonctions de maître d'hôtel, d'argentier, de trésorier et de secrétaire de nos rois, comme dans les armoiries DE MONCADE et DE MELUN.

Les Espagnols nomment le besant et le tourteau *roel*, et les Anglais *besant*, s'il est d'or, et *plate*, s'il est d'argent.

*Voy.* BONNIEU DE LA RIVAUDIÈRE, 39. — CHAUVIN DES ORIÈRES, 64. — DE MAIGNAULT, 102. — DE MARQUESSAC, 270. — DE FRESNEL, 635. — GEORGES DE MITHOYS, 646.

**BESANS-TOURTEAUX.** — Lorsque les besans sont mi-parti de métal et de couleur, on les appelle *besans-tourteaux*.

Ils peuvent être aussi divisés par le *coupé* : soit que la division vienne du *parti* ou du *coupé*, ils sont dits *besans-tourteaux* à la condition que la partie en métal se trouve à dextre ou en chef ; si au contraire cette partie se trouvait à senestre ou en pointe, la pièce serait dite alors *tourteau-besant*. (Voir ce mot.) Les *besans-tourteaux* se mettent toujours sur un champ de couleur.

*Voy.* MADOR DE LA PORTE, 1231.

**BESANTÉ.** — L'écu, une bordure, une fasce, un chevron, une bande, une pièce principale qui sont chargés de *besans* en nombre, se disent *besantés* ; et si le nombre est limité, *besantés* de tant de pièces.

*Voy.* DEFORGET, 629.

**BIGARRÉ.** — Se dit des papillons et de tout ce qui est nuancé de diverses couleurs.

**BILLETTES.** — Les billettes sont, suivant les uns, des briques dont les seigneurs féodaux avaient seuls le droit de faire bâtir leurs châteaux et maisons seigneuriales.

Selon les autres, ce sont des pièces d'étoffe d'or et d'argent, ayant la forme d'un carré long, dont on ornait les habits, comme signe de juridiction et de franchises seigneuriales : les *billettes d'or et d'argent* ont été employées de même que les *besans*, pour indiquer les fonctions de maître d'hôtel, de dispensier, de trésorier, de comptable de deniers ou de toute autre charge de finances.

Quoi qu'il en soit de ces deux opinions également admissibles, les billettes sont des plus honorablement admises en armoiries.

Leur position ordinaire est verticale ; quand elles sont dans une autre position, il faut le spécifier ; on les dit *couchées*, quand elles sont mises horizontalement.

Il y a des billettes *percées* en rond, d'autres *évidées* suivant leur trait.

*Voy.* DE SAINT-PERN (vidées), 147. — DE CHASTELLUX, 545. — DE CHOISEUIL, 559. — DE SEROCOURS, 919. — VON ROHR, 985.

**BILLETÉ.** — Quand l'écu ou un meuble de l'écu est semé de billettes, on le dit *billeté*.
*Voy.* DE MARBEUF, 1232.

**BISSE.** — La Bisse, ou serpent, de l'italien *biscia*, se pose en pal, ondoyante ou tortillée.
Quand elle est en fasce, on la dit *rampante*.
Elle se dit languée, lorsque sa langue est d'un autre émail que celui de son corps.
C'est le symbole de la prudence, de la réflexion et de la perspicacité.
Il ne faut pas confondre la *bisse* avec la *guivre* (voir ce mot), comme quelques écrivains héraldiques les ont confondues.
*Voy.* BERTHUS DE L'ANGLADE, 24. — DE COLBERT, 570.

**BLASON, BLASONNER.** — On a vu dans l'introduction, au chapitre de l'*Origine des armoiries*, et à celui de l'exposé élémentaire de la *Science du blason*, dans quelle acception nous employons les mots *blason* et *blasonner*. Le blason est l'art d'expliquer en termes propres, et d'après les règles établies, tout ce qui est relatif aux armoiries.
Blasonner, c'est donc peindre ou décrire toutes les parties de l'écu.
*Blason* vient, dit-on, du mot allemand *blasen*, sonner du cor ou de la trompe, parce que le héraut, après avoir annoncé à son de trompe l'arrivée d'un nouveau chevalier dans la lice, faisait son éloge et décrivait ses armes ; d'où le mot *blasonner quelqu'un*, c'est-à-dire le représenter dans ses moindres détails, et probablement aussi ce dicton : « peindre une personne sous de belles ou noires couleurs. »
Le *blason*, dans le sens propre, c'est la science dont les armoiries sont l'objet, et c'est par un abus, sanctionné du reste par l'usage, que l'on emploie indistinctement les mots *blason* ou *armoiries* pour désigner l'écu armorié. Le *blason*, pour être employé dans sa signification rigoureuse, aurait dû rester le mot appellatif de l'art de peindre, de former, de composer et de décrire les armoiries selon les règles établies par la science héraldique.
*Voy.* D'ARBLADE, 8. — DE PIGNOL, 359. — DE ROUZIER, 891. — DE GOBILLON, 654. — DE PEYRE, 839. — DE GAUMONT, 642. — DE REIFFENBERG, 872. — DE VALSEMEY, 968. — D'ARQUFT, 1233.

**BOCQUET.** — Fer de lance ou de pique peu usité).

**BŒUF.** — Le bœuf est représenté de profil et *passant* ; et quand il est élevé sur ses pieds de derrière, il est dit *effarouché*, *effrayé* ou *furieux*. On le distingue du taureau, en ce que ce dernier a la queue retroussée sur le dos, tandis que le bœuf la laisse tomber entre les jambes.
Il est dit *accorné*, quand ses cornes sont d'un autre émail que le corps, et *ancorné*, quand c'est la corne du pied. On le dit aussi *clariné*, quand il a une clochette suspendue au col.
Les détails donnés sur les diverses expressions appliquées au bœuf peuvent s'appliquer également au taureau, à la vache et au buffle.
Le bœuf désigne les terres de pâturage et riches en moissons ; il est le symbole de la patience et de l'assiduité au travail : les anciens seigneurs francs attelaient, comme signe de dignité, des bœufs à leur char.
*Voy.* DE LORDE, 101. — DEL BUE, 255. — DE BÉARN, 320. — DE LA MOTTE, 796. — DE RANCONNET, 871.

**BONNETS A L'ANTIQUE.** — C'est-à-dire pointus et retroussés.

**BORDÉ.** — Se dit de toutes les pièces dont les bords ont un filet d'un émail différent. Ce filet doit être du sixième de la pièce.
*Voy.* DU BREUIL, 243. — DE FAYET, 298. — CESSAC, 529. — D'ESPAGNE, 612. — DE VENERO, 970.

**BORDURE.** — La bordure est contiguë au bord de l'écu ; sa largeur est du huitième. La bordure sert souvent de brisure ; elle peut être chargée, échiquetée, componnée, dentelée, engrêlée, cannelée, etc.
Lorsque la bordure est crénelée, elle peut indiquer les murs d'une forteresse ou d'une ville fortifiée ; dentelée et engrêlée, elle signifie un camp retranché et défendu par des palissades.
*Voy.* DE BREDA-WASSENAER, 44. — D'ABZAC, 401. — D'ESPAGNE, 612. — GUITOIS D'ARQUIEN, 673. — MOTTIER DE CHAMPETIÈRES, 798. — DE THIENNES, 949.

**BOUC.** — Mâle de la chèvre, se représente ordinairement de profil et passant ; il est dit *saillant*, s'il est levé sur ses pieds de derrière. Les mots *accorné*, *ancorné* et *clariné* peuvent aussi lui être applicables.

Le bouc ne convient qu'aux possesseurs de fiefs ou châteaux dans les pays montagneux.

Il est d'un emploi très fréquent en Italie, en Écosse et en Allemagne. On en rencontre peu d'exemples dans les armoiries françaises.

*Voy.* DE BOUTRAY, 1234.

**BOUCLE**. —Les boucles des ceinturons, baudriers, harnais, etc., des gens de guerre, sont honorablement admises en armoiries, comme pièces dépendantes de l'équipage du cavalier. Elles sont ordinairement représentées rondes avec une pointe ou ardillon. Si elles sont rondes, il est inutile de le spécifier ; mais si elles étaient d'une autre forme, en losange, par exemple, il ne faudrait pas manquer de l'exprimer, parce que c'est une dérogeance à l'usage adopté pour ce genre de meubles. Dans quelques auteurs, la boucle en losange est appelée boucle *à l'antique*.

La *boucle* s'appelle aussi *fermail*. (Voir ce mot.)

*Voy.* DE COURBON, 585. — DE LA VALLÉE, 966.

**BOUCLÉ**. — Se dit d'un collier qui a une boucle d'un autre émail que le collier lui-même, et aussi d'un animal qui a un anneau passé dans le nez.

*Voy.* DE NICOLAÏ, 1235. — BAILLON DE FORGES, 1236.

**BOURDON**. — Bâton avec deux ornements en forme de pomme, posés : l'un aux trois quarts, et l'autre au sommet; instrument dont se servent les pèlerins, et qui symbolise les voyages en Terre-Sainte.

*Voy.* DE PÈLERIN, 226. — DE MANIBAN, 761. — PIERSE, 843.

**BOURDONNÉ**. — S'applique aux pièces qui ont à leurs extrémités une boule, ou pomme pareille à celle qui surmonte le *bourdon*. Ces pièces se disent aussi *pommetées*. (Voir ce mot.)

**BOURRELET**. — Rouleau de rubans aux couleurs de l'écu, que l'on place sur le casque comme ornement.

Le *bourrelet* était un tour en étoffe, posé au sommet du casque et destiné à amortir les coups portés sur la tête. Il sert à relier entre eux les *lambrequins* placés aux deux côtés de l'écu, et se représente avec les mêmes émaux que ces ornements.

**BOURSE**. — C'est l'escarcelle qui faisait partie du vêtement des nobles au moyen âge, ou celle du pèlerin qui avait fait vœu d'aller à Rome ou aux lieux saints.

*Voy.* DE ROMIEU, 1237.

**BOUSE**. — Espèce de siphon de bois ou de fer, instrument dont, à la forme, on ne saurait trop reconnaître l'emploi réel, et que nous pensons être une sorte de conduite pratiquée dans les murs pour faciliter l'écoulement des eaux. A ce titre, cet instrument serait un attribut seigneurial. La *bouse* est rarement employée en France, plus fréquemment en Angleterre où elle s'appelle *Waterbouget*. Des héraldistes la nomment souvent *Chantepleure*.

*Voy.* Roos, 1238.

**BOUTEROLLE**. — C'est la garniture en métal que l'on met au bout du fourreau d'un sabre ou d'une épée. La bouterolle faisant partie de l'armure du chevalier, était comme la molette d'éperon sur l'écu, un signe de chevalerie.

*Voy.* ANGRIE, 1239.

**BOUTOIR**. — Extrémité de la hure du sanglier ; si cette partie est d'un émail différent que le reste du corps, il faut le spécifier.

**BOUTONNÉ**. — Se dit des fleurs, et plus particulièrement des roses, qui ont, au centre de leurs pétales, un bouton d'un autre émail que la fleur.

*Voy.* DE BRUC, 499.

**BRANCHES**. — Les branches d'arbres ne sont pas, en armoiries, d'un usage très ancien, et n'ont guère été employées que lorsque les figures prirent un sens plutôt symbolique que parlant. Ainsi la branche du laurier devint le symbole de la victoire, celle de l'olivier, l'emblème de la paix, celle du chêne, celui de la force, etc.

Les branches néanmoins ont pris un rang estimable parmi les meubles de l'écu, soit qu'elles rendent les armoiries parlantes, soit qu'elles leur laissent leur caractère symbolique.

*Voy.* DE TRENQUALYE, 186. — LA BRUYÈRE, 501. — DE RICCIS, 875. — ROMANET, 886. — DE SÉGUIN, 915.

**BRANCHÉ**. — Les feuilles d'arbres sont dites *branchées*, lorsque le bois ou la tige est d'un autre émail. *Tigé* vaut mieux, et s'applique également aux fleurs, plantes et arbustes qui sont dans ce cas spécial.

**BRAS**. — (Voir *dextrochère* et *sénestrochère*.)

**BREBIS**. — Symbole de douceur et de bonté ; il convient plutôt aux personnes qui ont des fonctions civiles ou religieuses, qu'à celles qui suivent la carrière des armes.

Comme toutes les bêtes à laine, la brebis indique la possession d'abondants pâturages ou de vastes exploitations agricoles.

Elle est représentée ordinairement de profil et *paissante*, quand elle est *passante* ou *saillante*, il faut l'indiquer.

*Voy.* DE BERBISEY, 1240.

**BRETESSÉ**. — Quand les pièces honorables sont crénelées des deux côtés, on les dit *bretessées* : ainsi les pals, chevrons, bandes, fasces, croix et sautoirs, peuvent être *bretessés*. Le chef seul ne peut être crénelé que par le bas ; il est dit alors *bastillé*.

Les mots *bretessé*, *bretesse* ou *bretesche*, du latin *bretachia* ou *breteschia* désignent des châteaux de bois roulants dont on faisait usage pour donner l'assaut aux places fortes et y jeter des troupes au moyen de ponts volants.

*Voy.* D'AUX, 1241.

**BRETESSÉ, CONTRE-BRETESSÉ**. — Dans le *bretessé*, la saillie est opposée à la saillie, et l'échancrure à l'échancrure ; quand il en est autrement, c'est-à-dire quand l'échancrure d'un côté est opposée à la saillie de l'autre, et réciproquement, l'on dit alors la pièce *bretessée, contre-bretessée*.

*Voy.* DE GRIVEL, 1242.

**BRIS D'HUIS**. — Synonyme de VERTENELLE (Voyez ce mot).

**BRISÉ**. — Se dit des armoiries des puînés et cadets d'une famille, où il y a quelque changement par addition, diminution ou altération de quelque pièce, et de tout écu qui a une *brisure* ; il se dit aussi des chevrons qui sont séparés par le sommet, laissant voir ainsi entre les deux branches, au point de leur jonction, l'émail du champ.

*Voy.* DE CANELLE DE LA LOBBE, 515. — DE CLERMONT, 565. — DE ROZIER DE LINAGE, 363.

**BRISURE**. — La brisure sert à distinguer les armoiries des différentes branches d'une même famille ; elle s'ajoute aux *armes pleines* de la maison portées par la branche aînée. (Voir *armes pleines*.)

On distingue plusieurs sortes de brisures : le lambel, la bordure, le bâton, le franc canton, etc.

On se sert encore pour brisure de menues pièces qui s'ajoutent à celles qui chargent déjà l'écu ; ou bien l'on écartèle d'un quartier d'alliance. Quelquefois enfin, on change seulement les émaux : ainsi, dans la maison de MAILLY, les *trois maillets de sinople* deviennent, suivant les branches, tantôt de *gueules*, tantôt de *sable* ; dans la maison d'ABUSCHOT, qui porte *de gueules, à 3 fleurs de lis d'argent*, une de ses branches brise en portant *d'argent à 3 fleurs de lys de gueules*; dans la maison de GROLÉE, dont les armes sont *gironné d'or et de sable*, une branche cadette brise en changeant l'*or* en *argent*, etc. On brise encore les armoiries en changeant la situation de quelques figures, puis par les partitions ou les écartelures ; enfin par le changement des cimiers.

*Voy.* DE LA ROCHE, 880.

**BROCHANT**. — Se dit de toute pièce posée sur un écu dont elle recouvre et dont elle surcharge indistinctement toutes les parties.

On dit alors *brochant sur le tout*.

Si la pièce *brochante* ne doit recouvrir que quelques parties, il faut le spécifier avec soin.

Ce terme est employé par les brodeurs pour indiquer une broderie passant ou brochant sur d'autres broderies. Les armoiries et la cotte d'armes du chevalier étaient brodées à la *broche* ou aiguille.

*Voy.* DE BRIOLLES, 177. — DE BREUILLY, 240. — MARSUCCO, 341. — DE COSNE, 584. — DE FONTENAY, 627. — DE LA MOUSSE, 799.

**BROYES**. — La broye est un instrument à dents qui sert à broyer le chanvre. Sa forme a été altérée en armoiries, et quelques auteurs l'ont prise pour un ornement d'architecture, pour une espèce de festons ; d'autres pensent que c'est un mors de cheval : sa forme prête à cette supposition.

Ce genre de meuble est assez rare.
*Voy.* de Joinville, 1243.

**BUFFLE.** — Animal sauvage qui ressemble au bœuf, et qui sert comme lui à l'agriculture. Pour le diriger, on lui passe d'habitude un anneau dans le mufle, de sorte qu'en armoiries on le représente toujours *bouclé*.

Il se blasonne absolument comme le bœuf; et symbolise comme lui la force, mais plus ordinairement des pays de plaines et de pâturages arrosés de rivières.

Il est moins usité en France que dans d'autres pays.
*Voy.* de la Vefve, 1244.

**BURÈLES** ou **BURELLES**. — Lorsque les fasces placées sur un écu (Voir le mot *Fasce*) dépassent le nombre quatre, elles se nomment *burèles*.

Les burèles sont donc plus étroites que les fasces.

Il faut toujours spécifier leur nombre, dont le minimum est de cinq, et qui va quelquefois jusqu'à huit.

Burèle vient du latin *birus* (bure), parce que ces pièces, en forme de brandebourgs, comme on en voit encore sur les uniformes militaires, servaient à orner les vêtements et étaient faites en fine *bure* de couleur, à l'usage des gentilshommes et des personnages éminents.
*Voy.* Beaujeu-Jauge, 20. — Achard, 118.

**BURELÉ.** — Nous dirons du *burelé* ce que nous avons dit du *bandé* : le nombre de pièces de métal est égal au nombre de pièces de couleur, et, pour blasonner, l'on commence par la première burèle en chef. On indique aussi le nombre de pièces qui ne peut être inférieur à dix.
*Voy.* de Mornay, 795. — de Quélen, 865.

**BUSTE.** — Le buste est la représentation d'une figure humaine jusqu'aux pectoraux, sans les avant-bras.

Ces figures se représentent presque toujours habillées; et comme elles peuvent ainsi déroger à la règle de ne point mettre couleur sur couleur, ou métal sur métal, elles rentrent dans la catégorie des armes à *enquerre*, c'est-à-dire qu'il y a lieu de s'enquérir du motif qui les a fait choisir.

Les armes de Goethals fournissent à ce sujet une explication très intéressante.
*Voy.* de Bailly, 433. — Hibon de Frohen 41.

**BUTE.** — Instrument dont se servent les maréchaux pour couper la corne des chevaux. Très rare dans les armoiries françaises.

**CÂBLÉ.** — Se dit de toute pièce formée de câbles ou de cordes tortillées.
*Voy.* Lardenois de Ville, 1245.

**CABRÉ.** — Se dit du cheval dressé sur ses pieds de derrière. Cette expression vaut mieux qu'*acculé* et qu'*effaré*.
*Voy.* La Chevalerie, 1246.

**CADUCÉE.** — Bâton entortillé de deux bisses affrontées, à l'extrémité supérieure duquel sont deux ailes éployées.
Symbole de paix et de concorde.
Le bâton fleurdelysé des hérauts modernes se nomme aussi *Caducée*.
*Voy.* Courtois de Minut, 1247.

**CANETTES.** — La cane, femelle du canard, est utilisée en armoiries. Placées en nombre dans un écu, les canes prennent le nom de canettes.
Elles symbolisent les pays marécageux.
Elles sont représentées comme les merlettes, de profil, les ailes serrées; mais elles diffèrent de celles-ci en ce qu'elles ont un bec et des pattes. On les dit *becquées*, *membrées* et *armées*, quand leur bec, leurs membres ou leurs pattes, sont d'émail différent.
*Voy.* de Lattre, 328. — Barbotan, 437.

**CANNELÉ.** — Se figure comme l'*engrêlé*, avec cette différence que l'engrêlure a ses pointes en dehors, tandis que la cannelure les a en dedans. Le *cannelé*, comme l'*engrêlé*, s'applique aux bordures, chefs, pals, bandes, fasces, croix, etc.
(Voir *Dentelé* et *Engrêlé*.)
*Voy.* Bouchet, 482. — L'abbé de Morvilliers, 400.

**CANTON.** — Le canton est moins grand que le quartier, qui est le quart de l'écu; le canton n'en est que le neuvième; il est toujours placé aux angles dextres ou sénestres. Sa position naturelle, quand il est seul, est à dextre et en chef; ce n'est que lorsqu'il est différemment qu'il faut le spécifier.
Il figure la bannière du chevalier banneret. Il prend son nom des vides laissés par la croix pleine et qui se nomment *cantons*.

Le *franc-canton* (Voir ce mot) est plus grand que le canton, mais il est moins grand toutefois que le *quartier*.
*Voy.* Morice, 794.

**CANTONNÉ.** — Ce terme s'applique à la croix pleine, lorsqu'elle est accompagnée en ses quatre angles, ou cantons, de quelque menue pièce.
On se sert aussi de ce terme, lorsqu'il se trouve quatre pièces disposées en carré dans l'écu, et placées régulièrement à l'endroit des cantons; si elles se trouvent seules, on les dit, cantonnées; si elles accompagnent une autre pièce posée en cœur, celle-là alors se dit *cantonnée*.
Quelques auteurs appliquent le mot *cantonné* au sautoir. C'est improprement : le sautoir n'a pas de *cantons*, mais des vides triangulaires qui tiennent le milieu de chacun des côtés de l'écu. Le sautoir doit toujours être dit *accompagné*.
*Voy.* Cartier de la Malmaison, 51. — de Ruel de Bellisle, 139. — de Cormery, 581. — de Robert, 878. — de Tavignon de Kertanguy, 941.

**CAPARAÇONNÉ.** — Se dit du cheval qui a ses harnais.

**CARNATION.** — Se dit de toutes les parties du corps humain représentées au naturel.
*Voy.* Hibon de Frouen, 41.

**CARREAU.** — Petit carré, pièce de brique, dont on pave le sol. Employé dans les bâtiments fortifiés, le carreau tient aux choses de la guerre. Il est d'un usage peu général toutefois.
*Voy.* de Carrel, 1248.

**CARTOUCHE.** — Ornement de fantaisie employé dans la sculpture ou le dessin, dans lequel on place l'écusson.
*Voy.* Baudier, 199. — Cabot de la Fare, 261.

**CASQUE.** — Le casque a été employé par toutes les nations, et il est la plus noble pièce de l'armure d'un guerrier. On le place sur le haut de l'écu, qu'il semble protéger, comme principal ornement, et comme véritable preuve de noblesse.
Avant que les couronnes fussent d'un usage aussi répandu, on se servait seulement du

casque ou heaume ; et, au moyen de règles fixes, qui n'ont d'ailleurs pas toujours été fidèlement observées, la position et le titre de chaque gentilhomme étaient parfaitement indiqués. Le casque timbrait ainsi l'écu ; d'où le mot *timbre* employé pour le désigner, lorsqu'il surmonte l'écusson.

Quoique l'on ait souvent dérogé à ces règles, il ne faut pas croire toutefois que le choix du timbre soit facultatif.

Les héraldistes comptent *neuf* espèces de casques, savoir :

1. Le casque des rois et empereurs, qui est d'or damasquiné, taré (posé) de front, la visière ouverte et sans grilles. C'est le signe de la toute-puissance qui ne relève que de Dieu seul.

2. Les princes et ducs souverains portent le casque également d'or, damasquiné et taré de front, mais moins ouvert que celui des souverains, pour indiquer qu'ils relèvent d'une puissance supérieure. Ils peuvent y ajouter onze grilles.

3. Les ducs non souverains, les marquis, les grands-officiers de la couronne, tels que les chanceliers, les maréchaux, les amiraux, timbrent d'un heaume d'argent, taré de front, à onze grilles, damasquiné et bordé d'or.

4. Le casque des comtes, vicomtes et vidames est d'argent, taré au tiers, à neuf grilles d'or, les bords de même. On le voit quelquefois taré de front, mais c'est une dérogation aux principes, qui n'a pu être consacrée même par l'usage.

5. Le casque des barons est d'argent, posé de trois quarts, à sept grilles d'or seulement, et les bords de même.

6. Le gentilhomme ancien qui était chevalier ou qui avait été revêtu par le souverain de quelque charge importante dans les armées ou à la cour, timbrait son écu d'un casque d'acier poli, taré de profil, montrant cinq grilles d'argent, les bords de même.

7. Le gentilhomme de trois races paternelles et maternelles portait son casque d'acier poli, taré de profil, la visière ouverte, le nasal relevé, la ventaille abaissée, montrant trois grilles à sa visière.

8. Le nouvel anobli timbre d'un casque de fer ou d'acier poli, posé de profil, dont le nasal et la ventaille sont entr'ouverts.

9. Le heaume des bâtards est aussi d'acier poli et taré de profil, mais tourné à sénestre, comme signe de bâtardise, et la visière complétement baissée.

De nos jours et depuis surtout le commencement du XVIII<sup>e</sup> siècle, le casque est peu employé en France comme ornement d'un écu ; il a été remplacé par les couronnes de comte et de marquis, même dans les armoiries de chevaliers et de simples écuyers.

**CASQUE** (*Arme défensive*). — Quand le casque figure comme meuble sur un écu, il faut le blasonner d'après son nombre, son émail et sa position, comme toute autre pièce.

Le casque ne convient qu'à la noblesse militaire. (Voir *Armes défensives et offensives*.)

*Voy.* TITON DU TILLET, 153.

**CASTOR**. — Animal amphibie, symbole de paix, d'adresse et de persévérance ; attribut commercial d'un usage très restreint.

*Voy.* DU FOUR DE TEYSSERAS, 1249.

**CAUDÉ**. — Qui a une queue. Se dit des étoiles ou des comètes qui ont une queue ou un *rais* plus grand que les autres, ou d'un autre émail. Symbole de la renommée acquise par de grands exploits.

*Voy.* DE COMEAU, 1250.

**CENTAURE**. — Le centaure fait partie des *animaux chimériques* dont nous avons déjà parlé. Sa partie supérieure est celle d'un homme, et la partie inférieure celle d'un cheval, quelquefois celle d'un taureau, et alors on l'appelle *Minotaure*, et il est armé d'une massue ; dans le premier cas, il est dit *Sagittaire*, et il tire de l'arc. Peu usité en armoiries, nous en trouvons pourtant un exemple dans les auteurs héraldiques.

*Voy.* REILLE, 1251.

**CEP DE VIGNE**. — La vigne et ses raisins ne sont guère employés, en armoiries, que comme armes parlantes.

*Voy.* DE VIGNOLLES, 977. — DE LESSEPS.

**CERCELÉ**. — S'applique à la croix. On dit mieux *recercelé*. (Voir ce mot.)

**CERCLÉ**. — Se dit d'un tonneau quand les cercles sont d'un émail différent, ou lorsque l'on veut indiquer le nombre de cercles qui l'entourent.

*Voy.* BARILLON, 1224.

**CERF.** — Cet animal est très souvent employé en armoiries. Son caractère timide semblerait le rendre étranger aux signes symboliques de la chevalerie, s'il n'était destiné à rappeler les nobles divertissements de la chasse, exclusivement réservés aux gentilshommes, et s'il n'était regardé comme emblème du succès et de la rapidité de la victoire. Il fait encore allusion aux charges de forestier et de grand-veneur.

Quand le cerf est *rampant*, il est dit *élancé* ; s'il est couché, on le dit *reposé*; et quand le bois est d'un autre émail que le corps, il est dit *ramé*.

Le cerf est toujours représenté de profil ; sa position ordinaire est *passant*.

On appelle *rencontre de cerf*, la tête de cet animal détachée du corps, lorsqu'elle paraît de front dans l'écu; *Massacre*, la ramure seule attachée à une partie du crâne. (Voir ces deux mots.)

*Voy.* DE FROISSARD, 284. — DE TOUTON, 958.

**CHABOTS.** — Petits poissons de rivière que l'on représente aplatis et que l'on pose en pal, la tête en haut. Comme tous les poissons, ils symbolisent la suzeraineté des cours d'eau.

*Voy.* CABOT DE LA FARE, 261.

**CHAINES.** — Les chevaliers portaient des chaînes d'or autour du col ; elles sont donc, comme l'anneau, un signe de chevalerie.

Les chaînes qui, au moyen âge, fermaient les ports, les camps, les rues, etc., sont également employées en armoiries, de même que celles qui garrottaient les ennemis vaincus et réduits en captivité. Nous ne parlerons pas ici des nombreuses allusions auxquelles le mot *chaîne* peut donner lieu.

Elles sont d'un emploi très commun dans le blason espagnol et portugais.

*Voy.* DE NAVARRE, 320.

**CHAMP.** — Le champ est le fond de l'écu et représente la cotte d'armes du chevalier, ou la bannière sur laquelle on posait les pièces ou meubles qui complétaient les armoiries. On doit toujours, en blasonnant, commencer par exprimer l'émail du champ, avant de détailler les autres pièces. Ainsi l'on dira : *d'azur* (le champ), *à un bar d'or* (la pièce) ; et non, comme on peut quelquefois le lire chez des écrivains peu versés dans la science héraldique, *un bar d'or, en champ d'azur*.

Il y a des écus qui n'ont d'autre blason que leur champ ; cela est assez rare. Toutefois nous pouvons citer : *Boquet, d'argent* plein ; de Barge, sr de Ville, *d'azur* plein ; Bordeaux-Puy-Paulin, *d'or* plein ; de Narbonne-Lara, *de gueules* plein, etc.

On dit qu'une pièce est *du champ*, pour éviter la répétition trop rapprochée d'une couleur semblable. (Voir *Du Champ*.)

*Voy.* GODIÈGES, 656.

**CHAMPAGNE.** — La Champagne est l'opposé du chef en ce sens qu'elle se place à la pointe de l'écu, mais elle est de la même largeur, c'est-à-dire du tiers environ. Quelques auteurs la nomment improprement *Plaine;* la *Plaine* est un diminutif de la *Champagne*, et non pas la Champagne elle-même. (Voir *Plaine*.)

Le bord supérieur de la Champagne doit toujours être uni, ce qui la distingue de la terrasse dont le bord est sinueux.

*Voy.* HENRI DE CHAMBLAY, 84 . — DE VAYLAC D'EUDEVILLE, 159. — MANARA, 337.

**CHAMPAGNÉ.** — Voir *Potencé*.

**CHANDELIER.** — Meuble usité dans les armoiries parlantes du nom ou dans celles allusives à la fonction d'*argentier*. Quand il a la forme de candélabre d'église, il peut signifier *foi orthodoxe*.

*Voy.* DE CANLERS, 1252.

**CHAPÉ**, mieux **CHAPPÉ**. — (Voir ce mot.)

**CHAPEAU.** — Les anciens ont pris le chapeau pour l'emblème de la liberté; ils l'ont figuré sur leurs médailles avec cette légende : *Libertas publica*, parce que, en affranchissant leurs esclaves, ils leur donnaient le chapeau.

Le chapeau est un ornement extérieur de l'écu pour les grands dignitaires de l'Eglise. Il remplace alors le casque.

1. Les cardinaux le portent de gueules, avec quinze houppes de chaque côté de l'écu. rangées 1, 2, 3, 4 et 5;

2. Les archevêques, de sinople, avec dix houppes de chaque côté, rangées 1, 2, 3 et 4 ;

3. Les évêques, également de sinople, à

six houppes de chaque côté, rangées 1, 2 et 3 ; 4. Enfin les abbés et protonotaires le portent de sable, avec deux houppes de chaque côté.

Voy. MASSIMO, 250.

Si le *chapeau* est placé comme meuble dans l'écu, c'est le plus souvent une marque du privilège qu'ont eu certaines familles de se couvrir la tête devant le souverain. Dans ce cas, on doit considérer le chapeau comme l'emblème de la noblesse de race et d'une condition noble.

Voy. DE CAPELLIS, 517.

**CHAPELET.** — Pièce assez rare en armoiries, et qu'on nomme *Patenôtre*. Il n'est guère employé que comme armes parlantes.

Voy. DE L'EPINE, 611, et L'HERMITE DE SOULIERS, 1255.

**CHAPERON.** — Cape ou capuchon dont les gens de qualité avaient coutume de se servir dans les premiers siècles de la monarchie.

On nomme aussi *Chaperon* le morceau de cuir dont on couvre la tête des oiseaux de proie servant à la chasse.

Voy. CHAPPERON, 1253.

**CHAPERONNÉ.** — Les oiseaux de proie servant à la chasse, sont dits *chaperonnés*, lorsqu'ils ont la tête coiffée d'un cuir en forme de chaperon.

Il y a des exemples d'animaux *chaperonnés* autres que les oiseaux de proie ; ce mot s'applique donc aussi à tout animal dont la tête est couverte d'une espèce de chaperon.

Voy. DE MUSSET, 1254.

**CHAPPÉ.** — Le *chappé*, que quelques auteurs ont confondu à tort avec le *mantelé*, bien qu'il y ait, entre ces deux termes, une différence que nous signalerons à ce mot, est un chevron plein qui remonte jusqu'au chef et qui représente le champ de l'écu ; ce champ est entouré d'une chappe ou d'un manteau d'un autre émail, et voilà pourquoi on le dit *chappé*.

Dans les armoiries des frères Prêcheurs et des Carmes, le *Chappé* est l'image de leurs habits, de leurs robes et de leurs chappes.

Ce genre d'armoiries est plus usité en Allemagne qu'en France.

Le *Chaussé* (Voir ce mot) est le *Chappé* renversé.

Voy. HAUTIN, 1255 *bis*.

**CHARDON.** — Cette plante a donné lieu à deux ordres de chevalerie : le premier, établi en 810, par Achaius, roi d'Écosse, qui, au moment de livrer bataille aux Anglo-Saxons, vit une croix lumineuse de la forme de celle qui servit au martyre de saint André ; encouragé par cette vision, il attaqua l'ennemi et remporta la victoire : en mémoire de cet événement décisif, il fonda l'ordre de Saint-André du Chardon. Le collier de l'ordre se compose de la croix rouge de saint André (cette croix a la forme du sautoir), entourée de fleurs et de feuilles de chardons en or, avec cette devise : *Nemo me impunè lacesset*. (Personne ne m'attaque impunément.) Cet ordre existe encore et a conservé tout son lustre en Angleterre.

Le deuxième, sous le nom de Notre-Dame du Chardon, fut fondé en 1370 par Louis XI, duc de Bourbon, et n'existe plus.

Par allusion à la devise du premier de ces ordres, quelques gentilshommes ont adopté le chardon dans leurs armoiries.

Voy. CARDON DE SANDRANS, 260 et 520. — DE CHARON DE BRIE.

**CHARGÉ, CHARGEURE.** — Lorsque des menues pièces ou meubles sont placés sur la pièce principale d'un écu, ou sur toute autre pièce, on dit cette pièce *chargée*.

Ces menues pièces ou meubles placés ainsi se nomment alors *chargeures*.

Voy. FIALIN DE PERSIGNY, 73. — DE GALHAUT, 75. — DE JASSAUD, 248. — LE COMTE, 576. — DE COUTTE, 588. — DE ROCHEFORT, 881. — BASSET DE BEDFORT, 894.

**CHAT.** — Animal domestique, qui a été choisi, quoique privé, pour emblème de la liberté et de l'indépendance.

Les Bourguignons avaient pris le *chat* pour symbole, avec cette devise : « Tout par amour, et rien par force. »

Le chat, comme le léopard, se représente de face et passant ; quand il est rampant, il est dit *effarouché*, et *hérissonné* quand il est arrêté et qu'il a le dos élevé et le poil hérissé.

Voy. LA CHÉTARDIE DE PAVIERS, 1256.

**CHATEAUX.** — Les châteaux sont, en armoiries, des signes de haute et ancienne noblesse ; ils rappellent la qualité de châtelain, qui n'était conférée qu'à des nobles de race qui avaient le droit de posséder, à l'époque de la féodalité, des lieux fortifiés, enceints de fossés et garnis de tours.

Quand les ouvertures d'un château sont d'un émail différent, le château est dit *ajouré*, pour les fenêtres, et *ouvert* pour la porte; et, quand il est surmonté de tourelles (ou donjons), on le dit *donjonné*.

*Voy.* GAILLARD DE VAUCOCOUR, 76. — DE CASTELLANE, 524. — LULLIN DE CHATEAUVIEUX, 748.

**CHATELÉ.** — On nomme ainsi les pièces semées de châteaux.

**CHAUDIÈRES.** — La *Chaudière* est une marque de haute noblesse dans les armoiries d'Espagne, de Portugal et de Navarre. Elle était l'attribut particulier des grands seigneurs appelés RICOS HOMBRES, ou *de caldera y de pendon* (de chaudière et de bannière), dignité correspondante à celle de nos chevaliers bannerets: ils avaient non-seulement le droit de lever des soldats, mais encore de les nourrir, en disposant à leur gré des sommes stipulées pour le service des troupes.

Cet emblème est beaucoup plus rare en France.

*Voy.* CHEVALIER DU COUDRAY, 1257.

**CHAUSSÉ.** — (Quelques auteurs disent à tort *enchaussé*.) Le *chaussé* est le contraire du *chappé*; il a la forme d'un chevron plein renversé, et est ainsi entouré par le bas, tandis que dans le *Chappé* il est entouré par le haut. Ce genre d'armoiries est également assez rare en France.

*Voy.* D'YVONNE, 1258.

**CHAUSSE-TRAPPE.** — Fer à quatre pointes aiguës, instrument de guerre que l'on fichait en terre pour estropier les hommes et les chevaux. Ce fut aussi un instrument ou piège dont on défendait les fossés des châteaux.

*Voy.* DES TRAPPES, 1259.

**CHEF.** — Le chef est la première des pièces honorables ordinaires, et, d'après les significations symboliques du blason, il représente le casque du cavalier.

Il est placé au haut de l'écu, dont il forme le tiers, de sorte qu'étant de grandeur régulière, il doit laisser sous lui deux fois autant de place qu'il en occupe.

Il est dit *abaissé*, lorsqu'il ne touche pas au bord supérieur de l'écu; *soutenu*, lorsque, entre le champ et le chef, il se trouve quelque filet d'un autre émail, et *surmonté*, si cette diversité d'émail est entre le bord supérieur de l'écu et le chef. Il est dit *retrait* quand il n'a en hauteur que la moitié de sa largeur ordinaire; quelques auteurs, dans ce cas, l'appellent *comble*, et nous adoptons ce mot, s'il représente le chef réduit à sa plus petite dimension. (Voir *Comble*.)

Le chef peut être *chargé*, *bastillé*, *dentelé*, *engrêlé*, *cannelé*, *émanché*, *bordé*, *fretté*, *losangé*, *échiqueté*, *pallé*, *bandé*, etc.

*Voy.* DE MAILLEFAUD, 103. — PAGÈSE DE LA VERNÈDE, 114. — DE PIERREPONT, 126. — DE CHASTENET DE PUYSÉGUR, 238. — LE COURT DE LA VILLETHASSETZ, 274. — GARGIOLLI, 309. — DE BÉREL, 453. — DE CHAUTREAU DE LA TOUR, 539. — KERDREN, 704. — DE HÉDOUVILLE, 682. — DE KÉRISAC, 705. — DESRÉAUX, 863. — DE VINTIMILLE, 983. — DE LA ROCHELAMBERT, 1201.

**CHEF-BANDE.** — On appelle ainsi le chef réuni à la bande, quand le chef a le même émail et qu'il semble ne faire qu'un avec la bande.

**CHEF-BARRE.** — Ce que nous venons de dire pour le chef-bande peut s'appliquer aussi pour le chef-barre.

*Voy.* WISBECKEN, 1260.

**CHEF-PAL.** — Même explication que celle donnée pour les deux mots ci-dessus.

*Voy.* WILL, 1261.

**CHÊNE.** — Nous avons déjà parlé des arbres en général, et nous avons fait connaître que l'arbre est dit *fûté*, quand le tronc est d'un autre émail que le feuillage, et que le cas spécial, pour le chêne, est de le dire *englanté*, quand il porte des glands, en spécifiant l'émail de ces glands.

Il n'y aurait donc pas lieu de faire un article à part pour le chêne, si cet arbre n'était pas un symbole particulier de la force et de la puissance.

Il est souvent employé comme armes parlantes.

*Voy.* GARRISSON, 1262.

**CHÉRUBINS.** — Employés, en armoiries, par quelques hauts dignitaires ecclésiastiques, comme symbole de science religieuse.

*Voy.* CAILLY, 1263.

**CHEVAL.** — Symbole de la valeur et de l'intrépidité, le plus beau présent que Dieu ait fait au guerrier; compagnon de sa gloire et de ses fatigues, le cheval devait naturellement trouver sa place sur l'écusson des preux chevaliers.

Il est dit *gai*, quand il est nu et sans harnais; *cabré*, quand il est levé sur ses pieds de derrière; *courant*, si ses quatre pieds ne touchent pas le sol; et *bardé*, *houssé* ou *caparaçonné*, s'il a ses harnais.

*Voy.* Le Jumentier, 701.

**CHEVELÉ.** — Se dit d'une tête dont les cheveux sont d'un émail différent.

*Voy.* Hibon de Frohen, 41, dont les armoiries doivent être ainsi blasonnées : d'*Argent, à trois têtes de reine de carnation, chevelées de sable, habillées d'azur et couronnées d'or à l'antique.*

**CHEVILLE, CHEVILLÉ.** — On désigne par *chevilles* les branches du bois du cerf, quand il a plusieurs andouillées. On dit alors que la ramure a tant de *chevilles*, ou qu'elle est *chevillée* de tant de pièces.

On emploie encore le mot *chevillé*, quand une pièce de bois ou de métal est arrêtée par une *cheville* de différent émail. Ce cas est très rare.

*Voy.* Ubaldini, 1264.

**CHÈVRE.** — Femelle du bouc, symbolise comme lui les pays montagneux et les rochers inaccessibles, et se blasonne de même.

*Voy.* de Boxberg, 1265.

**CHEVRON.** — Le chevron, l'une des pièces honorables ordinaires, est celle dont l'usage est le plus général en France.

Le chevron est composé de deux pièces assemblées, partant du milieu du chef sans le toucher, et descendant aux parties droite et gauche de la pointe, en forme de compas à demi-ouvert. Sa largeur doit être environ du quart de l'écu.

Il représente les éperons du cavalier, ou ces étais en bois, dits *chevrons*, destinés à soutenir les travaux des fortifications et à garantir les mineurs et autres gens de guerre.

Le chevron se met en nombre, l'un au-dessus de l'autre, et ce nombre n'est pas limité.

Le chevron se dit *versé*, quand il a sa pointe en bas ; *couché*, quand sa pointe regarde le côté droit, et *couché-contourné*, quand elle regarde le côté gauche de l'écu. On dit du chevron qu'il est *abaissé*, lorsqu'il est mis plus bas que sa place ordinaire; *alaisé*, quand les extrémités de ses branches ne touchent pas le bas de l'écu; *rompu*, quand une de ses branches est séparée en deux; et enfin *brisé*, lorsque sa pointe est fendue.

Deux chevrons sont dits *appointés*, lorsque leur pointe se touche, soit que l'un soit *versé* et l'autre *abaissé*, soit qu'ils soient *couchés* l'un à dextre et l'autre à sénestre.

Le chevron peut être *accompagné, chargé,* l'un et l'autre en même temps; il peut être également *parti, dentelé, engrêlé, componné, ondé, bordé, losangé,* etc.

*Voy.* de Bonneau, 36. — d'Arras, 122. — Riondet de Falieuse, 138. — de Bouchareinc, 232. — de Rochon de Lapeyrouse, 249. — de Galbert, 311. — de Mallat, 335. — Challet, 362. — de Boulais, 483. — Beudon, 460. — du Barry, 442. — Charron de Nozieux, 542. — de Faverolles, 620. — de Huart, 691. — Joubert, 696. — de Lambertie, 713. — de Soulas, 929. — de Surtainville, 935. — Le Tort, 953.

**CHEVRONNÉ.** — L'écu est dit *chevronné* lorsqu'il est également et alternativement rempli de chevrons de métal et de couleur, de manière à ce que l'on ne puisse distinguer quel est le champ, quels sont les chevrons. Il faut avoir soin d'indiquer le nombre de pièces dont le *chevronné* est composé, et les émaux, en commençant par la pièce la plus rapprochée du chef. Cette explication déjà donnée pour le *bandé*, le *barré* et le *burelé*, se renouvellera encore pour le *fascé* et le *palé*.

*Voy.* d'Aché, 402. — Pignatelli d'Egmont, 847.

**CHEVRONNÉ, CONTRE-CHEVRONNÉ.** — Si les chevrons, qui composent le *chevronné*, sont *partis* d'un trait vers leur pointe, de manière à changer l'émail des chevrons, de sorte que la couleur soit opposée au métal et le métal à la couleur, l'écu alors est dit *chevronné, contre-chevronné.* Ce genre d'armoiries est assez rare.

*Voy.* de la Haye-Ventelay, 1266.

**CHICOT.** — On appelle ainsi un bâton noueux sans feuilles. (Voir *Ecot*.)

*Voy.* Chicoisneau, 556.

**CHIEN.** — Symbole de la fidélité, de la vigilance et de l'affection, ami de l'homme, dont il partage les peines et les plaisirs. Le chien est très fréquemment représenté sur les armoiries ; les lévriers y figurent de préférence, probablement pour rappeler les plaisirs de la chasse.

Le chien est représenté *assis, passant* ou *courant*, ce qu'il faut spécifier. Il est dit *rampant* quand il est élevé sur ses pieds de derrière, et *colleté*, quand il a un collier.

*Voy.* DE CHANALEILLES, 54. — BRACHET DE PÉRUSE, 489. — D'AURE, 425. — DE SUFFISE, 933.

**CHIMÈRE.** — Animal fantastique, créature ayant le visage et la gorge d'une femme, la poitrine et les jambes de devant du lion, le corps d'une chèvre, les jambes de derrière d'une aigle et la queue d'un serpent, n'est guère employé que comme armes parlantes.

*Voy.* CHIMERA, 1267.

**CHOU.** — Considéré par les anciens comme un emblème de joie troublée, à cause de l'antipathie qu'ils supposaient exister entre le chou et la vigne. D'un usage peu général.

*Voy.* DE CHAUVELIN, 551.

**CHOUETTE.** — Oiseau de Minerve, fuyant la lumière et aimant les ténèbres, la chouette caractérise les gens studieux. Elle était aussi consacrée à Esculape, comme symbole de vigilance et de sagesse. Elle convient aux hommes de science et d'érudition.

Les chouettes se rencontrent plus fréquemment sur les armoiries de la Bretagne que sur celles des autres provinces.

*Voy.* DE COURSON, 1268.

**CIEL.** — (Voir *Éléments*.)

**CIGOGNE.** — Symbole de reconnaissance et de piété filiale. Les médecins des rois l'ont souvent adoptée comme symbole de leurs fonctions. La cigogne est plus fréquemment employée dans les armoiries des Pays-Bas et dans celles du nord de l'Allemagne qu'en France.

*Voy.* DE BOUEZ D'AMAZY, 194. — DE SUYN, 936.

**CIMIER.** — Les cimiers sont l'ornement du casque, comme celui-ci est l'ornement de l'écu. Le *cimier* est ainsi appelé parce qu'on le pose à la cime ou au sommet du casque.

Les chevaliers du moyen âge, dans les tournois, ornaient leur heaume, les uns de plumes ou panaches, les autres d'animaux ou de monstres chimériques. Les cimiers ont quelquefois été des signes de convention entre un chevalier et sa dame, afin qu'elle pût reconnaître plus facilement, parmi les combattants, celui qu'elle préférait. Ce n'était donc qu'un ornement facultatif que l'on pouvait changer selon les circonstances, et que la postérité du chevalier était libre d'adopter ou de rejeter. En France, les cimiers ne sont pas d'un usage bien général.

Les pièces honorables du blason ne peuvent pas se mettre en cimier.

Lorsqu'une famille possède héréditairement un cimier, surtout en Allemagne, où cet ornement est de rigueur, les branches cadettes se contentent de le changer pour opérer une brisure dans les armoiries. En Allemagne encore, les quartiers d'alliance se distinguent par les cimiers : au lieu d'écarteler l'écu, comme on le fait en France, on le surmonte des cimiers des familles alliées ; et il n'est pas rare alors de voir certaines armoiries surmontées de cinq ou six de ces ornements, quelquefois plus.

Les ducs de Bretagne et d'autres princes souverains portaient des cornes pour cimier : cet usage est venu de l'antiquité ; les cornes ont toujours été regardées comme un signe de puissance.

*Voy.* DIGARD DE PALCY, 166. — KENNEY.

**CINTRÉ.** — Se dit du globe ou du monde impérial, entouré d'un cercle et d'un demi-cercle en forme de cintre. (Voir *Monde*.)

*Voy.* DE LAMONT, 716. — DE MUN, 801.

**CLARINÉ.** — Se dit des animaux qui ont des clochettes suspendues au col ; quand l'émail de ces clochettes est différent, il faut l'indiquer.

*Voy.* DE BÉARN, 320.

**CLAVELÉ.** — Se dit des pièces sur lesquelles il paraît quelques nœuds ou écots. (Voir *Chicot, Ecot, Ecoté*.) La croix *clavelée* lui doit son nom.

*Voy.* LAURENCS, 1269.

**CLÉ.** — Les clés sont des plus honorablement admises en armoiries ; elles sont un signe de puissance. Elles font allusion au titre de seigneur châtelain et à la charge de gouverneur des lieux fortifiés, par suite du droit qu'eux seuls avaient de garder les clés des places ou châteaux qu'ils commandaient. A l'entrée des souverains dans les villes, les échevins et les notables leur présentaient, en grande pompe, les clés de la place sur un plat d'argent.

Il faut toujours spécifier si les pannetons sont en haut ou en bas.

*Voy.* DE CLERMONT-TONNERRE, 55. — DE CLAVESON, 563.

**CLÉCHÉ**. — S'applique à la croix dont les extrémités sont faites en forme d'anneaux de clé. Cette croix est vidée suivant sa forme, laissant voir ainsi dans l'intérieur de la pièce l'émail du champ. Les croix de Toulouse sont *cléchées*.

Si la croix était pleine, c'est-à-dire non vidée, ce serait alors simplement une croix *tréflée*.

*Voy.* DE LAUTREC, 726. — DE LA TOUR D'AUVERGNE-LAURAGUAIS, 154.

**CLOCHE**. — Nous avons donné à l'article *Bataillé* les divers détails relatifs à la cloche, et nous renvoyons à cet article.

*Voy.* DE COMMINGES, 268. — LE GARDEUR DE TILLY, 641. — DE MONTGINOT, 787. — DE BARRAL.

**CLOU**. — Les clous de la Passion, en l'honneur de N. S. J.-C., sont admis en armoiries, et sont représentés ayant la forme triangulaire. Quand ils sont représentés autrement, ils sont dits simplement *clous*.

*Voy.* DE CREIL, 1270.

**CLOUÉ**. — Se dit des colliers d'animaux et des fers du cheval, lorsque les clous sont d'autre émail ou de toute autre pièce garnie de clous.

*Voy.* DE KONTSKI, 1271.

**CŒUR**. — Le cœur est le centre de l'écu. Nous en avons déjà parlé au mot *Abîme*.

Le *cœur* humain s'emploie en armoiries, comme les autres parties du corps de l'homme, et représente ou la ferveur religieuse ou la sincérité habituelle.

Il est presque toujours de *gueules*.

*Voy.* AMIOT, 4. — D'ARNOULT DE BERRY, 144. — CŒCURET DE NESLE, 381. — BALON DE SAINT-JULIEN, 434. — LE MERCIER DE MAISONCELLE DE RICHEMONT, 775. — SAUNIAC DE MESSILLAC, 910. — DE LOCKART, 330.

**COLLETÉ**. — Se dit des animaux qui ont un collier, ce qu'il faut toujours indiquer, lors même que le collier serait du même émail que celui de l'animal. *Colleté* vaut mieux que *accolé*, dont quelques auteurs anciens se sont servis pour désigner un animal qui a un collier.

*Voy.* DE BÉARN, 320. — CHATEAUNEUF, 547.

**COLOMBE**. — Les colombes rentrent dans la catégorie des autres oiseaux (Voir *Oiseaux*), mais nous leur consacrons un article spécial parce qu'elles sont d'un fréquent usage en armoiries, qu'elles sont le symbole de la clémence, de la simplicité, de la douceur et de l'union, et que plusieurs papes les ont choisies pour ornement de leurs armoiries.

Elles se blasonnent comme les autres volatiles.

*Voy.* D'AINERY, 110. — DE BOURGELLAS, 486.

**COLONNE**. — Il faut blasonner le chapiteau, la base, le socle, quand ils sont d'un autre émail que le fût.

*Voy.* COLIN DE LA BRUNERIE, 201. — DE CAMARIN, 512. — DE COLONNA-WALESWKI, 573.

**COMBLE**. — C'est le chef réduit à sa plus petite largeur. Il ne faut pas confondre le *comble* avec le chef *retrait* ; ce dernier a la moitié de la hauteur du chef, tandis que le *comble* est encore plus restreint.

*Voy.* SAINT-CHAMANT, 1272.

**COMÈTE**. — Étoile à huit rais ou rayons, dont un inférieur s'étend en ondoyant, se termine en pointe et forme une espèce de queue qui, pour être dans une proportion convenable, doit avoir trois fois la longueur des autres rais. La *comète* symbolise la renommée acquise par de grands exploits.

*Voy.* DE RONVISY, 1273.

**COMÉTÉ**. — Qui a une queue, synonyme de *caudé*, quand il s'applique à une étoile. Se dit aussi de toutes pièces dont les branches ressemblent à la queue des comètes.

**COMPONNÉ.** — Se dit des pals, bandes, fasces, croix et sautoirs, qui sont composés de pièces carrées, ou *compons*, d'émaux alternés.

Il y a peu d'exemples de *compon* placé seul, et s'il s'en trouve un aux armes de Le Breton, seigneur de Chanceaux, en Touraine, qui porte : de gueules, à une bande échiquetée de deux traits d'argent et de sable, à un compon d'argent en chef chargé d'une hermine de sable, ce *compon* serait mieux dit *carreau*. (Voir *Carreau*.)

*Voy.* D'AUDIFFRET, 142. — DE BAILLY, 433.

**CONNIL.** — Synonyme de lapin, se représente toujours accroupi.

*Voy.* DE LIOTARD, 737.

**CONTOURNÉ.** — Tourné vers la gauche de l'écu. Ce mot s'applique aux animaux dont la position ordinaire est d'être à droite, ainsi qu'au croissant et au chevron.

*Voy.* DE CARRIÈRE, 50. — DE CHEF DE BIEN, 62.

**CONTRE-BANDÉ.** — Voir *Bandé*.

**CONTRE-BARRÉ.** — Voir *Barré*.

**CONTRE-BRETESSÉ.** — Voir *Bretessé*.

**CONTRE-CHEVRONNÉ.** — Voir *Chevronné*.

**CONTRE-ÉCARTELÉ.** — Voir *Écartelé*.

**CONTRE-FASCÉ.** — Voir *Fascé*.

**CONTRE-HERMINES.** — Voir *Hermines*.

**CONTRE-PALÉ.** — Voir *Palé*.

**CONTRE-PASSANT.** — Se dit d'animaux posés l'un au-dessus de l'autre et passant dans un sens opposé l'un à l'autre.

*Voy.* TESTU DE BALAINCOURT, 1274.

**CONTRE-POTENCÉ.** — Voir *Potencé*.

**CONTRE-VAIR.** — Voir *Vair*.

**COQ.** — Le roi de la basse-cour, le héros qui proclame lui-même sa victoire; fier et courageux, le coq ne pouvait manquer de servir d'emblème pour les armoiries.

Il est dit *crété, becqué, barbé* ou *membré*, lorsque sa crête, son bec, sa barbe et ses pattes sont d'un émail différent; si les ongles seuls sont d'un autre émail et non toute la patte, alors il est dit *armé*.

*Voy.* MARIN DE MONTMARIN, 340. — D'AMIGUET, 411.

**COQUERELLES.** — Noisettes dans leur gousse, jointes ensemble au nombre de trois.

*Voy.* DE LA BORDE, 1275.

**COQUILLES.** — Les coquilles sont fort communes en armoiries; elles sont un souvenir des croisades et représentent celles que les pèlerins attachaient à leurs vêtements au retour du voyage de la Terre-Sainte ou des autres lieux consacrés par la religion.

Lorsque les petites pointes qui sont de chaque côté de la coquille sont d'un émail différent, on les dit coquilles *oreillées*.

Les coquilles sont toujours représentées vues à l'extérieur; quand elles sont représentées vues à l'intérieur, on les appelle *vannets*. (*Voir ce mot.*)

On établissait autrefois une différence entre les grandes et les petites coquilles : les premières se nommaient coquilles de *Saint-Jacques*, et les dernières de *Saint-Michel*. Cette distinction est inutile.

*Voy.* DE BEAUSSIEU, 21. — HARSCOUET DE SAINT-GEORGES, 82. — DE CAIRON, 510. — DE COLLEMONT, 572. — DE DILLON, 602. — FROMONT D'ANDILLY, 637.

**COR.** — Voir *Huchet*. Tous les détails donnés à cet article s'appliquent au *cor*, avec cette différence adoptée par quelques auteurs, savoir que le cor a une attache, et que le huchet n'en a pas.

*Voy.* DE CILLART, 562. — DE LESMAES, 732.

**CORDÉ** ou **CABLÉ.** — (Voir ce mot.)

*Cordé* se dit spécialement des instruments de musique et des arcs dont les cordes sont d'un émail différent.

**CORDELIÈRE.** — Les veuves entourent leur écu d'une cordelière de soie noire et blanche entrelacée. On attribue généralement l'institution de cette coutume à Anne de Bretagne, après la mort de son premier mari Charles VIII; mais c'est par erreur, ainsi que nous allons le démontrer.

En 1440, François Iᵉʳ, duc de Bretagne, mettait aux deux côtés de ses armoiries deux cordelières, comme on pouvait les voir encore au siècle dernier, au-dessus d'une des portes de l'Hôtel-Dieu de Rennes. En 1470, Claude de Montagu, de la maison des anciens ducs de Bourgogne, ayant été tué au combat de Bursy, Louise de la Tour-d'Auvergne, sa veuve, prit pour devise une cordelière à nœuds déliés et rompus, avec ces mots : *J'ai le corps délié.*

On doit leur introduction dans les armoiries à la dévotion que l'on portait au xv$^e$ siècle à saint François d'Assises, dont elles représentent également le cordon. Une salle du château de Blois est toute remplie des devises de la reine Anne et des chiffres et des armoiries de la reine Claude, où l'on voit ces cordelières diversement entrelacées, mais toujours à nœuds serrés, comme les cordons dits de saint François.

François 1$^{er}$, époux de la reine Claude, fit aussi sa devise de ce cordon, pour marquer la dévotion singulière qu'il portait à ce saint. Ce fut sans doute pour la même cause qu'il changea les aiguillettes du cordon de l'ordre de Saint-Michel en une cordelière tortillée et mêlée avec les coquilles de la première institution.

Louise de Savoie, sa mère, et quelques prélats tirés de l'ordre de Saint-François ont aussi porté cette cordelière autour de leurs armoiries.

**CORNET.** — Voir *Huchet.*

**CORNIÈRE.** — Anse de pot, de coffre ou de table, dont nous ne pouvons donner l'explication symbolique. Plus usité en Allemagne qu'en France.
*Voy.* Nowina de Borków, 817.

**COTICE.** — Nous avons dit à l'article *Bande* que, lorsqu'il y avait plus de quatre bandes sur un écu, elles prenaient le nom de *Cotices*; les cotices sont donc des bandes plus étroites. Elles conservent ce nom lorsque, mises au nombre de deux ou trois, elles sont moins larges que les intervalles qu'elles laissent entre elles. — Une *cotice* mise seule est dite *bâton* ; elle a alors le tiers de la largeur de la bande.
*Voy.* de Custine, 288. — de Bayly, 448. — de Harchies, 676.

**COTICÉ.** — Ce que nous avons dit du *bandé* s'applique au *coticé*. Pour le *coticé*, le nombre de pièces doit être au moins de dix et peut être plus considérable ; pour le *bandé*, le minimum est de six pièces et le maximum de huit.
*Voy.* de Turennes, 1276.

**COTOYÉ.** — Ce terme a la même signification qu'*accosté*, mais il s'applique principalement aux pals et aux bandes, lorsque ces pièces principales sont accompagnées de menues pièces ou meubles, en nombre égal et en position pareille de chaque côté.
*Voy.* Bouczo de Kercaradec, 239.

**COUARD.** — Se dit du lion qui a la queue retroussée entre les jambes.
*Voy.* de Trunel, 1277.

**COUCHÉ.** — Se dit des animaux à quatre pieds, quand ils ont cette attitude, ainsi que du chevron et du croissant dont la pointe regarde le côté dextre de l'écu.
*Voy.* de Lussé, 749. — de Saillans, 1278.

**COUCHÉ-CONTOURNÉ.** — Se dit encore du chevron et du croissant, quand la pointe regarde le côté sénestre de l'écu.

**COULEURS.** — Les couleurs employées en armoiries sont au nombre de cinq : *gueules, azur, sable, sinople* et *pourpre*. Les Anglais en ajoutent une sixième qui est l'*orangé*, mais qui n'est pas usitée en France.

On emploie des signes conventionnels pour les représenter par la gravure. L'invention de ces signes peut remonter au xvi$^e$ siècle, et est attribuée au P. Silvestre Petra-Sancta qui, le premier, en fit usage dans son traité intitulé : *Tesseræ gentilitiæ*.

Nous leur avons déjà consacré un article assez long dans notre *Introduction*, page xxix.

Mais nous nous réservons de consacrer un article spécial à chacune d'elles, ainsi que nous avons déjà commencé au mot *Azur*.

Les couleurs représentent les vêtements des gentilshommes, et les métaux et les fourrures figurent les ornements que l'on ajoutait à ces vêtements.

**COULISSE, COULISSÉ.** — *Coulisse* est la herse (Voir ce mot) d'un château ou d'une tour ; *Coulissé* s'entend d'un château ou d'une tour dont la herse est fermée.
*Voy.* de Haute-Clair, 1279.

**COUPÉ.** — Lorsqu'un trait sépare l'écu par la moitié, en allant d'un flanc à l'autre par une ligne horizontale, l'écu est dit *Coupé*.

Si les deux divisions qui composent alors l'écu sont peu ou point chargées de menues pièces, on blasonne ainsi, en commençant par la partie du chef : *de.... coupé de...* ; si, au contraire, les deux divisions sont chargées, il est quelquefois nécessaire de dire, pour être clair : *Coupé, au 1er de..., et au 2e de...*

Les pièces qui chargent l'écu peuvent être également coupées, et il faut blasonner leur différence d'émail.

Le mot *Coupé* s'applique encore à la fleur de lys, quand elle est séparée par le bas et qu'il ne reste plus que la partie d'en haut. On dit alors fleur de lys au pied *coupé* ou au pied *nourri*. *Coupé* vaut mieux.

*Voy.* DE HAULT DE LASSUS, 83. — D'HUPAIS, 315. — MORAND, 347. — SYMONS, 377.

**COUPEAU.** — Pointe de rocher. Il y a des armoiries dans lesquelles il est nécessaire de spécifier le nombre de coupeaux dont le rocher ou la montagne sont composés.

Les coupeaux sont très communs en Italie, où ils symbolisent la possession de châteaux construits sur des points élevés.

*Voy.* DE COSTECAUDE, 179. — DE GRAND, 312. — ARNAULD, 419. — DE CHIROL DE LA BROUSSE, 557.

**COUPLÉ.** — Se dit des chiens de chasse liés ensemble deux à deux.

**COUPLES.** — On nomme ainsi l'attache qui sert à accoupler les chiens. C'est un attribut de chasse.

*Voy.* DE BEAUPOIL-SAINT-AULAIRE, 1280.

**COURANT.** — Se dit des animaux à quatre pattes qui sont dans cette attitude, notamment des chiens. Il a déjà été fait mention de cette expression au mot *Chien*.

*Voy.* DE CHANALEILLES, 54. — DE FAYET, 298. — DE MONTBRUN, 783.

**COURONNE.** — La couronne a toujours été un emblème de souveraineté et de commandement, dont tous les peuples ont orné la tête de leurs chefs.

Celle des rois de France a beaucoup varié de forme. Si nous mettons de côté les princes de la première et de la seconde race, vivant à une époque où le blason n'est pas constitué, nous trouvons encore de nombreuses variations pour la forme de la couronne des rois de la troisième race. En résumant ces divergences, on peut dire cependant que cette couronne a été ouverte et à bas fleurons jusqu'à Charles VIII, qui, le premier, la porta fermée, à cause sans doute du titre d'empereur d'Orient qu'il se donna, lors de son expédition en Italie. On a de lui quelques médailles qui le représentent à cheval, avec la couronne fermée sur la tête et cette légende : *Carolo Imp. Orientis victori, semper augusto.*

François Ier a la couronne fermée sur ses armoiries, en quelques endroits, notamment au sceau du concordat passé avec Léon X. Sur la plupart de ses monnaies, il n'est, au contraire, représenté qu'avec la couronne ouverte. Henri II est le roi de France qui a pris définitivement la couronne fermée, que tous ses successeurs ont retenue. (Nous renvoyons pour de plus amples détails à nos notes et à la vingt-troisième dissertation du savant Du Cange.)

Les nobles titrés ont voulu, à l'imitation des souverains, se parer de couronnes qu'ils plaçaient sur le heaume. La coutume de joindre toujours ces deux ornements, couronne et heaume, en chef des armoiries, est abandonnée aujourd'hui en France, et ne se pratique plus que dans certains cas laissés à la fantaisie, ou dans quelques familles initiées à la science héraldique : on se contente de surmonter l'écu de la couronne seulement ; on a répudié le casque.

Un arrêt de 1663 fit, pendant quelque temps, cesser l'abus que faisaient des couronnes certaines familles *non titrées*, ou même certaines familles titrées qui en portaient auxquelles elles n'avaient pas droit : tel comte prenait celle de marquis, tel marquis celle de duc. Mais cet abus se renouvela bientôt, et l'on pourrait croire de nos jours qu'il n'y a plus de règles établies, tant les usurpations de ce genre sont nombreuses.

Mettant de côté les couronnes prises pour ornement de tête par les princes étrangers, nous mentionnerons simplement celles qui sont usitées dans le blason français.

La couronne royale de France est formée d'un cercle surmonté de huit fleurs de lys au pied coupé, qui servent de base à des diadèmes perlés se réunissant au sommet par une fleur de lys double.

La couronne impériale est fermée, et les cercles qui la composent sont soutenus alternativement par un aigle et par un fleuron ; ces cercles sont réunis au sommet par un monde surmonté d'une croix patée.

Les dauphins de France portaient une couronne royale formée seulement de quatre diadèmes; chacun de ces diadèmes a la forme d'un dauphin.

Les enfants de France n'avaient qu'un cercle d'or surmonté de huit fleurs de lys, sans diadème.

Les princes du sang n'avaient que quatre fleurs de lys et quatre fleurons.

Les ducs portent la couronne d'or surmontée de huit fleurons et enrichie de pierreries et de perles.

Les marquis portent la couronne d'or rehaussée de quatre fleurons, séparés chacun par trois perles, autrefois sur la même ligne, aujourd'hui réunis en forme de trèfle.

La couronne des comtes n'a point de fleurons; elle est surmontée de seize grosses perles, dont neuf visibles, portées chacune sur une pointe.

La couronne des vicomtes n'est rehaussée que de quatre perles, dont trois visibles et séparées par quatre autres de petite dimension, dont deux visibles.

La couronne des vidames est surmontée de quatre croix patées.

Les barons n'ont qu'un cercle d'or environné d'un bracelet ou chapelet de perles.

Les chevaliers bannerets timbrent d'un cercle d'or simplement.

Les couronnes sont quelquefois employées comme meubles dans les armoiries, et alors elles sont blasonnées suivant leur forme, leur émail et leur situation. *Voy.* DE MARTEL, 106.

NOTA. — Les monnaies ou médailles des rois de la première race nous les représentent généralement avec le diadème d'un seul rang de perles. Quelquefois, mais cependant assez rarement, ces médailles et monnaies montrent la tête de ces souverains surmontée d'une couronne de rayons.

La troisième sorte de couronne, dont les rois de la première race ont usé, est le mortier, tel que les grands présidents du Parlement le portent à présent.

M. Boutereau nous représente deux monnaies de ces rois avec cet affublement. Il est constant que nos rois l'ont encore emprunté des empereurs de Constantinople, qui en avaient un semblable : c'est ce que l'on voit sur une vieille peinture à la mosaïque, qui existe en la ville de Ravenne, et dont le docte Alaman a parlé dans ses observations sur l'histoire cachée de Procope. L'empereur Justinien y paraît avec ce mortier qui est couronné par le bas, à l'endroit du front, d'un rang de perles, et par le haut d'un pareil rang de perles; à l'endroit des oreilles, pendent de chaque côté deux lambeaux, au bas desquels sont de grosses perles. Cette espèce de diadème a passé dans la seconde et dans la troisième race de nos rois.

La quatrième sorte de diadème, ou plutôt de couvre-chef que j'observe dans les monnaies de nos rois, est en forme de chapeau pyramidal, qui finit en une pointe surmontée d'une grosse perle. En d'autres, le diadème et le rang de perles se rencontrent sur le front avec les lambeaux, ce qui peut faire présumer qu'en ceux-ci, ce qui couvre la tête est pour un second ornement ou pour la commodité du prince qui désirait avoir la tête couverte. Le bonnet royal, dont la tête de Théodahat, roi d'Italie, est ornée dans une de ses monnaies de cuivre, a quelque rapport pour la forme avec celui de nos rois. On peut dire encore que ce chapeau pyramidal était l'affublement de tête ordinaire de nos premiers rois, étant fait à guise d'une ombelle, pour se défendre du soleil et de la pluie, tels que furent les chapeaux des derniers empereurs de Constantinople, qu'ils appelaient ombelle, parce qu'ils étaient faits pour donner de l'ombre au visage et pour le garantir des ardeurs du soleil.

L'ombelle ou sciade a été en usage chez les empereurs de Constantinople, ainsi que je l'ai démontré, en sorte qu'il est incertain si nos rois l'ont empruntée d'eux ou les empereurs de nos rois, ce qui est plus probable, car Nicétas dit en termes exprès, que cette sorte de chapeau avait été empruntée des Barbares, c'est-à-dire des étrangers, par les Grecs.

Les vieilles peintures et les vignettes, qui sont aux impressions des historiens byzantins du Louvre, représentent la forme de ces sciades, qui ne diffèrent qu'au bord d'avec ceux de nos rois de la première race, où il ne paraît pas, ce bord faisant une espèce de bec. Ce qui me fait croire que le chapeau que Charles V, roi de France, avait sur la tête, lorsqu'il alla au devant de l'empereur Charles IV qui venait à Paris, était de la même forme que les sciades des empereurs de Constantinople, comme on peut le conclure, des termes de l'auteur, qui a écrit l'histoire de cette entrevue : « Et avait sur sa teste un chapeau à bec, de la » guise ancienne, brodé et couvert de perles très » richement. » Car les sciades étaient faits et ornés de cette manière.

Enfin le dernier affublement de tête observé dans les monnaies des rois de France de la première race, est l'aumusse; c'est ainsi que j'appelle ce que M. Boulteroue nomme chaperon. Les aumusses ne se portaient pas comme à présent sur le bras, elles servaient à couvrir la tête, et n'étaient particulières aux chanoines, mais tous les hommes les portaient indistinctement. La chronique de France nous apprend que le chapeau se mettait sur l'aumusse, lorsqu'elle parle de Charles V, qui alla au devant de Charles IV, qui venait en France : « Or issirent-ils hors de Paris et encontra le Roy l'Empereur son oncle assez près de la Chapelle, entre Saint-Denys et Paris ; à leur assemblée, l'Empereur osta aumusse et chaperon tout jus : et le Roy osta son chapel tant seulement. » Le continuateur de Nangis dit que : L'Empereur osta sa barrette et son chaperon, et aussi le Roy. » De sorte qu'une barrette, qui est le *biretto* des Italiens, est la même chose que l'aumusse. Nos rois mettaient l'aumusse, avant de mettre la couronne, ce que nous apprenons du compte Estienne de la Fontaine, argentier du roi, de l'an 1351, que m'a communiqué M. d'Heronval, qui au chapitre de l'*Orfèvrerie*, met ces mots : « 99 grosses perles roudes baillées à Guillaume de » Vaudelar pour mettre en l'aumusse, qui sou- » tint la couronne du Roy, à la feste de l'Estoile. »

Les premiers rois et les premiers empereurs de

la seconde race paraissent dans leurs monnaies, la tête ceinte d'un double rang de perles. Dans leurs sceaux, leurs têtes sont vues de profil, couronnées d'une couronne de laurier. Le P. Chiflet nous a représenté de cette sorte le profil de Louis le Débonnaire, à l'entour duquel sont ces mots : XPE. Protege. HLUDOVVICUM IMPERATO-REM. Les annales de France, tirées du monastère de Fulde, nous apprennent que Charles le Chauve, après s'être fait couronner empereur, quitta les couronnes et les habits des rois de France ses prédécesseurs, et prit les diadèmes et les vêtements des empereurs grecs, s'étant couvert d'habits qui lui battaient jusqu'aux talons, par dessus d'un grand baudrier, qui venait jusqu'aux pieds, et se couvrant la tête d'un affublement de soie, sur lequel il mettait sa couronne.

Il ne faut pas douter que les autres empereurs d'Occident, qui ont succédé aux empereurs français, n'aient continué de porter le même diadème que Charles le Chauve, et, d'autant plus, qu'Adam de Brême écrit qu'ils ont toujours affecté d'imiter les Grecs dans leurs habits et dans leurs ornements impériaux. Suger dit que celui de l'empereur Lothaire était composé d'une mitre et environné par le haut d'un cercle d'or en guise de casque ; de sorte que ce cercle d'or prenait du front et finissait au derrière de la tête. L'ancienne chronique de Flandres, parlant du couronnement de l'empereur Henry de Luxembourg, tient ce discours : « Le légat avec tous les barons lui mit » le diadème en son chef, qui était fait en guise » de couronne, puis couvert par dessus en aguisant contremont : et par dessus sied une fleur » pleine de pierres précieuses en segnifiance que » sa couronne surmonte toutes les autres. Car » entre celles des autres rois, elle est seule couverte par dessus. » Cette description est défectueuse, n'exprimant pas nettement la forme et la figure de ce diadème, quoiqu'elle signale la différence de la couronne impériale d'avec celles de nos rois.

Dans la troisième race de nos rois, je n'observe qu'une même sorte de couronne dans leurs monnaies et dans leurs sceaux, savoir un cercle d'or, enrichi de pierreries et rehaussé de fleurs de lys. Dominicy nous a représenté les sceaux de Robert et de Henri Ier, rois de France, avec cette espèce de couronne où les fleurs de lys sont assez mal figurées. Les monnaies de Philippe le Bel et des rois qui lui ont succédé, ont la figure de ces princes, avec cette même couronne. Quelques auteurs ont avancé que ce fut François Ier qui commença à la porter fermée, pour contrecarrer, à ce qu'ils disent, Charles V, roi d'Espagne, qui avait été élu empereur, et pour montrer qu'il était roi d'un royaume qui ne relevait que de Dieu.

Quoique cette opinion ait quelque fondement, néanmoins nous lisons qu'à l'entrée de Louis XII dans Paris, l'an 1498, le grand Escuyer porta « son heaume et tymbre sur lequel y avait une » couronne de fines pierres précieuses, et au-dessus du heaume, au milieu de ladite couronne, y » avoit une fleur de lys d'or, comme empereur. » Ce sont les termes du cérémonial de France qui semblent marquer que cette couronne était fermée, ayant au sommet une fleur de lys. Et aux jontes qui se firent à l'occasion de cette entrée, nous lisons encore dans le même Cérémonial : « Qu'il y fust planté un lys au milieu des lisses, » en la grande rue S. Antoine, duquel sortaient six » fleurons, et au-dessus d'yceulx un lion vert, au » haut duquel estoit posé un Escu de France, à trois » fleurs de lys d'or, richement bordé tout autour » d'un collier de l'Ordre de Saint-Michel, semé de » coquilles, et par dessus ledit Escu estoit une riche » couronne tymbrée en forme d'empereur. » Il faut néanmoins demeurer d'accord que dans les monnaies de ce prince, la couronne n'est qu'un cercle rehaussé de fleurs de lys, comme en la monnaie d'or qu'il fit battre au sujet du pape Jules II, qui a pour inscription du côté de la figure du roi : LUDO. FRANC. REGNI. NEAP. R., et de l'autre côté est un Ecu de France couronné : Perdam Babylonis nomen. Le même roi, dans les testons qu'il fit forger à Milan, est représenté avec un bonnet retroussé et une couronne de fleurs de lys sur le retroussis. François Ier est pareillement figuré dans quelques testons avec ce même bonnet ; mais il y a cette différence que la couronne de fleurs de lys est au-dessus du retroussis. Il paraît encore en quelques-uns avec une couronne entremêlée de fleurs de lys et de rayons ; et enfin, il est représenté en d'autres avec une couronne rehaussée de fleurs de lys et de fleurons, et fermée par en haut, ce qui a été continué par ses successeurs.

Il est constant que les rois n'ont porté la couronne fermée que dans les derniers siècles, ce qui a donné sujet à l'auteur de l'ancienne chronique de Flandre de dire qu'entre les couronnes des rois, celle de l'empereur est seule couverte par dessus. Mais je ne sais si l'on doit ajouter créance à ceux qui ont écrit que François Ier prit la couronne fermée pour contrecarrer Charles V, car j'estimerais plutôt qu'il le fit, parce qu'il s'aperçut que les rois d'Angleterre, qui lui étaient inférieurs en dignité, la portaient de la sorte, il y avait longtemps.

Il se peut faire encore que François Ier prit la couronne fermée pour se distinguer des princes non souverains, des ducs et des comtes qui avaient aussi le droit de porter la couronne, et qui la faisaient empreindre dans leurs monnaies. Le savant Selden, en ses Titres d'honneur, a avancé que cette espèce de couronne est d'une invention nouvelle, et qu'en l'an 1200, les ducs et les comtes n'en avaient point. Ce qu'il prouve par un passage de l'histoire de Geoffroy de Ville-Hardouin, qui fait parler ainsi le duc de Venise aux députés du marquis de Montferrat, des comtes de Flandres, de Blois, de Saint-Paul, de Brienne et autres : « Bien avons quenu que vostres seigneurs sont li plus haut homes que soient sans couronne. » Ce discours semble être formel pour induire que le marquis de Montferrat et les autres comtes ne portaient pas alors de couronnes. En effet, la couronne n'appartient qu'aux rois. Je ne doute pas que les ducs et les comtes de notre France n'aient paru avec leurs couronnes dans les occasions de cérémonies, et particulièrement dans les cours plénières ou solennelles de nos rois ; du moins, il est constant qu'à leurs sacres les ducs et comtes, qui avaient la qualité de pairs de France, ou ceux qui les ont représentés, s'y sont trouvés avec la couronne sur la tête. Le Cérémonial français dit qu'au sacre de Charles VIII, les pairs séculiers y étaient « vestus de manteaux » ou socques de pairie, renversés sur les épaules, » comme un épitoge ou chape de docteur, et » fourrez d'hermines, ayant sur leurs testes des » cercles d'or, les ducs à deux fleurons, et les » comtes tout simples. » Il fait la même remarque lorsqu'il parle des sacres des rois Henri IV et

Louis XIII; mais ce qui me confirme dans la créance que les ducs et les comtes se trouvaient avec la couronne sur la tête dans les grandes solennités, c'est que, dans la recherche des biens et des meubles du comte d'Eu, connétable de France, qui fut faite, après qu'il eut été décapité, on fit la description de toute « sa vaisselle, des couronnes, des chappeaux, des anneaux, des pierreries, des joyaux, et d'autres biens, » comme on le voit dans les inventaires faits le dernier de février de l'an 1350, et le 18 mars de l'an 1353, qui sont en la chambre des comptes de Paris. Car il est probable que ces couronnes étaient des cercles d'or, qui appartenaient à ce connétable, en qualité de comte. Il semble même que non-seulement les ducs et les comtes avaient le privilège d'en porter, mais encore de simples gentilshommes; ce qui pourrait le faire présumer, c'est que, parmi un grand nombre de sceaux, que j'ai vus attachés à des lettres originales qui m'ont été communiquées par M. D'hérouval, il s'en rencontre plusieurs qui représentent les armoiries de gentilshommes qui n'avaient aucune dignité de duc ou de comte, avec le casque couronné d'une couronne ducale de laquelle sort un cimier. Je l'ai remarqué particulièrement aux sceaux de Louis, vicomte de Thouars, attachés à des lettres de l'an 1340, d'Aymar, sire d'Archiac de 1343, de Jean de Corberon Vignier, chevalier-capitaine de Pierraguers de 1349, de Jean d'Ogier de Montaut, sire de Saint-Front de 1349, d'Arnaud d'Espagne, chevalier, seigneur de Montespan, sénéchal de Périgord, de 1351, de Jean de Chauvignet, seigneur de Blot, escuyer de 1380, de Jean de Saqueville, chevalier, sire de Blaro de 1380, de Raymond, sire d'Aubeterre, chevalier de 1395, de Guichard Dauphin, chevalier, conseiller et grand-maître d'hôtel du roi de 1413, et enfin de Renault du Chastelet, conseiller et chambellan du roi, bailli de Sens, de 1479. C'est sans raison que quelques gentilshommes ont cru avoir droit de porter la couronne sur leurs armes, parce qu'ils les ont vues empreintes et figurées dans les tombeaux de leurs ancêtres ; on en a fait la remarque au sujet de la Maison de Hallnin, originaire de Flandre. Ces couronnes étaient alors usurpées indifféremment par des gentilshommes qui n'avaient aucune dignité qui leur en donnât le privilège, et cela par un abus de ces temps qui a passé jusqu'à nous, où la plupart des nobles se sont arrogé des titres imaginaires de comtes et de marquis, et des couronnes sur leurs armes, sans autre droit que celui que la licence des minorités de nos princes leur a donné.

Il est probable que Charles le Chauve a été le premier de nos rois qui ait accordé la couronne aux ducs. Il suivit en cela encore l'exemple des empereurs grecs, qu'il avait déjà imités pour la forme des habits et des ornements. Il est à remarquer que les empereurs d'Orient accordaient ordinairement la couronne aux Césars et aux principaux dignitaires de l'empire, ce qui a eu lieu avant le grand Constantin ; car Constantin Chlorus, son père, n'étant revêtu que du titre de *Nobilissimus Cesar*, paraît avec la couronne de rayons dans une médaille de cuivre, qui a pour inscription : *Constantius nob.*, et à l'autre revers : *Virtus augg.*

Ce fut encore à l'exemple des princes et des grands dignitaires de Constantinople que les dauphins, fils aînés de nos rois, portent de semblables couronnes. J'ai remarqué dans le Cérémonial de France, qu'à l'enterrement de François, dauphin de Viennois, fils aîné de François 1er, l'effigie de ce prince « avoit par-dessus le bonnet de velours cramoisi une couronne d'or, plus éminente que celle d'un duc, indiquant qu'il était déjà préparé à succéder au royaume, et porter la fleur de lys entière. »

**COURONNÉ.** — Se dit de tout ce qui est surmonté d'une couronne.
*Voy.* DE BERNARD DE LAUZIÈRE, 204. — DU BREIL, 45. — DE COUSTIN DE MASNADAUD, 371. — DE BARJASSON, 438. — DE CRÉCY, 589.

**COURTI.** — Tête de more avec un collier d'argent. (Voir ce mot.)
*Voy.* BIZET, 1281.

**COURTINES.** — Ce sont les parties du pavillon royal formant le manteau sur lequel sont posées les armes de France.

**COUSU.** — Ce mot s'applique aux pièces honorables quand elles sont de couleur, posées sur un champ de couleur, ou de métal posées sur un champ de métal. C'est un cas exceptionnel à la règle générale, qui exige métal sur couleur, ou couleur sur métal. Il est alors indispensable de se servir de ce mot *cousu*, comme équivalent du mot posé ou collé, pour bien faire comprendre qu'il n'y a pas fausseté dans l'armoirie et qu'elle n'est pas de celles que l'on dit *à enquerre*.

Le *chef* est, de toutes les pièces honorables, celle qui le plus fréquemment se trouve *cousu*.

Ce mot *cousu* ne peut s'appliquer aux pièces secondaires : si elles étaient placées métal sur métal, ou couleur sur couleur, les armes alors seraient fausses, ou rentreraient dans la catégorie de celles dont il faut s'enquérir. (Voir *Enquerre — à*.)
*Voy.* ABRIC DE FENOUILLET, 10. — DE CARRIÈRE, 50. — DE VALLETON, 158. — LE BLANC DE CHATEAUVILLARD, 212. — DE FORNEL, 304. — DE LIRON D'AIROLES, 326. — BESSE DE BOUHEBENT, 459. — DE NOGARET, 813.

**COUVERT.** — Se dit d'une tour qui a un toit pointu. On dit aussi *Pavillonné*.
*Voy.* LAIDET, 711.

**CRAMPON.** — Instrument d'acier ou de fer que les gens de guerre portaient pour aller assiéger les places, et qu'ils plantaient dans la muraille, afin d'y attacher des échelles de cordes et de monter à l'escalade.

Cette sorte de meuble est plus usitée en Allemagne qu'en France.
*Voy.* DE ROYE DE WICHEN, 273.

**CRAMPONNÉ.** — Qui a les extrémités en forme de crampon.
*Voy.* DE BRIDIEU, 47. — D'AMIGUET, 411. — ODYNIEC, 818.

**CRANCELIN.** — Couronne aplatie posée en bande.
*Voy.* SAXE, 1282.

**CRÉNELÉ.** — Se dit de toute pièce découpée en forme de créneaux dirigés vers le chef; c'est par conséquent le contraire de *bastillé*, dont les créneaux se dirigent vers la pointe de l'écu.
*Crénelé* s'applique principalement aux tours et châteaux.
Quelques auteurs, au lieu du mot *crénelé*, se servent pour les bandes du mot *bretessé à simple*; c'est improprement : le mot *bretessé*, comme nous l'avons déjà dit, ne convient qu'à la pièce *crénelée* des deux côtés; et, même, en ajoutant : *à simple*, on ne peut employer le mot *bretessé*, puisqu'alors l'expression n'indiquerait pas si la bande est *crénelée* du côté du chef ou du côté de la pointe, ce qui doit être toujours spécifié.
*Voy.* BIELSA, 5. — DE LASZEZ, 723. — DE MORETON DE CHABRILLANT, 793. — MURAT, 802.

**CRÉQUIER.** — Arbre imaginaire qui représente un cerisier sauvage, et qui, par sa forme, ressemble davantage à un chandelier à sept branches, bien qu'il ait des racines à sa tige.
En patois picard, on appelle *Créques* le fruit du cerisier sauvage, et, dans quelques villages, l'arbre lui-même se nomme *Créquier*.
*Voy.* LE COMPASSEUR DE COURTIVRON, 275.

**CRÊTÉ.** — Se dit de la crête du coq, du dauphin ou de tout autre animal, quand cette crête est d'un autre émail que celui du corps.
*Voy.* DE BOUCHERAT, 283.

**CRI D'ARMES** ou **DE GUERRE.** — La notice qu'on va lire est extraite des savants ouvrages de P. Ménestrier et de Du Camps. Ce sont les seuls auteurs héraldiques qui nous ont paru avoir traité cette question curieuse d'une façon satisfaisante. L'opinion de ces maîtres de la science sera, nous en sommes sûrs, plus goûtée que la nôtre.

L.-P. Ménestrier reconnaît *huit espèces de cris d'armes*. Nous allons les rapporter dans l'ordre qu'il a adopté dans son ouvrage.

« Le cri suit la bannière, parce qu'anciennement nul n'était reconnu pour gentilhomme de nom, d'armes et de cri, que s'il avait droit de lever bannière.

Ces cris servaient et aux tournois et aux véritables combats; aux tournois, c'étaient les hérauts et poursuivants d'armes qui criaient le cri de leurs maîtres, pour les faire connaître; et, à ces cris, ils ajoutaient souvent des éloges.

Il en était de même dans les véritables combats, et toutes nos vieilles chroniques nous en fournissent des exemples. Nous en avons un en la chronique de Louis, duc de Bourbon, chap. 50, par lequel nous apprenons que ce prince fut reconnu à son cri de guerre, au siége de Verneuil, où il combattit dans la mine contre celui qui défendait la place.

A la surprise de l'Abbaye, en Périgord, par Bertrand Duguesclin, Galer, un frère du comte Yonas, excitait ses troupes au cri de : « Perregot Dieu aye aujourd'hui; » et ceux du dehors criaient : « Montjoie Saint-Denis. » (*Vie de du Guesclin*, chap. 43).

En parlant de l'embûche que le Barrois des Barres dressa aux Anglais sur la montagne d'Espinette, près de la Coulongne, Froissart dit : « Quand ils furent là, embattus,
» messire le Barrois des Barres et les cheva-
» liers et escuyers français, qui ont embusché
» sur le pas, et qui les attendaient, leur sail-
» lirent au-devant, en criant : Les Barres aux
» Barrois. » (Vol. III, chap. 32.)

Les cris les plus ordinaires étaient ceux des noms des princes, chevaliers et seigneurs bannerets, qui conduisaient les troupes. En Bretagne, Châteaubriant, Malestroit, Rais et le comte de l'Isle criaient leurs noms de même; en Flandres, Guistelle, Havesquerque, Rassenghien, Rodes, Ramequen, criaient leurs noms; en Haynaut, Enghien, Ligne, Hamey de Barbanson, Berlaimont, Valincourt, Silly, Boussois, Montigny, Estrepy; dans le Beauvoisis, Mailly, Rubempré et Gaucourt; en Bourgogne, Charny, Vergy, Bauffremont, Merlo, Pontarlier; dans la comté de Ponthieu, Gamaches et Lignières; en Champagne, Rethel, Châtillon, de Noyers, Bury, etc.....

Quelques-uns criaient les noms des maisons dont ils étaient sortis, quoiqu'ils eussent d'autres noms. Ainsi, les anciens seigneurs et châtelains de l'Isle en Flandres portaient *de gueules, au chef d'or* et criaient : « Frayes, Phalempin, » étant issus des seigneurs et barons de Phalempin, qui portaient les mêmes armes dans le même pays.

De même, ceux de Jars criaient Rochechouart, et ceux d'Offremont, Aumont ; le comte de Saint-Paul, Lesignem ; le sire de Moy, Saucourt ; Lens : « Gaure. »

Suivant un manuscrit, en Lorraine, toutes les croix criaient : « *Priny;* » toutes les bandes : « *A couvert;* » tous les anneaux : « *Loupy;* » en Hainaut, tous ceux qui portaient des croissants criaient : « *Tricq;* » tous les chevrons : « *Machicourt;* » et toutes les coquilles : « *Lebas.* » Berry, le héraut, dit que tous ceux de Picardie, qui portent fretté, criaient : « *Saucourt;* » ceux portant les croix rouges : « *Hangest;* » et ceux portant les maillets : « *Mailly.* »

Plusieurs criaient les noms de certaines villes, parce qu'ils en avaient la bannière. Les seigneurs de Coyegen criaient : « *Courtray;* » les sieurs de Trie, de Pequeny, de Dolhaim, de Saulieu, de Miromont, criaient : « *Bouloygne;* » le comte de Vendôme criait : « *Chartres;* » le sieur de Mortagne et le chastelain de Nivelles criaient : « *Tournay,* » aussi bien que le sieur de Blanquemaille.

Les princes et seigneurs criaient leurs noms ou ceux de leurs villes principales, en les faisant suivre d'une espèce d'éloges ou de termes qui désignaient leurs qualités. Ainsi le comte de Hainaut criait : « Hainaut au noble comte ; » le duc de Guyenne : « Guyenne au puissant duc ; » le duc de Brabant : « Louvain au riche duc ; » les ducs de Milan : « Milan au vaillant duc ; » Philippe, duc de Bourgogne, au rapport de Berry le héraut, « Chastillon, au noble duc ; » le roi d'Arménie : « Ermerie au noble roi ; » le sieur de Bousies : « Bousies, au bon chevalier. »

La seconde espèce de cri était le *cri d'invocation.* Le duc de Bourgogne criait : « Nostre-Dame de Bourgogne ; » le duc d'Anjou : Saint-Maurice ; la maison de Vienne en Bourgogne : Saint-Georges au puissant duc ; le duc de Bourbon : Nostre-Dame, Bourbon, Bourbon ; le duc de Normandie : Diex aye, Dam Diex aye, c'est-à-dire Dieu nous aide, non pas Dieu et Nostre Dame nous aide, comme le dit Vulson la Colombière ; les seigneurs de Montmorency : Dieu aide, à quoi l'on a ajouté depuis : Dieu aide au premier chrestien ; ceux de Lévy : Dieu aide au second chrestien.

La troisième espèce est celle des *cris de résolution,* comme celui que prirent les croisés pour la conquête de la terre sainte, du temps d'Urbain II et de Godefroy de Bouillon : « Dieu le veult, Dieu le veut. »

La quatrième espèce est celle des *cris d'exhortation,* comme dans le vieux roman de Mélusine, où l'on trouve ce passage : « Adonc » le roy fut vaillant homme, et cria à haute » voix : Ansay! Ansay! avant, barons! sei- » gneurs, ne vous ébahissez point, car la » journée est nostre. »

Le cri de l'empereur était, selon un ancien manuscrit, à *dextre* et à *senestre,* exhortant ses gens de frapper à droite et à gauche.

Cramailles criait : *Au guet,* selon Berry le héraut.

Les comtes de Champagne, de Chartres et de Sancerre criaient : *Passavant.*

C'était un cri d'exhortation aux plus braves de leurs soldats. Aussi criaient-ils souvent : *Passavant li meillor,* dont Thibaut IV, comte de Champagne, fit la légende de son contrescel. Le manuscrit de Berry dit de Jean Bueil, comte de Sancerre, maréchal de France : « Le tymbre de comte de Sancerre » est la teste d'un roy à grands cheveux et à » grande barbe, et crie : *Passavant.* »

Charles VII, à la bataille de Fornoue, cria au seigneur de Montoison, de la maison de Clermont en Dauphiné, qui commandait l'arrière-garde française : *A la rescousse, Montoison.* Ce cri est imprimé en lettres d'or, en plusieurs endroits du château de Montoison, situé près de Valence en Dauphiné.

Ceux de La Chastre criaient : *A l'attrait des bons chevaliers;* ceux de Tournon : *Au plus doux,* c'est-à-dire au plus épais et au plus gros de la mêlée.

La cinquième espèce est celle des *cris de défi.* Nous en avons un exemple dans la chronique de Bertrand du Guesclin, chapitre xiv, où il est dit que « le comte de Montfort fit un sien » parent armer d'armes pareilles aux siennes » propres, et portait les hermines tout plei- » nement, et qu'iceluy alla moult orgueilleu- » sement parmi la bataille pour son seigneur » aydier en écriant : *Bretagne! où es-tu,* » *Charles de Blois? Vien ça, je la te cha-* » *lenge.* »

La sixième espèce est celle des *cris de terreur et de courage.* C'est ainsi que les seigneurs de Bar criaient : *Au feu! au feu!* Les seigneurs de Guise et de Couche en Flandres : *Place à la bannière.* Charles de France, duc de Normandie, criait : *Au vaillant duc.* Les ducs de Saint-Malo : *Saint-Malo au riche duc.*

La septième espèce est celle des *cris d'événement*. Jean le Victorieux, duc de Limbourg, comte de Louvain, changea le cri de guerre de sa famille pour en prendre un relatif à un événement accompli. Christophe de Butkens en parle ainsi : « Notre duc » retourna plein de réputation et gloire en » son pays, où furent célébrés processions, » festes, triomphes et feux de joie par toutes » les villes ; et quelque peu après, il alla » prendre possession de la duché de Lim- » bourg qu'il s'était acquise au prix de tant de » despens, traveaux et dangers ; et tant es- » tima la mémoire de cette notable victoire, » que, laissant le cri ancien de ses ancêtres, » qui était *Louvain au riche duc*, il print » pour cri de guerre : *Limbourg à celui qui* » *l'a conquis.* » Celui des seigneurs de Prye était : *Cant d'oiseau*, parce qu'ils avaient chargé l'ennemi dans une embuscade où chantaient les oiseaux.

La huitième et dernière espèce de cris est celle dite *de ralliement*; tel était le cri de Subsainlegier, qui criait *les Fertiaux*, parce qu'il portait de gueules fretté d'hermines, voulant dire qu'on se range sous la bannière frettée. Le comte de Flandres criait : *Flandres au lion*, à cause du lion de ses armes. Le comte de Gaures : *Au Chappeler*. Le sire de Culant : *Au peigne d'or*. »

**CRIBLE.** — Espèce de tamis de forme cylindrique, peu usité en France.

TAMISIER, en Provence, porte : *Coupé au 1er d'or à la rose de gueules; au 2e de gueules au crible d'or; à la fasce d'azur, chargée de trois étoiles d'argent.*

**CROC.** — Meuble rare en armoiries.

DE CAMBRAY, en Berry : *de gueules, à trois crocs d'or.*

**CROISETTES.** — Lorsque les croix sont de petite dimension, ou qu'elles sont mises en nombre sur un écu, on les appelle *croisettes*; elles sont nécessairement alésées.

*Voy.* RÉVEILLÉ DE BEAUREGARD, 135. — DE BOIVIN, 474. — DE WALLERAN, 987.

**CROISILLON.** — On donne ce nom à la traverse d'une croix ; la croix de Lorraine a deux *croisillons*.

*Voy.* JUNCZIK, 702. — POTOCKI, 859. — SOLTAN, 926.

**CROISSANTS.** — Cette sorte de meubles est très usitée en armoiries, et doit, selon tous les auteurs, son origine aux croisades. Le croissant est le symbole de l'empire d'Orient, et figure encore actuellement sur les armes du sultan de Constantinople. Les croisés, habitués à voir des croissants figurés sur les drapeaux et sur les monuments des infidèles, les ont adoptés comme souvenir de leurs exploits et de leur présence aux saints lieux. Les croissants, par ce fait, sont devenus très communs parmi les meubles de l'écu.

Le *croissant* est toujours représenté les pointes en haut vers le chef, ce qui l'a fait appeler quelquefois *montant*, dénomination inutile, puisque c'est sa position ordinaire.

Il est dit *renversé* ou *versé*, quand ses pointes sont tournées vers la pointe de l'écu ;

*Couché* ou *tourné*, quand elles sont vers le flanc dextre ;

Et *couché contourné*, lorsqu'elles sont vers le flanc sénestre.

DE RIOLS DE FONCLARE, 229. — PELLETERAT DE BORDES, 124. — DOISY DE VILLARGENNES, 237. CAMBIER DE BUAT, 256. — DE JOUFFREY, 321. — DE BLOZISZZWO-GOYEWSKA, 468. — DE COURTIN, 587. — DE MAULSANY (renversé), 769. — DE TESTE, 946. — LE VICOMTE, 975.

**CROISSANTÉ.** — Semé de croissants.

**CROIX.** — La croix est la sixième des pièces honorables ordinaires, et, lorsqu'elle est pleine, elle est toujours mise seule. Elle est formée par la rencontre de deux lignes perpendiculaires et de deux lignes horizontales qui se coupent à angle droit au milieu de l'écu : c'est le pal et la fasce réunis, mais dans des proportions moins larges, afin de laisser de justes proportions à l'armoirie.

Quelques héraldistes prétendent qu'elle représente l'épée du chevalier ; en effet, la poignée du glaive a la forme d'une croix. Il y a tout lieu de supposer néanmoins que les croisades ont multiplié la croix ; car cette pièce est l'une des plus honorablement usitées dans les armoiries. On remarque surtout que les croix sont très répandues en Normandie, ainsi que les coquilles et les molettes, cette province ayant fourni beaucoup de chevaliers aux croisades.

La croix laisse à chaque coin de l'écu un carré vide que l'on appelle *canton*; voilà pourquoi, lorsque ces carrés sont garnis de menues pièces, on dit que la croix est *cantonnée* non pas *accompagnée*.

La croix peut être cantonnée et chargée, à la fois; elle peut être aussi bordée, bretessée, dentelée, écartelée, échiquetée, engrêlée, frettée, ondée, componnée, champagnée, etc., etc.

La croix fournit en outre, quant à la forme, des variétés nombreuses, parmi lesquelles nous citerons :

1. La croix alésée,
2. — ancrée,
3. — anillée,
4. — clavelée,
5. — enhendée ou fourchée,
6. — au pied fiché,
7. — fleurdelisée, fleuronnée ou florencée,
8. — fourchetée,
9. — gringolée ou givrée,
10. — au pied haussé,
11. — de Lorraine ou de patriarche,
12. — patée,
13. — perronnée,
14. — pommetée ou bourdonnée,
15. — potencée,
16. — recercelée,
17. — recroisetée,
18. — resarclée, qu'il ne faut pas confondre avec *recercelée*,
19. — retranchée,
20. — tréflée,
21. — de Toulouse,
22. — vidée,
Etc., etc.

Nous donnerons à chacun de ces différents mots l'explication nécessaire ; il faut s'y reporter.

On dit : posé *en croix*, pour exprimer que les meubles dont on parle sont posés dans le sens de la croix.

*Voy.* D'ABBADIE, 1. — DE BRENAS, 46. — DE BÉZIEUX, 206; — CARDINAL DE CUZEY, 258. — LA MARE DE LA LONDE, 339. — PAPE, 352. — PHELIPPE DE BILLY, 358. — DE BOILEAU, 470. — D'ALINGIS, 406. — DE COMBLE, 575. — DE FAUDOAS, 619. — DE GENTIL, 644. — DE SAINT-GÉRY, 902. — DE SIGOGNÉ, 922. — SOUDANT, 928. — DE THUMERY, 950.

**Croix ancrées.**

*Voy.* DU MOULIN, 115. — DE DAMAS, 290. — DE GROISEILLIERS, 314. — DE CHARRY, 543. — MAITRE DE RELIBERT, 756.

**Croix au pied fiché.**

*Voy.* DAVET DE BÉNERY, 291. — DE HARNEDOUCHE, 675.

**Croix patées.**

*Voy.* DE GOISLARD, 77. — DE BOTHEREL, 231. — DU TILLET, 246. — SCZUKA, 939.

**Croix potencées.**

*Voy.* MALAVOIS, 333. — DE GRIGNAN, 664.

**Croix recroisetées.**

*Voy.* D'ARCY, 16.

**Croix tréflées.**

*Voy.* FEREZ, 5. — DE PIERREFITTE, 845. — DE SAUVANELLE, 911.

**Croix de Toulouse.**

*Voy.* DE TOULOUSE, 154, etc., etc.

**CROIX DE SAINT ANTOINE.** — (Voir *Tau*.)

**CROIX DE MOULIN.** — (Voir *Fer de moulin*.)

**CYCLAMOR.** — Espèce de grand annelet plat que des auteurs nomment *Orle-Rond*. Il n'en entre jamais plus d'un dans un écu; lorsqu'il y en a plusieurs, on les nomme annelets.

BARBARO, à Venise : *d'argent, au cyclamor de gueules.*

**CYGNE.** — Le cygne est un attribut seigneurial, et est, à ce titre, employé dans les armoiries.

La douceur de sa voix, au moment de sa mort, comme la tradition le rapporte, peut symboliser la joie d'une âme chrétienne qui s'envole vers le Créateur ; dans ce sens, il convient aux chevaliers, fervents dans leur foi, à qui une vie d'épreuves a pu faire espérer les récompenses d'un autre monde.

Pour le blasonner, il n'y a rien de particulier à signaler ; il rentre dans la catégorie des autres oiseaux. (*Voir* OISEAUX.) Seulement, s'il est représenté *nageant*, il faut l'indiquer.

*Voy.* DE CUVIER, 595. — DE GOYET, 659

**CYPRÈS.** — (*Voy.* ARBRES.)

**DAIM.** — Le daim est plus petit que le cerf et a les ramures plus larges. Il se blasonne de même.

Assez rare en armoiries : nous n'en avons trouvé aucun exemple dans le blason français.

**DARD.** — Arme offensive qui, comme le javelot, se lance à la main. Il est toujours posé en pal. On le confond souvent avec la flèche : le dard ne doit jamais être empenné.

BAUDARD DE SAINTE-JAMES (Artois, Normandie et Ile-de-France) : *d'azur, au dard d'or.*

**DAUPHIN.** — Sorte de poisson qui est représenté courbé, et ayant la tête et le bout de la queue tournés du côté dextre de l'écu. C'est sa position ordinaire; quand il est autrement, il faut le spécifier.

On le dit *couché*, quand ses extrémités tendent vers la pointe de l'écu ; *versé*, quand elles tendent vers le chef ; *allumé*, quand l'émail de l'œil est différent ; *lorré*, quand ce sont les nageoires ; *barbé*, quand c'est la barbe, et enfin *crété*, quand c'est la crête.

Le dauphin est dit encore *pâmé*, quand il a la gueule ouverte et les yeux fermés.

Le dauphin, peu fréquent en armoiries et qui n'est guère en usage que dans le Dauphiné et les pays qui l'avoisinent, a pris un rang distingué dans le blason depuis la cession du Dauphiné à la France, par Humbert II, en faveur de Jean, fils de Philippe de Valois. Par suite de cette cession, qui eut lieu en 1343, le fils aîné des rois de France prit le titre de Dauphin, et écartela les armes du royaume de France de celles de la province du Dauphiné.

*Voy.* CHATEAUNEUF, 547. — DE LA MER, 774. — POISSON DE GASTINES, 848. — SARGENT, 908.

**DE... A...** — C'est le *principium et fons* de l'art héraldique ; de... indique le champ ; à..., la pièce ou le meuble qui est posé sur le champ ; le champ est ainsi chargé de cette pièce ou de ce meuble. Mais on ne se sert pas du mot *chargé* pour l'indiquer, on n'emploie ce mot que pour une des pièces de l'écu, couverte elle-même d'une autre pièce ou d'un autre meuble. Ainsi l'on dira, comme dans les armes de Grancey : *d'or, à un lion d'azur.*

Si nous prenons pour exemple les armes de *Charton de Rousière*, nous dirons : *de gueules, à une bande d'or, chargée de trois étoiles d'azur.* Chargé s'applique ici à la bande et non pas à l'écu ou au champ.

*Voy.* DE FAUBERT, 618. — DE PERROUX, 840. DE LA PORTE, 858. — DE VILLIERS, 982.

**DÉCOUPÉ.** — Se dit des lambrequins dont les découpures ont la forme de feuilles d'acanthe.

**DÉFENDU.** — Se dit du sanglier dont la dent, la *défense*, est d'un émail autre que le corps.

*Voy.* LOCKART, 330. — MANDAT DE GRANCEY, 338.

**DÉFENSE.** — Meuble d'armoiries qui représente la dent de l'éléphant ou du sanglier.

GODART (Ile-de-France) : *d'or, à la bande d'azur, chargée de trois défenses de sanglier d'argent.*

**DE L'UN A L'AUTRE.** — Se dit des figures semblables placées sur chacune des pièces de la partition, et alternant les émaux de celle-ci.

*Voy.* LANGLOIS DE RAMENTIÈRES, 720. — DE NÉRY, 809. — DE PARKER, 830.

**DE L'UN EN L'AUTRE.** — Lorsque l'écu est divisé par deux émaux différents (quand il est parti, coupé, tranché, taillé ou même écartelé), et chargé, sur le trait, d'une pièce des mêmes émaux, de façon que le métal est sur la couleur et la couleur sur le métal ; on dit que cette pièce est *de l'un en l'autre.*

Les pièces peuvent être sur un écu *de l'un à l'autre* et *de l'un en l'autre* en même temps, comme, par exemple, dans les armes de DES HAIES DE CRIC : *d'argent, parti de gueules, à 3 annelets posés 2 et 1 ; les deux du chef de l'un à l'autre, celui de la pointe de l'un en l'autre.*

*Voy.* TONDUTI DE LA BALMONDIÈRE, 175.

**DÉMEMBRÉ.** — Se dit de tout animal dont les membres sont séparés.

**DE MÊME.** — (Voir *Du même*.)

**DEMI-VOL.** — On entend par *vol* les deux ailes d'un oiseau; un *demi-vol* est donc une seule aile d'oiseau.

Voy. DE LORDE, 101 — DE BÉRARD DE MONTALAIS, 196. — DE CARMENTRAND, 360. — CHOISELAT, 558. — D'EUDEL, 613. — GREEN DE SAINT-MARSAULT, 662.

**DENCHÉ.** — S'emploie pour *dentelé*. (Voir ce mot.)

**DENTÉ.** — Se dit des dents des animaux quand elles sont d'un autre émail que la tête.

**DENTELÉ.** — Taillé à dents courtes et menues, sans nombre, comme celles d'une scie.

On disait autrefois *denché*; *dentelé* vaut mieux.

Le dentelé s'applique aux chefs, pals, bandes, fasces, croix, sautoirs et bordures. Il ne faut pas le confondre avec l'*engrêlé* : le dentelé est coupé à angle droit; l'*engrêlé* est arrondi entre ses pointes.

Voy. CABOT DE DAMMARTIN, 259. — BÉRARD, 452. — FRÉDEVILLE, 634. — PIERREPONT, 846.

**DÉPOUILLÉ.** — C'est la peau d'un animal.

**DÉSARMÉ.** — Se dit de l'aigle ou du lion qui ne montre pas ses ongles ou ses griffes.

Voy. DE GANAY, 1284.

**DEUX ET UN.** — Se dit de la disposition de trois pièces dont deux sont en chef et une en pointe : les trois fleurs de lis de France, par exemple, sont posées 2 et 1. Cette position est si commune que souvent on se dispense de la spécifier; toutefois, il est des cas où il est rigoureusement nécessaire de l'indiquer.

Si les trois pièces sont posées 1 en chef et 2 en pointe, cela est tellement contraire à l'ordre habituel, qu'on appelle les pièces ainsi rangées *mal ordonnées*. (Voir ce mot.)

Voy. DE SARRAU, 150. — DES ESSARTS, 299. — DE BRANQEU, 490. — DE MALVIN DE MONTAZET, 760. — POUGIN DE MAISONNEUVE, 860.

**DEVISE.** — Le cri et la devise ont été souvent confondus, et nous croyons que c'est à tort, tout en reconnaissant cependant que ces deux mots peuvent être justement employés l'un pour l'autre dans certains cas. Ainsi, la devise peut servir de cri, de même que le cri peut être pris pour devise.

Commençons par établir ce qui distingue essentiellement la devise du cri, et nous montrerons ensuite par quelles affinités de sens ces deux mots sont quelquefois synonymes.

Le cri, avons-nous dit, est ce mot ou cet assemblage de mots dont les chefs militaires se servaient pour exciter ou rallier leurs troupes dans la mêlée.

La devise, plus explicite que le cri, et très rarement composée d'un seul mot, est une sentence, une maxime appropriée au caractère ou à la passion dominante de celui qui la choisit.

Que le haut baron dont le cri avait glorieusement retenti sur le champ de bataille le prît pour devise ; que le chevalier, après avoir honoré sa devise dans les tournois, la prît plus tard pour cri de guerre, cela s'explique naturellement, et rend compte aussi de la confusion de ces deux mots pour certains héraldistes.

Mais si, par l'usage qu'on en fait, ces deux mots deviennent parfois synonymes, par leur origine, par leur sens propre, par leur caractère, ils sont tout à fait distincts.

Établissons, en conséquence, l'origine, le sens et le caractère de la devise.

En parlant de l'origine des armoiries, nous avons dit qu'on pouvait les considérer dans leur ensemble comme la langue hiéroglyphique de la noblesse, langue universelle, indépendante des nationalités, destinée enfin à mettre en rapport les divers membres du grand corps féodal.

La devise est une armoirie écrite; c'est la langue nobiliaire, mais limitée à la nationalité, à la province, à la famille même. Le blason parle à tous, la devise ne se fait comprendre que de quelques-uns. Quant à l'origine, elle est la même.

Cela est si vrai que le mot *devise* est souvent employé dans les anciens héraldistes pour le mot *armoiries*, et qu'on dit *deviser* pour *blasonner*. Fauchet nous en fournit une preuve irrécusable lorsqu'au livret, page 91, de *l'Origine des Chevaliers*, il dit : « Et je croirai bien que depuis que lesdits ducs virent les armoiries de France arrêtées, afin de montrer qu'ils étaient du sang royal, ils écartelèrent de France leurs premières devises qui étaient : *de bulles ou bandes d'or de six pièces, à la bordure componée d'argent et de gueules.* »

La devise a donc la même origine que le blason, et elle a été inspirée par les mêmes besoins.

Mais s'est-elle produite dans les mêmes milieux sociaux ?

Nous ne le croyons pas.

Sans avoir la prétention de résoudre ici, en quelques mots, un véritable problème historique, nous sommes porté à penser que la devise s'est développée chez les peuples de race latine. Et, en effet, dans quelque état de décadence intellectuelle que fussent tombés l'Italie, l'Espagne et le midi de la France après l'invasion des barbares, ce n'en était pas moins encore le berceau de la civilisation du moyen âge. Lorsque s'organisa donc le monde féodal, si cette organisation fut à peu près simultanée au nord et au midi, elle dut nécessairement varier de formes par la différence de civilisation qui existait entre les hommes du nord et ceux du midi. Le blason, parlant seulement aux yeux, dut plaire aux premiers ; la devise, empruntée uniquement au monde de la pensée, s'appropria davantage au génie de la noblesse du midi.

Ainsi, suivant nous, même ancienneté pour la devise que pour le blason, même développement simultané ; seulement, celui-ci au nord, celle-là au midi.

Demandons-nous maintenant quel est le sens propre de la devise.

Un auteur italien l'a parfaitement déterminé. « C'est, dit-il, la langue des héros (*linguagio degli eroi*), » ou mieux encore : « la philosophie des gentilshommes (*Filosofia dei cavalieri*). »

Bien qu'un peu ambitieuse, cette dernière appréciation de la devise est parfaitement juste. La devise, qu'elle soit élevée ou terre à terre, qu'elle parle des choses d'en haut ou de celles de ce monde, est une philosophie.

Que l'on fasse, par époques, un recueil des devises chevaleresques, et l'on y trouvera une sorte de résumé ou de résultante morale des idées du temps. Aux croisades, la devise est comme une invocation à Dieu ; plus tard, et sous l'influence de la renaissance italienne, elle est tout amoureuse. Aux temps modernes, la devise devient égoïste, personnelle.

N'est-ce pas, nous le demandons, le caractère bien résumé de ces diverses époques ?

Si toute pensée, toute maxime ne peut prétendre à être réellement une devise, il faut, de toute nécessité, qu'elle ait un caractère qui lui soit propre.

Pour être complète, une devise doit donc réunir deux choses : ce qu'on appelle le corps et l'âme. Le corps est l'objet qui forme le rapport, le point de comparaison ; l'âme est le mot ou la sentence qui l'explique. Devise privée de l'une ou l'autre de ces parties, devise nulle. De plus, comme il faut, pour qu'une comparaison soit juste et que le point de comparaison soit plus grand que l'objet comparé, dans les devises, qui ne sont autre chose qu'une comparaison d'un homme et de ses passions à un autre être et à ses passions, le bon sens veut que le corps de la devise soit plus grand et plus noble que l'homme, ou bien que les passions qui meuvent l'être pris pour point de comparaison soient plus vigoureusement prononcées que celles de l'homme.

Si nous prenons des exemples de l'application de ces principes, nous dirons, pour célébrer, dans une devise, la douceur d'une femme : *Sicut columba mitis*; pour vanter le courage d'un soldat : *Sicut leo furens*.

Le corps d'une devise ne doit pas se composer d'un homme, car on ne saurait comparer une chose avec elle-même. Le père *Bouhours*, du reste fort instruit sur l'art des devises, veut qu'on rejette aussi les dieux du paganisme. L'exclusion n'est pas juste, ces divinités n'étant que la personnification de certaines vertus ou de certains vices, par conséquent des symboles en dehors de l'humanité.

La devise semble devoir changer, non-seulement avec les époques, mais encore avec les individus. Néanmoins, l'usage s'établit peu à peu d'annexer la devise de son père aux armoiries qu'on avait reçues de lui, et de transmettre le tout à ses enfants.

Outre les devises que l'on conservait avec soin, il y en avait d'autres que l'on adoptait pour une circonstance quelconque, et dont le caractère et le sens étaient, par suite, tout spéciaux. Sans parler des tournois, où s'employaient toujours ces devises improvisées, on avait coutume, lorsqu'un roi, un prince ou même un grand seigneur mourait, d'exposer autour de l'église, soit la devise que lui-même avait portée durant sa vie, soit des sentences qu'on se plaisait à composer en son honneur.

Lorsque l'usage des devises se répandit, tout suivit l'impulsion : on vit chaque province; chaque ville, chaque corporation adopter une sentence quelconque. Les corps savants, comme les académies, par exemple, s'en composèrent une, les parlements et cours de justice, les régiments, les ordres religieux civils ou militaires, les chapitres nobles suivirent l'exemple qui leur était tracé. Cette mode alla si loin que les libraires et imprimeurs des xv$^e$ et xvi$^e$ siècles estampillèrent les ouvrages sortis de leurs presses d'une marque particulière qu'ils entouraient d'une devise. Maurice de la Porte avait adopté pour estampille un pauvre couvert de haillons sortant d'une ville en feu, avec les mots : *Mecum porto omnia mea.*

Quant à la manière de placer la devise, nous dirons que celle qui est héréditaire se met toujours au-dessous des armoiries, dont elle fait, en quelque sorte, partie. Par contre, le *cri* se place toujours au-dessus. Les Espagnols, exagérant peut-être ce principe, regardent la devise comme meuble, et, à ce titre, la posent fort souvent dans l'écu, sur une bordure qui se blasonne comme les autres pièces.

Nous croyons avoir dit tout ce que comporte d'utile cette intéressante matière, et nos lecteurs trouveront dans la nomenclature de devises et de cris que nous leur donnons ci-dessous, et que nous avons cherché à rendre aussi intéressante que possible, des exemples et des applications des divers principes que nous avons posés.

ABEL DE CHEVALET. — Ferer forte e spesso.
ABELLY. — A Domino factum est.
ABLAING. — Castis tutissima virtus.
ABON. — Union maintient.
ACHEY. — Jamais las d'acher.
ACHÉ DE LARREY. — Bellica virtus.
ADORNO DE TSCHARNER. — Restate uniti per esser forti.
AFFRY. — *Voyez* AVRY.
AGNEL-BOURBON. — Probitas, virtus et fidelitas.
AGOUT DE BEAUVESIN. — Avidus committere pugnam.
AGUT. — Sagittæ potentis acutæ.
AIGUE (L'). — En arrosant.
AILLY. — *Ailly!*
AIMARS (DES). — Stimulis agitabit amaris.
AIMARS (DES). — *Voyez* ESCALIN.
AINVAL. — Nescit labi virtus.
ALBERTAS. — Talis noster amor. = Antonio
ALBERTAS ou ALBERTAZZO. — Fata viam invenient.
ALBIGNAC. — Nihil in me nisi valor.
ALBON (D'). — A cruce victoria.

ALEXANDRE D'HANACHES. — Partout et toujours fidèle à Dieu et au roi.
ALINGE. — Sans varier.
ALLEMAND (D'). — *Robur!* ou *Place! place à ma dame!* — Tot in corde quot in armis.
ALRICS (des). — Tant qu'il luira.
ALSACE-HENNIN-LIÉTARD. — Seul contre tous.
ALTVILLARS ou ARVILLARS. — Nube altius.
AMBEL. — Sed virtus nescia frangi.
AMBLY. — Pour la gloire.
AMBOISE. — *Voyez* CHAUMONT.
AMBROIS. — Sancte Ambrosi, tui sumus.
AMERVAL. — *Boulogne!*
ANDIGNÉ. — Aquila non capit muscas.
ANDRÉE DE RENOARD. — Je crois pour être utile.
ANGELIN DE CHAMPLENEYS. — A jamais.
ANGERVILLE. — In his renascimur omnes.
ANGIER. — Fides.
ANGLADE (L'). — Faisons bien, laissons dire.
ANGLURE. — *Saladin!* ou *Damas!*
ANTOING. — *Bury!*
APPLAINCOURT. — Alors comme alors.
ARBALESTE DE VILLARGEAULT. — Domine, ut videam.
ARBALESTIER DE MONTCLAR. — Le coup n'en faut.
ARBAUD DE JOUQUES. — Nascitur et perit ira.
ARBLADE DE PARDAILLAN-GONDRIN. — Crescit, eundo.
ARCEL. — *Voyez* ARDANI.
ARCES ou ARSCES. — Le tronc est vert, et les feuilles sont arses. — Ni duc ni prince ne veux être.
ARCES DE RÉAUMONT. — M'a piqué la plus belle.
ARCHAMBAULT. — In armis leones.
ARDANI, *aliàs* ARCEL. — L'honneur y gist.
ARGIOT DE LA FERRIÈRE. — Pro rege meo sanguis meus.
ARLOZ. — Nobilis, miles, potens.
ARMAND. — Regi armandus et legi.
ARMCET DE BONREPOS. — Deum time. — Arma mihi requies.
ARMYNOT DU CHATELET. — Armis notus.
ARNAUD DE L'ESTANG. — Ypris coram rege captis.
ARNAULD. — Mihi adhœrere Deo bonum est.
ARNOULT DE BERRY. — Libertas.
AROD DE CHASSIEU. — Sans rien craindre.
ARTHUIS. — Franc au roi suis.
ASPREMONT. — *Aspremont!*
ASSAILLY. — Terris altius.
ASSIER. — Je suis bonne trempe.
ASTON. — Prêt d'accomplir.
ASTUARD. — Foi à qui l'a.
AUBERJON DE MURINAIS. — Maille à maille se fait l'Auberjon.
AUBERY. — Sustinent imperium virtus et lancea.
AUBIER DE MONTEILHE. — Unguibus et rostro fidelis.
AUBREMÉ. — Regi et patriæ.
AUBUISSON. — L'honneur est mon seul guide.

AUDIFFRET (D'). — Virtus omni obice major.
AUGUSTIN. — Cominùs et eminus.
AULNIS. — Prudence et fidélité.
AUMONT (duc de Villequier). — Uni militat astro.
AUTIÉ DE VILLEMONTÉE. — Nec dura nec aspera terrent.
AUTRET. — Dre an mor.
AVENE. — Tenui meditatur avena.
AVENNES. — Fortis simul et prudens.
AZANNE. — Auspicium terris hæc domus habet, manet altera cœlis.

BACHELIER. — Proprios ostentat honores.
BACHET. — Nescit labi virtus.
BACQUEHEM. — *Neufville!*
BAGLION. — Omne solum forti patria est.
BAYLE. — Qui croit en Dieu, croît.
BAILLET. — Non omnibus idem.
BAILLONCOURT ou BAILLESCOURT. — *Landus!*
BAINS-BANISY. — Peregrinatio et militia.
BAISSEY. — Assez monte qui s'abaisse.
BAISSEY (Bourgogne). — Vive ut post vivas.
BALBIAN DE VIAL. — Prævide futura.
BALESTRIER. — Vis virtute victa.
BALME (LA). — Éternité.
BALME DES MARES (LA). — Sans espoir.
BAPTENDIER. — Durat cum sanguine virtus avorum.
BAR. — Bar sur bar.
BARBIER DE LANVERNEN. — Sur ma vie.
BARONAT. — Vertu à l'honneur guide.
BARRY DE MERVAL (DU). — Boutez en avant.
BARRES (des). — Ad superos tandem stemmata penna vehit.
BARRUEL-BEAUVERT. — Virtute sideris.
BARSCAOU ou PARSCAOU. — Temporiser.
BARTHELIER. — Cœli enarrant gloriam.
BARTHON DE MONTBAS. — Sans y penser.
BARVILLE. — *Dieu à nous!* — Soldat et brave.
BASCLE D'ARGENTEUIL (LE). — Sine maculâ, macla.
BASEMON. — Prudens simplicitas.
BASSABAT DE POURDIAC. — Il m'est fidèle.
BASSOMPIERRE. — Quod nequeunt tot sidera præstat.
BASTARD. — Cunctis nota fides.
BATAILLE DE MANDELOT. — Bataille pour Dieu. — Ex bello pace.
BATEMAN. — Sidus adsit amicum.
BATEMIN. — Nec prece, nec pretio.
BAUDET. — *Cambraisis!*
BAUDRY DES LOZIÈRES. — Læsus sed invictus.
BAUFFREMONT. — *Baufremont!* — Plus deuil que joie.
BAUME-MONTRÉVEL (LA). — *La Baume!* = LA BAUME-PLUVINEL. — L'honneur guide mes pas.
BAUME-SUZE (LA). — Dulce et decorum est. = LEUCHTENBERG. — Autre ne sert.
BAUSSET. — Sola salus servire Deo.
BAYARD. — Sans peur et sans reproche.
BAZOCHES. — *Châtillon!*
BEAUCORPS. — Fiez-vous-y.

BEAUCORPS-CRÉQUY. — Nul s'y frotte.
BEAUCOURROY. — Major in præliis.
BEAUFORT. — In bello fortis.
BEAUFORT-SPONNIN. — In bello fortis.
BEAUFREMETZ. — *Wavrin!*
BEAUHARNAIS. — Autre ne sers.
BEAUJEU-JAUGE. — A tout venant beau jeu.
BEAULAINCOURT. — Pour le mieux.
BEAUMANOIR DE LAVARDIN. — *Bois ton sang, Beaumanoir!* — J'ayme qui m'ayme.
BEAUMONT. — *Beaumont, Beaumont!* — Impavidum ferient ruinæ.
BEAUMONT. — Pour la défense.
BEAUVAIS-VOUTY. — A cruce salus.
BEAUVAU. — *Beauvau!* — Sans départir.
BEAUVOIR. — *Wallincourt!*
BEAUVOIR DU ROURE-GRIMOARD. — A vetustate robur.
BECDELIÈVRE. — Hoc tegmine tutus.
BECTOZ. — Plaisir et los.
BÉHAGUE. — Bon guet chasse male aventure.
BELLASSYE. — Bonne et belle assez.
BELLECOMBE. — *Bellecombe!*
BELLEFORIÈRE. — *Bernemicourt!*
BELLI. — Nec interit unquàm.
BENEVANS. — Jamais arrière.
BENGY DE PUYVALLÉE. — Bien faire et laisser dire.
BENOIST DE LA PRUNARÈDE. — Voca me cum benedictis.
BENTIVOGLIO (Ferdinand de). — Exilis, non transilis. = BENTIVOGLIO (Charles). — Victissim servare fidem.
BERARD. — Suaviter et fortiter. — Donec dent sidera sedem.
BERBIS DE DRACY. — Sicut ovis.
BERGISEY. — Et factum est ita.
BERGHES-SAINT WINOCK. — *Berghes!*
BERGIER. — Finis præcepti charitas.
BERNARD DE LAUZIÈRE. — Fortitudo et mansuetudo.
BERNARD DE MONTBRISON. — Et pace et bello.
BERNIER. — Hostium terror tutatur amicos.
BERNIÈRE. — *Ah! fuge!*
BERNON. — Virtutem à stirpe traho.
BERRUYER. — Meliora sequentur.
BERT. — Securo sensu, curâ semotâ metuque.
BERTIE. — Virtus ariete fortior.
BERTRIER. — Ex labore fructus.
BERTRINCOURT. — *Boulogne!*
BESSAS DE LA MÉGIE. — Semper tenax et audax.
BETHISY. — Et virtus et sanguis.
BÉTHUNE-SULLY. — *Béthune!* Disulere mihi fugeo. = Le duc DE SULLY. — Ardeo ubi aspicior.
BEUFRIER. — Sunt etiam præmia laudi.
BEVERNE. — *Beverne!*
BEZIADE D'AVARAY. — Vicit iter durum pietas.
BIAUDOS-CASTEJA. — In bello leones, in pace colombæ.
BIGOT. — Tout de par Dieu.
BINET. — Je le vieil.
BIOTIÈRE. — Tam fortis quam nobilis.

Birague. — Jubet agnus aris.
Biron. — Voyez Gontaut.
Blacas. — *Vaillance!* — Pro Deo, pro rege.
Blamont. — *Blamont!*
Blanc. — Sine maculâ. — Tout vient à point. — En tout, candeur.
Blanc du Percy (le). — L'honneur guide mes pas.
Blanot. — Tandem flavescent.
Blé (du). — En tous temps du blé !
Blecourt. — *Cambraisis !*
Blois (de). — Agere et pati fortia.
Blondel. — *Gonnelieu !*
Bochart. — Inventis, fidus abstinet.
Bock. — Qui scit mori nihil timet.
Bocsozel-Montgontier. — Quoy qu'il en advienne.
Bodard de la Jacopière. — Ce n'est rien, vive le roi !
Boffin. — Deo, regi, patriæ, pietas et fides. — Caput inseret astris.
Boileau de Castelnau. — De tout mon cœur.
Bois (du). — Loué soit Dieu !
Boisbouessel. — Soli gestant insignia fortes.
Boiseon. — *Talbia !*
Bois d'Escordal. — Fortis et generosus.
Boisgelin de Kergoet. — In virtute vis.
Boisguehéneuc. — Garantez ar guiriones.
Boissat. — N'y regret du passé, n'y peur de l'avenir.
Boisseau du Rosey. — Selon le temps.
Boisseau de la Galernerie. — Hoc tegmine tutus.
Bon de Lignim. — Semper et ubique bonus.
Bonar. — A bon sire, bonne épée.
Bongars. — Bon sang ne faille.
Bonfils de Lapeyrouse. — Tu es un bon fils.
Bonnay. — Oncques ne dévie.
Bonnefoy de Bretauville. — Honneur, courage et fidélité.
Bonnel. — Fortitudo et virtus.
Bony de Lavergne. — Bisantiis nummis pauperibus adest.
Boquet. — Præmium virtutis honor.
Bordes. — Gratus honore labor.
Bossuet. — Rebus in est velut orbis.
Botigneau. — A l'adventure.
Boubers-Abbeville-Tunc. — *Abbeville !* — Fidelior in adversis.
Boucher de la Motte. — Honor et rex.
Boucherat. — Partout fidèle. — Nocte dieque vigil. = Boucherat (Nicolas). — Quæ nocent, docent.
Bouexière (la). — Tout en paix.
Bouez d'Amazy. — Noblesse et droicture.
Bouffier. — Dextra lilium sustinet.
Boufflers. — *Camberon !*
Bougy. — Perseverando ac sperando.
Bouillé du Charriol. — *Le Charriol !* — A vero bello Christi. — Tout par labeur.
Bourgeois de Tournai (le). — Reddite Deo et Cœsari.
Bourguignon-Lamure. — Contra hostem surrectus.

Bournonville. — *Bournonville !*
Bourrelier de Mautry. — Loyal et gay.
Bousies. — *Les Corbeaux !* — Bousies au bon tiz.
Bout. — De bout en bout.
Bouthelier. — Marte etiam invicto.
Bouton de Chamilly. — *Ailleurs iamais !* — Le souvenir tue Bouton.
Bouvens. — Plus n'est possible.
Bouvier. — Caput inseret astris.
Bouvier de Portes. — Caveto.
Boyer. — S'il vient à point m'en souviendra.
Braque. — In homine virtus oppressa resurget.
Breda-Wassenaer. — Dominus protestar vitæ meæ à quo trepidabo.
Bréauté (Adrien de). — Fit via fati. = Bréauté (Amiral Adrien II de). — Æquora placeat. = Bréauté (Adrien III de). — Membris agit altra vulnera. = Bréauté (Pierre de). — Unus cuncta mihi.
Bréhan. — Foi de Bréhan, mieux vaut qu'argent.
Brémond. — Ex totâ animâ meâ et toto corde meo.
Brenas. — O Crux ave, spes unica.
Bretagne. — Ne quid nimis.
Breuil (le). — Cœlare divinum opus.
Briant de Laubrière. — Sans détour.
Brimeu. — Plus que toutes.
Briçonnet. — Dilat servata fides.
Briolles. — Spes, fides, amor.
Broglie. — A nul autre.
Brossard de Cléry. — Audenti succedit opus.
Brosse. — Quo fata sequor.
Brou. — Spes mea in Deo est.
Bruc. — Flos florum, equites equitum.
Brueys de Souvignargues. — Oculi mei semper ad Dominum.
Bruges. — Maintiens le droit.
Brun de Montesquiou. — Invincible.
Bruslard. — Animis illabere nostris. = Bruslard (Denis). — Inconsumptibilis ardet.
Bruyères-Chalabre. — Sola fides sufficit.
Bruyset. — Fidelis obsequio.
Bucher. — Neque te munera, nec preces.
Budes de Guébriant. — Superis victoria faustis.
Buigny de Brailly. — *Va ferme à l'assaut, Buigny, à la prise !*
Buisseret. — Attente nuit.
Buissy. — Attente nuit, Buissy.
Burteur. — Vulcana tela ministrant.
Bury. — *Bury !*
Bus de Ghisignies (Du). — Finis laborum palma.
Bussy. — Encore ne me tenez.
Butet. — La vertu mon but est.

Cabarrus. — Fide publicâ.
Cabiron. — Virtus et honor.
Cabot. — Semper cor caput Cabot.
Cadenet. — Nec timeas nec optes.
Cahideuc. — Antiquâ fortis virtute.
Camelin. — Deo favente.

CAMERU. — Enn kichen ru ema komeru.
CANDOLLE. — Aide Dieu au bon chevalier.
CANNY. — *Croisilles!*
CANTAING. — *Cambresis!*
CANTILLON. — Fortis in bello.
CARDEVAC D'HAVRAINCOURT. — *A iamais Cardevac!* — *Au ciel Beaumont!* ou *Mieux mourir que ternir!*
CARDON D'ANGLURE. — Ne crains rien.
CARITAT DE CONDORCET. — Charitas!
CABLIER DE HERLY (LE). — *Buenne vendegies!*
CARNÉ. — Plutôt rompre que plier.
CARPENTIER DE CHANGY. — Dieu m'aide.
CARPENTIER DE CRÉCY. — *Carpentier!*
CARPENTIN DE CUMONT. — A tout.
CARRÉ DE LUZANÇAY. — Nusquam devius.
CARVOISIN. — Duce non erramus Olympo.
CASSARD. — Sans venin.
CASTELBAJAC. — Lilia in cruce floruere.
CASTEL-CICALA. — Numquam retrorsùm.
CASTÉRA. — Si consistant adversum me castra, non timebit cor meum.
CASTILLON. — *Diex el volt!* — Deo regibusque semper ut olim.
CASTILLON DE MAUVESIN. — Præmium vitæ, mori pro patriâ.
CASTILLON DE SAINT-MARTIN. — A laqueo malignantium libera me, Domine.
CATIN DE FLAVIGNEROT. — Spoliatis arma supersunt.
CATINAT. — Omnia virtuti parent.
CAULAINCOURT. — Désir n'a repos.
CAULIERS. — Sicut erat in principio.
CAUMONT. — Fortior coronatur.
CAUMONT-LA-FORCE. — *Ferme, Caumont!*
CAUNY. — *Croisilles!*
CAUVET DE BLANCHEVAL. — Cave, cave canem!
CAYEUX. — *La folie!*
CENTAL DE LA TOUR D'AIGUES. — Satiabor cum apparuerit.
CESARINI. — Frangor et flector.
CHABANNES. — Je ne le cède à nul autre.
CHABERT. — Postes portasque refregit.
CHABEU. — Tant vaut l'homme, tant vaut la terre.
CHABOT. — Concussus surgo.
CHALLUDET. — Désir sans vanité.
CHAMBORANT. — Oncques ne faillis.
CHAMBRAY. — Regit nidum majoribus alis.
CHAMP (DU). — Tout bien du champ.
CHAMPEAUX-VAUXDIMES. — Diex el volt!
CHAMPIER. — Tu ne cede malis, sed contrà adventior ito.
CHANALLEILLES. — Fideliter et alacriter. — Canes ligati.
CHANCEL DE LA GRANGE. — Chancel ne chancelle mie.
CHANDIÉ. — Ευ το πονευ απλανος.
CHANDIEU. — Pour l'éternité!
CHANLECY. — Virtus mihi numen et ensis.
CHAPEL DE LA PACHERIE. — *Murat!*
CHAPELLIER. — Rerum prudentia victrix.
CHAPONAY. — Gallo canente spes redit.
CHAPT DE RASTIGNAC. — In domino confido.

CHARBONNEL DU BETS. — In corde deçus et honor.
CHARMASEL. — Fere magiora. — Non juvat ex facili.
CHARNY. — *Charny! Charny!*
CHARPENTIER DE BEAUVILLÉ. — Securi securus.
CHARPIN DE FOUGEROLLES. — In hoc signo vinces.
CHARRIER DE LA ROCHE. — Semper in orbita.
CHASSERRAS. — Tempora tempore tempera.
CHASSEPOT DE BEAUMONT. — Semper vigil.
CHASTELET. — *Priny! Priny!*
CHASTELLUX. — Fermeté et loyauté.
CHAT DE KERSAINT (LE). — Mauvais chat, mauvais rat.
CHATEAUBRIANT. — *(Châteaubriand!* — Je sème l'or! — Mon sang teint les bannières de France!
CHATEAUCHALON. — Selon le lieu.
CHATEAUGIRON. — Pensez-y ce que vous voudrez.
CHATEAUNEUF-RANDON. — *Châteauneuf!* — Deo juvante.
CHATEAUVILLAIN. — *Châteauvillain à l'arbre d'or!*
CHATEL (DU). — Mar car done. — Da Val Etery.
CHATRE (LA). — *A l'attrait des bons chevaliers!* — Gloriæ et amori.
CHAUGY DE ROUSSILLON. — Vous m'avez! vous m'avez!
CHAUMONT D'AMBOISE. — *Amboise!* = D'AMBOISE (Charles). — Mitem animum agresti sub termine servo!
CHAUVETON DE SAINT-LÉGER. — Deus, rex, honor.
CHAUVIGNY. — *Chevaliers pleuvent! Jérusalem!*
CHAZELLES. — Toujours prêt à servir et s'effacer quand il a servi.
CHEF DU BOIS. — *Penhouët!*
CHEVALIER DU COUDRAY. — Multo labore.
CHEVILLARD. — Je rapporte fidèlement ce que je trouve.
CHEVLUS. — Fè et honour.
CHIEL. — Ny tost ny tard.
CHIFLOT. — Flos semper virens, virtus.
CHISSÉ. — Toujours.
CHIVALLET. — Liberté aiguillonne.
CHRISTOPLE. — Eminent undique vires.
CILLART DE KERMAINGUY. — Mon cor et mon sang.
CIREY DE MAGNY. — Virtute duce, comite fortunâ.
CLÉMENT DE SAINT-MARCQ (LE). — Clémence et vaillance.
CLERC DE FRANCONVILLE (LE). — Tu tibi sis ipse fortuna. — Susceptum perfice munus.
CLERC-LA-DEVEZE. — Virtute clarâ.
CLÉREMBAUT DE VENDEUIL. — De Vendeuil nous sommes.
CLERMONT. — *Clermont de Lodève!*
CLERMONT-TONNERRE. — Si omnes, ego non.
CLINCHAMP DE BELLEGARDE. — Pro Deo et rege.
CLOCHEVILLE DE BELLE. — Fac et spera.

CLUGNY-THENISSEY. — Généreux et fidèle.
COETANCOURT. — Ha galon vat.
COETANLEM. — Germinavit sicut lilium.
COETGOUREDEUC. — Je me contente.
COETIVY. — Prest ye.
COETLEZ ou COETLEON. — Humble et loyal.
COETLOSQUET. — Franc et loyal.
COETMANAC. — A bien viendra par la grâce de Dieu !
COETMEN. — *Hary avant !*
COETMENCE. — Soit !
COETMEUR. — Aultre n'auray.
COETUDAVEL. — Ret ve.
COETQUELFEN. — Bez a e Péoch.
COEUR. — A cœur vaillant rien impossible.
COHEN. — Onwrikbaar !
COLAS DES FRANCS. — Altius ardet.
COLBERT. — Perite et recte. = COLBERT (le ministre). — Servat et abstinet.
COLLET LA CHASSERIE. — L'âme et l'honneur.
COLIGNY. — Je les éprouve tous.
COLLOREDO-MANSFELD. — Hæc peperit virtus.
COLOMB. — En fedelta finiro la vita.
COLOMBET. — Simplicitas.
COMARQUE. — Cum arca.
COMBAUD. — *Bourbon !*
COMMIERS. — Sub pennis ejus sperabo.
COMMINES. — Sans mal.
COMMINGES. — En vivant nous amendons.
COMPASSEUR (LE). — Cuncta adamussim.
CONDÉ (Champagne). — Loyauté.
CONEN. — Qui est sot a son dam.
CONSTANT DE REBECQUE. — In arduis constans.
CONTAMINE. — Unquam te contamina.
CONSTANTIN. — Sans reproche.
CORBEAU DE VAULSERRE. — Nil nisi virtute.
CORDES-WATRIPONT (Des). — *Ciel à ciel !*
CORDOU. — Tout sans contrainte.
CORDOUE. — Ferme dans l'adversité.
CORGENOU. — Tout est bien.
CORN. — Dieu est tout.
CORSANT. — Altius.
COSNE DE CARDANVILLE. — Deus et rex.
COSSÉ-BRISSAC. — Æquabo si faveas.
COSSIN. — Spes mea Deus.
COSTAING. — Prospérité.
COTTEREAU. — Bene vivere et cœlari.
COTTERIE (LA). — Soin et valeur.
COUCY-CHATEAUVIEUX. — *Notre-Dame au seigneur de Coucy ! — Bel avis !* = *Coucy à la merveille !* ou *Place à la bannière !*

Ne suis roy ni prince aussy.
Je suis le sire de Coucy.

COUR (LA). — Discite justitiam moniti.
COURCELLES. — Pour jamais.
COURSANT. — Cours sans cesse.
COURT (LE) DE VILLETHASSETZ. — Li droit et li cort.
COURTEVILLE DE HODICQ. — Pour jamais Courteville.
COUSIN. — Fides exercituum.
COUTANCE. — Constantia, justitia et fidelitas.
COYSIA. — Pietate et patientiâ.

CRAMAILLES. — *Au guet !*
CRAMEZEL. — Fidelis patriæ, regi generosus et ardens, confestim vires animumque utrique repono.
CRAON. — Non sum timendus.
CRÉQUY. — *A Créqui le grand baron !*

Créqui haut baron.
Créqui haut renom.

CRESCENTIO. — Aspice, crescam.
CRETON D'ESTOURMEL. — *Creton !* — Vaillant sur la crête.
CREVANT-D'HUMIÈRES. — L'honneur y gît.
CRÈVECOEUR. — La Tour-Landry.
CRILLON. — Fais ton devoir.
CROISILLES. — A fide salus.
CROISY DE MONTALENT. — Nomen in cruce, salus in fide. — Je me contente.
CROIX (EDME DE LA), abbé de Citeaux. — Munditia et labore.
CROIX (LA) DE CASTRIES. — Fidèle à son droit et à l'honneur.
CROIX-CHEVRIÈRES (LA). — *Guerre ! Guerre !* — Indomitum domuêre cruces. — Victricia signa secutus. = LA CROIX DE SAYVE. — Même devise.
CROY-SOLRE. — Je maintiendrai. = GUY DE CROY (seigneur de Chièvres). — Dulcia mixta malis.
CROZAT. — Crux cœlorum, crux mihi clavis erit.
CRUPILLY. — *Sorel !*
CRUSSOL. — Ferro non auro.
CUGNAC. — Ingratis servire nefas.
CULANT. — *Au peigne d'or !*
CUSACK. — En Dieu est mon espoir.

DAMAS. — *Damas !*
DANES. — Vérité et justice.
DARBON. — Courage et peur.
DAUCHY. — *Montigny Saint-Christophe !*
DAVET DE BEAUREPAIRE. — Acquirit vires eundo.
DAVID (DE). — Memento, Domine, David.
DAVIE. — Auspice Christo.
DEAN. — Vigor in virtute.
DELPON-SAINT-SYLVESTRE. — Nullo quatitur impetu.
DERING. — Terrere nolo, timere nescio.
DESCLAIBES. — *Chièvre !*
DESMAISIÈRES. — *Wallincourt !*
DESSEY DU LEIRIS. — Preux et courtois.
DESSOLE. — Certa fulgent sidera.
DIEULEVEULT DE LAUNAY. — Diex le volt.
DIGARD DE PALCY. — Si vous n'êtes pas contents !
DIGOINE DU PALAIS. — Virtutis fortuna comes.
DILLON. — Dum spiro spero.
DINAN. — *Hary avant !*
DION DE VANDONNE. — Domine, ad adjuvandum me festina. — Dieu en ayde.
DISIMIEU. — Il n'est nul qui dise mieux.
DIXIE. — Quod dixi, dixi.
DONCQUER. — Post tenebras spero lucem.

Dorcières. — Franc comme l'or.
Dorne. — Factis facta adornat.
Dortans. — Mieux j'attends.
Douville. — Fais bien, on te nomme.
Doyle. — Fortitudine vincit.
Drake. — Auxilio divino. — Sic parvis magna.
Dresnay (Du). — En bon espoir.
Drujon de Beaulieu. — Cura quod acquisti.
Ducrest de Villeneuve. — Per sidera cresco.
Dumaitz de Goimpy. — Crescit virtus in periculo.
Dumas de Cultures. — Malo mori quàm fœdari.
Durant (le cardinal). — Moderata durant.
Duranty. — Di fuor si legge.
Durfort de Duras. — *Duras!*
Dutimer. — L'âme et l'honneur.
Dutrieu. — Bien faire et ne rien craindre.

Emé de Saint-Julien. — Vinco dulcedine robur. — Vires dulcedine vinco.
Eon de Beaumont. — Vigil et audax.
Erasme. — Cedo nulli.
Ere — *Ramillies!*
Erlach. — Nasci, laborare, mori.
Escaillon. — *Beaumés!*
Escalin des Aimars. — Par moi s ul.
Escars. — Fais ce que dois, advienne que pourra.
Escauffours. — *Mancicourt!*
Esne ou Aisne. — Impavidi fuimus.
Estouff de Milet de Mureault. — Auspicium in terris hæc domus habet; manet altera cœlis.
Estriché-Baracé. — Nullibi non victor et ovans.
Eternac. — *Main droite!*

Failly. — *Renty!*
Faletans. — Une fois Faletans.
Fallet. — In spe.
Falcoz. — Semper in altum. = Falcoz de Maleval. — Ad quid venisti?
Fare de la Salle (la). — Lux nostris, hostibus ignis.
Farnèse (Alexandre). — Hoc Jupiter ultor.
Farquar. — Mente manuque.
Fassion. — Fulget et floret.
Fauconnière. — Quid est quod fuit.
Faux. — Tempus edax rerum.
Favre de Faugelas. — Fermeté.
Favyn-Mypont. — My pont difficile à passer.
Fay (du). — Faites bien et laissez dire.
Fayel (du). — Pietate et armis.
Fayolle. — Non ibi sed ubique.
Feillens. — *Valeur!*
Feillens (Seigneurs de Channy et de Volagne). — En Dieu votre vouloir.
Felix du Muy. — Felices fuerunt fideles.
Ferguson. — Dulcis ex asperis.
Féron d'Éterpigny (le) — Eques ad bovinam.
Ferrand. — Pro fide, pro rege, pro me.
Ferron. — Ferro cadit aurea messis.

Ferron du Chesne. — Sans tache.
Ferron de la Ferronnais. — In hoc ferro vinces.
Ferrus. — Fides perpetua.
Ferté (la). — C'est pour bien.
Feschal. — Rien qui ne l'a.
Fettes. — Industria.
Feuardent. — La force fait un droit.
Fieffés. — Saint Paul camp d'Avaine.
Fiennes. — *Artois le noble!*
Fisicat. — Res, non verba.
Flavines. — Le Leubantoeux.
Fleming. — Pax, copia, sapientia.
Fletcher. — Nec quærere nec spernere honores.
Fletcher. — Martis non cupidinis.
Flocquett. — *Griboval!*
Floris. — Florebunt et non deficient. — Flos et virtus.
Flotte de Saint-Martin. — Tout flotte.
Foix (Pierre cardinal de). — Servire Deo, regnare est. = Foix (duc de). — Longè levis aura feret. = Foix (Phœbus de). —

Torquoy si gaüses
Touches-y si tu l'oses

Folin. — Folium ejus nunquam defluit.
Folkes. — Qui sera sera. — Principiis obsta.
Fons (la). — Aut mors, aut vita decora.
Font (la). — J'irai sonner jusque dans les cieux.
Fontanges. — Tout ainsi Fontanges.
Ford. — Omnium rerum vicissitudo.
Forêt de Goasven (la). — Point gesnant, point gesné.
Forêt-Divonne (la). — Tout au travers.
Fortia-d'Urban. Turris fortissima virtus.
Fossez (du). — Concordia victrix.
Foucault. — Ores à eux.
Foudras. — Sunt mihi in custodiam.
Foullon. — Dieu le veut.
Fouquet de Bellisle. — Quo non ascendam.
Fourc de Laneau (du). — Sunt gloriæ stimuli.
Foval. — Virtus addidit alas.
Framont. — Vires dulcedine vinco.
Fraser. — Je suis prêt.
Fregose. — Ni matar me, ni espantar me.
Frémiot. — Sic virtus super astra vehit.
Fresnais de Lievin. — Tutus sub ramis.
Fressies. — *Escaillon Denaing!*
Froulay. — Pro rege et pro fide.
Furstenberg. — Et si omnes, ego non.
Fyot. — En doutant je m'assure. = Fyot d'Arbois (Jean). — Fines tuos Jano. = Fyot de Barain (François). — Dum nascor fio, floque dum morior.

Gagne. — Recalcitrantem cogo.
Gaigne d'Ornée. — In me fel nullum. = Gaigne d'Ornée (Barthélemy). — Crepitantem excito.
Gaigneau de Chateaumorand. — Quo fata.
Gailhac. — Elle guide pour l'honneur.
Gaillard. — In excelsis.

## DICTIONNAIRE HÉRALDIQUE

GAILLARD DE BACCARAT. — Deus et honos.
GALBERT. — Pro patriâ virtus.
GALLEAN. — *Semper magis!* — Ab obice sævior ibit.
GALLIEN. — Præmium virtutis honor.
GAMACHES. — *Gamaches!*
GAMON. — Virtus in arduis.
GANAY. — Non rostro, non ungue, sed alis itur ad astra.
GAND DE MÉRODE et DE VILLAIN XIV. — Sans reproche. — Gand à Villain sans reproche.
GAUCOURT. — *Gaucourt!*
GAUDE DE MARTAINVILLE. — C'est mon plaisir.
GAUTIER DE VALABBES. — Dedit æmula virtus.
GAVRIER DE VERGENNES. — Recta ubique.
GAY. — En tous temps Gay..
GAYARDON. — Vincit Leo de tribu Juda.
GENTIL. — Du cœur de Gentil.
GÉRARD. — En Dieu est mon espérance.
GERBAIS. — Si n'estoit.
GÉVAUDAN. — Cruci regique fidelis.
GIBBES. Tenax propositi.
GIBERTÈS. — Præmia martis.
GIBON DU COUEDIC. — Semen ab alto.
GILBERT-COLONGES. — Le dessein en est pris.
GILIER. — Fortitudine et humilitate.
GILLES (Nicole). — Ung Dieu, une loy, une foy.
GILLON. — *Descordes!*
GINESTOUS. — Stabit atque florebit.
GIRARD DU DEMAINE. — Crux, decus et spes.
GIRAUD. — De près, de loin.
GLARGES. — *Montigny au bélier!*
GLÉON. — *Au seigneur de Gléon!* — Assez prie qui se complainte.
GLUTZ-BLOZHEIM. — Fortiter et suaviter.
GODERIE. — *Graincourt Saint Haubert!*
GODDES DE VARENNES. — Ne vante, ne foiblesse.
GODIN. — *Hordaing le sénéchal!*
GODOT DE MAUROY. — Partæ sunt mihi.
GOGNIES. — *Boussoy.*
GOHERY DE LA TOUR. — Spiritus et cor.
GOISLARD. — Æstrœa et placidas, spargit acerba rosas.
GOMBERT. — Stabunt, me custode.
GONDY. — Non sine labore.
GONTAUT-BIRON. — Perit sed in armis. — Crede Biron.
GONTHIER. — Amour sans crainte.
GORMIGNEY. — En attendant mieux.
GOUAY. — Unguibus nec rostro sed alis.
GOUJON DE THUISY. — Sans mal penser.
GOULAINE. — A celui-ci, à celui-là, je donne des couronnes.
GOUNONCOURT. — P. M. Q. F.
GOURIO. — Dieu me tue.
GOUVELLO. — Fortitudini.
GOUX (PIERRE LE). — Inflexus stimulis omnibus.
GOYON DE MATIGNON. — *Liesse à Matignon!*
GOZON. — Le vainqueur du dragon.
GRAMMONT. — Lo soy que soy.

GRAMMONT DE VACHÈRES. — A resistente coronor.
GRANDPRÉ. — Animus imperat.
GRANSON. — A petite cloche grand son.
GRAINCOURT. — *Saint-Haubert!*
GRANGE (LA). — In spe et consilio.
GRANVELLE (le cardinal de). — Constanter.
GRAS. — Valabunt et non deficient, altiora petens.
GRASSE. — Pro me, Domine, responde.
GRATTET. — Tout à tous.
GREBERT. — *Haucourt!*
GREEN. — Æquam servare mentem.
GRÉGOIRE DE LA GACHE. — Sans s'endormir.
GRENU. — O Dieu, tu me vois Grenu.
GRESLEY. — Melior fide quam fortunâ.
GRIBALDI. — Plus penser que dire pour parvenir.
GRIGNART DE CHAMPSAVOY. — Spes mea.
GRILLE. — Nititur in vetitum.
GRIMALDI (princes de Monaco). — Deo juvante.
GRIMAUD-BECQUE. — Intrepidè.
GRIS (LE). — Avec le temps.
GROLÉE. — *Je suis Grolée!* — Format regendo coronas, ou Assai avanza che fortuna passa.
GROS. — Utinam!
GRUEL. — Vigilantia.
GRUTHUSE (LA). — Plus est en vous Gruthuse.
GUAY (DU). — Fidelis et audax.
GUAY-TROUIN (DU). — Dedit hæc insignia virtus.
GUERRIANT. — Dieu y pourvoira.
GUENGAT. — Trésor.
GUER. — Sine macula.
GUERIN. — In trino omnia, et uno.
GUERNIZAC. — Ped brebet.
GUESCLIN (DU). — *Notre-Dame Guesclin!* — Da virtus quod forma negat.
GUESNET. — Tutissima lorica virtus.
GUICAZNON. — Dieu me tue.
GUICHE (LA). — Au plus haut.
GUICHENON. — Fidelis præmia pennæ.
GUIFFREY DE BOUTIÈRES. — Huic quid obstat.
GUIGNARD DE SAINT-PRIEST. — Fort et ferme.
GUILLAUMANCHES DE BOSCAGE. — *Guillaumanches!* — Nunquam jugatus. — Indocilis jugum pati. — Indomitus ferit.
GUYON. — Vis unita fit fortior.
GUIRAMAND DE SADOLET. — C'est un abîme.
GUISE. — Chacun a son tour. — Undique terror.
GUITON. — Dieu'aye.

HALANZY. — A ma valeur.
HALES. — Vis uniti fortior.
HAMEL. — A toute heure.
HAMELAINCOURT. — Séchelles.
HAMON DE BOUVET. — En bon espoir.
HAMPSON. — Nunc aut nunquam.
HANGEST. — *Hangest!*
HARCHIES. — *Esterpy!*
HARCOURT. — Pour ma défense. — Gesta verbis prævenient.

HARDY (LE). — Nec leporem feroces procreant imbellem leones.
HARDOUIN DE PÉRÉFIXE DE BEAUMONT. — Usque ardent fixa nec erant.
HARENG DE LA CONDAMINE. — Nul bien sans peine.
HARSCOURT DE SAINT-GEORGES. — Honneur et franchise.
HASPRES. — *Wallaincourt!*
HATZFELD. — Virtus et honor.
HAUCHIN. — *Montigny Saint-Cristophe!*
HAUCOURT. — *Wallaincourt!*
HAULT DE LASSUS. — Nul bien sans peine.
HAUSSY. — *Haussy!*
HAUTECLOQUE. — On entend loin haute clocque.
HAUTEFORT. — *Altus et fortis!* — Force ne peut vaincre peine.
HÉDOUVILLE. — Totum pro Deo et rege.
HEMERY DE BEAULIEU. — Antiquâ fortis virtute.
HENIN DE CUVILLIERS. — Nihil agere pœnitendum.
HENISSART. — Le droit chemin.
HENNEQUIN. — Coronabo.
HENRY DE BOHAL. — Potius mori quam fœdari.
HENRY DE JARNIOST. — Dedit illi nomen quod est super omne nomen.
HENRY DE LA MOTTE. — Toujours en ris, jamais en pleurs.
HENRYS. — Providentiæ totum hoc opus est.
HERMITE (L'). — Prier vaut à l'hermite.
HÉRON. — Ardua petit ardua.
HERSART DU BURON. — Evertit et æquat.
HERTAING. — *Dubois de Hove!*
HESECQUES DE HÉRICOURT. — A jamais Hésecques.
HIEROSME. — Suavior.
HILDIARD. — πλέον ἡμισυ παντος.
HILLARY. — Virtuti nil invium.
HINNISDAL. — Moderata durant.
HOHENLOHE. — Ex flammis orior.
HOLMBERG DE BECKEFELN. — Fidèle à mon devoir.
HOMME DE VERCLOSE (L'). — L'homme sois homme.
HONNECOURT. — *Oisy!*
HOOKE DE L'ÉTANG. — Signa fortium.
HOREAL. — Semper virtute.
HOSPITAL (L'). — Semper vigil.
HOUX DE VIOMÉNIL. — Toujours fidèle à l'honneur.
HOZIER DE SERIGNY. — Et habet sua sidera tellus.
HUART. — Mon cœur comme mon houx arde.
HUGUET DE SÉMONVILLE. — Candor et robur.
HUME DE CHERIZY. — Fidèle jusqu'au bout.
HURAULT DE CHIVERNY. — Certat majoribus astris.
HUTTEAU D'ORIGNY. — Deo et regi fides impavida.

IMBERT DE LA PLATIÈRE. — Nescit labi virtus.
INGUIMBERT. — Firmantur ab astris.
ISLE (de l'). — *Frayes Phalempin!*
ISNARD. — Si approchez, elles piquent.

JACOB. — Parta tueri.
JACOB DE LA COTTIÈRE. — Soin et valeur.
JACOBSEN DE LA CROSNIÈRE. — Wyselick Vromelyck.
JAMES. — J'ayme à jamais.
JASSAUD. — Lux et virtus meæ. — Crescendo virtus tollitur ad astra.
JANNEL. — Galas suorum strage fugatur. — J'ai en elle confiance.
JAS. — *Rochechouart!*
JOHANNE DE LA CARRE. — Amy seur.
JOINVILLE. — *Joinville!*
JOLY. — Magnus amoris amor. = JOLY DE CINTRÉ. — Toujours serai.
JOLY DE MAIZEROY. — Cœlo tuta quies.
JOLY DE CHOIN ET DE LYARENS. — A Domino factum est istud.
JOSSÉ-LAUVRAINS. — Fulmina, si cessant, me tamen urit amor.
JOUENNE D'ESGRIGNY. — In hoc signo vinces. — Pius et fidelis.
JOUFFREY. — Luis en croissant.
JOURDAIN. — Servire Deo, regnare est.
JOURDAN (le maréchal). — J. B. J. (Jean-Baptiste Jourdan).
JOVYAC. — Fais bien et laisse dire.
JUBIÉ. — Illorum ope hæc dilata Gallia.
JUCH. — La Nonpareille.
JUIGNÉ. — *Battons et abattons!* — Ad alta.
JUPILLES. — Utinam virtus tenet juncta nobil animo mente.

KARUEL. — Omnia nobis prospera.
KAY. — Scuto divino.
KAYE. — Kynd. Kynn, Knaune, Kepe.
KELLET. — Auxilium ab alto.
KERANGOUAT. — *Défends-toi!*
KERANGOUEZ. — Mutoudez.
KERANGUEN. — Luca euoz.
KERATRY. — Gens de bien passent partout.
KERAUTRET. — *Marthezé!*
KEREMPUIL. — Qui est Saesi est fort.
KERGARIOU. — Là ou ailleurs.
KERGOET. — Si Dieu plaist.
KERGORLAY. — Honor et patria. — Aide-toi Kergorlay, le ciel t'aidera.
KERGOURNADEC. — *Voyez* KERHOENT DE KERGOURNADEC.
KERGOZ. — M qui T'M (Aime qui t'aime).
KERGROADEZ. — En bon espoir.
KERGROAS. — En bonne heure.
KERGUELEN. — Vert en tout temps.
KERHOENT DU BOISRUAULT. — Sur mon honneur! = KERHOENT DE COETENFAO. — En Dieu est. = KERHOENT DE KERGOURNADEC. — En Dieu est. = KERHOENT DE LOCMARIA. — Dieu soit loué!
KERLIVER. — Meilleur que beau.
KERLIVIRY. — Youl Doë.
KERLOAGUEN. — Sans effroy.
KERMARTIN. — A tous dix.
KERMENGUY. — Tout pour le mieux.
KEROAS. — Ardius superiores.
KEROUSY. — Pour le mieux.

Kerouartz. — Tout en l'honneur de Dieu.
Kerouskré. — Laisse faire. — List!
Kerret. — Tevel hac ober.
Kersaliou. — Tout pour Dieu.

Labaig de Vialla. — In recto perstare semper.
Labina de Baussen. — Deo et regi.
Labroue. — In manibus Domini sors mea. — Cum virtute nobilitas.
Lacger de Camplong. — A mon honneur.
Lacroix de Tonignan. — A cruce salus.
Ladouve. — *Saint-Aubert!*
Labouze de Basquiat. — At avis et armis.
Laisné. — Sine macula, *ou* Unica, unicam relinquo.
Laizer de Siougeat. — At avis et armis.
Lake. — Un Dieu, un roi, un cœur.
Lalaing. — *Croisilles!* — Sans reproche.
Lalis-Maraval. — Virtutis ingenuitas comes.
Lally-Tolendal. — Just and vallant. — Intaminatis fulget honoribus.
Lambert. — Seguitando si giunge.
Lambron de Lignim. — Tenax in suâ fide.
Lameth. — Sans redire, *ou* Nocuit differre paratis.
Lance de Moranville (la). — Hac virtutis.
Lange. — Hac ad illam. — Nomine l'Ange et omine.
Lannion. — Prementem pungo.
Lannois — Votre plaisir.
Lannoy de Sulmone. — Me quod urit insequor.
Lanrivinen. — Espoir me conforte.
Lantin. — Nec fallere nec falli.
Lantivy. — Qui désire n'a repos.
Lardenois de Ville. — Franc et loyal.
Lascaris. — Lascarorum felicitati.
Lascazes. — Semper paratus.
Lattier — Pour trois.
Laugier de Beaurecueil. — Vicit Leo.
Laumônier. — Le pauvre désiré Laumônier.
Laurencin. — Lux in tenebris. — Post tenebras spero lucem.
Laurières (marquis de Pompadour). Majores donec superem.
Lautrec (Odet de Foix). — Dove è gran fuoco è gran fumo.
Laval. — Spes mea crux et amor. — Pour une autre, non.
Law de Lauriston. — Nec obscura, nec ima.
Laze. — Paix à Laze.
Leborgne (baron du Pin). — Monstrat virtus honorem.
Leclerc. — Charitas!
Lecointe de Marcillac. — Merces exercituum.
Lefebure. — An mo forti nil forte. — Hodie mihi, cras tibi.
Lefebvre. — Etiam industria nobilitas.
Lefèvre-Graintheville. — *A l'éclat des roses!* — Nihil lilia sine cruce. = Lefèvre de la Maillardière. — Cedatur feriense. = Lefèvre de la Fautradière de Beaufort. — Dedit hæc insignia virtus.
Lefébure de la Donchamps. — Volabunt et non deficient.
Leforestier. — Fortis et fidelis.
Legard. — Per crucem ad stellas.
Legrand. — In variis nunquam varius.
Leihonye de Rangouge. — Virtus et honor.
Lejeune de la Furjonnière. — Nul ne s'y frotte.
Lejeune de Malherbe. — In adversis clarius.
Lelimonier de la Marche. — Fortes creantur fortibus.
Lemaitre de Ferrières. — Angor et ango.
Le Marant. — Bonâ voluntate.
Lemaye de Moyseaux. — Querens anima jovi.
Lemps. — Le temps j'attends.
Lemyre. — Quievi.
Lenfernat. — Qui fait bien, l'enfer n'a.
Lenoir de la Roche. — Albor latet.
Lenoncourt. — *Lenoncourt!*
Lentilhac. — Non lentus in armis.
Le Ny. — Humble et loyal.
Lescouet. — Maquit mad.
Lescours. — Regi suo semper fidelis.
Lesdiguières (François de Bonne). — Frangit
Le Guières (Bonne de). — Nul ne s'y frotte.
Lespinasse. — Sans chimères et sans reproches.
Lestrange. — Vis virtutem fovet.
Lesval. — Stat virtus nixa fide.
Leusse. — Credula turba sumus.
Leval. — Eadem mensura.
Levis. — Dieu aide au second chrétien. — Duris dura Grango. — Inania pello.
Liancourt. — *Liancourt!* — Liancourt invincible.
Lignières. — *Lignières!*
Lionne de Leisseins. — Scandit fastigia virtus. — Impavidus sursùm vigilat.
Liotaud du Serre. — Signavit per orbem.
Lockhart. — Corda serata pando. — Semper paratus pugnare pro patriâ.
Longueval-Bucquoy. — *Dragon!*
Longueville. — Arcentque domantque.
Longvy (le cardinal de Givry de). — Abundantia diligentibus.
Lohas. — Un jour l'auras.
Lorde. — Placet ubique.
Lort de Serignan. — Quo non ascendam.
Lourdet. — Labor omnia vincit.
Louvart de Pontlevoye. — Fortis fortiori cedit.
Louvat. — Lupus in fabulâ.
Loysie. — Tout à Loisy.
Lubersac. — In præliis promptus.
Lucinge. — Usquequo.
Lugnys. — Le content est riche.
Lunaret. — Semper fidelis.
Luxembourg. — Votre deuil. = Louis de Luxembourg. — Obstantia nubita solvet.
Luyrieux. — Belle sans blâme.
Lymare-Charbonnier. — De charbon chevance.

LYNCH. — Semper fidelis.
LYOBARD. — Pensez-y, belles, fiez-vous-y.
LYONS. — Ex genere et virtute leones.

MACDONALD (duc de Tarente). — My hope is constant in thee.
MACHECO DE PRÉMEAUX. — J'ai bon bec et bon ongle.
MACHIAVELLI (Vincent). — Quanto si mostra men, tanto è piu bella.
MACIP. — Sicut cervus desiderat ad fontes aquarum, ita anima mea ad te, Deus.
MACQUART. — Consilio et virtute.
MADEC. — Nullis perterrita monstris.
MAGNIN DU COLLET. — Sans luy, rien.
MAGNY (marquis DE). — Nec devio, nec retrogradior.
MAILLAC. — Fides mea salvum fecit.
MAILLANS — Σωντε θανοντε.
MAILLARD DE CANDREVILLE. — Etiam nascendo tremendus.
MAILLARDOZ DE BRÉZÉ. — Feriendo triumphat.
MAILLÉ. — Stetit unda fluens.
MAILLY. — *Mailly! Mailly!* — Hongne qui vonra.
MAIZIÈRE. — Pour loyauté maintenir.
MALARMEY. — *Sans peur!* — Amor in honore.
MALAVOIS. — Dulce et decorum est pro patriâ mori.
MALESTROIT. — *Malestrôit!*
MALET DE GRAVILLE. — Ma force d'en haut.
MALLARDIÈRE (LA). — Cedatur feriens.
MALVOISIN. — A Deo solo.
MANCICOURT. — *Crèvecœur!*
MANDON DE MONDE. — Supernâ licet, sustentant lilia fulcrum.
MANESSIER. — Aut mors, aut vita decora.
MANGOT. — Probè et incorruptè. = MANGOT DE SURGERES. — Post tenebras spero lucem.
MANOURRY. — Regi fidelis.
MARC. — Justitia mihi constans et perpetua voluntas.
MARCÉ. — Arte et marte.
MARCHANT DE CALIGNY (LE). — Nostri servabit odorem.
MARCHÉ (du). — Forti fide.
MARCHIN DE CLERMONT DE DUNES. — *Marchin!*
MARCILLAC. — Nunquam marcescent.
MARÉCHAL. Cœloque soloque.
MARESCOT. — In hoc signo vinces.
MARGUERIE. — Cherche qui n'a.
MARIDAT. — Dextera Domini fecit virtutem.
MARIN. — Fragile si, ma bello!
MARIN DE MONTMARIN. — Aspiciendo crescit.
MARINI. — Ne noceant.
MARIVETZ. — Quid obstet.
MARTIMPREY. — Pro fide pugnando.
MARTINEAU DES CHENETZ. — Sub umbrâ tuarum.
MARVILLE DE VIGNEMONTÉ. — Facere bene et lætari.
MAS DE PEYSAC (DU). — In hoc signo vinces.

MASSERIE. — Celuy a le cœur dolent, qui doit mourir et ne sait quand.
MATHAN. — *Mathan!* — Au féal rien ne fait. Nil deest timentibus Deum.
MATINEL. — Nec dominare, nec dominari.
MAUBEC. — *Maubec!*
MAUGIRON. — Infringet solido.
MAUNY. — *Haynault l'Ancien! — Mauny! Mauny!*
MAUPERCHÉ. — Bellicæ virtutis præmia.
MAY (du). — Cœlum non vulnera.
MAYENCE (Albert, archevêque de). — Mors ultima linea rerum. — Concedo nulli.
MEDINA (Gusman DE). — Le roi l'emporte sur le sang.
MEILLERAYE (LA).—Portarum claustra revellit.
MEINGRE DE BOUCICAUT (LE). — In altis habito.
MELIGNAN DE TRIGNAN. — Virtus et honor.
MELLO ou MERLO. — *Mello!*
MELUN (les vicomtes de). — *A moy Meleun!* — Pias locet montes Deus. — Ut inter spiritus sacros ora viator. — Virtus et honor.
MENARD DE LA MENARDIÈRE. — Nul ne s'y frotte.
MENARDEAU. — Telis opponit acumen.
MENON. — Ni deuil ni joie.
MERCASTEL DE MONTFORT. — Hongne qui vonra.
MERCOEUR. — Plus fidei quam vitæ.
MEREZ. — Evertit fortissima virtus.
MERLE DE LA GORGE. — *Or, sus, fiert!*
MESGRIGNY. — Deus fortitudo mea.
MESMAY. — De rien je ne m'esmaye.
MESNARD ou MAYNARD. — Pro Deo et rege.
MESNIL-SIMON. — L'effroi des Sarrasins.
METAXA. — Justum et tenacem proposuit.
MEUGNIER. — Et vires et animus.
MEULE. — Benin sans venin.
MEYNIER DE LA SALLE. — Major fama.
MICHAL DE LA PALU. — Je veille. — Pugnat, vigilat.
MICHELS. — Signo, manu, voce vinco.
MILLIÈRE. — Juris lilium legimus.
MILLINI. — M.
MILLOTET. — Invitat mellitus honos.
MILON D'AMNON. — Non est quod noceat.
MILONI. — Spinæ superant rosas.
MIRE (LA). — Virtutis regula miræ
MIREBEL. — Oh quel regret mon cœur y a!
MISSIRIEN. — Dré an mor.
MITALLIER. — Quod vigili datur, studio accrescit vitæ.
MITCHELL. — Sapiens qui assiduus.
MOESLIEN. — Seel pople.
MŒURS. — *Mœurs au comte!*
MOGES. — Cœlum non solum.
MOISSON. — Sine messe fames.
MOLAC (Le Sénéchal de Kercado de). — *Cric à Molac!* — Bonne vie.
MOLIEN. — *Voyez* MOESLIEN.
MOLLERUS. — Labore ad salutem.
MONISTROL. — Justus et fortis.
MONNAY. — Numine, rege et patriâ.
MONNIER. — En Dieu ma fiance.

MONNIER DE BONAPARTE. — Io la difesi.
MONSO. — Pro fidelitate.
MONSON. — Prest pour mon Pays.
MONSPEY. — J'en rejoindrai les pièces.
MONT. — Loyal.
MONTAFILAN. — *Hary avant!*
MONTAGU. — *Montagu!*
MONTAGU. — I. L. P. A. D. E. L. T. — (Je l'ai promis à Dieu et l'ai tenu.) — J'ai le corps délié.
MONTAIGNAC. — Pro fide et patriâ.
MONTALEMBERT. — Ferrum fero, ferro feror.
MONTBOISSIER. — Nunquam impunè.
MONTBRUN. — Et quoy plus.
MONTCHAL. — Certamine parta.
MONTCHENU. — *Montchenu!* — La droite voie.
MONTCORNET. — *Montcornet!*
MONT-D'OR. — Melius mori quàm inquinari.
MONTECLER. — Magnus inter pares.
MONTEREUX. — Pro fide et rege.
MONTESQUIOU-FEZENSAC. — Hinc labor, hinc merces.
MONTET DE LA FERRADE. — Ferme et loyal.
MONTEYNARD. — *Plutôt mourir!* Pro Deo, fide et rege.
MONTFORT (SIMON DE). — *Toulouse! Toulouse!* — *Montjoie!*
MONTGARDÉ. — *Montgardé!*
MONTGOMMERY. — Gardez bien.
MONTGRILLET. — Ad æthera virtus.
MONTHIERS. — Anuelis suis mandavit de te.
MONTHOLON. — Subvenite oppresso.
MONTIGNY DU THYMEUR. — Causa latet.
MONT-JOUET. — Dieu seul mon joug est.
MONTMAVEUR. — Unguibus et rostro. — Erecta ferar et non connivebo.
MONTMORENCY. — *Dieu ayde au premier baron chrétien!* — Απλαχνος.
MONTS (des). — *Fortis ut mons!* — Dabit Deus his quoque finem.
MORANT. — A candore decus.
MORE. — Comme je fus.
MOREL. — Lilia Francigenum defendam hoc vindice ferro. — Pugna pro patriâ.
MORETON DE CHABRILLAN. — *Moreton! Moreton!* — Antès quebrar que doblar.
MORHIER. — *Morhier de l'extrait des preux!*
MORIN DE BERTONVILLE. — Fortis fidelisque simul.
MORISOT. — Fert maturos prudentia fructus.
MOROGES. — Dieu ayde au Maure chrétien.
MORTAIN. — Vera fides.
MOTET. — Post tenebras lux evergo.
MOTHE (LA). — In tenebris adest.
MOTHE (LA). — Tout ou rien.
MOTHE-BARACÉ (LA). — Lenitatis fortitudo comes.
MOTTET (du). — Tout droit.
MOUSSAYE (LA). — *Honneur à Moussaye!*
MOUSTIER. — Moustier sera malgré le Sarrasin.
MOUY. — *Séchelles!* — *Saucourt!*
MOYRIA. — In via virtutis nulla est via.

MUN. — Nil ultrà.
MURAT. — Vim utramque repello. = MURAT DE L'ESTANG. — Vim firmitate repello.

NARBONNE-PELET. — Non enim sine causâ gladium portant. — Vis nescia vinci sine causâ. = NARBONNE-LARA. — Nos descendonos de reges, si no los reges de nos.
NAVAILLES. — A un tada no es habeado.
NAVAISSE. — In Domino confido.
NEDONCHEL. — Antiquitas et nobilitas.
NEVET. — Per ach.
NOBLET. — Nobilitat virtus.
NOCEY. — Multa nocent.
NOTTRET DE SAINT-LYS. — Deo ac regi.
NOUE (LA). — Amor et fides.
NOYERS. — *Noyers!*

OBERKAMPF. — Rectè et vigilanter.
OBERT. — Pro lumine virtus.
ODEBERT. — Suaviter sed fortiter.
OETTINGEN. — Dominus providebit.
OFFREMONT. — *Offremont!*
OGLANDER. — Servare munia vitæ.
O'KEEFFE. — Forti et fideli nihil difficile.
O'KELLY. — *O! Kellie abou.* — Turris fortis mihi Deus.
O'KOURKE DE GOUSEN. — *Victorious!* — Prou de pis, peu de pairs, point de plus.
O'MAHONY. — Victoria in flammis.
O'MALLEY. — Terræ marique potens.
O'MORE. — Spes mea Deus.
O'NEILL. — Lam dearg Eirin.
ONORATI. — *Libertas!*
ORGEIX. — Semper fidelis.
ORMANCEY DE FREJAQUES. — Il adviendra.
ORNANO. — Deo favente, Comes Corsiæ.
ORVILLE. — *Hesdaing, Wallincourt!*
OSMONT. — Nihil obstat.
O'SULLIVAN DE GRASS. — Modestia victrix.
OUDART. — *Estrée!*

PACIUS. — Musæ pacis amicæ.
PAGAN. — Fortior pugnavi.
PAIGE DE BAR. — Où que tu soies suivrai toy.
PALLAVICINI. — Servir a guardar.
PALMIES-D'ESPAING. — In adversis virtus.
PALU (LA). — *Eh! Dieu, aydez-moy!*
PALUAT DE JALAMONDES. — Animus et prudentia.
PANCHAUD DE BOTTENS. — Perseverando.
PANTIN. — *Pantin, hardi, en avant!* — Crux dux certa salutis.
PARC DE LOCMARIA (DU). — Tout est beau. — Vaincre ou mourir.
PARCEVAUX. — S'il plaist à Dieu.
PASCAL DE KERENVEYER. — Sanguinem quid plura.
PASCHAL DE MERINS. — Spes mea Christus.
PASTORET. — Bonus semper et fidelis.
PATERIN. — Le duc me l'a donné. — C'est par la vertu.

PATOUL. — Virtute duce.
PAUL. — Ut palma florebit.
PAUL (baronet). — Pro rege et republicâ.
PAUNCEFOTE. — Pensez forte.
PAYEN. — In arduis fortior.
PEACOCK (baronet). — Vincit veritas.
PECHPEYROU. — Ut fata trahunt.
PELICHY. — Vulnerat et sanat. = PELICHY DE LICHTERVELDE. — Même devise.
PELISSIER DESGRANGES. — Semper immaculatus ero.
PELLERAT DE BORDES. — Fides et patriâ.
PELLERIN DE SAINT-LOUP (LE). — De nostro sanguine tinctum.
PELLETIER DE GLATIGNY (LE). — Fidelis et audax.
PELLETIER DE MARTAINVILLE. — Adversis moveri nefas.
PELLET DES GRANGES. — Vis nescia vinci.
PELLISSIER DE LA COSTE. — Virtute non dolo. — Stellâ duce.
PENANCOET DE KEROUAL. — A bep l'en lealdet.
PENMARCH. — Repret.
PEPPERELL. — Virtute parta tuemini.
PERARD DE VAIVRE. — Victrix per ardua virtus.
PERDRIEL. — Suavis et vigil.
PÉRIER. — Ad sidera ramos.
PÉRIER (DU). — Ni vanité ni faiblesse.
PÉRUSSE DES CARS. — Per usum fulget.
PHÉLIPPES DE BILLY. — Je me contente.
PICOT DE DAMPIERRE. — Nullus extinguitur.
PICTET DE SERGY. — Sustine et abstine.
PIERRES DE NARSAY. — Pour soutenir loyauté.
PIGNIOL. — Deus et meus Rex.
PIN (DU). — Fidem peregrinans testor.
PINDRAY. — In signis vinces.
PINEL DE LA TAULE. — Mihi fidelitas decus.
PINOS. — L'un des neuf barons de Catalogne.
PIOLENC. — Campi tui replebuntur ubertate.
PLACE DE CHAUVAC (LA). — Regi et Deo semper fidelis.
PLANCHE (LA). — *Fiennes!*
PLANTADE. — Charitas nescia vinci.
PLASTRE (LE). — Non est mortale quod opto.
PLESSEYS DE PINNAY (DU). — A jamais celle.
PLESSIS (DU). — Ab obice major.
PLESSIS-GRENEDAN (DU). — *Plessis-Mavron!*
PLESSY-MORNAY (DU). — Arte et Marte.
PLOESQUELLEC. — Aultre ne veux.
PLOEUC. — L'âme et l'honneur.
POILLOT D'OIGNY. — Melior fortuna notabit.
POIPPE (LA). — Nec temerè, nec timidè.
POIX DE FRÉMINVILLE (LA). — *En avant!*
POLE. — Pollet virtus.
POLIER DE BRETIGNY. — Et Phœbi et Martis.
POLIGNAC. — In antiquissimis. = POLIGNAC (le prince de). — Sacer custos pacis.
POLIGNY. — Vertu et fortune.
POLLOD. — Contrà audentior ito.
PONCELIN DE LA ROCHETILHAC. — Firmior petrâ.
PONT (DU). — Amico patriæ, patriæ carissimo.

PONTALLIER. — *Pontallier!*
PONTAUBEVOYE D'OYSONVILLE. — Virtute et labore.
PONTCROIX. — Naturellement.
PONTEVEZ. — Separata ligat. — Fluctuantibus obstat. — Mediis tutus in undis.
PONTIS DES DOURBES. — In Domino facis virtutem.
PONT-JARNO D'AUBANUYE. — Spes mea Deus
PONTLAUBÉ. — Hep chang.
PORT (DU). — Cingit et obstat.
PORTE (LA). — Pour elle tout mon sang.
PORTE (LA). — Auspicium in terris hæc domus habet, manet altera cœlis.
PORTIER. — De tous châteaux, Portier.
POSANGES. — Non sibi sed patriæ.
POSTEL. — Où tout te heurte, tout t'appuie.
POT. — *A la belle!* — Tant L vaut (Tant elle vaut).
POTIER. — Dextera fecit virtutem, dextera salvabit me.
POUGET DE NADAILLAC (DU). — Virtus in hæredes.
POULHARIEZ. — Vigil et alacer.
POULMIE. — De bien en mieux.
POULPIQUET. — De peu assez.
POYET DE BEINE. — Justitiæ columnam sequitur leo.
PRACONTAL. — Partout vit Ancône.
PRAT (DU). — Spes mea Deus. = DUPRAT (le chancelier). — Virescit vulnere virtus.
PRATZ DE MAVILLON. — Partout vit Ancône.
PRÉAUX. — *César-Auguste!*
PRÉVOST DE GAGEMON. — Spes usque, metus unquam.
PRÉVOST DE LA BOUTETIÈRE. — Défense.
PREVOST DE LA CROIX. — Magis ac magis.
PREVOST D'IRAY (LE). — Votum Deo regique vovit.
PRIE. — *Cant à l'oiseaux!* — Non degener ortu.
PROUSTEAU DE MONTLOUIS. — Prout sto in periculis audentior.
PRUNIER. — Turris mea Deus.
PUY (DU).—Pro Deo et rege me sustinet turris.
PUSIGNAN. — Prospérité!
PUY-DE-CRESSONVILLE (DU).—Pro Deo et Rege me sustinet turris.
PUY-MELGUEIL (DU). — C. E. I. S. E. E. E. (Certando enixè inimicos sanctæ Ecclesiæ, Ecclesia elevat.)
PUY-MONTBRUN. — Vicit leo è tribu Juda.

QUELEN. — En Peb emser Quelen. = QUELEN (duc de la Vauguyon). — Avize, avize.
QUÉRELLES. — Envers et contre tous.
QUILLIMADEC. — Hep remet.
QUINSON. — Suavis suavi.
QUIQUERAN DE BEAUJEU. — *Flandres!* — A tout venant Beaujeu. — Vis contra vim.
QUILLIEN. — Tevel hac ober.
QUIRIT. — *Va ferme à l'assaut, Quirit! à la prise!*

DICTIONNAIRE HÉRALDIQUE.

Rabiers. — *Victoria!*
Rafelis de Broves. — Genus et virtus.
Raigecourt. — Inconcussible.
Raimond-Modène. — Saucias et defendis.
Rais. — *Rais!*
Rambaud. — Et habet sua gaudia luctus.
Rancher. — Celeritas atque fidelitas.
Ranchicourt. — Unguibus et rostro armatus in hostem.
Rasoir. — Usque ad metam.
Ravel. — Valore et prudentiâ fortior.
Raymond. — Are du mon no mudera.
Réaux (des). — Sic fortis ut humanus.
Recourt. — Sic omnia.
Recourt du Sart. — *Aux châtelains!* — Audacter et sincerè.
Refuge. — Victrix innocentia.
Regnauld. — Ardens et æquum.
Reiffenberg. — *Reiffenberg! Reiffenberg!*
Remerville. — Aderit vocatus Apollo. — Meminisse juvabit.
Renard du Serre. — Marte et arte.
Renty. — *Renty!*
Requena. — Veritas vincit.
Restaurant. — Virtus vetat mori.
Rethel. — *Rethel!*
Reymondis. — Ad altiora.
Ribaumont. — *A moi, Ribaumont!*
Ricard. — A la vie, à la mort!
Riccè. — Quæ sunt Cæsaris Cæsari, quæ sunt Dei Deo.
Richard (Bourgogne). — Quo justior eo ditior.
Richard (Bretagne). — Caret Doé, meuli Doé, mori Doé.
Rieux. — A tout heurte Rieux ou A tout heurte bélier, à tout heurte Rieux.
Riqueti-Mirabeau. — Juvat pietas.
Rivarol. — Leo meruit aquilam.
Rivière. — Pour les dieux.
Rivière (la). — Nodos virtute resolvo.
Rivoire. — Nec si cœlum ruat.
Robaulx. — Quocumque ferar.
Robert de Lignerac de Caylus. — Dum spiro, spero.
Robien. — *Rocq Bihan!* — Sans vanité ni faiblesse.
Robin de Barbantane. — Più forte nell' aversita.
Roche (la). — Sublimi feriam sidera vertice.
Roche (la). — Lassus firmius figit pedem.
Rochechouart de Mortemart. — Ante mare undæ.
Roche-Fermoi (la). — Valore et virtute.
Roche-Fontenilles (la). — *Guyenne! Guyenne!*
Rochefort. — Bien fondé Rochefort.
Rochefort (Forez). — Lilia sustinet virtus.
Rochefoucauld (la). — C'est mon plaisir.
Rochelambert (la). — Amour ou guerre. — Ni crainte ni envie. — Vale me Dios.
Rochemore. — Rupibus firmor.
Rochette (la). — Franc et leal.
Rochon de la Peyrouse. — Rochon vaillance.
Rodde (la). — Audaces fortuna juvat.
Rogemont. — *A moi!*

Rohan. — *Plaisance!* — Roi je ne peux, duc je ne veux, Rohan je suis! = Le maréchal de Gié. — A la bonne heure nous prit la pluie.
Rolands (Cantelme des). — Volat fama per orbem.
Rolland. — Nomine magnus, virtute major.
Rosières. — *Grand joie!* — Sine dente rosa.
Rosland. — Fidèle et sincère.
Rosmadec de Guarlo. — Uno avulso non deficit alter.
Rosmadec de Tivarlen. — En bon espoir.
Rospiec. — Fidei et amoris.
Rossel. — Festina lentè.
Rostrenen. — Oultre!
Rothschild. — Concordia, integritas, industria.
Rouillé du Coudray. — Moderatur et urget.
Roure (du). — Ferme en tous temps. — A vetustate robur.
Rous de la Mazelière. — Deo tuta fides.
Rouvroy. — Virtus et umbra.
Rovère. — Force et vertu.
Royer de la Sauvagère (le). — Pro fide et patria.
Roye de Vichen. — Virtus et honor.
Rozen. — Malgré la tour les roses fleuriront.
Rozerot. — Spera quod licet.
Rubempré. — *Rubempré!*
Ruffo-la-Fare. — Vis unita fortior.
Ruolz. — Toujours prêt.
Ruppierre. — Superbia immanes.

Sablon du Corail. — Spes et virtus.
Sabran. — Noli irritare leonem.
Saillans. — Dieu l'a permis. — Virtutis præmium est virtus.
Sailly. — Du plus haut Sailly.
Saint-Belin. — Ex utroque fortis.
Saint-Chamans. — Nil nisi vincit amor.
Sainte-Colombe. — Spes mea Deus.
Saint-Pern. — Fortis et paternus.
Saint-Roman. — Nusquam tremuit.
Saisy. — Qui est Saisy est fort.
Salinis. — Sic sale viresco.
Salis. — Non auro sed virtute.
Salimard de Ressiz. — Labor in armis est nostri testis honoris.
Salm. — Oncques ni jamais.
Salmon du Chastellier. — Franc et sans dol.
Salvaing. — *A Salvaing, le plus Gorgias!* — Que ne ferais-je pour elle! = Denys de Salvaing (premier président de la cour des comptes). — Regi devota Jovique.
Salvaire d'Aleyrac. — Sempre il Re.
Sancerre. — *Notre-Dame Sancerre!*
Sapin. — In altum aspiciam.
Sartiges. — Lilium pro virtute.
Sassenage. — *Sassenage!* — J'en ai la garde du pont! — Si fabula, nobilis illa est. — Sur toutes.
Saucourt. — *Saucourt!*
Saulx-Tavannes. — Semper leo.
Saumery (Johanne, marquis de). — Ami seur.

# DICTIONNAIRE HÉRALDIQUE.

Saveuse. — *Saveuse!*
Savonnières. — Diex vol volt. — Absit mihi gloriari nisi in cruce Domini.
Savoye-Raconis. — Tout net.
Sayve. — Velis quod prosis.
Scarron (Pierre, évêque de Grenoble). — Vis duplex fulget in uno.
Scépeaux. — In spem contra spem.
Schoenborn. — Pro fide et patriâ.
Ségoing. — Pietas homini tutissima virtus.
Séguier. — Indole bonus.
Seimandi de Saint-Gervais. — Une foi, une loi, un Dieu, un roi.
Selles. — *Selles!*
Senecey. — In virtute senesce.
Sénéchal (le) de Kercado-Molac. — Macula sine maculâ.
Sens de Folleville et de Morsan (le). — Fides sanctificavit. — Pro rege et patriâ.
Sermizelles. — Spes et fides.
Serpillon. — Cerf, pie, lion.
Serre. — Bien ergnerez.
Sève. — *Justice!*
Seymour de Constant. — In arduis Constans.
Sèze. — 26 décembre 1792.
Shaw. — Vincit qui patitur.
Sillery de Genlis. — *Au guet! au guet!*
Simiane. — Certamine partâ. — Sustinent lilia turres.
Sinety. — Virtute nitet. — In candore decor.
Solages. — Sol agens.
Solara. — Tel fiert qui ne tue pas.
Souastres. — Non deficient.
Sourdeau de Ramignies. — De Sourdeau hayne aux villains.
Souvert. — Altum petit, ima relinquens.
Soyecourt. — *Soyecourt!*
Spontini de Saint-Androea. Spunto e mai spento.
Saint-Belin. — Ex utroque fortis.
Saint-Georges. — Nititur per ardua virtus.
Saint-Germain. — Perge, age, vince omnem, miles, virtute laborem.
Saint-Hilaire. — Amantes tui ama.
Saint-Martin d'Aglié. — *In armis jura!* — Sans départir.
Sainte-Maure. — *Sainte-Maure!*
Saint-Mauris. — Antique, fier et sans tache. — Crux est signum Christi, lilia sunt Mariæ. — Plus deuil que joie.
Saint-Pont. — Moderata durant.
Saint-Souplis. — Vivre pour mourir et mourir pour vivre.
Saint-Valier. — Qui me alit, extinguit.
Stassart de Corioul. — Semper fidelis.
Suffren (marquis de Saint-Tropez). — Dieu y pourvoira.
Sullivan. — Lamh fois dineoch an nachtar.
Surgères. — Post tenebras spero lucem.
Surirey de Saint-Remy. — Pietà, Fedeltà.
Sutton. — Toujours prêt.

Taffin. — Pense à ta fin.

Taillard ou Taillefer. — Frangas non flectes.
Taillefer. — Non quod sed ubi.
Talleyrand-Périgord. — Re que Diou.
Tallia. — Cœlestia cum terrestribus.
Tancques. — *Tancques! Tancques!*
Tartereau de Berthemont. — Infractus et fidelis.
Tauriac. — Nil timet.
Tellier de Souvré (le), marquis de Louvois. Melius frangi quam flecti. == Le ministre. — Ut te soli explicit uni.
Texier d'Hautefeuille. — Splendor honoris, virtuti fidelitas.
Thepault. — Dieu sur le tout.
Theys. — De tout me tais.
Thézan. — Pro aris et focis.
Thezut. — Quod sis esse velis.
Triennes. — Tienne, quoi qu'advienne.
Thierry. — Fortitudo mea Deus.
Thomas. — Non est mortale quod opto. == Jacques Thomas de Varennes. — Crescat flos debitus astris.
Thomas de la Valette. — Godefridus mihi dedit.
Thou. — Ut prosint aliis.
Tillet (du). — Nil parum, nil nimis.
Tillia. — Cœlestia cum terrestribus.
Tilly. — Nostro sanguine tinctum.
Tisserand. — En travail, repos.
Tivollier. — Si tu manques à l'honneur!...
Tixier-Damas. — Premi potui, sed non depremi.
Tonnelier de Breteuil (le). — Nec pœnâ nec metu.
Toquet. — Speravi et spero.
Torchefelon. — Optima fata dant animum.
Torigny. — Brevior at clarior.
Tour (du). — *La pucelle!*
Tour du Pin (la). — Courage et loyauté. — Turris fortitudo mea.
Tour (Henri de la), duc de Bouillon. — Dant adversa decus.
Tournemine. — Aultre n'auray.
Tournemouche. — Plus mellis quàm mellis.
Tournon. — *Au plus dru!* — Potentiâ et virtute.
Tour-Taxis (la). — Perpetuâ fide.
Toustain de Richebourg. — *Toustain!* — Tous teints de sang.
Toutenoutre. — *Tout en outre!* — Tout passe.
Traille. — Discrimine salus.
Tramecourt. — Virtus et nobilitas.
Tremolet de Montpezat. — Cygnus aut victoria ludit in undis.
Trémouille (la). — *La Trémouille!* — Sans sortir de l'ornière. == La Trémouille (Jean de). — Ne m'oubliez.
Trevoux. — Pa garro doué.
Trimond de Puymichel. — In hoc signo vinces.
Trinquere. — Ut morus.
Trogoff. — Tout du tout.
Tronson. — Virtuti non divitiis.

TUBŒUF. — Visu et nisu. — Levat non abripit aura.
TURPIN DE CRISSÉ. — Vici victurus vivo.

URRE. — En tous lieux et à toute heure.
URSINS (DES). — Sauciat et defendit.

VACHÉ (DU). — Pax in virtute. = VACHÉ DE SALUCES. — Di Giove amata assai.
VACHON. — Solerti simplicitati.
VAL DE BONNEVAL (DU.) — Dei gratiâ et avito jure.
VAL DE BEAULIEU (DU). — Fidelitate. = DU VAL DE BLAREGNIES. — Même devise.
VALETTE (LA).—Plus quàm valor, Valete valet. = LOUIS DE LA VALETTE (duc d'Épernon).— Clarius in adversis.
VALLIER. — Sic Vallier.
VALPERGUE. — Ferme-toi.
VANÇAY. — La vertu, en nous, a l'âge devancé.
VARAIGNE. — *Deo juvante!* — Nulli cedo.
VARAX. — *Varax !*
VARENARD DE BILLY. — Sans tromperie.
VASSAN. — Virtus vulnere virescit.
VASSY. — *Chastillon!* — Nodos virtute resolvo.
VAUDENAY. — *Au bruit!*
VAUDREY.— A tout Vaudray.— J'ai valu, vaux et vaudray. = VAUDREY-SAINT-PHALE. — Même devise.
VAVASSEUR (LE), seigneur d'Hiéville et de Gerisy. — Fortis et prudens.
VAVER (LE). — Omnibus carus.
VAYLAC D'EUDEVILLE. — Robur et lenitas.
VEDEAU DE GRANDMONT. — Ex humilitate cordis pergam ad astra.
VERDIER (du). — Invicto fulmine crescet.
VERGIER DE LA ROCHEJAQUELEIN (DU).— *Vendée! Bordeaux! Vendée!*
VERGY. — *Vergy-Notre-Dame!* — Sans varier.
VERNE (LA). — Vernum tempus.
VERTHAMON. — Fais que dois, advienne que pourra.
VIARD. — Vivit et ARDet.
VIAS. — Vias tuas, Domine, demonstra mihi.
VIDART. — Aux Maures.
VIENNE (DE). — Tout bien à Vienne. — Tôt ou tard Vienne. — A bien Vienne.
VIESSE DE MARMONT. — Patriæ totus et ubique.
VIGNEROT (DU PLESSIS DE RICHELIEU). = RICHELIEU (le cardinal DE).—Non deserit alta. = RICHELIEU (le maréchal DE).— Arda para subir.
VIGNIER DE RICEY. — Tunc satiabor.
VIGNOD. — Sûreté et confiance.
VILLAINES DE SAINT-AUBIN. — Dum spiro, spero.
VILLE DE FERROLLES (LA). — Tiens ta foi.
VILLEGAS DE CLERCAMP. — Vilia ne legas.

VILLÈLE. — Tout vient à point à qui sait attendre.
VILLEMUR. — Dum clavum teneam.
VILLENEUVE. (Provence.) — *A tout !* — Per hæc regnum et imperium. — Libéralité.
VILLENEUVE. — Sicut sol emicat ensis.
VILLENOIR. — *A la belle!*
VILLEQUIER (AUMONT DE). — Uni militat astro.
VILLERASE DE CASTELNAU. — Non mihi, sed Deo.
VILLEROY (le marquis DE). — Nec sine gloria cadet.
VILLERS. — *Villers!*
VILLIERS DE LISLE-ADAM. — Va · ultre.
VINCENT-PHELIPE. — Je me contente.
VINCENT-SAVOILHANS. — Ainsi le veux.
VINCENT (Dauphiné). — Omnia virtuti cedunt.
VINCENT (Picardie). — Gloria, palma, cedrus, gloria, fama, decus.
VINDÉ (MOREL DE). — Nescit labi virtus.
VINTIMILLE. — Præ millibus unus. — Nec me fulgura.
VIRIEU. — Virescit virtus et sine fine.
VIROT. — Virtus vulnere viret.
VIRY. — A virtute viri.
VISSEC DE LA TUDE DE GANGES. — Sistor, non Sistor.
VITON DE SAINT-ALLAIS. — Semper fuerunt, semper.
VIVIER DE FAY-SOLIGNAC (DU). — Nihil, nisi divinum timere.
VIVONNE. — Tua munera jacto. — Ultra non miro.
VOGUÉ DE MONTLOR. — Solâ vel voce leones terreo. — Vigilantia.
VOISINS DE CUXAC. — Pro fide.
VOYER D'ARGENSON (LE). — Major famâ. — Vis et prudentia vincunt.
VRIÈRE. — Regi et patriæ.
VULSON DE LA COLOMBIÈRE. — Pour bien faire. — Uno avulso non deficit alter. — In utrumque paratus.
VYAU. — Amicis inimicis promptus.

WALL. — Aut Cæsar aut Nullus.
WAROQUIER. — *Hersin!* — A jamais Waroquier. — Dux Burgundiæ 1340 mihi dedit.
WAVRIN D'HELISSARD. — *Wavrin! Wavrin!* — Moins que le pas.
WEISS-ALBI. — Altior adversis. — Patria in cœlo.
WIGNACOURT. — *Quieret !* — Durum patientiâ frango.
WILLOT DE BEAUCHEMIN. — Is mihi pro aris et rege animus.
YOUNG (baronet). — Press through.
YSEBRAND DE LENDONCQ. — Per mare, per terras.
YSEMBART DE WREICHEM. — Fortitudine et temperantiâ.
YSUARD. — Les vaut trop mieux.

**DEXTRE.** — Côté droit de l'écu. L'écu représente la cotte d'armes ou le bouclier sur lequel étaient peintes les armoiries ; d'où il résulte que le côté droit du chevalier est le côté gauche de celui qui lui fait face, et qu'ainsi, l'écu doit être blasonné, non par rapport à la personne qui le regarde, mais par rapport à celui qui le porte : de là vient que l'on dit *dextre* pour la partie gauche de l'armoirie, et *sénestre* pour la partie droite.
*Voy.* DE SAYN-WITTGENSTEIN, 913.

**DEXTROCHÈRE.** — Bras droit représenté nu, armé ou paré, tenant un badelaire, une épée ou toute autre pièce ; il paraît dans l'écu mouvant du flanc sénestre, ce qui alors ne s'exprime pas, à moins que ce ne soit de l'un des angles, cas très rare. Quand le *dextrochère* est armé ou paré, il faut le spécifier en blasonnant. Ce terme vient du mot latin *dextrocherius*, qui a signifié un bracelet que les chevaliers et les dames portaient anciennement au poignet droit. Il est l'opposé du mot *sénestrochère*. (Voir ce mot.)

Lorsqu'ils sont armés, ils sont honorablement admis en armoiries, et conviennent alors aux guerriers renommés par leur courage.
*Voy.* DE SAMATAN, 148. —BONNEAU DE SAINTE-MESME, 477.

**DIABLE.** — Il ne figure guère sur les armoiries que comme emblème parlant, et encore l'exemple que nous pourrions citer appartient au blason allemand.

**DIADÉMÉ.** — Se dit de l'aigle dont la tête est entourée d'un cercle.

**DIAPRÉ.** — Se dit de la damasquinure tracée sur les pièces ou sur l'écu et se trouve principalement sur les écus des Allemands et autres peuples du Nord.
Ce mot est appliqué aussi aux ailes du papillon, mais le mot *miraillé* convient mieux.
*Voy.* DE HOUDETOT, 1285.

**DIFFAMÉ.** — Se dit du lion lorsqu'il n'a pas de queue.

**DIVISE.** — La *divise* est une fasce diminuée qui se place toujours seule sur l'écu ; elle est environ de la moitié de la fasce ordinaire ; plus petite, on la nomme *trangle*. On ne la place pas toujours au milieu de l'écu ; elle est quelquefois haussée ou abaissée, et il faut alors spécifier sa position, à moins que la nature des pièces qui l'accompagnent ne la fasse comprendre suffisamment.
*Voy.* DU PORT DE PONTCHARRA, 129. — DE BERNARDY, 455. — DE TRAVERSE, 959.

**DOLOIRE.** — Petite hache dont on se servait à la chasse pour dépecer les animaux, et dont le manche n'est pas très apparent. Ce terme vient du mot latin *dolabra*, qui signifie un couteau dont les sacrificateurs se servaient pour démembrer ou découper leurs victimes.
*Voy.* BERNES DE LA COMTÉE, 1286.

**DONJONNÉ.** — Se dit des tours ou châteaux qui ont des tourelles ou donjons.
*Voy.* D'ORNANO, 351. — GRZYMATA DE BICGANOW, 667.

**DORMANT.** — Se dit de tout animal posé dans l'attitude du sommeil.

**DOUBLET.** — Petit moucheron montrant ses doubles ailes et posé de profil, ce qui est contraire à la position ordinaire des autres insectes, qui sont toujours représentés de face et vus de dos.
*Voy.* DOUBLET DE PERSAN, 71.

**DRAGON.** — Animal fabuleux que nous avons compris dans la nomenclature des *animaux chimériques*. Il est représenté avec la tête et les pattes de l'aigle, le corps et la queue du serpent et les ailes de la chauve-souris. La langue et l'extrémité de la queue sont en forme de dard.
*Voy.* DE VILLEERESME, 77 et 981.—BORGHÈSE, 222. — CARITAT DE CONDORCET, 521.

**DRAGONNÉ.** — Se dit du lion dont le corps se termine en queue de dragon.
*Voy.* DE BRETIGNY, 1287.

**DU CHAMP.** — Nous avons déjà fait remarquer au mot *champ* qu'on disait qu'une pièce était *du champ*, afin d'éviter la répétition d'un émail déjà nommé. Ainsi on dit : d'argent, à un chef de gueules, chargé de trois étoiles *du champ*, pour ne pas répéter le mot *argent*, exprimé en premier, et qui est l'émail du champ.

**DU MÊME** ou **DE MÊME.** — On se sert de cette expression pour éviter la répétition de l'émail nommé le dernier.
*Voy.* MACÉ DE GASTINES, 332. — DURY, 609. — DE FOS, 630.

**AU.** — Voir *Elément.*

**ÉBRANCHÉ.** — Se dit d'un arbre dont on a coupé les branches et dont les écots seuls paraissent.

*Voy.* DE BRENDLÉ, 1288.

**ÉCAILLE.** — Se dit des poissons dont les écailles nécessitent une distinction d'émail.

**ÉCART, ÉCARTELER, ÉCARTELURE.** — Chaque partie de l'écu divisé en quatre par une ligne perpendiculaire et une ligne horizontale, s'appelle *écart*, et mieux *écartelure;* écarteler est donc l'action de diviser l'écu en quatre parties.

**ÉCARTELÉ.** — Lorsque l'écu est parti et coupé, c'est-à-dire quand il est partagé en quatre parties égales par un trait vertical partant du milieu du chef et allant à la pointe, et par un autre trait horizontal partant du milieu d'un des flancs pour aller joindre l'autre flanc, on dit que l'écu est *écartelé.*

On peut écarteler l'écu d'une autre manière encore, et c'est ce que nous indiquerons au mot *écartelé en sautoir.*

Si le 1er quartier est pareil au 4e, et le 2e au 3e, on dit simplement *de...*, *écartelé de...*

Mais si tous les quartiers ou plusieurs quartiers sont différents, il est nécessaire de les détailler séparément.

Les écus écartelés sont généralement composés des armes de plusieurs familles réunies par des alliances; néanmoins, cette règle n'est pas sans exception, et plusieurs honorables maisons ont eu, dès leur origine, des armes écartelées.

Les écartelures proviennent encore de l'extinction de telle famille dans telle autre; de concessions ou de conventions testamentaires ou matrimoniales, et d'autres cas qu'il serait trop long d'énumérer.

Lorsque l'écu réunit des armoiries d'alliance, les armes de la famille se mettent au 1er quartier si les quatre quartiers sont différents; et aux 1er et 4e quartiers, s'il n'y a qu'une ou deux alliances rappelées dans l'écu.

*Voy.* DE DURFORT, 72. — DE GUYNEMER, 81. JOURDA DE VAUX, 91. — DE LA SAIGNE DE SAINT-GEORGES, 183. — DE CANDOLLE, 257. — D'ARMAGNAC, 416. — DE CREVANT, 593. — DE GAILLARD DE FERRÉ D'AUBERVILLE, 639. — D'OSTROG, 822. — HÉNISSART, 85. — DE MAGNY, 294.

**ÉCARTELÉ (CONTRE-).** — L'écartelé ordinaire est de quatre quartiers; lorsque l'un de ces quartiers est subdivisé en quatre, il est dit alors *contre-écartelé.*

*Voy.* TONDUTI DE LA BALMONDIÈRE, 175. — DE COSKARE, 583.

**ÉCARTELÉ EN SAUTOIR.** — Si l'écu, au lieu d'être divisé en quatre parties égales par un trait vertical et par un trait horizontal, est divisé en quatre parties par deux traits dont l'un part de l'angle droit du chef pour aller à l'angle gauche de la pointe, et l'autre, de l'angle gauche du chef pour aller à l'angle droit de la pointe; si, en un mot, l'écu est *tranché* et *taillé*, il est dit alors : *écartelé en sautoir*, parce qu'en effet les traits qui le divisent représentent un sautoir.

Chaque quartier de cette écartelure a la forme d'un triangle; pour l'écartelé ordinaire, chaque quartier forme un carré.

L'*écartelé en sautoir* se blasonne d'après les règles établies pour l'écartelé ordinaire; bien moins en usage que l'écartelé ordinaire, il paraît être primitif et ne pas se composer de quartiers d'alliance.

*Voy.* GRAZIANI, 80. — DE GUIDI, 245.

**ÉCHIQUETÉ.** — Se dit de l'écu représenté en forme d'*échiquier*, c'est-à-dire composé de carrés alternativement de métal et de couleur, comme la table sur laquelle on joue aux échecs.

Les chefs, pals, bandes, fasces, chevrons, croix et sautoirs peuvent être échiquetés; quelquefois même les pièces honorables, telles que les lions et les aigles, sont *échiquetées;* mais ce cas se produit plutôt en Espagne et en Italie qu'en France.

La figure de l'*échiqueté* peut représenter une armée en bataille rangée, dont les carrés forment les bataillons et les escadrons, et être ainsi appliquée symboliquement aux événements de la guerre; ce genre d'armoiries peut donc convenir à ceux qui ont commandé ou servi dans quelque bataille importante.

L'écu *échiqueté* doit avoir au moins 20 carrés ; quand il n'en a que 15, ce qui est rare, on dit *quinze points d'échiquier ;* s'il n'en a que 9, il est dit *équipolé.* (Voir ce mot.)

Les pièces honorables qui sont *échiquetées* doivent l'être de deux tires (ou traits) au moins, sinon elles seraient dites alors *componées*. (Voir ce mot.)

Pour blasonner l'*échiqueté* et différencier ses émaux, il faut commencer par le carré qui forme l'angle droit du chef.

*Voy.* DE DIGOINE DU PALAIS, 70.—DE DURAT, 608, — DE FOURNOUX, 633. — DE SACHY, 900.

**ÉCIMÉ.** — S'applique au chevron dont la pointe est coupée horizontalement.

*Voy.* DE LA ROCHEFOUCAULD, 882.

**ÉCLATÉ.** — Se dit des lances, bâtons et chevrons brisés. Pour le chevron, le mot *brisé* vaut mieux.

**ÉCORCHÉ.** — Se dit quelquefois des animaux qui sont de gueules. Cette expression n'a guère été employée que par les auteurs anciens.

**ÉCOT.** — Tronc, branche ou bâton noueux dont les menues branches ont été coupées et dont les nœuds seuls paraissent. C'est le synonyme de *Chicot*. Il faut spécifier la position de l'écot, soit en pal, bande, fasce, etc.

*Voy.* D'ALFARO, 5. — BLONDY DE LA CROIX, 467.

**ÉCOTÉ.**—Même signification que *ébranché*, quoique *ébranché* s'applique plus spécialement à l'arbre lui-même, tandis qu'*écoté* s'applique mieux à la branche ou au tronc.

*Voy.* DE BASSECOURT, 27. — DE LA SALLE, 906.

**ÉCREVISSES.** — Les écrevisses sont toujours vues de dos, posées en pal et la tête vers le haut de l'écu ; s'il en est autrement, il faut le spécifier.

Les écrevisses peuvent symboliser le droit de propriété sur un cours d'eau ; elles ne sont pas d'un usage fréquent en armoiries.

*Voy.* BOUCHER DE MILLY, 1289.

**ÉCU.** — L'écu ou bouclier est une arme défensive d'une telle antiquité et d'un usage si général qu'on l'a trouvé, comme l'arc, chez les nations les plus anciennes et chez les peuplades les plus éloignées de toute forme ou organisation sociale.

En armoiries, l'écu représente le fond ou le champ du bouclier, de la cotte d'armes, de la bannière ou du pavillon sur lesquels on émaillait ou brodait les pièces et figures qui composent les armoiries.

Chaque nation a une forme d'écu qui la distingue :

En France, c'est un carré un peu long, arrondi aux angles inférieurs et se terminant en pointe en forme d'accolade. Pour les demoiselles, il a la forme d'une losange ;

En Portugal, en Espagne et en Flandre, l'écu est entièrement arrondi par le bas ;

En Italie, il est ovale, ou affecte des formes arrondies à tous les angles ;

En Angleterre, il ressemble à l'écu français, sauf les angles du chef qui font saillie ;

En Allemagne, l'écu a conservé sa forme primitive, avec l'échancrure, tel qu'on le portait aux tournois.

Nous avons dit au mot *dextre* que l'écu devait être blasonné d'après la position qu'il occupe sur celui qui le porte et non d'après celle qu'il a pour celui qui le regarde, et que c'est ainsi, pour ce dernier, que le côté qui lui paraissait sénestre était dextre, et que celui qui lui paraissait dextre était sénestre.

L'écu figure comme meuble dans les armoiries. S'il représente l'arme défensive, *le bouclier*, il prend alors ce nom et se blasonne suivant son nombre, son émail et sa position. On l'appelle aussi *targe*. L'écu est alors pris comme symbole d'une noblesse militaire.

S'il représente l'*écu armorial*, il est dit alors *écusson*, et nous renvoyons à ce mot pour plus ample explication.

*Voy.* LE COUVREUR, 1290.

**ÉCUREUIL.** — Animal plus petit que la fouine, qu'on distingue dans le blason en figurant sa queue plus grosse que le corps.

L'écureuil n'est pas d'un usage très général en armoiries. L'exemple le plus connu est celui des armes de Fouquet, le célèbre et malheureux surintendant, avec cette devise : *Quo non ascendam!*

L'écureuil se représente *rampant*, la queue relevée sur le dos.

*Voy.* GEORGIN DE MARDIGNY, 368.

**ÉCUSSON.** — Nous avons dit que lorsque l'écu était employé comme meuble et représentait l'écu armorial, il était appelé *écusson*. C'est presque toujours une concession d'un souverain.

Il figure généralement en cœur, ou en abîme ; plus rarement il est mis en nombre. On suit, pour le blasonner, les règles ordinaires.
*Voy.* DE COETLOGON, 569. — DE MATHEFELON, 768. — DE MONTIGNY, 788. — NARBONNE-PELET, 808.

**EFFARÉ.** — Se dit du cheval et de l'âne qui se cabrent. *Cabré* vaut mieux pour le cheval.

**EFFAROUCHÉ.** — Se dit du taureau, du bœuf ou du chat, quand ils sont dans la position de *rampant*. Quelques-uns disent *effrayé* ou *furieux*; ces deux termes sont synonymes.
*Voy.* BERTIER, 1291.

**EFFEUILLÉ.** — Se dit de l'arbre sans feuilles, qu'on appelle aussi *arbre sec*.

**EFFRAYÉ.** — Synonyme de *effaré, effarouché,* ou *furieux*.

**ÉLANCÉ.** — Se dit du cerf courant.
*Voy.* DE BUISSY, 504. — CHATEAUNEUF, 547.

**ÉLÉMENTS.** — Les éléments sont au nombre des figures naturelles, et sont plus généralement des accessoires que des pièces principales de l'écu.
Le *ciel* n'est guère représenté que par les nuées et l'*arc-en-ciel*;
La *terre*, par les montagnes ou les terrasses ;
Le *feu*, par les flammes sortant des flambeaux, du charbon, des bombes, du bûcher de la Salamandre ou de celui du Phénix, ou bien encore de toute autre pièce à laquelle il se lie pour former une allégorie, ainsi qu'on le voit quelquefois aux cœurs enflammés ;
L'*eau* enfin, naturellement placée au bas de l'écu, sert le plus souvent à supporter un vaisseau ou un animal aquatique, à moins que, comme dans les armes de Tranchemer, elle ne contribue à la formation d'armoiries parlantes ;
Le *vent*, qui prend le nom d'*aquilon*, est représenté par la figure d'un enfant aux joues gonflées qui laisse échapper son souffle.
*Voy.* DUREAU, 293. — DE DURBAN, 295. — CLARET, 1292. — DE LAUNAY, 1292.

**ÉMAIL, ÉMAUX.** — On donne ce nom à toutes les couleurs employées dans les armoiries, parce qu'autrefois on les peignait en émail sur les armes, les vases d'or et les meubles précieux. Les hérauts portaient des plaques *émaillées* aux couleurs de leur prince, d'où est venu le mot *émail* pour désigner les teintes des armoiries.

Le mot *émail* vient du latin *maltum* et *smaltum*, d'où les Italiens ont fait *esmalte* et les Espagnols *smalto*.

Sous ce nom d'émaux, on comprend :

Deux métaux (1) : l'or et l'argent ;

(1) L'or, l'argent, le rouge, le bleu, le vert et le noir ont été employés de tout temps comme marques de distinction dans les armées. On en peignait les boucliers des soldats et les drapeaux de guerre. Les quatre factions du Cirque, qui furent l'origine des tournois, se distinguaient entre elles par le blanc, le rouge, le bleu et le vert. On y ajouta l'or pour les armes des princes et des capitaines, le noir comme signe de deuil, et ces six couleurs, d'abord seules employées en armoiries, reçurent le nom d'émaux.

Les Français sont les seuls qui se soient servis de termes particuliers pour désigner les émaux du blason. Les Anglais, qui ont occupé pendant si longtemps une grande partie de la France, les ont imités en cela, mais les autres nations n'employèrent jamais les expressions ordinaires, à l'exception toutefois du mot *azur*, qu'on rencontre assez souvent chez les Italiens et les Espagnols.

En France, les deux termes les plus anciens sont *azur* et *gueules*; on les trouve souvent employés dans le récit du Tournoi de Clamecy, qui est de 1285.

Comme aux assemblées publiques et dans les événements de la guerre, les seigneurs et chevaliers étaient reconnus par la cotte d'armes, lorsqu'on venait parler d'eux, ou qu'on voulait les faire connaître par quelques marques extérieures, on se contentait de dire : il porte la cotte d'armes, d'argent, de gueules, de sinople, de gris, d'hermine ou de vair; ou, en termes plus courts, il porte : d'or, de gueules, etc.; le mot de cotte d'armes étant sous-entendu. Il s'en est suivi que, pour blasonner les armes d'un gentilhomme, nous disons encore aujourd'hui, il porte : d'or, d'argent, à une telle pièce. Mais comme ces marques ne suffisaient pas pour se faire reconnaître ou distinguer dans les assemblées solennelles, ou dans les armées, où tous les seigneurs étaient revêtus de cottes d'armes de drap d'or et d'argent, ou de riches fourrures, ils s'avisèrent dans la suite de les diversifier en découpant les draps d'or et d'argent, et les peaux dont ils étaient revêtus par dessus leurs armes ou leurs habits, en diverses figures de différentes couleurs; en observant toutefois cette règle, qu'ils ne mettaient jamais peaux sur peaux, ni le drap d'or sur le drap d'or, cela ne produisant aucun relief, et mêlant toujours, au contraire, les draps avec les pennes.

Il est arrivé ensuite que les chevaliers ont fait empreindre dans leurs écus, non-seulement la couleur des draps d'or et d'argent, et des pennes qu'ils portaient en leurs cottes d'armes, mais en-

Cinq couleurs : *gueules, azur, sinople, sable* et *pourpre*, et deux fourrures : *hermine* et *vair*. Ces deux fourrures se subdivisent en *herminé*, et *contre-hermine*, en *vairé* et *contre-vair* ; nous expliquerons chacun de ces mots à leur place respective.

**ÉMANCHÉ.** — Qu'il ne faut pas confondre avec *emmanché* (Voir ce mot).

L'*émanché* se compose de pièces de deux émaux différents, s'enclavant les unes dans les autres en forme de triangles pyramidaux, de manière à laisser un tiers de l'écu pour chacune des parties pleines, et le dernier tiers, celui du milieu, pour les parties émanchées.

L'*émanché* se figure coupé, parti, tranché ou taillé.

Quelques pièces de l'écu peuvent être émanchées ; le chef entr'autres.

*Voy.* DE CLEUX, 566. — DE MONESTAY-CHAZERON, 781.

**EMBOUCHÉ.** — De même qu'*enguiché*, se dit des embouchures des huchets, cors et trompettes, lorsqu'elles sont d'un émail différent.

*Voy.* DE NESMOND, 1294.

**EMBOUTÉ.** — Se dit des marteaux, des instruments de chasse, de toute pièce, enfin, dont les bouts sont garnis de cercles d'un émail différent.

**EMBRASSÉ.** — Remplace le mot *chappé* lorsque celui-ci est mouvant de l'un des flancs de l'écu, tandis que le *chappé* part de la pointe. Il faut avoir soin de spécifier si l'*embrassé* l'est à dextre ou à sénestre.

*Voy.* DOMANTS, 1295.

core la figure de ces découpures, dont ils ont formé les bandes, les jumelles, les fasces, les sautoirs, les chefs et autres pièces. Quelquefois aussi ils ont parsemé leurs cottes d'armes des figures, soit d'animaux terrestres, soit d'oiseaux ou animaux semblables, qu'ils ont depuis empreintes dans leurs écus, ou bien il les ont empruntées de leurs écus pour en parsemer leurs cottes d'armes, étant constant que les boucliers ont eu, dès la grande antiquité, de semblables empreintes. Quelquefois aussi, entre ceux qui diversifiaient ainsi leurs cottes d'armes, il s'en est trouvé qui n'ont pas voulu les charger d'aucunes pièces, mais se sont contentés de les porter toutes simples, sans découpure, et de conserver dans leurs écus la même couleur qu'ils portaient en leurs cottes d'armes. (Grandmaison, *Dictionnaire héraldique*, p. 282.)

**EMMANCHÉ.** — S'applique aux haches, faux, marteaux, etc., qui ont un manche d'émail différent.

*Voy.* DE ROYE DE WICHEN, 273.

**EMMUSELÉ.** — Se dit des animaux qui ont une muselière.

**EMPENNÉ.** — Se dit des plumes qui garnissent les flèches et les javelots, quand ces plumes sont d'un émail différent.

*Voy.* ARC, 1296.

**EMPIÉTANT.** — Indique l'action de l'oiseau tenant sa proie dans ses serres. Ainsi, l'aigle impérial de France empiète un foudre.

*Voy.* FRANCE (Empire de), 1297.

**EMPOIGNÉ.** — Se dit des flèches posées en pal et sautoir, réunies à leur centre, et aussi de toutes autres pièces longues telles que javelots, épées placées dans la position sus indiquée.

*Voy.* DE MILHAU, 343.

**ENCHAUSSÉ.** — De même que *Chaussé*.

**ENCLAVÉ.** — Se dit quand l'écu est parti ou coupé, tranché ou taillé, et que l'une des partitions pénètre ou s'enclave dans l'autre par une échancrure ordinairement de forme carrée. Ce genre d'armoiries n'est guère d'usage qu'en Allemagne.

**ENCLOS.** — Se dit d'une pièce entourée d'un *trescheur*.

**ENCOCHÉ.** — Se dit du trait, de la flèche posée sur la corde de l'arc.

(Voir les Armes d'ARC données pour exemple au mot *Empenné*, 1296.)

**EN CŒUR.** — Signifie placé au centre de l'écu.

**ENDENCHÉ.** — Pour *denché*. (Voir ce mot.)

**ENDENTÉ.** — Se dit de toute pièce couverte de longues dents en forme de triangles allongés, alternés d'émaux différents.

*Voy.* DE VALLIER DE BY, 227. — AUTIER DE VILLEMONTÉE, 428. — LE LIEUR DE VILLE-SUR-ARCE, 734.

**ENFILÉ.** — Se dit des couronnes ou des annelets passés dans une pièce longue.
*Voy.* FAURE DE SAINT-SYLVESTRE, 1298.

**ENFLAMMÉ.** — Se dit de toute pièce, et principalement des cœurs, lorsqu'il en sort des flammes.

**EN FORME.** — Se dit du lièvre au repos.

**ENGLANTÉ.** — Se dit du chêne quand il est figuré avec des glands.
*Voy.* RUTHIE, 895. — DE LA BROUSSE DE VERTEILLAC, 253.

**ENGOULÉ.** — Se dit des pièces dont les extrémités sont dans la gueule des animaux.
*Voy.* DU PUY, 1299.

**ENGRÊLÉ.** — L'*engrêlé* diffère du *dentelé* en ce que l'intervalle existant entre ses pointes est arrondi, tandis que celui qui est entre les pointes du *dentelé* est à angle droit, comme les dents de la scie.
Ce mot s'applique également à toutes les pièces honorables ordinaires.
*Voy.* DE MONTIGNY (bande), 108. — DE L'ARBALESTRIER (sautoir), 415. — DE TAULIGNAN (croix), 940.

**ENGUICHÉ.** — De même qu'*embouché*.
*Voy.* BERNARD DE LA VERNETTE, 205.

**ENHENDÉ.** — Dont le pied est refendu. Ce mot s'applique principalement à la croix; la croix *enhendée* est une variété de la croix *fourchée*: cette dernière n'est fendue qu'à deux pointes à chacune de ses extrémités, tandis que la *croix enhendée* étant refendue, offre trois pointes à chacune de ses extrémités.
*Voy.* LA ROCHE-CHEMERAULT, 1300.

**ENQUERRE (A).** — On ne doit jamais, sur un écu, poser métal sur métal, ni couleur sur couleur. Les cas exceptionnels sont très rares et se disent *à enquerre* (à s'enquérir), parce qu'il doit y avoir un motif à cette dérogation aux règles absolues du blason.
Les armes des rois de Jérusalem peuvent être citées comme l'exemple le plus remarquable de cette infraction. Lors de la prise de cette ville, en 1099, par Godefroy de Bouillon, l'établissement d'un royaume chrétien dans la ville sainte, arrachée aux mains des infidèles par la valeur des croisés, l'éclat et la difficulté de cette conquête, tout devait contribuer à faire rechercher des signes distinctifs qui en perpétuassent le souvenir. Aussi, les armes de ce nouveau royaume furent établies de manière à ce que l'on *s'enquît* des motifs qui les avaient fait adopter.
Jérusalem porte:
D'*argent*, à la croix potencée d'*or* (métal sur métal), cantonnées de quatre croisettes du même.

**EN REPOS.** — Se dit des animaux couchés.

**ENSANGLANTÉ.** — Se dit du pélican et des animaux dont le sang coule.
*Voy.* KROSNOWSKI, 708.

**ENTÉ EN POINTE,** *ou* **POINTE ENTÉE.** — Se dit d'une entaille faite au bas de l'écu par deux traits concaves partant du centre pour gagner les angles de la pointe: c'est un chevron plein dont les côtés sont recourbés en dedans. Il ne doit avoir en hauteur que le tiers au plus de l'écu.
*Voy.* SAINT-BLAISE DE BRUGNY, 1301.

**ENTÉ-NÉBULÉ.** — (Voir *Nébulé*.)

**ENTRAVAILLÉ.** — Se dit des oiseaux éployés qui ont un bâton passé entre les ailes et les pattes.

**ENTRELACÉ.** — Se dit des anneaux, des triangles, etc., passés les uns dans les autres.

**ENTRETENU.** — Se dit des clefs qui se tiennent par les anneaux.

**ÉPANOUI.** — Se dit des fleurs, et surtout de la fleur de lis, dont le fleuron supérieur est ouvert et qui a des boutons entre les fleurons des côtés, comme dans les armes de la ville de Florence.

**ÉPÉE.** — Parmi les armes défensives et offensives, l'épée tient le premier rang : c'est elle qui arme le bras des guerriers et qui contribue le plus à leurs exploits; c'est le signe du commandement; c'est encore la dépouille d'un ennemi vaincu et le signe du triomphe. A tous ces titres, l'épée doit convenir particulièrement à la noblesse militaire, et être regardée comme un témoignage de la valeur des ancêtres.

L'épée se représente ordinairement en pal, la pointe en haut; on ne doit exprimer sa position que si elle est différente. On la dit *garnie* lorsque la poignée est d'un émail différent. L'épée est toujours représentée nue, et, si elle était dans le fourreau, ce serait une dérogation à la règle qu'il faudrait spécifier.

*Voy.* Lannes de Montebello, 93. — du Liége, 94. — Ferrand, 623.

**ÉPERON.** — Meuble de l'écu qui représente l'éperon du chevalier. L'éperon se représente rarement entier; il est remplacé par les *molettes*. (Voir ce mot.) Il a plusieurs parties distinctes : la pièce en métal, la courroie en cuir et la boucle.

**ÉPERVIER.** — Oiseau de proie dont on se servait anciennement pour la chasse. Nous renvoyons à l'article *Faucon* pour les différents termes applicables à cet oiseau.

*Voy.* de la Cour, 1302.

**ÉPI.** — Meuble de l'écu qui représente un épi de blé, d'orge ou de mil. Les épis et les gerbes sont admis en armoiries comme symbolisant la possession de terres fertiles en grains, et l'abondance des moissons.

*Voy.* de Samatan, 148. — Henrys, 318. — de Heurtault, 687. — de Panisse, 826.

**ÉPIEU.** — Meuble d'armoiries qui représente une sorte de hallebarde dont le bout supérieur est garni d'un fer large et pointu dont on se servait autrefois à la chasse du sanglier.

Langlois, en Normandie : *de gueules à trois épieux d'argent.*

**ÉPLOYÉ.** — Se dit des oiseaux dont les ailes sont étendues.

*Voy.* de Jouy, 698. — de Nollent, 815.

**ÉQUERRE.** — Voir *Escarre*.

**ÉQUIPÉ.** — Se dit du vaisseau qui a tous ses agrès.

**ÉQUIPOLÉ.** — Égal et mis en rang, compassé en échiquier. Se dit quand un écu est rempli de neuf carrés égaux, et que ceux des quatre coins et celui du centre sont d'un émail, et les autres d'un autre émail. Ces carrés se nomment *points*, et l'on peut dire également en blasonnant l'écu : *Neuf points équipolés.*

*Voy.* de Saint-Roman, 193. — de Lullin, 747. — de Rabutin, 867.

**ESCARBOUCLE (RAIS D').** — Espèce de roue sans jantes, dont le moyeu est une pierre précieuse, et dont les huit rayons sont pommelés au centre et fleuronnés ou fleurdelisés aux extrémités.

*Voy.* Saint-Martial, 1303.

**ESCARGOT.** — Voir *Limaçon*.

**ESCARRE.** — Espèce de bordure qui ferme et termine un quartier des deux côtés intérieurs de l'écu. C'est une équerre.

*Voy.* Thomassin de Saint-Paul, 1304.

**ESSONNIER.** — Voir *Trécheur*.

**ESSORANT.** — Se dit des oiseaux entr'ouvrant les ailes pour prendre leur essor.

*Voy.* Pichot, 125. — de Brauer, 43. — Le Camus, 514.

**ESSORÉ.** — Se dit des oiseaux en plein vol.

**ÉTAI.** — Chevron diminué des deux tiers de sa largeur.

*Voy.* de Recourt, 1305.

**ÉTINCELANT.** — Se dit des charbons ardents. (Voir *Ardent*.)

**ÉTINCELÉ.** — Semé d'étincelles.

**ÉTOILE.** — Il n'y a point de meubles, en armoiries, plus usités que les *étoiles*. Elles sont toujours représentées à cinq pointes que l'on appelle *rais*; il ne faut en spécifier le nombre que lorsqu'il y en a plus de cinq. Les *étoiles* sont pleines et plates, et diffèrent en cela des *molettes*, qui sont percées en rond à leur centre, et qui ont ordinairement six rais. Les *étoiles*, dont un des rais est plus long et ondoyant, sont dites *caudées*.

« Les étoiles, dit Ségoing, dans son *Trésor héraldique*, représentent le bon et le mauvais destin, la lumière et la conduite des hommes, et cette signification est prise de l'étoile qui servit de guides aux Mages qui vinrent adorer le Sauveur du monde. »

*Voy.* DE BAR, 167. — DE GODDES DE VARENNES, 189. — BERNARD DE CALONNE, 203. — DE BLACAS, 207. — DE GIRAUDON DU TEIL, 236. — BONNAUD DE SAUZET, 476. — DE CHASSY, 544. — LAMBRON DE LIGNIM, 714.

**AILLI.** — Ce terme, moins usité que *Rompu*, s'applique au chevron dont une des branches est séparée en deux.

**FANION.** — Etendard, petit drapeau qui surmonte la lance.

**FANON.** — (Voir *Manipule*).

**FASCE.** — La fasce est la deuxième des pièces honorables ordinaires ; elle se met horizontalement au milieu de l'écu. Sa largeur habituelle, quand elle est mise seule, est du tiers de l'écu, laissant ainsi, au-dessus et au-dessous d'elle, autant de place qu'elle en occupe.

La fasce représente la cuirasse ou la ceinture du cavalier.

Le terme *Fasce* vient du latin *Fascia*, qui signifie une bandelette de toile.

Lorsqu'il y a plusieurs fasces sur un écu, et il peut y en avoir jusqu'à quatre, elles se mettent à égale distance les unes des autres, laissant ainsi entre elles autant de champ que chacune d'elles en occupe.

Lorsqu'il y a, dans un écu, plus de quatre fasces, elles se nomment *Burelles*.

Nous avons déjà dit que la *Divise* était une fasce plus étroite de moitié que la fasce ordinaire, et qu'elle se mettait seule sur l'écu.

Si elle est plus étroite encore, elle se nomme *Trangle* et se pose également seule.

Les fasces peuvent être chargées, accompagnées ; l'un et l'autre à la fois ; elles peuvent être également bandées, frettées, losangées, échiquetées, componées, dentelées, endentées, engrêlées, crénelées, bastillées, bretessées et contre-bretessées, ondées, vivrées, etc.

*Voy.* DE BETHUNE, 13. — DE BEAUCORPS-CRÉQUY, 14. — CORBEAU DE VAULSERRE, 63. — DE PONS, 128 et 852. — PÉRIOU-DE-BOCRRET, 182. — GUIRONNET-DE-MASSAS, 241. — DE CONDÉ, 276. — DE FAYET, 298. — DE GAIGNEAU-DE-CHAMPVALLINS, 308. — DE HARCOURT, 317. — DE LASTIC, 324. — DE BRAGELONGNE, 375. — DE BARBEZIÈRES, 436. — GILBERTÈS, 650. — DE GIVERLAY, 651, — GLEISENTHAL, 653. — MARTIN DE JARTRAUX, 765. — DE REPAIRE, 873. — DE SYRMOND, 938. — DE THÉRY, 948.

**FASCÉ.** — Lorsque, dans un écu, le nombre de fasces de métal est égal au nombre de fasces de couleur, l'écu est dit *fascé*. Pour blasonner le fascé, l'on commence par la fasce qui se trouve en chef, et l'on indique le nombre de pièces qui meublent l'écu, soit six, soit huit ; au delà de ce nombre, l'écu serait dit *Burelé*.

*Voy.* ROBIN DE BARBENTANE, 137. — DE BARRAS, 440. — DUVERNE DE PRESLE, 610. —

DE POLIGNAC, 849. — DE PONS, 853. — PONSARD, 854. — DE SENVIÈRES, 920.

**FASCÉ-CONTREFASCÉ.** — Lorsque le *fascé* est parti et ainsi divisé en deux portions égales par un trait vertical qui change l'émail des fasces, de telle sorte que le métal d'une portion de la fasce est opposé à la couleur de l'autre portion, et réciproquement, on dit l'écu *fascé-contrefascé*. Il se blasonne comme le fascé ordinaire, en commençant par la partie de la pièce du chef placée à dextre.
*Voy.* DE FLOQUES, 1306.

**FASCE-PAL.** — On appelle ainsi la *fasce*, quand elle est réunie à une moitié de *pal* posée soit en chef, soit en pointe, et quand elle est du même émail et ne semble faire qu'une pièce avec cette portion de pal. La fasce et le pal réunis formeraient une croix pleine; la fasce-pal est donc une croix moins la partie inférieure ou supérieure.
*Voy.* PERROT, 1307.
*Coupé d'argent et d'azur à une fasce-pal ondée de gueules en chef, brochant sur le trait du coupé, et chargée en cœur d'un annelet d'argent; et un mouton passant d'argent sur l'azur.*

**FAUCON.** — Les oiseaux servant à la fauconnerie sont très-honorablement employés en armoiries et représentent un attribut seigneurial. Les gentilshommes seuls avaient le privilége d'avoir des faucons et d'autres oiseaux de proie pour la chasse. Les plus nobles dames les portaient sur le poing. Les personnes chargées du service de la fauconnerie des rois de France étaient presque toujours choisies parmi les gentilshommes.

Les faucons sont entre les autres oiseaux reconnaissables à leurs longes, grillets ou grelots, chaperons et perches, ce qui fait qu'on les dit : *longés, grilletés, chaperonnés, perchés*. Les termes propres aux autres oiseaux, comme *becqués, membrés, armés*, etc., leur sont aussi applicables.

Ce que nous disons du faucon peut également s'appliquer à l'épervier, au gerfaut, et à tous les oiseaux, de leurre ou de poing.

Le grand fauconnier de France avait des marques distinctives de sa charge au bas de ses armoiries; cette charge fut longtemps très recherchée.

La chasse au vol étant le délassement favori de la noblesse, suivant Mary-Lafon, plaisait surtout aux jeunes châtelaines, qui s'y livraient avec passion; d'où vient que l'art de la vénerie passait alors pour la branche la plus agréable des connaissances humaines. Le choix des faucons était l'objet des plus vives controverses. Henri II, dit Plantagenet, roi d'Angleterre, avait mis à la mode le faucon de Danemark et de Norwége; mais soit pour protester contre la domination anglaise, soit par esprit national, les gentilshommes du midi de la France préféraient ceux des Alpes. A la vérité, si nous en croyons la meilleure autorité du siècle, Deudes de Prades, auteur des *Oiseaux chasseurs* (dels auzels Cassadors), le roi d'Angleterre aurait eu raison. Il est dit, en son poème :

Il est trois sortes de faucons.
Les autours, les émerillons,
Puis un petit de bonne race;
Ainsi la nature les classe.
Le Danois l'emporte sur tous ;
Il est plus gros, plus vif, plus doux,
Les yeux il a clairs et luisants,
Les ongles crochus et tranchants.

*Voy.* KALBRENNER, 367. — FOURNIER DE LA CHATEIGNERAYE, 633. — DE LA VALETTE-PARISOT, 965.

**FAUX.** — Les faux figurent en armoiries comme armes de guerre. Si le manche est d'un autre émail que le tranchant ou le fer, on dit la faux *emmanchée*, et alors on spécifie l'émail.
*Voy.* NANCÉ, 806. — DE ROLA, 884. — DE ROZYCKI, 893.

**FAUSSES ARMOIRIES.** — Les armoiries sont dites *fausses* lorsqu'elles dérogent à la règle et qu'elles renferment une pièce de couleur sur couleur, ou de métal sur métal. Lorsqu'un cas pareil se présente, il faut alors s'enquérir du motif qui les a faussées, ce que nous avons déjà expliqué au mot *Enquerre*.

**FEMMES.** — La chevalerie ayant dans ses attributions la défense de l'honneur des femmes, des figures de dames ou de demoiselles ont dû prendre place dans les armoiries des chevaliers, leurs champions. Toutefois, comme les femmes, en blason, ne se représentent qu'en *Buste*, nous renvoyons à cet article que nous avons déjà traité.

**FER.** — Les fers de lance, de dard, de javelot ou de flèche, ainsi que les fers de cheval, sont admis en armoiries.

Les fers de lance ou de pique, que l'on appelle aussi *bocquets*, les fers de dard, de javelot ou de flèche doivent toujours avoir la pointe en haut ; s'ils l'ont autrement, il faut le spécifier.

Quant aux fers de cheval, ils se mettent selon leur position naturelle, et représentent ceux des pieds de devant. Les fers sont dits *cloués* lorsque la place des clous est d'un émail différent.

### Fers de lance, de pique, etc.

*Voy.* Digard de Palcy, 166. — Blanc, 213. — de Géris, 647. — Roque de Varengeville, 883.

### Fers de cheval.

*Voy.* de Gouvello, 78. Dolega-Mycielska, 603. — Jastumbiec de Sarnow, 694.

**FER DE MOULIN.** — Nous avons dit, au mot *Anille*, que quelques auteurs confondent à tort l'*anille* avec le *fer de moulin*, et nous avons de plus indiqué la différence qui existe entre ces deux pièces.

Le fer de moulin est le fer qui est placé au milieu de la meule ; il est formé de deux branches courbes, réunies séparément à une pièce carrée, qui est ajourée pour recevoir le pivot, et à laquelle elles adhèrent par leur centre. Le fer de moulin a été appelé aussi *Croix de moulin*, à cause de sa ressemblance avec une croix de Saint-André ou sautoir.

Le fer de moulin est un attribut seigneurial, et symbolise la possession de moulins, où les vassaux étaient obligés, moyennant redevance, de faire moudre leurs grains.

*Voy.* de Bredevent, 494.

**FERMAIL** ou **FERMAUX**. — Boucles des ceinturons, baudriers, harnais, etc. des gens de guerre. (Voir *Boucle*.)

*Voy.* Malet de Graville, 109.

**FEU.** — Voir *Flammes* et *Éléments*.

**FEUILLE.** — La feuille de l'arbre a la même signification que l'arbre lui-même, mais elle figure sur les armoiries plus rarement que l'arbre. On la pose ordinairement en pal.

*Voy.* de Basire, 170. — Jaladon de la Barre, 180. — d'Artis, 420. — de Viguières, 978.

**FEUILLÉ.** — Se dit des fleurs qui se représentent ordinairement sans feuilles, ou des plantes dont les feuilles ont un émail différent.

*Voy.* de Berluc de Pérussis, 163. — Bacot de Roman, 164. — de Blondeau, 466. — de Gresle de Dormeson, 663.

**FEUILLE DE SCIE.** — On nomme ainsi la bande ou la fasce qui n'est dentelée que d'un côté ; c'est en effet la représentation d'une feuille de scie. Il faut spécifier si la dentelure est en chef ou en pointe.

*Voy.* La Fayette, 1308. — Cossé-Brissac, 1309.

**FICHÉ.** — Se dit de la croix, lorsqu'elle a le pied aiguisé, comme si cette partie inférieure, ainsi amincie, était destinée à être fichée en terre.

On dit généralement pour une croix de cette espèce, *croix au pied fiché*.

Le mot *aiguisé*, qui rentre dans l'espèce, s'applique à toute autre pièce longue.

*Voy.* Davet de Benery, 291.

**FIER.** — Se dit du lion, quand il a le poil hérissé. (Rare.)

**FIERTÉ.** — Se dit du poisson dont on voit les dents. (Rare.)

**FIGURÉ.** — Se dit d'une pièce représentant l'image d'une figure humaine.

**FIL.** — Traverse du *lambel*. (Voir ce mot.)

**FILET.** — On appelle ainsi les pièces honorables lorsqu'elles sont réduites à leur plus simple épaisseur ; le filet est ordinairement du tiers de la cotice, mais l'on dit alors : filet posé en croix, bande, fasce, etc.

**FILIÈRE.** — Bordure très étroite, qui n'est autre que le filet posé en bordure.

**FLAMBANT.** — Qui est *allumé*. (Voir ce mot.)

**FLAMBEAU.** — Les flambeaux symbolisent la foi, et la lumière au milieu des ténèbres de l'idolâtrie. Il faut blasonner l'émail du flambeau et celui du feu.

*Voy.* DE LA FARE, 1310.

**FLAMBOYANT.** — Se dit spécialement des yeux du sanglier.

*Voy.* LANDSKORONSKI, 717.

**FLAMME.** — Nous avons parlé des *flammes*, quand elles sortent d'une pièce, aux mots *ardent*, *allumé*, *enflammé*, etc. Elles sont alors un accessoire.

Quelquefois, et plus rarement, elles sont pièces principales et rentrent alors dans la catégorie des *Éléments*. (Voir ce mot.)

*Voy.* LANDSKORONSKI, 717. — DE MONTGINOT, 787. — PARFAIT, 829.

**FLANCS DE L'ÉCU.** — Côtés dextre et senestre de l'écu.

**FLANCHÉ.** — (Voir *Flanqué*.)

**FLANCHIS.** — Petits sautoirs alésés, particulièrement nommés ainsi quand ils chargent ou accompagnent une pièce principale.

*Voy.* TASCHER DE LA PAGERIE, 152.

**FLANQUE.** — Partie du milieu de l'ancre, qu'il faut blasonner quand elle est d'émail différent. On la nomme mieux *Strangue*.

**FLANQUÉ** ou **FLANCHÉ**. — Se dit lorsque l'écu est parti de deux traits, par deux demi-ovales adossés qui donnent à la partie du milieu la forme d'un pal, très élargi par ses extrémités. Ce pal, qui forme alors le champ, est dit *flanqué*, c'est-à-dire garni dans ses flancs.

Cette sorte d'armoiries est assez rare en France.

Ce terme est aussi employé pour toutes pièces qui ont d'autres figures à leur *flanc* ou côté; mais, dans ce cas, il vaut mieux se servir du mot *accosté*.

*Voy.* BOCANÈGRE, 1311.

**FLÈCHE.** — La *flèche* est honorablement admise en armoiries comme arme de guerre, et, à ce titre, nous en avons déjà parlé à l'article *Armes offensives* et *défensives*. Elle se pose toujours la pointe en haut, et lorsqu'elle a la pointe en bas on la dit *renversée*; si les plumes sont d'un émail différent que le fût, on la dit *empennée*, et *encochée* lorsqu'elle est posée sur la corde d'un arc.

*Voy.* LE GENDRE DE PONTHIEU, 85.

**FLEUR.** — Les fleurs s'emploient en armoiries et symbolisent l'espérance.

Les fleurs sont dites *tigées* ou *feuillées*, lorsque la tige et les feuilles sont d'émail différent, ou lorsque ce sont des fleurs qui, se représentant d'ordinaire sans feuilles ni tige, comme la rose, par exemple, se trouvent, par exception, avoir tige et feuilles.

On les dit *au naturel* quand elles n'empruntent pas d'autres couleurs que celles que la nature leur a données.

*Voy.* D'ASSAILLY, 2. — CHRÉTIEN DE LIHUS, 185. — D'ESPINASSY, 302. — DE BLONDEAU, 466. — D'ALLANE, 407. — DE GUILLOIS, 671. — DE HERTES DE HAILLES, 686. — DE VILLY, 1312.

**FLEUR-DE-LIS.** — Les fleurs-de-lis, symboliquement parlant, signifient *espérance et attente du bien*, et sont en blason les meubles les plus honorables, notamment celles d'or sur azur, comme dans les armes des rois de France.

Il serait peut-être plus rationnel de classer les fleurs-de-lis parmi les figures artificielles, que de les considérer comme fleurs naturelles; mais l'usage a prévalu, et on les range dans la seconde catégorie.

Les fleurs-de-lis représentent-elles celles qui croissent dans les jardins et auxquelles on aurait fini par donner la forme qui les distingue aujourd'hui; ou mieux le fer des hallebardes avec lequel elles offrent une grande ressemblance?

Ce point est assez difficile à décider.

Le marquis de Magny, dans son *Traité de la vraie et parfaite Science des Armoiries*, prétend que la figure des fleurs-de-lis n'est pas d'invention moderne, et que, selon Hérodote et Strabon, les divinités, les rois de Syrie, et les Pharaons d'Egypte, la portaient comme symbole de la puissance suprême; qu'on l'a retrouvée dans plusieurs monuments de la haute Egypte, notamment à Denderah, sur un bâton fleurdelisé; qu'elle a existé dans l'Inde, chez les Grecs, chez les Etrusques, d'où elle s'est reproduite chez les peuples de l'Europe moderne ; que les rois de France, avant d'admettre les fleurs-de-lis sur leurs armoiries, les plaçaient sur leur couronne et sur leur sceptre, à l'imitation des rois leurs prédécesseurs, qui, eux-mêmes, n'avaient fait, en agissant ainsi, que suivre un usage remontant à la plus haute antiquité. »

Les fleurs-de-lis étaient déjà employées comme ornement à la couronne des rois de France, du temps de la seconde race et même de la première ; sur le tombeau de Frédégonde, qui se trouvait dans l'abbaye de Saint-Germain-des-Prés, la couronne de cette reine était terminée par de véritables fleurs-de-lis, et le sceptre par un lis champêtre. Ce tombeau, qui était de marqueterie, parsemé de filigranes de laiton, avait tous les caractères d'un monument authentique.

Quant à la seconde race, on trouve plusieurs portraits de Charles le Chauve, dans des livres écrits de son vivant, avec des fleurs-de-lis à sa couronne ; quelques-uns de ces manuscrits sont conservés à la Bibliothèque impériale, et l'on en peut voir les figures dans le second tome des Capitulaires de Baluze.

Mais comme les rois de France n'ont point eu d'armes avant le xiie siècle, les fleurs-de-lis n'ont pu y être employées qu'après ce temps-là. Philippe-Auguste est le premier qui se soit servi d'une fleur-de-lis seule au contre-scel de ses chartes ; ensuite Louis VII imita son exemple. Après lui, on mit dans l'écu des armes des rois de France des fleurs-de-lis sans nombre ; et enfin elles ont été réduites à trois, sous le règne de Charles V.

Louis VII dit le Jeune, prit le premier des fleurs-de-lis pour armoiries, par allusion à son nom de Loys, comme on l'écrivait alors. On a dit dans ce temps la fleur de loys, puis fleur de Louis, ensuite fleur-de-lis.

L'écu de Louis VII était semé de fleurs-de-lis ; on assure qu'il les prit quand il se croisa, avec les grands de son royaume, pour la Terre-Sainte, en 1147.

On commença de semer de fleurs-de-lis tous les ornements qui devaient servir au sacre de Philippe-Auguste, vers l'an 1180.

Charles V, qui monta sur le trône en 1364, réduisit les fleurs-de-lis à trois dans l'écu de ses armes ; depuis, les rois de France ont porté *d'azur, à trois fleurs-de-lis d'or*.

« Zillesius, Heinnecius et Kettner rapportent, suivant les Bénédictins, des sceaux des premiers Othons avec des fleurs-de-lis, tant au bout du sceptre qu'à la couronne. Les sceaux de Conrad III et de Frédéric Ier, contemporain de Louis le Jeune ; de Jacques II, roi de Mayorque, de quelques rois d'Angleterre des plus anciens, et en particulier du roi Edouard, dit le Confesseur, ont aussi à leurs couronnes et quelquefois au bout de leur sceptre de semblables ornements. Plusieurs comtes, comtesses et familles nobles d'Allemagne, d'Italie, de Savoie et de France en garnirent le champ de leurs sceaux. » Il est donc constant que la fleur-de-lis a été pendant longtemps un ornement arbitraire. Ce symbole paraît avoir été définitivement adopté sous Louis le Jeune, et depuis il n'a cessé de figurer sur les sceaux des rois de France.

Les fleurs-de-lis d'or posées, dans les armoiries particulières, sur un champ d'azur, sont presque toujours des concessions des rois de France. La fameuse Jeanne d'Arc reçut du roi Charles VII, en commémoration de ses services et de sa bravoure, le nom *du Lis* et la concession des armoiries que voici :

*D'azur, à une épée d'or, surmontée d'une couronne et accostée de deux fleurs-de-lis, le tout du même*.

Les fleurs-de-lis, en blason, peuvent aussi symboliser les droits de haute justice dont jouissaient un assez grand nombre de familles puissantes. On sait, en effet, qu'on flétrissait le malfaiteur avec un fer chaud au bout duquel était gravée une fleur-de-lis. Elles peuvent encore être, pour bien des familles, des marques des offices remplis auprès des rois par quelqu'un de leurs membres, ou rappeler des fonctions de haute judicature ; *être assis sur des fleurs-de-lis*, s'est dit des officiers de judicature, surtout dans les cours supérieures, parce que autrefois leurs sièges étaient couverts de tapis semés de fleurs-de-lis.

Dans les Pays-Bas, les fleurs-de-lis de couleur sont très usitées.

Quand les fleurs-de-lis sont coupées par le bas, de manière que la partie supérieure seule apparaît, on les dit *au pied nourri*, et mieux *au pied coupé*. (Voir ces mots.) — Si elles ont des boutons entre les branches, on les dit *florencées*.

Le *Lis* qui représente la fleur des jardins est dit : *Lis de jardin*, et la blasonne comme oute autre fleur ; il est ordinairement alors *tigé et feuillé*. (Voir Lis.)

*Voy.* DE TILLY, 123. — DE LOMBU, 288. — DE BELLECOMBE, 450. — DE CUSSON, 596. — DE TILLY, 952.

**FLEURDELISÉ**. — Se dit des croix ou de toute autre pièce dont les extrémités se terminent par une fleur-de-lis.

*Voy.* DE CHAPPES, 1313.

**FLEURÉ** ou **FLEURONNÉ**. — Bordé de fleurs, terminé en fleurs. Se dit des bordures ou des trécheurs dont les bords sont ornés de fleurs-de-lis ou de fleurons.

On se sert quelquefois de ces mots, et aussi du terme *florencé*, pour la croix *fleurdelisée*, mais c'est improprement.

**FLEURI**. — Se dit des plantes dont la fleur est d'émail différent, ou des arbres qui, par exception, montrent leurs fleurs, quand leur figuration naturelle est de n'en point avoir.

*Voy.* Baillet de Saint-Germain, 1314.

**FLORENCÉ**. — De même que *fleurdelisé*.

**FLOTTANT**. — Se dit des navires et des poissons posés sur l'eau, ainsi que des oiseaux aquatiques.

**FOI**. — On appelle ainsi deux mains jointes ensemble et posées en fasce.

C'est le symbole de la sincérité, d'une union mutuelle, ou bien encore de la réconciliation, d'une alliance, ou de la conclusion d'un traité de paix.

On dit de la foi qu'elle est *parée*, lorsque les poignets sont couverts de quelque étoffe d'émail différent.

Les deux mains doivent être dextres.

*Voy.* Depery, 69. — de Crespy-le-Prince, 286.

**FORCES**. — Dites vulgairement *forces de tondeur*, espèce de ciseaux pour tondre les draps, carrés par les bouts et fermés.

Leur position est en pal.

*Voy.* de Chaltin, 533. — de Hautefort, 678.

**FORCENÉ**. — Se dit du cheval effaré ou cabré.

**FOURCHÉ**. — S'applique à la croix lorsque ses branches sont terminées par deux pointes formant un angle rentrant, en forme de fourche; ce qui la distingue de la croix *enhendée*, qui est refendue à trois pointes.

*Voy.* Blanchet de Sorhont, 1315.

**FOURCHETÉ**. — S'applique également à la croix lorsque ses branches sont terminées en *fourchettes*, semblables à celles qui servaient anciennement à porter les mousquets.

*Voy.* Truchy-Kulenthal, 1316.

**FOURCHU**. — Se dit de la queue du lion lorsqu'elle est divisée en deux, ou double à son extrémité.

*Voy.* d'Aviau de Piolant, 145. — de Maisley, 754.

**FOURRURES** ou **PANNES**. — Les fourrures sont appelées *pannes* par certains auteurs, parce qu'elles étaient cousues aux étoffes des habits : *assutæ pannis*; elles représentent les peaux de certains animaux, préparées pour orner, garnir ou doubler les habillements des grands personnages.

Admises très honorablement en armoiries, elles sont au nombre de deux : l'*hermine* et le *vair*. Nous en reparlerons plus spécialement à chacun de ces articles.

**FRANC-CANTON**. — Nous avons dit à l'article *Canton* que le *franc-canton* était un peu plus grand que le *canton*, moins grand toutefois que le *franc-quartier*. Il peut servir de brisure, et se met ordinairement à dextre; quand il est autrement, il faut le spécifier.

Le *franc-canton*, qui est en réalité l'espace vide laissé par la croix, ne reçoit cette épithète de *franc* que parce qu'il est seul de son espèce sur l'écu.

Le *franc-canton* est une marque d'ancienne franchise; quelquefois c'est aussi une concession honorable du souverain.

*Voy.* de Trenqualye, 186. — Bouquetot, 485.

**FRANC-QUARTIER**. — C'est le premier quartier de l'écu, ou autrement la partie dextre du chef d'un écu qui serait écartelé; il occupe par conséquent le quart de l'écu entier.

Il doit être d'un autre émail que le champ et peut s'employer pour brisure.

*Voy.* de Moré de Pontgibaud, 228.

**FRANGÉ**. — S'applique aux gonfanons qui ont des franges dont il faut spécifier l'émail.

**FRETTÉ**. — Se dit d'un écu, d'un pal d'une croix, d'une fasce, d'une bande, etc.;

chargés de six cotices entrelacées en diagonales, trois en bande et trois en barre. Le *fretté* a presque toujours six pièces, mais il ne peut en avoir moins de quatre ni plus de huit. S'il y avait dix cotices, il prendrait alors le nom de *treillissé*. Il faut donc toujours spécifier de combien de pièces se compose le *fretté*.

*Voy.* DE LA MOTTE, 111. — DE LATTIER DE BAYAUBE, 724. — DE PLOEUC, 850.

**FRUITS.** — Les fruits sont, en armoiries, le symbole de la fécondité, et s'emploient assez rarement.

On les dit *feuillés* s'ils ont des feuilles à la queue, et *soutenus* s'ils pendent à une branche.

*Voy.* DE BERLUC DE PERUSSIS, 163. — DE GÉRIS, 647.

**FRUITÉ.** — Se dit des arbres représentés avec leurs fruits.

*Voy.* CHATTON, 267. — D'OLIVE, 349. — LE BÈGUE D'AMBLY, 449. — JOUBERT DE BRIOLLAY, 697.

**FURIEUX.** — Se dit du taureau levé sur ses pieds de derrière. (Voir *Effarouché*.)

**FUSÉE.** — Les fusées sont des pièces pleines qui ressemblent aux losanges, mais qui sont plus allongées qu'elles. Elles ont encore cette différence que les losanges se mettent isolées, tandis que les fusées sont toujours accolées.

Les fusées ou fuseaux sont l'emblème de la patience, et peuvent par conséquent être l'expression de quelque longue entreprise exécutée et accomplie avec sagesse et persévérance.

Il faut toujours indiquer si les fusées sont posées en fasce, en pal, en bande, ou autrement.

*Voy.* AJASSON DE GRANDSAGNE, 18. — DE LESTANG, 37. — JOUBERT DE LA BASTIDE, 90. — DU PAYS DE KERNABAT, 116. — DE BARBEZIÈRES, 436. — LA CROIX, 594. — DE GUERSANS, 667.

**FUSELÉ.** — Composé de fusées.

Se dit des bandes, des barres, des fasces, etc., et de l'écu, lorsqu'il est rempli de fusées sans nombre, alternativement de métal et de couleur.

*Voy.* DE MONTAULT, 1317.

**FUTÉ.** — Se dit d'une flèche, d'une lance, d'un étendard dont le fût ou manche est d'un autre émail que le fer, et plus spécialement de l'arbre dont le fût ou tronc est d'un autre émail que les feuilles.

*Voy.* CHOPPIN D'ARNOUVILLE, 561. — DE VASSELOT, 969.

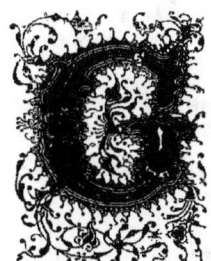

**AI.** — Se dit du cheval qui n'a ni selle ni brides, et c'est ainsi qu'il est le plus ordinairement en armoiries.

**GAMBISSON.** — Espèce de pourpoint fort long, en cuir ou en taffetas, rembourré de laine, que les anciens chevaliers portaient, et dont l'effet était d'amortir les coups, qui, sans percer entièrement le haubert, auraient pu faire de graves contusions. Ce mot vient de l'italien *gamba*.

**GARNI.** — Se dit de l'épée dont la garde est d'un autre émail que la lame.

*Voy.* DE COURTY, 66. — DU BUYSSON, 508.

**GEAI.** — (Voir *Oiseaux*.)

**GEMMES.** — (Voir *Pierres précieuses*).

**GÉNÉALOGIE.** — Tableau ou dénombrement par ordre chronologique de tous les membres d'une même famille, et des alliances que cette famille a contractées, tant en ligne directe qu'en ligne collatérale.

On prouvait sa noblesse par sa généalogie pour jouir des honneurs de la cour, pour être reçu chevalier des ordres du roi ; on faisait aussi des preuves de noblesse par sa généalogie, lorsqu'on désirait entrer dans des chapitres nobles, tels que ceux de Lyon, de Brioude, de Mâcon, de Saint-Claude, etc. On en faisait encore pour l'ordre de Malte, de Saint-Lazare et pour entrer à l'école militaire. Les demoiselles faisaient des preuves de noblesse pour être reçues à Saint-Cyr ; dans les chapitres de Saint-Louis, de Metz; de Neuville, en Bresse ; d'Alix, en Lyonnais; de Leigneu, en Forez ; de Remiremont, au diocèse de Toul ; de Maubeuge, au pays de Cambrésis, etc.

Lorsque l'on faisait dresser une généalogie avec les formalités requises, le présenté devait produire son extrait de baptême, qui prouvait de qui il était fils ; sa filiation remontait de lui à son père, du père à l'aïeul, de l'aïeul au bisaïeul, du bisaïeul au trisaïeul, du trisaïeul au quatrième aïeul, ainsi de suite selon l'exigence des cas. Le présenté fournissait encore un arbre généalogique où se trouvaient sa filiation de père en père, ses armoiries, les noms de femmes de chaque père, et leurs armes. A chaque degré, il fallait trois actes originaux pour les XVIIe et XVIIIe siècles, et deux seulement pour les siècles antérieurs, savoir . contrat de mariage et testament ; s'il manquait un de ces deux actes, un autre acte devait y suppléer, soit un extrait mortuaire , soit une transaction, un hommage, un dénombrement de terre, un acte d'acquisition de biens, etc.

Quand on a fait la généalogie entière d'une maison ou famille noble, on y met toutes les branches et tous les rameaux qui en sont sortis ; on fait à chaque degré ce qui se pratiquait pour entrer dans les ordres de chevalerie et chapitres nobles ; on y ajoute les dates des contrats de mariage et testament de tous les collatéraux mâles et femelles, tant ceux qui ont eu postérité que ceux qui n'en ont point eu ; on y doit mettre encore les dates des commissaires, lettres et brevets des services militaires ; les dates de mort des officiers tués dans les armées, et les détails de leurs actions éclatantes, ce qui rend les généalogies historiques ; on y met encore les dates des contrats de mariage des filles, les noms de famille et de terres de leurs époux, de qui ils sont fils, afin de faire connaître toutes les alliances.

**GENETTE.** — Espèce de chat d'Espagne plus petit que la civette: (Voir *Chat*.)

**GERBES.** — (Voir *Épis.*)
*Voy.* de Chauvenet, 364. — d'Alorge, 409. de Chiché, 555.—Noblet de Tercillac, 812.— de Sextes, 917.

**GERFAUT.** —Oiseau de proie de l'espèce du faucon, le plus grand et le plus fort de ceux qui servaient à la chasse. Son nom dérive de *girofalco*, mot composé, dans la basse latinité, de *gyrus*, tour, rond, circuit, et *falco*, faucon ; *faucon qui vole en rond*. (Voir *Faucon*.)

**GIBECIÈRE.** — (Voir *Bourse*.)

**GIRON.** — Meuble en forme de triangle *isocèle*, dont la base est de la largeur de la moitié de l'écu, et dont la pointe est au centre, ce qui le distingue de la *pointe* ou de la *pile*, qui sont plus larges.

Le *giron* figure les habits longs des anciens, s'élargissant par en bas et se retroussant par en haut, qui formaient vers la ceinture une espèce de giron d'armoiries ou de triangle vers l'endroit que les Latins nommaient *gremium*. *Vestis gyrat*, dit du Cange, *et circuli formam efficit*.

Lorsqu'il est seul sur l'écu, ce qui est rare, il faut avoir soin d'indiquer de quel canton ou de quel flanc il est mouvant.

*Voy.* du Cange.

**GIRONNÉ.** — L'écu parti, coupé, tranché et taillé est dit *Gironné* ; il est alors composé de huit pièces ou triangles allongés dont les pointes se réunissent au centre, et dont les émaux sont alternés. Pour le blasonner, il faut commencer par la partie dextre du chef. Si l'écu a plus ou moins de huit pièces, ce qui est une exception assez rare, il faut avoir soin de le spécifier. On cite à cet égard les armes de Maugiron : Gironné de sable et d'argent de six pièces ; ce sont des armes parlantes : *Maugiron* veut dire : *mal gironné*.

*Voy.* des Armoises, 417. — de Grolée, 666. — de Guillehouch, 670.

**GIROUETTE.**—La girouette figure ordinairement en armoiries au haut des maisons ou des donjons des châteaux ; elle symbolise un droit féodal. On dit alors, des maisons ou des bâtiments qu'elle surmonte, qu'ils sont *girouettés*.

Voy. CHATEAU-THIERRY, 549. — LE FROTTER-DE LESVERN, 638.

**GISANT.** — Se dit du cerf quand il est couché.

**GIVRE.** — Espèce de serpent que quelques auteurs confondent à tort avec la *bisse*. La *givre* diffère de celle-ci en ce qu'elle tient toujours dans sa gueule un enfant dont on voit les bras et la tête, comme dans les armoiries des ducs de Milan. On la dit *halissante* pour marquer l'émail de l'enfant.

Voy. BICHI, 1318.

**GIVRÉ.** — Se dit des pièces et notamment des croix dont les extrémités se terminent par des têtes de givre. *Gringolé* vaut mieux.

**GLAND.** — Le gland est admis, ainsi que le chêne, en armoiries, comme signe de possession de forêts de chênes, et se représente avec son gobelet ou sa calotte et un petit bout de la tige dirigé vers le haut de l'écu. Si la pointe du gland est en haut, il est dit *renversé*. On dit le gland *tigé* et *feuillé*, si la queue est un peu allongée et garnie de feuilles.

Voy. DE LINGENDES, 736. — DE MILLEVILLE, 778.

**GLOBE.** — Voir *Monde*.

**GONFALON**, ou mieux, en blason, **GONFANON.** — Ce terme vient de l'italien *gonfalone*, qui signifie une bannière d'église à trois ou quatre *fanons*, qui sont des pièces pendantes.

Le *gonfanon* est dit *frangé*, lorsque la frange est d'un autre émail.

Le *gonfalonière*, le gonfalonier ou porte-bannière, est un dignitaire considérable de l'Eglise romaine. On donne encore ce titre aux chefs de quelques républiques d'Italie. De nos jours, les fonctions de *gonfalonnier* de la ville de Florence sont de l'ordre le plus élevé, et occupées par les personnes les plus notables.

Voy. D'AUVERGNE, 154.

**GORGÉ.** — Se dit des oiseaux dont l'é-mail du col est différent de celui du corps. (Rare.)

**GOUTTE.** — Partie ronde ou hémisphérique d'un liquide, qu'on confond souvent avec la *larme*. (Voir ce mot.)

**GOUTTÉ.** — Chargé de gouttes.

Voy. DE LÉGUE : *de gueules, goutté d'argent*.

**GRAPPE DE RAISIN.** — Fruit de la vigne, qui quelquefois se met seule, ou qui se représente le plus souvent attachée au cep. En ce cas, le cep est dit *fruité*.

On dit *pampré* d'une grappe de raisin lorsque les feuilles sont d'un autre émail que la grappe.

Voy. D'ARQUET, 1233.

**GRÊLIER.** — Voir *Cor de chasse*.

**GRELOTS** ou **GRILLETS.** — Petites sonnettes qui se mettent au col ou aux pattes des oiseaux de proie employés à la chasse; et comme tels admis honorablement en armoiries.

Voy. DE KERATRY, 1319.

**GRENADE.** — Ce fruit trouve ici une mention particulière, parce que, lorsqu'il est employé en armoiries, mais avec une configuration spéciale et quelque peu de convention, on le représente avec une couronne à pointes, et une ouverture oblongue qui laisse voir les grains; enfin, au bas, il a une tige après laquelle sont attachées quelques feuilles. Il y a aussi en blason des grenades artificielles ou d'artifice; on doit alors en désigner l'espèce.

La grenade naturelle est dite *ouverte* lorsque son ouverture paraît d'un émail différent; et la grenade artificielle est dite *enflammée* lorsqu'elle paraît éclater.

Lorsque les grains qu'on voit par l'ouverture sont d'autre émail, on dit la grenade *ouverte de...*, en spécifiant l'émail.

Voy. DE BERNARDY, 455. — DE DENIS, 601.

**GRIFFES.** — Ongles crochus et pointus qu'il faut quelquefois blasonner chez les lions, les léopards, les aigles, les griffons, etc., lorsqu'ils sont d'un autre émail que l'animal. On dit alors l'animal *armé de...*, en spécifiant l'émail.

*Voy.* Dollin du Fresnel, 188. — Claret de la Touche, 56.

**GRIFFON.** — Moitié aigle, moitié lion, le griffon se représente toujours *rampant* et de profil. C'est le symbole de la force unie à la vitesse. Il fait partie des *animaux chimériques*.

Les chanoines, comtes de Lyon, portaient dans leurs armoiries, comme chargeure, un lion et un griffon affrontés, pour distinguer les deux juridictions temporelle et spirituelle : le lion, surmonté d'une couronne de comte, marquait leur dignité de comte ; le griffon désignait les deux parties de la ville dont l'une était de l'empire qui a l'aigle pour symbole, et l'autre du royaume de France, dont les anciens comtes, qui l'étaient aussi du Forez, avaient un lion pour armoiries.

*Voy.* d'Esterhazy, 300. — d'Ornano, 351. — Raffart de Marcilly, 868.

**GRILLES.** — Barreaux de la visière du casque.

**GRILLET.** — Synonyme de *grelot*. (Voir ce mot.)

**GRILLETÉ.** — Se dit des oiseaux de proie employés à la chasse, lorsqu'ils ont des grelots au col ou aux pattes.

**GRIMPANT.** — Pour *rampant*. (Voir ce mot.)

Le mot *grimpant* s'emploie plus spécialement pour l'animal qui grimpe, qui gravit un lieu escarpé.

**GRINGOLÉ.** — Se dit de la croix ou de toute pièce dont les extrémités se terminent par deux têtes de serpent adossées. Le mot *gringolé* vaut mieux que *givré* dans cette acception.

*Voy.* de Montfort, 1320.

**GRUE.** — Oiseau à long bec, symbole de la vigilance, qui se représente de profil, la patte dextre levée, tenant un caillou qu'on nomme *vigilance*, et qui ne se blasonne que lorsqu'il est d'un autre émail que l'oiseau.

*Voy.* de Burgues de Missiessy, 505.

**GUEULES.** — C'est le nom de la couleur rouge. Il vient du latin *gulæ*, qu'on trouve pour la première fois dans saint Bernard, qui dit, en parlant des moines de son temps : *Horreant et murium rubricatas pelliculas, quas gulas vocant, manibus circumdare sacratis* (1).

On appelait *gulæ* des peaux teintes en rouge, de très grand prix, dont les rois, les princes et les grands seigneurs fourraient leurs habits, et que Cazeneuve conjecture avoir été ainsi nommées, parce qu'on les mettait ordinairement autour du cou et proche du gosier. Autrefois, au lieu de peindre les écus de couleur rouge, on y mettait ces peaux précieuses.

De là le mot *gueules*, dont on se sert dans le blason.

Quant au mot *gula*, employé dans la basse latinité, les uns le font venir du mot persan *gul*. Mais cette étymologie ne nous paraît guère probable, d'abord parce que *gul* signifie la *rose*, et non pas la couleur rouge, et qu'ensuite le mot *gula* est employé à une époque où la première croisade seule avait eu lieu, et où la langue française avait, par conséquent, fait peu d'emprunts à l'Orient.

Ménage veut voir l'origine de ce terme dans la couleur rouge de la gueule des animaux.

Quoi qu'il en soit de ces diverses opinions, nulle couleur n'est plus fréquente ni plus anciennement employée en armoiries.

*Voy.* de Bras-de-Fer, 42. — du Bois-Bertrelot, 472. — Czarnkow, 597. — d'Euvillers, 614. — de Montferrand, 785.

**GUIDON.** — Sorte de drapeau long, étroit et fendu, ayant deux pointes ondoyantes, qui est attaché à une lance.

*Voy.* de Vasselot, 1321.

**GULPE.** — Tourteau de couleur pourpre. (Ancien.) (Voir *Tourteau*.)

**GUMÈNE.** — Câble de l'ancre.

**GUSE.** — Tourteau de couleur de gueules. (Ancien.) (Voir *Tourteau*.)

_____

(1) « Ils ont horreur de parer leurs mains sacrées des peaux rougies des hermines qu'ils appellent *gueules*. »

**ABILLÉ.**—Se dit du vaisseau qui a toutes ses voiles; si elles sont d'un autre émail que la coque, il faut le spécifier.

**HACHE, HACHE D'ARMES.** — La hache est un meuble de l'écu qui représente une cognée à fendre du bois.

La hache d'armes est une espèce de hache dont on se servait autrefois à la guerre; elle est encore en usage dans certains pays et dans les combats de mer.

On dit *emmanchées* celles dont le manche est d'un émail différent.

**HACHEMENTS.**—Découpure des lambrequins.

**HACHURES.** — Traits ou points au moyen desquels, en gravure, on indique les couleurs ou les émaux du blason.

Nous renvoyons, pour de plus amples indications, aux mots : *Gueules, azur, sable, sinople, pourpre, or, argent, hermine* et *vair*.

**HALISSANT.** — S'applique à la *givre*.

Comme celle-ci n'est appelée *givre* que parce qu'elle engloutit un enfant, pour faire connaître l'émail de l'enfant on dit la givre *halissante de...*, en ajoutant l'émail.

(Voir les Armes de *Bichi*, au mot *givre*, 1318.)

**HALLEBARDE.** — Ce mot vient de l'allemand *hallebard*, hache des gardes du palais, formé de *halle*, vestibule de palais, et de *bard*, hache.

C'est une pique garnie par le haut d'un fer large et pointu, traversé par un autre en forme de croissant.

La hallebarde est dite *futée* lorsque le manche est d'émail différent.

**HAMADE, HAMAÏDE,** ou **HAMEIDE.** — Fasces alésées représentant une pièce de bois, ou poutre, dont les extrémités sont quelque peu arrondies et creusées, de manière à ce que le bas soit plus long que le haut. Chaque fasce de ce genre, suivant les uns, est un hamaïde; suivant les autres, il en faut trois pour former un hamaïde. Cette dernière version a prévalu.

Des auteurs croient que le *hamaïde* est une barrière à jour de trois pièces, semblable à celles qui traversaient les grands chemins pour faire payer le droit de passage.

D'autres prétendent que le *hamaïde* représente un chantier propre à soutenir les tonneaux dans les caves, lesquels on nomme *hames* en Flandres.

Les seuls exemples de hamaïdes que nous retrouvons appartiennent au blason flamand.

*Voy.* DE BAUDIN, 446.

**HARPE.** — Lorsque les cordes de la harpe sont d'un émail différent de celui de l'instrument, on la dit *cordée de...*, en désignant l'émail.

Quoique la harpe soit un instrument d'une haute antiquité, elle ne s'emploie guère en blason que comme *armes parlantes* ou *allusives*. Ainsi, la famille de Davy porte des harpes dans ses armes, à cause de la similitude de son nom avec celui du roi *David*.

*Voy.* DAVID DE BEAUFORT, 316.

**HARPIE.** — Aigle avec une tête et un buste de femme. Animal chimérique employé rarement.

*Voy.* DE BOUDRAC, 1322.

**HAUSSÉ.**— Se dit des pièces principales qui sont plus hautes que dans leur position ordinaire, et notamment de la croix, dont la branche d'en bas est plus longue que les autres, et qui ressemble ainsi à la croix de rédemption de N. S. J.-C. Cette sorte de croix est alésée, et ne touche pas les bords de l'écu.

*Voy.* DE LAVISEZ.

**HAUTE.** — Se dit de l'épée posée droite dans l'écu.

**HEAUME.** — Synonyme de *Casque*. Le heaume est le casque du moyen âge, tout fermé, avec des trous ou une visière pour respirer ou pour voir. Il sert à la défense de la tête, qui est la partie la plus exposée du corps parce qu'elle est la plus élevée. Aussi était-il le prix qu'on donnait ordinairement dans les tournois à celui qui avait le mieux fait du côté des tenants; comme l'épée était le prix de celui qui faisait le mieux du côté des assaillants. *Heaume* vient du mot allemand *helm*; quant à *casque*, on le tire du latin *cassis*.

Le heaume, ou casque, a plusieurs autres noms : il est dit *armet* aux XVᵉ et XVIᵉ siècles; les Espagnols l'ont appelé *celada* de *celare*, parce qu'il couvre le visage, et, de ce mot, les Français ont fait *salade*. Le rapport que sa figure peut avoir avec un *bassin*, un *cabas* et un *pot*, lui a fait donner aussi les noms de *bassinet*, de *cabanet* et de *pot* ; le casque des Bourguignons a été appelé *bourguignotte*.

Tous les casques anciens sont fermés et simples, et la mention des grilles aussi bien que la différence de leurs situations de front ou en tiers, sont modernes; les anciens hérauts n'en parlent point, et elles n'ont jamais été pratiquées. On voit, dans les monnaies de Charles VII, ses armes timbrées d'un casque fermé ; elles étaient et sont peut-être encore de même sur la façade de l'église de Saint-Jean-de-Lyon ; et dans les *blancs* de Bourgogne, qui sont une pièce de monnaie, les armes de Philippe le Bon ne sont pas timbrées différemment.

De nos jours, les personnes qui se servent du casque dans leurs armes le posent habituellement de face et orné de cinq grilles d'or. Il est rare qu'on le place de profil, comme du temps où l'on faisait des anoblissements.

Les Allemands sont les premiers et les seuls qui aient multiplié les casques pour distinguer les fiefs, parce que le casque étant chez eux la principale marque de noblesse, ils ont voulu rappeler ainsi les droits de substitution, la diversité des fiefs et le nombre de voix qu'ils avaient dans les cercles où ils entraient à raison de leurs fiefs. La maison ducale de Brunswick ornait son écu de cinq casques.

**HÉRALDIQUE**. — Ce qui regarde l'art ou la science du blason, et qu'on appelle ainsi : *Art ou Science héraldique*.

**HÉRAUT**.— Le héraut était chargé, dans les tournois, d'annoncer les chevaliers qui se présentaient dans la lice, et avait mission d'en décrire minutieusement les armoiries. Ces hérauts prenaient alors le nom de *hérauts d'armes*, et étaient sous les ordres et la discipline du *roi d'armes*, dignité fort importante autrefois dans les cours des princes souverains.

Il y avait des *hérauts* particuliers relevant de nobles investis de charges importantes ou de grands dignitaires ; mais ceux-là n'étaient employés que pour les défis publics et pour les proclamations.

Depuis la révolution de 1830, la charge de héraut d'armes n'existe plus en France.

Ce mot vient de l'allemand *herald*, qui signifie, suivant Wachter : noble crieur.

**HÉRISSON**. — Cet animal, comme le porc-épic, se représente de profil et le dos hérissé, de manière que tous ses piquants ressortent.

*Voy.* DU MOUSSAY, 1324.

**HÉRISSONNÉ**. — Se dit du chat qui a le dos élevé et le poil hérissé.

**HERMINAIS**.— Quelques auteurs donnent ce nom à l'hermine quand le champ est d'or au lieu d'être d'argent.

**HERMINE**.— L'*hermine* est la première des fourrures et est représentée par des mouchetures de sable sur argent, en forme de petites croix, lesquelles se terminent par trois pointes qui vont en s'élargissant. Lorsque le champ d'un écu est semé dans cette condition, on le dit simplement : d'*hermines*.

Mais si le champ était d'autre émail que d'argent ou la moucheture d'autre émail que de sable, il faudrait alors spécifier les émaux.

L'*hermine* est la peau d'un animal de la grosseur d'une belette, et dont la fourrure est entièrement blanche; on parsème cette peau de petites queues noires qui en font ressortir l'éclat et la blancheur.

L'*hermine* était l'indice d'une haute dignité, et servait à parer ou à doubler les vêtements des personnages les plus éminents.

Lorsque l'écu ou la pièce n'est pas semée d'hermines et que celles-ci sont en nombre déterminé, il faut avoir soin d'indiquer le nombre et la situation des mouchetures qui, alors, sont considérées comme meubles ou menues pièces, ainsi que le seraient les étoiles, les roses, etc. Les mouchetures d'hermines peuvent donc être de tous les émaux usités en armoiries.

Nous reviendrons sur ce sujet au mot *Moucheture*.

Les ducs de Bretagne sont les premiers qui l'aient introduite en armoiries, parce que autrefois l'*hermine* était fréquente dans leur duché.

Suivant le P. Monet, l'hermine est la dépouille d'un rat du terroir de Pont-en-Asie, de pelage blanc à mouchetures noires. Ces petits animaux sont, en effet, très abondants en Arménie, où le commerce de ces fourrures a constamment été très répandu.

Suivant du Cange et Ville-Hardouin, les Arméniens sont nommés *Hermins*, et les peaux dont ils trafiquent *hermines*, comme étant des peaux d'Arménie.

*Voy.* DE LA MARE DE LA LONDE, 339. — BERTRAND DE SOULIGNY, 457. — DE CONDUCHEN, 578. DE LA FERTÉ-MEUN, 624. — DE GHISTELLES, 648. DE LAGADEC, 710.

**HERMINE (CONTRE-).** — Se dit du champ, lorsqu'il est de sable avec la moucheture d'argent; ce qui est le contraire de l'*hermine*.

*Voy.* PHÉLIPPES-BEAULIEU, 173.

**HERMINÉ.** — On appelle aussi *croix herminée* celle qui est composée de quatre mouchetures d'hermines aboutées.

**HERMINITE.** — Hermine à fond blanc, avec des mouchetures noires mêlées de rouge.

**HÉRON.** — Oiseau sauvage et aquatique dont l'aigrette est estimée comme parure. La chasse au héron était un des grands divertissements de la noblesse. (Voir *Oiseaux*.)

**HERSE.** — La *herse*, barrière placée aux pont-levis pour servir à fermer les portes des villes ou des châteaux, au moyen d'une coulisse dans laquelle elle se meut, est admise en armoiries comme emblème de puissance seigneuriale.

La herse de labour est également admise en armoiries et indique alors la possession de terres en culture et de grandes exploitations.

La herse, dans ce cas, est formée de six pals alésés et aiguisés par le bas, avec cinq traverses posées horizontalement, jointes par des clous aux intersections, et un anneau au milieu de la traverse supérieure. Ainsi figurée, des auteurs la nomment *herse sarrazine* et simplement *coulisse*.

*Voy.* BURLÉ, 506. — DE MAUPAS.

**HERSÉ.** — De même que *coulissé*, se dit des tours et châteaux dont la herse est fermée et apparente aux portes. (Voir *Coulissé*.)

**HEURTE.** — Tourteau d'azur. (Ancien.) (Voir *Tourteau*.)

**HIBOU.** — Se blasonne comme la *Chouette*, et est d'un usage assez fréquent en Bretagne.

**HIE.** — Espèce de fusée allongée et arrondie, garnie de deux anneaux, l'un en haut, l'autre en bas, qui servait jadis à enfoncer les pavés ou les pieux. Le caractère symbolique de cet instrument ne nous a pas été révélé, et nous ne pouvons le considérer que comme une sorte d'emblème pris pour rappeler une action terminée par un coup vigoureux.

*Voy.* DE DAMAS-JOUANCY, 1325.

**HOMME.** — L'homme est rarement figuré tout entier dans les armoiries, quoiqu'il y en ait quelques exemples. Il sert le plus souvent de *tenant*.

Mais diverses parties de l'homme sont fréquemment admises, telles que le *bras dextrochère* et *sénestrochère*, les *mains*, le *cœur*, le *buste*, la *jambe*, et même l'*œil*.

Nous renvoyons à ces divers mots.

*Voy.* DE BENTZMANN, 23.

**HOUSSÉ.** — Se dit du cheval qui a sa housse.

**HOUSSEAUX, HOUSSETTES, HOUSSILLES.** — Meuble qui représente une botte ou bottine qui était autrefois en usage chez les gens de guerre. Ce terme est un vieux mot gaulois dérivé de *hosellum*, dérivatif de *hosa*, qui vient de l'allemand *hose*, bottine.

*Voy.* DE LA HEUSE DE BEAUDRAN, 1326.

**HUCHET.** — Trompe, cornet ou cor de chasse dont on se servait pour appeler les chiens.

Le huchet est dit *embouché* ou *enguiché* lorsque l'embouchure est d'un émail différent, *virolé* quand ce sont des viroles ou anneaux. Il paraît dans l'écu sans attache, ce qui le distingue du cor.

Ce terme vient du vieux verbe *hucher*, qui

signifie appeler, et qui, selon du Cange, dérive de *hucciare*, mot de la basse latinité.

*Voy.* Bernard de la Vernette, 205. — de la Fitte, 252. — Pigache, 357. — Orange, 820.

**HURE**. — Tête du sanglier. Elle est toujours mise de profil, et est dite *défendue* quand la dent ou la défense est d'un autre émail, et *animée*, *allumée* ou *flamboyante*, lorsque c'est l'œil.

*Voy.* Tahureau, 1326 *bis*.

**HYDRE**. — Monstre chimérique, lequel se représente de profil, ayant sept têtes et une queue de serpent.

**IMMORTALITÉ**. — On appelle ainsi le bûcher du Phénix; il faut en blasonner l'émail.

*Voy.* de Viart, 1327.

**INSECTES**. — Les insectes sont assez rares en armoiries. Ils se représentent la tête levée vers le chef, les ailes étendues, à l'exception des sauterelles et des grillons qui sont posés de profil, et passants.

Il n'y a rien de particulier à en dire, excepté pour le papillon, qui est dit *miraillé* quand ses ailes offrent des différences d'émail, et *marqueté* quand c'est le corps qui offre ces différences.

*Voy.* Burguet, 49. — de Chaban, 263. — de Doullé, 605.

**INSTRUMENTS DE MUSIQUE**. — Ils sont très rarement employés dans les armoiries; pour les instruments à corde, si les cordes sont d'un émail différent du reste, l'instrument alors est dit *cordé*, en spécifiant la couleur de l'émail.

*Voy.* David de Beaufort, 171 et 316. — Kaldrenner, 367.

**ISALGUE**. — Fleur fantastique en forme de cinq trèfles à queue, traversant un croissant renversé. (Rare.)

**ISSANT**. — Se dit des animaux dont on ne voit que la partie antérieure du corps, lorsque cette partie semble sortir d'une des pièces de l'écu ou du casque, lorsqu'elle est posée en cimier.

Il ne faut pas confondre *issant* avec *naissant*; ce dernier mot s'applique à l'animal à mi-corps posé sur l'écu ou en cimier.

*Voy.* de Kérimel, 225. — de la Bruyère, 507. — de Villars, 980.

**JAMBE.** — Partie du corps de l'homme, que l'on blasonne suivant la position dans laquelle elle est représentée, soit au naturel, soit armée, soit vêtue.

*Voy.* Rabensteiner, 1327 *bis*.

**JARS.** — Mâle de l'oie qui paraît dans l'écu de profil et passant. Il se blasonne comme les autres oiseaux.

**JAVELOT.** — Arme de guerre, dont le fer est garni de son bois, ce qui distingue le javelot *du bocquet*, dont le fer seul est représenté.

**JUMELLE.** — Fasces ou bandes parallèles très rétrécies, ainsi nommées parce qu'elles sont toujours deux, l'une proche de l'autre, à une distance égale à la largeur de chacune d'elles.

Les *jumelles* se mettent à une distance les unes des autres, égale à la largeur de chacune, afin que l'écu ne paraisse pas chargé de *burèles* ou de cotices.

Comme le plus souvent la *jumelle* est posée en fasce, on n'exprime pas sa position ; si elle est posée autrement, il faut le spécifier.

*Voy.* de Fosseux, 631. — de Saint-Chéron, 901.

**JUMELLÉ.** — Se dit du sautoir, de la croix, du chevron, etc., quand l'une de ces pièces est formé de deux *jumelles*.

---

**LACS D'AMOUR.** — Cordons entrelacés dont les bouts traversent le centre et ressortent par le bas à dextre et à sénestre, en forme de houppe. Souvenir de l'ancienne chevalerie.

*Voy.* de Lalot, 712.

**LAMBEL.** — Espèce de fasce très étroite, ne touchant à aucun bord de l'écu, garnie de pendants qui s'élargissent par le bas. Ordinairement, ces pendants sont au nombre de trois, un au milieu et les deux autres aux deux extrémités, et, dans ce cas, il est inutile de le spécifier. On n'exprime le nombre des pendants que lorsqu'il y en a plus ou moins de trois.

Le plus souvent, le *Lambel* est employé comme brisure par les puînés, qui en chargent les armes pleines de leur maison ; et alors il est mis en chef. Dans ce cas, il n'est pas sujet à *enquerre*, c'est-à-dire qu'il peut être de couleur sur couleur et plus rarement de métal sur métal, sans violer les règles du blason.

Quelquefois le *Lambel* est employé comme pièce de l'écu, et alors on exprime sa position.

On appelle *fil* le trait ou la traverse du *Lambel*, et *pendants* les petits clochetons qui y sont attachés.

Le lambel vient du vieux mot gaulois *Label*, qui signifiait un nœud de rubans que l'on attachait au casque sur le tympan ; il pendait en arrière et servait à distinguer, dans les tournois et les cérémonies, les enfants de leur père ; il n'y avait que ceux qui n'étaient pas mariés qui en portassent ; ce qui a donné occasion de les prendre pour brisures dans les armoiries des puînés.

*Voy.* de Beaujeu, 19. — Manara, 337. — du Champ, 535. — de Maussabré, 770.

**LAMBREQUINS**. — Le casque qui timbre les armoiries est ordinairement accompagné de pièces d'étoffes appelées *Lambrequins*. C'est le chaperon que les chevaliers posaient sur leur casque pour se préserver des ardeurs du soleil. On nommait ce chaperon *mantelet* ou *volet* ; et comme, au retour d'un combat, ce vêtement était souvent tailladé par les coups de l'ennemi, il témoignait par là qu'on s'était trouvé au fort de la mêlée.

Le lambrequin était donc un signe de bravoure ; cet ornement subit les caprices de la mode : chacun en varia la forme et les contours suivant son imagination. Les *lambrequins* sont devenus ainsi un des plus gracieux ornements des armoiries, en France et en Allemagne, où ils sont beaucoup plus usités qu'en tout autre pays.

Il est d'usage de les figurer découpés en feuilles d'acanthe, peints aux couleurs de l'écu, et attachés au *bourrelet* qui surmonte le casque ; de cette manière, ils tombent des deux côtés de l'écu qu'ils encadrent avec élégance.

Suivant M. Grandmaison (*Dictionn. hérald*., p. 474), les lambrequins devaient être d'étoffe, puisqu'ils étaient armoriés, ainsi que nous l'apprend le tournoi du roi René, où il est dit que le timbre doit être couvert du «lamberquin armorié des armes de celui qui le portera. » Ils enveloppaient la tête du cavalier et flottaient sur ses épaules, le défendant des ardeurs du soleil. Nos soldats en Afrique portent aujourd'hui des pièces d'étoffes assez analogues aux lambrequins des anciens chevaliers.

Ils prenaient différents noms, selon qu'ils affectaient diverses formes. On les appelait *cappelines* lorsqu'ils ressemblaient à une cape. De là est venu le dicton : homme de cappeline, pour désigner un homme résolu et déterminé au combat.

Quand ils étaient longs et découpés en formes de lambeaux, on les nommait lambequins ou lambrequins, du latin *lemniscus*, qui signifie proprement ces rubans volants qui servaient à lier les couronnes des anciens.

Découpés artistement, bordés, garnis de perles ou de pierreries, ils étaient appelés *hachements*, c'est-à-dire ornements de tête et non pas pièces d'étoffes hachées comme on l'a écrit. *Hachements*, en effet, a la signification que nous lui donnons en vieux français, et les Italiens se servent du verbe *azzimare* pour dire parer la tête.

*Voy.* Gibouin de la Héronnière, 221. — des Rotours, 230. — de Peyronny, 120. — Guironnet de Massas, 241.

**LAMPASSÉ**. — Se dit du lion et des autres animaux qui laissent voir leur langue, lorsque cette langue est d'émail différent.

*Voy.* de Chazelles, 59. — Denis du Péage, 289. — de Panévinon, 353. — Bigot, 462. — de Lesguisé, 731.

**LANGUÉ**. — Même signification que *lampassé*. Seulement, le mot *langué* s'applique de préférence aux oiseaux, et le mot *lampassé* aux animaux à quatre pieds. L'aigle seul fait exception : il est d'usage de le dire *lampassé*.

*Voy.* de Franchessin, 306.

**LAPIN**. — Le lapin se représente toujours de profil et accroupi. Les anciens auteurs l'appellent *Connil*.

**LARMES**. — Meubles de l'écu dont la partie supérieure en pointe devient ondoyante, s'élargit et se termine en rond. Les larmes sont toujours représentées d'argent.

Elles ont beaucoup de ressemblance avec la *goutte*, quoique cette dernière soit plus hémisphérique.

*Voy.* de Brassier, 251. — le Fèvre de Soimont, 625. — de Jouan, 695.

**LÉOPARD**. — Le léopard est très-usité en armoiries et y figure de la manière la plus honorable. En armoiries, le léopard et le lion ont beaucoup de ressemblance, mais le premier est toujours représenté *passant*, tandis que le deuxième est représenté *rampant* ; en outre, la tête du *léopard* se représente de face, et celle du lion de profil.

Le léopard, comme le lion, signifie courage et valeur. (Voir l'article *Lion*.)

*Voy.* de Voyer d'Argenson, 305. — de Coaraze, 567. — de Nompar de Caumont-la-Force, 816.

**LÉOPARD-LIONNÉ.** — Lorsque le léopard est représenté *rampant*, il est dit *lionné*, parce qu'il se trouve alors dans l'attitude du lion. Néanmoins, sa tête est toujours représentée de face.

*Voy.* D'ANGERVILLE, 9. — SALADIN, 905.

**LÉOPARDÉ.** — Se dit du lion quand il est représenté *passant*. (Voir *Lion-Léopardé*.)

**LETTRES.** — Les lettres ne sont guère employées que dans les armes parlantes, et alors ces armes sont parlantes soit par la première lettre, soit par une syllabe du nom. Excepté pour la famille de Zeddes, qui, ayant un Z dans ses armes, a des armoiries parfaitement et complètement parlantes.

Ce sont les villes qui principalement ont adopté des lettres dans leurs armoiries, en France comme à l'étranger.

Ainsi, en France :

*Digne* a la lettre D ; *Meaux*, la lettre M ; *Riom*, la lettre R ; *Saumur*, la lettre S ; *Toul*, la lettre T, etc.

Parmi les villes étrangères nous citerons :

*Alstreim*, en Autriche, qui a la lettre A ; *Bertodomi*, en Piémont, les lettres qui commencent son nom : B. E. R ; *Gœttingue*, en Allemagne, la lettre G ; *Sulmona*, au royaume de Naples, les lettres S. M. P. E, qui sont les initiales de cette phrase des Tristes d'Ovide : *Sulmo mihi patria est*, etc., etc.

Les familles ayant des lettres dans leurs armes sont peu nombreuses : les *Magaloti* de Florence qui portent · fascé d'or et de sable de six pièces, au chef de gueules chargé du mot *libertas*, ont des armes sinon parlantes, du moins allusives.

C'est toujours le caractère propre à ce genre d'armoiries.

*Voy.* BENEYTON, 195.

**LEVÉ.** — Se dit de l'ours quand il est dressé sur ses pattes de derrière.

**LÉVRIER.** — Espèce de chien à hautes jambes qui chasse de vitesse à l'œil et non à l'odorat. Il a la tête et la taille déliées et fort longues. Le *lévrier* figure dans les armoiries plus souvent que les autres animaux de son espèce, sans doute à cause de ses formes gracieuses et de l'usage que les seigneurs en faisaient pour les exercices de la chasse.

Il est habituellement représenté *courant*. (Voir *Chien*.)

*Voy.* DE LOISEL, 740. — DE FAYET, 298.

**LICORNE.** — Sorte d'animal que l'on dit se trouver dans les montagnes d'Ethiopie ; elle est représentée sous la forme d'un cheval ayant une corne sur le front, une barbe de chèvre et les pieds fourchus. Elle est l'emblème de l'innocence et de la chasteté. La licorne est dite *accornée* de sa corne, *animée* de ses yeux, *onglée* de l'ongle de ses pieds, lorsqu'ils sont d'émail différent. On la dit *saillante* et non *rampante*, quand elle est dans l'attitude du lion rampant ; *en défense*, lorsqu'elle paraît la tête baissée ; *accroupie*, lorsqu'elle est assise les deux pieds de devant touchant à terre ; *acculée*, lorsque, dans cette position, les deux pieds de devant sont levés.

*Voy.* COURTOT DE CISSEY, 279.

**LIÉ.** — Se dit des pièces attachées ensemble par un ruban, des cors quand ils ont leur cordon, des oiseaux de leurre ou de poing quand ils ont leur longe. Pour ces derniers, *longé* vaut mieux.

*Voy.* DE LA FITTE, 252. — DE MILHAU, 343. — ORANGE, 820. — DE SÉVIN, 921.

**LIÈVRE.** — Ce que nous avons dit du *lapin* peut s'appliquer au *lièvre*.

**LIMAÇON.** — Nous consacrons un article spécial au limaçon, attendu que nous ne pouvons le classer ni parmi les animaux, ni parmi les insectes, ni parmi les poissons. C'est un mollusque gastéropode de la même famille que la *limace*, dont il ne diffère qu'en ce qu'il vit dans une coquille roulée en spirale. Le *limaçon* est toujours représenté la tête hors de la coquille et montrant les cornes.

*Voy.* DROUART, 1327 ter.

**LION.** — Le *lion* figure dans les armoiries des familles les plus nobles et les plus anciennes ; il signifie la force, le courage et la magnanimité.

Le *lion* est presque toujours seul dans l'écu ; cependant il peut y en avoir deux ; s'il s'en trouve davantage, ils sont nommés *lionceaux*, comme dans les armes des BEAUVAU.

Sa position naturelle est d'être représenté *rampant*, c'est-à-dire ayant le haut du corps levé vers l'angle dextre et supérieur de l'écu, et ne posant que sur les pattes de derrière, la tête de profil et la queue retroussée sur le dos, la houppe en dehors. Il diffère en cela du *léopard*, qui est représenté *passant* et la tête vue de face.

Quand le lion est *rampant*, il ne faut pas l'exprimer : ce serait faire un pléonasme inutile.

Le lion est dit *armé* quand ses griffes sont d'un émail différent ; *lampassé* quand c'est sa langue, qui doit toujours ressortir ; *diffamé* quand il n'a pas de queue, ce qui est fort rare ; *morné* quand il n'a ni langue ni griffes ; *dragonné*, quand la partie inférieure de son corps se termine en queue de dragon ; *mariné*, si elle se termine en queue de poisson ; *naissant*, quand il ne paraît qu'à moitié sur le champ, ou en cimier, ou mouvant d'une pièce ; *issant*, lorsqu'il paraît sur un chef, sur une fasce, ou mouvant de la pointe ou de l'un des flancs de l'écu, ou enfin en cimier, ne montrant que la tête, le cou, le bout de ses pattes de devant et l'extrémité de sa queue. Sa queue est dite *fourchue* quand elle est double à partir de sa racine, et *nouée* quand elle a plusieurs houppes dans sa longueur.

Le lion, comme tous les animaux, peut être *contourné*.

Il y a des exemples de lions *échiquetés*, *vairés*, *bandés*, *fascés*, *besantés*, etc., mais ces cas sont rares.

*Voy.* de Foucher, 74. — Ubertin, 156. — de Rous, 210. — de Chabannes (hermines), 264. — Eynard, 301. — Genestet de Chayrac, 310. — de Granet, 313. — de Brezons (losangé), 495. — du Bos, 478. — de Barreau, 441. — de Gantelme, 640. — Le Glas, 652. — de Gracay, 660. — de Hauteville, 679. — de Lannoy (sinople), 721. — de Montfort, 786. — de Montlaur (vair), 790. — de Panneverre, 827. — Syer, 937. — de Billet, 1318.

**LION (OMBRE DE).** — Voir *Ombre*.

**LION-LÉOPARDÉ.** — C'est le lion représenté *passant* comme le léopard. Dans cette attitude, il conserve la tête de profil.

*Voy.* de Barrault, 168. — Le Corgne de Bonabry, 277. — de Charyère, 382. — de Cholier, 567. — de Moussy, 800. — Sorbier, 927.

**LIONCEAUX.** — Quand les lions sont au nombre de trois et plus sur un écu, on les appelle *lionceaux*. Ils symbolisent la volonté qu'ont les enfants de suivre les traces de leurs pères.

*Voy.* de Crouilly, 592. — Guérin, 668. — de Naguet, 805.

**LIONNE.** — La *lionne* ne se distingue du *lion* que par l'absence de la crinière. Tous les détails donnés sur le *lion* lui sont applicables.

**LIONNÉ.** — Se dit du léopard *rampant*. Nous l'avons déjà expliqué au mot *léopard-lionné*.

**LIS.** — Meuble de blason qui représente exactement la fleur des jardins appelée *lis*. Il se blasonne comme toute autre fleur.

*Voy.* d'Assailly, 2.

**LISTON ou LISTEL.** — Petit ruban sur lequel on écrit la devise, au-dessous de l'armoirie.

**LONGÉ.** — Se dit de l'oiseau de fauconnerie qui a des liens aux pattes.

**LORÉ.** — Se dit des poissons dont les nageoires sont d'émail différent.

**LORRAINE (CROIX DE).** — La croix dite de *Lorraine* a le croisillon double, et ses bouts sont plats et unis ; lorsqu'ils sont tréflés, on l'appelle croix de patriarche.

*Voy.* Thomas, 1329.

**LOSANGE.** — Figure à quatre côtés égaux ayant deux angles aigus et deux autres obtus, plus longue que large et moins effilée que la fusée ; son nom, suivant Scaliger, vient du latin barbare *laurengia*, fait de *laurus*, laurier, parce que cette figure ressemble à quelque égard à la feuille de laurier.

L'écu des filles est figuré en losange.

Les *losanges* peuvent se mettre en nombre sur un écu jusqu'à seize ; ce chiffre passé, l'écu est dit semé de losanges.

Les losanges représentent les fers de lance, et, comme telles, font partie des armes offensives de l'ancienne chevalerie. D'autres disent que ce sont des fuseaux et qu'elles symbolisent les ouvrages exécutés avec patience et habileté. Cette dernière version s'applique mieux aux fusées qu'aux losanges.

Dans le premier cas, elles seraient de métal ; et, dans le second, elles seraient de couleur.

*Voy.* DE TIVOLLIER, 215.— DE CÈZE, 233.— DE FAYET, 298.—DE GABRIAC, 307.— CHABERT, 531. — GIGAULT DE BELLEFONDS, 649. — DE MAIZIÈRE, 1330.

**LOSANGÉ.**— Rempli de losanges alternativement de métal et de couleur. Pour blasonner, on commence par l'émail de la première losange de l'angle droit du chef.

Les pièces du *losangé* sont toujours placées droites, c'est-à-dire la pointe en haut, comme la losange ; si la pointe inclinait à dextre, on dirait alors *losangé en bande*, comme aux armes de Bavière.

Ce que nous avons dit de l'*échiqueté* peut s'appliquer au *losangé*.

*Voy.* DE BREZONS, 495.— BERTRAND DE POULIGNY, 457.—DU PRÉ, 869.— DE VILAINES, 979.

**LOUP.**— Le loup est ordinairement *passant*. Quand il est dans l'attitude du lion *rampant*, on le dit *ravissant*. *Lampassé* et *armé* se disent de la langue et des griffes du loup lorsqu'elles sont d'autre émail que son corps.

Il peut représenter ou rappeler un trophée de chasse, une victoire remportée sur un homme cruel et sanguinaire.

*Voy.* DE BARRAL D'ARÈNES, 379.— BESSE DE BOUREBENT, 459. — DE BAHUNO, 431.

**LUNE.** — Elle prend ce nom quand elle est pleine, ce qui est fort rare ; autrement elle est représentée sous la forme d'un croissant sous laquelle elle est fort usitée en armoiries. (Voir *Croissant*.)

**LUNEL.**— On appelle ainsi quatre croissants appointés en forme de rose à quatre feuilles. (Rare.)

**L'UN SUR L'AUTRE.** — Se dit des animaux *passants* et placés l'un sur l'autre, ou de toute autre pièce placée l'une au-dessus de l'autre, telles que les épées, les arcs, les lances, etc.

*Voy.* DE MARC, 105. — BRACHET DE PÉRUSE, 489.

**LYRE.** — Instrument de musique à cordes en usage chez les anciens. La lyre sur les médailles est un symbole de la concorde ou d'un culte particulier rendu à Apollon. On appelle quelquefois *lyre de David*, les coquilles appelées harpes. La lyre est dite *cordée* si les cordes sont d'émail différent.

**LYS.** (Voir *Lis*.)

**ACLE.**— Ce meuble a la forme exacte d'une losange, qui est percée dans le même sens, c'est-à-dire que le vide au travers duquel on voit le champ de l'écu a aussi la forme d'une losange. Le terme *macle* vient du latin *Macula*, une maille en losange. Elle figure donc la maille des filets dont on se servait à la chasse, tant pour le menu gibier que pour la bête fauve, et aussi les mailles de la cotte d'armes du chevalier, ce qui augmente encore l'importance qu'elles ont comme meuble de l'écu. Les macles mises en nombre sont le plus ordinairement aboutées et accolées.

*Voy.* LE SÉNÉCHAL DE CARCADO-MOLAC, 151. — BOISBOISSEL, 473.

**MAÇONNÉ.** — Se dit en général des tours et châteaux dont les lignes qui marquent la séparation des pierres, ou les joints, sont d'un autre émail que les pierres ; ce mot s'applique également à l'écu quand il est divisé par des lignes qui marquent les joints des pierres, comme dans les bâtiments.

*Voy.* de Belles-Manières, 458. — de Laszcz, 723. — de la Tour, 954.

**MAILLETS et MARTEAUX.** — Espèce de marteau de bois ou de fer à deux têtes : ancienne arme en usage dans le xiv$^e$ siècle. Les trente chevaliers bretons, dans leur fameux combat avec pareil nombre d'Anglais, se servirent, entre autres armes, de *maillets*. — Le *maillet* est plus large que le *marteau*, dont l'un des bouts est rond ou carré et l'autre bout taillé en ciseau et fendu ; tandis que la partie supérieure du maillet est plus longue que l'inférieure, le manche, à son extrémité, est plus gros et arrondi ; celui du marteau est plat et plus long. Cette pièce est le plus souvent employée comme armes parlantes.

*Voy.* le Tenneur, 944.

**MAINS.** — Les mains sont employées en armoiries comme toutes les parties du corps humain ; c'est en effet la main qui tient l'épée et la dirige dans les combats, c'est elle qui scelle les actes des souverains, et qui exécute ce que l'esprit de l'homme a conçu. Deux mains, l'une dans l'autre, représentent la bonne foi. (Voir le mot *Foi.*)

La main se pose ordinairement en pal, montrant la paume, les bouts des doigts en haut. Dans cette position on la dit *appaumée*. Lorsqu'une main montre le dos, on la dit *contre-appaumée*, et *renversée* lorsque les doigts sont en bas. Les mains qui paraissent dans l'écu sont ordinairement *dextres* ; lorsqu'elles sont *sénestres*, on doit en faire la distinction en blasonnant.

*Voy.* de Bras-de-Fer, 42. — de Lusse, 749, — Malet de Vandègre, 757 *bis*.

**MAL ORDONNÉ.** — Se dit de trois pièces posées 1 et 2, c'est-à-dire une en chef et deux en pointe, ce qui est contraire à l'usage qui est de les poser 2 et 1, c'est-à-dire deux en chef et une en pointe, ainsi que nous avons déjà eu occasion de l'expliquer.

*Voy.* du Pouy de Bonnegarde, 130. — de Brassier, 251. — Marsucco, 341.

**MANCHE MAIL-TAILLÉE.** — Figure bizarre dont il est assez difficile de définir la forme capricieuse.

Primitivement sans doute, et son nom l'indique, elle devait avoir la forme d'une manche ; mais à cause de son irrégularité actuelle, il n'est guère possible d'y voir une manche, à moins qu'on ne la suppose dédoublée du bas, étalée et arrachée dans quelques parties à l'endroit des coutures.

Les Anglais font un usage assez fréquent de ce genre de meuble ; il est beaucoup plus rare en France.

*Voy.* de Condé, 1331.

**MANIPULE ou FANON.** — Se dit du bras et de la main de l'homme revêtus de la petite étole que les prêtres, le diacre et le sous-diacre portent au bras gauche dans la célébration de la messe.

**MANTEL.** — (Voir *Tiercé en mantel.*)

**MANTELÉ.** — De même que *Chappé*.

Quelques auteurs établissent cette différence entre le *chappé* et le *mantelé*, que le premier remonte jusqu'au chef de l'écu, et que le second n'a que la hauteur du chevron placé régulièrement. Nous avons cru devoir mentionner cette distinction.

*Mantelé* se dit aussi du lion ou de tout autre animal, quand il est recouvert d'une mante ou manteau.

*Voy.* Ghisi, 1331 *bis*.

**MANTELET.** — Ornement du casque. (Voir *Lambrequins.*)

**MARCHÉ.** — Vieux mot qui n'est plus usité et qui s'appliquait à la corne du pied des animaux. (Voir *Ancorné.*)

**MARINÉ.** — Se dit des animaux qui ont une queue de poisson. On trouve des exemples de lions *marinés*.

**MARQUÉ.** — Se dit des dés qui ont des points sur les faces.

**MARQUETÉ.** — Pour *Miraillé*. (Voir ce mot.)

**MARTEAU ou MARTEL.** — (Voir *Maillet.*)

6

*Voy.* de Martel, 106. — de Malrieu, 336.

**MASSACRE.** — Crâne du cerf vu de face, surmonté de son bois ou ramure.
*Voy.* de Banson, 1332.

**MÉLUSINE.** — (Voir *Sirène*.)

**MEMBRÉ.** — Se dit des pattes des aigles et autres oiseaux quand elles sont d'émail différent. Le mot *armé* s'applique aux griffes seulement.
*Voy.* Marin de Montmarin, 340. — de Montendre, 345. — Gourreau de la Blanchardière, 658.

**MÊME** (du). — Nous avons déjà dit que l'on se servait de cette expression pour éviter la répétition de l'émail que l'on venait de nommer.

**MENU-VAIR, MENU-VAIRÉ.** — (Voir *Vair* et *Vairé*.)

**MERLETTE.** — Petit oiseau vu de profil, représenté sans pieds ni bec; il ne faut pas la confondre avec la *cannette*, dont le col est plus allongé et plus recourbé, et qui a toujours pieds et bec.
Les *merlettes*, ainsi que les *alérions*, représentent les ennemis désarmés et hors de combat; elles figurent principalement sur l'écusson des chevaliers croisés, en signe de leurs blessures, de leurs souffrances et de leurs victoires.
*Voy.* d'Alès, 95. — Michel de la Morinerie, 342. — de Bongars, 475. — d'Auvergne, 429. — des Camps, 513. — Masbourg, 766. — Tenant, 943.

**MÉTAUX.** — Les métaux sont au nombre de deux : l'*or* et l'*argent*. Le premier se représente en gravure par un pointillé, et le second se représente au naturel, c'est-à-dire blanc uni et sans aucune hachure. (Voir *Or* et *Argent*.)

**MEUBLES.** — On entend par ce mot toutes les pièces secondaires ou objets qui se placent sur le champ de l'écu ou sur les pièces principales, telles que besans, tourteaux, quintefeuilles, annelets, molettes, billettes, croissants, étoiles, animaux pédestres, oiseaux, reptiles, châteaux, tours, arbres, arbrisseaux, fleurs, et généralement tout ce qui peut se trouver dans un écu, soit qu'il y ait des pièces honorables ou non, parce qu'ils garnissent ou meublent le champ des armoiries.

La variété de ces pièces peut être infinie. La guerre, la religion, la justice, les arts, les sciences, les épisodes de la vie publique ou privée, ont fourni au blason une foule de signes distinctifs dont la symbolique est souvent assez difficile à expliquer.

L'usage, toutefois, a limité l'emploi de ces signes, en répudiant ceux dont le caractère symbolique prêterait à l'équivoque.

En général, les armes les plus simples, les moins chargées de meubles, sont, en France, les marques de la plus ancienne noblesse : néanmoins, des familles qui, primitivement, en possédaient de fort simples, ont pu successivement en multiplier les pièces, soit par concession du souverain, soit par souvenir d'actions mémorables.

D'autres encore ont pu faire des additions à leurs armoiries par suite d'héritage ou d'alliances, et ces additions dont la trace se perd dans la nuit des temps, ont rendu l'armoirie compliquée, de simple qu'elle était primitivement.

*Voy.* de Mons (molettes), 732. — de la Motte (merlettes), 797. — de Muret (besans), 803. — de Nadau de Treil (étoiles), 804. — Perrier (billettes), 834. — Perrochet (croissants), 835. — de Pichon (coquilles), 842. — de Poray de Swinary (rose), 856. — de la Raffinerie d'Auterive (raves), 870. — du Tiersonnier (cœur), 961. — de Vergy (quintefeuilles), 972.

**MEZAIL.** — Le milieu, le devant du heaume.

**MI-COUPÉ.** — Se dit de l'écu *coupé* de deux émaux dont chacun est chargé de la moitié d'une figure; ou encore de l'écu, qui, étant parti, est *coupé* seulement dans l'une de ses parties.

**MI-PARTI.** — L'explication donnée pour le mi-coupé s'applique au *mi-parti*.
Se dit de l'écu *parti* de deux émaux, dont chacun est chargé de la moitié d'une figure ou d'une armoirie, ou encore de l'écu qui, étant coupé, est *parti* seulement dans l'une de ses parties.

*Voy.* Gargioli, 309. — de Johanne de Lacarre de Saumery, 320. — de Bastard, 191.
— Massimo, 250.

**MIRAILLÉ**. — Se dit des ailes du papillon quand elles sont nuancées d'un autre émail. *Marqueté* s'applique plutôt au corps qu'aux ailes.

*Voy.* Burguet, 49.

**MIS EN**. — (Voir *Posé en*.)

**MOLETTE**. — La molette est la partie de l'éperon en forme d'étoile avec laquelle on pique le cheval. Son nom vient du latin *mola*, à cause de sa ressemblance avec une petite meule. On la représente sous la forme d'une étoile à 6 pointes, et percée en rond au milieu, ce qui la distingue des étoiles proprement dites, qui sont pleines. Quand elle a plus ou moins de six pointes ou rais, il faut le spécifier. On la dit *colletée* lorsqu'elle est accompagnée de la branche de l'éperon au bout de laquelle elle est rivée. Cette branche s'appelle *collet*.

Au lieu de dire *molette d'éperon*, on dit *molette* simplement.

Les molettes sont très usitées en blason, et représentent les éperons qui étaient autrefois le signe distinctif de la chevalerie.

Quant à l'éperon proprement dit, il est très rarement employé.

*Voy.* d'Alvimare, 99. — de Bombelles, 220. — de Charbonnel, 266. — de Lauthonnye, 329. — Loison de Guinaumont, 331. — de Berulle, 458. — Daniel, 598. — de Langlois de la Fortelle, 719. — de Neuchèze, 810. — de Saint-Méloir, 904. — Le Sueur, 932.

**MONDE**. — Meuble qui représente le globe terrestre. On le représente surmonté d'une croisette et entouré d'un cintre. On dit *cintré* du cintre, *croisé* de la croisette lorsqu'ils sont d'un autre émail que le monde.

*Voy.* Le Conte des Graviers, 579. — de Mun, 801. — de Terrasson, 945.

**MONSTRUEUX**. — Se dit d'animaux ayant face humaine.

De Montdragon porte : *de gueules, à un dragon d'or monstrueux, ayant la barbe composée de serpents*.

**MONTAGNE**. — Nous avons déjà dit à l'article *Éléments* que la terre était représentée en armoiries par les terrasses et les *montagnes*.

Il y en a beaucoup qui sont composées d'un certain nombre de *coupeaux*, et d'autres qui sont mouvantes du bas de l'écu ; ce qu'on exprime en blasonnant.

Les montagnes avec *coupeaux* sont bien plus fréquentes dans le blason italien que dans tout autre ; elles peuvent symboliser le nombre de fiefs ou de châteaux que possédaient les familles qui avaient de semblables armoiries.

*Voy.* de Durban, 295. — de Brauer, 43. — de Grand, 312. — d'Arnauld, 418. — Chirol de la Brousse, 57.

**MONTANT**. — Se dit de toutes pièces dressées contre le chef de l'écu. Quelques auteurs anciens disent le croissant *montant*, parce que ses pointes se dirigent en haut ; mais cette qualification est inutile pour le croissant, parce que c'est sa position ordinaire.

**MORAILLES**. — Espèce de mors ou de pince dont on serrait le nez des chevaux difficiles ; des auteurs prétendent que ce sont des tenailles de verrier, ce qui peut s'admettre par l'adjonction à la noblesse des *gentilshommes verriers*.

*Voy.* Moreilles, 1333.

**MORNÉ**. — Se dit du lion et autres animaux sans dents, bec, langue, griffes ou queue, et du casque dont la visière est entièrement fermée.

*Voy.* de Bouyn, 235. — de Chantemerle, 537.

**MOUCHE**. — (Voir *Insectes*.)

**MOUCHETÉ**. — Se dit des pièces qui sont chargées de mouchetures d'hermine.

**MOUCHETURE**. — Petite pièce de fourrure noire, prise à la queue de l'hermine, dont les pelletiers parsèment la dépouille de cet animal pour en faire ressortir la blancheur et l'éclat. Son émail particulier est le sable ; il y en a aussi d'autres émaux.

*Voy.* Arminot du Chatelet, 141. — d'Amyot, 412. — de Maistre, 755.

**MOUTON.** — Animal qui paraît dans l'écu de profil et *passant*, ce qui le distingue de la brebis, qui est toujours *paissante*. (Voir *Brebis* et *Bélier*.) Son émail particulier est l'argent; mais il peut s'en trouver qui soient d'autre émail.

*Voy.* DU FAU, 617. — DE PICHON, 841.

**MOUVANT.** — Se dit d'une pièce ou d'un meuble qui saille de l'un des flancs ou de l'un des angles de l'écu. Il faut toujours avoir soin de bien spécifier la position de la pièce.

*Voy.* COMBAREL, 269 et 574. — DE DURBAN, 295.

**MUR.** — (Voir *Avant-Mur*.)

**AGEANT.** — Se dit d'un poisson couché horizontalement ou en travers de l'écu, ou de tout autre animal, le cygne, par exemple, lorsqu'il est sur l'eau.

*Voy.* DE CUVIER.

**NAISSANT.** — Se dit d'un animal qui ne montre que la tête, les épaules, les pieds et les jambes de devant avec la pointe de la queue.

Si l'animal paraît sortir du chef, de la fasce ou de toute autre pièce, il est dit *issant*.

*Voy.* D'ANTIGNY, 1334.

**NASAL.** — Partie supérieure du casque qui couvrait le nez quand on la baissait.

DE VIDAL porte : *d'azur, à 3 heaumes d'argent surmontés de panaches, tarés de front, nasal relevé*.

**NATUREL.** — Se dit des animaux, fleurs et fruits, représentés comme ils sont naturellement. Dans cette condition, ils peuvent se mettre sur métal ou sur couleur indistinctement.

*Voy.* D'ANGÉLIS, 6. — LE BLANC DE CHATEAUVILLARD, 212. — DE MAGNY, 294.

**NAVIRE.** — Le navire peut être représenté en blason sous différentes formes.

On dit le navire *équipé* quand il a tous ses agrès; *habillé*, quand toutes ses voiles sont d'un autre émail que la coque, et *flottant* ou *voguant* quand il est représenté marchant.

DE KATER porte : *de gueules, à un navire d'or équipé du même, voguant sur une mer de sinople; et un chef d'argent chargé, d'une tête de nègre de sable posée de front, et tortillée d'argent*.

**NÉBULÉ.** — Se dit des pièces qui sont faites en forme de nuées.

L'*enté-nébulé* se nomme ainsi lorsque les pièces principales d'un écu, les fasces, par exemple, sont découpées des deux côtés par des entailles formant alternativement une saillie ronde et une concavité, et s'enclavent dans l'émail du champ qui revêt la même forme.

*Voy.* DE ROCHECHOUART, 265.

**NERVÉ.** — Se dit des plantes et des feuilles dont les nerfs et fibres sont d'un autre émail que celui du corps de la plante (très rare).

**NILLE, NILLÉ.** — (Voir *Anille, Anillé*.)

**NOUÉ.** — Se dit de la queue des lions quand elle a, dans sa longueur, plusieurs nœuds en forme de houppes; et des pièces liées ou entourées d'un cordon.

On se sert encore de ce mot pour les pièces ordinaires dont la régularité est altérée vers le milieu par un nœud de forme arrondie.
*Voy.* DU QUENGO, 866.

**NOUEUX.** — S'applique aux bâtons dont le bois est hérissé de nœuds ou d'écots.

**NOURRI.** — Sert à désigner les plantes dont le pied n'a pas de racines, et les fleurs-de-lis dont la partie inférieure n'est pas apparente.

Il vaut mieux se servir de l'expression *au pied coupé.*

**NUAGE, NUÉE.** — (Voir *Éléments.*)

**NUAGÉ.** — Pour *Nébulé.*

**ŒIL.** — (Voir *Yeux.*)

**OGOESSE.** — Tourteau de sable. (Ancien.)

**OISEAUX.** — Nous avons fait un article à part pour les *aigles* et les *merlettes*, qui sont les oiseaux les plus employés en armoiries ; un autre pour les oiseaux de leurre et de poing, à cause des termes particuliers qui leur sont propres et qui dépendent de leurs habitudes et de leur usage ; un enfin, pour la *grue*, le *pélican* et le *phénix*, à cause de leur spécialité. Quant aux autres espèces d'oiseaux, ils sont toujours représentés de profil ou de flanc, excepté le *paon* (Voir ce mot) qui se met toujours de face. Ils sont dits *becqués, langués* et *membrés*, lorsque le bec, la langue ou les pattes sont d'un autre émail que les corps, et *armés*, quand ce sont les griffes.

Il n'est nécessaire de spécifier la position des ailes que lorsque le vol est *éployé*.
*Voy.* GARCIA (héron), 5. — DU BOIS DE LA VILLERABEL (perdrix et grand-duc), 30. — DE HINNISDAL (merles), 88. — DE LOISEL, 100. — BLONDEL (tourterelles), 208. — DE BAGNAN, 430. — DE CONCEVL, 577. — DE HINDROUF, 688. — DE MONTLEZUN DE BESMAUX (corneilles), 791. — DE VERDELIN (verdelet), 971.

**OMBELLE.** — Du mot latin *umbella*, qui signifie parasol. Espèce de parasol que le doge de Venise plaçait sur ses armes.

**OMBRE.** — Image déliée qui laisse voir à travers le champ ou les pièces de l'écu.
DE TRAZEIGNIES porte : *bandé d'or et d'azur de six pièces, et une ombre de lion de sable brochant sur le tout.*

**OMBRÉ.** — Relevé de noir pour être mieux distingué.

**OMBRE DE SOLEIL.** — Image du soleil, sans yeux, nez ni bouche.
HURAULT DE CHIVERNY porte : *d'or, à une croix d'azur, cantonnée de quatre ombres de soleil de gueules.*

**ONDE.** — (Voir *Éléments.*)

**ONDÉ.** — Se dit des pièces de longueur qui ont des sinuosités curvilignes, concaves et convexes alternativement.
*Voy.* DE PARDAILLAN-GONDRIN, 8 et 115. — BOULON, 484. — DE CHATEAUVIEUX, 550. — DE TRIEU, 962.

**ONDOYANT.** — S'applique à la queue de la comète. (Voir ce mot.)

**ONGLÉ.** — Se dit des animaux lorsque leurs ongles sont d'un émail différent.
Voy. DE BEAUMONT, 200.

**OR.** — Le premier des métaux ; symbole de la foi, de la force, de la constance, de la richesse.—L'or se représente dans la gravure par un pointillé.
Voy. D'ANGERVILLE - D'AUVRECHER, 9. — DE BRIDIERS, 496. — DE CHAMBORANT, 533. — DE MAINBEVILLE, 753.— MALAT DE LA BERTINIÈRE, 758. — PARIS, 1366.

**ORANGÉ.** — Couleur adoptée par les Anglais, mais qui n'est pas en usage chez les Français. Elle se représente, en gravure, par un croisement de lignes verticales et de lignes diagonales allant de sénestre à dextre.

**OREILLE.**—Petite pointe qui se trouve de chaque côté d'une coquille.

**OREILLÉ.** — Se dit des coquilles lorsque les oreilles sont d'autre émail, ou du dauphin et des poissons lorsque leurs oreilles paraissent d'un autre émail.

**ORLE.** — Diffère de la *bordure* et de la *filière* en ce que celles-ci touchent les bords de l'écu, tandis que l'orle en est éloigné à une distance égale à sa largeur, qui n'est que la moitié de celle de la bordure.
L'*orle*, d'un usage peu général par lui-même, est nécessaire à connaître à cause de sa disposition dans laquelle se rangent souvent les menues pièces. **Mis en orle** s'applique aux menues pièces rangées dans le sens de l'*orle*.
Le *trécheur*, ou *essonnier*, est une espèce d'*orle* qui n'a néanmoins que la moitié de sa largeur, et qui mérite une mention spéciale.
Voy. CHARLOT (orle), 1335. — DE MONTLEZUN DE BESMAUX (mis en orle), 791.

**ORLÉ.** — Posé en *orle*. (Vieux mot.)

**ORNÉ.** — Se dit de l'écu garni de ses lambrequins.
Voy. DE PEYRONNY, 120.

**ORNEMENTS EXTÉRIEURS DES ARMOIRIES.** — Il ne suffit pas de savoir blasonner les armoiries, il faut encore savoir distinguer les ornements particuliers et les marques d'honneur qui les accompagnent. Ces ornements et ces marques d'honneur sont les couronnes, les casques, les cimiers, les lambrequins, les supports, les tenants, les devises, les ordres de chevalerie et les marques d'emplois ou de dignités.

Suivant le P. Ménestrier, il y a sept manières de placer dans les armoiries les marques de dignités.

« La première est de les faire entrer dans les armes mêmes de la famille, comme firent les Bouteiller de Senlis, qui portaient d'or à une croix de gueules, chargée de cinq coupes d'or. Les personnes qui avaient des offices à la cour, surtout les filles et les dames attachées aux reines, mettaient sur leurs tombeaux, dès le XIIIe siècle, des fleurs-de-lis et des roses, et il ne faut point douter que la plupart des fleurs-de-lis portées en armoiries par tant de familles, ne soient des marques des offices remplis auprès des rois par quelqu'un de leurs membres, tout autant que des concessions particulières ;

2º Elles peuvent former un quartier des armoiries, comme dans celles des électeurs séculiers de l'empire ; Bavière portait le globe impérial ; Saxe, deux épées ; Brandebourg, le sceptre ;

3º Elles se mettent en cimier comme les couronnes, les tiares, les chapeaux, les mitres, les mortiers, etc.;

4º Elles s'accolent derrière l'écu, comme la croix des archevêques, l'ancre de l'amirauté, les bâtons des maréchaux de France. S'il n'y a qu'une pièce, on la met droite en pal, et en sautoir s'il s'en trouve deux ;

5º Elles se mettent aux côtés de l'écu, comme les épées du connétable et celles du grand écuyer ;

6º On les place au-dessous de l'écu, comme les canons acculés du grand maître de l'artillerie ;

7º Elles entourent l'écu, comme les colliers des ordres de chevalerie, le pallium de quelques archevêques, les manteaux des ducs et pairs, des marquis et des comtes, des sénateurs de l'empire français.

Les marques des dignités ecclésiastiques sont : la tiare et les clefs pour le pape ; le chapeau rouge pour les cardinaux ; le chapeau vert pour les archevêques et évêques ; la croix à double traverse pour les patriarches et primats; la croix simple pour les archevêques ordinaires et pour les cardinaux qui ont eu des légations; la crosse et la mitre pour les évêques et les abbés; la crosse pour les abbesses; le chapeau noir pour les protonotaires.

Les chantres des chapitres ou églises collégiales commencèrent au xvii<sup>e</sup> siècle à mettre un bâton de chœur derrière leurs armoiries; les prieurs ont mis un bourdon.

**OTELLES.** — Espèce de meuble que l'on croit être des amandes pelées; la forme de la figure donne lieu à cette supposition que confirme encore la devise de la maison de Comminges (qui porte de gueules à 4 otelles d'argent adossées et posées en sautoir) : « *En croyant, nous amandons.* »

Le P. Monet prétend que ce sont des fers de lance.

Le P. Ménestrier a pensé que c'étaient des pignons de combles ou de toits que l'on nommait anciennement *hastulas* en latin et *hastelles* ensuite, puis *otelles* en notre langue.

Enfin, d'autres auteurs prétendent que ce sont les vides (le champ) d'une croix pattée très large et très arrondie, qui n'a laissé d'autres ouvertures que quatre petites échancrures de la figure et de la forme de quatre amandes pelées. D'après cette version, la maison de Comminges aurait donc primitivement porté : d'argent, à une croix pattée de gueules?

*Voy.* DE SAMATAN, 148. — DE COMMINGES, 268.

**OURS.** — L'ours est représenté de profil et *passant*, ne montrant qu'un œil et qu'une oreille. Comme tous les autres animaux, il est dit *allumé*, quand son œil est d'un émail différent. Il est dit *levé* au lieu de *rampant*, quand il se dresse sur ses pattes de derrière; *accroupi*, lorsqu'il est assis, les deux pattes de devant posées à terre; *armé*, lorsque ses griffes sont d'un émail différent.

*Voy.* BIELSA, 5. — DE LA GRANGE, 661.

**OUVERT.** — Se dit d'une maison, d'une tour ou d'un château, dont la porte est d'émail différent; *ajouré* s'applique aux fenêtres ou autres ouvertures.

Ce terme s'emploie encore pour la grenade lorsque la fente par laquelle elle montre ses graines est d'un émail différent.

*Voy.* D'ORNANO (tour), 351. — DE DENIS (grenade), 601. — DE L'EPINE (tour), 611. — GRYMALA DE BIEGANOW, 667.

**AILLÉ.** — (Voir *Diapré.*)

**PAIRLE.** — Le *pairle* est un pal mouvant de la pointe de l'écu et divisé en deux parties égales qui vont aboutir en forme d'Y aux deux angles du chef. Le *pairle* représente l'éperon de l'ancien chevalier.

Nous croyons que ce mot vient de *pergula*, qui était un bois fourchu, comme un Y, dont on se servait anciennement dans les églises, pour suspendre les lampes et étendre les habits sacrés; les treilles se nomment *pergulæ*, parce qu'elles sont soutenues sur des fourches. Quelques-uns ont cru que ce mot venait du latin *parilis*.

Quelquefois de menues pièces sont posées en *pairle*.

Le pairle est peu employé.

*Voy.* ISOMME, 1336.

**PAISSANT.** — S'applique aux animaux, aux vaches et aux brebis principalement, lorsqu'ils ont la tête inclinée et semblent paître.

DE BERBIS porte : *d'azur, à un chevron d'or, accompagné en pointe d'une brebis d'argent* paissante.

**PAL.** — Le *pal* est la troisième des pièces honorables ordinaires ; il représente la lance du cavalier ou le poteau qu'en signe de juridiction le châtelain faisait dresser devant le pont-levis de son manoir.

Le pal est formé par deux lignes perpendiculaires, tirées du chef de l'écu à la pointe, et occupe, lorsqu'il est seul, le tiers de l'écu.

Il est d'usage en blason de dire *pals* au pluriel, et non *paux*, comme le veut l'Académie.

Le pal peut se mettre en nombre sur l'écu : il peut être *chargé* et *accompagné* ; mais il est dit *accosté*, au lieu d'*accompagné*, quand il est flanqué de pièces pareilles en forme, en nombre et en position ; il peut être également *componé*, *fretté*, *bandé*, *échiqueté*, *losangé*, *chevronné*, etc., mais rarement *dentelé*, *engrêlé* ou *bretessé*.

Lorsqu'il y a plus de *trois* pals dans un écu, ils sont appelés *vergettes*.

*En pal* se dit d'un meuble de longueur dont la position ordinaire est d'être en *fasce* et non en *pal*, et aussi de plusieurs meubles, au nombre de plus de deux, placés l'un sur l'autre, excepté les animaux, qui sont dits *l'un sur l'autre* et non *en pal*.

*En pals* se dit de plusieurs meubles de longueur qui sont droits, contre leur ordinaire.

Du Cange fait dériver le mot *pal* de *pallea*, qui a signifié un tapis ou pièce d'étoffe, et il prétend que les anciens nommaient *pales* les tapisseries qui couvraient les murailles ; qu'elles étaient d'étoffes d'or et de soie cousues alternativement, un lé d'étoffe d'or, un lé d'étoffe de soie ; il ajoute que les anciens disaient *paler* pour tapisser, et que de là on doit tirer l'origine des mots *pal* et *palé ;* en effet, il existe encore d'anciennes tapisseries, composées de bandes perpendiculaires et alternées qui imitent complétement le *palé* des armoiries.

*Voy.* Brancas, 41. — d'Escars, 354. — de la Barthe, 443. — de Chateauneuf-Apchier, 548.—de Guégnot, 669.—Roux de Lamanon, 889.

**PALÉ.** — L'écu est dit palé quand il est rempli également de pals de couleur et de métal ; il faut spécifier le nombre de pièces dont il se compose, qui est de six au moins et de huit au plus. Pour blasonner, il faut commencer par désigner l'émail de la première pièce de la partie dextre de l'écu.

Quand il y a plus de huit pièces, l'écu est dit *vergeté*.

*Voy.* du Port de Pontcharra, 129. — de Comps, 278. — de Lart de Bordeneuve, 376. de May, 772.

**PALÉ-CONTREPALÉ.** — Si les pièces qui composent le *palé* sont coupées, tranchées ou taillées d'un trait d'émail différent, de manière à ce que le métal soit opposé à la couleur, et réciproquement, l'écu est dit *palé-contrepalé*.

Cette disposition a déjà été signalée pour le *bandé*, le *barré*, le *chevronné* et le *fascé*.

*Voy.* de la Combe, 1337.

**PALISSÉ.** — Se dit d'une pièce formée de plusieurs pieux placés près à près et pointus en haut, en forme de palissade.

**PALME.** — Branche de palmier. La *palme* rentre dans la catégorie des *branches*, et si nous en faisons une mention spéciale, c'est à cause de son sens symbolique. Elle signifie *victoire*, *avantage*, soit à la guerre, soit dans une dispute littéraire.

*Voy.* d'Arnault, 12. — de Sermizelles, 160.

**PAMÉ.** — Se dit des poissons, du dauphin spécialement, qui ont la gueule béante.

**PAMPRE.** — Rameau de vigne orné de ses feuilles, qui diffère du *Cep de Vigne* en ce qu'il n'a point, comme ce dernier, de racine ni d'échalas.

Les anciennes armes de la ville de Dijon étaient : *de gueules, au pampre d'or, feuillé de sinople*.

**PAMPRÉ.** — Se dit des feuilles et de la tige d'une grappe de raisin, lorsqu'elles sont d'un émail différent. Ce mot remplace dans l'espèce, les mots *tigé* et *feuillé* dont on se sert pour les fleurs.

Arlot de Frugie porte : *d'azur, à trois étoiles d'argent rangées en fasce, accompagnées en chef d'un croissant du même, et en pointe, d'une grappe de raisin, aussi d'argent, pamprée de sinople*.

**PANACHE.** — Bouquet de plumes d'autruche haut sur sa tige, aplati et arrondi à sa partie supérieure, qui est penchée en avant et imite, par son contour, la feuille d'acanthe.

Le panache est l'ornement que portaient les chevaliers sur leur casque, à la guerre et dans les tournois.

**PANACHÉ.** — Orné de panaches.

**PANELLE.** — Feuille de peuplier.

**PANNES.** — (Voir *Fourrures*.)

**PANNETON.** — Partie de la clef qui entre dans la serrure.

*Voy.* DE CLERMONT-TONNERRE, 55.

**PAON.** — Le *Paon* se pose toujours de front, et *rouant*, c'est-à-dire étalant sa queue en forme de roue. Sa tête est ornée de trois plumes en aigrette.

Lorsque les yeux de la queue sont d'émail différent, le paon est dit *miraillé*.

*Voy.* DES BASSAYNS DE MONTBRUN, 455. — PAIGNON-DIJONVAL, 824.

**PAPELONNÉ.** — Le *papelonné* se représente en forme d'écailles, ou demi-cercles un peu allongés, rangés les uns sur les autres, comme les tuiles d'un toit.

Le vide ou l'intérieur de ces pièces forme le champ.

*Voy.* ARQUINVILLIERS, 1338.

**PAPILLON.** — Le *papillon*, ainsi que nous l'avons dit au mot *insecte*, se représente toujours de front et les ailes étendues.

Il est dit *miraillé*, lorsque les marques ou taches des ailes sont d'un autre émail que son corps et *marqueté* quand c'est le corps.

*Voy.* BURGUET, 49.

**PARÉ.** — Le bras est paré quand il est d'un autre émail que la main. C'est un cas assez rare ; le bras est ordinairement *armé* ou *vêtu*.

**PARTI.** — L'écu est *parti* s'il se trouve partagé en deux parties égales, par un trait perpendiculaire allant du chef à la pointe.

Si les deux divisions qui composent l'écu sont peu ou point chargées, on blasonne ainsi : de... *parti* de... Si, au contraire, les divisions sont chargées, il est utile de blasonner ainsi : *parti*, au 1$^{er}$ de...., et au 2$^e$ de.... La vue de l'armoirie suffit pour indiquer la méthode à employer.

Le mot *parti* s'applique aussi à toute pièce ou meuble divisé par une ligne verticale en deux parties égales.

*Voy.* D'ARCAMBAL, 7. — DE GAULEJAC, 79. — DE BASTARD, 191. — D'ESCOUBLEAU DE SOURDIS, 297. — SYMONS, 377. — DE LACARRE, 709. — DE MAUVOISIN, 771. — SARSFIELD, 909.

**PARTIES DU CORPS HUMAIN.** — L'homme ne figure presque jamais en entier dans les armoiries que comme ornement de l'écu ou *tenant*.

Pour les détails qui se rattachent aux différentes parties du corps, nous renvoyons aux mots *Bras*, *Buste*, *Carnation*, *Cœur*, *Jambe*, *Main*, *Tête* et *Yeux*.

**PARTITIONS.** — On nomme ainsi les divisions résultant des lignes qui partagent le champ de l'écu en plusieurs parties.

Elles sont au nombre de quatre :

1° Le *parti* proprement dit, qui se forme en tirant une ligne perpendiculaire du milieu du chef à la pointe, et qui partage ainsi l'écu en deux parties égales ;

2° Le *coupé*, qui partage également l'écu en deux parties égales par une ligne horizontale partant du milieu de l'un des flancs à l'autre ;

3° Le *tranché*, qui divise l'écu en deux parties égales par une diagonale partant de l'angle droit du chef à l'angle gauche de la pointe ;

4° Enfin, le *taillé*, qui est formé par une diagonale en sens inverse, allant de l'angle sénestre du chef à l'angle dextre de la pointe.

Ces quatre partitions principales servent à en former d'autres appelées RÉPARTITIONS, savoir :

1° Le *tiercé*, qui se forme soit du *parti*, soit du *coupé*, du *tranché* ou du *taillé*, répété deux fois. On dit alors : *tiercé* en pal, en fasce, en bande ou en barre ;

2° L'*écartelé*, qui est formé du *parti* et du *coupé*, et l'*écartelé en sautoir*, formé du *tranché* et du *taillé* ;

Et 3° le *gironné*, qui provient du *parti*, du *coupé*, du *tranché* et du *taillé* réunis.

Chaque division de l'écartelé étant considérée comme un champ particulier, peut être écartelée à son tour, et se dit alors *contre-écartelé*.

On conçoit que les *répartitions* de l'écu peuvent se subdiviser à l'infini ; ainsi, il peut contenir 4, 6, 8, 10, 12, 16 quartiers et plus.

6 quartiers : *parti* d'un trait, *coupé* de deux ;

8 quartiers, *coupé* d'un trait, *parti* de trois ;

10 quartiers, *coupé* d'un trait, *parti* de quatre ;

12 quartiers, *coupé* de deux traits, *parti* de trois ;

16 quartiers, *parti* de trois, *coupé* de trois.

Le *parti* de sept traits *coupé* de trois, donne 32 quartiers, et c'est ordinairement le nombre le plus élevé dont se servent les héraldistes.

Ces *répartitions* sont destinées à placer les quartiers d'alliance. On peut mettre au premier quartier les armes de la famille, mais il vaut mieux les placer distinctement au centre, sur un écusson spécial que l'on dit être *sur le tout*. (Voir *Sur le tout* et *Sur le tout-du-tout*.) Pour les autres quartiers, il faut, dans leur classement, suivre l'ordre chronologique de la formation des alliances.

**PASSANT.** — Se dit des animaux qui semblent marcher.

Presque tous les animaux, excepté le lion, l'écureuil, les lapins et les lièvres, sont représentés dans cette position. S'ils sont autrement, il faut le spécifier.

*Voy.* de CHAMILLART, 265. — de HAUTEFAYE, 677. — JUNOSTA-GALECKI, 703.

**PASSÉ EN.....** — Ce mot s'applique à deux pièces longues, telles que flèches, lances, pées, etc.; lorsqu'elles sont placées de manière à former un sautoir ou une croix, on dit alors : *passées en sautoir* ou *en croix*.

*Voy.* de BONAR, 218. — MALAVOIS, 333.— PARENT, 828.

**PATENOTRE.** — (Voir *Chapelet*.)

**PATRIARCHE** (croix de). (Voir *Croix de Lorraine*.)

**PATTÉ.** — Se dit de la croix. La croix *pattée* est une croix élargie à ses extrémités, dont les branches sont légèrement arrondies. Elle est figurée pleine ou *alésée*, et se met quelquefois en nombre.

*Voy.* de BIZE, 464. — de GOISLARD de VILLEBRESME, 657.

**PATTES.** — Les pattes des animaux ont la même signification que les animaux eux-mêmes. L'usage de ce meuble, en armoiries, provient sans doute de l'habitude qu'on avait d'offrir la patte de l'animal tué à la chasse à la personne pour qui l'on avait le plus de considération.

C'est donc une marque honorifique honorablement admise en armoiries.

*Voy.* BRANCAS, 41. — de BEAUMONT, 200.— de CHABRON, 378. — de BONFILS, 35.

**PAVILLON ET MANTEAUX.** — Espèce de lambrequin agrandi et relevé de chaque côté de l'écu, affecté spécialement aux maisons royales ou princières, et sous lequel se plaçaient leurs armes.

Les pavillons et manteaux sont des étoffes de velours ou de drap dont on entoure les armoiries ; elles représentent les manteaux des seigneurs sur lesquels étaient brodées les armoiries.

Le pavillon diffère du manteau en ce que l'un et l'autre étaient réservés aux plus grands personnages, et le pavillon surtout affecté spécialement aux rois et aux princes de leur famille. C'est à tort que l'on a voulu faire de Philippe Moreau, au commencement du xvii$^e$ siècle, l'inventeur du pavillon royal, que l'on mettait sur les armoiries des rois de France, puisqu'on en voit un fleurdelisé dans les sceaux et les monnaies d'or de Philippe de Valois, lesquels furent de là nommées *parillons*.

On voyait au xvii$^e$ siècle, dans une chapelle de l'église cathédrale de Lyon, les armoiries du cardinal de Bourbon, sous un pavillon comblé du chapeau de cardinal ; les deux côtés du pavillon soutenus par deux bras armés d'épées flamboyantes ; les armoiries portées par un lion avec la croix d'archevêque derrière l'écu sans couronne ; le pavillon semé de chiffres de son nom.

L'usage de mettre des manteaux fourrés d'hermines et armoiries sur les replis autour des armoiries des princes et des ducs, ne remonte guère qu'au milieu du xvi$^e$ siècle ; au xvii$^e$, tous les princes et tous les ducs et pairs ne manquent pas d'en porter, ainsi que les pairs ecclésiastiques.

Vers la fin du xvii$^e$ siècle, les présidents prirent aussi le manteau autour de leurs blasons, mais non un manteau armorié comme celui des ducs et pairs. C'était un manteau écarlate, doublé d'hermines et de petit-gris, comme celui qu'ils portaient en cérémonie au Parlement; celui des premiers présidents a trois galons d'or sur le replis gauche, comme marque de chevalerie qui est attachée à leur dignité; celui du chancelier est de drap d'or, et ne doit pas être armorié; les cardinaux-princes mettent, en France, le manteau armorié à leurs armoiries; le cardinal Georges d'Armagnac le portait ainsi en 1580; le cardinal de Richelieu fit de même lorsqu'il prit la qualité de cardinal-duc, et les cardinaux de Mazarin et de Bouillon l'ont imité. (Grandmaison, *Dictionnaire héraldique*, p. 194.)

**PAVILLONNÉ**. — Se dit de la tour quand elle est couverte (Voir *Couvert*), et d'une trompe ou d'un cor quand le pavillon est d'émail différent.

**PEAUTRÉ**. — Se dit la queue des poissons dont l'émail est différent de celui du corps.

**PÉLICAN**. — Oiseau qui se représente de profil sur son aire, les ailes étendues, et se becquetant la poitrine en nourrissant ses petits, au nombre de trois. On appelle *piété* les gouttes de sang qui coulent de sa poitrine; il faut les blasonner, lorsqu'elles sont d'un autre émail que le corps.

Il est à remarquer que l'usage de cet oiseau en armoiries ne remonte pas à une époque très reculée.

*Voy.* DE VALLETON, 158.

**PENDANTS**. — Pièces en forme de clochetons élargies par le bas, qui pendent du *Lambel*. Il y en a ordinairement trois; quand il y en a davantage, il faut le spécifier.

DE MAIGNAC porte : *de gueules, à deux pals de vair, et un chef d'or chargé d'un lambel d'azur à cinq pendants.*

**PENNON** (du latin *pannus*, étoffe). — Étendard à longue queue, que faisait porter un chevalier qui avait sous lui vingt hommes d'armes.

**PENNON GÉNÉALOGIQUE**. — Grand écu contenant les divers quartiers d'alliance, placés dans leur ordre chronologique de formation, indiquant les maisons auxquelles on est allié. Il peut se composer de 6, de 8, de 12, de 16, voire même de 32 quartiers. Les armes de la famille se posent *sur le tout*, ou au premier quartier.

**PERCÉ**. — Se dit des pièces ouvertes à jour.

HUCHET DE CINTRÉ porte : *d'azur, à six billettes d'argent percées en rond, et posées, 3, 2 et 1.*

**PERCHÉ**. — Se dit des oiseaux qui sont sur une branche d'arbre ou sur un bâton.

Les oiseaux de fauconnerie sont souvent représentés ainsi.

DE L'ESPERVIER porte : *d'argent, à un épervier d'azur, perché de gueules, membré et longé d'or.*

**PERDRIX**. — Oiseau peu usité en armoiries.

*Voy.* LEDUC, 607. — DU BOIS DE LA VILLERABEL, 30.

**PÉRI**. — Ce mot s'applique aux bandes, barres, bâtons, etc., lorsque ces pièces sont posées au centre de l'écu, et qu'elles sont alésées et de très petite dimension.

On emploie encore ce mot pour désigner les menues pièces dont la moitié se perd dans la bordure de l'écu.

*Voy.* DE CORAL, 190.

**PERRONNÉ**. — Terminé en forme de perron ou de marche d'escalier. La croix est *perronnée*, lorsqu'elle est haute et placée sur un perron composé ordinairement de trois marches.

*Voy.* LE PELLETIER DE VILLENEUVE, 1339.

**PERROQUET**. — Oiseau qui se place de profil et dont l'émail particulier est le sinople.

**PHÉNIX**. — Oiseau fantastique qui est représenté de profil, les ailes étendues, placé sur un bûcher nommé *immortalité*, dont il faut blasonner l'émail, s'il est différent.

Le phénix est l'emblème d'une gloire impérissable et d'une réputation sans tache.

*Voy.* BONAMY, 217. — BAUSLÉ, 254.

**PHÉON.** — Fer de flèche, de lance ou de dard aigu et barbelé.
*Voy.* WALSH, 1340.

**PIÈCES HONORABLES ORDINAIRES.** — On les dit *honorables* parce qu'elles occupent les premières places de l'écu, et *ordinaires* parce qu'elles sont très fréquemment employées. On les trouve sur les armoiries des plus anciennes maisons.

Elles sont au nombre de huit, savoir :

1. Le *chef*, c'est-à-dire le casque du chevalier ;

2. La *fasce* ou la ceinture ;

3. Le *pal*, qui représente la lance ou le poteau auquel les châtelains faisaient attacher leurs armes et qu'ils faisaient dresser devant le pont-levis de leur manoir, comme emblème de leurs droits seigneuriaux ;

4. La *bande*, qui représente le baudrier ou l'écharpe ;

5. La *barre*, qui est la contre-bande ;

6. La *croix*, signe de notre rédemption, ou encore l'image de l'épée, dont la poignée avait la forme d'une croix ;

7. Le *sautoir*, qui représente l'étrier ;

8. Et enfin le *chevron* sert à désigner, soit l'éperon, soit tout autre engin de guerre. — Voir ces différents mots.

La dimension de ces diverses pièces est toujours du tiers de l'écu.

*Voy.* DE MILLE (chef), 779. — LE PETIT D'AVESNES (fasce), 837. — D'ESCARS (pal), 354. — DE LIGNE (bande), 735. — JALADON DE LA BARRE (barre), 180. — DE HANGEST (croix), 674. — DE TARENTE (sautoir), 693. — DE JACOPI (chevron), 692.

**PIÈCES HONORABLES SECONDAIRES.** — Elles sont nommées *secondaires* parce qu'elles sont de création moins ancienne et qu'elles sont aussi moins simples.

On comprend dans cette catégorie :

1. La bordure,
2. Le franc-quartier,
3. L'écusson en cœur,
4. La champagne,
5. Le pairle,
6. Le franc-canton,
7. L'orle,
8. Le trécheur,
9. La pointe,
10. La pile,
11. Et le lambel.

On classe encore dans un ordre inférieur :

Les billettes,
Les carreaux,
Les losanges,
Les fusées,
Les macles,
Les rustes,
Les besans,
Les tourteaux,

Et les besans-tourteaux et les tourteaux-besans.

Enfin, les auteurs admettent un quatrième ordre de figures héraldiques, qui se compose de pièces relatées ci-dessus, mais disposées dans un autre ordre, et d'un nombre plus considérable.

Ainsi, l'on a le fascé, le palé, le bandé, le barré, le chevronné et le contrefascé, le contre-palé, le contre-bandé, le contre-barré et le contre-chevronné ; le vairé, les points équipolés, l'échiqueté, le losangé, le fuselé, les jumelles, les tierces, le fretté, le papelonné, le flanqué, le chapé, le mantelé, le chaussé, le vêtu, l'embrassé, l'émanché, etc.

Tous ces mots sont rapportés dans ce *Dictionnaire*, à leur ordre alphabétique.

**PIED (EN).** — Synonyme d'*arrêté* ou de *posé*. S'applique aux animaux debout sur leurs quatre pieds.
CHASTEIGNER DE LA ROCHE-POSAY, 1344 *bis*.

**PIED-COUPÉ** ou **PIED NOURRI.** — Se dit des plantes et fleurs-de-lis principalement, dont la partie supérieure seule est apparente. (Voir les mots *Coupé* et *Nourri*.)
*Voy.* DE SERGEANT, 918.

**PIED-FICHÉ.** (Voir *Fiché*.)

**PIERRES PRÉCIEUSES.** — Elles sont très peu usitées en armoiries et ne servent guère que pour les armes parlantes.

L'*escarboucle* méritant une mention spéciale, nous renvoyons à ce mot.

DE PIERRE-VIVE porte : *d'or, à trois pals de gueules, chargés en chef chacun d'un diamant d'argent*.

DE RUBIS porte : *d'or, à trois rubis de gueules enchâssés du même*.

**PIÉTÉ.** — On appelle ainsi les gouttes de

sang qui coulent des flancs du pélican. Il faut avoir soin de mentionner son émail quand il est différent de celui de l'animal.

Voy. DE VALLETON, 158.

**PIGNONNÉ.** — Qui s'élève en forme de pignon, de muraille ou d'escalier, etc.

Voy. VON PROFER, 984.

**PILE.** — C'est la *pointe* renversée; elle peut être multipliée sur l'écu.

Ce mot vient du latin *pilum* (trait), qui désignait les pièces de bois armées de fer dont les anciens faisaient usage dans les combats. (Voir *Pointe*.)

Voy. DE MALISSY, 1341.

**PLAINE.** — C'est la champagne réduite au tiers de sa largeur.

Pour la distinguer de la terrasse dont le bord supérieur est sinueux, il faut que celui de la plaine soit parfaitement horizontal.

DE PETITE-PIERRE porte : *de gueules, au chevron d'argent, à la plaine d'or*.

**PLATE.** — Ancien mot servant à désigner les besants d'argent.

Ce mot est emprunté à l'espagnol *plata*, qui signifie argent.

**PLEIN.** — Nous avons dit, à l'article *Armes pleines*, que ces armes étaient celles des aînés de famille.

Le mot *plein* ici s'entend du champ de l'écu, qui n'est chargé d'aucun meuble ou d'aucune pièce. Ces armes sont excessivement rares. Nous en trouvons les exemples suivants :

DE BARGE, sieur de Ville, *d'azur plein*.
BORDEAUX DE PUY-PAULIN, *d'or plein*.
BOQUET, *d'argent plein*.
NARBONNE-LARA, *de gueules plein*.
La branche de NARBONNE-PELET brise *d'un écusson d'argent en abime*.
AUBERT, *de pourpre plein*.

Voy. NARBONNE, 807.

**PLIÉ.** — Se dit des fasces, pals, bandes ou chevrons lorsqu'ils décrivent une légère courbe.

En France, les pièces pliées sont peu usitées ; elles sont moins rares en Allemagne.

*Plié* se dit aussi des oiseaux qui n'étendent pas tout à fait leurs ailes : le vol *plié* tient le milieu entre le vol *abaissé* et le vol *étendu* ou *éployé*.

WARNSDORFF, en Allemagne, orte : *d'azur, à deux bandes pliées d'or, la courbe sur la pointe*.

**PLUMETÉ.** — Un écu est *plumeté* quand il est couvert de bouts de plumes rangés à côté les uns des autres, et alternativement de métal et de couleur. Ce genre d'écu est fort rare.

CEBA porte : *plumeté d'argent et d'azur*.

**POINT.** — Division de l'écu partagé en neuf ou quinze carrés égaux. (Voir *Équipolé* et *Échiqueté*.)

**POINTE.** — Pièce triangulaire de l'écu montant du bas en haut, plus étroite que le *chapé*, sa base n'ayant que la moitié de la largeur de l'écu, tandis que la base du chapé a la largeur du chevron plein.

La *pointe* peut se mettre en nombre ; elle peut également se poser en *bande*, *barre* ou *fasce*; dans ces derniers cas, il faut avoir bien soin, en blasonnant, d'en déterminer la position en indiquant de quel flanc la pointe se meut.

La pointe renversée se nomme *pile*.

MALET, 1342. — CUSEAU, 1343.

**POINTÉ.** — Se dit d'un écu chargé de pointes, ou d'une rose dont les pointes sont d'un émail différent.

**POINTE-ENTÉE.** — (Voir *Enté en pointe*.)

**POINTS-ÉQUIPOLES.** — (Voir *Équipolé*.)

**POISSONS.** — Les poissons, d'un usage fréquent en armoiries, indiquent la suzeraineté d'un cours d'eau ou d'une rivière, ou symbolisent les voyages de long cours et les aventures de mer.

Cet emblème remonte à la plus haute antiquité ; son origine est toute gauloise : Pline, en décrivant les jeux guerriers des Romains, divise les gladiateurs en douze classes, dont la troisième, les Myrmillons, était composée de Gaulois. Leur casque était surmonté d'un poisson et provoquait dans le cirque les cris de la jeunesse romaine. Les *Retarii*, autres gladiateurs, cherchaient à envelopper leurs adversaires dans le filet dont ils étaient armés. Lorsqu'ils paraissaient, le peuple s'écriait : *Non te peto, Galle, sed piscum peto*. « Ce n'est pas toi que je demande, Gaulois, c'est ton poisson. »

Celui qui est le plus usité en armoiries est le *bar*, pour lequel nous avons fait un article spécial. Nous avons aussi parlé du *chabot* et du *dauphin*.

Les autres poissons n'ont rien de particulier : leur position naturelle est en pal ; si elle est différente, il faut l'indiquer.

Le saumon se reconnaît à sa grosseur et à ses mouchetures rouges.

Les poissons sont dits *barbés, crêtés, lorrés* et *oreillés*, lorsque la barbe, la crête, les nageoires ou les ouïes sont d'un émail différent, et *peautrées* quand c'est la queue.

*Voy*. Hénissart, 85. — De Saisseval, 1221. — Goujon de Gasville, 1343 *bis*.

**POMME**, ou volet. — Tourteau de sinople. (Voir *Tourteau*).

**POMME DE PIN**. — Elle est représentée avec la queue tournée vers le chef. Si elle est tournée vers la pointe, elle est dite renversée.

*Voy*. Foret, 628. — De Semen de Bremont, 916.

**POMMETÉ**. — Se dit de toute pièce, et notamment des croix dont les extrémités sont terminées par des pommes ou petites boules rondes.

*Voy*. de Lautrec, 726.

**PONT**. — Quoique le pont soit un signe de féodalité et de puissance seigneuriale, il figure rarement en armoiries, excepté dans les armes parlantes. Il doit occuper toute la largeur de l'écu ; il faut toujours indiquer le nombre d'arches dont il est formé.

*Voy*. de Pontevès, 1344.

**PORC**. — Se blasonne comme le sanglier, dont il diffère pourtant en ce qu'il n'a pas, comme lui, une longue défense. (Rare.)

**PORTÉ**. - *Croix portée*, penchée dans l'écu, comme celle que portait N.-S. J.-C. quand il marchait au supplice. (Rare.)

**POSÉ**. — Se dit d'un animal debout sur ses quatre pieds. On dit aussi *arrêté* ou *en pied*.

*Voy*. Chasteigners de la Roche-Posay, 1344 *bis*.

**POSÉ EN...** — Lorsqu'un certain nombre de menues pièces sont posées sur un écu de manière à figurer une des pièces honorables ou usuelles, on les dit posées en *croix, sautoir, fasce, pal, bande, chevron, pairle* ou *orle*, etc. ; le nombre des pièces doit être toujours indiqué.

Cette expression est fréquemment employée. On dit aussi : *mis en...* ou *rangé en...*

*Voy*. de Bentzmann, 23. — De Perrien, 107. — De Hareng de la Condamine, 244. — De Combarel, 269. — D'Espouy, 366. — De Chabans-Joumard, 530. — Gayan, 643. — Massonneau, 767.

**POTENCÉ**. — Terminé en potence ou en T. Se dit particulièrement de la croix.

La croix *potencée* est une croix terminée ainsi à chacune de ses branches.

On dit les pièces *contrepotencées*, quand elles sont remplies dans leur intérieur de petites potences enclavées les unes dans les autres : telles peuvent être les fasces, les bandes, les croix, les pals, les chefs, les sautoirs et les chevrons. On les dit de même, mais improprement, *champagnées*, à cause des armes des comtes de Champagne, dont la bande est composée d'un *potencé-contrepotencé*.

*Voy*. Malavois, 333. — De Sancerre, 907.

**POURPRE**. — Le pourpre est la cinquième couleur admise en armoiries. Cette couleur, qui est un rouge foncé tirant sur le violet, s'obtient par le mélange du bleu d'azur avec le carmin ; il s'indique dans la gravure par des traits diagonaux allant de l'angle sénestre du chef à l'angle dextre de la pointe.

Les anciens auteurs héraldistes sont loin d'être d'accord au sujet de la couleur pourpre.

Le plus ancien écrivain qui en parle le premier est Sicile le Héraut, qui regarde cette couleur comme étant composée du mélange des quatre autres.

*Le Blason des armes* imprimé du temps de Sicile, sous le règne de Louis XI, dit : « Pourpre, qui est composé d'azur et de violet. »

Barat, en son *Blason des armoiries* : « Pourpre, qui est composé d'azur et de rouge. »

Le P. Monet : « Pourpre, ou couleur de mauve. »

Wulson de la Colombière : « Pourpre, qui est composé de gueules et d'azur. »

Enfin, des auteurs croient que ce mot n'a été introduit dans le blason que pour désigner la couleur un peu douteuse de l'argent altéré par le temps, et ils n'appuient d'aucune preuve cette étrange opinion.

Si cela était, le pourpre serait extrêmement répandu dans le blason français, attendu que tous les écussons peints anciennement avec un fond d'argent, ont plus ou moins changé de couleur, l'argent étant un métal qui ne résiste pas à l'action de l'air, et qui, d'ailleurs, étant altéré, n'a aucune espèce d'analogie avec la couleur pourpre.

Pour nous, nous considérons la couleur pourpre comme une couleur nettement tranchée, dont l'introduction en blason ne remonte pas bien haut, il est vrai, et est due certainement à l'usage des vêtements de pourpre que portaient certains fonctionnaires de l'église et de la cour.

*Voy.* Bourdin de Montréal, 40. — Delmont, 600. — de Samatan, 148.

**PROBOSCIDE.** — Trompe d'éléphant. Meuble d'armoirie que l'on retrouve très fréquemment en cimier et même en pièce dans le blason allemand.

*Voy.* Filtz, 1345.

**PUITS.** — Le puits figure quelquefois dans des armes parlantes et aussi dans des écus, comme emblème de certains droits féodaux.

Si la margelle est maçonnée, et si l'orifice est ajouré d'un autre émail, il faut l'indiquer.

**PYRAMIDE.** — Les pyramides figurent fréquemment dans le blason de l'Empire, comme signe distinctif des militaires ou des savants qui ont coopéré à la campagne d'Égypte.

**UARTEFEUILLE.** — Fleur idéale, à quatre feuilles, qui a beaucoup d'analogie avec la rose simple ; mais elle en diffère dans la figuration, en ce qu'elle n'est ni boutonnée ni pointée, et sans queue.

Les armes des Phelypeaux sont semées de quartefeuilles.

*Voy.* de Rouyer, 890.

**QUARTIERS.** — Quatrième partie de l'écu quand il est écartelé. On nomme aussi *quartiers* les divisions d'un écu en plus grand nombre de parties carrées égales entre elles. Il y a des écus divisés en seize et même en trente-deux quartiers. (Voy. *Partition* et *Répartition de l'écu*, pages XXVI et suivantes.)

On nomme encore *quartier* les espaces triangulaires formés par l'écartelé en sautoir ; alors le quartier 1er est en haut, le 2e en chef à dextre, le 3e à sénestre, et le 4e en pointe.

Dans l'origine, les familles ne portaient point d'armoiries écartelées, et l'on ne rencontre dans les anciens sceaux que des écus isolés, à l'exception, toutefois, de l'écartelé plein de couleur et de métal, qu'on trouve assez fréquemment.

La multiplicité des quartiers dans un même écusson a plusieurs causes ;

1° Les alliances et les mariages ; 2° la multiplicité des fiefs ; 3° les dignités ; 4° les prétentions ; 5° les alliances et les substitutions ; 6° les concessions ; 7° le patronage ; 8° les brisures adoptées par les puînés d'une famille.

Nous renvoyons, pour de plus amples détails, au chapitre des *Différentes espèces d'armoiries*, page XVI.

Enfin, le mot *quartier* est un terme employé en généalogie pour indiquer chaque degré d'ordre ou de succession des descendants dans une même ligne ou famille, dans un arbre généalogique, lorsqu'il est appuyé des actes originaux établissant sa filiation ; il y avait des chapitres nobles qui demandaient des preuves de seize et même trente-deux quartiers ; le nombre de ces quartiers se réglait sur celui de ces degrés.

*Voy.* DE CHEFDEBIEN-ZAGARRIGA, 58. — DE LHORDE, 101.

**QUINTAINE.** — C'est le poteau auquel on attachait l'écusson des chevaliers dans les tournois, et des nobles devant leur tente.

Ce nom s'applique aussi au poteau fiché en terre, contre lequel les jeunes gentilshommes s'exerçaient autrefois à courir avec la lance, et à jeter des dards ; d'où est venu ce dicton : *courir la quintaine*.

**QUINTEFEUILLE.** — La quintefeuille, appelée aussi fleur de néflier, est une fleur à cinq pétales ou fleurons arrondis, ayant chacun une pointe dont le centre est percé en rond, de manière qu'on voit le champ de l'écu à travers.

*Voy.* D'ARENBERG, 11. — DE LA CELLE DE CHATEAUBOURG, 53. — DE BEAULIEU, 197. — DE CREIL, 690. — DRONIOU, 606. — DE MAIZIÈRES, 757.

**ACCOURCI.** — De même qu'*Alésé*. Se dit des pièces honorables qui ne touchent pas les bords de l'écu.

**RADIÉ.** — On appelle les couronnes antiques des couronnes *radiées*, parce qu'elles ont des *rais* ou rayons, comme les étoiles.

*Voy.* DE BREUILLY, 240.

**RAIS.** — Pointe ou rayon des étoiles, dont on ne spécifie le nombre que lorsqu'il y en a plus de cinq. (Voyez *Étoile*.)

*Voy.* DE BAUX, 447. — DE FARNOW, 616.

**RAIS D'ESCARBOUCLE.** — Meuble de l'écu formé de huit bâtons très étroits posés quatre en croix et quatre en sautoir, et réunis au milieu par une espèce de moyeu percé.

Les rais d'escarboucle sont souvent bourdonnés au milieu et aux extrémités, ou fleurdelisés.

Lorsque le rais d'escarboucle a plus ou moins de huit branches, il faut le spécifier.

**RAISIN.** — (Voir *Cep de vigne* ou *Grappe de raisin*.)

**RAMÉ.** — S'emploie pour désigner le bois du cerf, du daim, etc., lorsqu'il est d'émail différent.

On dit *chevillé* pour indiquer le nombre des *chevilles* ou *dagues*.

**RAMEAU GÉNÉALOGIQUE.** — Subdivision d'une généalogie.

**RAMURE.** — Meuble d'armoiries qui représente le bois du cerf ayant six dagues de chaque côté.

Lorsqu'il y en a moins de six ou davantage, on l'exprime en blasonnant par le mot *chevillé* de tant de pièces.

On appelle *demi-ramure* un côté seul du bois ;

*Massacre*, la ramure jointe à une partie du crâne.

*Voy.* Cadier de Veauce, 509.

**RAMPANT.** — Du mot latin *rapiens*, ravissant, s'applique aux animaux dressés sur les pattes de derrière, et ayant la partie supérieure du corps élevée vers le chef.

Le lion est toujours représenté ainsi, sans qu'il soit nécessaire de l'exprimer ; lorsqu'il est *passant*, il est dit *léopardé*.

Pour certains quadrupèdes, le mot *rampant* est remplacé par d'autres expressions : ainsi le taureau, la vache, le bœuf sont dits *effarouchés* ; la chèvre et le bouc, *saillants* ; le loup *ravissant*, le cheval *cabré*, le chat *effrayé*, etc.

*Voy.* Bellier du Charmeil, 22. — Bourdin de Montréal, 40.— du Breil, 45.— d'Agoult, 121. — Bacot de Roman, 164. — de Grateloup, 176.

**RANGÉ EN...** — Se dit de plusieurs pièces mises sur une même ligne, en chef, en fasce, ou en bande. On dit aussi *mis en...* ou *posé en...* ; ces deux dernières expressions s'appliquent principalement à la croix, au sautoir et à l'orle.

*Voy.* du Pouy de Bonnegarde, 130. — Le Brun de Kerprat, 500. — Barbotan, 437.— de Raffin, 809.

**RANGIER.** — Fer d'une faux représenté sans manche. Il ne faut pas confondre avec *Renchier*.

**RAVISSANT.** — Se dit spécialement du loup qui est *rampant*.

Quelques auteurs modernes appliquent, à tort, ce mot au loup emportant sa proie ; les anciens héraldistes n'ont pas admis cette interprétation.

*Voy.* d'Agoult, 121 et 404. — de Grateloup, 176.

**RAYONNANT.** — Qui a des rayons.

De Beausobre porte : *Coupé, au 1ᵉʳ de gueules, à une étoile d'argent rayonnante ; au 2ᵉ, d'azur, à deux chevrons d'or enlacés.*

**REBATTEMENTS.** — Le *fascé*, le *palé*, le *bandé*, le *chevronné*, etc., sont des *rebattements*, parce que leurs émaux étant toujours opposés, semblent se rabattre les uns sur les autres ; les rebattements sont donc une combinaison de pièces qui couvrent entièrement l'écu et qui se composent du même métal et de la même couleur alternativement. C'est le *rebattement* de la doublure sur le vêtement appliqué au blason.

Aujourd'hui, on ne se sert plus guère de ce mot, et encore moins de ceux de *sécantes partitions* qui en sont l'équivalent.

**REBRASSÉ.** — Pour *bordé*.

**RECERCELÉ.** — Ou *cercelé*, se dit de la croix dont les branches sont terminées à la façon des croix ancrées, mais en double sur elles-mêmes, à la façon d'un cerceau.

La queue des porcs et des lévriers peut être aussi *recercelée*.

*Voy.* de Marcilly, 1346.

**RECOUPÉ.** — Se dit d'un écu déjà coupé, coupé de nouveau un peu plus bas.

*Voy.* Darpo, 599.

**RECROISETTÉ.** — On appelle croix *recroisettée* celle dont chacune des branches est terminée par d'autres croix.

Les croix *recroisettées* au pied *fiché* sont les plus employées.

*Voy.* d'Aupois, 424.

**REDORTE.** — Branche d'arbre retortillée en anneaux, les uns dans les autres.

*Voy.* d'Ailly, 1347.

**REGARDANT.** — Se dit de l'animal qui tourne la tête pour regarder en arrière.

Les comtes de Charolais portaient : *De gueules, au lion d'or regardant.*

**REMPLI.** — Se dit d'une pièce de l'écu dont le milieu, dans toute sa longueur, est d'un autre émail que la pièce.

De Masy porte : *D'or, au pal de sable, rempli d'argent.*

**RENCHIER** ou **RANCHIER.** — Espèce de daim ou de renne de haute taille, ayant une ramure plate et couchée en arrière.

**RENCONTRE.** — (Au masculin.) Tête d'animal posée de front.

Ce mot s'applique aux animaux qu'il est d'usage de représenter de profil, tels que les béliers, les boucs, les bœufs, les cerfs, etc. Il n'y a que les têtes humaines qu'on ne nomme pas *rencontre*, ainsi que celles des oiseaux et celle du léopard, parce qu'elle est toujours de front, ce qui ne s'exprime pas.

Le *rencontre* a pris son nom du verbe *rencontrer*, qui, dans ce sens, signifie voir de front, en face.

*Voy.* DE MARC, 105. — CAVENDISH, 296. — DE LUBIENSKI, 745. — DE SOMMIÈVRE, 1349. — DOULCET, 1348.

**RENVERSÉ.** — Se dit de toute pièce ou meuble mis dans une position contraire à celle où elle se trouve ordinairement.

*Voy.* D'ALFARO, 5. — DE LA COUR, 65. — DOLĘGA-MICIELSKA, 603. — DE CRESPIN DE BILLY, 280.

**RÉPARTITIONS.** — Voir *Partitions*, dont les *répartitions* sont une subdivision.

**REPOTENCÉ.** — S'applique à la pièce *potencée* dont les extrémités sont encore terminées par d'autres potences. (Rare.)

**REPTILES.** — Les *reptiles* ne sont pas d'un fréquent usage en armoiries. Il n'y a rien de particulier à en dire, sinon que les serpents (appelés *bisses*) et les couleuvres se représentent ondoyantes ou tortillées, et posées en pal. Si la position était autre, il faudrait le spécifier. (Voir *Bisses*.)

Les lézards se représentent également posés en pal, et les pattes étendues.

Les limaçons, ou escargots, ont un article spécial, auquel nous renvoyons.

*Voy.* DE CORNETTE, 61.

**RESARCELÉ.** — Qu'il ne faut pas confondre avec *recercelé*, s'applique également à la croix. La croix *resarcelée* est celle qui « a une autre conduite en filet d'autre émail, » disent les uns, ce qui n'est pas clair ; « c'est la croix qui en renferme une autre, » disent les autres, ce qui n'est point exact. La croix *resarcelée* est celle qui a dans l'intérieur, de chaque côté, un filet du même émail que le champ, qui ne touche pas le bord de la croix, et laisse, entre lui et ce bord, une largeur égale à la sienne.

Nous évaluerions ainsi cette largeur : 1/6 pour le bord, 1/6 pour le filet et les 4 autres sixièmes, ou les 2/3, par la croix pleine au milieu.

*Voy.* KNOLLYS, 1350.

**RÉSEAU.** — Sorte de tissu, en fil ou en soie, dont les femmes se servaient pour orner leur chevelure. Le réseau se représente sur l'écu qu'il couvre entièrement, par des lignes diagonales à dextre et à sénestre, qui font des claire-voies en forme de maille de losange. C'est un treillissé, en simple trait, et sans largeur.

*Voy.* FORET DE DORNES, 1351.

**RETRAIT.** — Se dit des pals, fasces ou bandes, qui ne touchent que d'un seul côté aux bords de l'écu, tandis que les pièces *alésées* n'y touchent d'aucun côté.

Le chef aussi peut être *retrait*, et on l'appelle ainsi quand il n'a que la moitié de sa largeur ordinaire.

*Voy.* DES ROLLANDS, 885.

**RETRANCHÉ.** — La croix *retranchée* est une des nombreuses variétés de l'espèce : elle est terminée à chacune de ses extrémités par un triangle rectangle dont les deux angles aigus font saillie sur la croix.

*Voy.* MANFRÈDE, 1352.

**RINCEAUX.** — Branches chargées de feuilles croisées et enlacées.

Les *rinceaux* diffèrent de la *redorte* en ce que cette dernière est composée d'une seule branche, tandis que les rinceaux sont composés de deux branches réunies en forme de couronne, et ordinairement *liées* par le bas.

*Voy.* REIMS, 1353.

**ROC** ou **ROQUET.** — Fer de lance recourbé en deux sur les côtés. (Vieux mot.)

**ROC D'ÉCHIQUIER.** — C'est la pièce de l'échiquier nommée *Tour*; elle est représentée régulièrement en façon de pilier coupé par une plinthe au milieu ; ses extrémités supérieures sont recourbées en forme de croix ancrée.

Ce mot paraît emprunté aux Espagnols, qui nomment rocs les tours des échecs, d'où l'on a fait sans doute *rocs* d'échiquier, et, par suite, le verbe *roquer*.

*Voy.* Roux de Campagnac, 888.

**ROMPU.** — S'applique au chevron quand une de ses branches est séparée en deux.

*Voy.* de Beaumont, 1354.

**ROSE.** — La *rose* se figure, en armoiries, sans queue, ouverte et épanouie. Elle a cinq feuilles extérieures, un bouton au milieu et cinq pointes entre les feuilles.

On la dit *boutonnée* quand le cœur est d'un autre émail que la fleur.

Si la rose a une tige, ce qui est l'exception, elle se représente comme la fleur des jardins, et on la dit *soutenue* ou *tigée ;* si la tige a des feuilles, on la dit *feuillée*.

La rose est très commune en armoiries.

*Voy.* de Reynaud, 146. — Le Bastier de Bez, 181. — d'Espinasse, 302. — de Valentin, 372. — de Berny, 456. — de Changy, 536. de Hautvillar, 680.

**ROUANT.** — Se dit du paon déployant sa queue.

*Voy.* des Bassayns de Montbrun, 445.

**ROUE.** — La roue se représente comme celle des chars de triomphe des anciens Romains ; elle a ordinairement 8 rais ou jantes ; quand elle en a plus ou moins, il faut l'indiquer. L'Aigle de Meaux, l'illustre Bossuet, portait : d'azur, à trois *roues* d'or. On emploie aussi en blason la roue dite *de Sainte-Catherine*, c'est-à-dire brisée d'un côté et armée de piques.

*Voy.* de Frévol, 247. — Gargioli, 309. — Le Carlier, 522. — Gentil, 645. — Kerouartz, 707.

**RUSTES** ou **RUSTRES**. — Losanges percées en rond. Ce genre de meubles est assez rare. On fait venir le mot *ruste* du mot *raute* qui, en allemand, signifie un petit morceau de fer en forme de losange percée, destiné à arrêter les gros clous et les happes des portes. Cette explication est admissible, à cause de la similitude du nom et de la forme de l'objet.

*Voy.* Brog, 498. — de Chesnaye, 1355.

**ABLE.** — (Noir.) La quatrième des couleurs. Moins commune qu'*azur* et *gueules*, cette couleur est pourtant plus usitée que le sinople et surtout que le pourpre.

Les héraldistes ne sont pas d'accord sur l'étymologie de cette dénomination *sable*, donnée à la couleur noire. Les uns prétendent qu'elle provient de *sable, terre;* les autres, et nous nous rangeons à leur avis, tirent ce mot des martres zibelines, qui sont fort noires et que les Latins ont nommées *sabulinæ* de *sabulum*, selon Ménage, Spelmann et Borel, qui appellent ces peaux *sabellinæ*. Cette dernière opinion est d'autant plus admissible que les anciens Allemands désignaient ces mêmes peaux par le mot *zable*.

Quoi qu'il en soit de l'origine de ce mot, le sable, le noir était adopté par les chevaliers qui voulaient garder l'incognito.

Il signifie prudence, constance dans l'adversité, douleur, tristesse et humilité.

Cette couleur se représente en gravure par des hachures croisées verticalement et horizontalement, ou mieux par un fond tout noir.

*Voy.* Bourgeois du Marais, 29. — du Breuil, 493. — de la Boessière de Lanvic, 469. —

HÉMART, 683. — DU PASSAGE, 831. — DE FITTE DE SOUCY, 1355 bis.

**SAFFRE.** — Aiglette de mer. (Rare.)

**SAILLANT.** — Synonyme de *rampant*, s'applique à la chèvre, au bouc, au bélier et à la licorne.
*Voy.* BELLIER DU CHARMEIL, 22.

**SALADE.** — Espèce de casque antique. Vient du latin *celare* (cacher la tête).

**SALAMANDRE.** — L'un des animaux chimériques déjà signalés, espèce de lézard que l'on représente toujours au milieu des flammes, la tête contournée.
Charles, comte d'Angoulême, et François Ier, son fils, portaient pour devise une salamandre avec ces mots : *Nutrisco et extinguo*. Cette devise se trouve reproduite dans plusieurs palais, et notamment sur une tapisserie à Fontainebleau.
*Voy.* JOBELOT DE MONTUREUX, 1356.

**SANGLÉ.** — S'applique au cheval et aux animaux qui ont au milieu du corps une espèce de ceinture d'un autre émail.

**SANGLIER.** — Le *sanglier* se représente de profil et *passant*, la queue recercelée. On le dit *défendu* quand ses défenses sont d'un autre émail, et *allumé* ou *flamboyant* quand ce sont ses yeux. Sa tête se nomme *hure* et son nez *boutoir*. Le sanglier est presque toujours de sable et symbolise la hardiesse à la chasse.
*Voy.* D'HUPAIS, 315. — LYNAM, 751.

**SAUMON.** — (Voir *Poissons*.)

**SAUTOIR.** — Le *Sautoir* est composé de la bande et de la barre posées en forme de croix de Saint-André.
Ses branches s'étendent aux angles de l'écu et ont chacune deux parties des sept de la largeur de l'écu.
Le sautoir était anciennement un cordon de soie ou de chanvre couvert d'une étoffe précieuse; il était attaché à la selle du cheval et servait d'étrier pour monter dessus; ce qui leur a fait donner le nom de *sautoir*.

Les écrivains du moyen âge nomment ces sautoirs *sautours, sautouers, sautants*.
L'usage fréquent du sautoir est attribué à trois causes :
D'abord, il est employé comme pièce de chevalerie; ensuite, lors des divisions des maisons de Bourgogne et d'Orléans, ceux qui tenaient pour le duc d'Orléans prirent pour symbole des croix de Saint-André.
Enfin, la dévotion à saint André.
Il y a des sautoirs accompagnés, alésés, ancrés, denchés, pattés, vivrés, etc.
Les petits sautoirs, au nombre de deux et de trois, sont nommés *flanchis*.
On dit *en sautoir* pour exprimer que les meubles dont on parle sont posés dans le sens du sautoir; ces meubles doivent être au nombre de cinq au moins. Quant aux pièces de longueur placées l'une sur l'autre dans la position du sautoir, on les dit passées en sautoir.
*Voy.* DE BRIVES DE PEYRUSSE, 48. — DE PINDRAY, 126. — DE CROISIER DE SAINTE-SEGRAUX, 211. — LE BOUCHER D'AILLY, 481. — DE CLAVIÈRES, 564. — DE FRESNOY, 636. — PARIS, 1366.

**SCIE.** — (Voir *Feuilles de scie*.)

**SÉANTES** ou **SÉCANTES PARTITIONS.** — Cette qualification, inintelligible aujourd'hui, paraît avoir rapport aux bandes d'étoffe placées en nombre sur l'écu et dans le sens des pièces usitées en armoiries, lesquelles partagent ainsi l'écu en sections. Nous renvoyons au mot *Rebattements*, qui est plus significatif et surtout plus usité.

**SELLÉ.** — S'applique au cheval qui a une selle sur le dos.

**SEMÉ.** — Se dit de l'écu lorsqu'il est couvert de menues pièces en nombre indéterminé, dont quelques-unes même doivent se perdre dans les bords de l'écu.
Ces pièces doivent être rangées avec ordre et symétrie.
Celles dont on se sert le plus fréquemment pour semer les écus, sont les fleurs-de-lis, les billettes, les besants, les tourteaux, les étoiles, les molettes, les croissants, les trèfles, etc.
Au lieu de *semé*, quelques auteurs disent : *sans nombre*; *semé* est plus usité.
*Voy.* BLANC, 213. — DE MANARA, 336. — D'ALLEMAN, 308. — DE LEIGNONIE, 729. — DU

Pont de la Rougerais, 855. — de Saint-Julien, 903. — de Scelly, 934.

**SÉNESTRE.** — Côté gauche de l'écu.

**SÉNESTRÉ.** — Se dit de la pièce principale d'un écu, qui en a une autre à sa gauche. Il faut avoir soin de spécifier si la pièce dont la principale pièce d'un écu est sénestrée, est posée en chef, en flanc ou en pointe.

Voy. du Barry de Merval, 169. — de Sayn-Wittgenstein, 913.

**SÉNESTROCHÈRE.** — Bras gauche mouvant du flanc dextre de l'écu, ce qui ne s'exprime pas. Les détails que nous avons donnés au mot *dextrochère* s'appliquent au mot *sénestrochère*.

**SERPENT.** — Voir *Bisse*, *Givre* et *Reptiles*.

**SINOPLE.** — C'est la couleur verte, assez rare en armoiries, où elle fut introduite à l'époque des croisades ; en effet, plusieurs familles qui figurent dans les salles des croisades de Versailles, ont le sinople dans leurs écussons.

L'emploi de cette couleur remonte donc bien plus haut que le prétend le P. Ménestrier, qui ne parvient à en citer un exemple qu'à la date de 1415.

Pour les anciens hérauts, la couleur verte se nomme *prasine*, de *prasina*, qui a la même signification dans les *Origines* d'Isidore de Séville.

Pourquoi le mot *prasine* a-t-il disparu de la langue du blason et a-t-il été remplacé par le mot *sinople*? Il nous serait assez difficile de l'expliquer.

Quant à l'étymologie de sinople, elle ne semble pas douteuse ; et, bien que Ménestrier ait cru devoir la tirer des deux mots grecs *prasina opla* (armes vertes), nous ne pouvons nous ranger à son avis, et nous pensons qu'elle se trouve tout simplement dans le nom de la ville de Sinope, très légèrement altéré.

Le vert est encore en Orient la couleur sacrée ; les ulémas seuls ont le droit de la porter.

En gravure, cette couleur s'indique par des hachures diagonales allant de l'angle dextre du chef à l'angle sénestre de la pointe.

Voy. d'Angles, 6. — d'Arcambal, 7. — de Chesnard, 554. — de Havrincourt, 681. — de Pelissier, 832. — de Trousset d'Obsonville, 963.

**SIRÈNE et MÉLUSINE.** — Monstre fabuleux que tous les peintres et les sculpteurs représentent comme moitié femme et moitié poisson, mais à tort, car les poètes et les auteurs les plus recommandables, entre autres, Pline et Ovide, le dépeignent moitié femme et moitié oiseau, ce qui est contraire à l'avis d'Horace, qui dit, en faisant allusion à la sirène, dans son *Art poétique : Desinat in piscem mulier formosa supernè*.

Quoi qu'il en soit, en blason, la sirène est représentée ayant la tête, le sein, les bras, le corps, jusqu'au nombril, d'une jeune fille, et le reste terminé en queue de poisson ; elle tient de la main dextre un miroir ovale et de la sénestre un peigne.

Ordinairement, elle est posée sur une mer, ce qu'il faut désigner.

On voit peu de sirènes dans les armoiries. On en trouve plus fréquemment en support ou en cimier.

Lorsque la sirène paraît dans une cuve, comme dans les armes de Lusignan on l'appelle *Merlusine* ou *Mélusine*.

Voy. de Sigaud, 184.

**SOLEIL.** — Le *soleil* se représente par un cercle parfait, et au milieu deux yeux, un nez et une bouche ; le tout entouré de 16 rayons, 8 droits et 8 ondoyants, posés alternativement. Il est dit *levant* quand il meut de l'angle dextre du chef de l'écu, et *couchant* quand il meut du sénestre. Lorsque le soleil paraît à un autre angle ou au bord de l'écu, il est dit *mouvant*.

Il est d'or le plus souvent.

On appelle *ombre de soleil*, le soleil qui est représenté sans qu'aucun trait indique le visage, et du même émail que le fond, ou, s'il est d'autre émail, lorsque les yeux, le nez et la bouche ne sont pas apparents. Nous en avons déjà parlé au mot *Ombre*.

Voy. Tascher de la Pagerie, 152. — de Grand, 312. — le Correur, 582. — de Solages, 924. — de Veyrac, 974.

**SOMMÉ**, pour *surmonté*. — (Voir ce mot.)

Voy. Ivau, 161. — de Colonna-Walewski, 573. — de Ribeaupierre, 874.

**SOUTENANT.** — Se dit de la pièce qui

en a une autre au-dessus d'elle immédiatement.

*Voy.* DE LAVAL, 728. — LUBIEZ DE NIEBORZYC, 746.

**SOUTENU.** — Le contraire de *surmonté*, se dit de toute pièce qui semble posée sur une autre qui se trouve au-dessous d'elle. *Soutenu* se dit aussi du chef, lorsqu'il a, entre lui et le champ, un filet d'un autre émail.

*Voy.* CODERC DE LACAM, 114. — JULLIEN, 700.

**SPHINX.** — Monstre fabuleux, qui a la tête et le sein d'une femme, les pattes, les griffes et le reste du corps d'un lion. Le *sphinx* est employé dans les armoiries modernes, par suite de l'expédition d'Egypte. Il est toujours représenté couché, la tête posée de face.

*Voy.* SAVALETTE, 1356 *bis*.

**STRANGUE.** — Tige de fer qui entre dans le trabe de l'ancre.

**SUPERPOSÉ.** — Posé au-dessus.

**SUPPORTÉ.** — Pour *soutenu*.

**SUPPORTS et TENANTS.** — Nous ne croyons pouvoir mieux faire que de reproduire l'article que nous avons publié dans l'*Introduction de la science du blason*, p. 34.

Les supports et les tenants d'armoirie sont les principaux ornements extérieurs de l'écu; ils sont ainsi nommés parce qu'ils semblent supporter et soutenir l'écu.

L'usage des supports et tenants est très répandu en France, en Angleterre et dans les Pays-Bas. On en rencontre fort peu dans les armoiries d'Allemagne, d'Italie et d'Espagne, si ce n'est dans celles de quelques grandes familles ou de princes souverains.

Divers héraldistes donnent indifféremment le nom de supports et de tenants à des figures d'hommes ou d'animaux.

Si une figure est placée seule à l'un des côtés de l'écu, qu'elle soit d'homme ou d'animal, Palliot la nomme tenant; s'il y en a deux, une à chaque flanc, il les appelle supports. Wulson de la Colombière a proposé une distinction qui a prévalu, et que nous avons nous-même adoptée. Nous disons donc avec lui que la dénomination de supports ne doit s'appliquer qu'aux animaux de toute espèce que l'on place aux côtés de l'écu, rampants, reposés ou en baroque, mais le plus souvent rampants dans une attitude menaçante, comme pour le défendre, tels que les lions, les licornes, les léopards, les cerfs, les lévriers, les aigles, les griffons, etc.; et celle de tenants aux figures humaines ou chimériques à tête humaine, telles que les anges, les sirènes, les sauvages, les chevaliers, les Maures, etc.

Quelques écrivains, entre autres le P. Ménestrier, prétendent que l'usage d'accompagner les armoiries de supports ou tenants, vient de ce que les chevaliers faisaient porter l'écu de leurs armes et leur heaume (ils auraient pu ajouter leurs bannières), dans les tournois, par des gens de leur maison, travestis et recouverts de peaux de lions et d'autres bêtes; et ils disent, à l'appui de cette assertion, qu'Amédée VI de Savoie, surnommé le Comte-Vert, parce qu'il fit revêtir une livrée verte à tous les gens de sa suite, au tournoi donné à Chambéry, le 1er mai 1346, ayant fait garder son écu par deux hommes couverts de peaux de lions, conserva ces lions pour supports et les transmit à ses descendants.

Il est fort probable, en effet, que ce sont les déguisements dont on affublait les pages ou les valets qui portaient l'écu des armoiries, le heaume et la bannière dans les marches des tournois, qui ont donné l'idée des supports et tenants; mais il semble au moins extraordinaire que les supports n'apparaissent sur les sceaux armoriés qu'au XIVe siècle, plus de trois cents ans après l'invention des armoiries, circonstance qui dénote, du reste, que si on a voulu, par l'addition de ce genre d'ornement, rappeler un usage ancien et indiquer une origine chevaleresque, l'emploi en est cependant assez moderne.

Les premiers tenants paraissent avoir été des branches ou troncs d'arbres auxquels les écussons des chevaliers étaient attachés, à l'imitation de ce qui se pratiquait dans les tournois lorsque les hérauts exposaient les écussons des chevaliers aux arbres voisins de la lice.

Plus tard, on donna pour tenants à l'écu des armoiries les chevaliers eux-mêmes, comme ils sont représentés sur les anciens tombeaux, et comme Philippe de Valois, par exemple, est figuré sur les deniers qu'il fit frapper en 1336, tenant une épée dans sa main droite et appuyant la gauche sur l'écu de France. C'est à partir de cette époque, dit-on, que certaines monnaies armoriées ont reçu le nom d'écu.

Le choix des supports et tenants n'est pas obligatoire pour les descendants, parce qu'ils étaient la plupart du temps l'effet du caprice, mais ils sont héréditaires lorsqu'ils proviennent de concession royale, ou qu'ils rappellent l'une des pièces de l'écu, comme pour une foule d'armoiries qui renferment des lions, des aigles, des griffons, des cerfs, des ours, etc. Chez les Allemands, qui usent peu des supports, comme nous l'avons déjà dit, les pièces de l'écu sont ordinairement reproduites sur le haut du casque, en cimier.

Il y a des supports et tenants qui ont été tirés des devises ou emblèmes particuliers. Les rois Charles VI, Louis XII et François Ier portaient pour supports : le premier deux cerfs ailés, le second deux porcs-épics, et le troisième deux salamandres ; d'autres font allusion aux noms de ceux qui les portent, comme les ours des Ursins et les moines de Monaco.

Le droit de supports n'était primitivement reconnu en France, comme en Angleterre, qu'aux familles de la haute noblesse. En France, les supports les plus communs sont les lions, les aigles, les griffons, les lévriers et les sauvages, et ils sont presque toujours de même nature aux deux côtés de l'écu ; en Angleterre, au contraire, ils diffèrent le plus ordinairement. Les armoiries de la Grande-Bretagne ont pour supports, depuis l'avènement de Jacques Ier à la couronne, à dextre un léopard d'or couronné, et à sénestre une licorne d'argent.

Les femmes et les ecclésiastiques ne portent pas de supports.

*Voy.* Le Féron d'Eterpigny, 97. — de Pey-ronny, 120. — de Sarrazin, 143. — de Rous, 210. — des Rotours, 230. — de Bruno, 283. — de Magny, 294. — David de Beaufort, 316. — de Caulaincourt, 327.

**SURBRISER, SURBRISURE.** — Briser de nouveau, ajouter une nouvelle brisure.

**SURCHARGÉ.** — Se dit d'une pièce chargée d'une autre pièce, qui en porte une troisième. (Rare.)

**SUR-LE-TOUT.** — Se dit de l'écusson qui se met en cœur, lorsqu'il est posé sur les quartiers dont l'écu est composé. Il doit tenir régulièrement le neuvième de l'écu qu'il surcharge.

Les fasces, pals, bandes, etc., se mettent aussi sur le tout ; mais, dans ce cas, il faut ajouter le mot *brochant* et dire : *brochant sur le tout.*

*Voy.* Jaladon de la Barre, 180. — de Nogaret, 813. — O'Murphy, 819. — de Marenzi, 1357.

**SUR-LE-TOUT-DU-TOUT.** — Se dit d'un écusson posé sur l'écartelure d'un autre écusson qui est déjà sur le tout.

**SURMONTÉ.** — De même que *sommé*. Se dit d'une pièce qui en a une ou plusieurs au-dessus d'elle.

Se dit aussi du chef, quand un filet d'un émail différent se trouve entre lui et le bord supérieur de l'écu.

*Voy.* de Martel, 106. — Maulbon d'Arbaumont, 178. — Dollin du Fresnel, 188. — de l'Espinasse, 369.

**ABLE D'ATTENTE.** — On appelle ainsi l'écu d'un seul émail et qui n'est chargé d'aucune figure. Il attend en effet les pièces qui doivent lui donner le caractère d'une armoirie.

**TACHETÉ** (pour *Miraillé*). — Se dit du papillon, et encore mieux du saumon, dont les mouchetures sont rouges.

**TAF.** — (Voir *Tau*.)

**TAU** ou **CROIX DE SAINT-ANTOINE.** — Meuble qui a la forme d'un T. Cette espèce de croix est une croix pattée alésée, qui n'a que trois branches, celles des côtés et celle d'en bas : c'est le *tau* des Grecs. On l'appelle *Croix de Saint-Antoine*, parce qu'elle est la représentation de celle que portaient les chanoines réguliers de Saint-Antoine.

L'origine du tau, selon quelques auteurs, est tirée de l'Apocalypse, où il est cité comme étant une marque mise par l'ange sur le front des prédestinés. Selon d'autres, c'était une béquille en usage dans l'ordre de Saint-Antoine, qui était *hospitalier*. Enfin, d'autres héraldistes prétendent que c'est la partie supérieure d'une crosse grecque ; ils appuient cette opinion sur ce que les évêques et abbés du rite grec la portaient ainsi ; ils ajoutent que les chanoines réguliers de Saint-Antoine la portaient de cette façon, en raison de ce que leur fondateur était abbé.

*Voy.* DE PRADINES, 131.

**TAILLÉ.** — L'écu partagé en deux parties égales par une ligne diagonale, allant de l'angle sénestre du chef à l'angle dextre de la pointe, est dit *taillé*.

On suit, pour le blasonner, les mêmes règles que pour le *coupé* et pour le *parti*.

*Voy.* SINTZER, 923.

**TANNÉ**, synonyme d'*orangé*.

**TARÉ.** — S'emploie pour désigner la position du casque posé sur l'écu. Suivant la position qu'il occupe, on dit qu'il est taré de front, de trois quarts, de profil (Voir *Casque*).

*Voy.* DE PAGANY, 823.

**TARGE.** — Sorte de bouclier. (Voir *Armes défensives et offensives*.)

*Voy.* LE COUVREUR, 1290.

**TASSETTE.** — On appelle ainsi les pièces d'une armure qui sont au bas et au défaut de la cuirasse.

**TAUREAU.** — (Voir *Bœuf*.)

**TENANTS.** — (Voir *Supports*.)

**TERRE.** — (Voir *Eléments*, *Monde*.)

**TERRASSE, TERRASSÉ.** — La terrasse est le sol figuré dans l'écu ; elle diffère de la *Champagne*, en ce qu'elle a un contour moins arrêté et une largeur indéterminée.

*Terrassé* est l'adjectif. On dit, *terrassé de...*, et aussi : ayant une *terrasse de...*

*Voy.* DE BONNEFONT, 219. — DEL BUE, 255. — LORENS, 741. — ANGÉLIS, 6. — DE CARRIÈRE, 50.

**TERTRE.** — Petite terrasse.

**TÊTES.** — On représente sur les armoiries, non-seulement des êtres humains et des animaux, mais encore plusieurs parties de leur corps, et notamment leur *tête*.

La tête des animaux est figurée tranchée net ou *arrachée* (Voir ce mot), et, dans ce cas, il est nécessaire de le spécifier.

Lorsque la tête humaine est représentée de couleur naturelle, elle est dite de *carnation*.

Les *têtes* ont la même signification symbolique que les animaux auxquels elles appartiennent ; elles sont mises de profil ou de face, suivant la position habituelle de ces animaux.

La tête humaine se pose de profil ou de face, indifféremment ; mais il faut toujours en indiquer la position.

Quand des *têtes* d'animaux sont posées de face, alors que leur position naturelle est d'être de profil, telles que celles du bélier, du bœuf, du cerf, etc., ces *têtes* sont alors appelées *rencontres*. (Voir ce mot.)

Les têtes de sangliers, de saumons, de brochets sont appelées *hures*.

Quand il y a plusieurs têtes dans un écu, et qu'elles sont *affrontées* ou *contournées*, il faut le spécifier.

On dit *lampassées* des têtes d'animaux pédestres, *languées*, de celles du dragon, de la bisse, des griffons, de l'aigle et autres oiseaux, lorsqu'elles sont d'émail différent ; *arrachées*, de celles dont le dessous est figuré inégalement ; *coupées*, de celles dont le dessous est figuré par une ligne bien horizontale.

On dit *chevelée*, *barbée* d'une tête d'homme dont les cheveux et la barbe sont d'un autre émail ; *hérissée*, de celles dont les cheveux sont dressés.

On peut dire une tête de *génie d'ange*, mais on ne dit pas une tête de *chérubin*. (Voir ce mot.)

*Voy.* Berthelin, 25. — de Bodard de la Jacopière, 38. — Joret des Closières, 172. — de Bruno, 213 et 283. — Gerard, 272. — de Franchessin, 306. — de Barbançois, 435. — de Chauvin, 552. — de Chenu, 553. — Collart, 571. — de la Faye-Meschatins, 622. — de Vidal, 976. — de Tilloloi de Senarmont, 1357 *bis*. — Camusat de Riancey, 1357 *ter*.

**TÊTES DE MAURE**, ou de nègre. — Nous faisons un article à part pour les *têtes de Maure*, parce qu'elles ont des attributions spéciales : elles sont toujours de sable, se représentent le plus souvent de profil, avec un diadème en forme de torsage, noué par derrière, avec les bouts pendants, torsade qu'on nomme *Tortil*. Ce *tortil* est de métal, et presque toujours d'argent.

Les têtes de Maure figurent dans beaucoup d'armoiries et sont un indice de vieille noblesse, puisque l'usage en remonte aux Croisades ; elles représentent les infidèles faits prisonniers et réduits en esclavage.

Le mot *maure* dérive du mot grec μαυρος, *noirâtre ;* d'après cette étymologie, il faut écrire *maure* et non *more*. Nous adoptons la première de ces deux orthographes, bien que le Dictionnaire de l'Académie consacre l'une et l'autre.

*Voy.* Baudier, 199. — Lenoir, 814.

**TIERCÉ**. — Se dit de l'écu lorsqu'il est divisé en trois parties égales, soit en pal, soit en fasce, en bande ou en barre, c'est-à-dire quand il est parti, coupé, tranché ou taillé de deux traits, et que les émaux de ces trois parties sont différents. L'écu peut être également *tiercé en chevron*.

Il se blasonne ainsi : de...., parti, coupé, tranché ou taillé de..., tiercé de..., toujours en commençant par le chef.

*Voy.* Caumont-Lauzun, 1358.

**TIERCEFEUILLES**. — Figure semblable à celle du trèfle, dont elle ne diffère que parce qu'elle n'a pas de queue. L'espace compris entre ces feuilles se nomme *refentes*.

*Voy.* Prie des Planes, 1363.

**TIERCES**. — Les *tierces* sont de petites fasces ou filets qui se mettent trois à trois, comme les *jumelles* se mettent deux à deux. Ces trois fasces ne sont comptées que pour une, et n'occupent ensemble que la largeur d'une fasce ordinaire ; elles laissent entre elles autant de place que chacune d'elles en occupe.

Quand il y a plusieurs *tierces* sur un écu, il faut avoir soin de les disposer de manière à ce qu'il n'y ait pas de confusion : la règle alors est que l'intervalle qui les sépare soit égal à la largeur des trois pièces qui composent la *tierce*.

Les tierces peuvent se mettre en bande, sautoir, croix, etc., mais alors il faut avoir soin de l'indiquer.

*Voy.* Pelot, 1359. — Bude des Portes, 1360. — Ardres de Cresecques, 1361. — Tiercelin, 1362.

**TIERCÉ EN MANTEL**. — Dans ce *tiercé*, l'écu se trouve également divisé en trois parties, seulement la division n'en est pas régulière comme dans le *tiercé* qui précède ; là, chaque partie est égale ; ici, elle est irrégulière, quant à l'une de ses parties du moins.

Le *tiercé en mantel* se compose :

1° De l'écu *parti* d'un trait, ce qui fait deux parts ;

2° D'une troisième part mouvante de la pointe, et s'arrêtant environ au centre de l'écu, sur le trait du parti, en forme de *pointe entée* (Voir ce mot.) ; avec cette différence que les flancs de cette espèce de chevron plein sont, dans la *pointe entée*, recourbés en dedans, tandis que, dans le *tiercé en mantel*, les flancs en sont dessinés en forme d'*accolade* renversée.

Ce genre d'armoiries est particulier aux écus de l'Espagne et du Portugal, comme aussi le *mantelé*, dont il dérive.

*Voy.* Christophe Colomb, page 22 du *Traité élémentaire.*

**TIGÉ.** — Se dit des fleurs qui ont une tige, lorsqu'elles n'en ont pas habituellement, ou des fleurs dont la tige est d'un émail différent.
*Voy.* de Berluc de Perussis, 163. — Bacot de Roman, 164. — de Perpessac, 383. — de Gresle de Dormeson, 663. — Hinselin, 689.

**TIMBRE, TIMBRÉ.** — Le *timbre* est le casque surmontant l'écu, et le mot timbré s'applique dans ce cas à l'écu.

**TIMBRE.** — Le *timbre* était la marque distinctive de la noblesse, et les roturiers pouvaient, moyennant finance, porter des armoiries, mais non des timbres.
Le mot *timbre* semble venir du mot latin *tympanum.* C'est proprement une cloche immobile qui n'a point de battant à l'intérieur, et qui est frappée par un marteau; les casques ont pu recevoir ce nom, soit à cause de leur ressemblance avec la forme des timbres, soit parce que, frappés avec la lance ou l'épée, ils rendaient un son comme le timbre.
*Voy.* Digard de Palcy, 166. — Des Rotours, 230.

**TIRES.** — Traits de l'échiqueté et du vairé.
Toutain, 957.

**TOISON.** — L'ordre fondé à Bruges en 1429, par Philippe de Bourgogne, en l'honneur d'une de ses maîtresses, est représenté par le corps d'un mouton. Il est suspendu à un collier émaillé de doubles fusils, ou briquets, en forme de B (Bourgogne) et de pièces à feu entrelacées. Cet ordre a pour devise : *Ante ferit quam micat* (il frappe avant qu'il ne brille ou qu'il n'éclaire.)
La toison elle-même soutient cette autre devise : *Prætium non vile laborum.*
Aux temps éloignés de la fable, la *toison d'or* a joui aussi d'une grande célébrité. Tout le monde connaît l'histoire de Jason et des Argonautes; l'enlèvement, en Colchide, de la dépouille apportée par Phryxus, et le rôle que la magicienne Médée joua dans cette entreprise chevaleresque.
L'ordre de la *Toison-d'Or* est resté le plus célèbre et le plus illustre des ordres de chevalerie. De la maison de Bourgogne, il est passé maintenant à celles d'Espagne et d'Autriche.

**TOQUES.** — L'empereur Napoléon I$^{er}$, en créant la noblesse impériale, avait substitué aux couronnes des nobles titrés, des *toques* surmontées de plumes, dont le nombre indiquait la dignité de celui qui les portait. Cet usage ne s'est pas conservé; les familles titrées par lui ont repris les anciennes couronnes.
Il est pourtant nécessaire de faire connaître ce genre de distinction, aussi ingénieux que simple, car l'on peut retrouver ces insignes sur les monuments, ou sur les gravures du temps.

1. Les princes grands dignitaires avaient une toque de velours noir bordée de vair, avec un porte-aigrette d'or surmonté de sept plumes blanches.

2. Les ducs avaient la même toque, mais bordée d'hermine au lieu de vair.

3. Les comtes portaient aussi la toque de velours noir, retroussée de contre-hermine; mais le porte-aigrette était d'or et d'argent et n'était surmonté que de cinq plumes.

4. La toque des barons était bordée de contre-vair, le porte-aigrette était en argent et ne supportait que trois plumes.

5. Enfin les chevaliers avaient une toque de velours noir bordée de sinople, et le porte-aigrette d'argent ne supportait qu'une seule plume.

**TORTIL, TORTILLÉ.** — Le *tortil* est un diadème en forme de torsade et en argent dont est ceinte la tête du Maure; *tortillé* se dit donc de la tête de Maure, lorsqu'il est nécessaire de spécifier l'émail du bandeau.
*Voy.* de Castillon, 113. — de Hénault, 684. — Lenoir, 814.

**TORTILLANT.** — Se dit de la givre ou de la bisse qui entoure quelque chose.

**TORQUE.** — Bourrelet sur le heaume. (Voir *Bourrelet.*)

**TOULOUSE (CROIX DE).** — Cette croix, de forme bizarre, est portée par les comtes de Toulouse de toute ancienneté, sur leurs armoiries. C'est une croix alésée vidée cléchée et pommetée.
*Voy.* de Lautrec, 726.

**TOUR.** — Les *tours*, ainsi que les châteaux, figurent en armoiries comme signe de haute puissance. La tour est ordinairement de forme ronde ; lorsqu'elle est carrée, on l'exprime en blasonnant. Il faut spécifier de combien de pièces elles sont surmontées lorsqu'il y a des tourelles ou donjons ; on les dit alors *donjonnées*.

On dit d'une tour : *ouverte*, de la porte ; *ajourée*, des fenêtres ; *maçonnée*, des joints des pierres, lorsqu'ils se trouvent d'émail différent. *Couverte* se dit de la tour qui a un toit ; *essorée*, si ce toit est d'un autre émail ; *hersée*, quand elle a une herse ; *girouettée*, si elle a une girouette.

*Voy.* Bourdin de Montréal, 40. — de la Combe, 92. — de Peyronny, 120. — de Castillon, 526. — de la Marck de Barentin, 762. — d'Orty, 821. — de Pompadour, 851. — de la Tour, 955. — de la Tournelle, 956.

**TOURNÉ.** — Se dit du croissant dont les pointes regardent le flanc dextre de l'écu. On dit aussi *couché*, mais *tourné* vaut mieux.

Ce mot s'applique également au chevron.

*Voy.* Thibalier.

**TOURTEAUX.** — Meuble d'armoiries rond et plat, de couleur et de fourrure, ce qui le distingue du *besant*, qui est toujours de métal. Le nom des tourteaux variait autrefois, suivant leur couleur : ceux de gueules s'appelaient *guses*, ceux d'azur *heurtes*, ceux de sinople *pommes* ou *volets*, ceux de sable *ogoesses*, et ceux de pourpre *gulpes*. Ces termes sont passés de mode, et l'on se contente maintenant de spécifier la couleur du tourteau.

*Voy.* de la Devèze, 292. — Michel de la Morinerie, 342. — d'Autay, 426. — de Courtenay, 586. — de Douay, 604.

**TOURTEAUX-BESANTS.** — Ces *tourteaux* sont moitié de couleur, moitié de métal ; ils se mettent toujours sur un champ de métal. Ils sont représentés ou *partis* ou *coupés*. Ce qui fait leur différence avec les *besants-tourteaux*, c'est que ces derniers se mettent toujours sur un champ de couleur.

Pour les distinguer encore, il faut examiner l'émail de la partie en chef, si la pièce est *coupée*, ou de la partie à dextre si elle est *partie*. Lorsque cette première moitié est de métal, c'est un *besant-tourteau* ; si elle est de couleur, c'est un *tourteau-besant*.

*Voy.* Angulos, 1365.

**TOURTELÉ.** — Semé de tourteaux. (Rare).

**TOUT (LE).** — On se sert quelquefois de ce mot pour éviter la répétition de plusieurs pièces ou meubles qui sont du même émail ; on dit alors : *le tout du même*. (Voir aussi *Sur-le-tout*.)

*Voy.* Paris, 1366.

**TOUT-DU-TOUT (LE).** — (Voir *Sur-le-tout-du-tout*.)

**TRABE.** — Traverse de l'ancre.

**TRACÉ.** — Pour *Ombré*.

**TRAINÉE.** — Suite de poudre à canon dont on se sert pour porter le feu à l'amorce.

Bruslard de Genlis (en Champagne) porte : *de gueules, à une bande d'or, chargée d'une trainée ondée, communiquant à cinq barillets, le tout de sable, les barillets placés trois vers le chef et deux vers la pointe, alternativement.*

**TRAIT.** — De même que *Tire*.

**TRANCHÉ.** — Le contraire de *taillé*. Dans le *tranché*, l'écu est partagé en deux parties égales, par une diagonale qui part de l'angle dextre du chef pour joindre l'angle sénestre de la pointe. On suit, pour blasonner le *tranché*, les mêmes règles que celles émises pour le *coupé*, le *parti* et le *taillé*.

*Voy.* Boyle, 296. — de Millet, 777.

**TRANGLES.** — Fasce diminuée qui est le 1/6 de la fasce ordinaire, et qui, comme la *divise* qui en est le 1/3, est quelquefois haussée ou baissée sur l'écu, suivant les pièces qui l'accompagnent.

*Voy.* Guironnet de Massas, 241.

**TRAVERSE.** — Diminutif de la barre.

**TRÈFLE.** — Il ne faut pas confondre le *trèfle* avec la *tiercefeuille*. La *tiercefeuille* n'a pas de queue et sa feuille se termine en pointe. Le *trèfle*, au contraire, a ses feuilles arrondies, la queue petite et légèrement recourbée ; il est surtout plus usité.

Le trèfle se pose un par un et jamais par bouquet.

*Voy.* Blondin de Baizieux, 28. — de Caussia de Mauvoisin, 234. — Ogier de Baulny, 350. — de Fabiaux de Maulde, 615. — Hert, 685. — de la Loère, 739.

**TRÉFLÉ.** — Se dit de la croix, quand elle se termine par un trèfle à chacune de ses extrémités.

*Voy.* de Pierrefitte, 845.

**TREILLE.** — La *treille*, comme le cep de vigne, n'est guère employée que dans les armoiries parlantes.

De Vinols (en Forez) porte : *d'or, à une treille ou cep de vigne arrachée de sinople, fruitée du même, et un chef de gueules chargé de trois coquilles d'or.*

**TREILLISSÉ.** — C'est le *fretté* plus serré et moins large. Le *fretté* s'emploie pour l'écu plein, le *treillissé* ne figure guère que sur les pièces honorables, telles que chef, pal, bande et fasce. Lorsqu'il a des clous à ses intersections, il est dit *cloué*.

*Voy.* Anselme, 414. — de Maulsang, 769.— de Riencourt, 877.

**TRÉCHEUR.** (Appelé anciennement *Essonnier*.)

Le *trécheur* ressemble beaucoup à l'orle, mais il n'a que la moitié de sa largeur.

Il y en a de simples, de doubles, de fleuronnés et de contre-fleuronnés, et quelquefois de fleurdelisés comme celui du royaume d'Écosse.

*Voy.* Ecosse, 1367.

**TRIANGLE.** — Signe d'égalité employé en armoiries pour indiquer que toutes les personnes admises dans l'ordre de la noblesse jouissent des mêmes droits et privilèges.

Il se représente ordinairement plein ; s'il est vide, il faut l'énoncer. Il se pose horizontalement et sa base regarde la pointe de l'écu ; si sa base regarde le chef, il est dit alors, comme le croissant, *versé* ou *renversé*.

Le triangle peut se mettre en nombre.

*Voy.* Achard, 118. — de Baillivy, 432.

**TROIS, DEUX ET UN.** — Se dit de six pièces posées : trois en chef, deux en cœur et une en pointe. Cette disposition se rencontre fréquemment.

*Voy.* de la Devèze, 292. — Malherbe, 759.

**TROMPE.** — (Voir *Cor de chasse* ou *Huchet*.)

**TROMPES D'ÉLÉPHANT.** — (Voir *Proboscides*.)

**TRONÇONNÉ.** — Se dit de la croix coupée par morceaux qui, séparés, indiquent encore la forme de la pièce.

**TRONQUÉ.** — Se dit de l'arbre coupé par les deux bouts. (Voir *Écot, Écoté*.)

---

**USTENSILES.** — Les ustensiles de ménage, les outils et autres pièces d'un usage commun et habituel, ne se trouvent généralement pas dans les anciennes armoiries françaises ; ils figurent le plus souvent dans les *armes parlantes*. Nous pourrions nous borner à cette indication ; nous citerons toutefois, pour joindre l'exemple au précepte, quelques armes qui rentrent dans la catégorie des objets dont nous parlons ici :

Ainsi, Béchonnet porte des bêches ; — le Compasseur, des compas ; — Cailhou d'Esignac, des cailloux ; — le Peigné, des peignes ; — de Brosses, des brosses ; — Chauderon, des chaudrons ; — Miron, un miroir ; — Auxcouteaux, des couteaux ; — de Fourcauld, un four allumé ; — de Nattes, des nattes ; — Perle, des perles ; — Pistolet de Saint-Ferjeux, des pistolets ; — Simard de Pitray, six marcs ; — de Canlers, des chandeliers ; —

Godeau, des godets ; — Chicheret, des pois chiches ; — Ferrières, des fers à cheval ; — Rathel, des rateaux ; — de Trésor de Fontenay, des monnaies d'or et d'argent ; — Pottes, des Potot, Potet, des pots ;—Masse, en Dauphiné, des masses ; — Marc-la-Ferté, des marcs ; — Le Sens, un encensoir ; — Bouteiller, des coupes ; —Corbigny, des corbeilles ; — Bouesseau, des boisseaux ; — des Broyes, des broies ; —Boursier, Boursauts, des bourses, etc., etc.

*Voy.* Acquet de Férolles, 118.—d'Urbain, 157. — le Compasseur, 275. — Hugon d'Augicour, 322. — Miron, 344. — Picot de Vaulogé, 356. — de Kerleviou, 706. — de Moisson, 780. — Rousseau de Villerussien, 887.

---

**ACHE**. — Elle se représente comme le bœuf ; on la distingue seulement par ses pis et par sa queue, étendue le long du flanc. (Voir *Bœuf*.)

On dit de la vache : *accornée* de ses cornes ; *onglée* de l'ongle de ses pieds ; *colletée* de son collier ; *clarinée*, de la sonnette qui y est attachée, lorsque ces parties sont d'émail différent.

*Voy.* Du Pouy de Bonnegarde, 130. — de Béarn, 320.

**VAIR**. — Le *vair*, comme l'hermine, est une fourrure ; il occupe le second rang ; quelques auteurs veulent que ce soit des peaux d'animaux, de diverses couleurs, cousues ensemble. Quoi qu'il en soit, le *vair* est toujours d'argent et d'azur également ; sa forme est celle des cloches de melon. Le *vair* peut être mis sur tous émaux sans fausseté, puisqu'il participe également du métal et de la couleur. On l'emploie pour le champ de l'écu, comme pour les pièces honorables ; il y a des exemples d'aigles et de lions de *vair*. Le *vair* ne doit avoir que six traits ou tires, quand il forme l'émail de l'écu.

Le menu-vair se distingue du vair en ce qu'il a six tires ou rangées, tandis que le vair n'en a que quatre. Les 1ᵉʳ, 3ᵉ et 5ᵉ tires du menu-vair ont chacune six cloches ; les 2ᵉ, 4ᵉ et 6ᵉ en ont cinq et deux et demie aux extrémités. Le menu-vair était une espèce de panne blanche et bleue d'un grand usage parmi nos pères. Les rois de France s'en servaient autrefois au lieu de fourrures ; les grands seigneurs du royaume en faisaient des doublures d'habits et des couvertures de lit, suivant Joinville. Les manteaux des présidents à mortier, les robes des conseillers, et les habits des hérauts d'armes en ont été doublés jusqu'au xvᵉ siècle.

Cette fourrure était faite de la peau d'un petit écureuil du Nord qui a le dos gris et le ventre blanc. Les pelletiers nomment à présent cette fourrure petit-gris. Le nom de panne, imposé à cette sorte de fourrure, lui vint de ce qu'on la composa de peaux cousues ensemble comme des pans ou panneaux d'habits.

*Voy.* de Brenas, 46. —d'Amiens, 410. — de Royère, 892. — de Thay, 947. — Wildre, 988.

**VAIR (BEFFROI DE)**. Nous avons déjà dit à l'article *Beffroi* que lorsque le *vair* n'avait que quatre, ou moins de quatre tires sur un écu, on l'appelait *gros vair*, ou mieux *beffroi de vair*.

*Voy.* d'Aubeterre, 1229.

**VAIR (MENU-)**. — Lorsqu'au contraire il y a plus de six traits ou tires sur un écu, on l'appelle alors *menu-vair*. (Voir *Vair*.)

De Bernarmont (en Flandre) porte : *de menu-vair, de huit tires, au franc-canton de gueules.*

**VAIRÉ.** — Lorsque le *vair* est d'un autre émail qu'argent et azur, on dit l'écu *vairé*. Il faut alors indiquer les émaux dont le *vairé* est composé, en commençant par l'émail le plus rapproché de l'angle dextre du chef.

*Voy.* DE BAUFFREMONT, 17. — DE BOSREDON, 479.

**VAIR-CONTREVAIR.** — Dans le *vair*, le métal et la couleur sont mis alternativement, de sorte que l'un se trouve opposé à l'autre : dessous, dessus et de chaque côté ; lorsqu'il en est autrement, c'est-à-dire lorsque le métal se trouve dans chaque tire, opposé au métal et la couleur opposée à la couleur, on dit alors *vair-contrevair*.

*Voy.* DE SALPERWICK, 1368.

**VAIRÉ-CONTREVAIRÉ.** — Si les émaux, dans le cas ci-dessus, sont autres qu'argent et azur, on dit *vairé-contrevairé*, en ayant soin d'ajouter la nature des émaux.

*Voy.* SCÉPAUX, 1369.

**VAIR-APPOINTÉ.** — Toutes les figures de *vair* et de *vairé* sont disposées de manière à ce que la pointe d'une pièce soit opposée à la pointe d'une autre pièce, et la base à la base. Lorsqu'il en est autrement, quand la base est opposée à la pointe et la pointe par conséquent à la base, cette sorte de vair se nomme *vair-appointé*.

DE LONGUEROL (Picardie) porte : *bandé de six pièces de gueules et de vair-appointé*.

**VAIR EN BANDE ET EN BARRE.** — Il y a des exemples de *vair* mis en *barre* et en *bande*, c'est-à-dire que les tires, au lieu d'être verticales, sont diagonales ; la pointe des pièces regarde alors les angles de l'écu.

Nous citerons ici l'exemple des armes de Sanseille :

De *vair-appointé mis en bande*, parti *de vair-appointé mis en barre*, au chevron de gueules brochant sur le tout.

**VAISSEAU.** — (Voir *Navire*.)

**VANNET.** — Coquille dont on voit le fond ou le creux, et qui, par cela même, ressemble à un *van*. (Les coquilles proprement dites sont vues à l'extérieur.)

*Voy.* ANTIER DE LA BASTIDE, 427.

**VENTAIL.** — Partie intérieure du casque.

**VERGETTE.** — Diminutif du pal ; la *vergette* en est la moitié, d'autres disent le tiers.

*Voy.* DE PALEYRAC, 825. — DE SOLMIGNAC, 925.

**VERGETÉ.** — Lorsque l'écu est palé de plus de 8 pièces, il est alors dit *vergeté*. Le *vergeté* se compose donc de 10 pièces au moins.

*Voy.* BERTALIS, 1370.

**VERSÉ.** — Se dit des croissants quand les pointes regardent le bas de l'écu ; des glands, des pommes de pin, lorsque la queue qui y est adhérente regarde également la pointe, ce qui est contraire à la position ordinaire de ces diverses pièces ; du chevron, etc.

On dit également *renversé*.

*Voy.* LESTRADE, 1371.

**VERTENELLE** ou **BRIS D'HUIS**. — C'est une pièce de fer, longue, qui sert à tenir une porte sur ses gonds. Il faut spécifier si elle se trouve placée en bande, barre, pal ou fasce.

*Voy.* BRUCH, 1372.

**VÊTU.** — Quand l'écu est couvert d'un carré en forme de losange, dont les quatre pointes touchent les bords, ce carré tient lieu du champ, et les parties qui restent aux quatre angles *vêtissent* l'écu et lui font donner la qualification de *vêtu*. Le *vêtu* diffère du *chappé* en ce que celui-ci, en forme de chevron, est couvert comme d'une chappe par le haut, et du *chaussé* en ce qu'il n'est entouré que par le bas : le *vêtu* réunit les deux espèces, étant entouré par le haut et par le bas.

Plus usité en Allemagne qu'en France.

*Voy.* DE MINETTE, 104. — SCHWERIN, 1373.

**VIDÉ.** — Se dit de toutes pièces, et notamment des croix, au travers desquelles on voit le champ de l'écu. Les croix de Toulouse sont des croix *vidées*.

*Voy.* DE LAUTREC, 726.

**VIGILANCE.** — Caillou que la grue

tient dans le pied, et qu'il faut désigner quand il est d'un émail différent.
*Voy.* DE BURGUES DE MISSIESSY, 505.

**VIGNE.** — (Voir *Cep de vigne*, *Treille*, etc.)

**VILENÉ.** — Se dit du lion dont on voit le sexe.
*Voy.* DE ROUGEMONT, 380.

**VIRES.** — Les *vires* sont des anneaux ou cercles mis l'un dans l'autre, au nombre de deux, trois ou quatre, ainsi nommés *vires* parce qu'ils s'entourent.
Ce mot *vires* vient du latin *viriæ*, nom qu'on donnait aux bracelets enrichis de pierreries que, dans les tournois, les dames offraient comme gages d'amour à leurs chevaliers.
*Voy.* DE VIRIEU, 1374.

**VIROLÉ.** — Se dit des huchets, trompes, cors de chasse qui ont des viroles, anneaux ou boucles d'un émail différent.
*Voy.* BERNARD DE LA VERNETTE, 205.

**VIVRÉ.** — Se dit des bandes, fasces, pals, etc., qui sont sinueux et ondés, avec des entailles.
*Voy.* DE BÉZIEUX, 206. — DU BREUIL, 243. — QUARRÉ, 864.

**VOGUANT.** — Se dit des navires qui semblent glisser sur l'eau avec l'aide de la voile ou des rames, des oiseaux aquatiques qui étendent leurs ailes, et notamment de l'alcyon dont le nid est mis en mouvement par les vagues.
DALMAS (Ile-de-France) porte : *d'azur, au navire d'argent voguant sur une mer du même, et un chef cousu de gueules, chargé de trois croissants du second émail.*

**VOL.** — On appelle ainsi deux ailes d'un oiseau jointes ensemble, dont les bouts s'étendent vers le haut de l'écu, l'un à dextre, l'autre à sénestre.

On nomme *demi-vol* une aile seule d'un oiseau qui paraît posée en pal, le bout des plumes à dextre et la pointe en chef ; on appelle *abaissé* un vol dont les bouts, au lieu de se diriger vers le chef, tendent au contraire vers la pointe.
On appelle *vol banneret* celui qu'on met en cimier et qui est fait en forme de bannière ayant le dessus coupé en carré, comme celui des anciens chevaliers.
*Voy.* JANVIER DE LA MOTTE, 89.

**VOL ABAISSÉ.** — Se dit des oiseaux dont les ailes sont pendantes et dont, par conséquent, le bout des ailes est tourné vers la pointe de l'écu.
*Voy.* DE BAUDOT, 192. — ASTOUARD, 421.

**VOL ÉTENDU.** — Est le contraire de vol *abaissé* ; les ailes sont élevées vers le chef de l'écu.
*Voy.* BOISTARD DE PRÉMAGNY, 32. — DE LA CELLE, 517.

**VOL PLIÉ.** — Il tient le milieu entre le *vol abaissé* et le *vol étendu*. Cette position est rare.

**VOLET** OU **MANTELET.** — Ornement du casque. (Voir *Lambrequins*.)
On donne encore ce nom aux tourteaux de sinople. (Voir *Tourteaux*.)

---

**YEUX.** — Les *yeux*, comme les autres parties du corps humain, sont employés en armoiries, mais le plus souvent comme armes parlantes. Ils sont toujours posés de face, et il ne faut exprimer leur position que si elle est différente.
*Voy.* BELLOEUVRE DE CHARBON, 198. — OUVRELEUIL, 1375.

PARIS. — IMPRIMERIE DE DUBUISSON ET C° RUE COQ-HÉRON, 5.

# ERRATA

Page CXII, au mot FILET, effacer ces mots : *le filet est ordinairement du tiers de la cotice.*

Page CXIX, au mot GUEULES, ajouter : *cette couleur est représentée en gravure par une hachure perpendiculaire.*

Page CXXII, au mot HERSE, le 3ᵉ alinéa doit être à la suite du 1ᵉʳ, dont il est le corollaire ; le 2ᵉ alinéa devient le 3ᵉ.

Page CXXIII, au mot ISSANT, au lieu de : *ce dernier mot s'applique à l'animal à mi-corps posé sur l'écu ou en cimier*, lisez : *ce dernier mot s'applique à l'animal à mi-corps posé* SEUL *sur l'écu.*

Page CXXVII, au mot LION, au lieu de : « naissant, quand il ne paraît qu'à moitié sur le » champ, ou en cimier, ou mouvant d'une » pièce ; issant, lorsqu'il paraît sur un chef, sur » une fasce ou mouvant de la pointe ou de l'un » des flancs de l'écu, ou enfin en cimier ne montrant que la tête, le cou, le bout de ses pattes » de devant et l'extrémité de sa queue », lisez : *naissant, quand il ne paraît qu'à moitié, ou à mi-corps, mais seul sur l'écu ; issant, quand il semble sortir d'une des pièces de l'écu, telles que le chef ou la fasce, ou du casque posé en cimier. Le lion naissant est toutefois un peu plus grand que le lion issant.*

Page CXXIX, Marché, lisez *marche*.

Page CXXXI, au mot MONTAGNE, au lieu de : « il y en a beaucoup qui sont composées d'un » certain nombre de coupeaux et d'autres qui » sont mouvantes du bas de l'écu, ce qu'on » exprime en blasonnant », lisez : *Il y en a beaucoup qui sont composées d'un certain nombre de coupeaux, ce qu'il faut exprimer en blasonnant, en ayant soin d'indiquer le nombre de ces coupeaux.*

Page CXXXVI, au mot PAL, au lieu de : « lorsqu'il y a plus de *trois* pals sur un écu, etc. », lisez : « lorsqu'il y a plus de *quatre* pals sur un » écu, etc. »
Au même article, effacer ces mots : « *En pals* » *se dit de plusieurs meubles de longueur qui* » *sont droits contre leur ordinaire.* »

Page CXXXIX, au mot PERRONNÉ, au lieu de l'explication qui s'y trouve, lisez : « *termine en* » *forme de perron.* » La croix *perronnée* doit son nom à ces degrés ou marches qui se trouvent à chacune de ses branches, et dont il faut avoir soin d'indiquer le nombre.

Page CXLIII, ajouter à la suite du mot *pourpre :* « Quelques héraldistes prétendent que c'est un » émail mitoyen entre la couleur et le métal, et » qu'on peut le placer sur l'une ou sur l'autre » sans fausseté, c'est-à-dire comme métal sur » couleur, ou comme couleur sur métal. »

Page CXLIV, à la fin du mot RAIS D'ESCARBOUCLE, ajoutez : *Voy.* SAINT-MARTIAL, 1303.

Page CXLIX, au mot SIRÈNE, après ces mots des 3ᵉ et 4ᵉ lignes : comme moitié femme et moitié poisson, au lieu de : « mais à tort, car les » poètes, etc. », lisez : *mais que les poètes et les auteurs les plus recommandables, entre autres Pline et Ovide, dépeignent comme moitié femme et moitié oiseau*, etc.

Page CLIII, à l'article TÊTE, au lieu de : « on » dit *lampassées* des têtes d'animaux pédestres, » *languées* de celles du dragon, de la bisse, des » griffons, de l'*aigle* et autres oiseaux, lors- » qu'elles sont d'émail différent », lisez : *on dit lampassées des têtes d'animaux pédestres, de celles du dragon, du griffon et de* L'AIGLE*, languées de celles de la bisse et des oiseaux, lorsque la langue est d'émail différent.*

Page CLV, à l'article TOURTEAUX, au lieu de : « meuble d'armoiries rond et plat, de couleur et » de fourrure, ce qui le distingue du besant, » qui est toujours de métal », lisez : *meuble d'armoiries long et plat, de couleur, ce qui le distingue du besant, qui est toujours de métal et quelquefois de fourrure.*

Page CLVII, à l'article VAIR, supprimer, au 2ᵉ alinéa, ces mots : « le menu-vair se distingue du vair en ce qu'il a six tires en rangées, tandis que le vair n'en a que quatre ». Puis à la suite, au lieu de : « les 1ʳᵉ, 3ᵉ et 5ᵉ tires du me- » nu-vair, etc. », lisez : *les* 1ʳᵉ, 3ᵉ *et* 5ᵉ *tires du vair*, etc. Puis à la 2ᵉ ligne de la 2ᵉ colonne, au lieu de : « le menu-vair était, etc. », lisez : *le vair, que les fourreurs appellent menu-vair, était*, etc.

Page CLIX, au mot VIVRÉ, au lieu de : « se dit » des bandes, fasces, pals, etc., qui sont si- » nueux et ondés, avec des entailles », lisez : *se dit des bandes, fasces, pals, etc., qui ont des entailles à replis carrés.*

---

Paris. — Imp. DUBUISSON et Cⁱᵉ. r. Coq-Héron, 5.

# ARMORIAL GÉNÉRAL

### DES

# FAMILLES NOBLES EXISTANTES

### D'ABBADIE.
BIGORRE ET BÉARN.
1

D'argent, à la croix de gueules.

### D'ASSIER.
FOREZ.
3

D'argent, à trois bandes de gueules.
Devise : *Je suis bonne trempe.*

### D'ASSAILLY.
(COMTES.) POITOU.
2

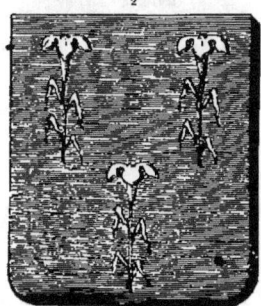

D'azur, alias de gueules, à trois lis d'argent posés 2 et 1. — Couronne de comte. Supports : Deux lions. Devise : *Terris altius.*

### AMIOT.
NORMANDIE.
4

D'argent, à trois cœurs de gueules.

### D'ALFARO.
MURCIE ET ARAGON.
5

Écartelé: au 1, d'or, à deux écots de sinople posés en pal; mi-parti d'azur, à un croissant d'argent renversé qui est d'*Alfaro*; au 2, d'or, à deux ours de sable posés l'un au-dessus de l'autre, à la bordure de gueules crenelée de huit pièces qui est de *Bielsa*; au 3, d'azur, à une croix de Calatrava de gueules bordée d'argent, chargée en cœur d'un héron d'or qui est de *Garcia*; au 4, de gueules à une croix fleuronnée d'or, cantonnée de quatre fleurs de lis du même qui est de *Perez*. — Couronne de comte.

### D'ANGELIS.
ÉTATS ROMAINS ET CORSE.
6

D'argent, à un laurier de sinople terrassé du même, accosté de deux petits anges au naturel affrontés; au chef d'azur, chargé de trois étoiles d'or. — Couronne de marquis.

### D'ARCAMBAL.
LANGUEDOC.
7

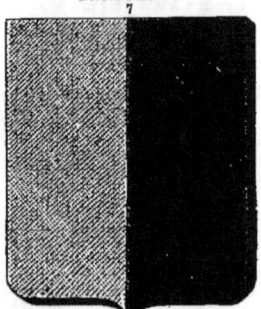

D'or, parti de sinople.
Couronne de marquis. — Supports: Deux lions.

### D'ARBLADE DE PARDAILLAN-GONDRIN.
(COMTES.) ROUSSILLON, GUIENNE ET GASCOGNE.
8

Parti: au 1, d'or, au lion couronné de gueules, tenant de la patte senestre une épée d'azur la pointe en bas, au chef d'azur, chargé d'une croisette d'or, accostée de deux croissants d'argent, qui est de *d'Arblade*; au 2, d'argent, à trois fasces ondées d'azur; coupé d'or, au château de gueules, sommé de trois tours et surmonté de trois têtes de maures de sable, tortillées d'argent, qui est du *Pardaillan-Gondrin*. — Couronne de comte. Supports: Deux lions. — Devise: *Crescit eundo*.

### D'ANGERVILLE D'AUVRECHER.
(COMTES.) NORMANDIE.
9

D'or, au léopard de sable posé au canton dextre de l'écu, et à deux quintefeuilles du même, posées l'une au canton senestre, l'autre en pointe. — Couronne de marquis. — Supports: Deux lions.

### ABRIC DE FENOUILLET.
LANGUEDOC.
10

D'azur, au chevron cousu de gueules, accompagné en chef, à dextre, d'un soleil d'or, et en pointe d'une montagne de six coupeaux d'argent, adextrée d'un arbre d'or. — Couronne de comte.

## D'ARENBERG.
(DUCS.) **BELGIQUE, ALLEMAGNE ET FRANCE.**
11

De gueules, à trois fleurs de néflier à cinq feuilles d'or; l'écu environné d'un manteau ducal de pourpre fourré d'hermines et timbré d'une couronne de prince souverain posée sur une tête de léopard.

## D'ARNAULD.
**PROVENCE, AUVERGNE, VIVARAIS, LORRAINE.**
12

D'azur, à un chevron d'or, accompagné en chef de deux palmes adossées et en pointe, d'un rocher de six coupeaux aussi d'or.
Couronne de marquis.

## DE BÉTHUNE.
(PRINCES.) **ARTOIS.**
13

D'argent, à la fasce de gueules; l'écu sommé d'un heaume d'or, gorgé de France, orné de lambrequins de gueules et d'azur, ceux d'azur semés de France.
Supports : Deux sauvages; cimier : un paon issant d'azur, semé de France, placé entre un vol de *Béthune*.

## DE BEAUCORPS-CRÉQUY.
**BRETAGNE.**
14

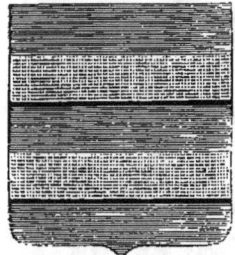

D'azur, à deux fasces d'or. La branche aînée écartèle de *Créquy*, qui est : d'or, au créquier de gueules.
Couronne ryriale des Créquy.
Devise : *Nul s'y frotte*.

## D'AUGUSTIN.
**BRETAGNE ET TOURAINE.**
15

De sable, à une fasce d'argent, accompagnée de trois porcs-épics d'or. L'écu timbré d'un casque de chevalier orné de ses lambrequins.
Devise : *Cominus et eminus*.

## D'ARCY ou DARCY.
(COMTES.) **ANGLETERRE ET FRANCE.**
16

D'azur, à neuf croisettes recroisettées d'argent, posées 3, 3 et 3, et accompagnées de trois quintefeuilles du même, deux au-dessous des trois croisettes du chef, et une au-dessus des trois croisettes de la pointe.
Couronne de comte. — Supports : Un lion à dextre, un léopard à senestre. — Devise : *Un Dieu, un roi*.

## DE BAUFFREMONT.
(PRINCES.) LORRAINE ET BOURGOGNE.
17

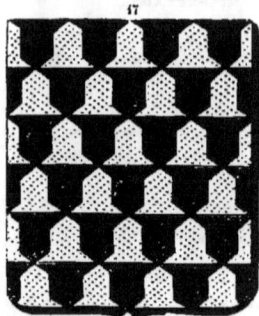

Vairé d'or et de gueules. — Couronne de prince. — Supports : Deux anges.
Devise (en lettres d'argent sur une banderolle noire) : *Dieu ayde au premier chrestien.*
Légende : *Plus de deuil que de joie.*

## AJASSON DE GRANDSAGNE.
(COMTES.) BERRY.
18

De sable, à cinq fusées d'argent accolées et mises en fasce.
Couronne de comte. — Supports : Deux lions.

## DE BEAUJEU.
BEAUJOLAIS.
19

D'or, au lion de sable, armé et lampassé de gueules, au lambel à cinq pendants du même brochant. — Devise : *Fort. Fort.*
Couronne de baron.

## DE BEAUJEU-JAUGE.
BOURGOGNE, CHAMPAGNE ET FRANCHE-COMTÉ.
20

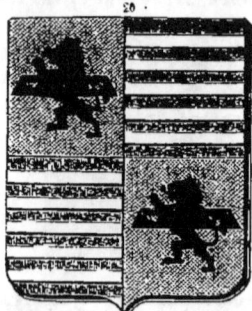

Écartelé : aux 1 et 4, d'or, au lion de sable, armé et lampassé de gueules, au lambel à cinq pendants du même brochant, qui est de *Beaujeu ancien*; aux 2 et 3, de gueules, à cinq burelles d'argent, qui est de *Beaujeu de Bourgogne.*
Couronne de comte.
Supports : Deux griffons d'or. — Devise : *A tout venant Beaujeu.*

## DE BEAUSSIER.
(COMTES.) PROVENCE.
21

D'azur, à trois coquilles d'or. — Couronne de comte.
Supports : Deux aigles.

## BELLIER DU CHARMEIL.
DAUPHINÉ.
22

D'or, au bélier saillant de sable; au chef de gueules, chargé de trois roses d'or. — Couronne de comte.
Supports : Deux lions.

## DE BENTZMANN.
### POLOGNE, PRUSSE ET FRANCE.

Parti : au 1 d'argent, à un guerrier tenant de la main senestre une merlette de sable, et appuyant la dextre sur une ancre d'or; au 2, d'or, à cinq croisettes de gueules posées en sautoir, celle du milieu accostée de deux lions de sable affrontés; coupé : d'azur, à un chevron d'or, accompagné en chef de trois étoiles à six rais d'argent, et en pointe d'une colombe d'or perchée sur une bonne foi d'argent, et tenant dans son bec un rameau d'olivier d'or. L'écu timbré d'un casque de chevalier orné de lambrequins, et surmonté d'une couronne de chevalier sommée d'une merlette de sable.

## BERTHUS DE L'ANGLADE.
### SAINTONGE.

De sable, à une couleuvre ou bisse d'or. — Couronne de marquis.

## BERTHELIN.
### POITOU ET CHAMPAGNE.

D'azur, à une tête de léopard d'or, lampassée de gueules, et une bordure aussi d'or. — Couronne de marquis.
Supports : Deux lions.

## DE BIANCOURT.
### ILE-DE-FRANCE.

D'azur, à un chevron d'argent, surmonté d'une étoile accostée de deux lions affrontés, et accompagné en pointe d'une tour avec un avant-mur à dextre, le tout du même.
Casque de chevalier.
Supports : A dextre, un lion; à senestre, un lévrier.

## DE BASSECOURT.
### MARQUIS. ARTOIS ET CATALOGNE.

D'azur, à une bande d'argent, chargée de trois sautoirs écotés de gueules. — Couronne de marquis.

## BLONDIN DE BAIZIEUX.
### ARTOIS ET PICARDIE.

D'azur, à la bande d'or, chargée de trois trèfles de sable.
Couronne de marquis. — Supports : Deux cerfs.

## BOURGEOIS DU MARAIS.
### PICARDIE.

De sable, au chevron d'argent, accompagné en chef de deux merlettes du même, et en pointe d'une étoile à six rais d'or. Couronne de comte.

## DU BOIS DE LA VILLERABEL.
### MAINE ET BRETAGNE.

D'azur, à un duc d'or, accompagné de quatre perdrix d'argent cantonnées. L'écu timbré d'un casque de chevalier orné de lambrequins.

## BOISSEAU DE LA GALERNERIE.
### LIMOUSIN ET SAINTONGE.

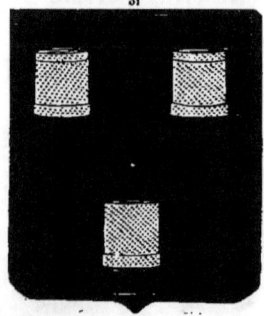

D'azur, à trois boisseaux d'or. — Couronne de marquis. Supports : Deux sirènes. — Devise : *Hoc tegmine tutus.*

## BOISTARD DE PRÉMAGNY
### ET DE GLANVILLE.
### NORMANDIE.

D'azur, à trois aiglettes d'argent au vol éployé ; au chef d'or, chargé de trois molettes de sable. L'écu timbré d'un casque de chevalier orné de ses lambrequins.

## DE BONADONA.
### COMTAT-VENAISSIN.

D'azur, à la bande d'argent, accompagnée de deux roses du même. — Devise : *Hæc sunt bona virtutis dona.*

## DE BONNAMY.
### FLORENCE. BRETAGNE ET LANGUEDOC.

D'argent, à trois canettes de sable. L'écu timbré d'un casque de chevalier orné de ses lambrequins.

## DE BONFILS-LAPEYROUSE.
(COMTES.) ITALIE, PROVENCE ET PÉRIGORD.

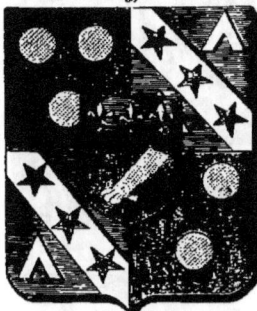

Écartelé : aux 1 et 4, de gueules, à trois besants d'or; aux 2 et 3, d'azur, à une bande d'argent chargée de trois étoiles de gueules, et accompagnée de deux chevrons alésés aussi d'argent; et sur le tout : de gueules, à une patte d'ours d'or, onglée de sable; au chef d'azur, chargé de trois fleurs de lis d'or.
Devise : *Tu es un bon fils.*

## DE BODARD DE LA JACOPIÈRE.
NORMANDIE ET ANJOU.

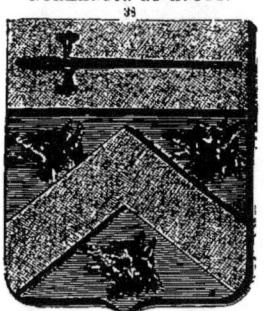

D'azur, au chevron d'or, accompagné de trois têtes de loup arrachées d'argent; au chef d'or, chargé d'une épée posée en fasce, de sable. L'écu timbré d'un casque de chevalier orné de lambrequins.
Devise : *Ce n'est rien, tire le roi!*

## DE BONNEAU.
POITOU.

D'azur, à un chevron d'or, accompagné en chef de deux étoiles du même, et en pointe d'un bassin d'argent, avec un jet d'eau d'or.

## BONNIEU DE LA RIVAUDIÈRE.
BRETAGNE.

De gueules, au chevron d'or, accompagné de trois besants du même.

## DE BONNEAU DE LESTANG.
POITOU.

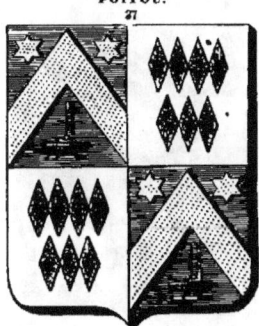

Écartelé : aux 1 et 4 de Bonneau, comme ci-dessus; aux 2 et 3, d'argent, à sept fusées de gueules accolées, rangées en fasce, posées 4 et 3, qui est *de Lestang*. L'écu timbré d'un casque.
Supports : Deux lévriers.

## BOURDIN DE MONTRÉAL.
BOURGOGNE ET LYONNAIS.

Parti : au 1, de pourpre, à la tour d'argent; au 2, écartelé : aux 1 et 4, d'azur à trois quintefeuilles d'or; au 2, d'azur à deux lions affrontés d'or; au 3, d'azur, à une licorne d'argent.
Couronne de marquis.

(DUCS.)

### DE BRANCAS.
ITALIE ET FRANCE.
41

Parti : au 1 d'azur, au pal d'argent, chargé de trois tours de gueules et accosté de quatre pattes de lion d'or, mouvantes des flancs de l'écu, qui est de *Brancas*; au 2, d'argent à trois bustes de reines de carnation couronnées d'or, qui est de *Lisbon*.
Couronne de prince sur l'écu et de duc sur le manteau.
Supports : Deux anges. — Cimier : Un ange.

### DE BRAS-DE-FER.
NORMANDIE.
42

De gueules, à trois mains dextres, levées et appaumées d'argent, posées 2 et 1. — Couronne de marquis.

### DE BRAUER.
(COMTES.) BAVIÈRE, AUTRICHE ET FRANCE.
43

D'azur, au gantherot d'or, essorant sur un mont de sinople. L'écu timbré d'un casque de chevalier, orné de lambrequins et sommé de la couronne de comte. — Supports : Deux lions.

### DE BREDA-WASSENAER.
(COMTES.) PAYS-BAS, PICARDIE ET ILE-DE-FRANCE.
44

Écartelé : aux 1 et 4, d'argent, au lion de gueules, armé, couronné et lampassé d'or, à la bordure de sable, chargée de onze besants d'or qui est de *Berg Hecrenberg*; aux 2 et 3, d'argent, à trois croissants de sable qui est de *Polanen*.
Couronne de comtes-souverains (couronne ducale française).
Cimier : Un vol d'or pour le heaume de *Berg*, un vol d'argent pour le heaume de *Polanen*. — Supports : Deux lions.
Devise : *Dominus protector vitæ meæ à quo trepidabo.*

### DU BREIL
DE RAYS ET DE PONTBRIANT.
(MARQUIS ET COMTES.) BRETAGNE.
45

D'azur, au lion d'argent, armé, lampassé et couronné de gueules. — Couronne de marquis. — Supports : Deux lions.

### DE BRENAS.
(BARONS.) VELAY.
46

De vair, à la croix de sable.
Couronne de baron.
Devise : *O crux ave spes unica.*

### DE BRIDIEU.
TOURAINE.
47

D'azur, à une mâcle d'or, cramponnée doublé en chef, accompagnée de trois étoiles du même.
Couronne de marquis. — Supports : Deux lions.

### DE BRIVES DE PEYRUSSE.
(BARONS.) AUVERGNE.
48

D'azur, au sautoir d'or, accompagné en pointe d'une étoile du même; au chef cousu de gueules, chargé d'un croissant d'or, accosté de deux étoiles du même.
Couronne de baron. — Supports : Deux lévriers.

### BURGUET.
GUIENNE ET NORMANDIE.
49

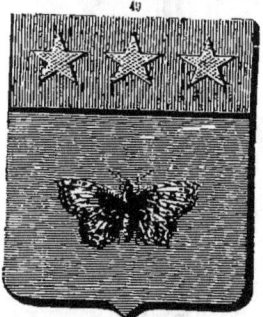

D'azur, à un papillon d'argent, miraillé, marqueté et ombré de sable; au chef cousu de gueules, chargé de trois étoiles d'or.

### DE CARRIÈRE.
LANGUEDOC.
50

De gueules, au lévrier d'argent percé d'une flèche du même, la tête contournée, la patte dextre levée, colleté et bouclé d'or, passant sur une terrasse de sinople; au chef cousu d'azur, chargé d'un croissant d'argent, accosté de deux étoiles du même.

### CARTIER DE LA MALMAISON.
ILE-DE-FRANCE ET POITOU.
51

D'azur, à la croix d'or, cantonnée aux 1 et 4 d'une étoile d'argent; au 2, d'un lion du même issant de la croix, et au 3, d'une gerbe de blé d'or. L'écu timbré d'un casque de chevalier orné de lambrequins.

### CARVOISIN D'HARMANCOURT.
ARTOIS.
52

D'argent, au chevron de sable, accompagné en chef de deux étoiles d'azur, et en pointe d'un lion du même.

## DE LA CELLE DE CHATEAUBOURG.
(COMTES.) BRETAGNE ET BOURGOGNE.
53

De sable, au croissant d'or, accompagné de trois quintefeuilles du même. — Couronne de comte.

## DE CHANALEILLES.
(MARQUIS.) GÉVAUDAN ET VIVARAIS.
54

D'or, à trois lévriers de sable, courant l'un au-dessus de l'autre, colletés d'argent. — Couronne de marquis. — Tenants : Deux anges. — Cimier : Une tête de cheval. — Devise : *Fideliter et alacriter*. — Légende : *Canes ligati*.

## DE CLERMONT-TONNERRE.
(DUCS.) DAUPHINÉ, BOURGOGNE ET PICARDIE.
55

De gueules, à deux clefs d'argent adossées et passées en sautoir, les panneton en haut. — Couronne de duc sur l'écu. — Cri de guerre : *Clermont*. — Supports : Deux lions. — Cimier : Un saint Pierre tenant deux clefs en sautoir dans la main. — Devise : *Si omnes, ego non*. — L'écu environné d'un manteau de prince, de gueules, fourré d'hermines, chargé à dextre et à senestre de deux clefs d'argent posées en sautoir, et derrière lesquelles sont également posés en sautoir deux étendards aux armes du Dauphiné, avant et après sa réunion à la France; le manteau est sommé d'une couronne ducale surmontée d'une tiare.

## CLARET DE LA TOUCHE.
ANGOUMOIS ET BRETAGNE.
56

D'azur, au lion d'argent, couronné, armé et lampassé de gueules. L'écu timbré d'un casque de chevalier.

## CHIROL DE LA BROUSSE.
AUVERGNE.
57

D'azur, à une montagne de vingt et un coupeaux d'or; au chef d'argent, chargé de trois étoiles de gueules. Couronne de comte.

## DE CHEFDEBIEN-ZAGARRIGA.
(BARONS.) 58

Cette branche a pour armes l'écusson de Chefdebien (voir le n° 53) posé sur celui de *Zagarriga*, qui est : Écartelé, au 1 d'argent, à 3 vols abaissés de gueules, qui est d'*Alemany*, mi-parti d'or, à 4 pals de gueules (*Aragon moderne*); au 2, d'or, à la souche de garrigue déracinée de sinople, qui est de *Zagarriga*; au 3, d'or, au cerf passant d'azur, qui est de *Cervellon*; au 4, d'azur, au pont de deux arches d'argent, sur lequel est un chevalier armé monté sur un cheval d'argent, la lance abaissée contre une tour du même au flanc droit, qui est de *la Puente*. L'écu posé sur une aigle d'empire surmontée d'une couronne de duc.

## DE CHAZELLES.
(COMTES.) AUVERGNE ET LANGUEDOC.

D'azur, à une tête de léopard d'or, lampassée de gueules; au chef cousu de gueules, chargé à dextre d'un croissant d'argent, et à senestre d'une étoile du même.
Couronne de comte. — Supports : Deux lions.
Devise : *Toujours prêt à servir, et à s'effacer quand il a servi.*

## DE CONIGLIANO.
ÉTATS VÉNITIENS ET ALSACE.

D'or, à l'écureuil de gueules assis; au chef d'azur, chargé de trois étoiles d'or. — Supports : Deux sauvages. — L'écu timbré d'un casque orné de ses lambrequins.

## DE CORNETTE.
CHAMPAGNE ET MARTINIQUE.

D'argent, au chevron de gueules, accompagné en chef de deux quintefeuilles du même, et en pointe d'un lézard de sinople.
Couronne de marquis.
Supports : Deux lions. — Cimier : Un lion issant.

## DE CHEFDEBIEN D'ARMISSAN.
(VICOMTES.) BRETAGNE, ANJOU ET LANGUEDOC.

D'azur, à la fasce d'argent, accompagné en chef d'un lion léopardé d'or, armé et lampassé de gueules, et en pointe d'un lion léopardé contourné du même. — Couronne de vicomte. — Cimier : Un lion d'or armé et lampassé de gueules. — Supports : Deux lions. — Devise : *Dux fui, sum et ero.* Cri de guerre : *Virtute.*

## DE CORBEAU DE VAULSERRE
ET DE SAINT-ALBIN.
(MARQUIS.) SAVOIE ET DAUPHINÉ.

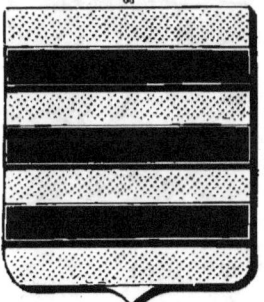

D'or, à trois fasces de sable.
Couronne de marquis. — Devise : *Nil nisi virtute.*

## CHAUVIN DES ORIÈRES.
ILE-DE-FRANCE ET BRETAGNE.

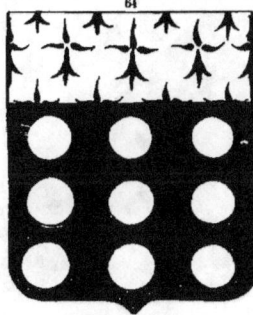

De gueules, à neuf besants d'argent, posés 3, 3 et 3, au chef d'hermines. L'écu timbré d'un casque de chevalier orné de ses lambrequins.

## DE LA COUR.
### DAUPHINÉ.
65

D'azur, au pal d'argent chargé de trois chevrons renversés de sable, et adextré en chef d'une étoile d'or.
Devise : *Dixitte justitiam moniti.*

## DE COURTY.
### FLANDRE, PICARDIE, ILE-DE-FRANCE ET AGENAIS.
66

Écartelé : aux 1 et 4, d'azur, à deux épées d'argent passées en sautoir, garnies d'or ; aux 2 et 3, d'azur, au lion d'argent, armé et lampassé de gueules ; et sur le tout, d'argent, au lion d'azur, colleté de l'écu de *Flandre*, d'or, au lion de sable, attaché par un collier de gueules.
Supports : Deux lions. — Couronne de comte.

## DE CROZANT DE BRIDIERS.
### BERRY ET LIMOUSIN.
67

D'or, à la bande de gueules. — Couronne de comte.
Supports : Deux lions d'or. — Cimier : Une tête de licorne d'or.

## LE DANOYS DE TOURVILLE DES ESSARTS
### (COMTES.) NORMANDIE ET CHAMPAGNE.
68

D'argent, à un chevron de gueules, accompagné de trois noyers arrachés de sinople, fruités d'or ; et un chef d'azur chargé d'une croisette d'or, accostée de deux étoiles d'argent.
Couronne de marquis. — Supports : Deux lions.

## DEPÉRY.
### (MONSEIGNEUR JEAN-IRÉNÉE, ÉVÊQUE DE GAP.)
69

D'azur, au monogramme de Jésus-Christ, d'or, soutenu par une foi d'argent. L'écu surmonté de la couronne ducale et du chapeau d'évêque, et accompagné des attributs épiscopaux.
Devise : *Per Christum.*

## DE DIGOINE DU PALAIS.
### (COMTES.) BOURGOGNE, PROVENCE ET LANGUEDOC.
70

Échiqueté d'argent et de sable de sept tires de six points.
Couronne de marquis.
Supports : Deux anges. — Devise : *Virtutis fortuna comes.*

ARMORIAL GÉNÉRAL. 13

### DOUBLET DE PERSAN.
(MARQUIS.) NORMANDIE ET ILE-DE-FRANCE.
71

D'azur, à trois demoiselles à doubles ailes d'or, posées 2 et 1.
Couronne de marquis. — Supports : Deux lions.

### DE FOUCHIER.
POITOU.
74

D'argent, au lion de sable armé, couronné et lampassé de
gueules. L'écu timbré d'un casque de chevalier, orné de lambrequins. — Supports : Deux levrettes.

### DE DURFORT.
(DUCS.) GUIENNE ET GASCOGNE.
72

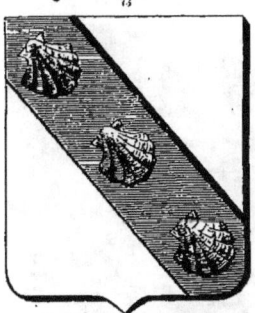

Écartelé : aux 1 et 4 d'argent, à la bande d'azur; aux 2 et 3,
de gueules, au lion d'argent. — Couronne de duc.
Supports : Deux anges.

### DE GALHAULT.
ARTOIS.
75

De gueules, à un sautoir d'or, chargé en cœur d'une molette
d'azur. L'écu timbré d'un casque de chevalier orné de ses lambrequins.

### FIALIN DE PERSIGNY.
(COMTES). DAUPHINÉ, FOREZ ET LYONNAIS.
73

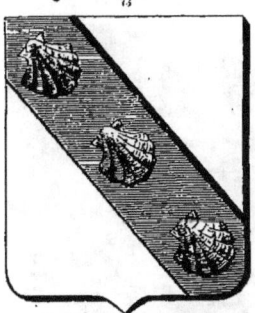

D'argent, à la bande d'azur, chargée de trois coquilles d'argent.
Couronne de comte.
Supports : Deux lions la tête dans un casque.

### GAILLARD DE VAUCOCOUR.
LANGUEDOC ET PÉRIGORD.
76

D'azur, à un château fort d'or, surmonté de trois fleurs de lis
d'or, rangées en fasce, et accompagné en pointe d'un lévrier courant d'argent; au chef cousu de gueules, chargé de trois yeux
de fasce d'argent.
Couronne de marquis. — Supports : Deux lions.

## DE GOISLARD DE VILLEBRESME.
(COMTES.) BLAISOIS, VENDOMOIS, ORLÉANAIS, PAYS CHARTRAIN.

D'argent, à une fasce d'azur, chargée d'une molette d'éperon d'argent, et accompagnée en chef de deux croix patées de gueules, et en pointe, d'un lion léopardé de sable, qui est de *Goislard* : Parti d'or, au dragon ailé de gueules, membré d'azur, qui est de *Villebresme*.
Couronne de comte. — Supports : Deux levrettes.

## DE GOUVELLO.
(MARQUIS.) BRETAGNE.

D'argent, à un fer de mule de gueules, accompagné de trois molettes du même. — Couronne de marquis.
Supports : Deux griffons. — Devise : *Fortitudini*.

## DE GAULEJAC.
(VICOMTES.) LANGUEDOC ET GUIENNE.

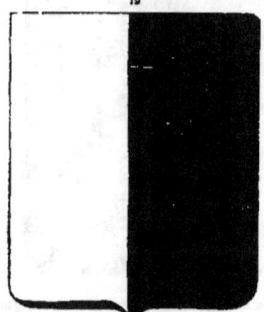

D'argent, parti de gueules. — Couronne de vicomte.
Supports : Deux lions.

## GRAZIANI.
(COMTES.) ÉTATS ROMAINS, SAVOIE ET TOSCANE.

Écartelé : aux 1 et 4, contr'écartelé en sautoir d'argent et de sable; aux 2 et 3, d'argent, à une bande fuselée d'azur, accompagnée en chef d'une rose de gueules, et un chef d'azur chargé d'un lambel d'Anjou ; à la bande d'azur, semée de fleurs de lis d'or, brochant sur le tout. L'écu posé sur une grande croix de Malte.
Couronne de comte.

## DE GUYNEMER.
BRETAGNE ET ILE-DE-FRANCE.

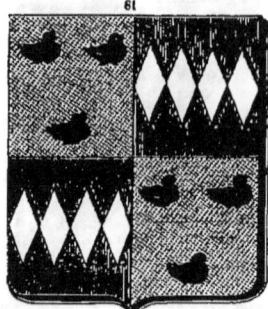

Écartelé : aux 1 et 4, d'or, à trois merlettes de sable, qui est de *Guynemer moderne*; aux 2 et 3, de gueules, à quatre fusées d'argent accolées et rangées en fasce, qui est de *Guynemer ancien*.
L'écu timbré d'un casque de chevalier orné de ses lambrequins.
Supports : Deux lévriers.

## HARSCOUET DE SAINT-GEORGES.
(COMTES.) BRETAGNE.

D'azur, à trois coquilles d'argent. — Couronne de comte.
Supports : deux lions. — Devise : *Honneur et franchise*.

## DE HAULT DE LASSUS.
(MARQUIS.) ALLEMAGNE, CHAMPAGNE, LORRAINE ET HAINAUT.
83

D'azur, à un roitelet d'or volant vers un soleil du même, mouvant de l'angle dextre de l'écu; coupé d'argent, à une aigle de sable essorante.
Couronne de marquis. — Supports : Deux licornes.
Devise : *Nul bien sans peine.*

## HENRY DE CHAMBLAY.
FRANCHE-COMTÉ.
84

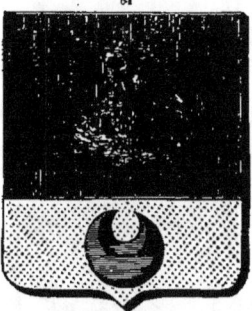

De gueules, au pélican d'argent dans sa piété; à la champagne d'or, chargée d'un croissant d'azur.
Couronne de marquis. — Supports : Deux lévriers.

## HÉNISSART ou D'HÉNISSART.
HAINAUT, PICARDIE ET ILE-DE-FRANCE.
85

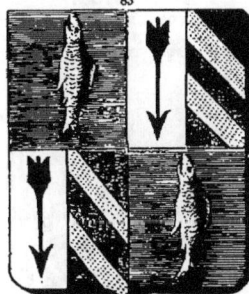

Écartelé : aux 1 et 4 d'azur, à un bar d'or posé en pal, qui est d'*Hénissart* ; aux 2 et 3, d'argent, à une flèche renversée de sable, parti, de gueules à 2 bandes d'or, qui est de *la Gendre de Ponthieu.* — Couronne de comte. — Cimier : un lion issant de gueules, tenant dans sa patte dextre une bannière d'argent chargée d'une étoile d'azur. — Devise : *Le droit chemin.*

## D'HERBEMONT.
(COMTES.) LORRAINE, LUXEMBOURG ET CHAMPAGNE.
86

D'azur, à trois bandes d'or.
Couronne de comte. — Supports : à senestre, un lion; à dextre, un lévrier. — Cimier : un pélican dans sa piété, au naturel.

## D'HUC DE MONSEGOU.
LANGUEDOC, GUIENNE ET ROUSSILLON.
87

D'azur, à trois ducs d'or, becqués et éperonnés de sable.
Couronne de marquis.
Supports : Deux aigles.

## DE HINNISDAL.
(COMTES.) PAYS-BAS ET FRANCE.
88

De sable, au chef d'argent, chargé de trois merles du champ.
Couronne de comte. — Supports : Deux lévriers.
Devise : *Moderata durant.*

### JANVIER DE LA MOTTE.
(COMTES.) BRETAGNE ET MAINE.

D'azur, au vol d'argent. — Couronne de comte.

### DE LACOMBE.
LIMOUSIN ET SAINTONGE.

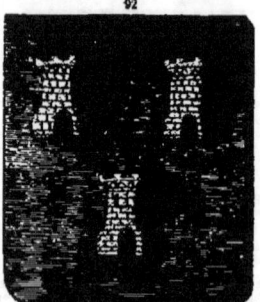

D'azur, à trois tours d'or. — Couronne de comte.

### JOUBERT DE LA BASTIDE DE CHATEAUMORAND.
(MARQUIS.) POITOU ET LIMOUSIN.

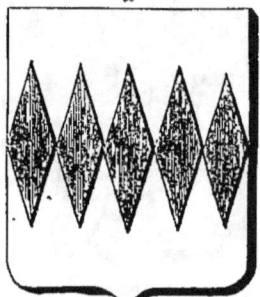

D'or, à cinq fusées de gueules, accolées et rangées en fasce. Couronne de marquis. — Supports : Deux sauvages.

### LANNES DE MONTEBELLO.
(DUCS.)

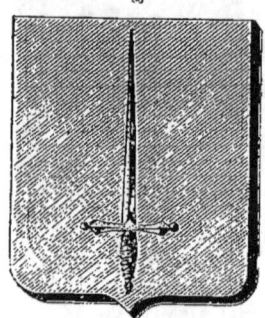

De sinople, à l'épée d'or. — Couronne de duc.

### JOURDA DE VAUX.
(VICOMTES.) LANGUEDOC.

Écartelé : aux 1 et 4, d'or à la bande de gueules, chargée de trois croissants d'argent ; aux 2 et 3, d'azur, à la bande d'or, accostée de deux étoiles d'argent. — Couronne de marquis.

### DU LIÈGE.
POITOU ET MARCHE.

De gueules, à l'épée d'argent en bande. L'écu timbré d'un casque de chevalier orné de ses lambrequins.

## D'ALÈS.
(VICOMTES.)
TOURAINE, BLAISOIS, DUNOIS ET PICARDIE.

De gueules, à la fasce d'argent, accompagnée de trois merlettes du même, 2 et 1. — Couronne de comte.
Supports : deux lions. — Cimier : un lion issant.

## D'ALEXANDRE DE ROUZAT.
AUVERGNE.

D'argent, à l'aigle de sable, au vol abaissé et à deux têtes dont chacune est surmontée d'une fleur de lis de gueules.
Couronne de marquis. — Supports : deux lions.

## LE FÉRON D'ÉTERPIGNY.
(MARQUIS.)
ALSACE, PICARDIE, ILE-DE-FRANCE, TOURAINE, POITOU ET NORMANDIE.

De gueules, au sautoir d'or, accompagné, en chef et en pointe, d'une molette d'éperon, et à chacun des flancs d'une aiglette au vol éployé, le tout du même.

Couronne de marquis.
Supports : Deux lions dragonnés d'or, armés et lampassés de gueules.
Cimier : Un lion d'or armé et lampassé de gueules.
Devise : *Eques ad Bovinam.*

## D'ALSACE.
(MARQUIS.)
ALSACE, ARTOIS, FLANDRE.

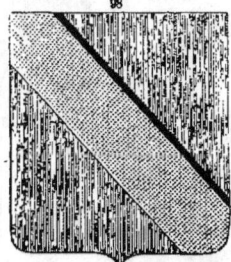

De gueules, à la bande d'or. — Couronne de prince.
Supports : Deux griffons colletés d'un collier de perles, auquel est suspendue une croix de Lorraine.

## D'ALVIMARE.
NORMANDIE ET PAYS-CHARTRAIN.

D'azur, au chevron d'or, accompagné de trois molettes d'éperon du même, 2 et 1.
Couronne de comte. — Supports : Deux griffons.

## DE LOISEL.
### PICARDIE, ILE-DE-FRANCE ET BRETAGNE.

De gueules, à un chevron d'or, accompagné en chef de deux oiseaux d'argent affrontés, et en pointe, d'un lévrier courant du même, accolé et bouclé d'or.

## DE LORDE ou DE LOURDE.
### BÉARN ET LANGUEDOC.

Écartelé: au 1er, d'argent à la vache passante de gueules sur un terrain de sinople; au 2, de gueules, au demi-vol d'aigle d'argent; au 3, de gueules, à la tour d'argent crénelée de 5 pièces; au 4, barelé d'argent et d'azur de 8 pièces.
Couronne de comte. — Supports: Deux branches de laurier.
Devise: *Placet ubique*.

## DE MAIGNAULT.
### ARMAGNAC, GUIENNE ET GASCOGNE.

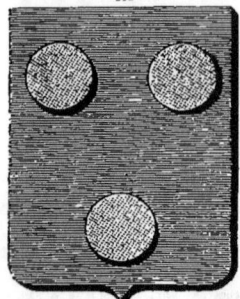

D'azur, à trois besants d'or. — Couronne de marquis;
Supports: Deux lions.

## DE MAILLEFAUD.
### DAUPHINÉ.

D'or, au chevron de sable; au chef d'azur, chargé de trois étoiles d'or. — Couronne de comte.
Supports: Deux lions.

## DE MINETTE DE BEAUJEU.
### (COMTES.) CHAMPAGNE.

Écartelé: aux 1 et 4, d'or, à un lion de gueules, vêtu d'or, fretté de gueules, qui est de *Minette*; aux 2 et 3, de *Beaujeu-Jouge* (voy. no 20).
Couronne de marquis.
Supports: Deux griffons. — Devise: *A tous venant Beaujeu*.

## DE MARC.
### DAUPHINÉ.

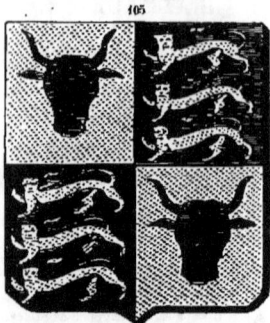

Écartelé: aux 1 et 4, d'or, à un rencontre de bœuf d'azur; aux 2 et 3, d'azur, à trois léopards d'or, l'un au-dessus de l'autre.
Couronne de marquis.

## DE MARTEL
### DE LA GALVAGNE ET DE CHARMONT.
#### AGENAIS.
106

D'azur, au marteau couronné d'argent, surmontant un croissant du même. — Couronne de comte.
Supports et cimier : Trois lions d'argent couronnés d'or.

## MALET
### DE GRAVILLE ET DE COUPIGNY.
#### (MARQUIS et COMTES.) NORMANDIE.
109

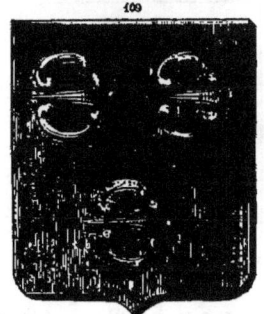

De gueules, à trois fermaux d'or. — Couronne de marquis.

## DE PERRIEN.
#### BRETAGNE.
107

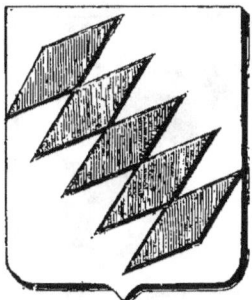

D'argent, à cinq fusées de gueules, accolées et posées en bande. — Couronne de comte.
Supports : Deux lions.

## DE MONTPEZAT.
#### (MARQUIS.) QUERCY, AGENAIS ET PROVENCE.
110

Écartelé : aux 1 et 4, d'or, à trois bandes de gueules, au chef d'azur, chargé de trois étoiles d'or, qui est de *Montpezat* ; aux 2, 3, d'azur, au chevron d'or, accompagné en chef de deux étoiles du même, et en pointe d'une colombe, portant en son bec un rameau d'olivier d'or, qui est d'*Aisery*.
Couronne de marquis. — Supports : Deux Hercules.

## DE MONTIGNY.
#### CHAMPAGNE ET BOURGOGNE.
108

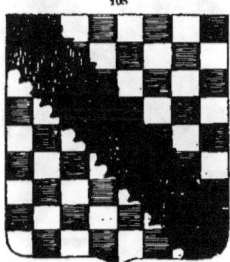

Échiqueté d'argent et d'azur, à la bande engrêlée de gueules brochant. — Couronne de marquis.
Supports : Deux dragons.

## DE LA MOTTE.
#### (COMTES.) BRETAGNE ET ILE-DE-FRANCE.
111

D'argent, fretté d'azur de six pièces. — Couronne de comte.

## DU MOULIN.
### BRIE, ILE-DE-FRANCE ET BRETAGNE.
112

D'argent, à la croix ancrée de sable, chargée en cœur d'une coquille d'or.
Couronne de comte.
Supports: Deux licornes.

## DE NOAILLES.
(DUCS.) ### LIMOUSIN.
113

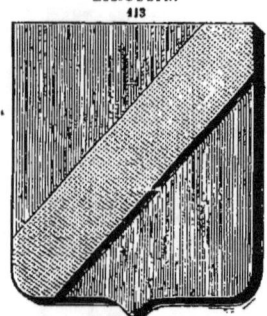

De gueules, à la bande d'or. — Couronne de duc.

## PAGÈSE DE LA VERNÈDE.
### LANGUEDOC.
114

De gueules, au chef d'argent. — Couronne de comte.

## DE PARDAILLAN-GONDRIN
### (DUCS D'ANTIN ET COMTES DE PARDAILLAN).
### GUIENNE ET GASCOGNE.
115

Écartelé: aux 1 et 4 d'or, au château sommé de trois tours de gueules, et surmonté de trois têtes de Maures de sable tortillées d'argent, qui est de Castillon; aux 2 et 3 d'argent, à trois fasces ondées d'azur, qui est de Pardaillan. L'écu, entouré d'un manteau de pourpre doublé d'hermine, surmonté de la couronne ducale.

## DU PAYS DE KERNABAT.
### BRETAGNE.
116

D'argent, à cinq fusées de sable, accolées et posées en bande. L'écu timbré d'un casque de chevalier, orné de lambrequins.

## LE PAYS DE BOURJOLLY.
### (COMTES.) NORMANDIE, DAUPHINÉ ET BRETAGNE.
117

D'argent, au chevron de sable, accompagné en chef, de deux hures de sanglier arrachées du même, et en pointe d'une rose de gueules.
Couronne de comte. — Supports: Deux sauvages.

## ACHARD.
**POITOU, ANGOUMOIS, ALSACE.**

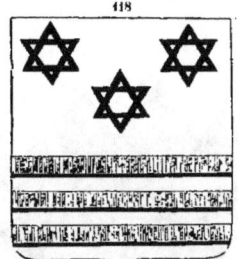

D'argent, à trois burèles de gueules surmontées de six triangles de sable entrelacés deux à deux et bien ordonnés. — Supports : Quatre haches d'armes posées deux à dextre et deux à senestre.
Devise : *Ex virtute nobilitas.* — Cri : *Achard, hache.*

## ACQUET DE FÉROLLES.
(COMTES.) **POITOU, PICARDIE.**

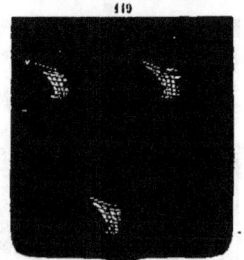

De sable, à trois paniers ou seaux d'or, posés deux et un. Couronne de comte. — Supports : Deux lions.

## DE PEYRONNY.
**LANGUEDOC, AGENAIS, PÉRIGORD.**

D'azur, à trois tours d'argent maçonnées de sable.

L'écu timbré d'un casque orné de ses lambrequins.
Supports : Un lion à dextre et un griffon à senestre.

## D'AGOULT (DE VINCENS).
(COMTES.) **PROVENCE.**

D'or, au loup d'azur ravissant, armé, lampassé et vilené de gueules.
Couronne de marquis. — Devise : *Hospitalité d'Agoult.*
Légende : *Avidus committere pugnam.*

## D'ARRAS.
**ARTOIS ET PICARDIE.**

De sinople, au chevron d'or, accompagné de 3 étoiles du même, 2 en chef et 1 en pointe ; cette dernière surmontant un croissant aussi d'or. L'écu timbré d'un casque de chevalier orné de ses lambrequins.

## DE PELLERIN DE SAINT-LOUP.
#### ORLÉANAIS.
123

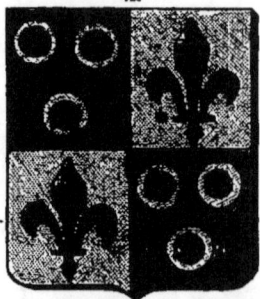

Écartelé : aux 1 et 4, de gueules, à trois annelets d'or, qui est de *Pallerin* ; aux 2 et 3, d'or, à la fleur de lis de gueules, qui est de *Tilly*. — Couronne de marquis. — Supports : Deux lions. Devise : *Et nostro sanguine tinctum*.

## PELLETERAT DE BORDE.
#### BRESSE ET BOURGOGNE.
124

D'azur, au chevron d'or, accompagné de trois croissants d'argent. L'écu, timbré d'un casque de chevalier, orné de ses lambrequins. — Devise : *Fides et patria*.

## PICHOT.
#### MAINE.
125

D'azur, à une aigle essorante d'une nue d'argent, fixant un soleil d'or placé à l'angle dextre du chef, et accompagnée en pointe d'une mer d'argent. — Couronne de comte.

## DE PIERREPONT.
#### BASSE-NORMANDIE.
126

De gueules, à un chef emanché d'or.
Couronne de marquis. — Supports : Deux griffons d'or.

## DE PINDRAY.
#### (COMTES.) POITOU, SAINTONGE, PÉRIGORD, LORRAINE.
127

D'argent, au sautoir de gueules. — Couronne de marquis. Cimier : Une grue naissante d'argent, tenant une vigilance d'or. — Supports : Deux sauvages.
Cri de guerre : *Meltez Saint André*. Devise : *In ignis vinces*.

## DE PONS.
#### (MARQUIS.) SAINTONGE, GUIENNE, POITOU, DAUPHINÉ, FOREZ ET ROANNAIS.
128

D'argent, à une fasce bandée d'or et de gueules de six pièces.
Couronne de marquis. — Supports : Deux sphinx.

## DU PORT DE PONTCHARRA
### ET DE BANNES.
(MARQUIS.) SAVOIE, PROVENCE, DAUPHINÉ ET BUGEY.
129

Palé d'azur et d'argent de six pièces, à la divise de sable brochant sur le tout. — Couronne de marquis.
Supports : Deux aigles. — Devise : *Cinzit et obstat.*

## DU POUY DE BONNEGARDE.
### GASCOGNE.
130

D'azur, à deux vaches rangées d'or, passant sur une terrasse de sinople, surmontées en chef de trois étoiles mal ordonnées du second émail, la 1re, accostée de deux croissants d'argent. — Couronne de comte. — Supports : A dextre, un chevalier tenant une lance, à senestre, une aigle.

## DE PRADINES D'AUREILHAN.
### LANGUEDOC.
131

Parti, au 1 d'argent, à un tau de sable, accosté de deux étoiles d'azur; au 2 d'azur, à un lion d'or entouré d'une orle de dix besants d'argent. — Couronne de comte.

## DE PUEL DE PARLAN
### ET DE PEYRELADE.
GEVAUDAN ET ROUERGUE.
132

D'argent, à un arbre de sinople arraché. L'écu, timbré d'un casque de chevalier.
Supports : Deux lions.

## DU RAQUET.
### ITALIE, FRANCHE-COMTÉ ET BOURGOGNE
133

D'azur, à trois pattes de griffon d'or, et un croissant d'argent en abime.
Couronne de marquis.

## DE RAYSSAC.
### LANGUEDOC ET QUERCY.
134

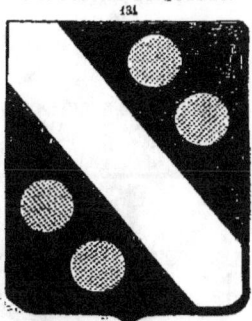

De gueules, à une bande d'argent, accostée de quatre besants d'or, 2 en chef et 2 en pointe.

## RÉVEILLÉ DE BEAUREGARD.
### BRETAGNE.
135

D'or, au chevron de gueules, chargé de trois croisettes d'argent, accompagné de trois lionceaux d'azur. — Couronne de marquis.

## RIONDET DE FALIEUSE.
### DAUPHINÉ.
138

D'argent, à deux chevrons de gueules, accompagnés de trois merlettes d'azur. — Couronne de marquis.
Supports : Deux lions.

## DE RIOLS DE FONCLARE.
### LANGUEDOC ET AUVERGNE.
136

D'argent, à un arbre de sinople arraché; au chef d'azur, chargé d'un croissant d'argent, accosté de deux étoiles d'or.

## DE RUEL DE BELLISLE.
### NORMANDIE.
139

D'or, à quatre aiglettes de sable au vol abaissé, cantonnées.
Supports : Deux licornes.

## ROBIN DE BARBENTANE.
(MARQUIS.) PROVENCE.
137

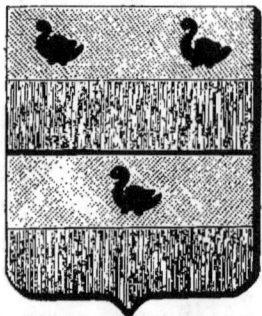

Fascé d'or et de gueules de quatre pièces, l'or chargé de trois merlettes de sable, deux en chef et une en pointe.
Couronne de marquis. — Supports : Deux sauvages.
Devise : Più forte nel' avversità.

## DE SORBIER.
### TOURAINE, PÉRIGORD, AGENAIS ET QUERCY.
140

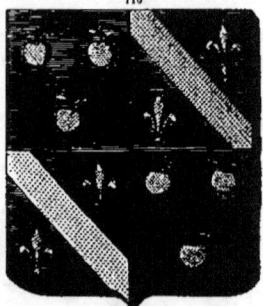

Écartelé : aux 1 et 4, d'azur, à trois sorbes ou cormes d'or, qui est de Sorbier; aux 2 et 3, d'azur, à la bande d'or, accompagnée de deux fleurs de lis du même. — Couronne de comte.
Supports : Deux griffons.

## ARMYNOT DU CHATELET.
### BRETAGNE, BOURGOGNE, CHAMPAGNE.
144

D'argent, à trois mouchetures d'hermine de sable, surmontées d'un lambel de gueules. L'écu timbré d'un casque orné de ses lambrequins d'argent et de sable. — Supports: deux hermines au naturel, ayant chacune un collier de gueules, auquel est attaché un manteau d'hermine. — Cimier: Une hermine issante du même. — Devise: *Armis motus.*

## D'AUDIFFRET.
(MARQUIS.) ITALIE ET PROVENCE.
142

D'or, au chevron d'azur, chargé de cinq étoiles d'or et accompagné en pointe d'une montagne de sable de trois coupeaux, celui du milieu surmonté d'un faucon du même, la tête contournée et la patte dextre levée, et une bordure componée d'or et de sable de 28 pièces. — Couronne de comte, surmontée d'un fer de flèche d'or. — Supports: Deux faucons.

## DE SARRAZIN.
(COMTES.)

AUVERGNE, LIMOUSIN ET VENDOMOIS.
443

D'argent, à la bande de gueules chargée de trois coquilles d'or.
Supports: Deux sauvages.

Couronne de marquis. — Cimier: Un sarrazin habillé d'une tunique de gueules, chargée d'hiéroglyphes de sable.
Cri de guerre: *La Jugie.*

## D'ARNOULT DE BERRY.
### CHAMPAGNE ET PICARDIE.
144

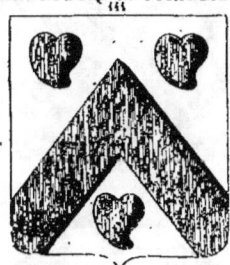

D'argent, au chevron de gueules, accompagné de trois cœurs du même. — Couronne de comte. — Cimier: Un lion issant. — Supports: Deux lions. — Devise: *Libertas.*

## D'AVIAU DE PIOLANT.
(COMTES.) POITOU.
145

De gueules, au lion d'argent, à la queue fourchue et passée en sautoir. — Couronne de comte.
Supports: Deux lions.

### DE REYNAUD.
#### BOURBONNAIS ET AUVERGNE.
145

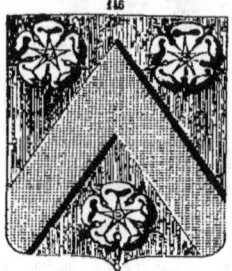

De gueules, au chevron d'or, accompagné de trois roses d'argent. La branche des *Reynaud de Monts* portait : d'azur, au lion d'argent lampassé et armé de gueules.
Couronne de comte.

### SAPPIN DES RAYNAUDS.
#### AUVERGNE.
149

De gueules, au chevron d'argent, accompagné, en pointe, d'un croissant d'or ; au chef d'argent, chargé d'un sapin de sinople.
Couronne de marquis.

### DE SAINT-PERN.
(COMTES.) **BRETAGNE.**
117

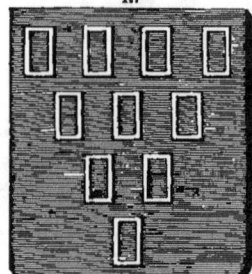

D'azur, à dix billettes d'argent évidées suivant leur trait, posées 4, 3, 2 et 1. — Couronne de marquis.
Devise : *Fortis et paternus.*

### DE SARRAU.
(COMTES.) **AGENAIS.**
150

D'azur, à trois serres d'aigle d'or, posées 2 et 1.
Couronne de comte.

### DE SAMATAN.
(BARONS.) **LANGUEDOC ET PROVENCE.**
148

D'azur, au dextrochère de carnation habillé de pourpre, et tenant trois épis de blé d'or ; au chef de gueules, chargé de douze ptelles d'argent formant trois croix de *Comminges*.
Couronne de baron.
Supports : Deux lévriers blancs, colletés d'or.

### LE SÉNÉCHAL DE CARCADO-MOLAC.
(MARQUIS.) **BRETAGNE.**
151

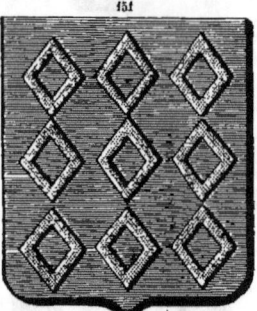

D'azur, à 9 macles d'or accolées et aboutées, posées 3, 3 et 3. — Couronne de marquis. — Supports : deux lions.
Devise : *Macula sine macula.*

## ARMORIAL GÉNÉRAL.

### TASCHER DE LA PAGERIE.
(COMTES.) MARTINIQUE, ORLÉANAIS.
152

D'argent, à 2 fasces d'azur, chacune chargée de 3 flanchis du champ, surmontées de deux soleils de gueules.
Couronne de comte.

### TITON DU TILLET.
(BARONS.) ILE-DE-FRANCE ET ANGOUMOIS.
153

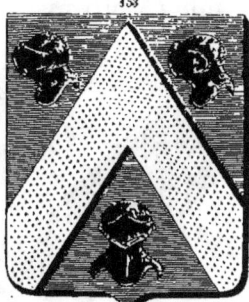

De gueules, au chevron d'or, accompagné de 3 heaumes d'argent, les deux du chef posés de profil, et celui de la pointe posé de face. — Couronne de baron.

### DE LA TOUR D'AUVERGNE-LAURAGUAIS.
(PRINCES.)
154

Écartelé : aux 1 et 4, semé de *France*, à la tour d'argent, qui est de la *Tour* ; aux 2 et 3, de gueules à la croix alésée, vidée, cléchée et pommetée d'or, qui est de *Toulouse* ; sur le tout, d'or, au gonfanon de gueules frangé de sinople, qui est d'*Auvergne*.
Couronne de prince. — Supports : Deux anges.

### DU TEIL.
(BARONS.) PROVENCE, AUVERGNE, PICARDIE, DAUPHINÉ ET LORRAINE.
155

D'or, au chevron de gueules, accompagné en pointe, d'un tilleul de sinople ; au chef de gueules, chargé d'une fleur de lis d'argent, accostée de deux étoiles du même.
Couronne de marquis. — Supports : Deux lions.

### UBERTIN.
(COMTES.) TOSCANE, PIÉMONT ET FRANCE.
156

D'or, au lion de gueules.
Couronne de comte. — Supports : Deux lévriers.

### D'URBAIN.
LORRAINE.
157

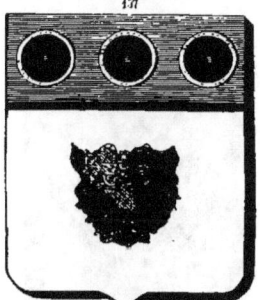

D'argent, à une tête de léopard de sinople ; au chef d'azur, chargé de trois meules de sable orlées d'or. L'écu timbré d'un casque de chevalier orné de ses lambrequins. — Cimier : Un bras issant, tenant une patte de loup.

### DE VALLETON.
(COMTES.) NORMANDIE, BRETAGNE, VIVARAIS ET COMTAT-VENAISSIN.
158

D'azur, à une fasce cousue de gueules, chargée de trois coquilles d'argent, accompagnée en chef d'une croisette d'or, et en pointe, d'un pélican dans sa piété, d'or. — Couronne de comte.
Supports : Deux lions.

### VYAU.
NIVERNAIS.
161

D'azur, à une porte de ville ouverte, flanquée de deux tours d'argent, et en supportant une troisième du même, maçonnée de sable; celle-ci sommée d'un lion issant d'or, armé et lampassé de gueules, tenant dans sa patte dextre une pique d'or, armée de sable et houppée de gueules. — Couronne de comte.
Supports : Deux lions. — Devise : *Amicis, inimicis promptus.*

### DE VAYLAC D'EUDEVILLE.
GUIENNE ET QUERCY.
159

D'argent, au sautoir de gueules, accompagné de quatre croissants contournés de sable, et une champagne d'azur. Casque de chevalier orné de lambrequins. — Devise : *Robur et lenitas.*

### DE LA VILLE.
BRETAGNE ET POITOU.
162

D'argent, à une bande de gueules. — Couronne de marquis.
Supports : Deux lions d'or armés et lampassés de gueules.
Devise : *Tiens ta foy.*

### DE SERMIZELLES.
BOURGOGNE ET NIVERNAIS.
160

D'azur, à deux palmes d'or passées en sautoir et une croix pattée du même en chef entre les branches. — Devise : *Spes et fides.*
Famille reçue aux États de Bourgogne.

### DE BERLUC DE PÉRUSSIS.
BARONS DE PORCHÈRES.
PROVENCE.
163

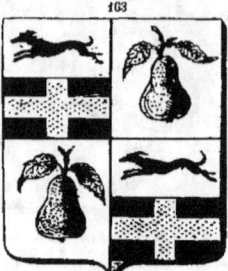

Écartelé : aux 1 et 4 d'argent, à un lévrier de sable; coupé de gueules à une croix d'or; aux 2 et 3 d'azur, à une poire d'or tigée et feuillée du même. — Devise : *A recommencer.*

### BACOT DE ROMANT.
#### TOURAINE.
161

D'azur, à une tour d'or, accostée à dextre d'un lis de jardin tigé et feuillé d'argent, et à senestre d'une levrette grimpante du même; au chef d'hermine. L'écu timbré d'une couronne de baron.
Supports : Deux lions.

### DE BALESTRIER.
#### LANGUEDOC.
165

D'azur, à l'arbalète d'or armée d'une flèche du même, accostée de deux têtes de dragons cousues de gueules.
Supports : Deux lions.
Devise : *Vis virtute victa.*

### DIGARD DE PALCY.
#### GATINAIS.
166

D'argent, à une fasce d'azur, chargée en cœur d'une étoile du champ, et accompagnée en chef d'un fer de lance de sable, et en pointe d'une falaise au naturel; l'écu entouré des attributs de l'artillerie, et timbré d'un casque de profil orné de ses lambrequins.

Cimier : Un lion issant, tenant de la patte dextre une épée, et soutenant de la senestre l'écusson de France.

Devise : *Si vous n'êtes pas contents!!!*

### DE BAR.
(COMTES.) AUVERGNE.
167

De gueules, au croissant contourné d'argent, accompagné de huit étoiles du même posées en orle; parti : d'or, au chevron d'azur, chargé de trois étoiles d'argent. — Couronne de comte.
Supports : Deux bars. — Devise : *Bar sur Bar.*

### DE BARRAULT.
#### BLAISOIS, ANJOU, POITOU, LORRAINE.
168

D'or, à deux lions léopardés de gueules posés l'un sur l'autre, et un chef levé de l'écu d'Anjou-Sicile (semé de France au lambel de gueules). — Couronne de comte.
Supports : Deux lions.

## DU BARRY DE MERVAL.
(DUCS.) FRANCE ET ANGLETERRE.
169

D'azur, à deux bandes d'or, senestrées en chef d'une étoile d'argent. — Couronne de duc.
Supports : Deux taureaux.
Devise : *Boutes en avant.*

## DE BASIRE.
NORMANDIE, ILE-DE-FRANCE.
170

D'azur, à une patte de griffon d'or, accostée de deux feuilles de chêne du même.

## DAVID DE BEAUFORT.
BOURGOGNE.
171

D'azur, à la bande d'argent, accompagnée d'une harpe d'or en chef et d'une croix de Malte en pointe.
Couronne de comte.
Plusieurs membres de cette famille ont siégé au parlement de Bourgogne.

## JORET DES CLOSIÈRES.
NORMANDIE ET POITOU.
172

Coupé : au 1 d'azur à trois étoiles d'or rangées en fasce; au 2 d'argent, à trois têtes de levrier de gueules posées 2 et 1.

## PHÉLIPPES—BEAULIEU.
BRETAGNE.
173

D'argent, à un sautoir de contre-hermine, accompagné de quatre têtes de lions arrachées de gueules.

## DE VISIEN.
174

D'azur, à un chevron d'or, accompagné en chef de deux étoiles d'argent, et en pointe d'une rose aussi d'argent.
Couronne de comte.

## TONDUTI DE LA BALMONDIÈRE.
LOMBARDIE, NICE ET COMTAT-VENAISSIN.

Écartelé : aux 1 et 4 contr'écartelé de gueules et d'argent, à la rose de l'un en l'autre; aux 2 et 3 d'argent, à la bande de sable, chargée de trois molettes d'or; et sur le tout: de gueules à une croix d'or.

## MAULBON D'ARBAUMONT.
BOURGOGNE.

D'azur, au chevron d'or, accompagné de trois croissants d'argent, celui de la pointe surmonté d'un hêtre de sinople.

## DE GRATELOUP.
(BARONS.) GUIENNE.

De gueules, à un dextrochère d'or mouvant du flanc senestre grattant le dos d'un loup ravissant aussi d'or.
Couronne de baron.

## DE COSTECAUDE.
ALBIGEOIS.

D'azur, à un lion d'argent rampant contre un rocher de six coupeaux d'or, mouvant de la pointe dextre de l'écu, et un soleil d'or en chef.
Jean de Costecaude était capitaine de 100 hommes d'armes en 1458.

## DE BRIOLLE ou BRIOLLES.
ANJOU.

Écartelé : aux 1 et 4 de gueules plein; aux 2 et 3 d'azur à un chevron d'or senestré en chef d'une étoile de même, et une bande d'argent brochant sur le tout. — Couronne de vicomte.
Devise : *Spes, fides, amor.*

## JALADON DE LA BARRE.
BOURBONNAIS.

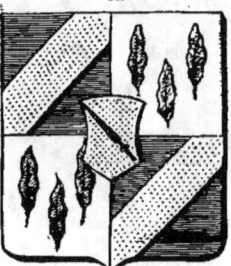

Écartelé : aux 1 et 4 d'azur à la barre d'or; aux 2 et 3 d'argent, à trois feuilles de laurier de sinople; sur le tout d'or, à la lance de gueules posée en bande.

### LE BASTIER DE BEZ.
#### BARONS DE VILLARS.
##### PICARDIE, DAUPHINÉ ET LANGUEDOC.
481

D'argent, au chevron d'azur, accompagné de trois roses de gueules, boutonnées d'or.

### DE SIGAUD, ALIAS SIGAUDI.
#### PROVENCE.
484

D'azur, à une sirène d'or posée sur une mer d'argent et tenant dans la main dextre une fleur de gueules.

### PÉRIOU DE BOCERET.
#### BRETAGNE.
482

De gueules, à la fasce d'argent, accompagnée en chef de trois coquilles rangées en fasce, et en pointe d'un trèfle, le tout du même.

### CHRESTIEN DE LIHUS.
#### NORMANDIE ET ILE-DE-FRANCE.
483

D'azur, à la bande d'argent, accompagnée en chef de quatre étoiles en orle, et cotoyée en pointe de trois roses tigées et feuillées, le tout d'argent.
Cette famille remonte à Guillaume Chrestien, anobli en 1369.

### DE LA SAIGNE DE ST-GEORGE.
#### (MARQUIS.) PIÉMONT, BOURBONNAIS, AUVERGNE.
483

Écartelé : aux 1 et 4 de sable, au lion d'argent armé et lampassé de gueules; aux 2 et 3, d'argent, à la croix de gueules. Couronne de marquis.
Supports : à dextre, un sauvage; à senestre, un lion.

### DE TRENQUALYE.
#### (BARONS.) AUVERGNE.
485

Parti : au 1, d'argent, à un lion de gueules rampant contre une branche de laurier de sinople; au 2, d'azur, au chevron d'or, accompagné en chef de deux quinte-feuilles d'argent, et en pointe d'un croissant du même, au franc, quartier senestre de barons de l'Empire, qui est de gueules à l'épée d'argent garnie d'or.

## DE SABLON DU CORAIL.
### ESPAGNE ET AUVERGNE.

D'azur, à une ancre d'or et un chef d'argent, chargé d'une épée de gueules mise en fasce, la pointe à dextre.
Supports: Deux lions. — L'écu timbré d'un casque de chevalier, orné de lambrequins et sommé d'une couronne de comte.
Devise: *Spes et virtus.*

## DE GODDES DE VARENNES.
(MARQUIS.) **NORMANDIE ET ANJOU.**

D'argent, à la fasce de gueules, accompagnée en chef de deux étoiles de sable et en pointe d'une hure de sanglier du même défendue d'argent.
Couronne de marquis. — Supports: Deux lions. — Devise: *Ne vante, ne foiblesse.*

## DOLLIN DU FRESNEL.
### PICARDIE, LORRAINE, LANGUEDOC ET PRUSSE
(COMTES.)

De gueules, au lion d'or, armé et lampassé de sinople, tenant dans sa patte dextre un cimeterre d'argent, garni d'or, la pointe surmontée d'une étoile d'argent.
Couronne de comte. — Supports: Deux lions.

## DE CORAL.
(COMTES.) **LIMOUSIN ET POITOU.**

De gueules, à la croix patée d'or, soutenue par deux lions affrontés, du même, et chargée d'un bâton péri d'azur en cotar.
Couronne de comte. — Supports: Deux lions.

### DE BASTARD.
(COMTES.) COMTÉ NANTAIS, BERRI, GUIENNE, LANGUEDOC, MAINE, POITOU, BASSE-BRETAGNE. COMTÉ DE DEVON (ANGLETERRE).
191

D'or, à l'aigle d'empire; mi-parti d'azur, à la fleur de lis d'or. — Couronne de marquis. — Cimier : Un ange armé et armorié de l'écu et chargé du cri *Diex aye*. — Bannières : Une aigle et une fleur de lis. Supports : Un ange et un griffon coupé de sable et d'or, la tête d'or. — Devise concédée par Charles VII : *Cunctis nota fides*.

### DE BAUDOT.
BOURGOGNE, NORMANDIE, LORRAINE.
192

D'azur, à l'aigle d'or au vol abaissé, regardant un soleil du même, posé au premier canton du chef, et une croisette aussi du même au second canton.
Couronne de comte. — Supports : Deux chevaliers bardés de fer.

### DE SAINT-ROMAN.
PROVENCE ET LANGUEDOC.
193

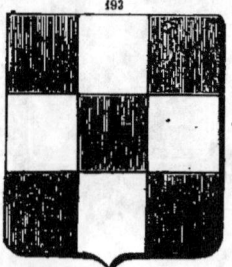

Cinq points de gueules équipolés à quatre d'argent. — Couronne de comte. — Supports : Deux lévriers.
Devise : *Nunquam timuit*.

### DE BOUEZ D'AMAZY.
(COMTES.) POITOU, SAINTONGE ET NIVERNAIS.
194

Écartelé, aux 1 et 4, d'argent, à trois hures de sanglier de sable, arrachées de gueules, défendues d'argent, posées 2 et 1 et contournées, et une cigogne d'azur en abîme, tenant dans son bec une couleuvre de sinople, qui est de *Bouez d'Amazy*; aux 2 et 3 d'azur à un lion léopardé d'or surmonté de 3 trèfles d'argent, qui est de *Chargères*. — Couronne de comte. — Supports : Deux lions. — Devise : *Noblesse et droiture*.

### BENEYTON (ALIAS BÉNÉTON).
BOURBONNAIS, CHAMPAGNE, FRANCHE-COMTÉ.
195

De gueules, à la croix d'or, cantonnée de quatre B affrontés du même.
Cimier : Une aigle couronnée, empiétant un foudre.
Devise : *Bené tonitrua gerit*.

### DE BÉRARD DE MONTALET-ALAIS
(MARQUIS.) LANGUEDOC ET PROVENCE.
196

De gueules, au demi-vol d'argent. — Couronne de marquis.
Supports : Deux sauvages.
Devise : *Douce dent sidera solem*.

## DE BEAULIEU.
### NORMANDIE.
### 197

D'azur, au chevron d'or, accompagné en chef de deux quintefeuilles du même et en pointe d'une coquille d'argent.

VICOMTES.

## BELLŒUVRE DE CHARBON.
### MAINE.
### 198

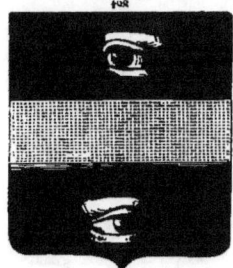

De sable, à une fasce d'or, accompagnée de deux yeux d'argent. L'écu surmonté d'un casque de chevalier orné de lambrequins.

## BAUDIER.
### CHAMPAGNE.
### 199

D'argent, à trois têtes de maures de sable, tortillées du champ.

Couronne de vicomte.
Supports :
Deux maures.
Cimier : Une tête de maure dans un vol mi-partie de sable et d'argent.

## DE BEAUMONT.
### BRETAGNE.
### 200

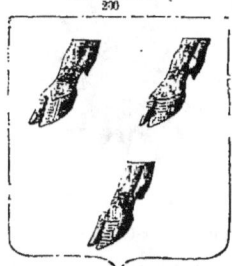

D'argent, à trois pieds de biche de gueules, onglés d'or. L'écu surmonté d'un casque de chevalier, orné de ses lambrequins.

## COLIN DE LABRUNERIE.
### DAUPHINÉ.
### 201

D'azur, à trois colonnes d'or rangées en fasce. — Couronne de marquis.

## DE BESSAS DE LA MÉGIE.
(COMTES.) AQUITAINE, LIMOUSIN ET TOURAINE.
202

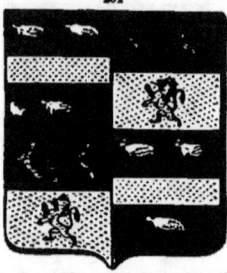

Écartelé, aux 1 et 4, de gueules, à une fasce d'or, accompagnée de trois béliers d'argent; aux 2 et 3 coupé d'azur et d'or, à trois lionceaux posés 2 et 1, de l'un en l'autre.
Couronne de comte. — Supports : Deux lions. — Devise : *Semper audax et tenax*.

## BERNARD DE LA VERNETTE.
BOURGOGNE.
205

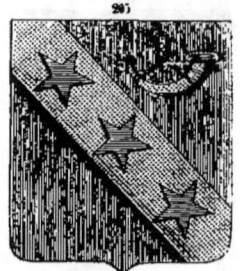

De gueules, à la bande d'or, chargée de trois étoiles d'azur, accompagnée à senestre d'un cor de chasse d'or, enguiché et virolé d'azur. L'écu timbré d'un casque sommé d'un bourrelet et orné de ses lambrequins.
Cimier : Un griffon issant. — Supports : Deux griffons.

## BERNARD DE CALONNE.
(COMTES.) FLANDRE ET ARTOIS.
203

De gueules, à l'épée d'argent garnie d'or, posée en pal, la pointe en bas, accostée de deux étoiles à 6 rais aussi d'or.
Couronne de comte. — Supports : Deux griffons.

## DE BÉZIEUX.
PROVENCE.
206

D'azur, à une croix d'or, vivrée de deux filets de sable.
Couronne de marquis. — Supports : Deux lions.

## DE BERNARD DE LAUSIÈRE.
DAUPHINÉ, PROVENCE, BUGEY, COMTAT-VENAISSIN.
204

De gueules, au lion couronné d'or, à la bande cousue d'azur, chargée d'un croissant d'argent accosté de deux étoiles d'or, brochant sur le tout.
Couronne de marquis. — Supports : Deux lions couronnés.
Devise : *Fortitudo et Mansuetudo*.

## DE BLACAS.
(MARQUIS.) PROVENCE.
207

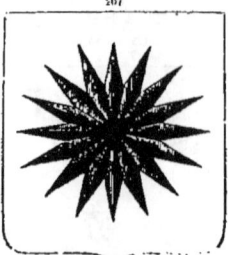

D'argent, à une étoile à seize rais de gueules. — Couronne de marquis.
Tenants : Deux sauvages armés de massues. — Cimier : Un chêne. — Cri : *Veillance*.

## BLONDEL.
**DAUPHINÉ, BOURGOGNE, BEAUJOLAIS.**

D'azur, au chevron d'or, accompagné de trois blondeaux ou tourterelles du même, 2 et 1.

## DE BONAFOUS.
**LANGUEDOC.**

D'or, à une aigle à deux têtes de sable, au vol abaissé. — Couronne de comte. — Supports : Deux aigles.

## DE ROUS
MARQUIS DE LA MAZELIÈRE                    (DES ROSSI DE PARME).

D'azur, au lion d'argent. Couronne de marquis. Supports : Deux lévriers.

Devise : *Deo tuta fides.*
Cimier : Un cygne d'argent essorant, becqué et colleté d'or.

## DE CROIZIER DE SAINTE-SEGRAUX
(MARQUIS.) **BOURGOGNE.**

De gueules, au sautoir d'argent. — Par suite d'adoption, la famille BAUDIER a été substituée aux noms et armes de cette maison.

## LE BLANC DE CHATEAUVILLARD.
(MARQUIS.) **ITALIE, COMTAT-VENAISSIN, PROVENCE.**

D'argent, au cerf au naturel, accompagné en pointe d'un croissant de gueules; au chef cousu d'argent, chargé de trois étoiles d'azur. — Couronne de comte. — Supports : Deux lions.

### BLANC
ALIAS DE BLANC, DU BLANC ET LE BLANC.
VIVARAIS, DAUPHINÉ ET ROYANNAIS.
213

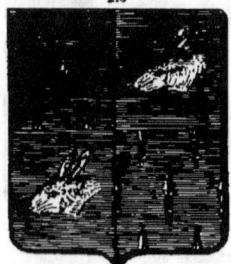

Pour la branche de *Blanc-Montbrun de la Rolière* : D'azur, semé de bouts de pique d'or, qui est de *Blanc* ; écartelé ; d'azur, à une tête de lièvre coupée d'argent, qui est de *Bruno*.
Couronne de comte. — Supports : Deux lions d'or. — Devise : *L'honneur guide mes pas.*

### CODERC DE LACAM.
AGENAIS.
214

D'azur, à une épée d'argent garnie d'or, soutenue de deux lions du même affrontés, et accompagnée en chef de deux étoiles d'argent, et en pointe d'un croissant du même.
Casque de chevalier.

### DE TIVOLLIER.
LORRAINE ET PROVENCE.
215

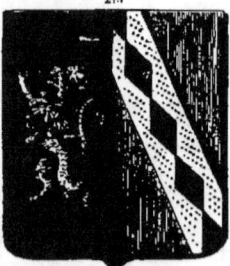

Parti : au 1, de sable au lion d'or lampassé et armé d'argent ; au 2, de gueules à la bande d'or, chargé de trois losanges et deux demies de sable. — Couronne de comte. — Supports : Deux guerriers armés de toutes pièces.
Devise : *Si tu manques à l'honneur!!!*

### VAN DEN BOGAERDE.
(COMTES.)   PAYS-BAS ET BELGIQUE.
216

D'or, au chevron d'azur, accompagné de trois arbres de sinople arrachés.
Couronne de comte. — Supports : Deux sauvages. — Devise : *Fortitudini juncta fidelitas.*

### BONAMY.
FLORENCE ET BRETAGNE.
217

D'azur, à un phénix d'argent, sur un bûcher de gueules, regardant un soleil d'or posé en canton dextre du chef. L'écu timbré d'un casque orné de ses lambrequins et surmonté d'une couronne de comte. — Supports : Deux sauvages.

### DE BONAR.

ÉCOSSE.
218

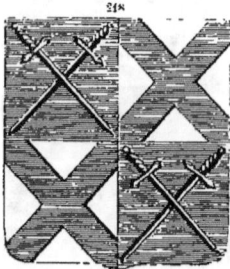

Écartelé : aux 1 et 4, d'azur, à deux épées d'argent passées en sautoir, la pointe en bas, qui est de *Bonar ancien* ; aux 2 et 3, d'argent, au sautoir d'azur, qui est de *Bonar moderne.* — Cimiers : de Bonar, deux épées en sautoir avec la devise : *A bon sire, bonne espée.* — De Bonar moderne, une épée de chevalier croisée posée en pal avec la devise : *Denique cœlum.* — Couronne de comte.

### DE BONNEFONT.
#### BEAUJOLAIS, LANGUEDOC, AUVERGNE.

D'or, à une fontaine de sable, posée sur une terrasse de sinople. La branche de *Bionnet* portait des armes allusives: d'azur, à la bande d'argent ondée.

### DE BOMBELLES.
#### ITALIE, ORLÉANAIS, MAINE, ANJOU, VENDOMOIS.
(COMTES.)

Écartelé: aux 1 et 4 d'or plein; aux 2 et 3, de gueules, à une molette d'éperon d'argent.
Couronne de marquis. — Supports: Deux licornes.

### GIBOUIN DE LA HÉRONNIÈRE.
#### LANGUEDOC, POITOU ET SAINTONGE.

Écartelé: aux 1 et 4 d'azur à un héron d'or;

Aux 2 et 3 d'azur à trois croix tréflées d'or.

### BORGHÈSE.
#### ITALIE.
(PRINCES.)

D'azur, au dragon d'or; au chef du même, chargé d'une aigle de sable, au vol éployé, becquée, membrée et couronnée d'or.
Couronne de prince.

### DE BOSANQUET.
#### LANGUEDOC, ANGLETERRE.

D'or, à un arbre de sinople et un chef de gueules, chargé d'un croissant d'argent, accosté de deux étoiles du même.
Supports: Deux lions.

### DE BLANCHETTI.
(COMTES.) ITALIE ET FRANCE.
224

Bandé d'argent et d'azur de six pièces. — Couronne de comte. — Supports : Deux lévriers. — Cimier : Un lévrier issant tenant dans sa patte dextre une épée haute et dans la senestre un guidon d'argent, à la croix de gueules. — Devise : *Fidus et vigil pro patriâ.*

### DE KERIMEL.
BRETAGNE.
225

D'argent, à trois fasces de sable, au lion du même issant en chef. — Couronne de comte.

### DE PELERIN.
BRETAGNE, ILE-DE-FRANCE ET LANGUEDOC.
226

D'azur, à un bourdon d'or posé en bande, accompagné de trois coquilles du même, deux rangées en chef et une en pointe. Couronne de comte.

### DE VALLIER DE BY.
(COMTES.) DAUPHINÉ.
227

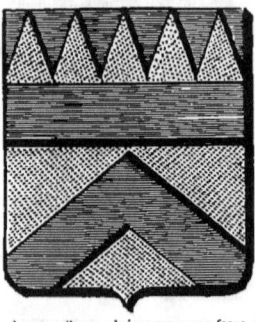

D'or, au chevron d'azur, abaissé sous une fasce du même et un chef endenté, aussi du même. Couronne de comte.

### DE MORÉ DE PONTGIBAUD.
(COMTES.) GÉVAUDAN ET AUVERGNE.
228

De gueules, à trois bandes d'or, au franc quartier d'hermines. Couronne de marquis.

### DE RIOLS DE FONCLARE.
LANGUEDOC ET AUVERGNE.
229

D'azur, à deux étoiles d'or rangées en chef et un croissant d'or posé en pointe.

ARMORIAL GÉNÉRAL.

## DES ROTOURS.
### BASSE-NORMANDIE.

(BARONS.)

230

D'azur, à trois besants d'argent.
Supports : Deux lions.

L'écu timbré d'un casque de chevalier, orné de lambrequins et sommé de la couronne de baron.

## BOTHEREL DE LA BRETONNIÈRE.
(COMTES.) BRETAGNE.
231

D'azur, au chevron d'argent, accompagné de trois croix patées du même.
Couronne de comte.

## DE BOUCHAREINC
### DE CHAUMEILS DE LA COSTE
LANGUEDOC.
232

D'azur, au chevron d'or, surmonté d'un croissant d'argent.
Couronne de comte.
Supports : Deux lions.

### DE CAZE.
(VICOMTES.) LYONNAIS ET PROVENCE.
234

D'azur, au chevron d'or, accompagné en chef de deux losanges et en pointe d'un lion, le tout aussi d'or. — Couronne de vicomte. — Supports et cimier : Trois lions.

### DE CAUSSIA DE MAUVOISIN.
(BARONS.) GUIENNE ET LANGUEDOC.
234

Armes : D'azur, à trois trèfles d'or, posés 2 et 1. — Couronne de baron. — Supports : Deux lions.

### DE BOUŸN.
(MARQUIS.) CHAMPAGNE, ORLÉANAIS, POITOU, BRETAGNE, ILE-DE-FRANCE.
235

Armes : *Pour la branche aînée*, d'azur au lion morné d'or, surmonté de 3 canettes du même. — *Pour la branche cadette*, d'argent, à 3 bandes de gueules, au lion morné de sable brochant ; au chef de gueules, chargé de 3 canettes d'or. — Couronne de marquis. — Supports : Deux lions.

### DE GIRAUDON DU TEIL.
PROVENCE.
236

D'azur, au chevron d'or, accompagné en chef de 2 étoiles du même, et en pointe d'un croissant d'argent. — Couronne de marquis.

### DOISY DE VILLARGENNES.
CAMBRÉSIS ET ILE-DE-FRANCE.
237

Armes : D'argent, au croissant de gueules. — Couronne de comte. — Supports : Deux lions.

### DE CHASTENET DE PUYSÉGUR.
(MARQUIS.) GUIENNE ET GASCOGNE.
238

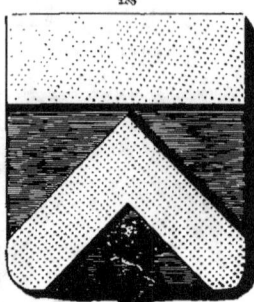

D'azur, au chevron d'or, accompagné en pointe d'un lion du même, au chef aussi d'or. — Couronne de marquis.

### BOUCZO DE KERCARADEC.
#### BOURGOGNE ET BRETAGNE.
#### 238

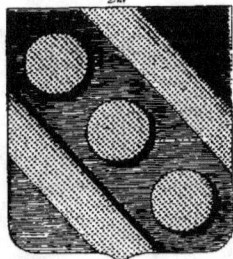

D'azur, à trois besants d'or en bande, côtoyés de deux cotices de même. — Couronne de comte.
Supports : Deux lions.

### DE BREUILLY.
#### NORMANDIE.
#### 240

D'azur, au chef cousu de gueules, et un lion d'or couronné du même, brochant sur le tout. L'écu timbré d'un casque de chevalier orné de ses lambrequins.

### GUIRONNET DE MASSAS.
#### GUIENNE ET LANGUEDOC.
#### 241

Armes : D'azur, à 3 fasces ondées d'argent; au chef de sable, chargé de trois fleurs de lis d'or, soutenu d'une trangle du même.

Couronne de comte.
Supports :
Deux léopards.

### DE BRIEY.
#### LORRAINE.
#### 242
(COMTES.)

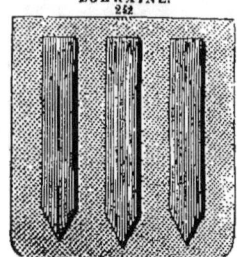

D'or, à trois pals alésés, au pied fiché de gueules, qui sont celles de la ville de Briey. — Couronne de marquis.
Cimier : Un casque ouvert surmonté d'un chapeau de gueules orné de deux aigrettes de sinople.

### DU BREUIL.
#### BERRY ET MARCHE.
#### 243

D'argent, à la fasce de gueules, vivrée, bordée de sable, et accompagnée de deux jumelles, aussi de gueules bordées de sable. — Couronne de comte. — Cimier : Une aigle issante de gueules. — Supports : Deux lions.

### DE HARENC DE LA CONDAMINE.
(MARQUIS.) FOREZ ET LYONNAIS.
244

D'azur, à trois croissants d'or posés en bande. — Couronne de marquis.
Supports : Deux lions.
Devise : *Nul bien sans peine.*

### DE GUIDI.
(COMTES.) ITALIE ET FRANCE.
245

Écartelé en sautoir d'argent et de gueules, et un lion de l'un en l'autre brochant sur le tout.
Couronne de comte.

### DU TILLET.
(MARQUIS.) ANGOUMOIS, BRETAGNE, POITOU, BRIE, ILE-DE-FRANCE.
246

D'or, à la croix patée et alésée de gueules. — Couronne de marquis.
Supports : Deux lions. — Cimier : Un lion issant.
Devise : *Nihil parùm, nil nimis.*

### DE FRÉVOL D'AUBIGNAC DE RIBAINS.
(MARQUIS.) LANGUEDOC, VIVARAIS ET VELAY.
247

De gueules, à deux lions d'or affrontés, tenant une roue du même, sur un mont aussi d'or.
Couronne de marquis.
Supports : Deux sauvages.

### DE JASSAUD.
(BARONS.) PROVENCE.
248

D'azur, au croissant d'argent, au chef cousu de gueules, chargé de trois étoiles d'or. — Couronne de baron. — Supports : Deux licornes. — Devise : *Crescendo virtus tollitur ad astra.*

### DE ROCHON DE LAPEYROUSE.
LIMOUSIN ET PÉRIGORD.
249

D'azur, à une bande d'argent chargée de trois étoiles de gueules, et accompagné de deux chevrons d'argent alésés.
Couronne de comte.
Devise : *Rochon-Vaillance.*

## MASSINO.
### (CARDINAL FRANCESCO-SAVERIO).
#### ROME.

Fascé d'argent et d'azur de six pièces, à une bande d'or brochant; mi-parti : d'argent, à une croix d'azur, chargée de onze écussons d'argent, et cantonnée de quatre lionceaux de gueules, armés, lampassés et couronnés d'or. L'écu posé sur une croix archiépiscopale d'or et timbré du chapeau de cardinal.
Devise : *Cunctando restituit.*

---

## DE BRASSIER DE SAINT-SIMON.
### (COMTES.) LANGUEDOC.

Pour ces branches de la Plane et de Saint-Simon : D'azur, au chevron d'or, accompagné en chef de deux merlettes affrontées du même, et en pointe de trois larmes mal ordonnées d'argent.
L'écu timbré d'une couronne de comte.
Supports : deux lions d'or. — Cimier : Un lion issant d'or.

## DE LA FITTE.
### (COMTES.) GUIENNE, GASCOGNE ET BIGORRE.

D'azur, à une bande d'or, accostée de deux cornets d'argent, liés du même, l'un en chef et l'autre en pointe.
Couronne de comte.
Supports : Deux lions.

### DE LA BROUSSE DE VERTEILLAC.
(MARQUIS.) PÉRIGORD.
253

D'or, à un chêne arraché de sinople, englanté du premier émail, et un chef d'azur chargé de trois étoiles d'or.
Couronne de marquis.
Supports : Deux lions, celui à dextre passant et celui à senestre rampant.

### CAMBIER DE BUHAT.
HAINAUT.
256

De sable, au chevron d'or, accompagné de trois croissants du même.
Couronne de comte.
Supports : Deux lions.

### BRUSLÉ.
FLANDRE ET PICARDIE.
254

D'azur, à un phénix d'or au vol éployé, posé sur un bûcher du même.
L'écu timbré d'un casque de chevalier orné de ses lambrequins.

### DE CANDOLLE.
NAPLES, PROVENCE, GENÈVE.
257

Écartelé d'or et d'azur. — Couronne de marquis. — Supports : Deux lions tenant chacun une bannière aux couleurs de l'écu.
Devise : Aide Dieu au bon chevalier.

### DEL BUE.
ITALIE.
255

D'azur, au bœuf d'or, posé sur une terrasse de sinople, accompagné de trois molettes d'éperon d'or, deux en chef et une en pointe.
Couronne de comte. — Supports : Deux lions.

### CARDINAL DE CUZEY.
BRETAGNE ET PICARDIE.
258

D'argent, à la croix de gueules, cantonnée au premier canton d'un lion de sable.
Couronne de marquis.
Supports : Deux lions.

## CABOT DE DAMPMARTIN.

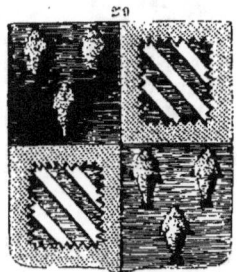

Écartelé, aux 1 et 4, d'azur, à trois chabots d'or, posés 2 et 1; aux 2 et 3, d'azur, à 3 bandes d'argent et une bordure dentelée d'or.

(VARGUES.)

## DE CARDON DE SANDRANS.
(BARONS.) ESPAGNE, ITALIE, LYONNAIS.

D'or, à trois fleurs de chardon au naturel. — Couronne de baron. — Supports : Deux licornes.

## CABOT DE LA FARE.
LANGUEDOC.

D'azur, à trois chabots d'or, posés 2 et 1.
Couronne de marquis.

Supports : Deux lions.
Devise : *Semper cor caput Cabot.*

## CARPENTIER DE CHANGY.
CAMBRÉSIS, FLANDRE, NIVERNAIS, ANGLETERRE.
(COMTES.)

D'azur, à trois croissants d'argent, 2 et 1, et une étoile d'or en abîme. — Couronne de marquis.
Supports : Deux lions d'or, *alias* deux lévriers d'argent.
Devise : *Dieu m'aide.*

## DE CHABAN.
AUNIS.

D'azur, au chevron d'or, accompagné de trois mouches du même.
Couronne de comte.
Supports : Deux cygnes.

## DE CHABANNES.
(MARQUIS.) ANGOUMOIS, BOURBONNAIS ET AUVERGNE.

De gueules, au lion d'hermines, armé, lampassé et couronné d'or. — Couronne de marquis.
Supports : Deux lévriers.
Devise : *Je ne le cède à nul autre.*

## CHATTON ou CHATON DES MORANDAIS.
(COMTES.) BRETAGNE.

D'argent, à un pin de sinople arraché, fruité de trois pommes d'or. — Couronne de marquis.
Supports : Deux lions.
Devise : *A peine un chat y peut atteindre.*

## DE CHAMILLART DE LA SUZE.
(MARQUIS.) ILE-DE-FRANCE.

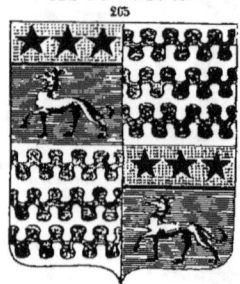

Écartelé : aux 1 et 4, d'azur, à une levrette passant d'argent, colletée de gueules, et un chef d'or chargé de trois étoiles de sable, qui est de *Chamillart*; aux 2 et 3, d'argent, à trois fasces nébulées de gueules, qui est de *Rochechouart de Mortemart*.
Couronne de marquis. — Supports : Deux lions.

## DE COMMINGES.
(COMTES.) GASCOGNE ET LANGUEDOC.

De gueules, à quatre otelles ou amandes d'argent posées en sautoir, écartelé d'azur à une cloche d'argent bataillée du même. L'écu surmonté d'un casque de chevalier, orné de ses lambrequins et timbré d'une couronne de comte, ayant pour cimier un griffon issant d'or.
Supports : Deux griffons d'or. — Devise : *En amendant.*
Les aînés de la maison de Comminges portent leurs armes sans être écartelées.

## DE CHARBONNEL.
(COMTES.) LANGUEDOC.

D'azur, au croissant d'argent, accompagné de trois molettes d'or. — Couronne de comte.
Devise : *In corde decus et honor.*

## DE COMBAREL.
(COMTES.) POITOU, LIMOUSIN ET AUVERGNE.

D'azur, à trois coquilles d'or posées en pal; mi-parti de gueules, à une demi-molette d'argent, mouvante de la partition.
Couronne de comte. — Supports : Deux lions.

## DE MARQUESSAC.
(COMTES.) PÉRIGORD ET QUERCY.
570

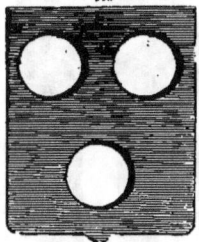

D'azur, à trois besants d'argent. — Couronne de comte. Supports: Deux sauvages.

## LE MERLE DE BEAUFOND.
(COMTES.) NORMANDIE ET MARTINIQUE.
571

*Pour la branche aînée:* De gueules, à trois quintefeuilles d'argent. — *Pour la branche cadette des comtes de Beaufond:* De gueules, à trois quintefeuilles d'argent, et en abîme un merle d'or tenant en son bec une branche de laurier de sinople, posé sur un rocher de trois coupeaux d'argent. — Couronne de comte. — Supports: Deux lions.

## GÉRARD (MARÉCHAL-COMTE).
LORRAINE.
272

Écartelé: au 1 d'azur, à l'épée d'argent; au 2, de gueules, à la tête de cheval d'or; au 3, de gueules au chevron d'or, accompagné en chef de trois étoiles mal ordonnées et un sabre en pal brochant sur le chevron le tout d'or; au 4, d'azur au lion d'argent.

Couronne et manteau de comte sénateur.

## DE ROYE DE WICHEN.
(COMTES et BARONS.) BELGIQUE.
273

Écartelé: aux 1 et 4, de gueules à la bande d'argent; aux 2 et 3, de gueules au crampon d'argent chargé d'un marteau du même, emmanché et couronné d'or brochant en face. — Couronne de marquis. — Supports: Deux chevaliers. — Devise: *Virtus et honor.*

## LE COURT DE LA VILLETHASSETZ
BRETAGNE.
274

D'azur, à une aigle d'or à deux têtes, au vol éployé, au chef d'hermines chargé d'un chevron de sable et d'une ancre de gueules entre les branches du chevron.
Devise: *Li droit et li cort.*

## LE COMPASSEUR DE COURTIVRON.
(MARQUIS.) BOURGOGNE.
275

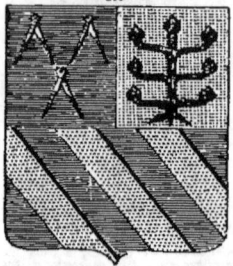

Coupé: au 1, d'azur à trois compas d'or ouverts; parti, d'or au créquier de gueules; au 2, d'azur à trois bandes d'or.
Couronne de marquis. — Supports: Deux lions.
Cimier: Un lion issant d'or lampassé de gueules.
Devise: *Cuncta ad amussim.*

## DE COMPS.
PROVENCE, ALBIGEOIS, SAINTONGE.
278

Palé d'azur et d'argent de six pièces, et un chef de gueules chargé d'une aigle issante, échiquetée d'argent et de sable, au vol éployé.
Couronne de comte.
Supports: Deux lions.

## DE CONDÉ.
(BARONS.) HAINAUT, CHAMPAGNE, POITOU.
276

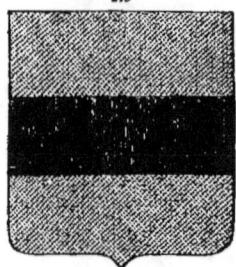

D'or, à la fasce de gueules. — Devise: *Loyauté.* — Cri de guerre: *Vieil Condé.*

## COURTOT DE CISSEY.
BOURGOGNE.
279

De gueules, à la licorne passant d'argent. — Supports: Deux licornes. — Couronne de marquis.

## LE CORGNE DE BONABRY.
BRETAGNE.
277

D'azur, au lion d'or léopardé, surmonté de deux fleurs de lis du même.
Couronne de comte.
Supports: Deux lions.

## DE CRESPIN DE BILLY.
(COMTES.) ANJOU, ORLÉANAIS.
280

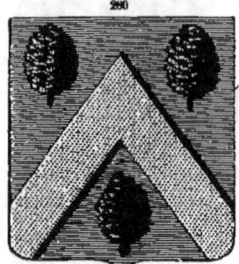

D'azur, au chevron d'or, accompagné de trois pommes de pin du même, 2 et 1.
Couronne de comte.
Supports: Deux sauvages.

## DE LAYROLLES.
### LANGUEDOC.
281

D'azur, à une aigle d'or au vol éployé, chargée d'un écu de gueules à la croix d'argent, et fixant un soleil d'or mouvant de l'angle dextre du chef.

## COSTE DE CHAMPERON.
(COMTES.) TOURAINE, POITOU ET ILE-DE-FRANCE.
282

D'azur, au lion d'or; au chef du même, chargé de trois roses de gueules.
Couronne de comte. — Supports: deux lions.

## DE BRUNO.
### DAUPHINÉ.
283

D'azur, à une tête de lièvre coupée d'argent.

Couronne de comte.
Supports: Deux lions.

## DE FROISSARD.
(MARQUIS.) FRANCHE-COMTÉ.
284

D'azur, au cerf passant d'or. — Couronne de marquis. — Supports: Deux lions.

## DU QUESNOY.
PICARDIE, BOULONNAIS ET ARTOIS.
285

D'or, à l'aigle de sable au vol éployé.

## DE CRESPY LE PRINCE.
(BARONS.) ILE-DE-FRANCE.

De gueules, à une foi de carnation, parée d'argent; au chef cousu d'azur, chargé d'une épée d'or en pal.

## DENIS DU PÉAGE.
FLANDRE FRANÇAISE.

D'argent, au lion de sable lampassé de gueules. — Couronne de comte. — Supports : Deux lions.

## DE LA CROIX DE CASTRIES.
(DUCS.) LANGUEDOC.

D'azur, à la croix d'or. — Couronne ducale. — Supports : Deux licornes.
Devise : *Fidèle à son roi et à l'honneur.*

## DE DAMAS.
FOREZ, LYONNAIS, BEAUJOLAIS, AUVERGNE, VIVARAIS,
(DUCS.) NIVERNAIS, LORRAINE ET BOURGOGNE.

D'or, à la croix ancrée de gueules. — Couronne ducale et manteau de pair.
Supports : Deux sauvages. — Devise : *Et fortis et fidelis.*

## DE CUSTINE.
(MARQUIS.) PAYS DE LIÉGE ET LORRAINE.

Écartelé : aux 1 et 4 d'argent, à la bande de sable, chargée de deux cotices du même, qui est de *Custine*; aux 2 et 3, de sable, semé de fleurs de lis d'argent, qui est de *Lombu*.

## DAVET DE BENERY ET DE BEAUREPAIRE
(COMTES.) FLANDRE ET PIÉMONT.

D'or, au chevron de gueules, accompagné en chef de deux croisettes de gueules au pied fiché, et en pointe d'une aigle de sable au vol éployé.

### DE LA DEVÈZE.
#### COMTÉ D'ALBRET ET BRUILHOIS.

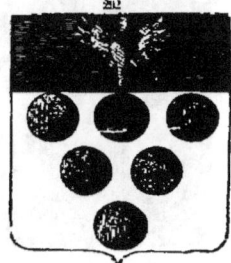

D'argent, à six tourteaux de gueules posés 3, 2 et 1, et un chef d'azur, chargé d'une aigle d'or au vol éployé.
Couronne de comte. — Supports : Deux lions.

### DUREAU.
#### BRETAGNE, ILE BOURBON.

D'azur, au rocher d'argent, battu par une mer du même, surmonté de trois étoiles aussi d'argent, posées 2 et 1.
Couronne de comte. — Supports : Deux lions.

### DE MAGNY.
#### (MARQUIS.) ESPAGNE, FRANCE, ITALIE.

Écartelé : aux 1 et 4, d'argent, à l'aigle de sable au vol éployé; aux 2 et 3, d'or, à trois fasces de sable; sur le tout, un écu d'or, à la bande d'azur chargée de trois étoiles d'argent, accompagnée en chef d'une tête de maure tortillée d'argent, et en pointe d'une tête de lion au naturel, arrachée et lampassée de gueules; au chef, de la religion. Cet écu, timbré d'une couronne de comte, et le grand écu sommé d'un soleil d'or, avec cette devise : *Nec decio, nec retrogradior.*
Supports : Deux lions blancs.
Le tout posé sur un manteau de velours écarlate, fourré d'hermines, et sommé d'une couronne de marquis, derrière lequel sont deux clefs passées en sautoir.

### DE DURBAN.
#### LANGUEDOC.

Écartelé : aux 1 et 4, d'azur, à trois fasces d'or, qui est de *Durban* ancien; aux 2 et 3, d'or, à une montagne d'azur, issante de la pointe sur laquelle souffle un vent de sable mouvant à l'angle senestre du chef, la montagne adextrée en chef d'un arbre de sinople.

### DEVONSHIRE (CAVENDISH, DUCS DE).
#### ANGLETERRE.

Écartelé : aux 1 et 4 d'argent, à trois rencontres de cerf de sable, qui est de *Cavendish*; au 2, tranché bastillé d'argent et de gueules, qui est de *Boyle*; au 3, échiqueté d'argent et d'azur et une fasce de gueules brochant, qui est de *Clifford*. — Couronne ducale. Supports : Deux cerfs. — Devise : *Cavendo tutus.*

### D'ESCOUBLEAU DE SOURDIS.
(MARQUIS.) POITOU.

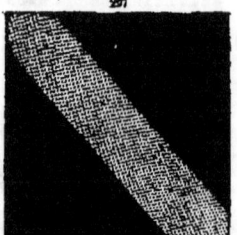

Parti d'azur et de gueules, et une bande d'or brochant sur le tout. — Couronne de marquis.
Supports : A dextre un lion, et à senestre une licorne.
Cimier : Une levrette issante.

### D'ESTERHAZY.
(PRINCES.) HONGRIE ET BAVIÈRE.

D'azur, au griffon d'or couronné du même, posé sur une couronne aussi du même, et tenant à la patte droite un sabre nu.
Couronne et manteau de prince.

### DE FAYET.
LANGUEDOC, GUIENNE, ILE-DE-FRANCE.

D'azur, à une fasce de sable bordée d'or, chargée d'une coquille d'argent, accostée de deux étoiles d'or, accompagnée en chef d'une levrette courante d'argent, colletée de gueules, le collier bordé et bouclé d'or, et en pointe de trois losanges aussi d'or rangées en fasce. — Couronne de marquis.

### EYNARD.
DAUPHINÉ, AUVERGNE, SUISSE.

De gueules, au lion d'argent. — Supports : Deux lions. — L'écu timbré d'un casque taré de front, orné de ses lambrequins et sommé d'une couronne de marquis.
Cimier : un lion de gueules issant.

### DES ESSARS.
(MARQUIS.) PICARDIE.

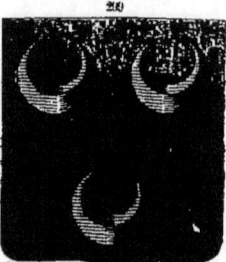

De gueules, à trois croissants d'or. — Couronne de marquis.
Supports : Deux aigles.

### D'ESPINASSY.
PROVENCE.

D'or, à trois boutons de rose, tigés et feuillés de sable, et une rose du même en abîme.

## LE FEBVRE DE LATTRE.
**FLANDRE ET ARTOIS.**

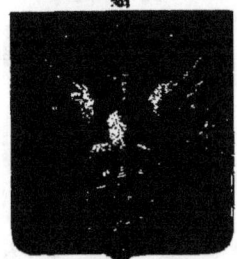

De gueules, à l'aigle d'or au vol éployé, accompagnée de cinq étoiles à six rais du même, posées en orle. — Couronne de vicomte. — Supports : Deux lions.

(MARQUIS.)

## DE FORNEL.
**ITALIE, LANGUEDOC.**

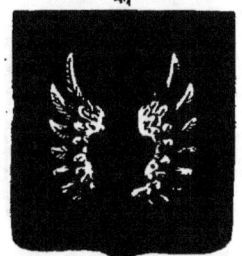

D'azur, au vol d'argent et une bordure cousue de sable. — Couronne de comte. — Supports : Deux lions.

TOURAINE.

## DE VOYER D'ARGENSON.

Écartelé : aux 1 et 4, d'azur, à deux léopards d'or passant l'un sur l'autre, couronnés du même, armés et lampassés de gueules, qui est de *Paulmy*; aux 2 et 3, d'argent, à une fasce de sable, qui est d'*Argenson*.

Supports : Deux anges, vêtus de dalmatiques aux armes de la maison.
Devise :
*Vis et prudentia vincunt.*

(MARQUIS.)

## DE FRANCHESSIN.
**LANGUEDOC, DAUPHINÉ, LORRAINE.**

D'azur, à cinq têtes de barbet d'argent arrachées, posées 3 et 2. — Couronne de comte. — Supports : Deux lions.

## DE GABRIAC.
**LANGUEDOC.**

De gueules, à sept losanges d'or, posées 3, 3 et 1. — Couronne de marquis. — Supports : Deux lions.

## DE GAIGNEAU DE CHAMPVALLINS.
**BOURGOGNE ET ORLÉANAIS.**
703

Parti de gueules et d'azur, et une fasce d'hermines brochant sur le tout. L'écu timbré d'un casque de chevalier orné de ses lambrequins.
Supports : Deux lions. — Devise : *Quo fata.*

## DE GALBERT.
(COMTES.) **DAUPHINÉ.**
311

D'azur, au chevron d'or, accompagné en chef de deux croissants du même.
Couronne de comte.
Supports : Deux lions. — Devise : *Pro patriâ virtus.*

## GARGIOLLI.
**TOSCANE.**
309

Parti, au 1. d'or, à l'aigle de l'Empire, mi-parti d'argent à trois bandes d'azur, chargées chacune d'une rose d'or; au 2. d'azur à deux coqs au naturel affrontés, sommés de deux fleurs de lis d'or; le tout surmonté d'un croissant d'argent versé, et un chef d'argent chargé d'un pot de gueules. L'écu timbré d'un casque de chevalier, taré de front, allé de sable et surmonté d'une couronne de comte. — Supports : Deux coqs au naturel.
Devise : *Unica virtus necessaria.*

## DE GRAND.
**DAUPHINÉ.**
312

D'azur, à une montagne d'argent de six coupeaux, surmontée d'un soleil d'or.
Couronne de comte. — Supports Deux aigles.

## GENESTET DE CHAIRAC.
**VELAY.**
310

D'azur, au lion d'or, accompagné en pointe d'un croissant d'argent.
Couronne de comte. — Supports : Deux lions.

## DE GRANET.
**CHAMPAGNE, DAUPHINÉ, PIÉMONT, PROVENCE.**
313

D'azur, au lion d'or; l'écu timbré d'un casque de chevalier orné de ses lambrequins.
Supports : Deux lions.

### DE GROISEILLIEZ.
PONTHIEU, BOULONNAIS, ARTOIS.
314

De sable, à la croix ancrée d'argent. — Supports : Deux sauvages. — Cimier : Un lévrier naissant.

### D'HUPAIS.
PROVENCE.
315

Coupé, au 1, d'or, à un sanglier de sable ; au 2, de sinople à un sautoir d'argent.

### DAVID DE BEAUFORT.

BOURGOGNE.

D'azur, à une bande d'argent, accompagnée en chef d'une harpe d'or, et en pointe d'une croix de Malte d'argent.

316

Supports :
Deux lévriers.
Couronne
de comte.

### DE HARCOURT.
NORMANDIE.
317

(ducs.)

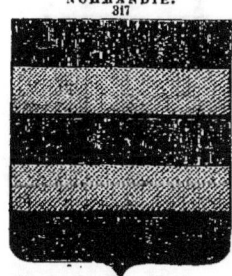

De gueules, à deux fasces d'or. — Couronne ducale. — Supports : Deux lions d'or armés et lampassés de gueules. Devise : *Gesta verbis prævenient.*

### HENRYS.
LORRAINE.
318

D'azur, à trois épis de blé, tigés et feuillés d'argent, posés 2 et 1, et surmontés d'un soleil d'or. — Couronne de comte. Devise : *Providentiæ totum hoc opus est.*

### HODY DE WARFUSÉE.
(BARONS.) BELGIQUE.

D'argent, à la croix ancrée de gueules. — Supports: Deux cygnes contournés, au vol éployé d'argent, tenant chacun une bannière de gueules chargée de fleurs de lis d'argent sans nombre, qui est de *Warfusée*.
Couronne de baron.

### HUGON D'AUGICOUR.
FRANCHE-COMTÉ.

Écartelé: aux 1 et 4, d'azur, à trois gonds d'argent, qui sont les armes primitives; aux 2 et 3, de gueules, à la bande ondée d'or, accompagnée de deux aiglettes d'argent, qui sont les armes de concession; sur le tout, de gueules, au chevron d'argent, qui est de *Poligny*.

### DE JOHANNE DE LACARRE DE SAUMERY.
(MARQUIS.) NAVARRE.

Écartelé: au 1, de gueules, au lion d'or; au 2, de Navarre; au 3, d'azur, à trois fasces d'or, mi parti de sable à trois coquilles d'argent posées en pal; au 4, de Béarn. — Couronne de marquis. — Supports: Deux lions.
Devise: *Army seur*.

### LE LARGE DE MORTON.
TOURAINE.

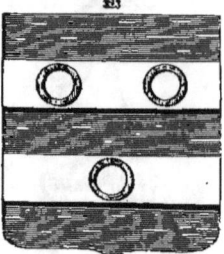

D'azur, à deux fasces d'argent, chargées de trois annelets de gueules; 2 sur la première et 1 sur la seconde.
Supports: Deux lions.

### DE JOUFFREY.
(MARQUIS.) DAUPHINÉ, VENDOMOIS.

D'azur, au croissant d'argent et un chef d'or chargé de trois étoiles de sable. — Couronne de marquis. — Supports: Deux lions.

### DE LASTIC.
(MARQUIS.) AUVERGNE, LIMOUSIN, POITOU.

De gueules, à la fasce d'argent. — Couronne de marquis.
Supports: Deux lions.

## DE LIGNE.

(PRINCES.) PAYS-BAS, FRANCE, ALLEMAGNE.
325

D'or, à la bande de gueules ; l'écu environné d'un manteau de pourpre fourré d'hermines, surmonté de la couronne de prince.

## DE LIRON D'AIROLES.

LANGUEDOC.
326

De gueules, à un lion d'argent et un chef cousu d'azur, chargé de deux étoiles d'or. — Couronne de comte.

## DE CAULAINCOURT

DUCS DE VICENCE.
ARTOIS, PICARDIE.
327

Armes : De sable, au chef d'or.
Couronne de duc.
Supports : Deux sauvages.

Cimier : Un sauvage issant, étouffant une aigle dans ses bras.
Devise : *Désir a'à ripos.*

## DE LATTRE.

PICARDIE, FLANDRE, ARTOIS, CHAMPAGNE.
328

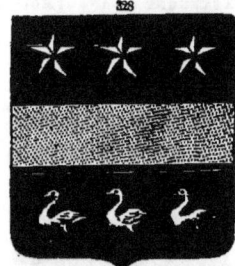

D'azur, à la fasce d'or, accompagnée de trois étoiles d'argent, rangées en chef et en pointe de trois canettes du même aussi rangées, becquées et membrées de gueules.
Couronne de comte. — Supports : Deux levrettes.

## DE LAUTHONNYE.

(COMTES.) LIMOUSIN.
329

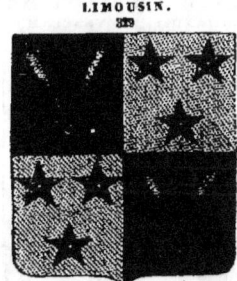

Écartelé : aux 1 et 4, d'azur, à deux épis de blé d'or réunis en pointe ; aux 2 et 3, d'or, à trois molettes d'azur, à cinq pointes.
Couronne de comte. — Supports : Deux griffons.

### LOCKHART.
#### ÉCOSSE, FLANDRE, ORLÉANAIS.
330

D'argent, à un cœur de gueules enfermé dans un cadenas de sable, et un chef d'azur chargé de trois hures de sanglier d'argent, lampassées de gueules. — Cimier : Une tête de sanglier. — Supports : A dextre, un homme armé portant au cou un cœur suspendu à une chaîne ; à senestre, un cerf. — Devise : *Corda serata pando.*

### MALAVOIS.
#### CHAMPAGNE.
333

D'azur, à deux épées d'argent, garnies d'or, passées en sautoir, accompagnées en chef d'une croix potencée d'or et de trois lis de jardin d'argent, deux aux flancs et un en pointe. L'écu, posé sur un cartouche, est timbré d'un casque de chevalier, orné de ses lambrequins, et sommé d'une couronne de marquis. — Devise : *Dulce et decorum est pro patriâ mori.*

### LOISSON DE GUINAUMONT.
#### CHAMPAGNE.
331

D'azur, à deux bandes d'or et un chef aussi d'or, chargé de trois molettes de sable.
Couronne de comte. — Supports : Deux levrettes.

### DE MAGNE.
#### GASCOGNE, LIMOUSIN, AUVERGNE.
334

D'azur, à une main appaumée d'argent. — Couronne de comte. — Supports : Deux lions.

### MACÉ DE GASTINES.
#### NORMANDIE, PROVENCE, MAINE.
332

D'argent, au chevron d'azur, accompagné en chef de trois roses du même mal ordonnées, en pointe d'un lion de gueules.
Couronne de comte. — Supports : Deux lions.

### DE MALLAT.
#### AUVERGNE ET ANGOUMOIS.
335

D'or, au chevron de gueules, accompagné de trois étoiles d'azur ; l'écu timbré d'un casque de chevalier orné de ses lambrequins.

### DE MALRIEU.
ROUERGUE.

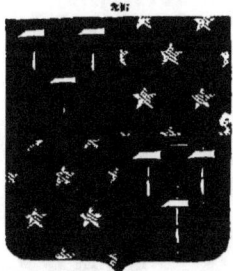

Écartelé : aux 1 et 4, de gueules, à trois marteaux d'argent 2 et 1; aux 2 et 3, d'azur, semé d'étoiles d'or.
Couronne de comte.

### DE LA MARE DE LA LONDE.
NORMANDIE.

D'hermines, à la croix de gueules. L'écu timbré d'un casque de chevalier orné de ses lambrequins.

### MANARA.
ITALIE.

D'azur, à une fasce d'or abaissée, surmontée de sept fleurs de lis d'argent, posées 3 et 4, et d'un lambel d'argent de quatre pendants, et une champagne du même, chargée d'une hache au naturel posée en fasce, le fer en bas.

### MARIN DE MONTMARIN.
(MARQUIS.) BOURGOGNE, VENDOMOIS.

D'azur, à la fasce d'or accompagnée en chef de trois croissants d'argent, et en pointe d'un coq d'or, becqué et membré de gueules. — Couronne de marquis. — Supports : Deux griffons d'or. — Devise : *Aspiciendo crescit*.

### MANDAT DE GRANCEY.
(COMTES.) LIMOUSIN, BOURGOGNE.

D'azur, au lion d'or, lampassé et armé du même; au chef d'argent, chargé d'une hure de sanglier de sable, défendue d'argent, accostée de deux roses de gueules.
Couronne de comte. — Supports : Deux lions d'or.
Devise : *Qui te fata trahunt*.

### MARSUCCO.
(COMTES-PALATINS.) ÉTATS-ROMAINS.

D'azur, à une fasce cousue de gueules, accompagnée en chef de trois fleurs de lis d'or mal ordonnées, et en pointe d'une tour d'argent sommée d'une aigle d'or, au vol éployé, brochant sur la fasce.
Couronne de comte.
Devise : *Nec mors nec vincula terrent*.

## LOCKHART.
### ÉCOSSE, FLANDRE, ORLÉANAIS.
330

D'argent, à un cœur de gueules enfermé dans un cadenas de sable, et un chef d'azur chargé de trois hures de sanglier d'argent, lampassées de gueules. — Cimier : Une tête de sanglier.
Supports : A dextre, un homme armé portant au cou un cœur suspendu à une chaîne ; à senestre, un cerf.
Devise : *Corda serata pando.*

## MALAVOIS.
### CHAMPAGNE.
333

D'azur, à deux épées d'argent, garnies d'or, passées en sautoir, accompagnées en chef d'une croix potencée d'or et de trois fis de jardin d'argent, deux aux flancs et un en pointe. L'écu, posé sur un cartouche, est timbré d'un casque de chevalier, orné de ses lambrequins, et sommé d'une couronne de marquis. — Devise : *Dulce et decorum est pro patriâ mori.*

## LOISSON DE GUINAUMONT.
### CHAMPAGNE.
331

D'azur, à deux bandes d'or et un chef aussi d'or, chargé de trois violettes de sable.
Couronne de comte. — Supports : Deux levrettes.

## DE MAGNE.
### GASCOGNE, LIMOUSIN, AUVERGNE.
334

D'azur, à une main appaumée d'argent. — Couronne de comte. — Supports : Deux lions.

## MACÉ DE GASTINES.
### NORMANDIE, PROVENCE, MAINE.
332

D'argent, au chevron d'azur, accompagné en chef de trois roses du même mal ordonnées, en pointe d'un lion de gueules.
Couronne de comte. — Supports : Deux lions.

## DE MALLAT.
### AUVERGNE ET ANGOUMOIS.
335

D'or, au chevron de gueules, accompagné de trois étoiles d'azur ; l'écu timbré d'un casque de chevalier orné de ses lambrequins.

### DE MALRIEU.
#### ROUERGUE.
337

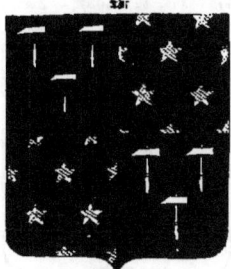

Écartelé : aux 1 et 4, de gueules, à trois marteaux d'argent 2 et 1; aux 2 et 3, d'azur, semé d'étoiles d'or.
Couronne de comte.

### DE LA MARE DE LA LONDE.
#### NORMANDIE.
339

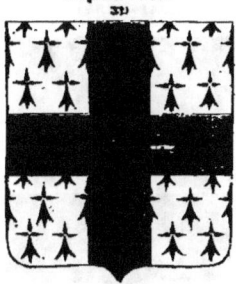

D'hermines, à la croix de gueules. L'écu timbré d'un casque de chevalier orné de ses lambrequins.

### MANARA.
#### ITALIE.
337

D'azur, à une fasce d'or abaissée, surmontée de sept fleurs de lis d'argent, posées 3 et 4, et d'un lambel d'argent de quatre pendants, et une champagne du même, chargée d'une hache au naturel posée en fasce, le fer en bas.

### MARIN DE MONTMARIN.
(MARQUIS.) BOURGOGNE, VENDOMOIS.
340

D'azur, à la fasce d'or accompagnée en chef de trois croissants d'argent, et en pointe d'un coq d'or, becqué et membré de gueules. — Couronne de marquis. — Supports : Deux griffons d'or. — Devise : *Acpiciendo crescit*.

### MANDAT DE GRANCEY.
(COMTES.) LIMOUSIN, BOURGOGNE.
338

D'azur, au lion d'or, lampassé et armé du même; au chef d'argent, chargé d'une hure de sanglier de sable, défendue d'argent, accostée de deux roses de gueules.
Couronne de comte. — Supports : Deux lions d'or.
Devise : *Qui te fata trahunt.*

### MARSUCCO.
(COMTES-PALATINS.) ÉTATS-ROMAINS.
341

D'azur, à une fasce cousue de gueules, accompagnée en chef de trois fleurs de lis d'or mal ordonnées, et en pointe d'une tour d'argent sommée d'une aigle d'or, au vol éployé, brochant sur la fasce.
Couronne de comte.
Devise : *Nec mors nec vincula terrent.*

## MICHEL DE LA MORINERIE.
(BARONS.) SAINTONGE.
342

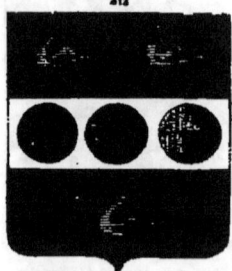

D'azur, à la fasce d'argent, chargée de trois tourteaux de gueules, et accompagnée de trois merlettes d'or, 2 et 1.
Couronne de comte. — Supports : Deux lions.

## DE MONTENDRE.
(MARQUIS.) SAINTONGE, BRETAGNE, CHAMPAGNE.
345

D'argent, à l'aigle de sable au vol éployé, becquée et membrée d'or. — Couronne de marquis.
Supports : Deux lions.

## DE MILHAU.
ROUERGUE ET LANGUEDOC.
343

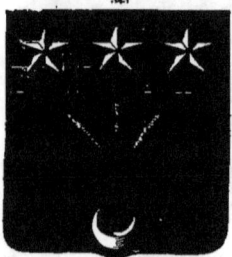

D'azur, à trois épis de mil empoignés et liés d'or, surmontant un croissant d'argent; au chef cousu de gueules, chargé de trois étoiles d'argent.
Couronne de marquis. — Supports : Deux lions.

## DE MOGES.
(MARQUIS.) BRETAGNE, NORMANDIE.
346

De gueules, à trois aiglettes d'argent, à deux têtes et au vol abaissé.
Couronne de marquis. — Supports : Deux lions.
Devise : *Cœlum non solum*.

## MIRON.
ITALIE, ROUSSILLON, PARIS, ORLÉANAIS.
344

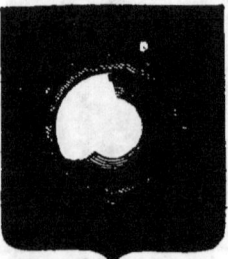

De gueules, au miroir d'argent arrondi, pommeté et cerclé d'or.
Couronne de comte. — Supports : Deux aigles.

## MORAND.
(COMTES.) FRANCHE-COMTÉ.
347

Parti, au 1, d'or, à trois têtes de maures de sable, tortillées d'argent; au 2, de gueules, à l'épée aussi d'argent; coupé, bandé d'argent et d'azur de six pièces.
L'écu timbré d'une couronne de baron.

### DE MOUSTIER.
(MARQUIS.) FRANCHE-COMTÉ.
348

De gueules, au chevron d'argent, accompagné de trois aiglettes d'or, au vol éployé.
Couronne de marquis. — Cimier : Une aigle.
Devise : *Moustier sera, maugré le Sarazin.*

### D'OLIVE.
LANGUEDOC.
349

D'or, à un olivier de sinople, fruité d'or, soutenu d'un croissant d'argent, posé sur une terrasse de sable, et un chef d'azur, chargé de trois étoiles d'or.
Couronne de comte. — Supports : deux lions.

### OGIER DE BAULNY.
(BARONS.) CHAMPAGNE.
350

D'argent, au chevron d'azur, accompagné de trois trèfles de sable.
Couronne de comte. — Supports : Deux lions.

### D'ORNANO.
(COMTES.) CORSE, ITALIE, PROVENCE, TOURAINE.
351

Écartelé : aux 1 et 4, de gueules à la tour ouverte et donjonnée d'or ; aux 2 et 3, d'or au lion de gueules, qui est d'*Ornano* ; sur le tout : coupé, au 1er, d'azur, à l'épée d'or mise en pal la pointe en haut, qui est le franc quartier des comtes militaires de l'Empire, parti d'hermines comme allié de la maison impériale ; au 2, de gueules au griffon d'or. — Supports : Deux griffons d'or. — L'écu surmonté de la couronne princière et environné du manteau de pair. sommé de la couronne de comte. — Devise : *Deo favente comes Corsica.*

### PAPE.
LYONNAIS, DAUPHINÉ, PAYS-BAS.
352

D'azur, à la croix d'argent. — Couronne de comte. — Supports : Deux lions.

### DE PANÉVINON.
(COMTES.) BOURBONNAIS.
353

D'argent, au lion de sable armé et lampassé de gueules, et une fasce du même brochant sur le tout.
Couronne de comte. — Supports : Deux griffons.

## DE PÉRUSSE DES CARS.
(DUCS.) MARCHE.

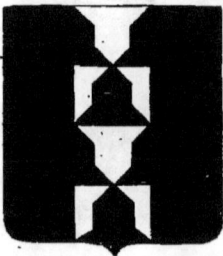

De gueules, au pal de vair. — Supports : Deux sauvages. — Cimier : Un dextrochère tenant une épée. — Légende : *Sic per ausum fulget.* — Devise : *Fais que dois, adviennce que pourra.*

## PIGACHE.
NORMANDIE.

D'argent, à trois cornets de gueules, posés en pal 2 et 1. Couronne de marquis.

## PESCHART D'AMBLY.
(BARONS.) MAINE, LORRAINE ET CHAMPAGNE.

Écartelé : aux 1 et 4, coupé d'argent et de sable, au lion de l'un à l'autre; aux 2 et 3 d'argent, à l'aigle de sable, au vol éployé. — Cimier : Un lion naissant.
Supports : Deux sauvages.

## PHELIPPE DE BILLY
BRETAGNE, BERRY.

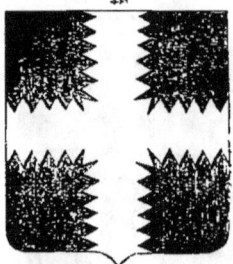

De gueules, à la croix dentelée d'argent. — Couronne de comte.
Supports : Deux lévriers d'argent, colletés de gueules.
Devise : *Je me contente.*

## PICOT DE VAULOGÉ.
(VICOMTES.) BRETAGNE, MAINE, AUTRICHE.

D'or, au chevron d'azur, accompagné de trois fallots allumés de gueules, et un chef du même.
Couronne de marquis. — Supports : Deux lévriers.
Devise : *Nullus extinguitur.*

## DE PIGNOL ou PIGNIOL.
PÉRIGORD, TOURAINE ET LANGUEDOC.

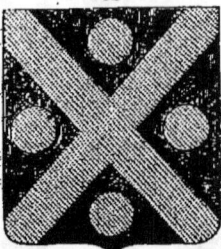

De gueules, au sautoir d'or, accompagné de quatre besants du même.
Couronne de comte. — Supports : Deux lions.
Devise : *Deus et meus rex.*

## DE CARMENTRAND.
### GUIENNE.
389

D'azur, à trois demi-vols d'argent.

## DE BIGAULT DE CASANOVE
### DES FOUCHÈRES, DU GRANDRUT, DE MAISONNEUVE, DE PRÉFONTAINE, DE SIGNEMONT, DE FRANCPRE, D'AVAUCOURT, ETC.
### BERRY.
361

D'azur, à trois furets d'argent rampants posés 2 et 1, les deux du chef adossés et trois étoiles d'or posées 1 en chef et 2 en pointe.

## CHALLET ou CHELLET.
### ORLÉANAIS ET BRETAGNE.
372

D'azur, à trois chevrons d'argent, accompagnés de trois étoiles d'or.
Couronne de comte. — Supports : Deux lévriers.

## DE LINAGE (ROZIER).
### (COMTES) DAUPHINÉ.
303

D'azur, au chevron d'or brisé à dextre, accompagné de trois roses d'argent, deux en chef et une en pointe.
Couronne de comte. — Supports : Deux lions.

## DE CHAUVENET.
### PICARDIE.
364

De gueules, à deux gerbes d'or posées en fasce. — Supports : Deux sauvages. — Couronne de marquis.
Les Chauvenet de Bellenglise et de Parpeville brisent ces armes en y ajoutant trois cornets d'or posés 2 et 1.

## MAHÉ DE LA VILLEGLÉ.
### BRETAGNE.
365

D'argent, à deux haches d'armes de gueules adossées, surmontées d'un croissant du même. — L'écu timbré d'un casque de chevalier orné de ses lambrequins.

### D'ESPOUY.
#### BÉARN.
366

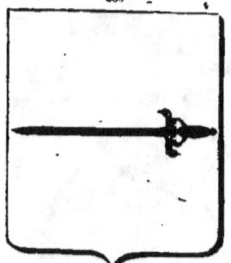

D'argent, à une épée de gueules posée en fasce, la pointe à dextre. — L'écu timbré d'un casque de chevalier orné de ses lambrequins.

### DE LESPINASSE.
#### NORMANDIE.
369

Écartelé : aux 1 et 4 d'azur, à une étoile d'argent; aux 2 et 3 d'azur, à une étoile d'argent surmontée d'un croissant du même. — Supports : Deux lions.
Couronne de vicomte.

### KALBRENNER.
#### PRUSSE.
367

Écartelé : aux 1 et 4, d'argent, au faucon au naturel; au 2, d'azur, à la harpe d'or; au 3, de France, au chef d'or.
Couronne de comte.

### PINET DES FORETS.
#### GUIENNE ET AUVERGNE.
370

D'or, à un pin de sinople. — Couronne de baron.

### GEORGIN DE MARDIGNY.
#### PAYS MESSIN.
368

D'argent, à un écureuil de gueules, assis sur une terrasse de sinople, grignotant une noix au naturel, et surmonté de quatre larmes de gueules rangées en chef.

### DE COUSTIN DU MASNADAUD.
(MARQUIS.) AUVERGNE.
371

D'argent, au lion de sable armé, lampassé et couronné de gueules.
Couronne de marquis. — Supports : Deux lions.

## DE VALENTIN.
### LORRAINE.
372

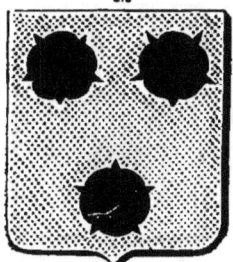

D'or, à trois roses de gueules, 2 et 1. — Cimier : un lion naissant de gueules. — Supports : Deux lions de gueules armés et lampassés d'or.

## DE BRAGELONGNE.
### BOURGOGNE, ORLÉANAIS, ILE-DE-FRANCE.
(COMTES.) 375

De gueules, à une fasce d'argent, chargée d'une coquille de sable et accompagnée de trois molettes d'éperon d'or posées 2 et 1.
Couronne de marquis. — Supports : Deux griffons.

## AUBERJON DE MURINAIS.
(MARQUIS.) DAUPHINÉ.
373

D'or, à une bande d'azur chargée de trois laniberts ou cottes d'armes d'argent.
Couronne de marquis.

## DE LART DE BORDENEUVE.
### BÉARN.
376

Parti : au 1 d'azur à trois pals d'argent; au 2, écartelé; aux 1 et 4, bandé d'or et de gueules de huit pièces ; aux 2 et 3, d'argent, au lion de sable, armé et lampassé de gueules.
Couronne de comte. — Devise : *Crede*.

## LAMBRON DE LIGNIM.
### AUVERGNE ET TOURAINE.
374

D'azur, au chevron d'or, accompagné de trois étoiles d'argent. — Couronne de comte. — Tenants : Deux anges.
Devise : *Tenor in sua fide*.

## SYMONS (Alias RAYMOND).
### ANGLETERRE.
377

Parti de deux, coupé d'un; aux 1, 3 et 5, d'azur, à un trèfle d'or; aux 2, 4 et 6, d'or, à cinq hermines de sable en sautoir.

## DE CHABRON.
### LANGUEDOC ET AUVERGNE.
378

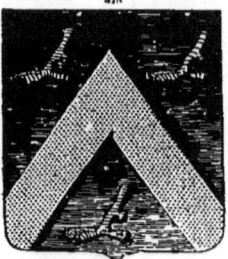

D'azur, au chevron d'or, accompagné de trois pattes de griffon d'argent.
Couronne de comte. — Supports : Deux lions.

## CŒURET DE NESLE.
### (MARQUIS.) NORMANDIE ET ILE-DE-FRANCE.
381

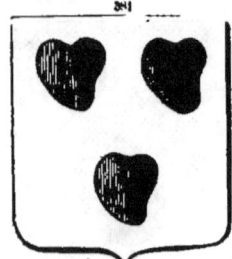

D'argent, à trois cœurs de gueules, posés 2 et 1. — Couronne de marquis. — Supports : Deux sauvages.

## DE BARRAL D'ARÈNES.
### (MARQUIS.) LANGUEDOC.
379

De gueules, à un loup passant d'or et un chef cousu d'azur, chargé d'un croissant d'argent, accosté de deux étoiles d'or.
Couronne de marquis. — Supports : Deux sauvages.

## DE CHARGÈRES.
### (MARQUIS.) SAVOIE, NIVERNAIS ET BOURGOGNE.
382

D'azur, au lion léopardé d'or, lampassé de gueules, surmonté de trois trèfles d'argent, rangés en chef.
Couronne de marquis. — Supports : Deux lions.

## DE ROUGEMONT.
### BRESSE ET BUGEY.
380

De gueules, au lion d'or armé, lampassé et vilené d'azur.
Couronne de baron.
Supports et cimier : Trois lions d'or — Devise : A moi.

## DE PERPESSAC.
### LANGUEDOC.
383

D'argent, à un vase de sable soutenu de deux lionceaux de gueules, dans lequel sont cinq roses de gueules tigées de sinople. — Casque de chevalier orné de ses lambrequins.

### DE LESTRADE

D'azur, au croissant versé d'argent, et un chef cousu de gueules chargé d'une étoile d'or.

### SCHWERIN
#### ALLEMAGNE

De gueules, vêtu d'argent.

### BRUCH
#### ALLEMAGNE

D'or, à une vertenelle de gueules posée en bande.

### DE VIRIEU
#### DAUPHINÉ, BOURGOGNE

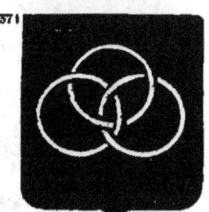

De gueules, à trois vires d'argent.

### OUVRELEUIL D'ARTINVILLE
#### ILE DE FRANCE

D'argent, à la bande d'azur, chargée en chef d'un soleil et en pointe d'un œil humain ajouré d'or.

Voir *Gaillard de Vaucocour*, n° 76.

## FITZ-GÉRALD-KENNEY
### IRLANDE ET FRANCE

Parti : de trois traits, coupé d'un aux 1er et 8e, mi-parti d'or et d'azur, à la fleur de lis de l'un en l'autre, accompagnée de trois croissants de l'un à l'autre, qui est de *Kenney*; au 2e, d'hermines, à trois croissants de gueules, à la fleur de lis d'azur en chef, qui est de *Kenne*; au 3e, d'azur, au lion d'argent, à la bande de gueules chargée de trois coquilles d'or brochant, qui est de *Taylor*; au 4e, d'azur, à la tour d'argent, sommée de trois tourelles, soutenue de deux lions rampants du même, enchaînés d'or, qui est de *O'Kelly*; au 5e, coupé d'argent et d'or, au lion rampant coupé de gueules en chef et de sable en pointe, accompagné en chef de deux mains dextres appaumées de gueules, qui est de *O'Daly*; au 6e, d'argent, au sautoir de gueules, qui est de *Fitz-Gérald de Tecroghan*. — L'écu timbré d'un casque orné de ses lambrequins. — Cimier : sortant d'une couronne de comte à cinq perles, un bras de gueules, le poignet entouré d'une fraise d'argent, la main au naturel, tenant un rouleau de parchemin du même. — Devise : *Teneat, luceat; floreat*.

## DE BÉNAC
### BIGORRE

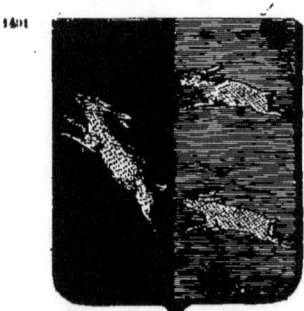

De gueules, au lièvre d'or en bande; parti d'azur, à deux lapins d'or courant, l'un sur l'autre.

## DE LAUBIER
### BERRY, SAINTONGE ET GUYENNE

D'argent, à un arbre terrassé de sinople.

### DODE DE LA BRUNERIE
#### DAUPHINÉ

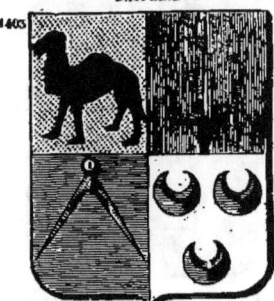

Écartelé : au 1er, d'or, au dromadaire de sable; au 2e, de gueules, à l'épée d'argent, garnie d'or; au 3e, d'azur, au compas d'or, ouvert; au 4e, d'argent, à trois croissants d'azur.

### DE MURARD DE SAINT-ROMAIN
#### LYONNAIS ET DAUPHINÉ

D'or, à la fasce crénelée de quatre pièces d'azur, accompagnée en chef de trois têtes d'aigle arrachées de sable, rangées, et en pointe d'une flamme de gueules.

### RUFFO ou ROUX
#### DE LARIC ET DE CLANSAYES
#### NAPLES, PROVENCE ET DAUPHINÉ

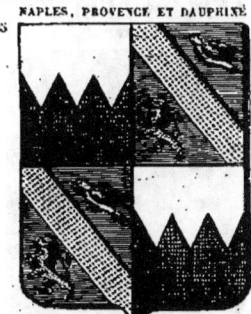

Coupé : emmanché d'argent sur sable, de deux pièces et de deux demies; écartelé, d'azur. à une bande d'or, accompagnée en chef d'une colombe essorante d'argent, et en pointe d'un lion rampant d'or.—COURONNE de comte. — SUPPORTS : deux griffons d'or.

### DE CARGOUET
#### BRETAGNE

D'argent, à trois fleurs de lis de gueules, 2 et 1.

### HOUSSET ou HOUSSAYE
#### LAONAIS ET ILE DE FRANCE

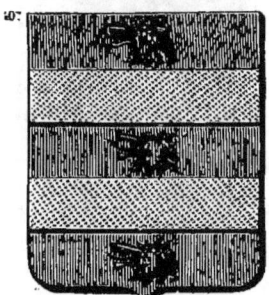

De gueules, à deux fasces d'or et trois têtes de dragon d'argent languées d'or, rangées et posées entre les deux fasces — COURONNE de comte. — SUPPORTS : deux griffons.

### DE CHAPEL
#### LANGUEDOC

Écartelé : aux 1er et 4e, d'argent, au chevron de gueules, accompagné de trois chapeaux d'azur, à l'antique, liés de gueules; aux 2e et 3e, de sable, à deux cercles d'or, posés l'un dans l'autre, au chef d'argent chargé d'une croix de sable.

### DE BELOT
#### LANGUEDOC

D'argent, à un lion de gueules, rampant contre un pin de sinople terrassé, au chef d'azur, chargé de trois étoiles d'or

### PIC DE LA MIRANDOLE
#### GUYENNE ET ITALIE

Écartelé : aux 1er et 4e, d'or, à l'aigle de sable, becquée et couronnée du champ; au 2e et 3e, fascé d'argent et d'azur, au lion d'or, lampassé, armé et couronné d'or, brochant sur le fascé. — L'écartelure divisée par une fasce en divise de gueules; sur le tout, échiqueté d'argent et d'azur. — Sur les deux premiers quartiers, un chef d'or, chargé d'une aigle d'or à deux têtes de sable, membrée, becquée et couronnée de gueules. — COURONNE de comte. — SUPPORTS : deux griffons.

### DE CHABAN (MOUCHARD)
#### AUNIS

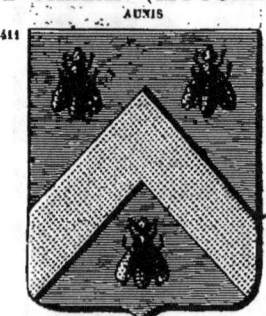

D'azur, au chevron d'or, accompagné de trois mouches du même.

### DE TAUZIA
#### GUYENNE

D'azur, à un taureau d'or, accompagné de quatre étoiles d'argent cantonnées.

### PILLOT
#### DE CHENECEY DE COLIGNY
#### BOURGOGNE

Aux 1er et 4e, d'azur, à trois fers de lance d'argent, posés 2 et 1, la pointe en bas, qui est *de Pillot*; aux 2e et 3e, de gueules, à l'aigle d'argent, becquée, membrée et couronnée d'azur, qui est *de Coligny-Chastillon*; sur le tout, d'or, à l'aigle *de l'Empire*. — COURONNE de marquis, sommée d'une demi-aigle posée de profil, couronnée et becquée d'azur. — SUPPORTS : deux lévriers d'argent, affrontés et assis, accolés de gueules.

### GRAND DE BELLUSSIÈRE
#### SAINTONGE

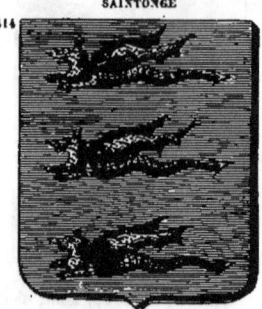

D'azur, à trois dragons ou serpents volants d'or, posés l'un sur l'autre. — COURONNE de baron. — SUPPORTS : deux lions. — DEVISE : *Serpent unquam*.

## DU BOIS-HALBRAN
#### BRETAGNE

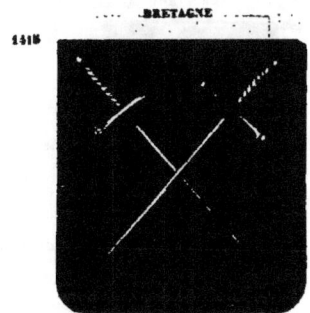

De gueules, à deux épées d'argent passées en sautoir, la pointe en bas, garnies d'or. — COURONNE de comte. — SUPPORTS : deux sauvages.

## LE GENDRE D'ONSENBRAY
#### ILE-DE-FRANCE ET BOURBONNAIS

D'azur, à la fasce d'argent, accompagnée de trois têtes de pucelles d'argent, chevelées d'or, posées 2 en chef et 1 en pointe.

## DE SOLÉRAC (GILBERT)
#### CHAMPAGNE

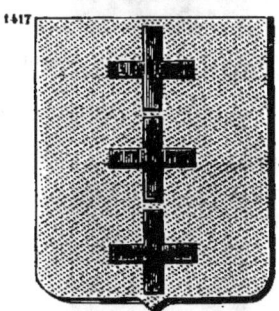

D'or, à trois croisettes de gueules, posées en pal.

## DE CASTELBAJAC
#### BIGORRE

D'azur, à la croix d'argent alésée, surmontée de trois fleurs de lis d'or, posées 2 et 1. — COURONNE de marquis. — SUPPORTS : deux lions.

## DE MOYNIER
#### LANGUEDOC ET PROVENCE

De sinople, à trois cygnes d'argent, 2 et 1, au chef cousu d'azur, chargé de trois étoiles d'or.

## DE BEAUSACQ
#### IRLANDE ET PICARDIE

D'azur, à un château ouvert d'argent, flanqué de deux tours, et sommé d'une troisième tour sur laquelle flotte une bannière, le tout d'argent; et un lion rampant d'or, tenant une épée d'argent, posé dans l'ouverture du château.

176 — ARMORIAL GÉNÉRAL.

### BALALUD DE SAINT-JEAN
#### LANGUEDOC ET COMTAT VENAISSIN
1421

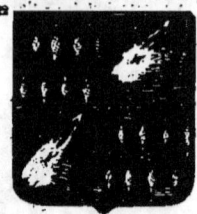

D'or, à une fasce de sinople, parti de gueules.

### BLANC-MONTBRUN
#### ET BLANC DE PERCY
#### VIVARAIS, DAUPHINÉ ET ROYANNAIS
1422

D'azur, semé de bouts de pique d'or. — ÉCARTELÉ : d'azur à une tête de lièvre d'argent coupée. — COURONNE de comte. — Supports : deux lions. — DEVISE : L'honneur guide mes pas.

### DE BONNAULT
#### BERRY
1423

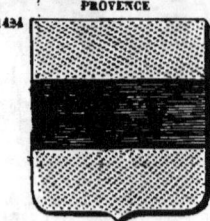

D'azur, au chevron d'or, accompagné en chef de deux étoiles, et en pointe d'un dauphin couronné, le tout d'or. — SUPPORTS : deux lions. — COURONNE de comte.

### DE BRASSIER DE JOCAS
#### PROVENCE
1424

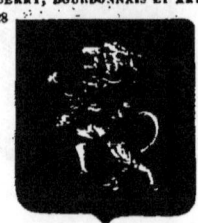

D'or, à la fasce d'azur. — COURONNE de marquis. — SUPPORTS : deux lions.

### BRIANT DE LAUBRIÈRE
#### BRETAGNE
1425

D'argent, au sautoir d'azur, accompagné de quatre roses de gueules. — DEVISE : Sans détour.

### DE CASSAGNE
#### LANGUEDOC
1426

De sable, à deux épées d'argent, passées en sautoir, et un chef d'argent chargé d'un lis de gueules fleuronné, accosté de deux croisettes du même. — COURONNE de comte. — SUPPORTS : deux lions. — DEVISE : Jus a stirpe traho.

### DE CALMELS-PONTIS
#### LANGUEDOC
1427

De gueules, à trois troncs d'arbre d'argent; au chef cousu d'azur, chargé de trois étoiles d'or.

### D'AIGUIRANDE
#### BERRY, BOURBONNAIS ET ARTOIS
1428

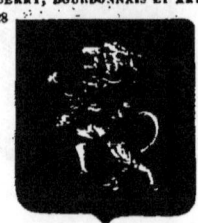

De sable, au lion d'or, armé et lampassé de gueules. — COURONNE de marquis.

### DE CAZENOVE
#### GASCOGNE, LYONNAIS, ANGLETERRE
1428

D'azur, à la tour d'argent maçonnée de sable, accostée de deux lions d'argent, *aliàs* d'or, sur une terrasse de sinople. — COURONNE de marquis.

### DE CHASTEAU
#### AUNIS ET GUYENNE
1430

De gueules, à un château d'or posé sur une terrasse de sable, accompagné d'un croissant d'argent à dextre, et d'une étoile de même à sénestre. — SUPPORTS: deux griffons.

### DE CHERGÉ
#### TOURAINE, ANGOUMOIS ET POITOU
1431

D'azur, à la fasce d'argent, chargée de trois étoiles de gueules. — L'écu timbré d'un casque de chevalier orné de son bourrelet et de ses lambrequins aux couleurs de l'écu.

### DE COLOMBE
#### QUERCY
1432

D'azur, au chevron d'or accosté de deux étoiles, surmonté d'un croissant et accompagné en pointe d'une colombe, le tout d'argent. — COURONNE de marquis.

### DE CORDAY D'ORBIGNY
#### NORMANDIE
1433

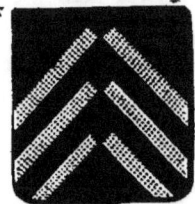

D'azur, à trois chevrons brisés d'or. — COURONNE de comte. — DEVISE : *Corde et ore*.

### DU COS DE LA HITTE
#### ARMAGNAC
1434

D'azur, à l'épée d'argent garnie d'or, posée en bande la pointe en haut, accompagnée de trois étoiles d'argent, 2 en chef, 1 en pointe.

### CROIZIERS DE LACRIVIER
#### LANGUEDOC
1435

D'azur, à un cygne d'or nageant sur une mer d'argent, accosté à dextre de trois étoiles de même, posées 2 et 1, et un chef d'argent chargé de trois croix pattées de gueules. — DEVISE : *Tout pour l'honneur*.

### FAGUET DE CHAMPCOURT
#### BRESSE
1436

D'argent, à deux épées de gueules, posées en sautoir, surmontant un croissant d'argent, chargé d'une porte et de deux tours d'azur. — L'écu timbré d'un casque de chevalier orné de ses lambrequins.

### RAMIN
#### ILE DE FRANCE

D'azur, au navire antique d'argent, voguant sur une mer du même, au chef cousu de gueules, chargé à dextre d'un soleil d'or, et à sénestre d'un dextrochère du même, mouvant d'une nuée d'argent. — L'écu timbré d'un casque de chevalier, sommé d'une couronne de comte. — SUPPORTS : deux lions. — DEVISE : *Pro Deo et rege*.

### FROMENTIN DE SAINT-CHARLES
#### ARTOIS

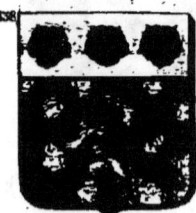

De sinople, semé de roses d'argent, au lion du même, brochant; au chef d'argent, chargé de trois quintefeuilles de gueules.

### DE LA GARDE
#### LIMOUSIN ET POITOU

De gueules, à trois croix ancrées d'argent, au chef cousu de sable, chargé d'un croissant aussi d'argent. — COURONNE de comte. — DEVISE : *Fide sed cui vide*.

### DE GAUBERT
#### PROVENCE, AUVERGNE ET LANGUEDOC

D'azur, à deux bandes d'argent.

### LE JOYANT
#### MAINE, ANJOU ET FRANCHE-COMTÉ

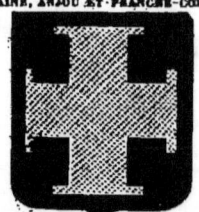

D'azur, à la croix d'or alésée et potencée. (Les branches cadettes ont : brisé de douze étoiles d'argent posées 3 dans chaque canton de la croix, 2 et 1.) — COURONNE de comte. — SUPPORTS : deux lions. — DEVISE : *Gaudens exultabo in Deo*.

### LE SERGEANT
#### D'HENDECOURT ET DE MONNECOVE
#### ARTOIS

D'azur, à trois gerbes de blé d'or, liées de gueules.

### DE JUGLART DE LA GRANGE
#### TOURAINE

D'azur, à la bande d'argent, bastillée de trois pièces en pointe, accostée de cinq étoiles d'or, 3 en chef, posées 2 et 1, et 2 en pointe dans le sens de la bande. — COURONNE de comte.

### HAY DE SLADE
#### ÉCOSSE

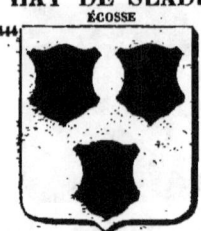

D'argent, à trois écussons de gueules posés 2 et 1. — L'écu timbré d'un casque de chevalier, orné de ses lambrequins. — COURONNE de comte.

### DE LABORDE
BÉARN

D'or, à trois palmiers, terrassés de sinople, mal ordonnés.

### LANGLOIS DE MAUTEVILLE
MARQUIS DU BOUCHET, COMTES D'ESTAINTOT
NORMANDIE

D'azur, à trois croix d'or, rangées en fasce, et trois molettes d'éperon d'argent à cinq pointes, posées 2 en chef et 1 en pointe. — SUPPORTS : deux lévriers d'argent. — COURONNE de comte.

### DE LAROCQUE-LATOUR
GUIENNE

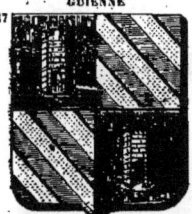

Écartelé : aux 1er et 4e, de gueules, à la tour d'argent carrée et crénelée de trois pièces, maçonnée de sable ; aux 2e et 3e, d'azur, à trois bandes d'or. — COURONNE de comte. — SUPPORTS : deux lions.

### LE TESSIER DE COULONGES
NORMANDIE

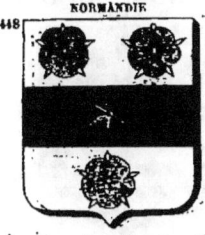

D'argent, à une fasce de sable, chargée d'une molette d'or à six pointes, accompagnée de trois roses de gueules, 2 en chef et 1 en pointe.

### DE LA MARIOUZE
NORMANDIE

D'azur, à la fasce ondée d'or, accompagnée de trois losanges du même, 2 et 1.

### DE MASSOUGNES
POITOU

D'or, à une fasce de gueules, chargée de trois coquilles d'argent, accompagnée de trois têtes de couleuvres de sable, couronnées et languées de gueules, 2 en chef et 1 en pointe. — SUPPORTS : deux lions. — COURONNE de comte. — DEVISE : *In utroque fidelis.*

### MAURO D'AVERSO (DI)
NAPLES

D'azur, à une fasce d'argent, accompagnée de quatre étoiles d'or, 3 en chef et 1 en pointe.

### REVEREND DU MESNIL
NORMANDIE

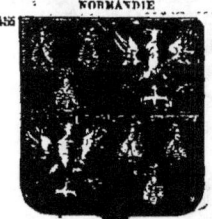

Écartelé : aux 1er et 4e, de sinople, à trois mouches d'or ; aux 2e et 3e, de gueules, à l'aigle d'argent. — COURONNE de marquis.

## DE MILLERET
**ITALIE ET FRANCE**
1453

Coupé : au 1er, d'or, à une aigle éployée de sable; au 2e, d'azur, à un château d'argent, donjonné du même, posé sur une montagne à trois pointes aussi d'argent, mouvant de la pointe de l'écu et accosté de deux étoiles aussi d'argent. — CASQUE de chevalier, sommé d'une couronne de comte. — SUPPORTS : deux griffons. — CIMIER : un hibou. — DEVISE : *Nil sum fide*.

## MONNIER
**FRANCHE-COMTÉ**
1454

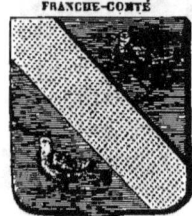

D'azur, à la bande d'or, accompagnée de deux tourteaux du même, 1 en chef et 1 en pointe.

## DE MORIÈS
**LANGUEDOC**
1455

D'or, à trois mures de sable. — COURONNE de marquis. — SUPPORTS : deux lions.

## DE LA ROCHE LA CARELLE
**BOURGOGNE ET BEAUJOLAIS**
1456

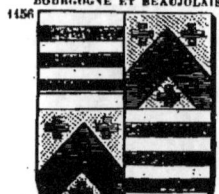

Écartelé : aux 1er et 4e, d'argent, à trois fasces de gueules; aux 2e et 3e, d'or, au chevron d'azur, accompagné de 3 croisettes du même, 2 en chef et 1 en pointe.

## PANTIN
**MARQUIS DE LA HAMELINIÈRE, COMTES DE LA GUÈRE**
**POITOU, ANJOU ET BRETAGNE**
1457

D'argent, à la croix de sable, cantonnée de quatre molettes d'éperon de gueules. — COURONNE de marquis. — TENANTS : deux anges vêtus aux émaux de l'écu. — CIMIER : une queue de paon d'azur, miraillée d'or, entre un vol banneret. — CRI DE GUERRE : *Pantin en avant!* — DEVISE : *Crux dux certa salutis*.

## PATU DE SAINT-VINCENT
1458

D'azur, à un chevron d'or, accompagné de trois pigeons pattus d'argent, posés 2 et 1.

## LE PENNEC
**BRETAGNE**
1459

De gueules, à trois bustes de pucelles d'argent, chevelées d'or.

## PADIGLIONE
**ITALIE**
1460

Coupé : au 1er, d'azur, à une tente d'argent en forme de pavillon, accostée de deux étoiles du même; au 2e, de gueules, à quatre fasces d'or. — L'écu timbré d'un casque de chevalier.

## MONACO LA VALLETTA
**ITALIE**
1461

Parti : au 1er, d'azur, au lion d'or couronné du même, issant d'une fasce d'argent, et en pointe d'une flamme de feu, qui est de *Monaco*; au 2e, d'azur, au lion d'argent, à une fasce du même, brochant, chargée de trois roses d'or, accompagnées de six étoiles d'argent, 3 en chef et 3 en pointe, qui est de *La Valletta*.

## DE POUILLY
**LORRAINE, CHAMPAGNE ET AUTRICHE**
1462

D'argent, au lion d'azur, armé, lampassé et couronné de gueules. — CIMIER : un pélican d'argent avec la Piété. — COURONNE de marquis. — SUPPORTS : deux griffons d'or. — DEVISE : *Fortitudine et caritate*.

## POULLAIN DES DODIÈRES
**BRETAGNE**
1463

De sable, au sautoir d'or, chargé eu cœur d'une étoile de gueules.

## PRIOUR DE BOCERET
**BRETAGNE**
1464

De gueules, à la fasce d'argent, accompagnée en chef de trois coquilles de même, et en pointe d'un trèfle aussi de même.

## DE PEYTES DE MONTCABRIÉ
**LANGUEDOC**
1465

Parti : au 1er, fascé de sable et d'or de six pièces, coupé d'azur, à trois croisettes d'argent posées en fasce, qui est de *Peytes*; au 2e, de sable, à un chêne de sinople, posé sur une montagne d'argent et surmonté d'une chèvre d'or, au chef cousu d'azur, chargé de trois fleurs de lis d'argent, qui est de *Montcabrié*.

## DE RICHER DE BEAUCHAMP
### ET DE MONTHÉARD
**MAINE**
1466

D'azur, à un chevron d'or, chargé sur la pointe d'une étoile de gueules, et sur les branches de deux croisettes du même, et accompagné de trois roses tigées et feuillées d'or, 2 en chef et 1 en pointe.

## DE SPARRE
**SUÈDE ET FRANCE**
1467

D'azur, au chevron d'or, au franc-canton cousu de gueules, chargé d'une épée d'argent. — COURONNE de comte.

## PUNIET OU PUGNIET
**GUYENNE ET GASCOGNE**
1468

D'azur, à une fasce d'argent, accompagnée en chef d'un gantelet du même, et en pointe d'un lion passant d'or, armé et lampassé de gueules.

### DE ROCQUIGNY
NORMANDIE

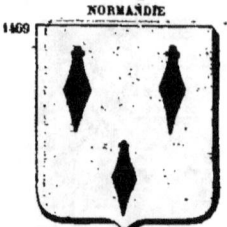

D'argent, à trois fers de lance à l'antique, émoussés de sable, posés 2 et 1, les pointes en bas. — SUPPORTS : deux satyres. — L'écu timbré d'un casque de marquis, orné de lambrequins. — CIMIER : un satyre issant. — DEVISE : *Rien de bas ne m'arreste.*

### DE BONNEVIE DE POGNIAT
AUVERGNE

Écartelé : aux 1er et 4e, d'azur, à la fasce d'or, accompagnée en chef de trois fers de lance d'argent, et en pointe de trois poissons l'un sur l'autre du même ; aux 2e et 3e, d'azur, à la tour crénelée d'argent, maçonnée de sable. — COURONNE de comte.

### UGO
NAPLES

D'azur, à deux fasces d'or, accompagnées d'une étoile d'or en chef, et de trois besants du même, posés 2 entre les fasces et 1 en pointe. — MANTEAU de marquis de pourpre doublé.

### DE MONTEYNARD
DAUPHINÉ

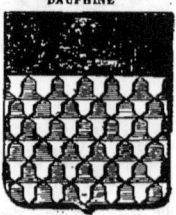

De vair, au chef de gueules chargé d'un lion issant d'or.

### DE BELLEVAL
PICARDIE

De gueules, à la bande d'or, accompagnée de sept croix potencées, 4 en chef et 3 en pointe. — L'écu timbré d'un casque de front, orné de ses lambrequins. COURONNE de marquis. — CIMIER : un lion naissant de gueules. — SUPPORTS : deux anges.

### DE VENOGE
SUISSE

D'azur, à la rivière en bande ondée d'argent, accompagnée de trois molettes d'éperon du même, percées du champ, 2 en chef, 1 en pointe, dans le sens de la bande. — SUPPORTS : deux lions. — L'écu timbré d'un casque de chevalier orné de ses lambrequins.

### RONCA USANO
ITALIE

D'azur, à une serpe d'argent, soutenue de deux lions d'or affrontés, accompagnée en chef d'une étoile d'or au canton dextre, et d'un lambel de gueules au canton sénestre.

### DE SÉRAN
NORMANDIE

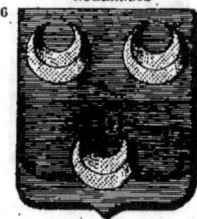

D'azur, à trois croissants d'or.

### DE SANTO-DOMINGO

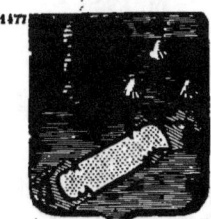

Coupé : au 1er, de gueules, à trois tours d'argent posées en pal, mi-parti d'azur, à trois coquilles d'argent mal ordonnées, surmontées chacune d'une fleur de lis d'or ; au 2e, d'azur, à une barre d'or engoulée de deux têtes de dragons de sinople. — Couronne de comte. — Supports : Deux griffons. — Devise : *Nuestra fe nos hace venger.*

### DE SÉRIGNY
#### SAINTONGE ET AUNIS

D'azur, à trois roses d'or, posées 2 et 1, au chef cousu de gueules, chargé de deux étoiles et d'un croissant d'argent. — Couronne de marquis. — Supports : deux sauvages. — Cimier : un Hercule tenant une massue sur l'épaule.

### PIAT DE BRAUX

De gueules, au lion d'argent armé et lampassé d'or ; l'écu timbré d'un casque. — Cimier : un lion. — Supports : deux lions.

### GERBÉ DE LA MAILLÈRE
#### ILE-DE-FRANCE

D'azur, à une gerbe d'or ; au chef de gueules, chargé de trois étoiles d'argent.

### DE TOURTOULON
#### LANGUEDOC

D'azur, à la tour d'argent, maçonnée de sable, sommée d'un étendard de deux bandes ondoyantes d'argent, emmanché d'or et penché à sénestre, accompagnée de trois colombes d'argent, l'une contournée au canton droit du chef, les deux autres affrontées vis-à-vis le pied de la tour, et en pointe d'une molette d'éperon d'or. — Supports : deux lions. — Couronne de marquis.

### DE MARPON
#### FLANDRE ET BERRY

D'azur, au chevron d'or abaissé, surmonté d'une aigle à deux têtes, au vol éployé du même, accostée de deux étoiles d'argent, et accompagnée en pointe d'un croissant du même. — Couronne de comte. — Supports : deux lions.

### BECKER DE MONS

Écartelé : au 1er, d'azur, à une épée d'argent garnie d'or ; aux 2e et 3e, d'or, à une tête et un col de cheval de sable ; au 4e, d'azur, à trois étoiles d'argent posées en pal.

### D'AURIOL
#### LANGUEDOC

D'argent, à un arbre de sinople, sommé d'un oiseau (auriol) d'or ; le tout surmonté d'une croisette de gueules

### JACOBÉ DE GONCOURT
### ET DE SOULANGES
**CHAMPAGNE ET NORMANDIE**
1485

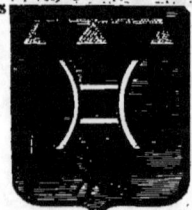

D'azur, au fer à moulin d'argent, surmonté d'un lambel d'or à trois pendants, et accompagné en pointe de deux épis de blé du même, croisés. — COURONNE de comte. — DEVISE : *Tantum prodest quantum prosunt.* — La branche de Soulanges, en sa qualité de branche aînée, ne porte pas le lambel.

### ARNAUD DE ROUFAUD
1486

De gueules, à un arc d'or cordé d'argent, et accompagné de trois étoiles, aussi d'or.

### D'ASIÈS
1487

D'azur, à une bande d'argent, accompagnée de deux étoiles de même, 1 en chef et 1 en pointe.

### BURGUET
**GUYENNE ET NORMANDIE**
1488

D'azur, à un chevron d'or, accompagné en pointe d'un papillon d'argent, et un chef cousu de gueules, chargé de trois étoiles d'or.

### ALEXANDRE DE HALDAT
### DU LYS
**ITALIE, LORRAINE**
1489

Parti : au 1er, d'azur, à la croix ancrée d'argent, au chef de même, chargé d'un lion passant de gueules, qui est d'*Alexandre de Haldat*; au 2e, d'azur, à une épée d'argent mise en pal, la pointe levée, et la croisette d'or soutenant une couronne fleurdelisée de même, accompagnée à dextre et à senestre de deux fleurs de lis d'or qui est du *Lys*. — DEVISE : *Præmium salutis Franciæ et Regis.*

### DE BARTHÉLEMY
1490

Gironné de huit pièces d'argent et de sable, et huit écussons posés en orle de l'un en l'autre.

### BAUDENET
**BOURGOGNE**
1491

D'azur, à un chevron d'or, accompagné en chef de deux étoiles d'argent, et en pointe d'un croissant de même.

### D'ANSELME
**TOSCANE, COMTAT-VENAISSIN**
1492

D'azur, fretté d'argent.

## DE SÈDE
### LANGUEDOC

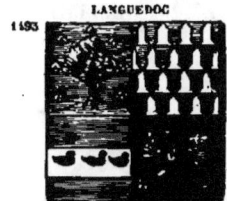

Écartelé : au 1er, d'azur, à un mûrier d'argent, entouré de six abeilles d'or; au 2e, de vair plein; au 3e, de gueules, à l'aigle à deux têtes, au vol éployé d'or; au 4e, d'argent, à une fasce d'argent, chargée de trois merlettes de sable.

## MÉGRET DE SÉRILLY, D'ÉTIGNY
### ET DE BELLIGNY
#### GUYENNE, ILE-DE-FRANCE, VENDÔMOIS ET NORMANDIE

D'azur, à trois besants d'argent, 2 et 1, et un chef d'or chargé d'une tête de lion arrachée de gueules.

## DE FRÉJACQUES DE BAR
### BOURGOGNE, CHAMPAGNE, LANGUEDOC

D'azur, au chevron d'or, accompagné de trois étoiles de même. — COURONNE de comte. — SUPPORTS : deux moines, l'un encapuchonné, l'autre à capuchon rabattu.

## GALBAUD DU FORT
### BRETAGNE

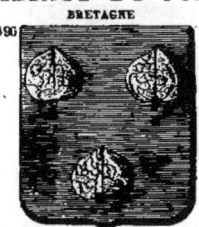

D'azur, à trois noix de galles d'or, 2 et 1. — COURONNE de marquis. — SUPPORTS : deux lions.

## DE VIVIE DE RÉGIE
### AGENOIS ET SARLADOIS

D'azur, au chevron d'or, accompagné de trois grenades d'argent tigées et feuillées, ouvertes de gueules, les deux du chef affrontées. — COURONNE de marquis. — SUPPORTS : deux lions.

## DU BOUSQUET
### DE SAINT-PARDOUX
#### BAS-LIMOUSIN

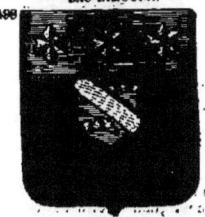

De gueules, au chef cousu d'azur, chargé de trois molettes d'or, et sur le tout, les armes de *Lajaumond* qui sont : d'azur, à la bande d'or, côtoyée de six étoiles du même, 3 en chef et 3 en pointe.

## D'AUDIGIER
### COMTAT VENAISSIN

D'azur, à la montagne d'or, surmontée de deux merlettes du même; au chef d'argent, chargé d'un croissant d'azur, accosté de deux étoiles de même.

## D'ALBIS
### ROUERGUE

D'azur, à un cygne d'argent, surmonté d'un croissant accosté de deux étoiles, le tout du même.

### HURT-BINET
#### BOURGOGNE ET SUISSE
1504

De gueules, à deux béliers d'argent, affrontés, se heurtant, sur une terrasse du même, accompagnés en chef de deux molettes d'or. — SUPPORTS : deux lévriers ; l'écu timbré d'un casque orné de ses lambrequins.

### DE SUYN
#### ILE-DE-FRANCE
1502

D'azur, à une cigogne de sable tenant dans sa patte dextre, levée, une vigilance, et accostée en chef de deux étoiles d'or.

### RICHER DE MONTHÉARD
#### ET DE BEAUCHAMP
#### MAINE
1503

D'argent, à un chevron de gueules, chargé de trois croisettes d'argent, et accompagné de trois roses au naturel, tigées et feuillées de sinople, posées 2 et 1.

### DE BEFFROY
#### CHAMPAGNE
1504

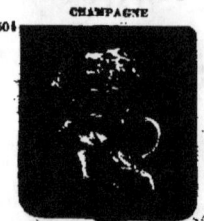

De sable, au lion d'argent, lampassé et armé de gueules, ayant la queue entre les jambes. — COURONNE de marquis. — TENANTS : deux sauvages.

### DELÉCEY DE CHANGEY
#### ET DE RECOURT
1505

D'azur, au chevron d'argent, accompagné en chef de deux coquilles de pèlerin d'argent, et en pointe d'un agneau pascal, aussi d'argent. — COURONNE de comte. — SUPPORTS : deux béliers affrontés.

### DE GAYFFIER OU GUEYFFIER
#### LANGUEDOC, AUVERGNE ET ILE-DE-FRANCE
1506

D'azur, à une fasce d'argent, accompagnée en chef d'une colombe du même, et en pointe d'un lion d'or. — COURONNE de comte.

### DE FOY
#### FLANDRE
1507

Écartelé : aux 1er et 4e, d'azur, à trois étriers d'or qui est de Foy ; aux 2e et 3e, d'azur, au chef denché d'or, chargé d'un lion léopardé de sable, lampassé et armé de gueules, qui est d'Autier de Villemontée.

### MARQUET
#### POITOU
1508

D'azur, au sautoir d'or accompagné de quatre besants du même.

# ARMORIAL GÉNÉRAL

## DEUXIÈME PARTIE.

**ABBEVILLE**, Flandre et Picardie. — D'argent, à trois écussons de gueules.

**ABADIE D'ARBOCAVE**, Béarn. — D'azur, fretté d'argent, à la fasce d'hermines brochante.

**ABSOLUT DE LA GASTINE**. — Coupé d'or et de gueules : au 1er, chargé d'une tour d'azur ouverte et maçonnée de sable; au 2e, d'une croix patée d'or, accompagnée en chef de deux molettes d'argent, et en pointe d'un croissant du même.

**ACHARD DE LE LUARDIÈRE ET DE BONVOULOIR**, Poitou, Normandie et Guyenne. — D'azur, au lion d'argent armé et lampassé de gueules, chargé de deux fasces de gueules alésées, brochant sur le tout. — Couronne de marquis. — Devise : *Bon renom et loyauté*. — Cri : *Achard Hache*.

**ACHARD-FERRUS**, Dauphiné. — De gueules, à trois heaumes d'argent, grillés et embellis d'or.

**ACHEY DE TORAISE**. — De gueules, à deux haches d'armes d'or mises en pal et adossées.

**ACRES DE LAIGLE (des)**, Normandie. — D'argent, à trois aiglettes de sable, au vol abaissé.

**ACTON**, Anjou. — D'argent, semé de fleurs de lis d'azur; au franc-canton de gueules.

**ADHÉMAR DE SAINT-MAURICE (d')**, Languedoc. — Mi-parti de France ancien et de Toulouse; sur le tout d'or, à trois bandes d'azur.

**ADHÉMAR DE GRIGNAN**, Provence. — De gueules, à la tour donjonnée de trois pièces de même, maçonnée et crénelée de sable.

**AFFRY DE LA MONNOYE**, Ile de France, Suisse, Bourbonnais. — D'argent, à trois chevrons de sable, et une bordure engrêlée de gueules. — *Alias* : chevronné d'argent et de sable.

**AGARD DE MAUREPAS**. — D'azur, au chevron d'or, accompagné en chef de deux étoiles d'argent, et en pointe d'une tête de léopard du même.

**AGUESSEAU (d')**, Ile de France. — D'azur, à deux fasces d'or, accompagnées de six coquilles d'argent, posées 3, 2 et 1.

**AIGUIRANDE (d')**, Bourbonnais et Picardie. — D'or, au lion de sable, armé et lampassé de gueules.

**AILLY (d')**, Picardie. — De gueules, à deux branches d'alizier (ou rédorte) d'argent en couronne et passées en double sautoir, et un chef échiqueté d'argent et d'azur de trois traits.

**AIMERET DE GAZEAU**. — D'azur, au chevron d'or, accompagné de trois trèfles de même, 2 et 1.

*a*

**AISNÉ DE PARVILLY (L').**— D'azur, à une croix d'or alésée et accompagnée de trois étoiles de même, posées, deux en chef et l'autre en pointe.

**ALARY,** Languedoc.— D'azur, au coq d'or; écartelé, de gueules, à un demi-vol d'argent, et un chef d'or, chargé d'un coq de gueules onglé, crêté et barbé du même.

**ALBAN DE VILLENEUVE,** Languedoc. — De gueules, fretté de douze hampes de lance d'or et semé d'écussons du même; chargé en cœur d'un écu d'azur, à une fleur de lis d'or. — Cri de guerre : *A tout.* — Devise : *Per hoc regnum et imperium.*

**ALBERTAS (d'),** Provence. — De gueules, au lion d'or — Couronne de marquis.

**ALBINE (d'),** Auvergne. — D'azur, à une croix haussée d'or, le pied ouvert en chevron et terminé en lacs d'amour.

**ALBIS (d'),** Rouergue. — De gueules, à la bande d'argent, accompagnée de deux cœurs d'or, l'un en chef, l'autre en pointe.

**ALBON (d'),** Dauphiné, Lionnais, Forez. — Ecartelé : aux 1er et 4e, de sable, à la croix d'or, qui est d'Albon ancien; aux 2e et 3e, d'or, au dauphin d'azur allumé, loré et peautré de gueules, qui est d'Albon moderne (armes de la province de Dauphiné). — Cimier : un lion d'or ailé; supports : deux lions au naturel. — Couronne d'or à l'antique. — Devise : *A cruce victoria.* — L'écu timbré d'une couronne souveraine antique.

**ALDIN (d'),** Languedoc. — De gueules, au coq d'Inde rouant d'or; au chef cousu d'azur, chargé de trois molettes d'argent.

**ALÉGRE (d'),** Auvergne. — De gueules, à la tour d'argent, maçonnée de sable, accostée de six fleurs de lis d'or, trois à dextre et trois à sénestre.

**ALIGRE (d'),** Pays Chartrain. — Fascé d'or et d'azur, de huit pièces, au chef d'azur, chargé de trois soleils d'or.

**ALLAIN DE LA BERTINIÈRE.** — D'azur, au chevron d'argent, accompagné d'un besant de même, en pointe.

**ALLAIN DE BARBIÈRES.**—D'argent, à trois merlettes de gueules; au chef d'azur, chargé de trois étoiles d'or.

**ALLARD,** Poitou. — D'or, au chevron de sable, accompagné de trois étoiles d'azur, rangées en chef, et d'un croissant de gueules posé en pointe.

**ALLEMAN DE MONTRIGAUD,** Dauphiné. — De gueules, semé de fleurs de lis d'or, à la bande d'argent brochant sur le tout. — Devise : *Place, place à Madame !* Et : *Tot in corde, quot in armis.*

**ALESSO,** Italie et France. — D'azur, au sautoir d'or, accompagné de quatre limaçons de même.

**ALÈS DE CORBET (d'),** Touraine. — De gueules, à une fasce d'argent, accompagnée de trois merlettes de même, posées, deux en chef et une en pointe.

**ALEXANDRE DE BAILLENCOURT,** Flandre. — Ecartelé : aux 1er et 4e d'argent, à quatre *émanches* de gueules; aux 2e et 3e, d'or, à quatre fasces d'azur.

**ALTON-SHÉE,** Angleterre et France. — Ecartelé : au 1er, tranché denché d'azur et d'or à deux phéons de l'un à l'autre; au 2e, de gueules, à trois épées d'argent, en fasce, garnies d'or, la première et la dernière contre-posées; au 3e, de sable, à trois phéons renversés d'argent; au 4e, de gueules, à trois épées empoignées d'argent, garnies d'or.

**ALVIMARE (d'),** Normandie. — Ecartelé : aux 1er et 4e, d'azur au chevron d'or, accompagné de trois molettes de même, deux en chef et une en pointe, qui est d'*Alvimare*; aux 2e et 3e, de gueules, au lion d'argent, lampassé et armé d'or, qui est de *Pas de Feuquières.*

**AMEY DE CHAMPVANS,** Suisse et Franche-Comté.—De gueules, au chevron d'or, accompagné en chef de deux étoiles d'argent, et en pointe d'une rose de même.

**AMOURS DE COURCELLES (des),** Normandie. — D'argent, à trois clous de sable, rangés en fasce sous un porc de sable, surmonté d'un lambel de gueules.

**AMOURS DE LA LONDE (des).** — D'argent, à trois étoiles de sable.

**AMARITON DE MONTFLEURI,** Auvergne. — De gueules, au lion d'or, et un chef cousu d'azur, chargé de trois étoiles d'or.

**AMARZIT (d'),** Limousin. — De gueules, à une coquille d'argent en chef, et un croissant du même en pointe, accostés de deux épées d'or, posées en pal, la pointe en bas. — Couronne de comte. — Supports, deux lions.

**AMBLY (d'),** Champagne. — D'argent, à trois lionceaux de sable lampassés de gueules. — Couronne de marquis posée sur un casque taré de front avec bourrelets et lambrequins aux couleurs de l'écu.—Cimier : un épervier au naturel, grilleté et longé d'or.

**AMBOISE (d'),** Touraine. — Palé d'or et de gueules.

**AMÉ DE SAINT-DIDIER.** — Coupé : le 1er, parti à dextre d'azur, à deux colombes affrontées d'argent, et à sénestre de gueules au portique ouvert à deux colonnes, surmonté d'un fronton d'argent, accompagné des lettres initiales D A du même; le 2e, d'or, à trois œillets de pourpre, tigés et feuillés de sinople, 2 et 1.

**ANDIGNÉ DE LA CHASSE (d'),** Anjou. — D'argent, à trois aiglettes de gueules, becquées et membrées d'azur.

**ANDRÉ,** Normandie. — De sinople, à la fasce d'or, accompagnée en chef de deux flanchis, et en pointe d'une molette, le tout du même.

**ANDRÉ DE LA FRESNAYE.** — D'azur, au cygne d'argent, nageant sur une rivière, de sinople; au chef d'or, chargé d'une quintefeuille de gueules, accostée de deux étoiles d'azur.

**ANDREY DE FONTENAY.** — De sable, à un sautoir d'argent, accompagné de deux croissants de même, l'un en chef, l'autre en pointe, et de deux molettes d'éperon d'or posées l'une à chaque flanc.

**ANDRÉ (d'),** Provence. — D'or, à un sautoir de gueules. — Couronne de marquis.

**ANGÉLY,** Limousin et Angoumois. — D'argent, à quatre croisettes de gueules, cantonnées.

**ANGENNES (d'),** Anjou. — De sable, au sautoir d'argent.

**ANGER ou ANGIER,** Bretagne. — De vair, à la bande de gueules. — *Alias* : de sable à trois fleurs de lis d'or. — Devise : *Fides*.

**ANGLOIS DE BURANVILLE (L'),** Normandie. — D'argent, à trois têtes de loup de sable.

**ANGLOIS DE LA CHAISE (L'),** Normandie. — D'azur, au chevron d'or, accompagné de trois annelets aussi d'or.

**ANGOSSE DESTORNEZ,** Bigorre et Béarn. — D'azur, à trois épées d'argent rangées en pal; au chef d'or, chargé d'un cœur de gueules.

**ANGOT.** — D'azur, à une fasce d'or, chargée de deux roses de gueules.

**ANGOT DES ROTOURS,** Normandie. — D'azur, à la bande d'or, chargée de trois ancres de gueules, accompagnée de deux étoiles d'argent, posées l'une en chef, l'autre en pointe.

**ANNEVILLE DE MERVILLE,** Normandie. — D'hermines, au sautoir de gueules.

**ANOUILH DE SALIÉS,** Comté de Foix. — D'argent, à un bœuf de gueules, et un chef d'azur.

**ANTRAS (d'),** Guienne. — D'argent, à trois roses de gueules boutonnées d'or, 2 et 1. — Couronne de marquis.

**ANVIN DE HARDENTHUN (d'),** Artois et Picardie. — De sable, à la bande d'or, accompagnée de six billettes du même, posées en orle.

**AOUST (d'),** Flandre. — De sable, à trois gerbes de blé d'or, 2 et 1. — Couronne de marquis. — Supports : deux lions.

**AQUIN,** Dauphiné. — D'azur, à quatre pointes d'argent appointées.

**ARCHIAC,** Bourgogne. — De gueules, à deux pals de vair, et un chef d'or.

**ARCHIER DE GONNEVILLE,** Normandie. — De sable, au porc-épic hérissé d'or.

**ARDRES (d'),** Artois. — D'argent, à l'aigle au vol éployé de sable.

**ARGENTEAU,** Brabant. — D'azur, à la croix d'or, chargée de cinq coquilles de gueules, et cantonnées de vingt croisettes tréflées, au pied fiché d'argent, cinq dans chaque canton.

**ARGOUT (d'),** Dauphiné. — D'azur, à trois fasces d'or.

**ARJUZON (d'), ou DARJUZON,** Gascogne. — D'azur, au chevron d'argent, accompagné de trois fers de lance du même.

**ARLINCOURT (PRÉVOST d'),** Picardie et Ile de France. — D'azur, au lion d'or, accompagné en chef de deux étoiles d'argent, et en pointe d'un croissant du même. — Couronne de marquis. — Supports : à dextre, un lion ; à senestre, un lévrier.

**ARLOS ou ARLOZ (d'),** Bugey. — D'azur, au lion d'or armé et lampassé de gueules. — Cimier : un taureau. — Supports : deux taureaux. — Devise : *Nobilis miles et potens*. — Couronne de comte.

**ARMAND.** — Ecartelé : aux 1er et 4e, d'or, au palmier de sinople terrassé du même, au franc-canton d'azur, chargé d'un miroir d'or en pal, autour duquel se tortille et se mire un serpent d'argent ; aux 2e et 3e, d'azur à un mât d'or accosté de deux épis du même et un lambel cousu de gueules en chef. — L'écu timbré d'un casque de chevalier orné de ses lambrequins. — Supports : deux griffons. — Cimier : un griffon issant tenant dans ses pattes le miroir de l'écu.

**ARMÉNIE (d').** — Ecartelé : aux 1er et 4e, d'argent, à la croix potencée d'or, cantonnée de quatre croisettes du même, qui est de *Jérusalem;* aux 2e et 3e, burelé d'argent et d'azur, au lion de gueules brochant, armé, lampassé et couronné d'or, qui est de *Lusignan;* sur le tout, d'or, au lion de gueules, couronné, armé d'or, lampassé d'azur, qui est d'*Arménie*. — Couronne : royale. — Supports : deux lions.

**ARNAULD DE BOUEX**, Angoumois. — D'azur, au croissant d'argent, surmonté d'une étoile d'or.

**ARNAUD DE VITROLLES**, Provence. — Tranché d'azur sur gueules, et une bande d'or bordée de sable, brochant, accompagnée en chef d'une fleur de lis d'or et en pointe d'une rose d'argent; et sur le tout, d'azur, au lion d'or, armé et lampassé de gueules.

**ARQUET (d')**, Picardie. — D'azur, à un chevron d'argent, accompagné en chef de deux croissants du même, et en pointe d'une grappe de raisin d'or.

**ARESTEL D'HOSTEL**, Bugey et Savoie. — D'or, au taureau furieux de gueules, sénestré d'une étoile du même.

**ARLOT DE CUMOND**, Limousin. — D'azur, à trois étoiles d'argent rangées en fasce, et accompagnées en chef d'un croissant du même, et en pointe d'une grappe de raisin aussi d'argent, tigée et feuillée de sinople.

**ARGICOURT (d')**, Picardie. — D'or, à trois fasces de sable.

**ARRAC DE VIGNES**. — D'argent, à un sanglier de sable; écartelé, d'azur, à une aigle à deux têtes d'or au vol abaissé.

**ARRAS (d')**, Bourgogne. — D'argent, au lion de sable.

**ARRAS (d')**, Picardie. — De sinople, au chevron d'or, accompagné de trois étoiles du même, celle de la pointe surmontant un croissant aussi d'or.

**ARRIGHI DE PADOUE**, Corse et Padoue. — Écartelé : aux 1er et 4e, d'argent, à la croix d'azur; aux 2e et 3e, d'or, au sphinx égyptien, portant en barre un étendard turc à trois queues de cheval, le tout de sable; le sphinx posé sur une base de gueules, et au chef de duc de l'Empire, qui est de gueules, semé d'étoiles d'argent, surmontant l'écu.

**ARTEFEUILLE (d')**. — D'azur, à trois étoiles d'or, et une fleur de lis du même posée en abime. — Couronne de marquis. — Supports : deux lions armés et lampassés de gueules.

**ASNENS DE DELLEY DE BLANCMESNIL**, Suisse. — D'azur, au lion d'or, armé et lampassé de gueules, à deux cotices d'or brochant, l'une sur les pattes du lion, l'autre sur sa queue. — Cimier : un lion naissant d'or. — Supports : deux lions au naturel; l'écu surmonté en hors d'œuvre par les trois lettres J. D. D. — Devise : *Jussu Domini dei*.

**ASNIÈRES DE LA CHATAIGNERAYE (d')**, Saintonge. — D'argent, à trois croissants de gueules, 2 et 1.

**ASSIGNIES**, Artois. — Fascé de gueules et de vair de six pièces.

**ASTORG (d')**, Quercy et Languedoc. — D'or, à une aigle de sable au vol éployé.

**ATHALIN**, Paris. — D'azur, au chevron d'or, chargé sur le côté droit d'une épée de sable, posée en bande, la pointe en haut, accompagnée en chef de deux étoiles d'argent, et en pointe d'une ancre de navire de même.

**AUBÉ DE BRAQUEMONT**, Picardie. — De gueules, à huit losanges d'argent mises en croix.

**AUBERVILLE DE CANTELOU**. — D'azur, à deux léopards d'or.

**AUBERY DE VATAN**, Paris. — D'or, à cinq triangles de gueules, posés en sautoir.

**AUBERT DE TOURNY**, Berry. — De sable, à l'aigle d'or, la tête levée à dextre, regardant une étoile d'or.

**AUBESPINE (de l')**, Pays Chartrain. — D'azur, au sautoir d'or, alésé et accompagné de quatre billettes du même. — Couronne de marquis. — Supports : deux autruches colletées d'une couronne de marquis. — Cimier : une autruche du même.

**AUBERI DE BELLEGARDE**, Normandie. — D'argent, à la fasce d'azur, chargée d'une aigle éployée, accostée de deux écrevisses, le tout d'or.

**AUBERT DE TRÉGOMAIN**, Bretagne. — D'azur, à une houssette d'argent, chargée d'un croissant de gueules.

**AUBERT (d')**, Bretagne et Maine. — De gueules, à trois maillets d'or, 2 et 1.

**AUBERT DE SAINT-GEORGES DU PETIT-THOUARS**, Poitou, Anjou et Touraine. — D'azur, à un haubert d'or.

**AUBIGNÉ (d')**, Anjou. — De gueules, au lion d'hermines, couronné d'or.

**AUBRY D'ARANCEY**. — D'azur, à trois épées en pal d'argent, surmontées chacune d'un croissant de même.

**AUBOURG DE BOURY**, Normandie. — D'azur, à trois fasces d'or.

**AUBUSSON DE LA FEUILLADE (d')**, Guienne et Gascogne. — D'or, à la croix ancrée de gueules.

**AUDIBERT DE LUSSAN**, Languedoc. — D'or, au lion de gueules.

**AUDOUIN D'ESPINAY**, Normandie. — D'argent, à l'aigle éployée de sable.

**AUDRAS DE BEOST**, Forez. — D'azur, à la croix d'or, ancrée et cantonnée de quatre grenades de gueules.

**AUGEREAU DE CASTIGLIONE**, Paris. — D'azur, au lion léopardé d'or, couronné d'une couronne fermée du même, au chef de duc de l'empire.

**AULNETTE DE NANTEUIL.** — D'azur, à trois croissants d'argent, 2 et 1.

**AUMAISTRE DES FERNEAUX**, Bourbonnais. — D'azur, à une fasce d'argent, accompagnée en chef de trois étoiles, et en pointe d'un croissant, le tout du même. — Casque taré de profil.

**AUMONT DE VERRIÈRES.** — D'argent, au rocher à six coupeaux, 1, 2 et 3 mouvant de la pointe; au chef d'azur, chargé d'une étoile d'or.

**AURE (d')**, Gascogne. — D'or, au lévrier rampant de gueules, et une bordure de sable chargée de huit besants d'or.

**AURIOL**, Languedoc.—D'argent, au figuier de sinople, chargé d'un auriol d'or (oiseau).

**AUVRAY DE COURSANNE ET DE LA GANDONNIÈRE**, Normandie. — De gueules, à la fasce d'argent, accompagnée en chef de deux roses du même, et en pointe de deux lions affrontés d'or.

**AUVRAY DE MEURVILLE.** — De gueules, au chevron d'or, accompagné de trois croix alésées aussi d'or.

**AUX**, Gascogne. — Coupé : au 1er, d'or, à trois rocs d'échiquier de gueules, 2 et 1 ; au 2e, d'or, au lion de gueules. — Couronne de comte.

**AUXY (d')**, Belgique. — Echiqueté d'or et de gueules. — Couronne de duc. — Supports : deux lions d'or.—Cimier : un Maure tortillé d'argent. — Devise : *Et toi Auxy.*

**AVESNES**, Flandre. — Bandé d'or et de gueules.

**AVESGO (d')**, Normandie. — D'azur, à un bâton d'or écoté, posé en fasce, accompagné de trois gerbes de blé du même, posées deux en chef et une en pointe, et une bordure de gueules, chargée de huit besants d'argent.

**AVIGNON (d').** — D'azur, à trois aiglettes d'or, 2 et 1.

**AYRAULT DE SAINTHENIS**, Bretagne et Poitou. — D'azur, à deux chevrons d'or. — Couronne de marquis.

**AYMARD**, Languedoc. — Fuselé d'azur et d'or, à la bordure componée de sable et d'argent, et un franc-quartier de baron militaire.

**BABIN DE LIGNAC**, Poitou. — D'argent, à quatre burelles d'azur, et trois chevrons d'or brochant sur le tout.

**BACCIOCHI**, France. — D'or, au pin de sinople, fruité de trois pièces, issant d'un brasier de gueules.

**BADERON DE SAINT-GENIEZ**, Languedoc. — Ecartelé : aux 1er et 4e, de gueules, à trois pals d'or; aux 2e et 3e, d'argent, à trois corneilles de sable, becquées et membrées de gueules.

**BAGEST BECKER DE MONS**, Alsace. — Ecartelé : au 1er, d'azur, à l'épée d'argent garnie d'or ; au 2e, d'or, à la tête de cheval de sable ; au 3e, d'or, à la bande d'azur, chargée de trois coquilles d'argent ; au 4e, d'azur, à trois étoiles d'argent en pal.

**BAILLARD DES COMBAUX**, Vivarais.— D'or, à trois palmes de sinople, réunies en pointe par le bas des tiges.

**BAILE DE MIREBEL**, Dauphiné.— D'azur, au lion d'or, à la bande de gueules brochant, chargée de trois vases d'argent remplis de fleurs au naturel.

**BAILLE DE BEAUREGARD**, Nivernais et Poitou. — D'argent, à la fasce d'azur, accompagnée en chef de trois roses de gueules, et en pointe d'un lion léopardé de même.

**BAILLET (de)**, Bourgogne. — D'argent, à trois chardons de gueules feuillés et soutenus de sinople.

**BAILLEUL D'ALENC**, Normandie. — De gueules, à la croix ancrée d'argent, l'écu semé de croisettes recroisettées au pied fiché d'azur.

**BAILLON DE SAILLANT.** — D'azur, au lion passant d'or, une patte posée sur une souche de même, accompagnée en chef de trois fleurs de lis d'or.

**BAILLON DES FORGES**, Ile de France et Anjou.— De gueules, au mufle de léopard d'or, bouclé d'un anneau de même.

**BAILLOT DE LA DOURNAC**, Périgord.— d'azur, au chevron d'argent, chargé de cinq charbons de sable, allumés de gueules.

**BAILLOU (de)**, Touraine. — D'or, à trois hures de sanglier, de gueules, *alias* de sable, 2 et 1.

**BAILLY DE LARDENOY.** — De gueules, à une plante de trois lis d'argent sur une terrasse de sinople, au chef cousu d'azur, chargé d'une croisette pommelée d'or, accostée de deux coquilles de même.

**BAJOT DE CONANTRE**, Champagne. — D'azur, à la levrette passante d'argent au chef de gueules, chargé d'un croissant d'argent, accosté de deux étoiles de même.

**BALATHIER (de)**, Dauphiné, Champagne

ET BOURGOGNE. — De sable, à la fasce d'or. — Supports : deux sauvages. — Couronne de baron.

**BALME DU GOUST**, PROVENCE. — D'azur, au chevron d'or; au chef du même, chargé de trois sautoirs du champ.

**BANCALIS DE MAUREL D'ARAGON**, ROUERGUE. — Ecartelé : aux 1er et 4e, d'azur, à l'aigle d'or, au vol éployé, qui est de *Bancalis* ; aux 2e et 3e, d'azur, au chevron d'or, accompagné de trois étoiles d'argent, qui est de *Maurel*.

**BAUDIN DE SAINT-POL**, GASCOGNE. — D'argent, à une balance de sable.

**BANES DE GARDONNE (de)**, GUYENNE. — D'azur, à une épée d'or mise en pal, la pointe en haut, accompagnée de trois étoiles d'argent, deux en chef et une en pointe. L'écu timbré d'un casque de chevalier orné de ses lambrequins.

**BARATON DE LA ROMAGÈRE**, BERRY. — De gueules, à deux fasces d'or, accompagnées de deux étoiles d'argent en chef, et d'un croissant de même en pointe.

**BARBANÇOIS (de)**, BERRY. — De sable, à trois têtes de léopard d'or.

**BARBARIN**, ANGOUMOIS. — De gueules, à un bar d'argent en fasce.

**BARBAZAN (de)**, GUYENNE. — D'azur, à la croix d'or.

**BARBE DE LA FORTERIE**, TOURAINE. — D'azur, à un porc-épic d'argent.

**BARBENTANE-PUGET (de)**, PROVENCE. — D'argent, à une vache passante de gueules, sommée entre les deux cornes d'une étoile d'or.

**BARBERIN**, PROVENCE. — D'azur, à trois abeilles d'or, 2 et 1.

**BARBEROT D'AUTAY**, ALSACE ET FRANCHE-COMTÉ. — D'azur, à l'aigle d'or, becquée et membrée de sable, empiétant une bisse mouchetée d'or et de gueules en fasce, languée du dernier émail, tortillée en forme de caducée.

**BARBEY DE FONTENAILLES**, NORMANDIE. — D'azur, a un chevron d'or, accompagné de trois fers de lance aussi d'or, les deux du chef renversés.

**BARBIER DE CALIGNON**, PROVENCE. — Parti : au 1er, d'azur, à la croix d'argent, cantonnée de quatre roses d'or, qui est de *Barbier* ; au 2e, d'argent, à la fasce de sinople, accompagnée en chef de deux coquilles de sable, et en pointe d'un lion de gueules, qui est de *Calignon*.

**BARBIER DE LA RIVIÈRE**. — D'azur, au chevron d'or, accompagné de trois croix au pied fiché de même.

**BARBIER DE LA SERRE**, CHAMPAGNE. — D'azur, à trois flammes d'or, 2 et 1, et une étoile d'argent en pointe.

**BARBOTTE**, BOURGOGNE. — D'azur, à un chevron d'or brisé, accompagné en chef de deux étoiles d'argent, et en pointe d'une rose tigée et feuillée du même.

**BARCHOUT DE PENHOEN**, BRETAGNE. — D'azur, à une corne d'abondance d'or, accostée de deux étoiles d'argent, et un chef d'hermines.

**BARDON DE LAIRAUDIÈRE**, TOURAINE. — D'azur, au dextrochère mouvant d'une nuée, à sénestre, le tout d'argent, tenant un étendard de même.

**BARDOVILLE DE SURVILLE**, NORMANDIE. — D'azur, à la croix d'argent, ancrée et flamboyée des angles.

**BARENTIN (de)**, PICARDIE. — D'azur, à trois fasces, la première d'or, et les deux autres ondées d'argent, surmontées de deux étoiles d'or en chef.

**BARIN DE LA GALISSONNIÈRE**, BRETAGNE. — D'azur, à trois papillons d'or.

**BARJAC DE ROCHEGUDE**, LANGUEDOC. — D'azur, au bélier effaré d'or.

**BARON DE LAYAC**, AUVERGNE. — De gueules à deux pals d'argent, à la bande de sable, chargée de trois rocs d'échiquier d'argent, brochante.

**BARONCELLI (de)**, COMTAT-VENAISSIN. — Bandé d'argent de gueules de six pièces. — Couronne de marquis. — Supports : deux sauvages.

**BARQUIN (de)**, DUCHÉ DE LUXEMBOURG. — D'or, à un ours rampant au naturel. — L'écu timbré d'un casque de chevalier orné de lambrequins. — Cimier : un ours naissant.

**BARRAL (de)**, DAUPHINÉ. — De gueules, à trois bandes d'argent; au chef de même, chargé de trois cloches d'azur bataillées d'or.

**BARRÉ DES AULIEUX**, NORMANDIE. — D'azur, à trois fasces d'or, surmontées de trois têtes d'oiseaux d'argent.

**BARRE DE BOIS-JULLIEN (La)**, PICARDIE. — D'azur, à la fasce d'or, accompagnée de trois lévriers d'argent, colletés de gueules, bouclés d'or.

**BARRE DE GOUVERVILLE (La)**, NORMANDIE. — D'azur, au chevron d'or, accompagné en chef de deux oiseaux d'or, et en pointe d'une étoile d'argent.

**BARRÈS DU MOLARD**, Vivarais. — D'argent, à trois barres, accompagnées en chef d'un croissant, et côtoyées en pointe de trois étoiles, le tout de gueules.

**BARRÉ DE MONFORT**, Normandie. — De gueules, à trois bandes d'or, au chef d'argent, chargé de trois hures de sable.

**BARRES DE CUSSIGNY (des)**. — D'azur, à une fasce d'or, chargée d'une étoile de gueules et accompagnée de trois croissants d'argent.

**BARROIS D'ORGEVAL**, Normandie et Île de France. — D'argent, au lion de sable, lampassé de gueules ; au chef d'azur, chargé de trois couronnes de laurier d'or.

**BARROIS DE SARIGNY**, Lorraine et Champagne. — D'azur, au lion d'or, à la fasce d'argent, brochant sur le tout.

**BARRUEL DE SAINT-PONS**, Beaujolais. — Barré d'or et d'azur.

**BARRY (du)**, Périgord. — D'argent, à trois barres d'azur; au chef cousu d'or.

**BARRY (de)**, Guienne et Gascogne. — Ecartelé : aux 1er et 4e, d'argent, à deux vaches de gueules, passant l'une sur l'autre ; au 2e, de gueules, à trois besants d'argent ; au 3e, de gueules, à la tour d'argent, maçonnée de sable.

**BARRY DE COLOMÈ (du)**, Angleterre, Languedoc, Périgord et Condom. — D'or, à trois bandes de gueules. — Couronne de comte. — Supports : deux loups. — Cri : *Boutez en avant!*

**BARTHELEMY (de)**, Langres. — Gironné d'argent et de sable de huit pièces, à l'orle de huit écussons de l'un à l'autre ; sur le tout: d'azur, au chevron d'argent, accompagné en chef de deux cailloux, et en pointe d'un lis de jardin d'argent. — Devise : *Quod natura dedit tollere nemo potest.* — Couronne de comte. — Supports : deux dragons.

**BARTHELEMY-SAUVAIRE**, Provence. — D'azur, au rocher d'argent, surmonté d'un soleil d'or.

**BARTON DE MONTBAS**, Marche. — D'azur, au cerf gisant d'or, onglé et ramé du même, au chef échiqueté d'or et de gueules.

**BARVILLE DE NOSSEY**, Normandie. — D'or, au sautoir de gueules, accompagné de quatre lions de sable.

**BASCLE D'ARGENTEUIL (le)**, Touraine. — De gueules, à trois mâcles d'argent, posées 2 et 1.

**BASIRE DE VILLODON**, Normandie. — D'azur, au pied de griffon d'or, accosté en flanc de deux feuilles du même.

**BASQUIAT DE TOULOUZETTE**, Gascogne. — De gueules, à la bande d'argent, chargée de trois croisettes du champ, à l'orle de dix billettes d'argent.

**BASSET DE CHATEAUBOURG**. — D'azur, à la fasce contre-bretessée d'or.

**BASSOMPIERRE**, Lorraine. — D'argent, à trois chevrons de gueules. — Couronne murale. — Supports : deux cygnes.

**BASTA (de)**. — Ecartelé : aux 1er et 4e, de gueules, au cavalier vêtu d'azur, sur un cheval d'argent et tenant une épée haute du même ; aux 2e et 3e, d'argent, à une barre hérissée de flammes de gueules, qui est de *Basta*; sur le tout · d'or, à une aigle d'Empire.

**BATAILLE DE MANDELOT**, Bourgogne. — D'argent, à trois flammes de gueules, mouvantes de la pointe de l'écu.

**BAUDEAN DE PARABÈRE (de)**, Bigorre. — D'or, à l'arbre de sinople.

**BAUDET DE LA FENESTRE**, Poitou. — D'azur, à l'épée d'argent mise en pal, la pointe en haut, à la fasce de gueules, brochant sur le tout.

**BAUDRAND DE PRADEL**, Lyonnais et Île de France. — D'azur, à une bande d'or, accompagnée de trois molettes d'éperon de même, posées une en chef, et une à chaque flanc, et un croissant d'argent, à la pointe de l'écu.

**BAUDRY DE BALZAC**, Bourgogne. — D'or, à trois mains sénestres de gueules.

**BAUDRY DE PIENCOURT**, Normandie. — De sable, à trois mains sénestres, appaumées d'or.

**BAUDRY DE BRETTEVILLE**, Normandie. — D'argent, au chevron d'azur, accompagné en chef de deux roses, et en pointe d'un cœur, le tout de gueules.

**BAUDRY DE SEMILLY**, Normandie. — D'argent, au chevron d'azur, accompagné en chef de deux croix de Malte d'or, et en pointe d'un trèfle d'argent.

**BAULNY (de)**. — D'argent, au chevron d'azur, accompagné de trois trèfles de sable. — Couronne de comte. — Supports : deux lions.

**BAULT DE LANGY**, Nivernais. — De gueules, au chevron d'or, accompagné de trois merlettes d'argent.

**BAUME D'HOSTUN (la)**, Dauphiné. — De gueules, à la croix engrêlée d'or.

**BAYARD DU TERRAIL**, Dauphiné. — D'azur, au chef d'argent, chargé d'un lion naissant de gueules, à la cotice d'or brochant sur le tout.

**BAZAN DE FLAMANVILLE**, NORMANDIE.
— D'azur, à deux jumelles d'argent, surmontées d'un lion léopardé du même, armé, lampassé et couronné d'or.

**BEAUFORT (de)**, ARTOIS. — D'azur, à trois jumelles d'or. — Couronne ducale. — Supports : deux levrettes d'argent, colletées d'or et d'azur. — Devise : *In bello fortis.* — Cimier : Une tête de licorne dans un vol. — Bannières à droite aux armes de Beaufort, à gauche à celles de Thouars.

**BEAUFORT DE POTHEMONT**, CHAMPAGNE. — De sable, à la bande d'argent, chargée d'un lion de gueules, et accompagnée de deux étoiles d'argent.

**BEAUFRANCHET (de)**, AUVERGNE, FOREZ, PAYS DE COMBRAILLE, MARCHE, BOURBONNAIS. — De sable, au chevron d'or, accompagné de trois étoiles d'argent, 2 et 1. — Couronne de comte. — Supports : deux lions. — Devise : *Bello francus.*

**BEAULIEU DE BARNEVILLE**, PROVENCE. — D'azur, au chevron d'or, accompagné de trois grelots du même, deux en chef et un en pointe.

**BEAUMANOIR DE LAVERDIN**, MAINE ET BRETAGNE. — D'azur, à onze billettes d'argent, posées 4, 3, 4.

**BEAUMANOIR DE QUINCY**. — De gueules, à la fasce d'argent, accompagnée de trois quintefeuilles du même.

**BEAUMONT D'AUTICHAMP**, DAUPHINÉ. — De gueules, à la fasce d'argent, chargée de trois fleurs de lis d'azur.

**BEAUMONT-ROCHEMURE**, AUVERGNE. — Ecartelé : aux 1er et 4e, de gueules à la fasce d'argent, chargée de trois fleurs de lis d'azur, qui est de *Beaumont* ; aux 2e et 3e, d'argent à un chevron d'azur, qui est de *Rochemure*, — L'écu timbré d'une couronne de marquis. — Supports : deux sauvages de carnation, armés de massues, et deux bannières aux armes de Beaumont et de Rochemure. — Cimier : une licorne d'argent issante. — Cri de guerre : *Beaumont! Beaumont!*

**BEAUNAY (de)**, NORMANDIE. — Fascé d'or et d'azur de six pièces.

**BEAUPOIL DE SAINT-AULAIRE**, LIMOUSIN, PÉRIGORD, BRETAGNE ET ANGOUMOIS. — De gueules, à trois couples de chiens d'argent posés en pal, 2 et 1, les liens d'azur tournés en fasce.

**BEAUVAU (de)**, ANJOU. — D'argent à quatre lionceaux de gueules, cantonnés, armés, lampassés et couronnés d'or. — Couronne de prince.

**BEAUVILLIERS DE SAINT-AIGNAN (de)**, BERRY ET BEAUCE. — Fascé d'argent et de sinople, les fasces d'argent chargées de six merlettes de gueules, posées 3, 2 et 1. — Couronne de duc. — Supports : deux cygnes essorants. — Devise : *In tuto del core.*

**BEAUVARLET DE MOIMONT**, PICARDIE. — De sable, à la fasce, *aliàs* au chevron d'argent, accompagné en chef de deux étoiles d'or, et en pointe d'un croissant d'argent.

**BECDELIÈVRE (de)**, BRETAGNE, MAINE, NORMANDIE ET VELAY. — De sable, à deux croix de calvaire tréflées et fichées d'argent, accompagnées en pointe d'une coquille du même. — Couronne de marquis. — Supports : deux lions. — Devise : *Hoc tegmine tutus.*

**BECHON (de)**, GUIENNE ET GASCOGNE. — De gueules, au chevron d'argent, accompagné de trois étoiles d'or.

**BECQUET DE COCOVE**, ARTOIS. — De sable, au lion d'argent.

**BÉCU DE HAUCOURT**, NORMANDIE ET CHAMPAGNE. — D'argent, à trois corbeaux de sable.

**BEDEAU**, BRETAGNE. — D'azur, au chevron d'or, accompagné de trois merlettes d'argent en chef, celle du milieu couronnée, et d'une massue d'or en pointe.

**BEDÉE DE LANNEAU**, BRETAGNE. — D'argent, à trois rencontres de cerf de gueules.

**BEDOUZE DU CROS (de)** — D'or, à un sanglier de sable défendu d'argent.

**BEFFROY (de)**, CHAMPAGNE. — De sable, au lion d'argent, armé et lampassé de gueules.

**BEISSIER DE PISANY (du)**, ILE DE FRANCE. — De sinople, au lis d'argent.

**BÉGUÉ (de)**. — D'azur, à trois cors de chasse d'argent.

**BÈGUE DE MAJAINVILLE (le)**, BEAUCE, ILE DE FRANCE ET LORRAINE. — D'azur, au cep de vigne d'or, fruité de même, tortillé autour d'un échalas aussi d'or, et surmonté d'une merlette d'argent entre deux croissants de même.

**BÈGUE DE GERMINY (le)**, LORRAINE. — Ecartelé : aux 1er et 4e, d'azur, au poisson d'argent en fasce ; aux 2e et 3e, d'azur, à l'écusson d'argent ; sur le tout : d'argent, à l'aigle de sable.

**BÉLIN DE CHANTEMÈLE**, MAINE. — D'or, au chevron de gueules, accompagné en tête de deux têtes de cheval, arrachées et affrontées de sable, et en pointe d'une tour du même ouverte du champ; coupé : d'azur, au bélier passant d'or, accompagné de trois étoiles d'argent, deux en chef et une en pointe.

**BELLEDAME D'INGREVILLE**, PICARDIE.— D'azur, au chevron d'or, accompagné en chef de deux étoiles d'argent, et en pointe d'un lion du même.

**BELLIARD**, POITOU. — Ecartelé : au 1er, d'azur, à l'épée d'argent garnie d'or; au 2e, de gueules, aux débris d'un temple d'argent; au 3e, de gueules, à trois pyramides d'Egypte d'argent, à diverses distances, et sur le devant, un palmier du même émail; au 4e, d'or, au cheval effaré de sable.

**BELLAIGUE DE BUGHAS**, AUVERGNE. — D'azur, à deux fasces ondées d'argent.

**BELLISSEN (de)**, LANGUEDOC. — D'azur, à trois bourdons d'argent posés en pal; au chef de gueules chargé de trois coquilles d'argent.

**BELLOY DE CANDAS**, ILE DE FRANCE ET PICARDIE. — D'argent, à quatre bandes de gueules.

**BELLOT DE GRANVILLE**, PICARDIE. — D'or, au buste de reine de carnation, chevelé de sable, couronné à l'antique d'azur et paré de même, accompagné en chef de deux mouchetures du troisième émail, et en pointe d'un huchet de gueules.

**BELLOY DE CASTILLON ET DE CANDAS**, ILE DE FRANCE ET PICARDIE. — D'argent, à quatre bandes de gueules; *alias*, à trois fasces de gueules.

**BELLIÈRE DE CHAVOY (la)**, NORMANDIE. — D'argent, au chef de sable, chargé de trois molettes d'éperon du champ.

**BENARD DE BOTOT**, NORMANDIE.—D'azur, à trois lis de jardin fleuris d'argent, 2 et 3.

**BENARD DE MONVILLE**, NORMANDIE. — D'azur, à trois feuilles de chêne d'or, 2 et 1.

**BENOIST**, ANGERS. — D'azur, au faucon d'or, essorant et enserrant un rameau du même.— Devise : *Benefacientes Benedicti*.

**BENOIST**, CORSE. — D'azur, au lion d'or.

**BER DE TROUVILLE (le)**, NORMANDIE. — D'azur, à la bande d'argent, accompagnée de deux roses d'or en chef et d'un croissant d'argent en pointe.

**BÉRARD DE MONTALET DE VILLEBREUIL (de)**, LANGUEDOC, PROVENCE, ANTILLES ET PARIS. — D'azur, au cor de chasse d'or, lié du même, et une bordure crénelée d'argent.

**BERAUD DE COURVILLE**. — D'azur, à une bande d'or.

**BERAUD DE CROISSY**. — D'azur, à l'aigle d'or, au chef cousu de gueules, chargé d'une étoile d'or.

**BERCKEIM**, ALSACE. — D'or, à la croix de gueules.

**BÉRENGER (de)**, NORMANDIE.—De gueules, à deux aigles d'argent au vol abaissé, becquées, membrées et couronnées d'or, rangées en fasce. — Couronne de comte. — Supports : deux lions.

**BÉRENGER DE CALADON**, LANGUEDOC.— D'azur, à l'aigle au vol abaissé d'argent, membrée d'or, accostée en pointe de deux chiens bassets affrontés de même, sur une terrasse de sinople.

**BÉRENGER DE MONTMOUTON**, ROUERGUE ET AUVERGNE. — D'azur, au griffon d'argent.

**BERGOET DE KERALIOU**, BRETAGNE. — D'argent, au chevron de sable, accompagné de trois coquilles de gueules.

**BERNARD**, FLANDRE. — De gueules, à une épée d'argent, la garde et la poignée d'or, mise en pal, la pointe en bas, accostée de deux molettes d'or; écartelé d'or, à un lion de gueules, lampassé et armé d'azur.

**BERNARD D'AVERNES**, NORMANDIE. — D'argent, au chevron de sable, accompagné de trois trèfles de sinople.

**BERNARD DE BAZOGES**, BRETAGNE. — D'argent, à une bande d'azur, chargée d'un croissant du champ.

**BERNARD DE BEAULIEU**, ANJOU. — D'argent, à deux lions léopardés de sable, lampassés et armés de gueules, et passant l'un au-dessus de l'autre.

**BERNARD DE JALAVOUX**, AUVERGNE, VIVARAIS ET FRANCHE-COMTÉ.—D'azur, à trois têtes de lion arrachées, d'or; *alias* d'azur, à la bande d'argent, chargée d'un lion léopardé de gueules et accostée de deux étoiles d'or.

**BERNARD DE MARIGNY**, NORMANDIE ET BRETAGNE. — D'azur, à trois fasces ondées d'or; *alias* fascé, ondé d'or et d'azur de six pièces.

**BERNARD DE MOISMONT**, PICARDIE. — De gueules, au sautoir d'argent, accompagné en chef d'une molette du même.

**BERNARD DE MONTBRISON**, LANGUEDOC ET ALSACE. — Ecartelé : aux 1er et 4e, d'or, à la bande d'azur, chargée d'un croissant du champ entre deux étoiles du même; aux 2e et 3e, de sable, à la tour d'argent, crénelée et maçonnée du champ.

**BERNARD DE MONTESSUS**, BOURGOGNE.

— D'azur, au chevron d'or, accompagné de trois étoiles d'argent, deux en chef et une en pointe.

**BERNARD DE PELAGEY**, Franche-Comté. — D'azur, au chevron d'argent, accompagné de deux étoiles d'or en chef, et d'un croissant de même en pointe.

**BERNARDI DE VALERNES**, Dauphiné et Provence.—D'azur, au cor d'argent, enguiché de gueules, surmonté d'une trangle d'argent, au chef cousu de gueules, chargé de trois grenades d'or. — Couronne de vicomte.

**BERNET (du)**. — De gueules, à un écusson d'argent, chargé d'un lion de gueules et accompagné de huit coquilles d'or posées en orle.

**BERNIEULES DE RABODANGES**, Normandie. — Ecartelé : aux 1er et 4e, d'or, à la croix ancrée de gueules; aux 2e et 3e, de gueules, à trois coquilles d'or.

**BERNIN DE VALENTINAY**, Touraine. — D'azur, à un croissant d'argent, surmonté d'un oiseau d'or; au chef d'or, chargé de trois étoiles de gueules.

**BERNON (de)**, Bourgogne et Poitou. — D'azur, au lion d'or, armé et lampassé de gueules. — Supports : deux ours. — Devise : *Virtutem a stirpe traho.* — En français : *Je tire ma force de mon sang.*

**BERNON (de)**, Languedoc. — Ecartelé : aux 1er et 4e, d'azur, au chevron d'or, accompagné de trois roses d'argent au chef cousu de gueules, chargé de trois étoiles d'or, qui est de *Bernon-Montélégier;* aux 2e et 3e, d'azur, au croissant d'argent surmonté de trois étoiles du même, posées 2 et 1, qui est de *Pavin.* — Couronne de comte. — Devise : *Dieu te garde et regarde.* — Supports : à dextre un lion, à sénestre une aigle.

**BERTET DE GORSE**, Bourgogne.—D'azur, à trois épis d'or, rangés en pal.

**BERTHEAULT**, Autunois. — D'azur, à une fleur de lis d'or, surmontée de deux étoiles du même.

**BERTHELIN**, Poitou et Champagne. — D'azur, à une tête de léopard d'or, lampassée de gueules et une bordure aussi d'or. — Couronne de marquis. — Supports : deux lions.

**BERTHET DE PUYDIGON**, Bourgogne.— D'azur, à trois lionceaux d'or.

**BERTHIER DE BIZY**, Nivernais.—D'azur, à la fasce d'or, accompagnée en chef d'une rose d'argent, et en pointe de trois glands d'or, 2 et 1.

**BERTHIER DE GRANDRY ET DE VIVIER**,

Nivernais. — D'azur, au chevron d'or, accompagné en chef de trois étoiles d'argent, rangées 1 et 2, et en pointe d'un lion d'or.

**BERTHIER DE SAUVIGNY**, Bourgogne.— D'or, au bœuf effaré de gueules, chargé de cinq étoiles d'argent rangées en bande.

**BERTINS DE CHAMPEVILLE (des)**, Guyenne. — D'azur, à une colombe d'argent aux ailes éployées.

**BERTOULT DE SAINT-VAAST**, Artois et Picardie. — De gueules, à la fasce d'or, accompagnée en chef de trois coquilles d'argent, et en pointe d'un lion léopardé d'or.

**BERTRAND DE BEAUMONT (de)**, Bretagne, Poitou, Berry et Bourbonnais. — Losangé d'hermines et de gueules; l'écu timbré d'un casque taré de front, orné de ses lambrequins et sommé d'une couronne de marquis. — Cimier : un vol de sable parti de l'écu. — Supports : deux lions d'or armés et lampassés de gueules. — Devise : *Potius mori quam fœdari.*

**BERTRAND DE FRAZIN**, Languedoc. — D'azur, au cerf passant d'or, et un chef d'argent.

**BERTRAND DE GESLIN**, Bretagne. — Ecartelé : au 1er, d'or, à la bande d'azur, chargée de trois étoiles d'argent; au 2e, de gueules, à la muraille crénelée d'argent; au 3e, d'azur, au vaisseau à trois mâts, voguant sur une mer d'argent ; au 4e, de sable, au casque taré de fasce d'or, traversé en bande d'une épée haute d'argent.

**BERTRAND DE MARIMONT**, Lorraine. — Ecartelé en sautoir d'or et d'argent, à la croix pattée et alésée de sable, brochante.

**BERTRAND DE SAINT-VAULRY**, Limousin. — D'or, au lion de sable, lampassé et armé de gueules.

**BÉRULLE (de)**, Champagne, Dauphiné et Ile de France. — De gueules, au chevron d'or, accompagné de trois molettes du même. — Couronne de marquis. — Supports : deux sauvages.

**BESCHARD DE COLBOC**, Normandie. — De gueules, à la fasce d'argent, chargée de cinq chevrons brisés de sable, et accompagnée en chef, à dextre, d'une molette d'éperon d'or, et à sénestre, d'une coquille du même, et en pointe, d'une autre molette aussi d'or.

**BESSOU DE MONDIOL**, Périgord. — D'azur, au chevron d'or, accompagné de trois étoiles du même, 2 et 1.

**BETHANCOURT (de)**, Artois. — D'argent, au lion de sable, armé de gueules.

**BEUF D'OSMOY (le)**, BRETAGNE ET NORMANDIE. — D'or, au bœuf passant de gueules.

**BEUGNOT**, ILE DE FRANCE. — D'argent, au chevron d'azur, accompagné de trois grappes de raisin de gueules.

**BEUGNY D'HAGERNE**, ARTOIS.—D'argent, à l'aigle éployée de sable, au pairle d'or brochant sur le tout.

**BEURNONVILLE ( de )**, BOURGOGNE ET CHAMPAGNE — D'azur, au lion couronné d'or, armé et lampassé de gueules, la queue passée en sautoir, tenant de la patte dextre une épée d'argent garnie d'or.

**BEYSSAC**, LIMOUSIN. — D'argent, à l'arbre de sinople, chargé d'un oiseau d'or.

**BEZIADE D'AVARAY (de)**, BÉARN.—D'azur, à la fasce d'or, chargée de deux étoiles de gueules, et accompagnée en pointe d'une coquille d'or, à l'écusson de France, brochant sur la fasce.

**BIAUDOS DE CASTÉJA**, GUIENNE, LORRAINE ET ARTOIS. — Ecartelé : aux 1er et 4e, d'or, au lion de gueules; aux 2e et 3e, d'argent, à trois merlettes de sable. — Couronne de marquis. — Supports : deux lions, celui à sénestre en barroque. — Cimier : un lion issant.

**BIGANT DE BERMENY**, BEAUVOISIS. — D'argent, à sept croisettes recroisettées et fichées de gueules, 3, 3 et 1, accompagnées en chef de trois tourteaux d'azur.

**BIGARS DE LA LONDE**, NORMANDIE. — D'argent, à deux fasces de gueules.

**BIGOT**. — Parti de sable et d'argent, le sable chargé d'un lion d'argent, tenant de sa patte sénestre trois flèches d'or, dont une en pal et les autres en sautoir, les pointes en bas, armé, lampassé et couronné de même, et l'argent chargé de trois lézards de sinople, posés 2 et 1.

**BIGOT DE MOROGUES ET DE LA TOUANNE**, BERRY, BRETAGNE ET ORLÉANAIS. — De sable, à trois têtes de léopard d'or, lampassées de gueules, 2 et 1.

**BILLARD DE LORIÈRE**, MAINE. — Echiqueté d'argent et d'azur.

**BILLARD DE SAINT-LAUMER**, NORMANDIE, ILE DE FRANCE ET ORLÉANAIS. — D'argent, au chevron d'azur, chargé de trois étoiles d'or, et accompagné de trois tourteaux de gueules, posés 2 et 1.

**BILLY (de)**, PICARDIE ET ILE DE FRANCE. — Vairé d'or et d'azur, à deux fasces de gueules, qui est de *Billy;* écartelé d'or, à une croix alésée d'azur, qui est d'*Yvor.*

**BINET DE MARCOGNET**, TOURAINE. — Coupé d'or et de gueules, l'or chargé de trois croix recroisettées, au pied fiché d'azur.

**BIRONNEAU D'EYRAGUES**, PROVENCE ET POITOU. — D'azur, à la fasce d'or, chargée de deux croissants de gueules, et accompagnée en chef de trois étoiles d'or, et en pointe d'un vol d'argent. — Couronne de marquis.

**BISSON**, NORMANDIE. — D'argent, au chevron d'azur, accompagné de trois losanges de gueules, au chef échiqueté d'argent et de sable de trois traits.

**BITTENHEIM**, ALSACE. — D'azur, coupé d'or.

**BLAISEL (du)**, BOULONNAIS ET PICARDIE.—Ecartelé : aux 1er et 4e, d'hermines, à six fusées de gueules, accolées et rangées en fasce, qui est de *du Blaisel;* aux 2e et 3e, d'or, à trois bandes d'azur, qui est de *Quehove.*—Supports : deux lions.

**BLANC DE LANAUTTE D'HAUTERIVE**, DAUPHINÉ. — De gueules, au chevron d'or, accompagné en pointe d'un cygne d'argent sur une mer de sable; au chef d'argent chargé d'un croissant d'azur.

**BLANC DE PRÉBOIS (le)**, DAUPHINÉ ET ILE DE FRANCE. — D'azur, à trois fers de pique d'or posés en pal.

**BLANCHAUD**, GUIENNE. — D'azur, au chevron d'or, accompagné de trois roses de même.

**BLANCHEBARBE DE GRAND-BOURG**, ILE DE FRANCE. — D'azur, au chevron d'or, accompagné en chef de deux étoiles de même, et en pointe d'un lion dragonné aussi d'or.

**BLANCHEFORT D'ASNOIS**, AUVERGNE ET NIVERNAIS. — D'or, à six cotices de gueules.

**BLANQUART DE BAILLEUL**, FLANDRE ET ARTOIS. — D'azur, au chevron d'argent, accompagné en pointe d'une billette de même, à la bordure de gueules.

**BLANQUET DE ROUVILLE ET DU CHAYLA (de)**, LANGUEDOC. — D'argent, à la bande de gueules, chargée de trois roses du champ, et accompagnée de deux croissants de gueules.

**BLIN DE BOURDON**, PICARDIE.—D'argent, à trois trèfles renversés de sable, surmontés de trois merlettes du même. — Couronne de vicomte. — Supports : deux lévriers.

**BLONDEL D'AUBERS**, FLANDRE ET NORMANDIE. — De gueules, à l'aigle au vol éployé d'argent.

**BLONDEL DE BEAUREGARD (de)**. — De sable, à la bande d'or. — Cri de guerre : *Connelieu.*

**BLOSSET DE TORCY,** Dauphiné et Nivernais.—Ecartelé : aux 1er et 4e, de gueules, à trois molettes d'argent, 2 et 1 ; aux 2e et 3e, palé d'or et d'azur de six pièces ; au chef de gueules, chargée d'une fasce vivrée d'argent.

**BOCAGE DE BLEVILLE (du),** Normandie. — D'azur, à trois arbres arrachés, d'argent.

**BOCSOZEL,** Dauphiné et Comtat-Venaissin. — D'or, au chef échiqueté d'argent et d'azur, de deux traits.

**BOESSIÈRE (de la),** Bretagne. — De sable, au sautoir d'or. — Couronne de marquis. — Tenants : deux sauvages.

**BOESSIÈRE DE BRANTONNET (la),** Bretagne. — De gueules, à trois bandes d'or.

**BOHIER DE SAINT-CIERGUES,** Auvergne et Champagne. — D'or, au lion d'azur ; au chef de gueules.

**BOESSIÈRE DE VILLEJOUAN (la),** Bretagne. — D'argent, à deux fasces de gueules nouées doublement.

**BŒUF DE MILLET (le),** Lorraine. — D'azur, au chevron rompu d'or, accompagné en chef de deux molettes d'argent, et en pointe d'une aigle éployée à deux têtes, du même.

**BOILEAU,** Paris. — De gueules, au chevron d'argent, accompagné de trois molettes d'or.

**BOILEAU DE CASTELNAU,** Languedoc. — D'azur, au château d'argent maçonné de sable, au croissant du même en pointe.

**BOIS (du),** Brabant. — Coupé, au 1er, de sable, au lion d'or, armé et lampassé de gueules, accosté de deux bâtons noueux ou écots au naturel, chaussé d'or, à deux trèfles du champ ; au 2e, d'azur, à la bande de sable, chargée de trois étoiles à six rais d'or, accompagnée de deux rameaux de chêne d'or, englantés du même.

**BOIS DES ARPENTIES (du).** — D'or, à l'écusson de gueules en abîme, à l'orle de six coquilles de sable.

**BOIS D'AUBERVILLE (du),** Normandie. — D'or, à l'aigle au vol éployé de sable, armée et becquée de gueules.

**BOIS DE BEAULAC (du).** — D'argent, à un lion couronné de sable.

**BOIS DE BRENIGNANT (du),** Bretagne. — D'argent, au rameau de palmier de sinople en abîme, accompagné de trois quintefeuilles de gueules, 2 et 1.

**BOIS DE COËTSALIOU (du),** Bretagne. — De gueules, au chêne arraché de sinople, accosté de deux croisettes d'argent.

**BOIS DE LA COTARDIÈRE (du),** Bretagne. — D'azur, à la fasce d'hermines, accompagnée en chef de deux massacres d'or, et en pointe d'un arbre arraché du même.

**BOIS DE LA FERONNIÈRE (du),** Bretagne. — De gueules, à trois badelaires d'argent en pal, la pointe en bas.

**BOISGUÉHENNEUC (du),** Bretagne.—D'argent à l'aigle d'Empire de sable, becquée et membrée de gueules.—Devise : *Guiryonez ha carantez.* — Couronne de marquis. — Supports : deux aigles, le vol abaissé

**BOISGUERET,** Berry. — D'or, à un arbre de sinople soutenu d'un croissant d'azur, accompagné de deux croix pattées de gueules en flanc.

**BOIS DE KERLOSQUET (du),** Bretagne. — D'argent, au cyprès de sinople.

**BOIS DE PESSAT (du),** Auvergne. — D'argent, à l'arbre arraché de sinople, au chef de gueules, chargé de trois casques de chevalier d'argent.

**BOIS,** alias **BOUËS DE ROMAND (du),** Bretagne et Dauphiné. — Parti, au 1er, d'azur, au rencontre de taureau d'argent, surmonté en chef de trois abeilles du même, l'aiguillon tourné vers le rencontre, qui est de *Bouës* ; au 2e, d'azur, à cinq besants d'or, 2 et 3, qui est de *Romand*.

**BOIS DE TERTU (du),** Normandie. — D'azur, à trois trèfles d'argent.

**BOISSARD (de),** Anjou. — De gueules, à trois faisceaux de flèches d'or liés du même, posés 2 et 1. — Couronne de marquis.

**BOISSEL DE MONVILLE,** Normandie. — Ecartelé : au 1er, d'azur, semé de billettes d'or, au lion du même ; au 2e, de gueules, au mur crénelé d'argent, maçonné de sable ; au 3e, d'argent, à trois têtes de Maure de sable ; au 4e, d'azur, au gouvernail d'or.

**BOISSET DE LA SALLE,** Quercy et Auvergne.—D'or, au chêne arraché de sinople, au chef d'azur, chargé de trois fleurs de lis d'or.

**BOISSIER,** Languedoc. — D'or, au chevron de gueules, au chef d'azur, chargé de cinq étoiles d'argent, posées 2 et 3.

**BOISSY D'ANGLAS,** Annonay. — De sable, au chevron d'or, au chef d'argent, chargé de trois étoiles d'azur. — Devise : *Fais bien et laisse dire.*

**BOISTOUSET D'ORMENANS,** Franche-Comté. — D'azur, à une fasce d'argent, accompagnée en chef de deux losanges d'or, et en pointe d'une rose du même.

**BOISVIN DE BACQUEVILLE.** — D'azur, à trois croisettes d'or, 2 et 1.

**BOIVIN DE LA MARTINIÈRE**, NORMANDIE. — D'azur, à la fasce d'or, accompagnée de trois croisettes du même.

**BOISTEL DE MARTINSART**, PICARDIE. — De gueules, à une bande losangée d'argent et d'azur.

**BONAFOS (de)**, AUVERGNE. — D'azur, à trois colonnes d'ordre toscan d'or, à la bordure du même.

**BONAFOS DE TEYSSIEU (de)**, QUERCY. — Ecartelé : aux 1er et 4e, d'azur, à la bande d'argent; aux 2e et 3e, de gueules, au besant d'argent.

**BONAFOUS (de)**, LIMOUSIN, LANGUEDOC, QUERCY, PICARDIE ET PIÉMONT. — Aux 1er et 4e, d'azur, à la bande d'argent ; aux 2e et 3e, de gueules, au besant d'argent, surmonté d'un lambel du même. — Couronne de baron. — Supports : deux lions.

**BONALD**, ROUERGUE. — Ecartelé : aux 1er et 4e, d'azur, à l'aigle d'or; aux 2e et 3e, d'or, au griffon de gueules.

**BONARDI DU MÉNIL (de)**, PROVENCE. — De gueules, à trois bandes d'or bordées de sable. — Couronne de comte. — Tenants : deux sauvages.

**BONCHAMPS**, ANJOU. — De gueules, à deux triangles d'or, entrelacés l'un dans l'autre en forme d'étoile.

**BONFILS DE SAINT-LOUP**, ILE DE FRANCE. — D'or, à l'étai d'azur, soutenant un chef abaissé de gueules, surmonté de trois étoiles d'azur.

**BONIN DE CURPOÉ**, BERRY. — D'azur, à la fasce d'or, accompagnée de trois têtes de femme d'argent, les cheveux tressés d'or, deux en chef et une en pointe.

**BONNART**, POITOU. — D'argent, à la fasce de gueules, accompagnée de cinq glands renversés de sinople, trois en chef et deux en pointe.

**BONART DE LIGNIÈRES**, SAINTONGE. — D'argent, au lézard de sinople, langué de gueules, posé en bande, surmonté d'une couronne du même à l'antique.

**BONNAY (de)**, NIVERNAIS ET PARIS. — D'azur, au chef d'or, au lion de gueules, couronné d'argent, brochant sur le tout.

**BONNEAU DE PURNON**, TOURAINE. — D'azur, à trois trèfles d'or, 2 et 1 ; au chef du même, chargé d'une aigle issante, éployée de sable.

**BONNEFOY (de)**, NORMANDIE. — De sable, à trois mains sénestres d'argent.

**BONNEFOY DE BRETTEAUVILLE**, NORMANDIE. — De sable, à trois mains dextres d'argent.

**BONNEMAIN (de)**. — De sinople, à la cotice d'or, chargée de trois étoiles d'azur, adextrée d'un lion couché d'or, soutenu de deux sabres d'argent à poignée d'or, renversés et croisés en sautoir, et une bordure de gueules.

**BONNET DE LA BEAUME**, PROVENCE. — D'azur, au cerf saillant d'argent.

**BONET DE LA CHAPOULIE**, PÉRIGORD. — De gueules, au lion d'or; au chef cousu d'azur, chargé de trois étoiles d'argent.

**BONNET DE MAUREILLAN**, LANGUEDOC. — D'or, au chevron d'azur, accompagné de trois hermines de sable, deux en chef et une en pointe.

**BONNEVAL (de)**, LIMOUSIN. — D'azur, au lion d'or, armé et lampassé de gueules.

**BONNEVIE (de)**. — FOREZ, AUVERGNE ET BOURBONNAIS. — Ecartelé : aux 1er et 4e, d'azur, à trois barbeaux d'argent en fasce, accompagnés en chef de trois étoiles du même, qui est de *Bonnevie;* aux 2e et 3e, d'azur, semé de fleurs de lis d'or, à la tour d'argent maçonnée de sable, qui est de *La Tour d'Auvergne.* — Supports : deux lions.

**BONNINIÈRE DE BEAUMONT (la)**, TOURAINE. — D'argent, à la fleur de lis de gueules.

**BONNIN DE CHALUCET**, BRETAGNE. — De sable, à la croix dentelée d'argent.

**BORDEAUX**, NORMANDIE. — De gueules, à trois marguerites d'or, non écloses, tigées de sinople, posées 2 et 1.

**BOREL DU CHAMBON**, AUVERGNE. — D'azur, à la colombe volante d'argent, au soleil d'or, mouvant de l'angle dextre du chef.

**BORELLI**. — Ecartelé : au 1er, d'azur, au roc d'argent, posé sur une terrasse de sinople et supportant une citadelle d'or; au 2e, de gueules, à l'épée d'argent; au 3e, d'or, à trois griffes d'aigle de sable, 2 et 1, et au chef de gueules chargé de trois étoiles d'argent ; au 4e, d'azur, au cheval élancé d'argent.

**BORNE DE GRANDPRÉ**, NIVERNAIS. — De gueules, à la bisse d'or.

**BOS (du)**, PICARDIE. — D'argent, au lion de sable, armé et lampassé d'azur.

**BOSCAL DE RÉALS**, LANGUEDOC. — De gueules, au chêne d'argent, surmonté d'une fleur de lis d'or.

**BOSSUET**, Dijon. — D'azur, à trois roues d'or, 2 et 1.

**BOST ou de BOST**, Bourbonnais.—D'azur, au chevron d'or, accompagné de trois molettes de même, percées d'argent, le tout surmonté d'un lambel aussi d'argent.

**BOST DE MONTFLEURY (du)**, Auvergne. — D'azur, à la bande d'or, accompagnée de deux étoiles d'argent.

**BOT DE ROQUESALIÈRE**, Provence. — De gueules, au château d'or, ouvert, coulissé et ajouré de sable, et donjonné de trois tours couvertes et girouettées aussi d'or.

**BOTDERU (du)**, Bretagne. — D'azur, au chevron d'or, accompagné de trois billettes du même, 2 et 1.

**BOTMILLIAU**. — D'azur, à trois cloches d'or, bataillées de sable, 2 et 1.

**BOUBERS**, Picardie. — De gueules, à trois bers ou berceaux d'or.

**BOUBERS (de)**, Picardie.—D'or, à la croix de sable, chargée de cinq coquilles d'argent.

**BOUCHARD DE MÉHÉRENC**, Bretagne. —D'argent, au chef d'azur, et une bordure de gueules.

**BOUCHARD DE LA POTERIE**, Anjou. — D'azur, à trois léopards d'argent, l'un au-dessus de l'autre.

**BOUCHARD DE SAINT-PRIVAT**, Auvergne.—D'azur, à trois fasces ondées d'argent; au chef cousu de sinople, chargé d'un lion léopardé d'or.

**BOUCHET DE SOURCHES**, Maine. — D'argent, à deux fasces de sable.

**BOUCHER (de)**, Champagne. — D'argent, à trois écrevisses de gueules. — Supports: deux sauvages. — Couronne de comte.

**BOUCHER D'HÉROUVILLE (Le)**, Normandie. — De gueules, au chevron d'or, accompagné de trois roses du même. — Couronne: de marquis. — Supports: deux levrettes.

**BOUCHELET DE VENDEGIES**, Artois et Flandre. — De gueules, au chevron d'or, accompagné de trois merlettes du même.

**BOUCQ DE CASTRO (le)**, Flandre. — D'azur, à trois ruches d'or.

**BOUCHU DE LESSART DE LOISY**, Bourgogne. — D'azur, au chevron accompagné en chef de deux croissants, et en pointe d'un lionceau, le tout d'or.

**BOUCHER DE LA MOTTE**, Guienne. — D'azur, au sautoir d'argent, accompagné au 1er, d'un lionceau; aux 2e et 3e, d'une étoile; au 4e, d'un croissant, le tout du même.

**BOUCHER D'ORSAY**, Ile de France et Champagne. — De gueules, semé de croisettes, aliàs croissants d'argent, au lion de même, lampassé et armé de gueules, brochant.

**BOUCHERIE DU MARGAT (la)**, Poitou.— D'azur, au cerf d'or.

**BOUDET DE PUYMAIGRE**, Berry.—D'or, au demi-vol de sable. — Couronne de comte. — Supports: deux lions.

**BOUDART DE COUTURALLE**, Artois. — D'azur, à un croissant d'or, accompagné de trois coquilles de même, posées 2 et 1.

**BOUÉ DE VERDIER**, Guienne. — Parti, au 1er, d'azur, à un perron d'argent et un chef d'or chargé de trois étoiles d'azur; au 2e, de gueules, à un chevron d'argent, accompagné en chef de trois étoiles mal ordonnées, et en pointe d'un cerf élancé, le tout d'or. — Couronne de comte.

**BOUET DE PORTAL**, Poitou. — D'argent, à trois hures de sanglier de sable, posées en pal, ensanglantées de gueules, défendues d'argent et contournées.

**BOUFFLERS (de)**, Ponthieu. — D'argent, à trois molettes d'éperon de gueules, accompagnées de neuf croisettes recroisettées, du même, posées 3, 3, 2 et 1.— Supports: deux léopards. — Cimier: une cigogne d'argent, becquée de gueules.

**BOUGAINVILLE**, Ile de France.—D'azur, à une ancre accolée de deux épées passées en sautoir, et un globe terrestre brochant; le tout d'argent; au franc-quartier d'azur, au miroir d'or, en pal, autour duquel se tortille et se mire un serpent d'argent (franc-quartier *de sénateur.*)

**BOUILLANT**. — D'azur, au chevron d'argent, accompagné de trois étoiles du même.

**BOUILLÉ (de)**, Auvergne. — De gueules, à la croix ancrée d'argent. — La maison de Bouillé les a prises depuis son alliance avec celle de Chariol. Elles les écartele aussi, aux 2e et 3e, d'argent, à la fasce de gueules, frétté d'or, accostée de deux burelles de gueules, qui sont les armes originaires de la maison et que la branche du Maine avait conservées jusqu'à son extinction. — Devise: *A Vero bello Christi, Tout par labeur.*—Cri de guerre: *Le Chariol.* — Supports: deux Maures armés de lances. — Cimier: une tête de Maure.

**BOULOY DE CREMOUX (de)**, Périgord.— D'azur, à trois grenades ouvertes, d'or. — Supports: deux lions.

**BOULOGNE (Ville)**. — De gueules, au cygne d'argent, becqué et membré de sable.

**BOULY DE LESDAIN**, CAMBRAISIS. — D'azur, au chevron d'argent, accompagné en pointe d'une aigle essorante d'or, tenant dans sa patte dextre une balance en équilibre, aussi d'or.

**BOULA DE MAREUIL**, PICARDIE.—D'azur, à trois besants d'or, 2 et 1.

**BOURDAGE**, ANGOUMOIS. — D'azur, au chevron d'argent, accompagné en chef de deux étoiles du même, et en pointe d'un lion d'or.

**BOURBON-BUSSET (de)**. — D'azur, à trois fleurs de lis d'or, à la cotice de gueules, périe en bande; au chef d'argent, chargée d'une croix potencée d'or, cantonnée de quatre croisettes de même.

**BOURGET (de)**, LORRAINE. — D'azur, à quatre étoiles d'argent cantonnées, et en abîme un cavalier portant un étendard, le tout d'argent.

**BOURDEILLES (de)**, GUIENNE ET POITOU. — D'or, à deux pattes de griffon de gueules, armées d'azur, posées l'une au-dessus de l'autre.

**BOURG (du)**, NIVERNAIS. — D'azur, à trois épines d'argent, 2 et 1.

**BOURGOING (de)**, NIVERNAIS. — D'azur, à la croix ancrée d'or.

**BOURGOGNE**, COMTÉ. — Ecartelé : aux 1er et 4e, semé de France, à la bordure componnée d'argent et de gueules; aux 2e et 3e, bandé d'or et d'azur de six pièces, à la bordure de gueules, qui est de *Bourgogne ancien*, et sur le tout d'or, au lion de sable, armé et lampassé de gueules, brisé d'une plaine d'or à la pointe de l'écu, qui est de *Flandre*.

**BOURMONT (de)**, MAINE.—Ecartelé : aux 1er et 4e, de vair, au franc-canton coupé d'argent et de sable; aux 2e et 3e, fascé de vair et de gueules.

**BOURKE**, LORIENT. — Coupé : au 1er, d'or; au 2e, d'hermines, à la croix de gueules, cantonnée, au 1er, d'un lion de sable, armé et lampassé de gueules; au 2e, d'une main de sable.

**BOURROUSSE DE LAFFORE (de)**, GUIENNE. — Ecartelé : aux 1er et 4e, de sinople, au léopard d'or, qui est de *Bourrousse de Laffore*; au 2e, contre-écartelé; au 1er et 4e, d'azur, à la croix d'or, et aux 2e et 3e, d'azur, à trois fleurs de lis d'or, posées 2 et 1, qui est de *Faudoas*; au 3e, de gueules plein, qui est de *Narbonne-Lara*. — Couronne de marquis.

**BOURDAIS**. — D'azur, à la bande d'or, accompagnée en chef d'une étoile d'argent, et en pointe d'un buste humain de carnation.

**BOURBLANC D'APREVILLE**, BRETAGNE.— De gueules, à la tour d'or.

**BOURGEOIS (de)**. — D'azur, à la bande d'argent, chargée de trois merlettes de sable.

**BOURRÉE DE CORBERON**, BOURGOGNE. — D'azur, à trois gerbes de blé d'or, liées d'argent.

**BOURCIER DE MONTUREUX**, PAYS-BAS, ROUSSILLON ET LORRAINE.—D'azur, à la panthère rampante, d'or, mouchetée de sable, lampassée, armée et allumée de gueules, tenant une croisette tréflée d'argent.

**BOURÉE DE FERVILLERS**, PICARDIE. — D'argent, à trois chevrons de sable, accompagnés de trois molettes d'éperon d'azur, 2 et 1.

**BOURDEILLE D'ARCHIAC**, GUIENNE ET POITOU. — D'or, à deux pattes d'aigle, *alias* de griffon, de gueules, armées d'azur, posées l'une sur l'autre en barre.

**BOURGOIN DE FAULIN**. — De gueules, à trois tourteaux d'argent.

**BOUSQUET DE SAINT-PARDOUX (du)**, LIMOUSIN. — De gueules, au chef cousu d'azur, chargé de trois molettes d'éperon d'or.—Supports : deux lions. — Couronne de comte. — Devise : *Toujours prêts*.

**BOUTON DE CHANTEMERLE**, PICARDIE. — D'azur, à trois merlettes d'or, 2 et 1.

**BOUT DE MARNHAC**, LANGUEDOC. — Parti, au 1er, d'azur, au chevron d'or, accompagné de trois bouterolles de même, qui est de *Bout*; au 2e, d'or, flanqué de gueules, et un chef de gueules chargé d'un croissant d'or, accosté de deux étoiles de même, qui est de Marnhac.

**BOUTIN (de)**. — D'or, au lion de gueules armé, lampassé, vilené et d'azur; l'écu bordé d'un filet de gueules.

**BOUTEVILLE**, CHAMPAGNE. — D'azur, au dextrochère sortant d'une nue d'argent, mouvant de sénestre, tenant une épée du même, garnie d'or, accostée de deux cœurs d'argent.

**BOUTAULT**, TOURAINE. — D'argent, à la hure de sanglier arrachée de sable, posée en pal, le boutoir en haut, et accompagnée en chef de trois glands rangés de sinople.

**BOUTAUD**, LYONNAIS ET BRETAGNE. — D'or, au chevron de gueules, accompagné de deux besants de même en flanc, et d'un trèfle de sinople en pointe; au chef de gueules, chargé de trois étoiles d'argent.

**BOUTAUT**, BOURBONNAIS. — De sable, au pal d'argent, accosté de deux pigeons affrontés du même.

**BOUTRAY (de)**, Ile de France. — D'argent, à un bouc de sable; au chef d'azur, chargé de deux flèches du champ, passées en sautoir.

**BOUZIER D'ESPONCEAUX**, Picardie. — D'azur, à trois bandes de vair appointées.

**BOUZITAT DE CÉLINES**, Nivernais. — De gueules, au chevron d'or, accompagné de trois tours d'argent.

**BOVIS (de)**, Provence. — D'azur, au chevron d'or, accompagné de trois roses d'argent; coupé de gueules, au bœuf passant d'argent. — Couronne de comte. — La branche cadette, établie à Aix, porte : d'azur, au bœuf passant d'argent, surmonté d'une étoile d'or, placée entre les deux cornes.

**BOYER**, Guienne et Gascogne. — D'or, à deux lions de gueules affrontés; au chef d'azur, chargé de trois étoiles d'argent.

**BOYER DE POUZE**, Toulouse. — D'argent, au chevron de gueules, accompagné en chef de deux étoiles et en pointe d'un lion du même, armé et lampassé d'azur; l'écu timbré d'un heaume orné de lambrequins d'argent et de gueules, surmonté d'une couronne comtale. — Supports : deux lions, la tête contournée.

**BOYNET DE BRIZAY**, Poitou. — D'argent, au lion de gueules; au chef d'azur.

**BOYSSET (de)** — De sable, à l'épée d'argent garnie d'or, accolée d'un serpent de sinople et accostée de deux étoiles d'or, et une bordure cousue de gueules.

**BOYSSEULH (de)**, Limousin. — D'argent, à la bande de sable, chargée de trois larmes d'argent; à la bordure de sable, semée de larmes, de gueules et d'argent.

**BRANDA DE TERREFORT**, Guienne. — D'argent, au chevron d'azur, accompagné en chef de deux trèfles de sinople, et en pointe d'un croissant de gueules; au chef cousu d'argent, chargé de trois étoiles de gueules.

**BRAUX (de)**, Champagne. — De gueules, au dragon ailé d'or.

**BRASSIER DE JOCAS**, Provence, Rouergue et Allemagne. — D'or, à la fasce d'azur. — Couronne de marquis. — Supports : deux lions.

**BRAC DE BOURDONNEL ET DE LA FERRIÈRE**. — D'argent, à trois bandes d'azur.

**BRAC**. — De sable, à une bande fuselée d'argent.

**BRÉCHARD (de)**, Berry. — De sable, au lion d'argent.

**BRÉTEL DE LANQUETOT**. — D'or, au chevron de gueules, chargé d'une fleur de lis d'or en chef; accompagné de trois merlettes d'azur et chargé d'une couleuvre d'argent contournée.

**BREIL DU VIGNEUX (du)**, Anjou. — D'azur, au lion d'argent en chef, et trois coquilles de même en pointe.

**BRET DE FLACOURT (le)**, Bretagne. — D'or, au sautoir de gueules, chargé d'un écusson d'argent, à un lion de sable, lampassé de gueules, le sautoir accompagné de quatre merlettes de sable.

**BRETS (des)**, Ile de France. — D'or, à trois chevaux de gueules superposés.

**BRETON (le)**, Normandie. — D'argent, à deux chevrons de gueules, accompagnés de trois coquilles du même, posées 2 et 1. — Couronne de marquis. — Devise : *Moriamur pro rege nostro*.

**BREHANT**, Bretagne. — De gueules, à sept mâcles d'or, posées 3, 3 et 1.

**BRÉHAN (de)**, Bretagne. — De gueules, à un léopard d'argent. — Couronne de marquis. — Supports : deux lions. — Devise : *Foi de Bréhan, mieux vaut qu'argent*.

**BRETEUIL (de)**, Beauvoisis. — D'azur, à l'épervier essorant d'or, longé et grilleté du même. — Couronne de comte. — Supports : deux éperviers. — Devise : *Nec spe, nec metu*.

**BREBAN**, Champagne. — Fascé d'argent et de sable, de huit pièces; à la bande de gueules brochante, chargée de trois coquilles d'or.

**BRILLAC D'ARGY**, Berry. — D'azur, à trois fleurs de lis d'argent.

**BRIEY DE LANDRES**, Lorraine et Belgique. — D'or, à trois pals alésés et fichés de gueules.

**BRIAS (de)**, Artois. — D'or, à la fasce de sable, surmontée de trois cormorans du même, becqués et membrés de gueules. — Supports : deux licornes. — L'écu environné d'un manteau de gueules, fourré d'hermines et frangé d'or, sommé d'une couronne ducale.

**BRINDEJONC DE TREGLODÉ**, Bretagne. — D'argent, à une souche de jonc, arrachée de sinople, accompagnée de trois canettes de sable, 2 et 1.

**BRILLON**, Blois. — D'argent, au chevron de gueules, accompagné en chef de deux étoiles d'azur, et en pointe d'un arbre terrassé de sinople.

**BRIGODE (de)**, Flandre. — Coupé : au 1er. de gueules, à trois quintefeuilles d'argent;

au 2e, d'argent, au cygne de sinople. — Couronne de comte. — Tenants : deux sauvages de carnation. — Devise : *Dieu en soit la garde*.

**BRIGNON DE LEHEN**, BRETAGNE.—D'azur, à la tête de léopard d'or, accompagnée de trois merlettes de même, deux en chef et une en pointe.

**BRIGITTE DE SARSFIELD**. — Parti d'argent et de gueules à la fleur de lis, parti de sable et d'argent, brochant.—Devise : *Virtus non vertitur*.

**BRIANT DE LAUBRIÈRE**, BRETAGNE. — D'argent, au sautoir d'azur, accompagné de quatre roses de gueules ; l'écu timbré d'un casque de chevalier. — Devise : *Sans détour*.

**BROSSARD (de)**, NORMANDIE. — D'azur, à trois fleurs de lis d'or et une cotice d'argent brochant.

**BROUE (de la)**, POITOU. — D'azur, à un chevron d'or, accompagné en chef de trois boucles, et en pointe d'un gantelet accosté de deux coquilles, le tout d'or.

**BROSSES DE GOULET (des)**, NORMANDIE. — D'argent, au lion de sable, armé et lampassé de gueules.

**BROUSSE DE VERTEILLAC (la)**, PÉRIGORD. — D'or, au chêne de sinople, englanté du champ ; au chef d'azur, chargé de trois étoiles d'or.

**BROON (de)**, BRETAGNE.—D'azur, au croissant d'or, accompagné de six étoiles du même en orle.

**BROSSARD DE CORBIGNY**, BEAUCE. — Tiercé en barre, d'argent, d'hermines et d'or.

**BROCHANT DE VILLIERS**, ILE DE FRANCE. —D'or, à l'olivier de sinople, accosté de deux croissants de gueules; à la champagne d'azur, chargée d'un brochet d'argent.

**BROKE**, ANGLETERRE. — D'or, à la croix engrêlée, partie de sable et de gueules.

**BROCHARD DE LA ROCHEBROCHARD**, POITOU. — D'argent, au pal de gueules, côtoyé de deux pals d'azur.

**BROUGHAM**, ANGLETERRE. — Ecartelé : au 1er, de gueules, au chevron d'argent, accompagné de trois poissons du même, qui est de Brougham ; au 2e, d'or, à la fasce échiquetée d'or et de gueules, accompagnée de trois gerbes de gueules liées d'or, 2 et 1 ; en chef, un lambel de trois pendants d'azur, qui est de Vaux de Catterlen; au 3e, d'argent à la bande échiquetée d'or et de gueules, qui est de Vaux de Tryermayne; au 4e, de gueules, à la croix fleuronnée d'or, qui est Delamore.

**BRONAC (de)**, VELAY. — De gueules, à un griffon d'or.

**BROCA (du)**, GUIENNE.—Ecartelé : aux 1er et 4e, d'argent, au lion de gueules ; aux 2e et 3e, d'azur, à trois chevrons d'or.

**BROC (de)**, BRETAGNE. — D'azur, au chevron d'or, accompagné de trois croissants du même, 2 et 1. — Couronne de comte. — Supports : deux lions.

**BROC (du)**, PAYS-BAS, NIVERNAIS ET BOURBONNAIS. — De gueules, à deux lions d'or affrontés, couronnés du même: au chef cousu d'azur, chargé d'une rose d'argent, accostée de deux molettes d'éperon d'or.

**BRUC-MONTPLAISIR (de)**, BRETAGNE. — D'argent, à la rose de gueules de six feuilles, boutonnée d'or.

**BRUCHARD (de)**, LIMOUSIN. — D'azur, à trois fasces d'or et une bande de gueules brochante.

**BRUGES (de)**, COMTAT-VENAISSIN. — D'argent, à la croix de sable, chargée d'une tête de léopard d'or en cœur.

**BRUGIÈRE DE BARANTE**, AUVERGNE. — Ecartelé : aux 1er et 4e, d'or, à quatre branches de bruyères de sinople terrassées de même ; au chef d'azur, chargé d'un soleil rayonnant d'or (*alias* d'argent) ; aux 2e et 3e, d'azur, à la croix pattée d'argent.

**BRUGIER DE ROCHEBRUNE**, AUVERGNE. — D'azur, à quatre burelles d'argent ; au chef cousu de gueules, chargé de deux roses d'or.

**BRULART DE GENLIS ET DE SILLERY**, BOURGOGNE. — De gueules, à une bande de gueules, chargée d'une traînée de sable, accompagnée de cinq barillets de même.

**BRUN DE CHAMPIGNOLLE (le)**, ILE DE FRANCE ET BOURGOGNE. — De gueules, à trois chardons fleuris d'or.

**BRUNI (de)**, COMTAT-VENAISSIN ET BOURGOGNE.—D'azur, à la hache d'armes d'argent emmanchée d'or.

**BRUN DE KERMORVEN (le)**, BRETAGNE. — D'azur, au château d'argent, maçonné de sable.

**BRUNET DE CASTELPERS**, ROUERGUE, AGENAIS, LANGUEDOC, MAINE, PROVENCE ET BOURGOGNE. — D'or, au lévrier rampant de gueules, à la bordure componée d'argent et de sable, de seize pièces.

**BRUNET D'EVRY**, ILE DE FRANCE ET BOURGOGNE. — Ecartelé : aux 1er et 4e, d'or, au lévrier rampant de gueules, colleté d'or, et à la bordure crénelée de sable ; aux 2e et 3e, d'argent, à la tête de Maure de sable, tortillée d'argent.

*b*

**BRUSSAUT (de)**, GUIENNE. — D'argent, à un griffon de sable.

**BUDÉ (de)**, ILE DE FRANCE, CHAMPAGNE ET PAYS DE GEX. — D'argent, au chevron de gueules, accompagné de trois grappes de raisin d'azur, tigées et feuillées de sinople. — Couronne de marquis. — Supports : deux sauvages.

**BUEIL DE RACAN**, TOURAINE. — D'azur, au croissant d'argent, accompagné de six croix recroisettées, au pied fiché d'or, en orle.

**BUFFON-MONTBARD**. — D'argent, à la bande de gueules, chargée d'une étoile d'or.

**BUGEAUD DE LA PICONNERIE ET D'ISLY**, PÉRIGORD. — Parti : au 1er, d'azur, au chevron d'or, accompagné en pointe d'une étoile de même ; et un chef cousu de gueules, chargé de trois étoiles aussi d'or ; au 2e, d'or, à une épée de sable, posée en pal ; coupé, de sable, à un soc de charrue mis en barre.

**BUISSERET DE BLARENGHIEN (de)**, FLANDRE. — Ecartelé : aux 1er et 4e, d'azur, au chevron d'or, accompagné de trois étoiles du même ; aux 2e et 3e, d'or, au chevron d'azur, accompagné de trois têtes de maure de sable tortillées d'argent. — Couronne de marquis. — Supports : deux griffons. — Devise : *Non secundum faciem.* — Cri : *Attente nuit.*

**BUISSON DE CHAMPIGNY**, FRANCHE-COMTÉ. — D'azur, à deux épées d'argent, garnies d'or, passées en sautoir, les pointes en haut, surmontées d'un croissant du second émail ; au chef cousu de gueules, chargé de trois étoiles d'argent.

**BULHAC**, LITHUANIE. — De gueules, à la lettre W d'argent, sommée d'une croix pattée d'or (*Syrokomia*).

**BUNAULT DE MONTBRUN**, ILE DE FRANCE ET ANJOU. — D'azur, au chevron d'or, accompagné en chef de deux aiglettes au vol abaissé, et en pointe d'un lion, le tout de même.

**BUOR DE LAVOY**, POITOU. — D'argent, à trois coquilles de gueules, au franc-canton d'azur.

**BURGES (de)**, BRESSE ET BUGEY. — De sable, à la croix d'or ancrée.

**BUSANCY-PAVANT (de)**, SOISSONS — D'argent, à trois fasces de gueules ; au chef échiqueté d'or et d'azur de deux traits.

**BUSSI-RABUTIN (de)**, CHAROLAIS. — Cinq points d'or, équipolés à quatre de gueules.

**BUTOT**, BRETAGNE. — D'or, au pin arraché de gueules, fruité de sable.

**BUYSSON (du)**, ROUERGUE, LANGUEDOC, AUVERGNE, FOREZ ET BOURBONNAIS. — Ecartelé : au 1er, d'or, à un arbre ou buisson de sinople ; aux 2e et 3e, d'azur, à une épée d'argent à poignée d'or, posée en pal, accompagnée de trois molettes d'éperon d'or à cinq pointes, posées deux en chef et une en pointe ; au 4e, d'or, à trois arbres arrachés de sinople. — Supports : deux lions, lampassés et armés de gueules. — Devise : *Qui s'y frotte s'y pique.*

**CABANES (de)**, GUIENNE. — De gueules, à une licorne saillante d'argent.

**CABASSOLE**, COMTAT-VENAISSIN. — D'or, à trois losanges de gueules posées en bande et couchées entre deux cotices d'azur.

**CABRIÈRE (de)**, LANGUEDOC ET ROUERGUE. — De gueules, à une chèvre d'or saillante.

**CABROL DE MOUTÉ**, LANGUEDOC ET ROUERGUE. — Coupé : au 1er, d'or, à la cuirasse de sable ; au 2e, de sinople à une barrière d'argent.

**CADEAU D'ACY**, ILE DE FRANCE. — D'azur, à trois bandes ondées d'argent.

**CADENET DE CHARLEVAL**, PROVENCE ET BRESSE. — D'azur, à un taureau ailé, furieux, d'or.

**CADOT DE SEBBEVILLE**, NORMANDIE. — De gueules, à trois roses d'or, accompagnées en cœur d'une hure de sanglier de sable, allumée et défendue d'argent et couronnée d'or.

**CAIRE DU LAUSET**, PROVENCE. — De gueules, à la bande de sable, bordée d'argent, chargée d'une levrette du même ; au chef cousu d'azur, chargé de trois étoiles d'or.

**CALONNE (de)**, PICARDIE. — D'azur, au chef d'argent, chargé d'un léopard de gueules.

**CALONNE DE BEAUFAIT**, PICARDIE ET BELGIQUE. — D'hermines, au chef d'argent, chargé d'un léopard de gueules.

**CALLAIS DE GONNEVILLE**, NORMANDIE. — De gueules, au chevron d'argent, accompagné de trois coquilles du même.

**CALVIÈRE DE BOUCOIRAN**, LANGUEDOC ET ILE DE FRANCE. — D'or, à trois fasces de sable, sommées d'un porc-épic, *aliàs* d'un sanglier du même.

**CAMBRY (de)**. — D'azur, à trois losanges d'or.

**CAMPET DU SAUJON**, POITOU. — D'azur, à la fasce d'argent, accompagnée en chef d'un croissant, et en pointe d'une coquille, le tout du même.

**CAMUS DU MARTROY**, BRIE. — D'azur, à la martre passante, d'or

**CAMUS DE PONTCARRÉ**, Bourgogne et Île de France. — D'azur, à l'étoile d'or, accompagnée de trois croissants d'argent, deux en chef et un en pointe.

**CANNING**, Angleterre. — D'argent, à trois têtes de maure, le front entouré d'un tortil d'argent et d'azur.

**CAPENDU DE BOURSONNE**, Artois, Picardie et Île de France. — D'argent, à trois fasces de gueules, et trois merlettes de sable rangées en chef.

**CAPTAL DE SAINT-JORY**, Périgord. — De gueules, à la croix d'argent, chargée de six mortiers de sable, avec leurs bombes, et cantonnée de quatre fleurs de lis d'or.

**CARBONNEL (de)**. — D'azur, à trois chevrons d'or ; au chef cousu de gueules, chargé d'un croissant d'argent, accosté de deux étoiles d'or.

**CARBONNEL D'HIERVILLE (de)**, Picardie et Artois. — D'azur, au chevron d'or, accompagné de trois coquilles du même.

**CARBONNEL DE CANISY (de)**, Normandie. —Coupé de gueules et d'azur, à trois besants d'hermines, 2 et 1.

**CARBONNEL DE SOURDEVAL**, Normandie. — Coupé de gueules sur azur, à trois quintefeuilles d'argent.

**CARBONNIÈRES (de)**, Limousin. — D'argent, à trois bandes d'azur, accompagnées de huit charbons de sable ardents de gueules, posés entre les bandes, 1, 3, 3, 1.

**CARDEVAQUE D'HAVRINCOURT**, Artois. — D'hermines, au chef de sable.

**CARDON**, Catalogne, Cambrésis, Flandre. — D'or, à trois chardons de sinople fleuris de gueules. — Cimier : un meuble de l'écu avec un vol d'or et un vol de sinople. — Devise : *Crescit in arduis*.

**CARDON DE MONTIGNY**. — D'azur, à la fasce d'or, accompagnée de six quintefeuilles d'argent, trois en chef et trois en pointe.

**CARGOUET (de)**, Bretagne. — D'argent, à trois fleurs de lis de gueules, 2 et 1.

**CARLOT DE CESTAYROLS**, Languedoc. — Au chevron d'or, accompagné en chef de deux lions affrontés du même, et en pointe d'une tour d'argent.

**CARMENTRAN (de)**, Franche-Comté. — De gueules, au chevron d'argent, accompagné de trois grains d'orge du même.

**CARNÉ (de)**, Bretagne. — D'or, à deux fasces de gueules. — Devise : *Plutôt rompre que plier*.

**CARNEGY DE BALINHARD**, Écosse. — D'or, à une aigle au vol éployé de sable, becquée et membrée de gueules, enfermée dans un trécheur fleuré et contre-fleuré de sable — Supports : Deux aigles ; l'écu timbré d'un casque de profil, orné de ses lambrequins, sommé d'une toque de baron, sur laquelle est un lion de sable arrêté. — Devise : *Tache sans tache*.

**CARON DE LA MASSONNERIE**, Picardie. — D'azur, au chevron d'argent, accompagné de six clefs mises en sautoir, quatre en chef, deux en pointe, celles-ci surmontées d'une tête de Maure du même.

**CARPENTIER**, Flandre. — De gueules, au pal de vair, accosté de deux lions d'or.

**CARPON DE KERBILEAU**, Bretagne. — De sable, au lion du même brochant, semé de billettes d'argent.

**CARPON DE KERLIVER**, Bretagne. — D'or, à trois roses de gueules.

**CARRA DE SAINT-CYR**, Île de France. — D'azur, au chevron d'argent, accompagné de trois losanges du même, deux en chef, et une en cœur, soutenue d'un croissant d'argent.

**CARREY DE BELLEMARE**, Normandie. — D'azur, à la bande d'or, chargée de trois carreaux de sable, et accompagnée de deux étoiles d'or.

**CARTIER ou le CARTIER**, Normandie. — De gueules, à la fasce d'or, accompagnée de trois têtes de léopard du même, 2 et 1. — Supports : deux griffons d'or. — Cimier : un griffon issant, aussi d'or.

**CARUEL DE MEREY**, Normandie. — D'argent, à trois merlettes de sable ; l'écu bordé de gueules.

**CASABIANCA (de)**, Corse. — Parti, au 1er, de gueules, à la tour sommée d'une guérite, et adextrée d'un cyprès, le tout d'argent ; au 2e, d'or, à l'arbre de sinople, sommé d'une colombe d'argent.

**CASTELLANE (de)**, Provence. — De gueules, au château donjonné de trois pièces d'or, celle du milieu supérieure.

**CASTELNAU (de)**. — D'or, au château de gueules.

**CASTET DE BOULBÈNE**, Languedoc. — De gueules, au château à trois tours d'argent, maçonné, ouvert et ajouré de sable ; au chef d'or, chargé de deux corneilles affrontées de sable, becquées et membrées de gueules.

**CASTILLON DE SAINT-VICTOR (de)**, Languedoc. — D'azur, à la tour d'argent sur un rocher de sinople, accostée de deux lions affrontés de sable.

**CASY-AURIBEAU.** — D'azur, à deux ancres d'argent passées en sautoir, et une épée d'or brochant sur les ancres, et trois étoiles d'argent rangées en chef.

**CAT DE BAZANCOURT (le)**, PICARDIE. — De gueules, à la croix ancrée d'or.

**CATTENBROECK**, PAYS-BAS. — D'or, à trois maillets de gueules, et un cor de chasse de sable en cœur.

**CATHELANE ou CATALANE**, LANGUEDOC. — D'argent, à un lévrier de sable, colleté et bouclé d'or; et un chef de gueules, chargé de trois molettes d'or.

**CAUCHON DE LERY ET DE MAUPAS**, CHAMPAGNE. — De gueules, au griffon d'or, ailé d'argent.

**CAUMONT DE LA FORCE (de)**, GUIENNE. — D'azur, à trois léopards d'or, posés l'un sur l'autre, lampassés, armés et couronnés de gueules.

**CAUREL DE TAIGNY (du)**, PICARDIE. — D'argent, à la bande fuselée de gueules de sept pièces et deux demies.

**CAUSSADE (de)**, QUERCY. — D'or, à quatre cotices de gueules.

**CAUSSIA DE MAUVOISIN (de).** — D'azur, à trois trèfles d'or, posés 2 et 1. — Couronne de comte. — Supports : deux lions.

**CAUX DE LA TOMBELLE (Le)**, NORMANDIE. — Parti d'azur et de sable, à deux épées d'or, posées en sautoir et brochant sur le tout.

**CAVAIGNAC.** — De sable, à un fort en ruine d'or; coupé de gueules à trois molettes d'or, et une mer d'argent en pointe.

**CAVÉ D'HAUDICOURT**, PICARDIE. — De gueules, à trois étoiles d'argent.

**CAZENAVE (de)**, LANGUEDOC. — D'azur, à une maison d'or; et un chef d'argent, chargé de deux canettes de sable.

**CAZENOVE DE PRADINES.** — D'azur, au bras d'or, mouvant d'une tour d'or, tenant une clef aussi d'or, et un lion de même, tenant des deux pattes de devant ladite clef.

**CAZES (de)**, GUIENNE ET PÉRIGORD. — D'argent, à trois têtes de corbeau arrachées, de sable.

**CAYLAR D'ANGLAS (du)**, LANGUEDOC. — D'or, à trois bandes de gueules; au chef cousu du champ, chargé d'un lion issant de sable; le chef soutenu d'une devise aussi d'or, chargée de trois trèfles de sable.

**CECCALDI**, CORSE. — Ecartelé : au 1er, de gueules, à un sénestrochère d'argent, tenant une palme d'or et mouvant de l'angle supérieur de l'écu; au 2e, de gueules, à trois mitres d'or; au 3e, de gueules, à une colonne d'argent, sommée d'une couronne antique d'or; au 4e, de gueules, à la tour donjonnée d'or. — Supports : deux Maures.

**CECIL DE SALISBURY**, ANGLETERRE. — Burelé d'argent et d'azur, à six écussons de sable, chargés chacun d'un lion d'or.

**CELLE DE CHATEAUCLOS (la)**, MARCHE. — D'argent, à l'aigle à deux têtes, au vol abaissé, de sable, becquée et membrée d'or.

**CHABANNES (de)**, ANGOUMOIS, BOURBONNAIS ET AUVERGNE. — De gueules, au lion d'hermines, lampassé et couronné d'or. — Couronne de marquis. — Supports : deux lions — Devise : *Je ne le cède à nul autre.*

**CHABANS (de)**, PÉRIGORD. — D'azur, au lion d'argent, lampassé, armé et couronné d'or; accompagné de douze besants du même émail en orle.

**CHABAUD-LATOUR.** — D'argent, à la fasce de gueules, chargée d'une étoile de la Légion d'honneur, accompagnée en chef d'une tour de sable à trois créneaux, maçonnée et ouverte d'or; et en pointe d'un chabot d'azur, soutenu d'une champagne de sable.

**CHABENAT DE BONNEUIL**, BERRY. — D'argent, à trois pensées au naturel, tigées et feuillées de sinople; au chef d'azur, chargé d'un soleil d'or.

**CHABERT (de)**, PROVENCE. — De gueules, au sautoir d'argent.

**CHABERT**, DAUPHINÉ ET NORMANDIE. — D'azur, à la bande d'argent, chargée de trois rocs d'échiquier de sable, à l'orle de croisettes d'argent.

**CHABOT DE SOUVILLE**, ORLÉANAIS. — D'azur, à une étoile d'or, chargée d'une tour de gueules.

**CHABOU DE NANTOUIN**, DAUPHINÉ. — D'azur, à la croix d'or; au chef cousu de gueules, chargé de trois roses d'argent.

**CHABRON DE SOLILHAC (de)**, LANGUEDOC. — D'azur, au chevron d'or, accompagné de trois pattes de griffon d'argent. — Couronne de comte. — Supports : deux lions.

**CHAIGNON DES LANS**, BOURGOGNE. — D'azur, au lion d'or, lampassé et armé de sable, tenant une épée d'argent, garnie d'or.

**CHAILLON DE JONVILLE**, GUIENNE. — D'azur, au chevron d'or, accompagné en chef de deux abeilles du même, et en pointe d'un lion naissant, aussi du même.

**CHAISNE DE BOURMONT**, MAINE. — Ecartelé : aux 1er et 4e, de vair, au franc-canton coupé d'argent et de sable; aux 2e et 3e, fascé de vair et de gueules de six pièces.

**CHALAMONT DE LA VISELÈDE**, SAVOIE ET PROVENCE. — D'or, à trois fasces d'azur.

**CHALLUDET DE LIFFERMEAU**, ILE DE FRANCE. — De sable, à la croix engrêlée, d'or.

**CHALONS DE VIRMEL**, CHAMPAGNE. — D'azur, à deux épées d'argent, en sautoir, garnies d'or, et accompagnées en flanc de deux trèfles d'argent; au chef d'or, chargé de trois étoiles d'azur.

**CHALUP (de)**, PÉRIGORD. — De gueules, à un lion d'or, couronné, lampassé et armé de même; écartelé d'argent, à trois cloches de sinople mises en pal.

**CHALUS (de)**. — D'azur, à trois croissants d'argent.

**CHALVET DE FENOUILLET**, AUVERGNE ET LANGUEDOC. — De gueules, au lévrier rampant d'argent, colleté du champ; à la bordure d'or.

**CHALVET DE NASTRAC**, AUVERGNE. — De gueules, au lévrier passant d'argent, colleté du champ; au chef cousu d'azur, chargé de trois étoiles d'or.

**CHALVET DE ROCHEMONTEIX**, AUVERGNE. — De gueules, au lévrier passant d'argent, colleté du champ.

**CHAMBES DE MONTSOREAU**, BOURGOGNE ET ANJOU. — D'azur, semé de fleurs de lis d'argent, au lion d'or, armé, lampassé et couronné de gueules, brochant sur le tout.

**CHAMBGE DE LIESSART (du)**, FLANDRE. — D'argent, au chevron de gueules, accompagné en chef de deux merlettes de sable, et en pointe d'un trèfle de sinople. — Couronne de baron. — Cimier: un lion issant de sinople, lampassé et armé de gueules, tenant de sa patte dextre une merlette de sable. — Supports: deux lions de sinople, lampassés, armés et couronnés d'argent, leurs têtes contournées, et tenant chacun une banderole aux armes de l'écu. — Devise: *Pour mieulx du Chambge*.

**CHAMBLY (de)**, BEAUVAISIS. — D'argent, à la croix dentelée d'azur, chargée de cinq fleurs de lis d'or; le premier canton chargé d'un écu de gueules, à trois coquilles d'or.

**CHAMBORANT (de)**, POITOU. — D'or, au lion de sable, armé et lampassé de gueules.

**CHAMILLART DE LA SUZE**, ILE DE FRANCE. — Ecartelé: aux 1er et 4e, d'azur, au lévrier passant d'argent, colleté de gueules; au chef d'or, chargé de trois étoiles de sable; aux 2e, et 3e, d'or, à trois fasces nébulées de gueules.

**CHAMILLARD DE VILLATE**, ILE DE FRANCE. — D'azur, au lévrier d'argent, colleté de gueules; au chef d'or, chargé de trois étoiles de sable.

**CHAMPEAUX DE LA BOULAYE (de)**. — D'or, à la bande de sable, chargée de trois besants d'or, et accompagnée de deux croix pattées de gueules.

**CHAMPEAUX DE THOISY**, BOURGOGNE. — D'azur, au cœur d'argent, accompagné de trois étoiles d'or.

**CHAMPION DE NANSOUTY**, BOURGOGNE ET ILE DE FRANCE. — D'azur, à un homme armé et cuirassé de toutes pièces d'or, tenant une épée et un bouclier du même, et courant au combat.

**CHAMPRON (de)**, BEAUCE. — D'azur, au griffon d'or; *aliàs* d'or, au griffon d'azur.

**CHAMPS (de)**, AUVERGNE. — D'azur, à cinq mandragores d'argent mal ordonnées; au franc-quartier du même, chargé de cinq mouchetures d'hermines.

**CHAMPS DE MARSILLY (des)**, CHAMPAGNE. — D'or, à trois chevrons de sable, accompagnés de trois annelets du même (*aliàs* de gueules), 2 et 1.

**CHANDON (de)**, LYONNAIS, BOURGOGNE ET CHAMPAGNE. — Pour la branche aînée des comtes de Briailles: d'argent, à la fasce de gueules, accompagnée de trois trèfles de sable. — Pour la branche de Romont du Mâconnais: d'argent, à la fasce engrêlée de gueules, accompagnée de trois trèfles de sable. — Couronne de comte. — Supports: deux lions.

**CHANTELOT DE LA CHAISE**, BOURGOGNE. — D'azur, à un lion d'or, armé et lampassé de gueules.

**CHAPAIS (de)**, DAUPHINÉ ET NORMANDIE. — D'argent, à un vaisseau de sable.

**CHAPDELAINE (de)**, BRETAGNE. — D'argent, à la fasce de sable, chargée d'une épée d'argent et accompagnée de six fleurs de lis d'or, trois en chef et trois en pointe.

**CHAPEL DE LA SALLE**, AUVERGNE. — D'azur, à trois fasces crénelées d'or, la première de quatre pièces, la deuxième de trois, la troisième de deux.

**CHAPELAIN DE PUCHEYRAC**, LANGUEDOC. — D'argent, au lévrier de sable; au chef d'azur.

**CHAPELLE DE JUMILHAC**, PÉRIGORD. — D'azur, à la chapelle ou église d'or.

**CHAPONNEL (de)**, ILE DE FRANCE. — Parti: au 1er, d'azur, à l'étoile d'argent; au 2e, de sinople, au croissant d'argent, et un sabre d'or, brochant.

**CHAPUIS DE MONTLAVILLE**, Bourgogne. — De gueules, au chevron d'argent, accompagné en chef de deux roses d'or et en pointe d'un lion du même.

**CHAPT DE RASTIGNAC**, Limousin, Périgord et Auvergne. — D'azur, au lion d'argent, lampassé, armé et couronné d'or. — Couronne de marquis. — Supports : deux lions. — Devise : *In Domino confido*.

**CHAPTAL DE CHANTELOUP**, Languedoc, Touraine et Île de France. — De gueules, à la tour d'or, maçonnée de sable, accompagnée de quatre étoiles d'argent en pal, deux à dextre, deux à sénestre, et surmontée en chef, à sénestre, d'une vigne de sinople fruitée d'or.

**CHARBONNEL**. — D'azur, au casque grillé taré de front, d'or, sommé de sept plumes de sable, adextré d'un bouclier d'or, incliné à dextre et chargé d'une tête de lion au naturel, sénestrée d'une lance en pal, de sable ; au chef parti de deux traits ; au 1er, d'azur, à l'épée haute en pal, d'argent, garnie d'or ; au 2e, de gueules, au sautoir d'argent, accompagné en chef et en flanc d'une étoile, et en pointe d'un croissant de même ; au 3e, d'or, chargé d'une pyramide inclinée de sable, mouvante du flanc sénestre, et de trois foudres de gueules, mouvants en barre du flanc dextre et pointant vers la pyramide.

**CHARDEBŒUF DE PRADEL**, Anjou et Limousin. — D'azur, à deux fasces d'argent, accompagnées d'un croissant en chef, de quatre étoiles en cœur et d'un rencontre de bœuf en pointe, le tout d'argent.

**CHARBONNIER DE GRANJEAC**, Bresse. — De sable, au sautoir d'or.

**CHARDON DU HAVET**, Artois. — D'or, à trois chardons de gueules, tigés de sinople.

**CHARETTE (de)**. — Ecartelé : aux 1er et 4e, de gueules, à cinq bandes d'or, qui est de *Charette* ; aux 2e et 3e, d'argent, à un lion de sable, armé, lampassé et couronné de gueules, accompagné de trois cannettes de sable, huppées de gueules, posées en pointe, qui est de *Trevigny*. — Couronne de marquis. — Supports : deux lions couronnés.

**CHARIL DES MAZURES**, Bretagne. — D'argent, au chevron de gueules, accompagné de trois roses du même ; au chef d'azur, chargé d'un chat d'argent.

**CHARITTE (de)**. — D'argent, à un arbre de sinople à dextre, sur une terrasse du même, et un ours de sable à sénestre, passant sur la terrasse.

**CHARLES DE NONJON**, Artois. — D'azur, à la sphère terrestre d'or, montée sur son pied, du même, et chargée d'un compas et d'un picquoir d'argent, passés en sautoir ; au chef parti de gueules et d'or, au chevron de l'un en l'autre.

**CHARLET**, Poitou et Bretagne. — D'or, à l'aigle de sable, le vol abaissé.

**CHARLUS DE LA BORDE**, Limousin. — D'azur, au lion d'or couronné d'argent.

**CHARNACÉ (de)**, Poitou et Anjou. — D'azur, à trois croisettes pattées, d'or.

**CHARNIÈRE (de)**. — D'argent, à trois merlettes de sable, 2 et 1.

**CHARPIN DE FOUGEROLLES (de)**, Forez. — Ecartelé : aux 1er et 4e, d'argent, à la croix ancrée de gueules, et un franc-quartier d'azur, chargé d'une molette d'or, qui est de *Charpin* ; aux 2e et 3e, tranché de sable et d'argent, qui est de *Caponi*.

**CHARTIER DE LA VARIGNÈRE (le)**. — D'azur, à deux perdrix d'argent, sur un tronc d'arbre d'or, mis en fasce sur la pointe.

**CHARRIER DE CHANDRANS**, Auvergne et Lyonnais. — D'azur, à la roue d'or.

**CHARRY DES GOUTTES**, Nivernais et Bourbonnais. — D'azur, à la croix ancrée d'argent.

**CHASLUS DE LAMBRON**, Auvergne et Bourbonnais. — Echiqueté d'or et de gueules.

**CHASLUS DE PRONDINES**, Auvergne. — D'azur, au leude (poisson de mer) d'or, posé en bande, accompagné de cinq étoiles du même, deux en chef et trois en pointe.

**CHASPOUX DE VERNEUIL**. — D'azur, au phénix d'or dans son immortalité ; au chef cousu de gueules, chargé de trois croissants d'argent.

**CHASSEBŒUF DE VOLNEY**, Anjou. — De sable, à deux colonnes, d'or en ruine, surmontées d'une hirondelle d'argent.

**CHASSELOUP-LAUBAT (de)**, Saintonge. — Ecartelé : au 1er, d'azur, à l'épée d'argent, garnie d'or ; au 2e, de gueules, à la fasce d'argent, au lion d'or, brochant sur le tout ; au 3e, de gueules, à la barre d'or, accompagnée en chef d'une cuirasse d'argent, et en pointe d'un casque taré de profil, du même ; au 4e, d'azur, à la fasce d'argent, chargée d'un léopard de sable, et accompagnée de trois écussons d'or, deux en chef et un en pointe.

**CHASSEPOT DE BEAUMONT**, Bourgogne. — D'azur, à la fasce ondée d'or, accompagnée de trois quintefeuilles du même.

**CHASSIRON (de)**, Bretagne. — D'azur, au pal de gueules, adextré d'un demi-vol d'or, et sénestré d'une foi d'argent.

**CHASTEL DE MESLE (du)**, Bretagne. — Fascé d'or et de gueules, de six pièces.

**CHASTELLIER D'ÉTRÉAC (du)**, Bretagne. — D'or, au chef de sable, chargé d'un lambel d'argent.

**CHASTELLUX (de)**, Bourgogne.—D'azur, à la bande d'or, accompagnée de sept billettes du même, posées, quatre en chef, 2 et 2, et trois en pointe, 1 et 2.

**CHASTENAY (de)**, Bourgogne et Champagne. — D'argent, au coq de sinople, crété, becqué, barbé, onglé et couronné de gueules, ayant la patte dextre levée, et accompagné de trois roses, aussi de gueules, deux en chef et une en pointe.

**CHASTILLON (de)**. — De gueules, à trois pals de vair, au chef d'or. — Supports : deux lions.

**CHAT DE KERSAINT (le)**, Bretagne. — De sable, au chat effarouché d'argent.

**CHATEAUBRIAND (de)**, Bretagne. — De gueules, semé de fleurs de lis d'or. — Devise : *Mon sang teint les bannières de France.*

**CHATEAUNEUF-RANDON (de)**. — D'or, à trois pals d'azur, et un chef de gueules.

**CHATELAIN DE PRONVILLE**, Picardie. — D'argent, au chevron de sable, accompagné de trois étoiles du même.

**CHATELET DE MOYENCOURT**, Picardie. —De gueules, à la fasce d'argent, accompagnée de trois châteaux d'or, girouettés du même, crénelés et maçonnés de sable.

**CHATELLERAULT (HAMILTON DOUGLAS de)**, Ecosse. — Ecartelé : aux 1er et 4e, contre-écartelé de gueules, à trois quintefeuilles percées d'hermine, qui est d'*Hamilton*, et d'argent, à un vaisseau de sable, qui est d'*Arran*; aux 2e et 3e, d'argent, à un cœur couronné de pourpre; au chef d'azur, chargé de trois molettes d'argent, qui est de *Douglas*.

**CHATILLON DE BLOIS (de)**. — D'argent, à deux fasces de gueules, chargées chacune de trois annelets d'or. — Devise : *Agere et pati fortia.*

**CHAUMEIL (de)**, Auvergne. — Ecartelé : aux 1er et 4e, d'azur, au chevron d'or, accompagné de trois bourdons du même; aux 2e et 3e, d'azur, à trois pals d'or.

**CHAUMEJEAN DE FOURILLE**, Touraine. — D'or, à la croix ancrée de gueules.

**CHAUMONT DE QUITRY (de)**. — Fascé d'argent et de gueules de huit pièces.

**CHAUNAC DE LANZAC (de)**, Quercy et Auvergne. — D'argent, au lion de sable, couronné, lampassé et armé de gueules.

**CHAUSSE DE LUNESTE (la)**, Angoumois. — De gueules, à la bande d'or.

**CHAUSSEGROS DE LIOUX**, Provence, Picardie et Lorraine. — D'or, à la jambe de gueules.

**CHAUVELIN (de)**, Bourgogne.—D'argent, à un chou arraché de sinople, la tige entortillée d'un serpent d'or, la tête en haut.

**CHAUVETON DE SAINT-LÉGER**.—D'azur, au chevron d'or, accompagné de trois croissants du même, 2 et 1.

**CHAVAGNAC (de)**, Auvergne. — De sable, à trois fasces d'argent, accompagnées de trois roses de même en chef. — Tenants : deux sauvages. — Couronne de marquis.

**CHAVAGNAC DE TERRISSES**, Auvergne. — D'argent, à l'aigle de sable, becquée et membrée de gueules.

**CHAVAILLE DE FOUGERAS**, Guienne. — D'argent, à trois cœurs de gueules, et une étoile d'azur en abîme.

**CHAZELLES DE BARGUES**, Quercy. — D'azur, au chevron brisé, d'or, accompagné de trois têtes de chien arrachées, d'argent.

**CHENIN DE MILLESCU**, Poitou.—D'azur, à la croix engrêlée, d'or, au lambel de gueules en chef.

**CHENU DE CLERMONT**, Normandie et Bretagne.—D'hermines, au chef de gueules, chargé de trois losanges et de deux demies, d'or.

**CHENU DE THUET ET DE GASTINES**, Berry et Bourgogne. — D'or, au chevron d'azur, accompagné de trois hures de sanglier de sable, défendues et allumées d'argent, deux en chef et une en pointe.

**CHÉRISEY ou DE CHÉRISY**, Lorraine. — Coupé d'or et d'azur, le premier chargé d'un lion naissant de gueules, armé, lampassé et couronné de même.

**CHESNE DE BELLECOURT (du)**. — D'argent, à trois cœurs de gueules, couronnés d'or.

**CHESNE DE SAINT-LÉGER (du)**, Poitou. — D'azur, à trois glands d'or, 2 et 1.

**CHEVALIER DU PORTAL**, Anjou et Bretagne. — D'azur, au chevron d'argent.

**CHEVALIER DE MONTROUANT**, Bourgogne. — De gueules, au lion d'or; à la fasce d'argent, brochante sur le lion.

**CHEVENON DE BIGNY**, Nivernais. — D'azur, semé de poissons d'argent; au lion du même.

**CHEVALERIE (la)**, Bretagne. — De gueules, au cheval gai et effrayé d'argent.

**CHEVERRY (de)**, Béarn, Languedoc et Nivernais. — D'argent, à trois chardons de sinople, fleuris de gueules; au chef d'azur. — Couronne de comte. — Supports : deux lions.

**CHEVAL DE FONTENAY**, Bourgogne et Bresse. — D'azur, au cheval passant d'argent; au chef cousu de gueules, chargé de trois étoiles d'or.

**CHIFFLET**. — Ecartelé : aux 1er et 4e, de gueules, au sautoir d'argent, accompagné en chef d'un serpent d'or arrondi et se mordant la queue; aux 2e et 3e, parti de gueules, à la bande en grêlée d'or, et d'or, fretté de gueules.

**CHINOIR DE CHAMBRÉCY**, Champagne. — De sable, au chevron d'argent, accompagné de trois lévriers naissants, du même, colletés du champ.

**CHIRON**, Bretagne. — D'azur, au chevron d'or, accompagné de trois dauphins du même, les deux du chef adossés.

**CHOISELAS**. — D'azur, à l'aiguière d'or, accompagné de trois étoiles du même.

**CHOLIER DE CIBEINS**, Bourgogne. — D'or, à trois bandes de sable; au chef d'azur, chargé d'un lion léopardé d'or.

**CHREPTOWICZ**, Lithuanie. — De gueules, à la flèche d'argent, le fer en haut; le bas formant un croissant renversé. (*Odroworz*.)

**CHRÉTIEN DE TRÉVENEUC ET DE LA MASSE**, Bretagne. — De sinople, à la fasce d'or, accompagnée de trois casques de profil, du même, 2 et 1.

**CILLART DE KERMAINGUY**, Bretagne. — De gueules, au grêlier d'argent (huchet).

**CLAIRAMBAULT (de)**. — D'argent, à un chêne arraché, de sinople.

**CLARAC**, Languedoc. — Ecartelé : aux 1er et 4e, d'azur, au lion d'or; aux 2e et 3e, de gueules, à la cloche d'argent.

**CLARKE DE FELTRE**, Irlande. — De gueules, à trois épées d'argent, garnies d'or, rangées en fasce.

**CLEBSATTEL (de)**, Alsace et Flandre. — Ecartelé : aux 1er et 4e, d'or, au sapin terrassé de sinople; aux 2e et 3e, de gueules, à une tête de bouquetin d'argent.

**CLÉMENT DE BEAUVAIS**, Bretagne. — De gueules, à trois écussons d'argent.

**CLERC DE BUSSY (Le)**, Picardie. — D'argent, à la bande de gueules, accompagné en chef d'une aigle de sable, et en pointe d'une molette du même.

**CLÉMENT DE SAINT-MARCQ (Le)**, Artois. — De gueules, à trois trèfles d'or; au chef d'argent, chargé de trois merlettes de sable.

**CLERC DE MAZEROLLES**, Franche-Comté. — D'azur, au chevron d'or, accompagné de trois roses d'argent, deux en chef et une en pointe.

**CLERC DE FLEURIGNY (Le)**, Bretagne, Nivernais, Bourgogne et Ile de France. — De sable, à trois roses d'argent, 2 et 1; au pal de gueules brochant sur la rose du milieu.

**CLERC DE JUIGNÉ (Le)**, Anjou. — D'argent, à la croix de gueules, bordée d'une engrêlure de sable et cantonnée de quatre aiglettes du même, becquées et armées de gueules. — Cimier : un coq essorant. — Devise : *Ad alta*. — Cri de guerre : *Battons et abattons*.

**CLERC DE VESINS (Le)**, Maine et Anjou. — D'argent, à la croix de gueules, bordée d'une engrêlure de sable, et cantonnée de quatre aiglettes du même, becquées et membrées de gueules.

**CLERC DE LESSEVILLE (Le)**, Normandie. — D'azur, à trois croissants d'or, posés 2 et 1.

**CLÉREL DE TOCQUEVILLE**, Normandie. — D'argent, à la fasce de sable, accompagnée en chef de trois merlettes du même, et en pointe de trois tourteaux de gueules, *alias* d'azur.

**CLERMONT-TONNERRE (de)**, Dauphiné. — De gueules, à deux clefs d'argent, passées en sautoir.

**CLÉRON D'HAUSSONVILLE**, Franche-Comté, Bourgogne et Lorraine. — De gueules, à la croix d'argent, cantonnée de quatre croisettes tréflées du même; en abîme, un écusson de gueules, chargé de cinq saffres ou aiglettes de mer d'argent, qui est de *Saffre*.

**CLÉRY DE SERANS**, Vexin. — D'hermines, au canton de gueules, chargé de trois fermaux d'or.

**CLÉRY**, Vexin, Ile de France et Normandie. — Coupé : au 1er, d'hermines, au canton de gueules, chargé de trois fermaux d'or, 2 et 1; au 2e, d'azur, à l'étendard d'argent, portant la légende : *Pro Deo et Rege*.

**CLICQUOT DE TOUSSICOURT**, Champagne. — D'argent, à la tige de coquelicot terrassée de sinople, fleurie de gueules; au chef d'azur, chargé de deux étoiles du champ.

**CLOS DU CHANAY (du)**, Bresse. — De sable, à trois clous d'argent, 2 et 1.

**CLUTIN DE VILLEPARISIS**, Ile de

FRANCE. — D'azur, au chef crénelé d'argent.

COAT DE KERVEGUEN (Le), BRETAGNE.— D'azur, au chevron d'or, accompagné de trois trèfles d'argent, deux en chef et un en pointe.

COCHEREL, NORMANDIE. — Coupé : au 1er, d'or, à trois fasces de gueules; au 2e, d'argent, à trois chevrons de pourpre.

COCHON DE L'APPARENT, BERRY. — D'or, au chevron de gueules, chargé au sommet d'une croix de la Légion d'honneur, d'argent, et accompagné de trois hures de sanglier de sable.

COCQ DE LA MAGDELAINE (Le), BOURGOGNE. — D'or, au coq d'or, barbé et crêté de gueules.

COETLOGON (de), BRETAGNE. — De gueules, à trois écussons d'hermines, 2 et 1. — Couronne de marquis.

COETLOSQUET (de), BRETAGNE. — De sable, semé de billettes d'argent, ou lion morné du même brochant.

COIGNET DE COURSON, BOURGOGNE. — D'azur, à deux épées d'argent, garnies d'or, passées en sautoir, accompagnées de quatre croissants d'argent.

COIGNEUX DE BELABRE (Le), ILE DE FRANCE. — D'azur, à trois porcs-épics d'or, 2 et 1.

COIGNY DE BRÉAUTÉ, ILE DE FRANCE ET NORMANDIE.—D'argent, à trois loups de sable passants, deux en chef affrontés, un en pointe contourné; à la fleur de lis de gueules en cœur, accostée de deux pattes de griffon d'azur, l'une posée en bande, l'autre en barre.

COLAS DE LA MOTTE, BRETAGNE. — D'argent, à l'aigle d'empire de sable, becquée, membrée et couronnée de gueules.

COLBERT (de), ILE DE FRANCE. — D'or, à la bisse d'azur, posée en pal et ondoyante.

COLIGNY (de), BOURGOGNE ET BRESSE. — De gueules, à l'aigle d'argent, au vol éployé, becquée, membrée et couronnée d'azur.

COLLET DE LA CHASSERIE, DAUPHINÉ. — De sable, au chevron d'or, chargé d'une tête de lion arrachée de gueules, et accompagnée de trois losanges d'argent, deux en chef et une en pointe.

COLLIN DE SUSSY, ILE DE FRANCE. — D'azur, au caducée d'or.

COLLOREDO, AUTRICHE ET ITALIE. — Écartelé : aux 1er et 4e, de sable, à la fasce d'argent; aux 2e et 3e, d'argent, à la bande vivrée de sable; sur le tout : de sable, à la fasce d'argent, chargée d'une aigle éployée de sable. — Couronnes de prince et de marquis. — Supports : deux lions. — Devise : *Hæc peperit virtus.*

COLOMB (Chistophe), GÊNES ET ESPAGNE. — Écartelé : au 1er, de Castille; au 2e, de Léon; au 3e, une mer d'azur, semée d'îles d'argent; la moitié de la circonférence environnée de la terre ferme, des grains d'or répandus partout, les terres et les îles couvertes d'arbres verts; au 4e, d'azur, à cinq ancres d'or; enté en pointe, fascé, ondé d'argent et d'azur.

COLOMB DE BATTINE, DAUPHINÉ ET MAINE. — Tiercé en fasce, de gueules, d'or et de sable; l'or chargé de trois colombes d'azur, péries en merlettes, becquées de gueules.

COLOMBES, BRESSE ET NIVERNAIS. — D'azur, à trois colombes d'argent, 2 et 1.

COMBAREL DE GIBANEL, LIMOUSIN ET AUVERGNE. — Parti : au 1er, d'azur, à trois coquilles d'or, en pal; au 2e, de gueules, à la demi-molette d'éperon d'argent, mouvante de la partition.

COMEAU DE CRÉANCY, BOUGOGNE ET NIVERNAIS. — D'azur, à la fasce d'or, accompagnée de trois comètes d'argent.

COMINES (de), FLANDRE.— D'or, à l'écusson en abîme de gueules, chargé d'une croix de vair.

COMMINGES (de), GASCOGNE. — D'argent, à la croix pattée de gueules, *aliàs* de gueules, à quatre otèles d'argent, appointées en cœur.

COMPAGNE DE BARJONEAU, LANGUEDOC. — D'argent, à la fontaine à deux jets, d'azur, accostée d'un lévrier et d'un lion affrontés, du même; au chef d'azur, chargé de trois étoiles du champ.

CONDAMINE (de la). — D'azur, à trois mufles de lion d'or.

CONDREN (de), PICARDIE ET NORMANDIE. — Parti : au 1er, de gueules, au chevron cousu d'azur, chargé de cinq fleurs de lis d'or, et accompagné de trois lionceaux d'argent, qui est de *Condren;* au 2e, de sable, à trois annelets d'argent, qui est de *Sainte-Susanne.* — Couronne de marquis.—Supports : deux lions.

CONTADES (de), NARBONNE. — D'or, à l'aigle au vol abaissé d'azur, becquée, languée et armée de gueules.

CONTE DE MONTULLÉ (Le), NORMANDIE.— D'azur, au chevron d'or, accompagné de trois étoiles du même, 2 et 1.

CONTE DE NONANT (Le), NORMANDIE. — D'azur, au chevron d'argent, accompagné en pointe de trois besants d'or mal ordonnés.

**COPPENS**, Flandre française. — D'azur, à trois pins d'or.

**COPPENS (de)**, Belgique et Paris. — De sable, à trois pals d'or; coupé d'or, chargé d'un coq de sable.

**COPPIN DE BEAUSAINT (de)**, Bourgogne et Pays-Bas. — De gueules, à une croix d'or, cantonnée, aux 1er et 4e, d'un cygne d'argent; aux 2e et 3e, d'une fasce d'argent; l'écu surmonté d'un casque sommé d'une couronne de baron et accompagné de ses lambrequins. — Tenant, à dextre : un sauvage. — Cimier : un cygne d'argent.

**COQUELIN DE GERMIGNEY**, Franche-Comté. — D'azur, à deux licornes affrontées d'or, armées d'argent, les cornes passées en sautoir.

**CORBEAU DE LANFREY**, Dauphiné. — Fascé d'argent et de sable, écartelé de *Lanfrey*.

**CORBERON (Bourrée de)**, Bourgogne. — D'azur, à trois gerbes d'or, liées d'argent.

**CORBIÈRE (de La)**, Maine et Anjou. — D'argent, au lion de sable, lampassé et couronné de gueules — Couronne de marquis.

**CORBIÈRE DE JUVIGNÉ (La)**, Bretagne. — D'argent, au lion de sable, armé, lampassé et couronné de gueules.

**CORBIÈRES**, Bretagne. — D'azur, au chevron d'or, accompagné en pointe d'un coq du même.

**CORCIN**, Bretagne. — D'argent, à trois croix pattées de sable, 2 et 1.

**CORNEILLE**, Normandie. — De gueules, à deux fasces d'or, au chef d'argent, chargé de trois corneilles de sable.

**CORNET**, Bretagne. — D'azur, à trois cors de chasse d'or, 2 et 1.

**CORNETS DE GROOT DE KRAAYENBURG**, Hollande. — Écartelé : aux 1er et 4e, d'or, à trois cornets d'azur, liés, virolés et enguichés de gueules, posés 2 et 1, qui est de *Cornets*, et en cœur, un écusson de gueules, à une étoile à huit rais d'argent, qui est de *Baux*; aux 2e et 3e, de sable, à trois boules ou besants d'or, posés en bande, accompagnés de trois corneilles aussi d'or, une en chef et deux en pointe, qui est de *Kraayenburg*. — Couronne de comte. — Tenants : deux sauvages. — Devise : *Ruit hora*.

**CORNON DE GORREVOD**, Bresse. — D'azur, à six étoiles d'or; au croissant du même en abîme.

**CORNOT DE CUSSY**, Bourgogne. — D'azur, au chevron brisé d'argent, accompagné en chef de deux étoiles d'or, et en pointe d'un cornet d'or, lié du même. — Couronne de comte. — Devise : *Onques ne faillit*.

**CORNUDET DES CHOMETTES**, Bordeaux. — Coupé, au 1er, d'azur; chargé, à dextre, d'un miroir d'or, entortillé d'un serpent d'argent, et, à sénestre, d'un lion d'or; au 2e, de gueules, à la fasce d'or.

**COROLLER**, Bretagne et Madagascar. — De sable, au cerf passant d'or.

**CORTOIS DE PRESSIGNY**, Bourgogne. — Coupé : au 1er, d'or, à l'aigle de sable; au 2e, d'argent, au rameau de trois feuilles de lierre, de sinople, en fasce, les feuilles pendantes vers le bas de l'écu.

**COS DE LA HITTE (du)**, Gascogne et Armagnac. — D'azur, à l'épée d'or posée en bande, la pointe en haut, traversant un cœur d'or, accompagné de trois étoiles du même, deux en chef et l'autre en pointe. — Devise : *Fortitudo et celeritas*. — Couronne de comte.

**COSKAER LE PELETIER DE ROSAMBO**, Bretagne et Ile de France. — Écartelé : aux 1er et 4e, d'azur, à une croix perronnée de deux degrés d'argent, chargée, en cœur, d'un chevron de gueules, accosté de deux molettes de sable, et en pointe d'une rose de gueules boutonnée d'or, qui est de *Le Peletier*; aux 2e et 3e, contre-écartelé : au 1er et 4e, d'or, au sanglier effaré de sable ; aux 2e et 3e, écartelé d'or et d'azur, qui est de *Coskaer*.

**COSNAC (de)**. — D'argent, semé d'étoiles de sable, au lion du même, armé, lampassé et couronné de gueules, brochant sur le tout. — Tenants : deux sauvages. — Devise : *Neque aurum honora, neque argentum*.

**COSNE DE CARDANVILLE (de)**, Dauphiné, Normandie et Beauce. — D'azur, au chevron d'argent, à la fasce d'or, brochant sur le tout. — Devise *Deus et rex*. — Couronne de marquis.

**COSSERON DE VILLENOISY**, Normandie et Ile de France. — D'azur, au vaisseau d'or; au chef cousu de gueules, chargé d'un besant du second émail, accosté de deux cosses du même.

**COSTAING DE PUSIGNAN**, Dauphiné et Bourgogne. — D'azur, à la fasce haussée d'argent, accompagnée de dix losanges d'or, quatre en chef, quatre et deux en pointe.

**COSTARDAYE (La)**, Bretagne. — Parti d'argent et de gueules, à deux léopards de l'un en l'autre.

**COSTÉ DE TRIQUERVILLE ET DE SAINT-SUPPLIN**, Normandie. — D'azur, au chevron d'argent, accompagné de trois coquilles d'or. — Couronne de marquis. — Supports : deux lions.

**COT DE CHASTELARD**, Dauphiné. — Parti, emmanché d'argent de gueules.

**COUCY (de)**, Soissonnais. — Fascé de vair et de gueules. — Supports : deux lions d'or. — Cimier : un lion issant du même.

**COUÉDIC (du)**, Bretagne. — D'argent, à une branche de châtaignier à trois feuilles, d'azur.

**COUET DE MARIGNANES**, Bresse et Provence. — D'or, à deux pins arrachés, entrelacés et passés deux fois en sautoir, de sinople, fruités d'argent.

**COULANGES (de)**. — D'azur, au chef d'or, chargé d'une aigle au vol éployé de sable, et une bande d'argent, chargée d'un lion de gueules, brochant sur le tout.

**COUR DE BALLEROY (La)**, Normandie. — D'azur, à trois cœurs d'or.

**COURBON DE BLÉNAC**, Saintonge. — D'azur, à trois fermaux d'or, l'ardillon en pal, 2 et 1.

**COULRET DE BOULOT**, Franche-Comté. — D'azur, au chevron d'or, accompagné de deux étoiles du même en chef, et d'un cœur aussi du même en pointe.

**COURCELLES (Gars de)**, Bourgogne — D'azur, à une fasce d'or, et trois étoiles de même rangées en chef.

**COURTAIS (de)**, Bourbonnais. — De sable, à trois lionceaux d'or, couronnés, lampassés et armés de gueules, 2 et 1.

**COURTARVEL (de)**, Maine. — D'azur, au sautoir d'or, cantonné de seize losanges du même, rangées 3 et 1, et tournées dans le sens de l'orle. — Couronne de marquis. — Supports : deux lions.

**COURTEMANCHE (Le Maire de Millières et de)**. — D'argent, au sautoir de sable.)

**COURTEVILLE DE LA BUISSIÈRE**, Picardie et Artois. — D'or, à la croix ancrée de gueules.

**COURTILLOLES (de)**, Normandie. — D'or, au lion de sinople, et un chef de gueules, chargé de trois besants d'argent. — Couronne de marquis. — Supports : deux lions.

**COURTILS DE MERLEMONT (des)**, Beauvaisis et Pays de Liége. — D'azur, au lion d'argent, portant au col l'écu *de Flandre* attaché par un ruban de gueules.

**COURTIN DE TORSAY**, Normandie. — De gueules, à trois roses d'or, tigées et feuillées d'argent, posées 2 et 1.

**COURTIN D'USSY**, Maine, Orléans, Ile de France et Brie. — D'azur, à trois croissants d'or.

**COURTRAY DE PRADEL**, Gascogne. — D'or, au chevron d'azur, accompagné de trois faucons essorants de gueules.

**COURVOL (de)**, Nivernais. — De gueules, à la croix ancrée d'or, accompagnée en chef de deux étoiles d'argent ; l'écu timbré d'un casque ayant pour cimier une licorne issante. — Couronne de marquis. — Supports : Deux licornes supportant chacune une bannière d'or, chargée d'une aigle de sable au vol éployé. — Devise : *Nusquàm timuit*.

**COUSTARD (de)**, Maine et Anjou. — D'azur, au chevron d'or, accompagné de trois losanges du même, celle de la pointe surmontant un croissant d'argent.

**CRÉQUY (de)**, Artois et Picardie. — D'or, au créquier de gueules. — Devise : *Nul ne s'y frotte*.

**CRESPIN DU BEC-CRESPIN**, Ile de France. — Fuselé d'argent et de gueules.

**CRETON D'ESTOURMEL**, Picardie. — De gueules, à la croix dentelée d'argent.

**CRÉVANT D'HUMIÈRES**, Touraine et Picardie. — Ecartelé : aux 1er et 4e, contre-écartelé d'argent et d'azur, qui est de *Crévant* ; aux 2e et 3e, d'argent, fretté de sable, qui est d'*Humières*.

**CROISMARE (de)**, Normandie. — D'azur, au léopard d'or, armé et lampassé de gueules. — Supports : deux sauvages. — Devise : *Commeo fidenter*. — Couronne de marquis.

**CROIX (de)**, Flandre. — D'argent, à la croix d'azur ; au franc-quartier de comte-sénateur ; (d'azur, au miroir d'or en pal, tortillé d'un serpent d'argent qui s'y mire.)

**CROIX DE CHEVRIÈRES DE SAYVES (de la)**, Dauphiné. — D'azur, à un buste de cheval d'or, animé de gueules ; au chef cousu de gueules, chargé de trois croisettes d'argent. — Couronne de marquis. — Supports : deux chevaux. — Cimier : un cheval portant une bannière aux armes de l'écu. — Devise : *Indomitum domuere cruces*.

**CROIX DE CASTRIES (La)**, Languedoc. — D'azur, à la croix d'or.

**CROPTE DE BOURZAC ET DE CHANTERAC (La)**, Périgord. — D'azur, à la bande d'or, accompagnée de deux fleurs de lis de même. — Couronne de marquis. — Tenants : deux femmes nues et échevelées.

**CROSPI (de)**, Italie. — D'or, à la bande d'azur, accompagnée en chef d'un mont de trois coupeaux de gueules. — Couronne de marquis. — Supports : deux léopards. — Cimier : un léopard.

**CROTAY DE BLAINVILLE (du)**, NORMANDIE. — De gueules, à trois *paons* rouants d'argent.

**CROY (de)**, HONGRIE, FRANCE ET PAYS-BAS. — Fascé d'argent et de gueules de trois pièces.

**CRUGEOT DE VILLEMANS**, ARTOIS. — D'azur, à trois quintefeuilles d'or.

**CRUGY DE MARCILLAC**, ROUERGUE. — D'azur, à trois roses d'argent, posées 2 et 1.

**CRUSSOL D'UZÈS**, LANGUEDOC. — Ecartelé : aux 1er et 4e, parti de *Crussol* qui est fascé d'or et de sinople de six pièces, et de *Lévis* ; aux 2e et 3e, contre-écartelé de *Gordon* et de *Genouillac*; sur le tout : de gueules, à trois bandes d'or, qui est d'*Uzès*.

**CUGNAC (de)**, GUIENNE. — Gironné d'argent et de gueules de huit pièces.

**CULANT (de)**. — D'azur, semé d'étoiles d'or, et un lion du même brochant.

**CUNNINGHAM**, ECOSSE. — D'argent, au pairle de sable, accompagné en pointe d'une rose de gueules.

**CUREL (de)**, CHAMPAGNE ET LORRAINE. — Vairé d'or et d'azur ; au chef de gueules, chargé d'un lion léopardé d'argent ; l'écu timbré d'un casque d'argent garni d'or et taré de front, sommé d'une couronne de vicomte et accompagné de ses lambrequins. — Cimier : un lion d'or issant.

**CUSSIGNY DE VIANGES**, CHAMPAGNE. — De gueules, à la fasce d'argent, chargée de trois écussons d'azur.

**CUVERVILLE (de)**, NORMANDIE. — De gueules, à trois chevrons d'or.

**DADVISART ou D'AVISARD**, LANGUEDOC. — D'azur, au soleil d'or, posé au canton dextre du chef, et un tournesol arraché, posé au canton sénestre de la pointe.

**DAGUET DE BEAUVOIR**, BLAISOIS. — Tiercé en pal : de sable, de vair et d'azur.

**DAILLON DU LUDE**, POITOU. — D'azur, à la croix engrêlée d'argent.

**DALBERG (de)**, MAYENCE. — Ecartelé : aux 1er et 4e, d'or, à la croix ancrée de gueules ; aux 2e et 3e, d'azur, à la forteresse donjonnée de trois tours d'argent, et un comble denché du même.

**DALMAS (de)**, CHAMPAGNE, ILE DE FRANCE, LANGUEDOC, AUVERGNE ET LIMOUSIN. — D'argent, à la croix ancrée de gueules. — Couronne obsidionale. — Supports : deux lions. — Devise : *A Pontoise*.

**DAMBRAY**, NORMANDIE. — D'azur, à trois tours d'argent, 2 et 1 ; et un lionceau d'or, en abîme.

**DAMMARTIN (de)**, ILE DE FRANCE. — Fascé d'or et de sable de six pièces, et une bordure de gueules.

**DANDEL D'ASSEVILLE**, NORMANDIE. — D'azur, à trois quintefeuilles d'or.

**DANIEL DE BOIS, D'ANNEMETZ, DE VAUGUYON ET DE GRANGUES**. — De gueules, à la bande d'argent, chargée de trois molettes de sable, et accompagnée de deux lionceaux d'or, l'un en chef et l'autre en pointe.

**DANIEL DE KERHERVÉ**, BRETAGNE. — De gueules, à la croix d'or ; au bâton d'argent, brochant.

**DANOIS DE CERNAY (Le)**, NORMANDIE. — De sable, à deux épées d'argent, garnies d'or, passées en sautoir.

**DARU**, MONTPELLIER. — Ecartelé : au 1er, d'azur, à une tête de lion arrachée d'argent ; au 2e, échiqueté d'or et d'azur, à six tires ; au 3e, d'argent, à l'arbre terrassé de sinople ; au 4e, d'azur, au chevron d'or, accompagné en chef de deux étoiles d'argent, et en pointe d'une ancre du même ; sur le tout : d'azur, au rocher d'argent et un chef cousu de gueules, chargé de trois étoiles d'or.

**DASSIER DES BROSSES**, ANGOUMOIS. — Burelé d'argent et de gueules de dix pièces, l'argent chargé de neuf merlettes de sable, posées 2, 2, 2 et 1.

**DAUPHIN**, ANGOUMOIS. — D'argent, à deux fasces d'azur.

**DAVY DE BOISROGER**, NORMANDIE. — D'azur, au chevron d'or, accompagné de trois harpes du même, deux en chef et une en pointe.

**DAVY DE LA PAILLETERIE**, CAUX. — D'azur, à trois aigles d'or, au vol éployé, les deux du chef soutenant de leurs pattes un anneau d'argent, posé en cœur et appuyé sur la tête de l'aigle de la pointe.

**DEJEAN**, CASTELNAUDARY. — D'argent, au griffon de sable ; et un chef d'azur, chargé d'un croissant d'or, accosté de deux étoiles du même.

**DELLEY DE BLANCMESNIL ET D'AVAIZE (de)**, SUISSE ET FRANCE. — D'azur, au lion d'or, armé et lampassé de gueules, à deux cotices d'or, brochantes, l'une sur les pattes du lion, l'autre sur sa queue. — Supports : deux lions au naturel. — Cimier : un lion issant d'or. — Devise : *Jussu Domini Dei*. — Le trophée surmonté en hors d'œuvre des trois lettres J. D. D.

**DELORT**. — Ecartelé : au 1er, d'or, au casque taré de face de sable, doublé et panaché de gueules, grillé du métal du champ ;

au 2e, de gueules, à l'épée haute en pal d'argent, qui est le franc-quartier des barons militaires ; au 3e, d'azur, à la barre d'argent, chargée d'une étoile du champ ; au 4e, d'argent, au lion de gueules.

**DELPUECH DE COMMEIRAS**, LANGUEDOC. — De gueules, à un château d'argent, donjonné de trois tours du même, maçonné de sable.

**DEMIDOFF**, RUSSIE ET TOSCANE. — Parti : au 1er, emmanché d'or et de sable, coupé d'azur à un marteau d'argent, et une fasce aussi d'argent, brochant sur le coupé ; au 2e, d'argent, à la fleur de lis florentine de gueules ; coupé d'argent à la croix de gueules.

**DÉMOURS D'IVORY (Le)**, BRETAGNE. — Ecartelé : aux 1er et 4e, de gueules, au lion d'argent, armé et lampassé de même, qui est *Le Démours ;* aux 2e et 3e, de sable, à trois besants d'argent, qui est d'*Ivory*.

**DENIS DE KERANOT**, BRETAGNE. — D'argent, à trois quintefeuilles de gueules.

**DENIS DE PRATHAMON**, BRETAGNE. — D'argent, au sanglier furieux de sable, allumé de gueules.

**DENIS DE TROBRIANT**, BRETAGNE. — D'argent, au sautoir de gueules ; *alias* de sable, au sautoir d'or.

**DERRIEN DE ROSLAN**, BRETAGNE —D'argent, à deux lions affrontés, de gueules.

**DERVAL DE GUEVON**, BRETAGNE. —D'azur, à la croix d'argent, frettée de gueules.

**DESCARTES**, BRETAGNE. — D'argent, au sautoir de sable, accompagné de quatre palmes de sinople.

**DESSEY DE LEYRIS**, AUVERGNE. — Parti : au 1er, de sinople, au badelaire d'or ; au 2e, d'or, à la branche de myrte au naturel.

**DESSOLE**. GASCOGNE. — D'azur, à l'aigle d'argent ; au chef d'or, chargé de trois étoiles d'azur.

**DESVIGNES DE DAVAYÉ**, MACONNAIS. — D'argent, au cep de vigne de sinople, tigé et feuillé du même, fruité de pourpre, sur un tertre de sable.

**DESTUTT DE TRACY**. — Ecartelé : aux 1er et 4e, d'or, à trois pals de sable ; aux 2e et 3e, d'or, au cœur de gueules.

**DEU DE VIEUX DAMPIERRE**, CHAMPAGNE. — D'argent, au chevron d'azur, accompagné de trois pattes de griffon de sable, posées 2 et 1.

**DEVEZEAU**, ANGOUMOIS ET POITOU. — D'azur, au chef dentelé de gueules. — Supports : deux lions.

**DEXMIER D'OLBREUSE**, POITOU, LIMOUSIN, ANGOUMOIS ET HANOVRE. — Ecartelé d'azur et d'argent, à quatre fleurs de lis de l'un à l'autre.

**DIBARRART D'ETCHEGOYEN**, BÉARN. — Ecartelé : au 1er, d'azur, à l'agneau pascal d'argent, surmonté de trois étoiles d'or ; au 2e, d'azur, à une tour d'argent, accostée à dextre d'un lion d'or, à sénestre d'un lion d'argent ; au 3e, d'or, à trois pals d'azur ; au 4e, d'argent, à un arbre de sinople, au pied fiché dans un cœur de gueules, et accosté à sénestre d'un lion du même.

**DIGEON DE MONTETON**, GUIENNE. — De gueules, à la bande d'or, accompagnée en chef d'une étoile du même, surmontant un corbeau d'argent, et en pointe de deux flanchis du dernier émail.

**DION (de)**, ARTOIS ET BRABANT. — D'argent, à l'aigle éployée de sable, becquée et membrée d'or, ayant sur l'estomac un écusson de sable, chargé d'un lion d'or et bordé d'une engrêlure du même. — Couronne ducale. — Cimier : une tête d'aigle. — Tenants : deux sauvages armés de massues, couronnés et ceints de lauriers. — Légende : *Domine, ad juvandum me festina.*

**DIVONNE**. — De sinople, à la bande d'or, frettée de gueules.

**DODUN (de)**, ILE DE FRANCE. — D'azur, à la fasce d'or, chargée d'un lion issant de gueules, et accompagnée de trois limaçons d'argent, deux en chef et un en pointe.

**DOMBROWSKI**, POLOGNE. — De gueules, à une jeune fille de carnation, vêtue d'argent, couronnée d'or, tenant dans la main une trompette d'or dont elle sonne. (*Dombrowski*.)

**DOMIS DE SEMERPONT**, ARTOIS. — Ecartelé : aux 1er et 4e, d'argent, à trois rustres de sable, et au chef de gueules ; du 2e et 3e, d'argent, au lion de sable.

**DONHOFF ou DENHOF**, ALLEMAGNE ET POLOGNE. — D'argent, à la hure de sanglier de sable.

**DONZE DE BELFORT**. — De gueules, à trois fasces ondées d'or.

**DORGEOISE DE TIVOLIÈRE**, DAUPHINÉ. — De gueules, à trois fleurs de lis d'argent rangées en fasce ; au chef du même, chargé d'un chêne de sinople, glanté d'or, les deux branches passées en sautoir.

**DORLODOT DE PRÉVILLE**, LORRAINE. — D'azur, à trois étoiles d'argent, et un croissant du même en pointe.

**DORTANT DE MARTEREY**, DAUPHINÉ. — De gueules, à la fasce d'argent, accompagnée de trois annelets du même, deux en chef et un en pointe.

**DOUHET** (de), Auvergne. — Ecartelé : aux 1er et 4e, d'azur, à la tour d'argent, maçonnée de sable ; aux 2e et 3e, de gueules, à la licorne d'argent.

**DOULCET DE PONTÉCOULANT**, Normandie. — D'argent, à la croix de sable, fleurdelisée d'or.

**DOUVILLE DE MAILLEFEU**, Normandie et Picardie. — Ecartelé : aux 1er et 4e, d'azur, à trois étoiles d'argent, 2 et 1 ; aux 2e et 3e, de gueules, à la tour crénelée, d'argent, ouverte et ajourée de sable, et surmontée de deux guidons.

**DOYEN**, Lorraine. — Parti d'or et d'argent, au chevron de gueules, brochant sur le tout, chargé de deux lionceaux d'or. — Couronne de baron. — Cimier : un casque surmonté d'un dextrochère armé.

**DOYNEL DE LA SAUSSERIE**, Normandie. — D'argent, au chevron de gueules, accompagné de trois merlettes de sable, posées deux en chef et une pointe.

**DREUX-BRÉZÉ** (de), Ile de France, Bretagne et Anjou. — D'azur, au chevron d'or, accompagné en chef de deux roses d'argent, et en pointe d'un soleil d'or.

**DROUET DE MONTGERMONT**, Bretagne. — De gueules, à trois cœurs d'or ; à la rose du même en abîme.

**DROUILLARD DE SAINT-GILLES**, Bretagne. — D'azur, à trois pommes de pin d'or, 2 et 1.

**DROULLIN DU MENILGLAISE** (de), Normandie. — D'argent, au chevron de gueules, accompagné de trois quintefeuilles de sinople.

**DROUOT**, Lorraine. — Coupé : au 1er, d'azur, à la croix tréflée d'or ; au 2e, d'or, au chevron de gueules, accompagné en pointe d'une pile de six boulets de sable.

**DRUX DE MONGELAS**, Bourgogne. — D'azur, au phénix sur son immortalité, fixant un soleil mouvant de l'angle dextre du chef ; le tout d'or.

**DRUAYS DE FRANQLIEU**, Bourgogne. — D'argent, à la moucheture d'hermines de sable.

**DRUMMOND-MELFORT**, Ecosse et Hongrie. — D'or, à trois fasces ondées de gueules.

**DUBRETON**, Bretagne. — D'azur, à la tour hersée d'or, maçonnée et ajourée de sable ; au chef d'or, chargé de trois étoiles de gueules.

**DUC DE LA DUQUERIE** (Le), Normandie. — De gueules, au dauphin d'argent.

**DUCHIER**. — D'azur, à une colombe d'or essorante, surmontée d'une croix pattée du même.

**DUCAMPE DE ROSAMEL**. — D'argent, à deux fasces de gueules.

**DUCLOT**, Dauphiné. — D'argent, à trois flammes de gueules.

**DUDLEY**, Angleterre. — D'or, au lion d'azur, la queue fourchée.

**DUMAS**. — Coupé : au 1er, de sable, au fer à cheval d'argent, cloué du champ ; au 2e, d'azur, à deux massues d'or.

**DUMAS DE MARVEILLE**, Berry. — D'azur, à trois besants d'or. — Quelques membres chargent l'écu d'une fasce d'or. — Couronne de comte. — Supports : deux lions.

**DUMAS DE LA PAILLETERIE**, Normandie. — D'azur, à trois aigles d'or, au vol éployé, les deux du chef soutenant un anneau d'argent, posé en cœur et appuyé sur la tête de l'aigle de la pointe (*Voy.* Davy).

**DUMAY**, Limousin. — D'azur, à un mai terrassé d'or, accosté, à dextre, d'une tige de lis d'argent, mouvant de la terrasse, et, à sénestre, d'un chien d'argent, assis ; l'écu timbré d'un casque taré de profil, orné de ses lambrequins.

**DUNIN**, Pologne. — De gueules, au cygne contourné d'argent, becqué et membré de sable. (*Labendz.*)

**DUPERRÉ**, Aunis. — D'azur, semé d'étoiles d'argent, au lion d'or brochant ; au franc-quartier de gueules, à l'épée haute en pal d'argent.

**DUPIN DES LEZÉS**, Nivernais et Guienne. — D'argent, à trois bourdons de gueules ; l'écu timbré d'un casque de chevalier, orné de ses lambrequins.

**DUPONT**, Paris. — Ecartelé : au 1er, d'azur, au serpent d'argent se regardant dans un miroir d'or, autour du manche duquel son corps est entortillé ; au 2e, de gueules, à l'étoile d'or ; au 3e, d'azur, au chevron contre-bretessé d'argent, accompagné en chef de deux étoiles d'or, et en pointe d'une flèche du même ; au 4e, de gueules, au gouvernail d'or, dirigé par une main dextre de carnation, mouvant au flanc sénestre de l'écu.

**DUPUY**. — Coupé : au 1er, de sable, à deux croissants d'argent, l'un tourné surmontés de trois étoiles du même ; au 2e, de gueules, au lion léopardé d'or.

**DUPUY DE BORDES**. — De gueules, à la mer d'argent, au rocher de sinople, battu des flots et supportant une sirène au naturel. — Devise : *Immobilis in mobili.*

**DUPUYTREN**, Ile de France. — D'azur, à la bande d'or, chargée d'une branche de laurier de sinople ; au coq d'or en chef, et à la lampe enflammée d'or en pointe.

**DURAND DE BONRECUEIL**, Languedoc. — D'argent, au cerisier de sinople, fruité de gueules ; au chef du même, chargé d'une étoile à six rais d'or.

**DURAND DE MAREUIL**, Ile de France. — Vairé d'or et d'azur.

**DURAND DE RILLY**, Vivarais. — D'argent, à trois maillets de gueules.

**DURCET (de)**, Normandie. — De sable, au lion d'or ; au chevron d'argent, brochant sur le tout.

**DURET D'ARCHIAC**, Ile de France. — D'azur, à trois diamants taillés en losange, d'argent, enchâssés d'or, 2 et 1, et un souci d'or, feuillé de même, mis en cœur.

**DUREY DE NOINVILLE**, Bourgogne. — De sable, au rocher d'argent, surmonté d'une croisette du même.

**DUROC DE FRIOUL**. — Ecartelé : aux 1er et 4e, d'or, au château de trois tours donjonnées de gueules, ajourées et girouettées de sable ; aux 2e et 3e, d'azur, au cavalier d'argent armé, tenant un sabre du même ; sur le tout : de sinople, au rocher d'or, mouvant de la pointe, et surmonté d'une étoile d'argent, au chef ducal de l'Empire.

**DUROUSSEAU DE FERRIÈRES, DE FAYOLLE, DE COULGENS**, Angoumois et Poitou. — De gueules, au chevron d'argent, accompagné de trois besants du même ; au chef d'argent, chargé de trois losanges de gueules.

**DUVIDAL DE MONTFERRIER**, Languedoc. — D'or, au sautoir échiqueté de deux tires d'argent et de sable, accompagné de quatre quintefeuilles de gueules.

**DZIALYNSKI**, Pologne. — De gueules, à une flèche, le fer en haut, le bas se terminant en forme de demi-anneau ; le tout d'or. (*Ogoncyk.*)

**ECUYER DE MURET (L')**, Ile de France, Picardie et Soissonnais. — D'azur, au chevron d'or, chargé de cinq roses (*aliàs* besants) de gueules, et accompagné de trois étoiles d'or, deux en chef et une en pointe.

**EGMONT (d')**, Pays-Bas. — Chevronné d'or et de gueules de dix pièces.

**ELBÉE (d')**, Ile de France. — D'azur, à trois fasces de gueules. — Supports : deux levrettes. — Devise : *Intacta semper sanguine nostro.*

**EMÉ DE MARCIEU**, Dauphiné. — D'azur, au bélier passant d'argent ; au chef d'or, chargé de trois rencontres de taureau de sable.

**EMMERY DE GROZYEULX**, Lorraine. — D'azur, à trois chevrons d'or, et une bordure componée d'argent et de sable de vingt pièces.

**ENTRAIGUES (d')**, Rouergue. — De gueules, à une tour d'argent, maçonnée de sable. — Couronne de comte.

**EON**, Bretagne. — D'argent, à un lion de sable.

**EPERVIER DE BÉRON (L')**, Dauphiné. — De gueules, à l'épervier volant d'or, membré de sable ; au chef d'or, chargé de trois croisettes de gueules.

**ERNAULT D'OLIVET**, Normandie. — De gueules, à la licorne d'argent, accompagnée de trois étoiles d'or.

**ERNECOURT DE MONTREUIL (d')**, Champagne. — D'azur, à trois pals abaissés, d'argent, surmontés de trois étoiles d'or.

**ESCALE (de l')**, Lorraine. — De gueules, à un escalier d'argent à six degrés.

**ESCAYEUL (d')**, Normandie et Picardie. — D'azur, à cinq cotices d'argent.

**ESCAYRAC DE LAUTURE (d')**, Quercy. — D'argent, à trois bandes de gueules.

**ESCHASSÉRIAUX**. — Fascé d'or et d'azur, de six pièces. — Le ministre plénipotentiaire portait le franc-quartier de baron diplomate ; d'azur, à la tête de lion, arrachée d'argent.

**ESCORCHEBEUF (d')**, Normandie. — D'argent, à trois trèfles de sinople, 2 et 1.

**ESCORCHES DE SAINTE-CROIX (d')**, Normandie. — D'argent, à la bande d'azur, chargée de trois besants d'or.

**ESCOT DE COURNON**, Auvergne. — D'azur, à la croix ancrée, d'or.

**ESCOTAIS (des)**, Maine. — D'argent, à trois quintefeuilles de gueules, 2 et 1.

**ESCOUBÈS DE MONLAUR**, Gascogne. — De gueules, à deux lions d'argent, affrontés, soutenant de leurs pattes un globe terrestre, croisetté du même, cintré du champ.

**ESCOUBLEAU DE SOURDIS (d')**, Poitou. — Parti d'azur et de gueules ; à la bande d'or, brochante.

**ESCUMONT DE POISLIÈRES**, Bretagne. — De sinople, à l'écumoir d'or.

**ESPARRON (d')**, Rouergue. — D'or, à un pal de gueules chargé d'une épée d'argent dans son fourreau, entourée de son baudrier de sable.

**ESPARVIER (d'),** Auvergne. — De gueules, à deux lions affrontés d'or.

**ESPIARD (d'),** Bourgogne. — D'azur, à trois épis d'or, 2 et 1.

**ESPARBÈS DE LUSSAN (d'),** Gascogne. — D'argent, à la fasce de gueules, accompagnée de trois éperviers de sable, 2 et 1.

**ESPINAY DE SAUDECOURT,** Bretagne. — D'argent, au lion rampant, coupé de gueules et de sinople, couronné, armé et lampassé d'or.

**ESPINAY-SAINT-LUC (d'),** Bretagne et Normandie. — D'argent, au chevron d'azur, chargé de onze besants d'or. — Couronne de duc. — Cimier : une aigle issante au vol abaissé. — Supports : deux licornes.

**ESPINE DU PUY (L'),** Dauphiné et Comtat-Venaissin. — D'argent, à la croix de gueules, cantonnée, au premier canton, d'une aubépine arrachée de sinople.

**ESPINE DE GRAINVILLE (L'),** Bretagne. — D'argent, à trois chardons de sinople, fleuris d'azur.

**ESPIVENT DE LA VILLEBOISNET,** Bretagne. — D'azur, à la molette d'or, accompagnée de trois croissants du même.

**ESSARS DE MAIGNEUX ET DE LIGNIÈRES (des),** Picardie et Normandie. — De gueules, à trois croissants d'or, 2 et 1.

**ESTAMPES (d'),** Berry. — D'azur, à deux girons d'or mis en chevron ; au chef d'argent, chargé de trois couronnes ducales de gueules, mises en fasce.

**ESTAMPES (d').** — D'hermines, à la bordure de gueules.

**ESTANG DE TOURTOULON, (L'),** Auvergne. — Parti : au 1er, d'azur, à trois bandes d'or ; au 2e, d'azur, à la fasce d'or, accompagnée de trois étoiles d'argent.

**ESTE (d'),** Italie. — Parti : au 1er, d'Autriche ; au 2e, d'Este, qui est d'azur, à l'aigle d'argent, couronnée, becquée et membrée d'or.

**ESTIENNE DE CHAUSSEGROS DE LIOUX (d'),** Provence. — Ecartelé : aux 1er et 4e, d'azur, à trois bandes d'or, qui est *d'Estienne* ancien ; aux 2e et 3e, d'or, à la jambe de gueules, qui est de *Chaussegros de Lioux*. — Cimier : un buste d'homme avec un chapeau couvert de quelques plumes. — Supports : deux griffons. — Devise : *Triplex difficile rumpitur.*

**ESTIENNE DE LAUNAY,** Bretagne. — D'azur, à trois coquilles d'or, 2 et 1.

**ESTOURNEAU DE PINATEAU,** Poitou. — D'azur, à trois chevrons alésés, d'or ; au chef du même, chargé de trois étourneaux essorants de sable.

**ESTOURMEL (d'),** Picardie. — De gueules, à la croix dentelée d'argent.

**ESPADES (d'),** Guienne. — De gueules, au lion d'argent, couché sur une terrasse de sinople, sous un palmier d'or.

**EUDES,** Normandie. — De gueules, à la fasce d'or, accompagnée en chef de trois pommes de pin, versées, du même, et en pointe d'un croissant d'argent.

**EUDES DE FRÉMONT,** Normandie. — D'azur, au sautoir d'argent, accompagné d'un croissant et de trois étoiles de même.

**EUDES DE MIRVILLE,** Normandie. — D'or, au lion coupé d'azur et de gueules.

**EUSTACHE D'OMONVILLE,** Normandie. — D'azur, à la fasce d'or, accompagnée de trois roses d'argent, une en chef et deux en pointe.

**EVESQUE DE LAFERRIÈRE (L'),** Bretagne. — Ecartelé : au 1er, de sinople, à trois étoiles d'argent, 1 et 2 ; au 2e, de gueules, à l'épée haute en pal d'argent ; au 3e, de gueules, à la branche d'olivier d'or ; au 4e, de sinople, à cinq chevrons d'argent.

**EVÊQUE DE GRAVELLE (L'),** Ile de France. — Coupé d'azur sur argent ; l'argent chargé de trois cœurs de gueules enflammés, et l'azur d'une grue d'argent.

**EXEA (d'),** Languedoc. — De sable, à la barrière en champ clos d'or ; à la bordure échiquetée d'argent et de gueules, de deux tires.

**FABRE DE LA MARTILLIÈRE,** Languedoc. — Parti : au 1er, d'azur, à la tour crénelée de quatre pièces d'argent, donjonnée du même, ouverte de gueules, ajourée et maçonnée de sable ; au 2e, d'argent, à la vache de sable, surmontée d'une étoile du même.

**FABRE DE LA VALETTE ET DE MONTVAILLANT,** Provence. — Ecartelé : aux 1er et 4e, d'azur, à un dextrochère d'or sortant d'une nuée d'argent, tenant une épée du même, dont la pointe supporte une couronne fleurdelisée d'or, accompagnée à dextre d'un lion contourné, couronné d'or, lampassé et armé de gueules, supportant d'une de ses pattes une fleur de lis d'or et un casque aussi d'or, posé de profil et ombragé de plumes d'argent. (Armes données par Henri II.)

**FABRY D'AUTREY**, LANGUEDOC. — D'or, au lion de sable, armé et lampassé de gueules.

**FABRY DE BERTY**, QUERCY. — D'azur, à un chevron renversé d'argent, surmonté d'un pélican d'or, et accompagné en pointe de trois autres petits pélicans aussi d'or.

**FADATE DE SAINT-GEORGES**, CHAMPAGNE. — D'or, au chevron de gueules, accompagné de trois tourteaux du même; au chef d'azur, chargé de trois fleurs de lis d'or.

**FAGES DE CHASAUX**, DAUPHINÉ ET LANGUEDOC. — D'or, à la montagne de trois coupeaux de gueules, sommée d'une colombe d'argent, tenant en son bec un rameau d'olivier de sinople; au chef de France.

**FAGET DE QUENNEFER**, LANGUEDOC. — D'argent, au hêtre terrassé de sinople, sénestré d'une fontaine à deux jets du même; au chef d'azur, chargé d'un croissant accosté de deux étoiles, le tout d'or.

**FAILLONNET DE VALLEROY**, LORRAINE. — D'azur, à la rose d'argent; et un chef d'or, chargé de trois fleurs de lis d'azur.

**FALCOZ DE LA BLACHE**, DAUPHINÉ. — D'azur, au faucon d'argent, grilleté du même.

**PALLETANS (de)**, FRANCHE-COMTÉ. — De gueules, à l'aigle d'argent au vol éployé.

**FALLON (de)**, FRANCHE-COMTÉ ET BELGIQUE. — D'azur, à trois besants d'or, 2 et 1; l'écu timbré d'un casque de chevalier, orné de ses lambrequins.

**FALLOUX (de)**, ANJOU, POITOU ET TOURAINE. — D'argent, à un chevron de gueules, accompagné en chef de trois étoiles de sable rangées, et en pointe d'une rose de gueules.

**FARET DE FOURNÈS**, LANGUEDOC. — Bandé d'argent et de gueules.

**FARGE (de La)**, AUVERGNE. — D'argent, à trois marteaux d'azur; et une bordure engrélée de sable.

**FARGES CHAUVEAU DE ROCHEFORT**, LIMOUSIN ET BOURBONNAIS. — D'argent, au lion de gueules. — Couronne de comte. — Supports: deux lions.—Devise: *Vis et amor.*

**FARGUES**, LANGUEDOC. — De gueules, au chevron d'or, accompagné de trois besants d'argent. — Couronne de comte. — Supports. deux lions.

**FATON DE FAVERNAY.** — D'azur, à la croix d'argent.

**FAUBOURNET DE MONTFERRAND**, PÉRIGORD. — Ecartelé d'or et de gueules.

**FAUCHER DE LA LIGERIE (de)**, LIMOUSIN,
GUIENNE, PÉRIGORD ET SAINTONGE. — De gueules, à une sauterelle ou faucheur d'or.— Couronne de marquis. — Supports: deux sauvages.

**FAUCHER (de)**, COMTAT-VENAISSIN. — D'azur, à trois bandes d'or, et un chef aussi d'or, chargé de trois mouchetures d'hermines de sable. — Couronne de comte.

**FAUCOMPRÉ (de)**, BOURBONNAIS. — D'or, au chevron de gueules, accompagné en chef, à dextre, d'une coquille du même, et, à sénestre, d'une couronne triomphale de sinople, et en pointe de deux saumons de sable, surmontés d'un croissant du même.

**FAUCON DE MAYAC**, LIMOUSIN. — D'azur, au faucon d'or, perché sur un bâton du même.

**FAUCON DE VILLARET**, AUVERGNE. — D'azur, au faucon d'argent, chaperonné de gueules, perché sur un tronc d'arbre d'or, et accompagné en chef de trois tiercefeuilles du même.

**FAULTE DE VANTEAUX**, LIMOUSIN. — D'argent, à l'arbre terrassé de sinople; au lion léopardé d'or, brochant sur le fût de l'arbre.

**FAURE DE BERLISE**, CHAMPAGNE. — D'azur, à la bande d'or, chargée de trois croissants de gueules, et accostée de deux lions du second émail.

**FAUR DE BESSOL (du)**, LANGUEDOC. — De gueules, à l'épée d'argent garnie d'or, sommée d'une couronne du même, et accostée à dextre d'un rameau d'olivier d'argent, et à sénestre d'une tige de lis aussi d'argent.

**FAUR DE PIBRAC (du)**, GUIENNE ET ORLÉANAIS. — D'azur, à deux fasces d'or, accompagnées de six besants d'argent, 3, 2 et 1.

**FAURIE DE MONBADON (La)**, GUIENNE. Coupé: au 1er, d'or, à trois étoiles rangées de sinople; au 2e, d'azur, au léopard lionné d'or.

**FAUVEL DE DOUDEAUVILLE**, NORMANDIE. — D'or, à trois merlettes de sable; au chef du même.

**FAVIER DE LANCRY**, PICARDIE. — De gueules, à trois concombres couchés d'argent, les queues en haut.

**FAY DE MAULEVRIER (du)**, NORMANDIE. — De gueules, à la croix d'argent, cantonnée de quatre molettes du même.

**FAY DE LA SAUVAGÈRE (du)**, NORMANDIE. — D'argent, à l'aigle éployée de sable, à deux têtes de gueules; au chef d'azur, chargé de trois besants d'or.

**FAY DE SATONNAY**, LYONNAIS.—D'azur, au lévrier passant, la tête contournée, d'argent, surmonté d'un soleil rayonnant, d'or.

c

**FAY DE LA TOUR-MAUBOURG (de)**, Velay et Auvergne. — De gueules, à la bande d'or, chargée d'une fouine d'azur. — Couronne de marquis. — Supports : deux lions.

**FAYARD DE SINCENY**, Lyonnais et Picardie. — D'or, à l'olivier de sinople, accosté à dextre d'un croissant d'azur, et à sénestre d'une étoile du même.

**FAYDEAU**, Angoumois. — D'azur, semé de fleurs de lis d'or.

**FAYDIT DE TERSAC (de)**, Limousin et Quercy. — Burelé d'argent et de sinople de dix pièces, chaque burèle d'argent chargée d'une étoile de gueules.

**FAYE (de La)**, Bourbonnais. — D'azur, à un mouton d'or, passant sur une terrasse de sinople, cantonné de quatre étoiles du même. — Couronne de comte. — Supports : deux lions.

**FAYETTE (de La)**, Auvergne. — De gueules, à la bande d'or, et une bordure de vair.

**FAYOLLE (de)**, Périgord. — D'azur, au lion d'argent, lampassé, armé et couronné de gueules. — Supports : deux sauvages. — Couronne de marquis. — Devise : *Non ibi sed ubique*.

**FAYOT DE VILLEGRUY**, Ile de France. — D'azur, au coq d'argent.

**FEBVRE DE LATTRE (Le)**, Picardie et Poitou. — De gueules, à l'aigle d'or au vol éployé.

**FEBVRE DE LAUBRIÈRE (Le)**, Anjou et Bretagne. — D'azur, au lévrier rampant d'argent, colleté de gueules, et bouclé d'or.

**FEBVRE DU MOUCHEL (Le)**, Normandie. — De sable, au chevron d'argent, brisé par le flanc droit, accompagné de trois croissants d'argent, 2 et 1.

**FERRIÈRE DE TESSÉ**, Normandie. — D'or, à six fers de mulet d'azur, cloués d'argent, 3, 2 et 1, à la bordure en cercle d'hermines.

**FERRON DE LA FERRONNAYS**, Bretagne. — D'azur, à six billettes d'argent, 3, 2 et 1; au chef cousu de gueules, chargé de trois annelets d'argent.

**FÉNELON DE SALIGNAC**, Périgord. — D'or, à trois bandes de sinople.

**FÉNICE ou DE FÉNIS (de)**, Saintonge. — D'azur, au phénix d'or sur un bûcher de gueules, regardant un soleil d'or à dextre.

**FERRÉ DES FERRIS**, Normandie. — D'argent, à trois fers à cheval de sable. — Cimier : un casque orné de ses lambrequins — Supports : deux lions.

**FERRES DE RÉAUVILLE**, Dauphiné. — D'azur, à trois besants d'argent; à la bordure échiquetée d'argent et d'azur de deux traits.

**FERRIER DU CHATELET**, Provence. — D'argent, à quatre fers de lance d'azur, posés en sautoir, les fers appointés.

**FERRIÈRES-SAUVEBŒUF (de)**, Limousin — D'argent, au pal de gueules, et une bordure dentelée de même.

**FERRON DU CHESNE**, Bretagne. — D'azur, semé de billettes d'argent; à la bande d'argent, chargée de quatre mouchetures d'hermines de sable, brochante.

**FERROUL DE LAURENS**, Languedoc. — De gueules, à trois verrous d'argent, 2 et 1, surmontés de deux étoiles d'or.

**FERRY DE BELLEMARE**, Provence. — De gueules, à la coquille d'or, accompagnée de trois annelets d'or, 2 et 1.

**FEUARDENT (de)**, Normandie et Ile de la Martinique. — D'argent, à l'aigle de sable, au vol éployé, membrée et becquée d'or. — Couronne de marquis. — Supports : deux lions. — Devise : *La force fait mon droit*.

**FEUILLOT DE VARANGE**, Bourgogne. — D'azur, à la main d'argent; au chef cousu de gueules, chargé de deux étoiles d'argent.

**FEUTRIER**. — D'or, au chêne arraché de sinople, accosté de deux dauphins de gueules.

**FÈVRE DE CORMONT (Le)**, Champagne. — D'azur, à trois croix pattées d'or.

**FÈVRE D'ORMESSON (Le)**, Ile de France — D'azur, à trois lis de jardin, d'argent, tigés et feuillés de sinople, 2 et 1.

**FEYDEAU DE BROU (de)**, Bretagne et Limousin. — D'azur, au chevron d'or, accompagné de trois coquilles du même.

**FIENNES (de)**, Picardie et Soissonnais. — D'argent, au lion de sable, armé et lampassé de gueules.

**FIGUIÈRES (de)**, Provence. — D'or, au figuier de sinople; au chef d'azur, chargé de trois étoiles d'or.

**FILHOL DE CAILLAVET**, Gascogne. — D'azur, à trois pattes de griffon d'or.

**FILLEUL DES CHESNETS**, Normandie. — Coupé, palé, contre-palé d'or et d'azur, à l'orle de gueules, chargé de onze besants d'or.

**FIRMAS DE PÉRIÉS**, Languedoc. — Ecartelé : aux 1er et 4e, de *Périès*; aux 2e et 3e, de *Cappel*; sur le tout : d'argent, à trois mouchetures de sable, qui est de *Firmas* :

au chef cousu d'argent, chargé d'une fleur de lis d'or (à enquerre).

**FISSON DU MONTET (de)**, LORRAINE. — D'argent, à une bande vivrée de gueules. — Devise : *In variis non varius.* — Cimier : une corbeille de roses.

**FITE DE PELLEPORC (de La)**, GUIENNE, LANGUEDOC ET CHAMPAGNE. — D'azur, au lion d'or, couronné d'argent, armé et lampassé de gueules; à la bordure du second émail, chargée de onze merlettes affrontées de sable.

**FITE DE SOUCY (de)**, ILE DE FRANCE ET ANJOU. — Ecartelé : aux 1er et 4e, d'azur, à la branche de myrte d'or, mise en bande ; aux 2e et 3e, de sable plein: *aliàs* fascé et contre-fascé d'azur et de sable de quatre pièces; chaque demi-fasce d'azur, chargée d'un rameau d'olivier d'or, en bande.

**FITTE (de La)**, GUIENNE ET GASCOGNE. — D'azur, à une bande d'or, accompagnée de deux cornets d'argent, l'un en chef et l'autre en pointe. — Couronne de comte. — Supports : deux lions.

**FLAHAULT (de)**, PICARDIE. — D'argent, à trois merlettes de sable.

**FLAMEN D'ASSIGNY**, NIVERNAIS. — D'azur, à deux lions rampants d'or, posés l'un sur l'autre.

**FLAVIGNY (de)**, BOURGOGNE ET PICARDIE. — Echiqueté d'argent et d'azur, à l'écusson de gueules en abime, et une bordure de sable.

**FLÉCELLES (de)**, PICARDIE ET ILE DE FRANCE. — D'azur, au lion d'argent; au chef d'or, chargé de trois tourteaux de gueules.

**FLERS (de)**, PICARDIE. — De gueules, à une fasce d'or, accompagnée de trois besants d'argent, 2 et 1.

**FLEURY (Rosset de)**, LANGUEDOC. — D'azur, à trois roses d'or.

**FLEURY (de)**, POITOU, ANGOUMOIS ET AUNIS. — D'argent, à une aigle à deux têtes de sable, au vol éployé. — Couronne de comte. — Supports : deux lions. — Devise : *Diex le volt. Dieu et le roi.* 1793.

**FLO (Le)**, BRETAGNE. — De gueules, à trois rencontres de cerf d'or, 2 et 1.

**FLORIAN**, PROVENCE. — D'or, à l'aigle éployée de sable, et un chef d'azur, chargé d'un soleil d'or que l'aigle regarde.

**FLOTTE D'AGOULT (de)**, PROVENCE. — De gueules, au lion d'or, armé et lampassé d'argent.

**FLOTTE (de)**, DAUPHINÉ ET AUVERGNE. — Fascé d'or et d'azur de six pièces.

**FOIX (de)**, COMTÉ. — Ecartelé : aux 1er et 4e, d'or, à trois pals de gueules; au 2e, d'or, à deux vaches de gueules, accornées, ancornées, colletées et clarinées d'azur, qui est de *Béarn;* au 3e, de gueules, à quatre otelles d'argent appointées, qui est de *Comminges.*

**FOLIN DE VILLECOMTE**, BOURGOGNE. — De gueules (*aliàs* d'azur), au hêtre arraché d'or, mouvant d'un croissant d'argent.

**FOLLIOT DE CRENNEVILLE**, NORMANDIE. — D'argent, à la croix de Saint-André de gueules; à l'aigle d'or à deux têtes, le vol éployé, brochant sur le tout.

**FONT DE SAVINES (La)**, DAUPHINÉ. — D'azur, au huchet d'or, lié de gueules et accompagné de trois étoiles d'or, deux en chef et une en pointe.

**FONTAINE (de)**, FLANDRE. — Parti : au 1er, de gueules, au lion d'argent; au 2e, d'azur, à une fontaine d'or.

**FONTAINE DE BELESTRE (La)**, CHAMPAGNE. — De gueules, à la fasce d'or, surmontée d'un lambel d'argent.

**FONTAINE DE LA COCHAIS (La)**, BRETAGNE. — D'azur, à la fasce nouée d'or, accompagnée de trois coquilles d'argent, 2 et 1.

**FONTAINE DE CRAMAYEL**, PICARDIE. — D'argent, à une fontaine de sable, à trois jets de sinople.

**FONTAINE-SOLARE (La)**, PICARDIE. — Bandé d'or et d'azur de six pièces ; les bandes d'or échiquetées de gueules de trois traits.

**FONTANGES DE CHAMBON**, AUVERGNE. — De gueules, au chef d'or, chargé de trois fleurs de lis d'azur.

**FONTENU DE MONTRETOUT**, ILE DE FRANCE. — D'argent, au chevron de gueules, chargé de trois croisettes d'or, et accompagné de trois hermines de sable, deux en chef et une en pointe; au chef d'azur, chargé d'un lion léopardé d'or.

**FONTVIELLE (de)**, LANGUEDOC. — De gueules, au lion d'argent, armé et lampassé d'or, accolé d'une chaîne de même, et tenant un drapeau de sinople.

**FORBIN-JANSON ET D'OPPÈDE (de)**, PROVENCE. — D'or, à un chevron d'azur, accompagné de trois têtes de léopard de sable, lampassées de gueules.

**FORCADE (de La)**, LANGUEDOC ET LYONNAIS. — D'azur, au chevron ondé d'or, accompagné en pointe d'un lion de même.

**FORCEVILLE (de)**, PICARDIE. — De gueules, au sautoir d'argent, accompagné de quatre molettes (*aliàs* merlettes) du même.

**FOREST D'ARMAILLÉ (de La)**, BRETAGNE ET ANJOU. — D'argent, au chef de sable. — Couronne de marquis. — Supports : à dextre, un lion, et à sénestre, un lévrier.

**FOREST DE BULHON (La)**, AUVERGNE. — Fascé d'argent et de sable, de quatre pièces.

**FOREST DE DIVONNE (La)**, SAVOIE ET PAYS DE GEX. — De sinople, à la bande d'or, frettée de gueules.

**FOREST DE GESMERAYE (La)**, BRETAGNE. — D'argent, à la bande d'azur, chargée de trois étoiles du champ.

**FOREST DE JOUY**, ILE DE FRANCE ET BRETAGNE. — D'argent, à trois glands de sinople; au chef d'azur, chargé de deux molettes d'or à cinq rais.

**FORESTA (de)**, PROVENCE. — Palé de six pièces d'or et de gueules, et une bande de gueules, brochant sur le tout.

**FORESTA DE BANDOLE**, PROVENCE. — D'azur, à l'étoile d'or, chargée d'un écusson d'azur, à la fleur de lis; et un chef d'argent.

**FORESTIER D'OSSEVILLE (Le)**, NORMANDIE. — D'argent, au lion de sable, armé, lampassé et couronné de gueules.

**FORESTIER DE KERVAEC (Le)**, BRETAGNE. — De gueules, à l'aigle d'or au vol éployé.

**FORESTIER DE KERVAZIN (Le)**, BRETAGNE. — De sable, à trois bandes fuselées d'argent.

**FORESTIER DE VILLENEUVE**, NORMANDIE. — D'argent, à trois huchets de sable, liés de gueules, 2 et 1.

**FORGES DE PARNY**, BOURGOGNE, BERRY ET ILE BOURBON. — Echiqueté d'argent et de gueules.

**FORGUE DE BELLEGARDE (de La)**, BOURGOGNE. — Coupé : au 1er, d'or, à deux lions affrontés de sable, surmontés d'un lambel du même; au 2e, d'or, à trois pals d'azur.

**FORMEVILLE (de)**, NORMANDIE. — D'azur, à un château d'argent.

**FORMÉ DE FRAMICOURT**, ARTOIS. — D'azur, à trois bandes ondées d'argent.

**FORTIN DE LA HOGUETTE**, NORMANDIE ET ILE DE FRANCE. — De gueules, au chevron d'or, accompagné de trois molettes d'argent, deux en chef et une en pointe.

**FOS (de)**, PROVENCE ET ANJOU. — De gueules, au lion d'or, couronné du même. — Couronne de vicomte. — Supports : deux lions.

**FOS DE MÉRY (du)**, QUERCY ET PICARDIE. — D'or, à trois pals de gueules.

**FOUANT DE LA TOMBELLE**, PICARDIE. — D'azur, à la fasce d'or, chargée de trois fleurs de lis de gueules, et accompagnée de six besants d'or, rangés trois en chef et trois en pointe.

**FOUBERT DE LAIZE**, NORMANDIE. — D'argent, à la fasce d'azur, chargée d'un léopard d'or. — Supports : deux léopards d'or. — Couronne de comte.

**FOUCAULT DE PONTBRIANT**, BRETAGNE. — De sinople, au chevron d'or, surmonté d'un lion du même, et accompagné de trois trèfles d'argent.

**FOUCAULT DE QUIJAC**, PÉRIGORD ET BRETAGNE. — D'azur, à six fleurs de lis d'argent, 3, 2 et 1.

**FOUCHER (de)**, POITOU ET BRETAGNE. — De sable, au lion d'argent. — Couronne de comte. — Devise : *Virtutem a stirpe traho*.

**FOUGERET DE MONTPREUIL**, ILE DE FRANCE. — D'argent, à trois branches de fougère de sinople, mouvantes par le pied d'une aigle à deux têtes de sable, posée à la pointe de l'écu.

**FOUQUET DE LA VARENNE ET DE SAINTE-SUZANNE**, ILE DE FRANCE. — De gueules, au lévrier d'argent, accolé d'azur, semé de fleurs de lis d'or.

**FOUR DE PRADE (du)**, AUVERGNE. — D'argent, au chevron de sable, accompagné en chef de deux étoiles de gueules, et en pointe d'un croissant du même.

**FOUR DE TEYSSERAS (du)**, AUVERGNE. — De gueules, au castor d'or.

**FOURC DE LANEAU (du)**, GUIENNE. — D'or, à l'arbre terrassé de sinople, accosté de deux lions affrontés de gueules; au chef d'azur, chargé de trois étoiles d'argent.

**FOURIER DE BACOURT**, LORRAINE. — D'azur, à trois bandes d'or; au chef d'argent, chargé d'une tête de lion, arrachée de gueules, accostée de deux roses du même, pointées d'or.

**FOURMESTRAUX (de)**, FLANDRE. — Ecartelé : aux 1er et 4e, d'or, à une aigle au vol éployé, de gueules; aux 2e et 3e, d'or, à un ours rampant au naturel, tenant en ses pattes une branche d'arbre courbée et émondée de gueules.

**FOURNAS DE LA BROSSE**, LYONNAIS, LANGUEDOC ET DAUPHINÉ. — D'argent, à trois fasces d'azur; et sur le tout : un griffon ailé d'or, onglé, langué et couronné d'azur.

**FOURNIER D'ALLÉRAC**, BRETAGNE. — D'argent, au lion de gueules, couronné, armé et lampassé d'or ; à la bordure engrêlée de sable, chargée de huit besants d'or, trois en chef, 2, 2, et un en pointe.

**FOURNIER DE BELLEVUE**, Berry. — De sable, au chevron d'argent.

**FOURNIER DE MAXEVILLE**, Lorraine. — D'azur, au pal d'or, chargé de trois tourteaux de gueules ; flanqué d'or, à deux têtes de lion d'azur, lampassées et couronnées d'argent, une à chaque flanc.

**FOURNIER DES RIOUX**, Auvergne. — D'azur, au chef d'argent, chargé de trois tiercefeuilles de sinople.

**FOURNIER DE TARON**, Bretagne. — De gueules, à la bande dentelée, d'or, accostée de deux molettes du même.

**FOURNIER DE LA VILATTE**, Limousin. — D'azur, à la barre de sable, chargée de trois étoiles d'argent.

**FRADET DE SAINT-AOUST**, Berry. — D'or, à trois fers de lance de sable, 2 et 1.

**FRAGUIER DE DANNEMARIE**, Ile de France. — D'azur, à la fasce d'or, accompagnée de trois roses du même, deux en chef et une en pointe.

**FRAIN DE LA VILLEGONTIER**, Bretagne. — D'azur, au chevron d'argent, accompagné en chef de deux rencontres de bœuf, et en pointe d'un croissant, le tout du même.

**FRAISSE (du)**, Auvergne. — D'argent, au frêne de sinople ; et un chef d'azur, chargé de trois étoiles d'or.

**FRAISSY DE VEIRAC**, Languedoc. — D'argent, à l'arbre de sinople, mouvant d'un croissant de gueules ; au chef d'azur, chargé de trois coquilles d'or.

**FRANBERGE DE LÉSIGNY**, Ile de France. — D'or, à trois épées de gueules posées en fasce, celle du milieu la pointe à sénestre.

**FRANC DE BACOUEL (du)**, Gascogne et Picardie. — D'argent, au casque grillé de sable, taré de front, accompagné de trois lions naissants de sable, lampassés de gueules, deux en chef et un en pointe.

**FRANCE (de)**, Artois. — D'argent, à trois fleurs de lis de gueules. — *Alias :* fascé d'argent et d'azur de six pièces, les fasces d'argent, chargées de six fleurs de lis de gueules, 3, 2 et 1.

**FRANCESCHI**, Toscane, Corse et France. — D'azur, à la bande d'argent, chargée de trois lions léopardés de gueules.

**FRANÇOIS DE MONVAL (Le)**. — D'argent, à trois coqs de sable.

**FRANÇOIS DE NEUFCHATEAU**, Lorraine.

— De sinople, au cygne d'argent, surmonté de trois épis d'or en chef.

**FRANQUETOT DE COIGNY**, Normandie. — De gueules, à la fasce d'or, chargée de trois étoiles d'azur, et accompagnée de trois croissants d'or, deux en chef et un en pointe.

**FRANQUEVILLE (de)**, Cambrésis. — D'azur, à l'étoile d'or, surmontée d'un lambel du même.

**FRANSURES (de)**, Ile de France et Picardie. — D'argent, à la fasce de gueules, chargée de trois besants d'or. — Supports. deux lions. — Cimier : un lion issant.

**FRÉARD DU CASTEL**, Normandie. — D'azur, au chevron d'or, surmonté d'une étoile de même, et accompagné de trois dards d'argent.

**FRÉMIN DE LESSARD**, Normandie. — D'azur, au chevron d'or, accompagné en chef de deux étoiles d'argent, et en pointe d'un lion d'or.

**FREMIN DU SARTEL**, Cambrésis. — D'argent, à trois lions de sable, 2 et 1, et un chef d'azur, chargé de trois besants d'or. — Casque ouvert, ayant pour cimier un cygne essorant. — Supports : deux lions au naturel, armés et lampassés de gueules. — Devise : *Fides et caritas.*

**FRÉMONT DE ROZAY**, Normandie et Ile de France. — D'azur, à trois têtes de léopard d'or, 2 et 1.

**FRENILLY**. — De sable, au lion d'or, couronné de gueules, regardant une étoile d'or, posée à l'angle dextre de l'écu.

**FRESNAY DE LIÉVIN**, Bretagne. — D'or, à trois rameaux de frêne de sinople.

**FRESNOYE DE LANDRETHUN**, Picardie. — D'or, à la croix ancrée de gueules.

**FRETEAU DE PENY**, Ile de France. — De gueules, fretté d'argent de six pièces ; à l'écusson en cœur d'argent, au phénix essorant d'azur, accompagné de quatre étoiles du même.

**FRETAT DE BOISSIEUX**, Auvergne. — D'azur, à deux roses en chef et un croissant en pointe, le tout d'or.

**FRÉVILLE DE LORME**, Normandie. — Coupé : au 1er, d'azur, à deux roses d'argent ; au 2e, d'argent, au fer de lance de gueules.

**FRÉVOL (de)**, Languedoc et Vivarais. — De gueules, à deux lions d'or affrontés, tenant une roue du même sur un mont aussi d'or. — Couronne de marquis. — Supports : deux sauvages.

**FRÉZEAU DE LA FRÉZELIÈRE**, Anjou. — Burelé d'argent et de gueules, à la cotice d'or brochante.

**FRIAND DE FAVERNAY (Le)**, Bourgogne. — D'azur, à la bande engrêlée d'argent.

**FRIEUCOURT DE TULLY**, Picardie. — D'argent, au chevron de gueules, accompagné en chef et en pointe de six billettes de sable, 2 et 1, 1 et 2; les trois billettes du chef sénestrées de trois tourteaux de gueules, placés de même que les billettes, 2 et 1.

**FRIGOULT DE LIESVILLE**, Normandie. — De gueules, au chevron d'or, accompagné en chef de deux coquilles du même, et en pointe d'un croissant d'argent. — Couronne de comte. — Supports : deux lions.

**FROIDEFOND (de)**, Guienne. — De gueules, à deux pattes et cuisses de griffon d'argent, posées en pal ou l'une sur l'autre.

**FROISSARD (de)**, Franche-Comté. — D'azur, au cerf passant d'or. — Couronne de marquis. — Supports : deux lions.

**FROLOIS DE LUDRE**, Bourgogne et Lorraine. — Bandé d'or et d'azur de six pièces; à la bordure engrêlée de gueules.

**FROMENT DE CASTILLE**, Languedoc. — D'azur, à trois épis d'or, liés d'un ruban de gueules.

**FROMENTIN DE SAINT-CHARLES**. — De sinople, semé de roses d'argent, au lion du même brochant; au chef d'argent, chargé de trois quintefeuilles de gueules.

**FROTIER DE LA MESSELIÈRE, DE BAGNEUX ET DE CHAMPMARTIN**, Poitou et Bourgogne. — D'argent, au pal de gueules, accosté de dix losanges du même, posées 2, 2 et 1, de chaque côté.

**FROTTER DE LA GARENNE (Le)**, Bretagne. — D'argent, au château d'azur, maçonné et girouetté d'or.

**FROULAY DE TESSÉ**, Maine. — D'argent, au sautoir de gueules, endenté et bordé de sable.

**FRUICT DE LA GACHERIE**. — D'or, à l'arbre de sinople sur une terrasse du même, fruité de gueules.

**FULQUE D'ORAISON**, Provence. — De gueules, à la colonne coupée d'argent, sur laquelle est un petit faucon, ayant les ailes éployées du même; au chef cousu d'azur, chargé de trois étoiles d'or.

**FUSIER DU VERGER**, Dauphiné. — D'azur, à trois fusées d'or, 2 et 1.

**FUZÉE DE VOISENON**, Ile de France. — D'azur, à trois fusées accolées d'or.

**GAALON DE DORIÈRE**, Champagne et Normandie. — De gueules, à trois rocs d'échiquier d'or, 2 et 1.

**GACHET DE LA MOTTE**, Beaujolais et Marche. — D'argent, au chevron de sable, accompagné de trois rabots de gueules.

**GAIGNEAU DE CHATEAUMORAND**, Bourgogne et Orléanais. — Parti de gueules et d'azur, à la fasce d'hermines brochante.

**GAILLARD (de)**, Bourgogne. — D'azur, à deux badelaires d'argent passés en sautoir, les pointes en bas, les gardes et les poignées d'or; l'écu sommé d'un casque taré de front, orné de ses lambrequins. — Devise : *Virtus ornat.*

**GAILLARD DE LONJUMEAU**, Ile de France, Touraine et Picardie. — D'argent, semé de trèfles de sinople; à deux T de gueules en chef, et deux perroquets aussi de sinople, affrontés en pointe.

**GAIN DE LINARS ET DE MONTAIGNAC**, Limousin. — D'azur, à trois bandes d'or.

**GALARD DE BÉARN**, Quercy et Angoumois. — Ecartelé : aux 1er et 4e, d'or, à trois corneilles de sable, becquées et membrées de gueules, qui est de *Galard;* aux 2e et 3e, d'or, à deux vaches de gueules, accornées, ancornées, colletées et clarinées d'azur, qui est de *Béarn.*

**GALAUP DE LA PÉROUSE**, Languedoc et Provence. — D'azur, au mur crénelé de trois pièces d'argent, maçonné de sable, mouvant du bas de l'écu, surmonté de trois étoiles rangées d'or.

**GALIAN** alias **GALLIAN**, Dauphiné. — D'azur, au coq d'or, tenant à son bec un serpent d'argent, et perché sur un lion d'or couché; le lion lampassé, armé et vilené de gueules; le coq becqué, crêté, barbé et membré aussi de gueules.

**GALICHON DE COURCHAMP**, Anjou. — D'azur, à la fasce d'or, accompagnée de trois merlettes d'argent, deux en chef et une en pointe.

**GALLIEN DE CHABONS**, Dauphiné. — D'azur, au lion d'or; à la fasce de sinople, chargée de trois besants d'argent, brochant sur le tout.

**GALLIER DE VEAUSSERT**, Dauphiné. — D'azur, au chevron d'argent, accompagné de trois coquilles du même; au chef d'argent, chargé de trois roses de gueules.

**GALLIFET DE MARTIGUES (de)**, Dauphiné. — De gueules, au chevron d'argent, accompagné de trois trèfles d'or. — Couronne ducale. — Devise : *Bien faire et laisser dire.*

**GALLISSON**, Bretagne. — D'argent, à trois cannettes au naturel, membrées de gueules, 2 et 1.

**GALLO DE SALAMANCA**, Castille. — D'or (*aliàs* d'argent), à trois coqs contournés de sable, crêtés, becqués et membrés de gueules.

**GALLOT DE FAVIÈRES**, Beauce. — D'argent, au chevron de gueules, accompagné de deux chevrons plus petits, et de neuf tourteaux du même, 2, 3, 3 et 1.

**GARABY DE PIERREPONT**, Normandie. — D'azur, à trois pals d'or, et au lion du même brochant; au chef cousu de gueules.

**GARCIN DE CHATELARD**, Dauphiné. — Ecartelé d'or et d'azur; à la fasce d'argent, chargée de trois molettes de sable, brochante.

**GARCIN DE SAINT-GERMAIN**, Dauphiné. — D'or, à la bande de gueules (*aliàs* de sable), chargée de trois têtes de loups-cerviers d'argent.

**GARDANE (de)**, Provence. — Tranché d'argent et de sable; au chef d'or, chargé d'un lion léopardé de gueules. — Couronne de comte. — Supports : deux lions.

**GARDE (de La)**, Vivarais. — D'argent, au cerf au naturel élancé, et un chef d'azur, chargé de trois étoiles d'argent, qui est de *Chambaud*. — Supports : deux lions. — Couronne de comte.

**GARDE DU CLEUZIOU (La)**, Bretagne. — Gironné d'hermines et de gueules, de huit pièces.

**GARDE DE TRANCHELION (La)**, Limousin. — De gueules, à l'épée d'argent en bande, tranchant un lion d'or.

**GARDEN DE LESSART**, Ile de France et Dauphiné. — D'azur, au léopard lionné et couronné d'or, sénestré en chef d'une étoile d'argent.

**GARDETTE (de La)**, Auvergne. — De gueules, à la bande componée d'or et d'azur de six pièces, accostée de six étoiles d'argent mises en orle.

**GARDON DE CALAMAUD**, Dauphiné. — D'azur, au dragon ailé d'or. — Couronne de comte. — Supports : deux lions.

**GARGAN (de)**, Artois. — Ecartelé : aux 1er et 4e, d'argent, à deux bandes de gueules; aux 2e et 3e, d'or, au chevron d'azur, accompagné en chef de deux roses tigées et feuillées de gueules et en pointe d'une merlette de sable.

**GARNIER**, Provence. — D'argent, à trois chevrons de gueules; au chef cousu d'or, chargé de trois étoiles de gueules.

**GARNIER DU FOUGERAY**, Bretagne. — Parti d'or et d'azur; l'or chargé en pointe d'une coquille d'azur; l'azur chargé en chef d'une coquille d'or; à l'épée d'argent, garnie d'or, posée en bande, la pointe en haut, brochante.

**GARNIER DES GARETS**, Lyonnais, Beaujolais et Dombes. — D'or, au chevron d'azur, accompagné en chef de deux rencontres de bœuf de gueules, et en pointe d'une étoile aussi de gueules; au chef d'azur, chargé de trois molettes d'or.

**GARNIER DE SALINS**, Franche-Comté. — D'azur, au chevron d'or, accompagné de trois molettes du même.

**GARNIER DE TOULONJON**, Bourgogne. — Ecartelé : aux 1er et 4e, de gueules, à trois fasces ondées d'or; aux 2e et 3e, de gueules, à trois jumelles d'argent.

**GARNOT DE SÉNANCOURT**, Lorraine. — D'or, à l'étoile à huit rais d'azur.

**GASCON DE GARIDECH**, Gascogne et Languedoc. — D'or, à trois chevrons de sable; à l'écu de France sur le tout.

**GASQ (de)**, Quercy. — De gueules, à la bande d'or, accompagnée de cinq molettes du même, posées en orle, trois en chef et deux en pointe. — Couronne de marquis. — Supports : deux lions.

**GASSENDI**, Provence. — D'azur, semé d'étoiles d'argent.

**GASSIER (de)**, Provence. — D'azur, au chevron d'or, accompagné en chef de trois étoiles du même, posées 1 et 2, et en pointe d'un pigeon d'argent.

**GAST DE LUSSAULT**, Touraine. — D'azur, à cinq besants d'or, posés 2, 2 et 1.

**GASTINE DE SAINT-AIGNAN (la)**, Limousin. — Parti : au 1er, d'azur, au lion d'or, lampassé de gueules; au 2e, coupé : d'azur, à la tête de cerf d'or, et d'argent, à la fleur de lis de gueules.

**GASTINOIS DE DROUVILLE**, Lorraine. — D'azur, au phénix d'or, sur son immortalité de gueules; à la fasce haussée d'argent, surmontée de trois étoiles d'or.

**GASTON DE POLLIER et DE VAUVINEUX**, Guienne, Rourgue et Perche. — D'argent, à trois fasces de gueules, accompagnées en pointe d'une corneille de sable; au chef d'azur, chargé de trois étoiles d'argent.

**GAUCOURT (de)**, Ile de France et Normandie. — D'hermines, à deux bars adossés de gueules.

**GAUDECHART DE QUÉRIEU**, Picardie.

— D'argent, à neuf merlettes de gueules en orle.

**GAUDRY DU BOST**, Bourgogne.—D'azur, au chevron d'or, accompagné de trois moutons d'argent.

**GAULLIER DES BORDES**. — D'azur, au chevron d'or, accompagné de trois croissants du même, deux en chef et un en pointe.

**GAULLIER DE LA CELLE**, Touraine. — D'azur, au chevron d'or, accompagné de trois croissants du même, deux en chef et un en pointe.

**GAULMIN DE BEAUVOIR**, Bourbonnais. — D'azur, à trois glands renversés et feuillés, d'or, 2 et 1.

**GAULTIER DE BEAUREPAIRE**, Normandie. — De sable, à trois gerbes d'avoine d'argent, 2 et 1.

**GAULTIER DE BRÉCY**, Bourgogne et Ile de France. — D'azur, au chevron d'argent, accompagné en chef de deux étoiles du même, et en pointe d'une grappe de raisin d'or.

**GAULTIER DE GIRENTON**, Dauphiné et Provence. — D'or, au chevron de sable, accompagné en pointe d'une étoile de gueules; au chef d'or, chargé de trois étoiles de gueules, toutes quatre à sept rais.

**GAULTIER D'HAUTESERVE**, Bourgogne et Bourbonnais. — D'argent, au chevron d'azur, accompagné en chef de deux étoiles du même, et en pointe d'une grappe de raisin de gueules; au chef d'azur, chargé d'une fleur de lis d'or.

**GAULTIER DE MONTGAULTIER**, Normandie.—De gueules, à la croix ancrée, d'argent, liée d'azur en sautoir, cantonnée, au premier quartier, d'un croissant aussi d'argent.

**GAUTHIER DE POUILLADOU**, Bretagne. — D'or, à la chouette de sable en abîme, becquée et membrée de gueules, accompagnée de trois molettes du même, 2 et 1.

**GAUTHIER DE ROUGEMONT**, Bourgogne et Ile de France. — D'azur, au chevron d'argent, accompagné en chef de deux étoiles du même, et en pointe d'une grappe de raisin d'or.

**GAUTIER D'AIGUINES**, Provence. — D'azur, à un chevron d'or, accompagné en chef de deux étoiles de même, et en pointe d'une colombe d'argent.

**GAUTIER DE LA LAUZIÈRE**, Provence. — D'azur, au coq hardi d'or, posé sur une terrasse d'argent.

**GAUTIER DE SAINT-PAULET**, Dauphiné.

— De gueules, au tronc écoté d'or, péri en bande.

**GAUVAIN**, Lorraine.—D'azur, au triangle d'or, accompagné de trois molettes d'éperon de même, deux en chef et une en pointe.

**GAY DE LA FAUTRIÈRE (Le)**, Anjou. — D'argent, à trois quintefeuilles de gueules, 2 et 1.

**GAY DE PLANHOL**, Auvergne et Languedoc. — D'azur, au lion d'or, armé et lampassé de gueules, adextré d'une étoile d'argent; à la divise d'argent, chargée de trois étoiles de gueules; *alias* au chef cousu de gueules, chargé de trois étoiles d'argent.

**GAY DE PUYDANCHÉ**, Bretagne.—D'or, au lion de sable, armé, lampassé et couronné de gueules.

**GAYANT DE VARATRE**, Ile de France. — D'azur, au chevron d'or, surmonté d'une fleur de lis du même, et accompagné de deux croissants aussi d'or.

**GAZAN DE LA PEYRIÈRE**, Provence. — Coupé : au 1er, d'argent, au pin terrassé de sinople, fruité d'or, accosté sur la terrasse, à sénestre d'une pie de sable; au 2e, de gueules, au pan de forteresse ruiné d'argent.

**GAZE DE ROUVRAY**, Bourgogne. — De gueules, au croissant d'argent, accompagné de sept billettes du même, rangées trois en chef, deux en flanc et deux en pointe.

**GEAY DE CONVALETTE**. — D'argent, à trois fasces de gueules ondées.

**GÉDOUIN DE LA DOBIAIS**, Bretagne. — D'argent, au corbeau de sable.

**GEFFROY DE LA BÉGASSIÈRE**, Bretagne. — D'azur, au sautoir d'argent, chargé de cinq coquilles de sable.

**GEFFROY DE TRÉOUDAL**, Bretagne. — D'argent, à la fasce d'azur, accompagnée en chef d'une merlette de gueules, entre deux étoiles du même, et en pointe d'une autre étoile, aussi du même.

**GELLÉ DE SAINTE-MARIE**, Lorraine.— De sinople, à trois étoiles d'argent, 2 et 1.

**GEMIER DES PÉRICHONS**, Forez. — D'azur, au chevron d'or, accompagné en chef de deux étoiles du même, et en pointe d'un lion d'argent.

**GENDRE DE LUÇAY (Le)**, Ile de France. — D'azur, au chevron d'or, accompagné en chef de deux étoiles d'argent, et en pointe d'un lévrier du même.

**GENDRE D'ONS-EN-BRAYE ET DE SAINT-AUBIN (Le)**, Ile de France et Bourbonnais.

—D'azur, à la fasce d'argent, accompagnée de trois têtes de jeune fille de carnation, chevelées d'or et posées de front, deux en chef et une en pointe.

**GENDRE DE VILLEMORIEN (Le)**, Champagne et Bourgogne. — D'azur, au lévrier d'or, accompagné en chef de deux étoiles du même, et en pointe d'un lévrier d'argent, colleté de gueules.

**GENEVOIS DE BLAGNY (Le)**, Champagne. — D'azur, à la fasce d'or, accompagnée de trois coquilles du même, deux en chef et une en pointe.

**GENIBROUSE (de)**, Languedoc. — De gueules, à trois fasces ondées d'or.

**GENTIL D'ARTAIZE**, Lorraine. — De gueules, à la croix alésée, d'or; au chef gironné d'argent et d'azur.

**GENTIL DE MONCAU**, Savoie, Piémont et Languedoc. — Ecartelé : aux 1er et 4e, d'azur, à trois épis de froment mal ordonnés, d'azur; aux 2e et 3e, d'or, à trois burelles de gueules, accompagnées de six grains de froment de sinople, un en chef, trois en fasce, deux en pointe.

**GENTIL DE PAROY (Le)**, Bretagne. — D'azur, à un serpent volant ou dragon d'or, lampassé de gueules. — Couronne de marquis.

**GENTIL DE ROSMORDUC (Le)**, Bretagne et Normandie. — D'azur, au serpent volant, d'or, lampassé de gueules.

**GENTILS DE LANGALERIE (de)**, Limousin, Saintonge et Suisse. — D'azur, au chevron d'or, accompagné de trois roues de Sainte-Catherine du même; à l'épée nue d'argent, posée en pal, la pointe en haut, brochant sur le tout.

**GEORGE D'OLLIÈRES (de)**, Provence. — D'azur, à une fasce d'or, accompagnée de trois bouts de fer de flèche d'argent, deux en chef et un en pointe.

**GEOUFFRE DE CHABRIGNAC**, Limousin. — Coupé : au 1er, fascé d'azur et d'or; au 2e, palé d'argent et d'azur.

**GEPS DE FLAVIGNY**, Champagne. — D'azur, à deux buchets adossés d'or, surmontés d'un casque d'argent, taré de profil.

**GÉRENTE DE SÉNAS**, Provence et Bourgogne. — D'or, au sautoir de gueules.

**GERMAIN**, Paris. — Parti : au 1er, d'azur, à la tour d'or, ajourée de sable; au 2e, d'azur, à la barre d'argent, chargée d'un lion de sable, accosté de deux aiglettes au vol abaissé du même.

**GERVAIS DU TERTRE**, Bretagne. —

D'or, à la pomme de pin de sinople, posée en chef à dextre, à la chouette de sable à sénestre, et un crapaud de sinople en pointe.

**GESTAS (de)**, Guienne et Gascogne. — D'azur, semé de fleurs de lis d'or, à la tour ouverte, ajourée et crénelée d'argent, maçonnée de sable. — Couronne de marquis. — Supports : deux lions.

**GHAISNE DE BOURMONT**, Maine. — Ecartelé : aux 1er et 4e, vairé d'or et d'azur; au franc-canton de sable, et un chef d'argent; aux 2e et 3e, fascé de vair et de gueules.

**GIBON DE PORHOET**, Bretagne. — De gueules, à trois gerbes d'or, 2 et 1.

**GIBOUST DE CHASTELLUST**, Angoumois. — D'azur, à la croix d'or, cantonnée de quatre molettes d'éperon d'or, et chargée en abîme d'une molette de gueules.

**GIEDROYE**, Samogitie et Lithuanie. — D'azur, au centaure sagittaire de carnation, ayant la queue terminée par un serpent qui montre son dard, et accompagné en pointe d'une rose d'argent.

**GIEY (de)**, Bourgogne, Champagne et Pays-Bas. — D'argent, semé de trèfles de sable, au lion du même, armé et lampassé de gueules, brochant; et un chef de gueules, chargé de trois croissants d'or. — Couronne de comte. — Supports : deux griffons.

**GIGAULT D'ORAINVILLE**, Champagne. — D'or, à trois fasces d'azur, accompagnées de dix merlettes de sable, posées 4, 3, 2 et 1.

**GIGOU DE LA GROIX**, Poitou. — D'argent, au chevron de gueules, accompagné de trois cigognes d'or, deux en chef et une en pointe.

**GILBERT DE SOLÉRAC**, Champagne. — D'or, à trois croisettes de gueules, posées en pal.

**GILBERT DES VOISINS**, Franche-Comté et Ile de France. — D'azur, à la croix d'argent engrêlée, cantonnée de quatre croissants d'or.

**GILIBERT DE MERLHIAC**, Limousin. — De gueules, au chevron d'or, accompagné en pointe d'un chêne d'argent, terrassé du second émail, ayant le fût orné de quatre guis de chêne du troisième; au chef cousu d'azur, chargé d'un croissant d'argent, accosté de deux étoiles du même.

**GILLET DE LAUMONT**, Bourgogne et Ile de France. — Ecartelé : aux 1er et 4e, d'azur, à la palme d'or, accompagnée en chef de deux étoiles d'argent, et en pointe d'un croissant du même; aux 2e et 3e, d'azur, au chevron d'or, accompagné en chef de deux molettes du même, et en pointe d'une moucheture d'hermine d'argent, qui est de *Relo*.

**GILLET DE LA RENOMMIÈRE**, Bourgogne et Île de France. — D'azur, à la palme d'or, accompagnée en chef de deux étoiles, et en pointe d'un croissant, le tout d'argent.

**GILLEY DE FRANQUEMONT**, Franche-Comté. — Dargent, à l'arbre terrassé de sinople.

**GILLOT D'ALLIGNY**, Bretagne. — D'azur, à trois papillons d'or, 2 et 1.

**GINESTOUS (de)**, Languedoc. — D'or, au lion de gueules, lampassé, armé et vilené de sable.

**GIRARD DE CHARNACÉ**, Poitou. — D'azur, à trois chevrons d'or; écartelé de *Charnacé*.

**GIRARD DE CHATEAUVIEUX**, Languedoc et Bretagne. — D'azur, à la tour donjonnée de trois pièces d'argent, maçonnée de sable; au chef cousu de gueules, chargé d'une étoile d'or, adextrée d'un lion passant, et sénestrée d'un croissant versé du second émail, le tout du même.

**GIRARD DE COHORN**, France et Hollande. — Ecartelé : aux 1er et 4e, d'azur, à la tour d'argent à trois donjons, maçonnée de sable; au chef cousu de gueules, chargé d'une étoile d'or adextrée d'un lion naissant du même, et sénestrée d'un croissant renversé; aux 2e et 3e, de *Cohorn*.

**GIRARD DU LAC**, Languedoc. — D'azur, à la fasce d'argent, accompagnée en chef d'un lion léopardé d'or, et en pointe d'un château d'argent, maçonné de sable.

**GIRARD DE SAINTE-RADEGONDE**, Auvergne. — Coupé : au 1er, de gueules, à la fasce d'or, accompagnée de six besants du même; au 2e, d'or, au lion de sable.

**GIRAUD DES ESCHEROLLES**, Bourbonnais. — De gueules, au puits d'argent, d'où sortent deux palmes du même, en bande et en barre; au chef cousu d'azur, à la fleur de lis d'or, chargée d'un bâton du champ, péri en bande.

**GIRAUDON DU TEIL (de)**, Provence. — D'azur, au chevron d'or, accompagné en chef de deux étoiles du même, et en pointe d'un croissant d'argent.

**GIRAULT DE PRANGEY**, Bourgogne et Champagne. — D'azur, à la fasce d'argent, accompagnée en chef de trois croissants rangés du même, et en pointe d'un bouc issant, aussi du même.

**GIRESSE DE LA BEYRIE**, Guienne. — Ecartelé : aux 1er et 4e, de gueules, au lion d'or, lampassé du même ; aux 2e et 3e, d'azur, à la fasce d'or, surmontée de deux palmes d'argent, passées en sautoir.

**GIRONDE (de)**, Auvergne. — D'azur, à trois étoiles d'argent, 2 et 1, à la colombe essorante du même, perchée sur l'étoile de la pointe.

**GITTON DE LA RIBELLERIE**, Île de France. — D'argent, à deux canons de sable, montés sur leurs affûts, et passés en sautoir, et accompagnés en pointe d'un barillet du même.

**GIVERVILLE (de)**, Normandie. — D'or, à la fasce d'azur, chargée d'un croissant d'argent, et accompagnée de quatre molettes cantonnées de sable.

**GIVÈS de CREUZY et de MONTGUIGNARD**, Orléanais. — D'azur, au chevron d'or, chargé de cinq annelets de gueules.

**GIVODAN (de)**, Gévaudan Dauphiné et Bourbonnais. — D'azur, au chevron d'argent, chargé de cinq besants de gueules, accompagné de trois roses aussi d'argent, et un chef d'or, chargé d'un lion issant de gueules.

**GLADAT DE GACÉ**, Normandie. — D'argent, au chevron de sable, accompagné de trois tourteaux de gueules.

**GOARANT DE TROMELIN (Le)**, Bretagne. — D'or, à la fasce de sable, accompagnée de trois trèfles du même, deux en chef et un en pointe.

**GOAZRE DE TOULGOET (Le)**, Bretagne. — D'or, à la quintefeuille d'azur.

**GODARD D'AUCOURT**, Champagne et Île de France. — De gueules, à cinq fusées d'argent en bande, accompagnées de deux bars d'or.

**GODART DE BELBEUF**, Normandie. — D'azur, au chevron d'argent, accompagné en chef de deux molettes d'or, et en pointe d'une rose tigée et feuillée du même.

**GODART DU PLANTY**, Artois. — D'argent, à un chevron d'azur, accompagné de trois étoiles du même. — Couronne de marquis.

**GODEFROY DE MÉNILGLAISE**, Flandre. — D'argent, à trois hures de sanglier de sable, arrachées et languées de gueules, 2 et 1.

**GODON (de)**, Languedoc et Guienne. — D'azur, au cavalier d'or armé de toutes pièces, sur un cheval d'argent, posé sur une terrasse de même, et accosté de deux étoiles d'or. — Casque de chevalier, orné de ses lambrequins.

**GOFF DE KERGADIOU (Le)**, Bretagne. — D'argent, à trois têtes de lévrier de sable, coupées de gueules, 2 et 1.

**GOGUÉ ou GOGUIER DE CHALIGNY**, Beauce et Perche. — D'azur, au cygne d'argent, nageant sur une rivière du même, et un chef d'or, chargé de trois croisettes de gueules.

**GONDALLIER DE TUGNY**, Picardie. — D'azur, au lion d'argent; au chef du même, chargé de trois roses de gueules.

**GONTAUT-BIRON (de)**, Agenois. — Ecartelé d'or et de gueules. — Devise : *Perit, sed in armis*.

**GORGUE (de Le)**, Artois. — D'argent, à trois merlettes de sable, 2 et 1 ; l'écu timbré d'un casque surmonté d'une couronne de comte. — Supports : deux licornes.

**GOSSE DE SERLAY**, Artois. — D'azur, au chevron d'or, accompagné en chef de deux papillons du même, et en pointe d'un lion aussi du même.

**GOUBLAYE DE MENORVAL (La)**, Bretagne. — De gueules, fretté d'argent.

**GOUDON DE SAINT-SÉVER**, Languedoc. — D'azur, à la fasce d'argent ; en chef un cheval aussi d'argent, accompagné de deux étoiles du même.

**GOUGENOT DES MOUSSEAUX**, Champagne et Ile de France. — D'azur, au chevron d'or, accompagné en chef de deux croix ancrées d'argent, et en pointe d'un poisson du même, nageant sur une rivière aussi d'argent.

**GOUJON DE GASVILLE**, Normandie. — D'azur, à une rivière d'argent en pointe, surmontée de deux goujons d'argent en sautoir.

**GOUJON DE THUISY (de)**, Champagne. — Ecartelé : aux 1ᵉʳ et 4ᵉ, d'azur, au chevron d'or, accompagné de trois losanges du même, qui est de *Goujon*; aux 2ᵉ et 3ᵉ, de gueules, au sautoir engrêlé d'or, cantonné de quatre fleurs de lis d'argent, qui est de *Thuisy*. — Supports : deux griffons. — Couronne de marquis. — Devise : *Sans mal penser*; et *Virtus et honor*.

**GOULAINE (de)**, Bretagne. — Mi-parti d'Angleterre et de France moderne.

**GOUR DE CHAILLOUVRES (du)**, Bresse. — D'azur, à la fasce d'or, chargée en cœur d'une étoile de gueules, et accompagnée de trois coquilles d'argent, deux en chef et une en pointe.

**GOURDON DE GENOUILLAC**, Quercy. — Bandé d'or et de gueules de six pièces.

**GOURGAUT**. — Coupé : au 1ᵉʳ, d'azur, à la Fortune d'or, adextrée en chef d'une étoile du même ; au 2ᵉ, d'argent, à deux torches de sable, allumées de gueules et posées en sautoir.

**GOURGUES (de)**, Guienne et Ile de France. — D'azur, au lion d'or, armé et lampassé de gueules.

**GOURIO DU REFUGE**, Bretagne. — Ecartelé : aux 1ᵉʳ et 4ᵉ, de gueules, à deux haches d'armes adossées d'argent ; aux 2ᵉ et 3ᵉ, d'argent, à trois chevrons d'azur.

**GOURLEZ DE LA MOTTE**, Bourgogne. — Ecartelé : au 1ᵉʳ, d'argent plein ; au 2ᵉ, de gueules, à l'épée haute en pal d'argent ; au 3ᵉ, de gueules, au rocher d'argent, sommé d'une tour d'or, maçonnée de sable ; au 4ᵉ, d'azur, au chevron d'or, accompagné en chef de deux glands d'argent, enchâssés et tigés d'or, posés en bande, et en pointe d'une étoile à cinq rais d'argent.

**GOUY D'ARCY**, Picardie. — Ecartelé : aux 1ᵉʳ et 4ᵉ, d'argent, à l'aigle éployée de sable, armée, lampassée et couronnée de gueules ; aux 2ᵉ et 3ᵉ, de gueules, à la bande d'or. — Supports : un lion rampant à dextre, et un lion passant à sénestre. — Couronne de marquis.

**GOYON (de)**, Bretagne. — D'argent, au lion de gueules, lampassé et couronné d'or. — Couronne de comte.

**GRAFFARD D'ORNAY**, Normandie. — D'argent, à trois pieds de griffon de sable, 2 et 1.

**GRAILLET DE BEINE**, Champagne. — D'azur, au lion rampant, d'or, tenant de la dextre une épée d'argent garnie d'or.

**GRAMMONT (de)**, Franche-Comté. — D'azur, à trois bustes de reine de carnation, vêtus d'argent et couronnés d'or à l'antique. — La maison de Grammont a souvent porté écartelé : aux 1ᵉʳ et 4ᵉ, de gueules, au sautoir d'or, qui est de *Granges*; aux 2ᵉ et 3ᵉ, de *Grammont*.

**GRAMONT (de)**, France, Aragon et Navarre. — Ecartelé : au 1ᵉʳ, d'or, au lion d'azur, lampassé et armé de gueules, qui est de l'ancienne maison de *Gramont*; aux 2ᵉ et 3ᵉ, de gueules, à trois flèches d'or ferrées et emplumées d'argent, en pal, la pointe en bas, qui est d'*Aster*; au 4ᵉ, d'argent, au lévrier de gueules, colleté d'azur, à l'orle de sable, besanté d'or, qui est d'*Aure*. — Sur le tout : de gueules, à quatre otelles d'argent, qui est de *Comminges*. — L'écu posé sur dix étendards et sommé d'une couronne ducale.

**GRAMONT DE GUICHE (de)**, Bigorre, Navarre et Ile de France. — Ecartelé :

au 1er, d'or, au lion d'azur, armé et lampassé de gueules, qui est de *Gramont;* aux 2e et 3e, d'*Aster;* au 4e, d'*Aure;* sur le tout : de *Comminges*

**GRAND DE BELLUSSIÈRE.** — D'azur, à trois dragons ou serpents volants d'or, posés en pal. — Supports : deux lions. — L'écu timbré d'un casque orné de ses lambrequins, et sommé de la couronne de baron. — Devise : *Serpent nunquam.*

**GRAND DE PLAINVILLE (Le)**, NORMANDIE. — D'hermines, au chevron de gueules, chargé de trois molettes d'or.

**GRANET (de)**, DAUPHINÉ ET PROVENCE. — D'azur, au lion d'or; l'écu timbré d'un casque de chevalier, orné de ses lambrequins. — Supports : deux lions.

**GRAS (de)**, DAUPHINÉ ET PROVENCE. — D'azur, au lion d'or, lampassé de gueules, chargé de trois cotices de même, mises en barre. — Couronne de comte. — Devise : *Stat fortis in armis.*

**GRAS DU LUART (Le)**, MAINE. — D'azur, à trois rencontres de cerf d'or, 2 et 1. — Couronne de marquis. — Devise : *Ne varietur.*

**GRASSET (de)**, PÉZÉNAS. — D'azur, à la colombe d'argent, tenant dans son bec un rameau renversé de même, et un chef cousu de gueules, chargé de trois étoiles d'or.

**GRATET DU BOUCHAGE**, BUGEY ET DAUPHINÉ. — D'azur, au griffon d'or.

**GRAVIER DE VERGENNES**, BOURGOGNE. — Parti : au 1er, de gueules, à trois oiseaux d'argent, essorant, posés 2 et 1, les deux du chef affrontés; au 2e, de gueules, à la croix d'argent, chargée d'un écusson d'azur à la fleur d'or, tigée et feuillée de sinople.

**GREEN DE SAINT-MARSAULT**, LIMOUSIN. — Parti : au 1er, de gueules, à trois demi-vols d'or, 2 et 1; au 2e, de gueules, à onze clochettes d'argent, bataillées de sable, posées 4, 4 et 3.

**GREFFIER DE BOISLAUNAY**, BRETAGNE. — D'azur, au chevron d'argent, chargé de trois trèfles de gueules, 1 et 2, et accompagné de trois étoiles d'or, deux en chef et une en pointe.

**GREFFIN DES TOURNELLES.** — D'azur, au chevron d'or, accompagné de trois étoiles du même.

**GREFFULHE**, HOLLANDE ET FRANCE. — Ecartelé : au 1er, coupé de gueules, à quatre cotices en barre d'argent, et d'azur, à trois molettes d'or; au 2e, d'argent, au chevron d'azur, chargé de trois étoiles d'or, et surmonté d'un globe d'azur, cintré d'or; au 3e, d'argent, au griffon de sable; au 4e, fascé de gueules et d'argent de huit pièces.

**GRÉGOIRE**, LANGUEDOC. — De gueules, au château à trois tours d'argent, maçonné de sable.

**GRÉGOIRE**, DAUPHINÉ. — D'argent, au lion morné de gueules.

**GRÉGOIRE (de)**. — D'argent, à la croix pattée de gueules.

**GRIL DE SAINT-MICHEL**, DAUPHINÉ. — D'azur, à la bande d'or, chargée de trois grillons de sable, et accompagnée de deux tours d'argent, maçonnées de sable, une en chef et l'autre en pointe.

**GRILLE D'ESTOUBLON (de)**, PROVENCE. — De gueules, à la bande d'argent, chargée d'un grillon de sable. — Devise : *Nitimur in vetitum.*

**GRIMAUDET DE ROCHEBOUET.** — D'or, à trois lionceaux de gueules, 2 et 1.

**GRIMOARD DE BEAUVOIR ET DU ROURE**, DAUPHINÉ. — Ecartelé : aux 1er et 4e, d'or, au lion de gueules, qui est de *Beauvoir;* aux 2e et 3e, de gueules, coupé, émanché d'or de quatre pièces, qui est de *Grimoard;* sur le tout : d'azur, au chêne d'or, à trois racines et à quatre branches passées en sautoir, qui est du *Roure.*

**GRIS DE BELLŒUVRE (Le)**, NORMANDIE. — D'azur, au chevron d'or, accompagné de trois serres d'aigle d'argent, onglées d'or.

**GRIS DE LA POMMERAYE (Le)**, PROVENCE, ANJOU ET MAINE. — D'hermines, à la croix de sable.

**GROGNET DE VASSÉ**, MAINE ET POITOU. — D'or, à trois fasces d'azur.

**GRANDIN**, NORMANDIE ET ELBEUF. — D'azur, au chevron d'or, accompagné de trois étoiles de même, deux en chef et une en pointe. — Supports : deux lions. — Couronne de vicomte.

**GRAVELLE DES FOURNEAUX**, NORMANDIE. — D'azur, au chevron d'or, accompagné de trois croissants d'argent, 2 et 1.

**GROS DE LAUGREN (Le).** — D'argent, au lion de gueules.

**GROSSIN DE BOUVILLE**, NORMANDIE. — De sable, à un chevron d'or, accompagné de trois tours d'argent.

**GROSSOLLES DE PLAMARENS (de)**, GUIENNE. — D'or, au lion de gueules, naissant d'une rivière d'argent; au chef d'azur, chargé de trois étoiles d'or. — Couronne de marquis. — Supports : deux griffons.

**GROUCHY (de)**, NORMANDIE. — D'or, fretté d'azur.

**GROUT DE BEAUFORT**, NORMANDIE. — De gueules, au chevron d'or, accompagné de trois roses d'argent, deux en chef et une en pointe; à la pointe extérieure de l'écu, une tête de carnation portée par une main gantelée de fer. — Couronne de marquis. — Supports : deux lévriers.

**GROUT DE SAINT-PAER**. — Ecartelé : aux 1er et 4e, de sable, à trois têtes de léopard d'or; aux 2e et 3e, d'argent, à trois fusées de gueules, posées en fasce et accolées.

**GRUEL DE BOISEMONT**, NORMANDIE. — D'azur, à trois grues d'argent, becquées et membrées d'or.

**GRUEL DE FONTAGIER**, DAUPHINÉ. — De gueules, à trois grues d'argent, 2 et 1.

**GUARDIA (de)**, ROUSSILLON. — De gueules, à un œil d'or; parti, d'or, à un arc de gueules, encoché d'une flèche du même ; coupé d'azur, à une tour d'argent donjonnée d'or, ouverte et ajourée de gueules, maçonnée de sable, et un dextrochère d'or, mouvant du flanc sénestre; la main de carnation tenant une épée d'argent, garnie d'or; ledit écu timbré d'un casque orné de ses lambrequins d'or, de gueules, d'argent et de sable.

**GUASCO**, ESPAGNE, PIÉMONT ET CORSE. — D'azur, à un écot de sinople (à enquerre), mis en barre, chargé de trois papillons d'or.

**GUAY-TROUIN (du)**, BRETAGNE. — D'argent, à une ancre de sable; au chef d'azur, chargé de deux fleurs de lis d'argent.

**GUÉ DE BAGNOLS (du)**, BOURBONNAIS ET LYONNAIS. — D'azur, au chevron d'or, accompagné de trois étoiles du même, deux en chef et une en pointe, celle-ci surmontée d'une couronne d'or.

**GUÉAU DE GRAVELLES ET DE REVERSEAUX**, ORLÉANAIS, PAYS CHARTRAIN ET ÎLE DE FRANCE. — Ecartelé : aux 1er et 4e, d'azur, à la croix de Jérusalem d'or; au chef cousu de gueules, chargé d'un gland de chêne feuillé d'or, la tige en haut; aux 2e et 3e, d'azur, au chevron d'or, accompagné de trois croissants d'argent. — Couronne de marquis. — Supports : à dextre, une aigle; à sénestre, un lion en barroque.

**GUELTON-PIGNET**, PROVENCE. — D'azur, au chevron d'or, accompagné de trois lions naissants d'or, deux en chef et un en pointe.

**GUÉNÉGAUD DE PLANCY**, BOURBONNAIS, ÎLE DE FRANCE ET CHAMPAGNE. — De gueules, au lion d'or

**GUER DE PONT-CALLEC**, BRETAGNE. — D'azur, à sept macles d'or, posés 2, 3 et 2; au franc-canton d'argent, fretté de gueules de huit pièces.

**GUÉRAPIN DE VAURÉAL**, BRIE. — D'or, au lion de sable, tenant une hache de gueules ; à la bordure de France.

**GUÉRET DE MONTCRIF**, FRANCE ET ECOSSE. — De gueules, au lion d'or, lampassé d'azur.

**GUERIN (de)**, LANGUEDOC. — De gueules, à six besants d'or, posés 3, 2 et 1.

**GUÉRIN D'AGON**, NORMANDIE. — D'azur, à trois molettes d'or, posées 2 et 1 ; et un chef du même, chargé d'un lion issant de gueules.

**GUÉRIN DE FLAUX**, ARTOIS. — D'or, à trois chevrons d'azur, accompagnés en pointe d'un lion de gueules; au chef d'azur, chargé de trois étoiles d'or.

**GUÉRIN DE TENCIN**, SAVOIE ET DAUPHINÉ. — D'or, au laurier arraché de sinople; au chef de gueules, chargé d'une étoile d'or, accostée de deux besants du même.

**GUÉRIN DE TOURNEL**, LANGUEDOC. — Tranché de gueules et d'argent.

**GUERNONVAL D'ESQUELBECQ**, ARTOIS. — Ecartelé : aux 1er et 4e, d'azur, au chevron d'or, accompagné de trois gerbes du même, deux en chef et une en pointe ; aux 2e et 3e, d'argent, à l'aigle éployée de sable, becquée et membrée de gueules.

**GUESTRE DE PRÉVAL**. — De gueules, à l'aigle d'or au vol abaissé, regardant un soleil d'or, mouvant de l'angle dextre; au chef cousu d'azur, à trois croissants d'argent, celui du milieu surmonté d'une étoile d'or.

**GUEULY DE RUMIGNY**, PICARDIE. — D'or, au chevron de gueules, accompagné en pointe d'une aigle d'azur, membrée et becquée de gueules.

**GUEZ DE LA POMMERAYE (des)**, NORMANDIE. — D'argent, au chevron de gueules, chargé de cinq besants du champ; à la bordure de gueules.

**GUICCIOLI DE MONTELEONE**, ITALIE. — De gueules, au lion échiqueté d'argent et d'azur.

**GUICHARD DE MONTGUERS**, DAUPHINÉ. — D'or, au chevron de sinople; au chef d'azur, chargé de trois étoiles d'or.

**GUICHARD DE TILLERS**, NORMANDIE. — De gueules, à trois grenades d'or, 2 et 1.

**GUICHE (de La)**, Charolais. — De sinople, au sautoir d'or. — Devise : *Au plus haut.*

**GUIDOTTI (de)**, Italie. — D'azur, à six étoiles d'or, posées 3, 2 et 1 ; au lambel de quatre pendants de gueules, embrassant trois fleurs de lis d'or, en chef. — Couronne de marquis. — Supports : deux sangliers. — Cimier : un sanglier de sable.

**GUIGNARD DE SAINT-PRIEST D'ALMAZAN**, Dauphiné. — Ecartelé : aux 1er et 4e, d'argent, à trois merlettes de sable ; aux 2e et 3e, d'azur, au chevron d'argent, accompagné en chef de deux tours d'or, maçonnées de sable. — Devise : *Fort et ferme.* — La branche d'Almazan porte sur le tout : d'argent, au chêne de sinople, et une bordure de gueules, chargée de sept panelles (feuilles) d'or, qui est d'*Almazan.* — Devise : *Esse quam videri.*

**GUILBERT DE PIXÉRÉCOURT**, Lorraine. — D'azur, à la couronne de laurier d'or ; au chef d'argent, chargé de trois croissants d'azur.

**GUILHEM (de)**, Languedoc — Fascé de gueules et d'or, au chef d'hermines.

**GUILHEN DE LAGONDIE**, Périgord. — D'azur, à deux lions affrontés d'or ; au chef cousu de gueules, chargé de trois croissants d'argent.

**GUILLART D'ARCY (de)**, Poitou. — De gueules, à deux bourdons de pèlerin d'or, posés en chevron, accompagnés de trois monts de six coupeaux d'argent. — La branche cadette a adopté comme brisure, en écartelure ou sur le tout, les armes de la seigneurie de Fresnay : d'argent, au chevron d'azur, chargé de trois besants d'or, accompagné en chef de deux étoiles de sinople, et en pointe d'un lion de sable, armé et lampassé de gueules. — Devise, celle de l'ancien ordre de Saint-Hubert : *In fide sta firmiter.*

**GUILLAUME DE MARCHANGY**, Champagne. — D'azur, à la fasce d'or, accompagnée en chef d'une étoile, accostée de deux roses, et en pointe d'un rencontre de cerf, le tout du même.

**GUILLAUME-REY**, Bourgogne et Champagne. — D'azur, à une fasce d'or, accompagnée en chef d'une étoile accostée de deux roses, et en pointe d'un rencontre de cerf, le tout d'or. — Couronne de comte. — Supports : deux lions d'or. — Devise : *Jure ac marte.*

**GUILLAUME DE LA VIEUVILLE**, Bretagne. — De gueules, au lion d'argent, couronné et lampassé d'or.

**GUILLEBON**, Picardie. — D'azur, à la bande d'or, accompagnée de trois besants de même, 2 et 1.

**GUILLEMEAU DE FRÉVAL ET DE SAINT-SOUPLET**, Normandie. — D'azur, à la licorne naissante d'argent, mouvante de la pointe de l'écu, surmontée de deux étoiles d'or.

**GUILLEMIN DE COURCHANT**, Touraine et Bretagne. — Ecartelé : aux 1er et 4e, de gueules, au chevron d'argent, accompagné en chef de deux étoiles d'or, et en pointe d'un lion du même ; aux 2e et 3e, d'argent, à la fasce de sable, chargée de trois coquilles d'argent.

**GUILLEMIN DE LA MAIRIE**, Touraine. — Ecartelé : aux 1er et 4e, d'argent, à la fasce de sable, chargée de trois coquilles d'or ; aux 2e et 3e, parti d'hermines et de gueules, qui est de *Bailleul.*

**GUIOT DU DOIGNON**, Poitou. — D'or, à trois perroquets de sinople, becqués et membrés de gueules, 2 et 1.

**GUIZOT**, Languedoc. — De vair, à une bande losangée d'or et de gueules.

**GUYARD DE SAINT-CHÉRON**, Rouergue. — De gueules, au gui de chêne d'or ; au chef cousu d'azur, chargé de trois roses d'argent, boutonnées de sable.

**GUYNEMER ET GUIGNEMER (de)**, Bretagne. — D'or, à trois merlettes de sable, 2 et 1.

**GUYON DE LA CHEVALERIE**, Touraine. — D'argent, au cerf de sable, passant dans un bois de sinople ; au chef d'azur, chargé de trois étoiles d'or.

**GUYON DE MONTLIVAULT**, Normandie et Orléanais. — D'or, à trois fasces ondées d'azur, en chef, et à la branche d'arbre de sinople renversée, en pointe.

**GUYOT DE SAINT-REMY**, Lorraine. — D'azur, semé d'abeilles d'argent, et une ruche d'or brochante ; au chef cousu de gueules, chargé d'une couronne d'or.

**HABERT DE MONTMORT**, Artois. — D'azur, au chevron d'or, accompagné de trois anilles d'argent.

**HALLÉ DE LA HAULE**, Normandie. — D'or, au chevron de gueules, chargé d'une fleur de lis d'or, et accompagné de trois molettes de sable, deux en chef et une en pointe.

**HALLENCOURT DE DROMÉNIL**, Picardie. — D'argent, à la bande de sable, cotoyée de deux cotices du même.

**HAMEL (du)**. — D'argent, à la bande de sable, chargée de trois sautoirs d'or ; pour la branche de Guienne, écartelé d'azur, à trois tours d'argent, en mémoire de la terre patronymique du Hamel, près Corbie. — Couronne de marquis. — Supports : deux cigognes. — Cimier : une tête de cigogne. — Devise : *A toute heure.*

**HAMEL (du)**, NORMANDIE. — D'argent, au chevron de gueules.

**HAMON DE LAVALOT**, BRETAGNE. — De sable, fretté d'or; au franc-canton d'argent, chargé d'une tour de gueules.

**HAN DE MARTIGNY (du)**, ARTOIS ET CHAMPAGNE. — Tiercé en fasce : au 1er, d'or, à deux quintefeuilles de gueules; au 2e, fuselé d'argent et de gueules; au 3e, d'argent, à trois merlettes de sable.

**HANGOUWART (d')**, CAMBRÉSIS. — De sable, à l'aigle d'argent, membrée d'or. — Un heaume timbré de deux cornes de sable. — Supports : deux lions.

**HANIN**, NORMANDIE. — D'argent, au chevron d'azur, accompagné en chef de deux trèfles de sinople, et en pointe d'une haie ou buisson du même.

**HANIVEL DE PONT-CHEVRON**, BRETAGNE, NORMANDIE, BEAUVOISIS, ILE DE FRANCE ET ORLÉANAIS. — De gueules, au saumon d'argent, en fasce; au chef cousu d'azur, chargé de trois étoiles d'or.

**HANTIER DE ROUSSELIN (Le)**, NORMANDIE. — D'azur, à deux chevrons d'argent, accompagnés de trois molettes du même, deux en chef et une en pointe.

**HARCHIES (de)**, HAINAUT. — Écartelé : aux 1er et 4e, d'or, à cinq cotices de gueules, au franc-canton d'azur, chargé d'une étoile à six rais d'or; aux 2e et 3e, échiqueté d'or et de gueules.

**HARCOURT (de)**, NORMANDIE. — De gueules, à deux fasces d'or, et à l'écusson d'azur, en cœur, chargé d'une fleur de lis d'or, brochant.

**HARDY DE LA MASSERIE**, BRETAGNE. — D'argent, à quatre aiglettes d'azur, membrées et becquées d'or, 2 et 2.

**HARDY DE LA TROUSSE**, BRIE. — D'argent, au chevron de sable, bordé d'or, potencé et contre-potencé du même; au chef d'or, chargé d'un lion de gueules, léopardé.

**HARDY (Le)**, ARTOIS. — De sable, semé de billettes d'or, au lion du même, armé, lampassé et couronné d'argent, brochant sur le tout.

**HARDOUIN DE LA GIROUARDIÈRE**, ANJOU ET MAINE. — D'argent, à la fasce de gueules, accompagnée en chef d'un lion passant de sable, lampassé de gueules, et en pointe de deux quintefeuilles aussi de sable.

**HARENC DE LA CONDAMINE**, FOREZ, AUVERGNE ET VIVARAIS. — D'azur, à trois croissants d'or posés en bande. — Couronne de marquis. — Supports : deux lions. — Devise : *Nul bien sans peine.*

**HARIVEL**, NORMANDIE. — De gueules, à trois roses d'or, 2 et 1.

**HARLAY DE CHAMPVALLON**, ILE DE FRANCE. — D'argent, à deux pals de sable.

**HARPAILLÉ DU PERRAY**, TOURAINE. — D'azur, au chevron d'or, accompagné en chef de deux croissants d'argent, et en pointe d'une étoile du même.

**HARSCOUET DE SAINT-GEORGE**, BRETAGNE. — D'azur, à trois coquilles oreillées d'argent, deux en chef et une en pointe; l'écu sommé d'un casque d'argent, taré aux deux tiers, montrant sept grilles, orné de ses lambrequins, ayant pour cimier une coquille oreillée d'argent. — Supports : deux lions. — Devise : *Enor ha francquz.*

**HASTINGS DE HUNTINGDON**, ANGLETERRE. — D'argent, à la manche mal-taillée de sable.

**HAUBERSART (d')**, FLANDRE. — D'azur, au chevron d'or, chargé de deux épées appointées de sable, et accompagné en chef de deux étoiles d'argent, et en pointe d'une balance du même.

**HAUDICQUER DE BLANCOURT ET DU QUESNOY**, PICARDIE. — Fascé d'or et de gueules de huit pièces, au sautoir d'azur, brochant sur le tout.

**HAUGEN.** — Coupé de gueules sur argent, à un demi-éléphant rampant et tourné à sénestre de l'un en l'autre.

**HAUTECLOCQUE (de)**, ARTOIS. — D'argent, à la croix de gueules, chargée de cinq coquilles d'or. — Tenants : deux sauvages. — Cimier : un sauvage issant. — Couronne de comte. — Cri : *Saint-Pol.* — Devise — *On entend loing Haute-Clocque.*

**HAUTEFORT (de)**, PÉRIGORD. — D'or, à trois forces de sable.

**HAUTEFORT DE SURVILLE**, PÉRIGORD. — Écartelé : aux 1er et 4e, de *Hautefort*; aux 2e et 3e, de gueules, au chien courant, d'argent.

**HAUTPOUL (d')**, LANGUEDOC. — D'or, à deux fasces de gueules, accompagnées de six coqs de sable, crêtés, becqués et barbés de gueules, posés 3, 2 et 1. — Couronne de marquis. — Supports : deux lévriers.

**HAYE D'ANGLEMONT (La)**, NORMANDIE. — D'argent, au sautoir d'azur, accompagné de quatre lions naissants de gueules.

**HAYE DE LA BATISSE (La)**, AUVERGNE. — De gueules, au gantelet d'argent renversé.

**HAYE DE GONDART (La)**, BRETAGNE. — D'argent, à la fasce de gueules, accompagnée de trois trèfles de sinople, deux en chef et un en pointe.

**HAYE D'OMMOY (La)**, NORMANDIE. — De gueules, à six losanges d'argent, 3, 2 et 1.

**HAYE DE SAINT-HILAIRE (La)**, BRETAGNE. — D'argent, au lion (*aliàs* léopard), de gueules.

**HAYES DE BONNEVAL (des)**, NORMANDIE. — De gueules, à la croix d'argent, chargée d'un croissant de sable en cœur, et de quatre merlettes du même.

**HAYEUX (des)**, BRETAGNE. — De gueules, à trois coqs d'or, armés, crêtés, becqués et barillonnés d'argent, 2 et 1.

**HAYS (du)**, NORMANDIE. — De sable, à trois épieux d'argent.

**HAZON DE SAINT-FIRMIN**, ILE DE FRANCE ET CHAMPAGNE. — De gueules, à une croix d'argent, chargée de onze triangles d'azur, et cantonnée de quatre molettes d'or.

**HEBRAIL**, LANGUEDOC. — D'azur, à deux lièvres d'or, passant l'un sur l'autre. — Devise : *Egenis sollicito*.

**HECTOR DE TIRPOIL**, ANJOU ET POITOU. — D'azur, à trois tours d'or, 2 et 1.

**HÉDOUVILLE (de)**, ILE DE FRANCE, PICARDIE ET CHAMPAGNE. — D'or, au chef d'azur, chargé d'un lion léopardé d'argent, lampassé de gueules. — Supports : deux lions. — Couronne de comte. — Devise : *Totum pro Deo et Rege*.

**HELLOUIN DE CÉNIVAL**, NORMANDIE. — D'or, à trois fasces de gueules ; l'écu timbré d'un casque de chevalier orné de ses lambrequins.

**HELLOUIN DE MÉNILBUS**, NORMANDIE. — D'azur, au chevron d'argent, accompagné de trois étoiles du même, en chef, et d'un fer de lance d'argent, en pointe.

**HELYES DE LA ROCHE-ESNARD**, POITOU. — Burelé d'argent et de gueules, à cinq fusées de sable, mises en pal brochant.

**HÉMARD DE DENONVILLE**, BEAUCE. — D'argent, à six burèles de sable.

**HENNEQUIN D'ECQUEVILLY**, FLANDRE, CHAMPAGNE ET ILE DE FRANCE. — Vairé d'or et d'azur ; au chef de gueules, chargé d'un lion léopardé d'argent.

**HENNIN-CUVILLIER (d')**, FLANDRE. — D'or, à la croix engrêlée de gueules.

**HENNOFF (d')**. — De gueules, à une tête de sanglier d'or.

**HENRION DE MAGNONCOURT**, FRANCHE-COMTÉ, SUISSE ET ALSACE. — De gueules, à la houssette ou botte armée et éperonnée, d'or ; écartelé de *Staal*.

**HENRY D'OHÉVILLE**, LORRAINE. — D'or, taillé d'argent ; au lion de gueules brochant, chargé d'une croix de Lorraine du second émail.

**HENRY DE PONTHUET**, BRETAGNE. — D'or, à trois quintefeuilles de gueules, 2 et 1.

**HENRION D'HAUSSONVILLE**, LORRAINE. D'or, au chevron d'azur, accompagné de trois tortues de sable, deux en chef affrontées et une en pointe.

**HERBELINE DE RUBERCY**, NORMANDIE. — D'azur, au chevron d'or, accompagné de trois haches d'armes d'argent, 2 et 1 ; les deux du chef affrontées.

**HÉRICART DE THURY**, ILE DE FRANCE. — D'or, au mont de sinople, mouvant de la pointe de l'écu, chargé de six flammes d'argent, 3, 2, 1, et surmonté de trois fumées d'azur, issantes du sommet du mont ; celle du milieu un peu plus haute que les deux autres ; au chef de gueules, chargé de trois étoiles d'argent.

**HÉRICOURT (d')**. — D'argent, à la croix de gueules, chargée de cinq coquilles du champ.

**HÉRON DE VILLEFOSSE**, ILE DE FRANCE. — D'azur, au chevron d'or, accompagné de trois grenades, tigées et feuillées, aussi d'or, ouvertes de gueules, posées deux en chef et une en pointe.

**HERSART DE BURON**, PAYS DE GALLES ET BRETAGNE. — D'or, à la herse de labour de sable.

**HERSART DE LA VILLEMARQUÉ**, BRETAGNE. — D'or, à la herse de sable ; l'écu timbré d'un casque taré de front, fermé et sommé d'une couronne de comte. — Supports et cimier : trois lions d'argent, armés et lampassés de gueules. — Devise : *Everlit et æqual*.

**HERTEL DE COURNOYER**. — De sinople, à la herse d'or.

**HERWYN DE NEVÈLE**, PARIS ET FLANDRE. — Ecartelé : au 1er, d'or, au lion léopardé de sable, lampassé de gueules ; au 2e, d'argent, à la croix de gueules, cantonnée au premier canton d'une merlette de sable ; au 3e, de sable, à trois molettes d'or ; au 4e, d'azur, à la fasce d'or, accompagnée en chef de deux colombes affrontées d'argent, et en pointe d'une bisse d'or.

**HESPEL** (d'), Artois. — Ecartelé : aux 1ᵉʳ et 4ᵉ, d'or, à trois ancolies d'azur, 2 et 1 ; aux 2ᵉ et 3ᵉ, d'argent, au chevron parti d'or et d'azur.

**HESSELIN DE GONDRECOURT**, Ile de France et Picardie. — D'or, à deux fasces d'azur, semé de croisettes fleuronnées de l'un en l'autre.

**HIBON DE MERVOY**, Picardie. — De gueules, au hibou d'or ; au chef d'or, chargé d'une givre d'azur, accostée de deux croisettes du même.

**HIÈRES DE CHARANCIEU**, Dauphiné. — D'azur, à trois branches de lierre d'or ; celle du milieu posée en pal, et les autres entrelacées et passées en cinq sautoirs, feuillées, celle du milieu d'une feuille à la cime, et les deux autres chacune de cinq feuilles, le tout d'or.

**HILAIRE DE JOVYAC**, Vivarais. — Ecartelé : aux 1ᵉʳ et 4ᵉ, d'azur, au lévrier courant, d'argent, colleté et bouclé d'or, surmonté d'un château aussi d'argent, ouvert et maçonné de sable ; aux 2ᵉ et 3ᵉ, de sinople, au cygne d'argent, membré d'or, qui est de *Tholon de Saint-Jalle*.

**HILLERIN** (de), Poitou. — De gueules, à trois roses d'argent, 2 et 1. — Devise : *Dieu et mon droit*.

**HIMÈNE DE FONTEVAUX**, Bretagne et Poitou. — D'argent, à trois pommes de pin renversées au naturel et une merlette de sable, en abîme.

**HOCQUART DE CURTOT**, Champagne, Bretagne et Ile de France. — De gueules, à trois roses d'argent, 2 et 1.

**HODENEAU DE BRÉVIGNON**, Nivernais. — D'azur, au chevron d'or, accompagné de trois étoiles du même, deux en chef et une en pointe.

**HOORENBEKE**, Brabant. — D'azur, au cor de chasse d'argent, embouché et virolé d'or, et enguiché de gueules.

**HORNES** (de), Pays Bas. — D'or, à trois trompes de chasse de gueules, virolées d'argent, les embouchures à sénestre, 2 et 1.

**HOUCHIN DE LONGASTRE**, Artois. — D'argent, à trois losanges de sable, 2 et 1.

**HOUDETOT** (d'), Normandie. — D'argent, à la bande d'azur, diaprée de trois médaillons d'or, celui du milieu figurant un lion, les deux autres une aigle.

**HOUEL DE LA POMMERAYE**, Normandie et Bretagne. — D'azur, à trois pals d'or.

**HOULLE DE KERMASSONNET** (Le), Bretagne. — D'azur, à dix billettes d'or, posées 4, 3, 2 et 1.

**HOUSSE DE JOSEY**, Lorraine. — D'argent, au chef échiqueté d'or et d'azur de trois tires.

**HOUX DE DOMBASLE** (du), Lorraine. — D'azur, à trois bandes d'argent, accompagnées de quatre billettes couchées d'or, deux en chef et deux en pointe.

**HOUBEN** (d'), Prusse. — D'argent, à trois cœurs de gueules, 2 et 1.

**HOUX DE VIOMÉNIL** (du), Lorraine. — D'azur, à trois bandes d'argent, accompagnées de quatre billettes couchées d'or, deux en chef et deux en pointe.

**HOZIER** (d'), Provence. — D'azur, à une bande d'or, accompagnée de six étoiles du même, posées en orle.

**HUART** (d'), Brabant et duché de Luxembourg. — D'argent, à un houx de sinople, fruité de gueules, issant d'un brasier à cinq flammes du même ; l'écu timbré d'un casque orné de lambrequins et surmonté d'une couronne de baron. — Devise : *Mon cœur comme mon houx arde*.

**HUBERT D'HUMIÈRES**, Artois. — D'argent, à la fasce d'azur, accompagnée de trois trèfles de sable, deux en chef et un en pointe.

**HUCHET DE LA BÉDOYÈRE**, Bretagne. — D'azur, à six billettes d'argent, percées en rond et posées 3, 2 et 1.

**HUE DE CALIGNY**, Normandie. — D'azur, à l'aigle d'argent, becquée et membrée d'or, accompagnée en chef de deux étoiles du second.

**HUE DE MIROMÉNIL**, Normandie. — D'argent, à trois hures de sanglier de sable, 2 et 1.

**HUE DE MONTAIGU**, Bretagne. — D'azur, à la colombe d'argent, tenant dans son bec un rameau du même.

**HUE DE NATHAN**, Normandie. — D'argent, à la bande de gueules, chargée de trois hermines du champ ; à la bordure d'azur, chargée de huit coquilles d'or en orle.

**HUET DE MONTBRUN**, Normandie et Orléanais. — D'azur, au cerf d'or, issant d'une rivière d'argent mouvante de la pointe de l'écu ; au chef de gueules, chargé de trois molettes d'or.

**HUGLEVILLE**, Normandie. — D'or, à deux fasces de gueules.

**HUGO**, Lorraine. — D'azur, au chef d'argent, chargé de deux merlettes de sable ; l'écu sommé d'un vol banneret d'azur, chargé d'une fasce d'argent.

**HUGON DE LA REYNIE**, Bourgogne,

**PÉRIGORD ET LIMOUSIN.** — D'azur, à deux lions d'or, affrontés, lampassés et armés de gueules.

**HUGUET DE GRAFFIGNY**, LORRAINE. — D'azur, à trois têtes de licorne d'argent, 2 et 1.

**HUGUET DE SÉMONVILLE ET DE MONTARAN**, GATINAIS ET ILE DE FRANCE. — Écartelé : aux 1er et 4e, d'azur, au cygne d'argent ; aux 2e et 3e, d'or, au chêne de sinople, englanté d'argent.

**HUILLIER DE LA MARDELLE (L')**. — D'azur, au lion d'or, adextré en chef d'un croissant tourné, d'argent ; l'écu sommé d'un casque de chevalier taré de front, orné de ses lambrequins.

**HUMES DE CHERISY**, BOURGOGNE. — De sinople, au lion d'argent, armé et lampassé de gueules.

**HUMIÈRES (d')**, ARTOIS. — D'argent, fretté de sable.

**HUNOLSTEIN (d')**, ALLEMAGNE. — D'argent, à deux fasces de gueules, accompagnées de douze billettes du même, posées 5, 4 et 3.

**HUON DE KERMADEC**, BRETAGNE. — D'or, à trois annelets d'azur (alias de gueules), accompagnés de trois croisettes recroisettées du même, mal ordonnées.

**HURAULT DE CHIVERNY**, BRETAGNE, ILE DE FRANCE ET MILANAIS. — D'or, à la croix d'azur, cantonnée de quatre soleils de gueules.

**HUSSON DE GRAILLY ET DE SAMPIGNY**, LORRAINE. — D'argent, au lion de sable, marqué sur l'épaule gauche d'une croix de Jérusalem d'or ; à la bordure engrêlée de gueules, chargée de treize billettes d'argent.

**HUTIN DE VERMEILLES**, PICARDIE. — D'argent, au lion de sinople.

**IGONAIN DU MAZET**, LIMOUSIN ET POITOU. — D'azur, à la croix fleurdelisée, d'or, cantonnée de quatre épées d'argent.

**ILLIERS (d')**, BEAUCE. — D'or, à six annelets de gueules, trois en chef, deux en fasce et un en pointe.

**IMBERT DE LA BAZECQUE**, ARTOIS. — D'azur, à la bande d'argent, accostée de deux molettes du même.

**ISARN DE CASTANET**, LANGUEDOC. — D'azur, à la fasce d'argent, accompagnée de trois besants du même, en chef, et d'un croissant aussi du même, en pointe.

**ISLE DE PENEMPRAT (L')**, BRETAGNE. — De gueules, à dix billettes d'or, 4, 3, 2 et 1.

**ISNARD D'ODDEFRET**, DAUPHINÉ. — De sable, au sautoir d'argent, accompagné de quatre molettes du même.

**IZARN DE FREISSINET**, ROUERGUE. — D'azur, au lévrier d'argent ; au chef du même, chargé de trois étoiles de gueules.

**IZARN DE VILLEFORT**, LANGUEDOC. — D'azur, à la fasce d'argent, accompagnée en chef de deux besants du même, et en pointe d'un croissant d'or.

**IZYCKI**, POLOGNE. — De gueules, à la licorne saillante d'argent.

**JACOB DE TIGNÉ**, ANJOU. — D'azur, au chevron d'or, accompagné de trois quintefeuilles du même, deux en chef et une en pointe.

**JACOBS**, BELGIQUE. — D'azur, au chevron d'argent, chargé de trois quintefeuilles de gueules, et accompagné de trois fleurs de lis d'argent, deux en chef et une en pointe.

**JACOMEL (de)**, PIÉMONT, PICARDIE ET LANGUEDOC. — D'argent, à trois feuilles de vigne de sinople, et un chef d'azur, chargé de trois étoiles d'or. — Couronne de comte. — Supports : deux lions.

**JACOPS D'ASCQ (de)**, FLANDRE. — D'or, au chevron d'azur.

**JACQUESSON DE LA CHEVREUSE**, LANGUEDOC. — De gueules, à la licorne saillante d'argent ; au chef cousu d'azur, chargé de trois étoiles d'or.

**JACQUEMINOT**. — D'or, à la branche d'oranger de sinople, chargée de fleurs d'argent, et d'un fruit au naturel, au franc-quartier de comte-sénateur.

**JACQUES DE LA CHASSAIGNE**, AUVERGNE ET LIMOUSIN. — D'azur, à deux étoiles d'or en chef, et un croissant d'argent en pointe.

**JACQUES DE GASCHES**, AUVERGNE. — Parti : au 1er, de gueules, à trois coquilles d'argent, 2 et 1 ; au 2e, d'azur, à deux étoiles et une fleur de lis d'or.

**JACQUET DE BRAY**, ILE DE FRANCE ET LANGUEDOC. — Coupé : au 1er, d'or, à trois cyprès sur une terrasse de sinople ; au 2e, de gueules, au bélier d'argent. — Couronne de comte. — Supports : deux lions.

**JACQUOT D'ANDELARRE**, FRANCHE-COMTÉ. — D'argent, à trois fleurs de violette au naturel, 2 et 1.

**JAGENSDORF**, BAVIÈRE. — De gueules, à trois couronnes d'or, 2 et 1.

**JAGU DE KERLIVIO**, BRETAGNE. — De sable, à trois fasces d'or.

**JAHAN**. — De gueules, à une fasce d'argent, accompagnée de trois étoiles du même, posées deux en chef et l'autre en pointe.

**JAILLARD DE LA MARRONNIÈRE**, Poitou. — D'azur, à trois tours d'or, 2 et 1.

**JAMBON DE SAINT-CYR**, Normandie. — D'argent, à un laurier de sinople; au chef d'azur, chargé de trois étoiles à six rais d'or.

**JAMBOURG DE MONSTRELET**, Pays-Bas et Picardie. — D'argent, à trois merlettes de sable, 2 et 1.

**JAMES (de)**, Poitou et Angoumois. — De gueules, à un dauphin d'or, pâmé et couché.

**JAN DE LA HAMELINAYE ET DE LA SAUDRAYE**, Bretagne. — De sable, à deux brochets d'argent, posés en bande, et affrontés, mordant une anguille du même, mise en barre; et un franc-canton de gueules, chargé d'une épée d'argent.

**JANIKOWSKI**, Pologne. — De gueules, au bouclier de bronze en abîme.

**JASZKOWSKI**, Pologne. — De gueules, à la flèche d'argent, le fer en haut, le bas fendu et traversé en forme de double croix. (*Kosciesza*.)

**JAUBERT (de)**, Limousin. — D'azur, à la fasce d'or, accompagnée de six fleurs de lis du même, trois rangées en chef et trois posées en pointe, 2 et 1.

**JAUBERT DE SAINT-GELAIS**, Périgord. — D'azur, à la fasce d'or, accompagnée de six fleurs de lis du même, trois en chef et trois en pointe, rangées en fasce.

**JAUCHE DE MASTAING**. — De gueules, à la fasce d'or.

**JAUCOURT (de)**, Champagne. — De sable, à deux léopards d'or, l'un au dessus de l'autre. — Couronne de marquis.

**JAUSSELIN DE BRASSAY**, Poitou et Guienne. — Parti : au 1er, de gueules, au chevron d'argent, accompagné de deux étoiles d'or, une en chef et l'autre en pointe; au 2e, d'azur, au lion d'or, surmonté d'une étoile du même.

**JAVA**, Naples. — D'argent, au lion de gueules, tenant dans sa patte droite un bouquet de fèves et posé sur une terrasse de sinople, adextré d'une Cérès tenant dans la main gauche trois épis de blé d'or.

**JAY DE BELLEFOND (Le)**, Berry. — De sinople, à trois fasces d'or et un lambel du même en chef.

**JEAN DE LAUNAC ET DE SAINT-PROJET**, Languedoc. — D'azur, à l'aigle éployée d'or; au chef cousu de gueules, chargé de trois fleurs de lis du second émail.

**JEGOU DE KERAMEL**, Bretagne. — D'argent, au chevron de sable, surmonté d'un croissant du même.

**JEHAN DE PREISSAC**, Périgord. — D'azur, au chevron d'or, accompagné de trois croix potencées du même.

**JOANNIS DE VERCLOS**, Comtat-Venaissin. — Écartelé : aux 1er et 4e, d'or, à six pattes d'ours de sable, 3 et 3; aux 2e et 3e, d'argent, à deux lions de gueules affrontés.

**JOBAL DE PAGNY**, Ile de France. — D'azur, à la montagne d'argent, accostée de deux lions d'or, lampassés du même; et une croisette d'or en chef, accostée de deux étoiles d'argent.

**JOINVILLE (de)**, Champagne. — D'azur, à trois broyes d'or, 2 et 1; au chef d'argent, chargé d'un lion issant de gueules.

**JOLY (de)**, Guienne. — D'azur, au chevron d'or, accompagné de trois fers de lance renversés, 2 et 1; celui de la pointe accompagné de trois étoiles, 2 et 1; le tout d'or. — Supports : deux aigles au naturel, portant dans leur bec une branche d'olivier de sinople.

**JOLY DE FLEURY**, Bourgogne. — D'azur, au lis d'argent; au chef d'or, chargé d'une croix pattée de sinople.

**JONQUIÈRES (de)**, Naples et Comtat-Venaissin. — De gueules, à deux branches de frêne d'or, appointées et surmontées d'un faucon du même. — Supports : deux griffons. — Couronne de comte. — Devise : *In altissimis sido*.

**JORDAN DE LURY**, Languedoc. — De sinople, à la fasce dentelée d'or, accompagnée en chef de deux étoiles aussi d'or, et en pointe d'un jars d'argent becqué et membré de, *alias* au naturel. — Devise : *In veritate virtus*. — Cimier : un bras armé d'argent. — Couronne de comte. — Supports : deux lions au naturel, contournés et lampassés de gueules.

**JORTS DE FRIBOIS**, Normandie. — D'azur, au chevron d'or, chargé de trois coquilles de sable, *alias* accompagné de trois coquilles d'argent.

**JOSNE DE CONTAY (Le)**, Picardie et Artois. — Fascé d'argent et de gueules de six pièces et une bordure d'azur; *alias* de gueules, à deux fasces d'or et une bordure d'azur.

**JOUBERT**, Languedoc. — D'azur, à trois chevrons d'or; au chef de Jérusalem.

**JOUBERT**, Angoumois. — D'azur, à la fasce d'or, accompagnée de six fleurs de lis du même, 3 et 3.

**JOUENNE D'ESGRIGNY**, Ile de France et Normandie. — D'azur, à trois croisettes potencées d'argent, 2 et 1.

**JOUFFROY**, *alias* **JOFFROY D'ALBANS**, Franche-Comté. — Fascé de sable et d'or de six pièces; la première chargée de deux croisettes d'argent.

**JOURDAIN DE VILLEMONT**, Ile de France. — D'azur, à la fasce ondée d'argent, accompagnée en chef d'un soleil d'or, et en pointe d'un daim d'argent.

**JOURNU-AUBERT**, Guienne. — De sinople, au bélier mérinos d'argent, surmonté d'une étoile d'or.

**JUBERT DE BOUVILLE, DE BRÉCOURT ET DU THIL**, Normandie. — Écartelé : aux 1er et 4e, d'azur, à la croisette d'or; aux 2e et 3e, d'azur, à cinq fers de lance ou roquets émoussés d'argent, posés 3 et 2.

**JUCHAULT DE LA MORICIÈRE**, Bretagne. — D'azur, à la fasce d'or, accompagnée de trois coquilles d'argent, deux en chef et une en pointe.

**JUGES DE FRÉGEVILLE**, Languedoc. — D'azur, à l'olivier arraché d'argent, accosté d'un croissant et d'une étoile du même.

**JUGLET DE LORMAYE**, Normandie. — D'or, à la rose de gueules; au chef du même, chargé d'un lion léopardé d'argent.

**JULLIEN DE COURCELLES**, Bourgogne, Gatinais et Beauce. — D'azur, au lion d'or, lampassé et armé de gueules.

**JULLIEN DE VILLENEUVE**, Bourgogne et Forez. — Coupé : au 1er, d'azur, au lion d'or, lampassé et armé de gueules; au 2e, de gueules, au pal d'argent.

**KARUEL DE MEREY**, Perche et Bretagne. — D'argent, à trois merlettes de sable, 2 et 1, et une bordure de gueules.

**KELLERMANN DE VALMY**, Alsace. — Coupé : au 1er, de gueules, au croissant versé d'argent; au 2e, d'argent, à trois pointes de rocher de sinople, surmontées chacune d'une étoile de gueules; au chef de gueules, semé d'étoiles d'argent.

**KERAMOCH**, Bretagne. — Fascé d'or et de gueules, à la bordure engrêlée du second émail.

**KÉRANFLECH** (de), Bretagne. — De gueules, à deux clefs d'argent, renversées et passées en sautoir.

**KERDANOUARA**, Bretagne. — D'azur, à trois étoiles d'or, 2 et 1.

**KERDREL** (de), Bretagne. — D'azur, à trois têtes de lévrier d'argent.

**KERGARIOU** (de), Bretagne. — D'argent, fretté de gueules, au canton de pourpre, chargé d'une tour d'argent, maçonnée de sable. — Devise : *Là ou ailleurs Kergariou.*

**KERGOET DE COETRIDIOU**, Bretagne. — De gueules, à six besants d'argent, 3, 2 et 1.

**KERGOET DU GUILLY**, Bretagne. — D'argent, à cinq fusées de gueules, accolées et rangées en fasce, surmontées de quatre roses du même.

**KERGOET DE TREFFUON**, Bretagne. — D'or, au cyprès d'azur.

**KERGORLAY** (de), Bretagne. — Vairé d'or et de gueules. — Devise : *Ayde-toy Kergorlay, et Dieu t'aydera.*

**KERGUELEN DE PENANRUN**, Bretagne. — D'argent, à trois fasces de gueules, surmontées de quatre mouchetures d'hermines de sable.

**KERGUERN DE PENFRAT**, Bretagne. — D'argent, au pin de sinople.

**KERLIVIOU** (de), Bretagne. — D'argent, à trois salières de gueules, 2 et 1.

**KERMAREC**, Bretagne. — De gueules, à cinq annelets d'argent, posés 3 et 2; au chef d'argent, chargé de trois roses de gueules.

**KERMORIAL DE KERMORVAN**, Bretagne. — D'azur, à un grêlier d'argent, accompagné de trois fleurs de lis du même, deux en chef et une en pointe.

**KERSALAUN** (de), Bretagne. — D'azur, à deux épées d'argent, passées en sautoir, les pointes en bas.

**KERSAUSON** (de), Bretagne. — De gueules, au fermail antique d'argent. — Devise : *Pred eo! Il est temps.*

**KESSEL** (de), Brabant. — D'or, au sautoir bretessé et contrebretessé de sable.

**KIRGENER DE PLANTA**. — Coupé : au 1er, parti de deux traits, le premier de sinople, au dextrochère armé, mouvant de sénestre, portant une massue en pal d'argent; le 2e d'azur, au casque grillé, taré de front, et surmonté d'une main appaumée d'or; le 3e de gueules, à l'épée en pal d'argent; au 2e, d'or, au château fort flanqué de deux bastions, sommé d'une tour crénelée de sable, ouvert et ajouré du champ, maçonné d'argent, sur une terrasse de sinople.

**KOCHANOWSKI**, Pologne. — De gueules, au corbeau contourné au naturel, perché sur un écot en fasce, et tenant au bec un anneau d'or. (*Korwin.*)

**KOMAR**, Pologne. — De gueules, à trois fasces alésées d'argent. (*Korzac.*)

**KONIECPOLSKI**, Pologne. — D'azur, au fer à cheval d'argent, sommé d'une croix d'or.

**KONTSKI**, Pologne et Podolie. — De

gueules, au cerf d'argent, sommé d'une étoile d'or sur la tête, et une bordure d'argent clouée d'or.

**KOPERNY**, Pologne. — D'azur, au fer à cheval d'or, surmonté d'une croix pattée de même.

**KORSAKOF**, Lithuanie et Russie. — De gueules, à trois fasces ondées d'argent, surmontées de trois étoiles rangées d'or.

**KOSAKOWSKI**, Pologne et Lithuanie. — D'azur, au fer à cheval d'argent, cloué du champ, et surmonté d'une croix d'or sur laquelle est perché un corbeau de sable, le vol ouvert, tenant dans son bec un anneau de sable.

**KOSCIUSZKO**, Lithuanie. — De gueules, à trois hamaïdes d'argent, surmontées d'une fleur de lis aussi d'argent.

**KOURAKIN**, Lithuanie et Russie. — Ecartelé : aux 1er et 4e, de gueules, à l'aigle d'argent, couronné, le vol étendu ; au 2e, d'argent, à la champagne échiquetée de sable et d'argent, sur laquelle est posé un trône supporté par deux ours au naturel ; au 3e, d'azur, au croissant versé d'argent, accompagné en chef d'une croix pattée, et en pointe d'une étoile aussi d'argent ; sur le tout de *Lithuanie*.

**KRAINSKI**, Pologne. — De gueules, à trois lances de tournoi d'or, en pal, bande et barre ; celle du milieu la pointe en bas.

**KRASICKI**, Pologne. — Parti : au 1er, d'argent, à la ramure de cerf, chevillée de cinq pièces de gueules ; au 2e, de gueules, à la corne de buffle au naturel. (*Rogala*.)

**LABANOFF**, Russie. — Coupé d'azur, à un ange d'argent, et de gueules, au cerf d'or.

**LABARTHE DE TERMES**, Languedoc. — D'or, à quatre pals de gueules.

**LABAT**, Guyenne. — D'azur, au pal d'argent, accosté de deux molettes d'or.

**LABBE DE CHAMPGRAND**, Berry. — D'argent, à trois fasces de gueules ; au lion d'or, armé et lampassé de gueules, et couronné d'or, brochant sur le tout.

**LABBÉ DE COUSSEY**, Lorraine. — Parti : au 1er, de gueules, à deux bourdons d'or, passés en sautoir ; au 2e, écartelé : de gueules, à la croix ancrée d'argent, et d'azur, à la bande d'argent, chargée d'une rose de gueules, et accostée de deux roses d'argent.

**LACÉPÈDE** (de La Ville de), Lorraine. — De sinople, à la bande d'argent, chargée de trois roses de gueules.

**LACUÉE DE CESSAC**, Languedoc. — De gueules, à l'autruche d'argent, prise par un lacet d'or vers le milieu de la patte dextre.

**LADOUCETTE**, Metz. — Coupé : au 1er, d'azur, à une montagne d'or, sénestrée en chef d'un soleil du même ; au 2e, d'azur, au coq de sable chantant, crété, membré et barbé de gueules.

**LAFONTAN**, Languedoc. — D'or, à la fontaine à trois bassins de sable.

**LAGARRIGUE**, Béarn. — De gueules, à trois têtes de lion d'or, 2 et 1.

**LAGE DE CERBOF**, Berry. — D'argent, à la croix alésée de gueules, surmontée de cinq écussons d'azur.

**LAGE DE PUYLAURENS**, Marche, Berry et Guienne. — D'or, à la croix de gueules.

**LAGRENÉE** (de), Picardie. — De gueules, au chevron d'or, accolé et enlacé d'un autre chevron renversé d'argent, mouvant du chef.

**LAIDET** (de), Provence. — De gueules, à la tour ronde, pavillonnée d'or.

**LAIDIN DE LA BOUTERIE**, Ile de France. — D'argent, au cerf de sable, au chef de gueules, chargé de deux épées d'argent, croisées d'or.

**LAISNÉ DE KERANGURIEC**, Bretagne. — D'azur, à trois cœurs d'or, 2 et 1.

**LAISNÉ DE PARVILLY**, Ile de France. — D'azur, à la croix d'or alésée, et accompagnée de trois étoiles du même, deux en chef et une en pointe.

**LALAING D'AUDENARDE** (de). — De gueules, à dix losanges d'argent, 3, 3, 3 et 1.

**LALLY-TOLENDAL**, Irlande et France. — D'argent, à trois aiglettes de gueules, 2 et 1, ayant leurs têtes contournées, et tenant dans leur bec un rameau d'olivier de sinople, et trois croissants mal ordonnés d'azur.

**LAMARTINE** (de), Bourgogne. — De gueules, à deux cotices d'or, et un trèfle du même en abime. — Couronne de comte. — Supports : deux lions. — Devise : *Accordise de Lamartine*.

**LAMBERT DE BOISJAN**, Bretagne. — D'argent, au chevron de gueules.

**LAMBERT DE CAMBRAY**, Ile de France et Orléanais. — D'azur, au chevron d'or, accompagné en chef de deux étoiles, et en pointe d'un lion, le tout du même.

**LAMBERT DE FRONDEVILLE**, Normandie. — D'azur, au lion d'or ; au chef d'argent, chargé de trois étoiles de gueules.

**LAMBERT D'HAUTEFARE**, Dauphiné. — D'argent, à une branche de rosier de sinople en barre, fleurie de trois roses de gueules ; au chef d'azur, chargé de trois étoiles d'or.

**LAMBERT D'HERBIGNY**, Normandie. — D'azur, au lion d'or ; au chef d'argent, chargé de trois étoiles de gueules.

**LAMBERTYE (de)**, Périgord, Angoumois et Poitou. — D'azur, à deux chevrons d'or.

**LAMBIN D'ANGLEMONT**, Ile de France. — D'azur, à la fasce d'argent, chargée d'une croisette ancrée, du champ, et accompagnée de trois étoiles du second émail.

**LAMENAIS (de)**. — De sinople, au chevron d'or, accompagné de deux épis de blé, et en pointe d'une ancre, le tout du même.

**L'AMIRAULT DE LORMAYE ET DE NOIRCOURT**, Orléanais et Normandie. — D'or, à la rose de gueules ; au chef du même, chargé d'un lion passant d'argent.

**LAMOIGNON (de)**. — Losangé d'argent et de sable, au franc-quartier d'hermines.

**LAMOTE-BARACÉ DE SENONNES**, Anjou. — D'argent, au lion de sable, cantonné de quatre merlettes du même, et chargé d'un écu d'argent, à une fasce de gueules, fleurdelisée et contrefleurdelisée de six pièces. — Couronne de marquis. — Supports : deux lions. — Devise : *Sanitatis fortitudo comes*.

**LAMOUREUX DE LIGNIÈRES**, Bretagne. — Gironné d'argent et de gueules de dix pièces.

**LAMPERIÈRE DE MONTIGNY**, Normandie. — D'azur, à deux pots d'argent en chef, chargés chacun de flammes de gueules ; et en pointe un lion passant d'or.

**LA LANCE (de)**, Anjou et Lorraine. — D'azur, à trois annelets d'or, 2 et 1.

**LANCKORONSKI**, Pologne. — D'azur, à la tête de lion d'argent, de la gueule duquel sortent cinq flammes du même. (*Zadora*.)

**LANCRY DE PRONLEROY**, Picardie. — D'or, à trois ancres de sable, 2 et 1.

**LANCY-RARAY (de)**. — D'or, à l'aigle au vol éployé de sable, chargée sur l'estomac d'un écusson d'azur, à trois lances d'or, posées en pal, les pointes en haut, et une bordure aussi d'or.

**LANDAIS DE SOISEL**, Bretagne. — D'or, à l'aigle de sable, membrée, becquée et languée de gueules, chargée sur la poitrine d'un écusson d'azur, à trois lances d'or en pal.

**LANDE DE KERVEGUEN (La)**, Bretagne. — D'argent, à trois cotices de gueules, au franc-canton du même.

**LANDRIAN (de)**. — D'or, à un château de sinople, maçonné de sable, sommé de deux tours crénelées du même, et d'une aigle au vol éployé de sable, becquée et couronnée de gueules, tenant les serres étendues sur l'une et l'autre tour. — Cimier : une aigle de sable posée sur un casque grillé. — Couronne de comte. — Supports : deux aigles.

**LANGE (de)**, Lorraine. — D'argent, au chevron d'azur, chargé de deux épées appointées d'argent, garnies d'or, et accompagné de trois étoiles de gueules, 2 et 1.

**LANGEAC DE COLIGNY, DE JUILLAC, DU CREST ET DE DALET**, Auvergne. — D'or, à trois pals de vair.

**LANGLADE DU CHAYLA**, Languedoc. — D'argent, à trois taux de gueules, 2 et 1.

**LANGLOIS DE LA FORTELLE**, Ile de France. — D'azur, au chevron d'argent, accompagné de trois molettes du même, deux en chef et une en pointe.

**LANGLOIS DE MOTTEVILLE**, Normandie. — D'azur, au chevron d'argent, accompagné de deux aigles d'or en chef, et d'une étoile du même, en pointe.

**LANGUET DE SIVRY ET DE GERGY**, Bourgogne. — D'azur, au triangle équilatéral, cléché et renversé, d'or, chargé sur les angles de trois molettes de gueules.

**LANJUINAIS**, Bretagne. — Ecartelé : au 1er, d'azur, à un miroir d'or arrondi, autour duquel est entortillé un serpent d'argent qui se mire dedans ; au 2e, d'argent, à la croix potencée de sinople ; au 3e, d'argent, à trois mains de carnation appaumées, posées 2 et 1 ; au 4e, d'azur, au lion d'or, tenant une balance d'argent de la patte sénestre, et de la dextre un frein du même. — Devise : *Dieu et les lois*.

**LANNES DE MONTEBELLO**, Gascogne. — De sinople, à l'épée d'or en pal, la pointe en haut ; au chef cousu de gueules, semé d'étoiles d'argent.

**LAPLACE**. — D'azur, aux deux planètes de Jupiter et de Saturne, avec leurs satellites et leur anneau d'argent posés en pointe ; au soleil d'or, posé en chef à dextre, et une tige de cinq fleurs d'or à sénestre.

**LARCHER DE CHAMONT**, Ile de France et Champagne. — D'azur, au chevron d'or, accompagné en chef de deux roses d'argent, et en pointe d'une croix patriarcale du même.

**LARIDON DE PENGUILLY**, Bretagne. — D'azur, au chevron d'or, accompagné en chef de trois étoiles d'argent, et en pointe d'un pin de sinople.

**LART DE BORDENEUVE (de)**, Béarn. — Parti : au 1er, d'azur, à trois pals d'argent ; au 2e, écartelé : aux 1er, et 4e, bandé d'or et de gueules ; aux 2e et 3e, d'argent, au lion de sable, armé et lampassé de gueules. — Couronne de comte. — Devise : *Credi*.

**LARTIGUE (de)**. — De gueules, au lion d'or.

**LASCASES (de)**, Guienne. — D'or, à la bande d'azur, et une bordure de gueules. — Devise : *Semper paratus*.

**LASTEYRIE DU SAILLANT, (de)**, Limousin. — De sable, à l'aigle d'or au vol abaissé; la branche aînée écartèle : d'argent, au lambel de trois pendants de gueules, qui est de *Du Saillant*.

**LATIER DE BAYANE**, Dauphiné. — D'azur, fretté d'argent; au chef du même, *aliàs* d'or.

**LATTRE DE NEUVILLE**, Artois. — D'or, à trois écussons d'argent; au franc-canton de gueules, chargé d'une molette d'or.

**LAU D'ALLEMANS (du)**, Béarn et Périgord. — D'or, au laurier à trois branches de sinople ; au lion léopardé de gueules; brochant sur le fût de l'arbre ; à la bordure d'azur, chargée de quinze besants d'argent.

**LAUBIGEOIS. (de)**. — D'azur, à la fasce d'argent, chargée d'une fasce de gueules.

**LAUGIER DE BEAURECUEIL**, Provence. — D'or, à la bande d'azur, chargée de trois demi-vols d'argent.

**LAUGIER DE MONTBLANC**, Provence. — D'argent, à la croix de Lorraine de sable.

**LAUGIER-VILLARS (de)**, Provence. — D'argent, au lion de gueules. — Couronne de comte. — Cimier : un lion issant de gueules. — Supports : deux lions de gueules. — Devise : *Non fortior alter*.

**LAUNAY DE GELIN**, Bretagne. — D'argent, au chevron engrêlé de sable.

**LAUR (de)**, Languedoc. — D'argent, au laurier de sinople, posé sur une terrasse du même, et soutenu par deux lions de gueules affrontés, au chef d'azur, chargé de deux étoiles d'argent.

**LAURENS DE BEAUJEU**, Comtat-Venaissin et Provence. — Parti : au 1er, d'or, à la croix pattée, de gueules ; au 2e, d'or, à trois bandes de gueules.

**LAURENT DE LA BESGE**, Limousin et Poitou. — D'argent, au chevron de gueules, accompagné en chef de deux étoiles d'azur, et en pointe d'un croissant du même.

**LAURIÈRE DE MONCAUT**, Limousin et Guienne. — D'azur, au lion d'or, armé, lampassé et couronné du même.

**LAURIN DE SAINT-LÉGER**, Artois. — De sinople, fretté d'or.

**LAUZANNE (de)**, Bretagne. — D'azur, au croissant d'argent, accompagné de deux étoiles d'or, l'une en chef et l'autre en pointe. — Couronne de marquis, — Supports : deux griffons.

**LAVAUR DE GIMEL**, Périgord. — D'azur, au lion d'or.

**LAW DE LAURISTON**, Écosse et France. — D'hermines, à la bande de gueules, accompagnée de deux coqs hardis d'azur, l'un en chef et l'autre en pointe.

**LAWŒSTINE (de)**, Flandre. — De sable, au chevron d'argent, accompagné de trois coquilles du même.

**LÉAUMONT DE PUYGAILLARD**, Guienne. — D'azur, au faucon d'argent, le vol étendu, perché, grilleté et longé du même.

**LEBRUN**, Lorraine. — Fascé d'argent et de gueules de six pièces, au chef d'or, chargé de deux ours affrontés de sable, et entre eux un gland d'argent, et feuillé de sinople.

**LEBRUN DE PLAISANCE**, Normandie. — De sable, à la louve arrêtée, d'or, surmontée de deux billettes d'argent; au chef d'azur, semé d'abeilles d'or.

**LEBRUN DE ROCHEMOND**, Normandie. — D'azur, à la fasce d'or, accompagnée de trois coupes couvertes d'argent, deux en chef et une en pointe.

**LECOURT DE BÉRU**, Bretagne et Bourgogne. — D'azur, à l'aigle d'or à deux têtes, au vol abaissé.

**LECOURT DE PRÉVERT**, Bretagne et Normandie. — D'azur, à l'aigle d'or à deux têtes, au vol abaissé ; au chef d'hermines, chargé d'un chevron de sable et d'une ancre de gueules entre les branches du chevron.

**LEDOUX DE MONTIGNY**, Picardie et Armagnac. — D'azur, au lion d'or, accosté de deux bras armés chacun d'une épée d'argent.

**LEFEBVRE DE PLINVAL**, Picardie. — De sinople, flanqué d'or; le sinople chargé en chef et en pointe d'une étoile d'argent; les flancs chargés d'une rose de gueules, tigée et feuillée de sinople; sur le tout : de gueules, à la tête de chérubin d'or.

**LEGENDRE DE LUÇAY**, Ile de France. — D'azur, au chevron d'or, accompagné en chef de deux étoiles du même, et en pointe d'une levrette courante d'argent, colletée de sable.

**LEGRAND**. — D'argent, au cheval cabré de

sable; à la fasce de gueules, chargée d'une étoile rayonnante d'or, brochant sur le tout ; au franc-canton d'azur, chargé d'une épée d'argent, garnie d'or.

**LEISSEIGUES DE LÉGERVILLE**, Bretagne.—D'or, à trois fasces ondées de gueules ; à l'épée haute en pal d'argent, garnie d'or, brochant sur le tout.

**LELIÈVRE DE LA GRANGE.** — Ecartelé : au 1er, des comtes militaires de l'Empire ; aux 2e et 3e, de sable, au griffon d'or, armé et lampassé de gueules, celui du troisième quartier contourné ; au 4e, d'azur, au sénestrochère brassardé d'argent, mouvant à dextre et surmonté de la lettre E (Essling) ; sur le tout, l'ancien écu de la famille : d'azur, au chevron d'or, accompagné en chef de deux roses d'argent, et en pointe d'une aigle éployée du même. — Supports : deux griffons. — Devise : *Liesse à lieure.*

**LEMARROIS**, Normandie. — Ecartelé : aux 1er et 4e, d'azur, à la croix alésée d'or ; au 2e, de sinople, au cheval d'argent ; au 3e, de sinople, à la pensée au naturel.

**LEMERCIER**, Saintonge. — De gueules, à la croix ancrée d'argent, cantonnée, aux 1er et 4e, d'une épée et d'une ancre du même.

**LENNOX D'AUBIGNY.** — Ecartelé : aux 1er et 4e, contre-écartelé de France et d'Angleterre ; au 2e, d'Ecosse ; au 3e, d'Irlande ; sur le tout : de gueules, à trois boucles d'or, qui est d'*Aubigny*; les grandes écartelures entourées d'une bordure componée de seize compons d'argent et de gueules ; chaque compon d'argent chargé d'une rose de gueules. — Devise : *En la rose je fleuris.*

**LENTILHAC (de).** — De gueules, à la bande d'or. — Couronne de marquis. — Supports : deux lions. — Devise : *Non lentus in armis.*

**LÉOTARD D'ENTRAGES**, Provence. — De gueules, au lion d'or ; au chef du même, chargé de trois étoiles du champ.

**LÉOTOING DE MONTGON**, Auvergne et Bourbonnais.—Ecartelé : aux 1er et 4e, d'or, à trois fasces de sable ; aux 2e et 3e, de Montgon.

**LEQUIEN DE GUERNONVAL**, Artois. — Ecartelé : aux 1er et 4e, d'azur, au chevron d'or, accompagné de trois gerbes de blé d'or, liées du même ; aux 2e et 3e, d'argent, à l'aigle éployée de sable.

**LERIGET DE LA FAYE**, Angoumois et Dauphiné. — D'azur, à une bande d'or, chargée de trois aiglettes de gueules, le vol étendu.

**LESCOT DE LISSY**, Brie. — De sable, à une tête de chevreuil d'argent, les cornes d'or et d'azur.

**LESCOUET DE LA MOQUELAYS**, Bretagne. — De sable, à l'épervier d'argent, armé, becqué, grilleté et longé d'or, accompagné de trois coquilles d'argent, deux en chef et une en pointe.

**LESCOURS (de)**, Limousin et Poitou. — Cotticé d'or et d'azur de dix pièces.

**LESHÉNAUT DE BOUILLÉ**, Anjou. — D'or, à trois croix pattées de gueules, posées 2 et 1, et une étoile d'azur en abime.

**LESPINASSE DE CHAZELLES**, Auvergne. — D'azur, à la tige de lierre d'or en fasce, accompagnée de trois croissants du même, deux en chef et un en pointe.

**LESQUEN DE LA VILLEMENEUST**, Bretagne. — De sable, à trois jars d'argent, 2 et 1, membrés et becqués de gueules.

**LESSERT (de)**, France et Suisse. — D'azur, à une fleur de lis d'or, accompagnée en chef de deux étoiles d'argent, et en pointe d'un croissant du même. — Armoiries concédées, en 1810, par l'empereur Napoléon 1er : Ecartelé, au 1er, d'azur, au lis arraché, tigé et feuillé d'argent ; au 2e, des barons membres des collèges électoraux ; au 3e, d'or, à la forêt de sinople, sur laquelle broche une tour d'argent, ouverte et maçonnée de sable ; au 4e, d'azur, au croissant d'argent, surmonté de deux étoiles de même.

**LESTANG DE KERLÉAN**, Bretagne. — Ecartelé : aux 1er et 4e, d'azur, au soleil d'or ; aux 2e et 3e, d'argent, au rocher de sable.

**LESZCZYC DE RADOLIN-RADOLINSKI.** — De gueules, au dais d'or, soutenu par quatre pieux d'argent. — Couronne ducale. — Cimier : cinq plumes de paon, au naturel, chargées du dais de l'écu. — Supports : deux lions d'or. — Devise : *Cœlestum in ira tueor.* — Le tout sur un manteau de pourpre, fourré d'hermines et surmonté d'une couronne de comte, à toque de velours rouge, avec l'exergue.

**LETTES DE MONTPEZAT**, Quercy. — D'or, à trois bandes de gueules ; au chef d'azur, chargé de trois étoiles d'or.

**LÉVIS (de)**, Ile de France et Languedoc. — D'or, à trois chevrons de sable. — Supports : deux lions. — Couronne de duc. — Devise : *Aide au second chrétien Lévis.*

**LHOMME DE LA PINSONNIÈRE**, Touraine. — D'or, au chevron de sable, chargé de deux épis du champ, et accompagné de trois trèfles de sinople, deux en chef et un en pointe.

**LHOSTE DE MORAS**, Brie. — Coupé : au 1er, d'azur, à deux roses d'argent; au 2e, d'argent, à la terrasse de sinople, surmontée d'un chêne et d'une maisonnette du même.

**LICHTERVELDE**, Flandre. — D'azur, à la colombe au vol éployé d'argent; au chef d'hermines.

**LIECHTENSTEIN - NICOLSBOURG (de)**, Prince de l'Empire. — D'or, coupé de gueules.

**LIÉGE DE PUYCHAUMEIX ET D'AUNIS (du)**, Poitou et Marche. — De gueules, à trois fasces d'or, à l'épée d'argent en bande, la pointe en bas, brochant sur les fasces.

**LIEUR DE VILLE-SUR-ARCE (Le)**, Normandie, Soissonnais, Champagne et Île de France. — D'or, à la croix endentée d'argent et de gueules, cantonnée de quatre têtes de léopard d'azur, lampassées de gueules.

**LIGNIVILLE (de)**, Lorraine. — Losangé d'or et de sable.

**LINIÈRES DE LA MOTTEROUGE (de)**, Bretagne. — De sable, fretté d'or de six pièces.

**LINIERS (de)**, Poitou et Berry. — D'argent, à la fasce de gueules, et une bordure de sable, besantée d'or.

**LIONS D'ESPAULX (des)**, Picardie. — D'azur, à la tête de léopard d'or, lampassée de gueules.

**LIPPE-DETMOLD (de)**. — D'argent, à la rose de gueules, boutonnée d'or.

**LISLE DE KERVIDOU**, Bretagne. — Bandé d'or et d'azur; au franc-canton de gueules, chargé d'une fleur de lis d'argent.

**LISSAC DE LA BORIE**, Limousin. — D'azur, au chevron d'argent, accompagné en chef de deux croissants du même, et en pointe d'une fleur de lis d'or.

**LIVET DE BARVILLE**, Normandie. — D'azur, à trois molettes d'or, 2 et 1.

**LOBET DE FALAVEAU**, Dauphiné. — De gueules, au bélier saillant, d'argent; au chef cousu de gueules, chargé de trois molettes d'argent.

**LOIR DU LUDE (du)**, Normandie. — D'or, à trois fasces ondées de sinople.

**LOISSON (de)**, Champagne. — D'azur, à deux bandes d'or; au chef du même, chargé de trois molettes de sable.

**LOMBELON DES ESSARTS**, Normandie. — De gueules, au chevron d'or.

**LOMAGNE DE FIMARCON**, Béarn. — Ecartelé : aux 1er et 4e, d'argent, au lion de gueules; au 2e, d'azur, treillissé d'or, de quatre pièces, clouées du même; au 3e, de gueules, à trois besants d'or.

**LOMET (de)**, Armagnac et Bourbonnais. — D'azur, à un monde d'argent; l'écu timbré d'un casque de chevalier, taré de front, orné de ses lambrequins.

**LONG DE CHENILLAC (Le)**, Bourbonnais. — D'azur, au chevron d'or, accompagné de trois étoiles d'argent.

**LONGUEVAL DE BUQUOY**, Artois et Bohême. — Bandé de gueules et de vair, de six pièces.

**LONLAY DE VILLEPAIL**, Normandie. — D'argent, à trois porcelets de sable, 2 et 1; à la fleur de lis de gueules, en abîme.

**LOQUES DE PUYMICHEL**, Provence. — D'or, à un ours arrêté de gueules, surmonté d'une étoile du même.

**LORGNE D'IDEVILLE (Le)**, Bourbonnais. — Parti : au 1er, échiqueté de gueules et d'or; au 2e, d'or, à trois vols de sable ouverts, l'un sur l'autre.

**LORON DE LIMANTON**, Nivernais et Bourgogne. — De sable, à la fasce d'argent.

**LOSTANGES (de)**, Limousin. — D'argent, au lion de gueules, armé, lampassé et couronné d'azur, accompagné de cinq étoiles de gueules posées en orle. — Cimier : un ange. — Devise : *Fortitudine et sapientiâ*.

**LOTIN DE CHARNY**, Beauce. — Echiqueté d'argent et d'azur.

**LOTTIERI D'AQUINO**, Naples. — D'or, à une croix fleurdelisée d'azur, cantonnée en chef, à dextre, d'un soleil d'azur.

**LOUER DE CAFFINIÈRE (La)**, D'azur, à la croix potencée d'or, accompagnée en pointe de trois coquilles d'argent, posées 2 et 1. — Couronne de comte.

**LOUET (de)**. — Palé d'azur et de gueules, semé de roses d'or brochant sur les pals; sur le tout : d'argent, au noyer de sinople arraché, qui est de *Nogaret*.

**LOUIS DU VIVIER**, Normandie et Bretagne. — D'azur, à la croix d'argent, cantonnée de quatre aiglettes du même.

**LOUP (Le)**. — De gueules, à deux fasces d'argent, chargées, la 1re de trois, la 2e de deux étoiles du champ.

**LOUP DE BELLENAVE**, Bourbonnais. — D'azur, au loup passant d'or.

**LOUVAT DE LUPPÉ**, Dauphiné et Bresse. — Palé d'or et de gueules de six pièces; à la bande d'argent, chargée de trois louveteaux d'azur, brochant.

**LOUVAT DE ROSSET**, Dauphiné. — D'argent, au chevron de gueules; au chef d'azur, chargé de trois étoiles d'or.

**LOUVERVAL (de)**, Picardie et Artois. — D'argent, à cinq fusées de gueules accolées en bande. — Couronne de marquis. — Supports : deux griffons. — Cimier : un sanglier passant.

**LUBERSAC (de)**, Limousin. — De gueules, au loup passant d'or. — Devise : *In prœliis promptus*.

**LUC (de)**. — D'azur, au brochet d'argent mis en fasce, surmonté d'une étoile d'or.

**LUCAS DE MONTIGNY**, Normandie et Ile de France. — De gueules, à trois chevrons d'argent.

**LUCASSIÈRE (de La)**, Maine. — Losangé d'or et d'azur; au chef d'argent, chargé d'un lion léopardé de gueules.

**LUDRE (de)**, Bourgogne. — Bandé d'or et d'azur de six pièces, à la bordure engrêlée de gueules.

**LUILLIER DE CHALANDOS**, Poitou. — D'argent, à trois fasces ondées d'azur, accompagnées en chef d'un trèfle de sinople et d'un annelet de gueules.

**LUILLIER D'ORCIÈRES**, Bourgogne. — D'azur, à trois coquilles d'or, 2 et 1.

**LULLIN DE CHATEAUTIEUX**, Savoie et Suisse. — Cinq points d'or équipolés à quatre d'azur.

**LUPPÉ (de)**, Guienne. — D'azur, à trois bandes d'or.

**LUR DE SALUCES**, Limousin, Périgord, Guienne et Auvergne. — Écartelé : aux 1er et 4e, de gueules, à trois croissants d'argent, et au chef d'or; aux 2e et 3e, de *Saluces*.

**LUSIGNAN (de)**, Poitou. — Burelé d'argent et d'azur de dix pièces, au lion de gueules brochant sur le tout.

**LYONNE ou LIONNE**, Dauphiné et Ile de France. — D'azur, à la fasce d'argent, accompagnée de trois têtes de léopard d'or, deux en chef et une en pointe.

**LYONS (des)**, Artois. — Écartelé : aux 1er et 4e, d'argent, à quatre lions cantonnés de sable; aux 2e et 3e, d'argent, à trois fleurs de lis de gueules, au pied coupé, posées 2 et 1, qui est de *Wignacourt*. — Devise : *Ex genere et virtute leones*.

**MAC-CARTHY (de)**, Irlande et France. — D'argent, au cerf passant de gueules, ramé de dix cors, et onglé d'or.

**MAC-MAHON (de)**, Irlande et Bourgogne. — D'argent, à trois lions de gueules léopardés,

contre-passants l'un sur l'autre, armés et lampassés d'azur.

**MACAIRE D'ISERAN (de)**, Poitou et Dauphiné. — De gueules, à la croix ancrée d'argent; écartelé des armes d'*Iseran*, qui sont : de gueules, au griffon d'argent, au chef cousu de gueules. — Devise : *Magis insita cordi*.

**MACÉ DE GASTINES**, Touraine et Normandie. — D'argent, au chevron d'azur, accompagné en chef de trois roses de gueules, et en pointe d'un lion de même.

**MACÉ DE LA PILLARDIÈRE**, Bretagne. — De gueules, à trois rencontres de daim d'or, 2 et 1; au chef cousu d'azur, chargé d'une croix engrêlée d'argent.

**MACHAT-POMPADOUR (de)**, Limousin. — D'azur, à trois tours d'argent, maçonnées de sable, et une main d'or posée en abîme.

**MACHAULT D'ARNOUVILLE**, Ile de France. — D'argent, à trois têtes de corbeau de sable, arrachées de gueules.

**MACHAULT DE TIERCEVILLE**, Normandie. — D'or, au tronc d'arbre à cinq racines de sable; au chef d'azur, chargé de trois croissants d'argent.

**MAÇON DE TRÊVES (Le)**, Anjou. — D'azur, à la fasce d'or, accompagnée de trois limaçons d'argent, deux en chef et un en pointe.

**MADIE**, Auvergne. — D'or, au sautoir de sable, et une bordure du même.

**MADRID DE MONTAIGLE**, France, Espagne et Flandre. — De gueules, au château d'or, sommé de trois tours crénelées de trois pièces du même, maçonnées de sable et ouvertes d'azur, qui est de *Madrid*, et surmonté d'une aigle naissante de sable, qui est de *Montaigle*.

**MAGDELAINE DE RAGNY (La)**, Beaujolais, Nivernais et Bourgogne. — D'hermines, à trois bandes de gueules; celle du milieu chargée de cinq coquilles d'or, et les deux autres de trois.

**MAGNIN DU COLLET**, Dauphiné. — De gueules, au cœur d'argent.

**MAGNIN DE LA CORNIÈRE**, Dauphiné. — D'azur, à la bande d'or, chargée de trois roses de gueules, et côtoyée de deux têtes de cerf coupées, d'argent; mises de profil, l'une en chef, à sénestre, l'autre en pointe à dextre.

**MAGNONCOURT (de)**, Bourgogne. — De gueules, à une houssette ou botte armée et éperonnée d'or.

**MAGON**, Bretagne. — D'azur, au chevron d'or, accompagné en chef de deux étoiles, en pointe d'un lion couronné, le tout du même.

**MAGY**, Provence. — De sinople, au vaisseau d'or sur une mer d'argent, et surmonté d'un croissant d'argent, entre deux étoiles d'or.

**MAICHIN**, Saintonge et Poitou.—D'azur, à deux fasces d'or, chargées de cinq roses de gueules, 3 et 2, accompagnées de cinq coquilles de Saint-Jacques, aussi 3 et 2, et d'un croissant de même en pointe.

**MAIGNARD DE LA VAUPALLIÈRE**, Normandie.—D'azur, à la bande d'argent, chargée de trois quintefeuilles de gueules.

**MAILLARD DE LA GOURNERIE**, Bretagne. — D'azur, au sautoir alésé d'or, accompagné en chef et en flancs de trois maillets du même, et en pointe d'un lion d'argent, lampassé et armé de gueules.

**MAILLÉ**, Bretagne. — D'or, à trois fasces entées et ondées de gueules.

**MAILLY (de)**, Bourgogne et Picardie. — D'or, à trois maillets de sinople. — Devise : *Hongne ki voura*. — Supports : deux lions. — Cimier : un cerf issant.

**MAINGARD**, Bretagne et Île Bourbon. — D'or, à une fasce de gueules et un chêne arraché de sinople, brochant sur le tout, fruité de deux glands d'or pendants sur la fasce.

**MAINGOT DE SURGÈRES**, Poitou et Aunis. — De gueules, fretté de vair.

**MAIRE DE COURTEMANCHE ET DE MILLIÈRES (Le)**, Maine et Anjou. — D'argent, au sautoir de sable.

**MAIRE DE PARISIFONTAINE (Le)**. — D'azur, à trois croissants d'argent, 2 et 1.

**MAISNIEL (du)**, Picardie. — D'argent, à deux fasces de gueules, chargées chacune de trois besants d'or. — Couronne de marquis. — Supports : deux lions. — Devise : *Os ad hostem.*

**MAISONS DU PALAND (des)**, Poitou. — De gueules, à trois tours d'argent; au chef du même, chargé de deux molettes de sable.

**MAISTRE DE LA GARELAIS (Le)**, Bretagne. — D'azur, au lion d'argent, accosté de deux épées du même, garnies d'or, la pointe en haut.

**MAISTRE DE SACY (Le)**, Île de France, Orléanais et Provence. — D'azur, à trois soucis d'or, feuillés du même, 2 et 1.

**MAITRE DE LAAGE (Le)**, Bourbonnais. — D'or, à la croix ancrée de gueules.

**MAITZ DE GOIMPY (du)**, Artois.—D'azur, au chevron d'or, accompagné de trois molettes du même.

**MAJORIE DE SOURZAC (La)**, Quercy et Limousin. — Parti : au 1er, d'azur, à la bande d'or; au 2e, d'azur, à trois bandes d'or.

**MALADIÈRE DE QUINCIEU**, Dauphiné. — D'azur, à la bande d'or, chargée d'un lion de gueules.

**MALARMÉ (de)**. — Parti : au 1er, d'azur, à trois glands tigés et feuillés d'argent; au 2e, échiqueté d'or et de gueules.

**MALARTIC (de)**, Gascogne. — Écartelé : aux 1er et 4e, d'or; au chef d'azur, chargé de trois étoiles d'argent; aux 2e et 3e, d'argent, à la croix pommetée de gueules, cantonnée, aux deuxième et troisième cantons, d'une molette du même.

**MALET**, Normandie. — De gueules, à trois fermaux d'or, 2 et 1. — Couronne de marquis.

**MALET DE BERLETTES**, Artois. — D'azur, à l'écusson d'or et une étoile d'argent, posée au canton dextre.

**MALET DE COUPIGNY**, France, Espagne et Flandre. — D'azur, à l'écusson d'or, qui est de *Coupigny*; au chef cousu de gueules, chargé de trois fermaux d'or, 2 et 1, qui est de *Malet*.

**MALET DE LA JORIE**. — Écartelé : aux 1er et 4e, de gueules, à trois fermaux d'or; aux 2e et 3e, de gueules, à la levrette courante d'argent; au chef d'azur, chargé de trois étoiles d'or, qui est de *La Jorie*.

**MALET DE LUSSART**. — D'azur, à un phénix sur son immortalité, regardant un soleil, le tout d'or.

**MALÉTIE (de La)**, Limousin et Languedoc. — De gueules, à un cerf d'argent; au chef cousu d'azur, chargé de trois étoiles d'or.

**MALEVILLE (de)**. — D'azur, à trois molettes d'or, 2 et 1.

**MALHERBE (de)**, Normandie. — D'hermines, à six roses de gueules, posées 3, 2 et 1. — Supports : deux lions. — Couronne de marquis.

**MALLARD**, *aliàs* **MALART DE LA VARENDE**, Normandie. — D'azur, à la fasce d'or, chargée d'un fer de mulet de sable, cloué d'argent de six pièces, et accosté de deux losanges de gueules.

**MALLET (de)**, Languedoc. — D'azur, au chevron d'or, accompagné de trois roses d'argent, deux en chef et une en pointe.

**MALLET**. — D'azur, à la fasce d'or, accompagnée en chef de deux quintefeuilles, et en pointe d'un trèfle, le tout d'argent.

**MALLEVAUD DE MARIGNY**, Poitou, Angoumois, Martinique, Saintonge, Limousin et Touraine. — D'argent, à trois vires d'azur, 2 et 1 ; au bâton du même, posé en abîme.

**MALVEZZI (de)**, Italie. — D'azur, à la bande d'or, au lambel de quatre pendants de gueules, embrassant trois fleurs de lis d'or, en chef. — Couronne de marquis.

**MALVIN DE MONTAZET**, Gascogne et Languedoc. — D'azur, à trois étoiles d'or, 2 et 1.

**MANNY (de)**, Hainaut, Normandie, Bretagne, Guienne, Lorraine, Anjou, Bourgogne, Picardie, Artois et Angoumois. — Écartelé : aux 1er et 4e, d'argent, au croissant de gueules, qui est de *Manny* ; aux 2e et 3e, losangé d'or et de gueules, qui est de *Craon* ; sur le tout : d'or, au lion de sable, armé et lampassé de gueules, qui est de *Flandre*.

**MANOLESSO**, Venise. — D'azur, à la fasce d'or.

**MANSARD DE SAGONE**, Bourbonnais. — D'azur, à la colonne d'argent, la base, le chapiteau et le piédestal d'or, surmontée d'un soleil du même ; ladite colonne accostée de deux aigles d'or, affrontées et fixant le soleil.

**MAQUILLÉ**. — Coupé, émanché d'argent et de sable.

**MARANDON DE LA MAISONFORT**, Berry. — De gueules, au chevron d'or, accompagné de trois têtes de héron d'argent, deux en chef et une en pointe.

**MARBOTIN DE CONTENEUIL**, Gascogne. — D'azur, au lion d'or.

**MARBRÉ DU FRESNE**, Bretagne. — D'argent, à l'aigle au vol éployé de sable.

**MARBRÉ DE TRÉNON**, Bretagne. — D'azur, à la croix d'argent, chargée de cinq aiglons de gueules.

**MARCOUSSIS (de)**, Ile de France. — D'azur, au chevreuil passant d'argent, colleté de gueules.

**MARCA DE LA MARQUE**, Béarn, Bigorre et Gascogne. — D'azur, à une palme d'or, posée en pal, accompagnée de trois montagnes de six coupeaux d'argent, deux en chef et une en pointe.

**MARCENAT**, Auvergne. — D'azur, au chevron d'or, accompagné de trois roses du même, deux en chef et une en pointe.

**MARCHAL DE SAINSCY**, Ile de France.

— D'azur, au canon monté et apprêté d'or, dressé et arrêté sur un tertre d'argent, parsemé de fleurettes de sinople.

**MAREC DE NAVALET (Le)**, Bretagne. D'azur, à deux badelaires d'argent, garnis d'or, passés en sautoir, les pointes en haut.

**MARÉCHAL**, Champagne. — D'azur, à cinq losanges d'argent, bordées de sable et posées en croix, 1, 3 et 1.

**MAREST D'ALLART (des)**, Artois. — De sinople, à trois roses d'or, boutonnées de gueules, 2 et 1.

**MARESTE DE CHAVANNE**, Bourgogne. — D'azur, à deux fasces d'argent et une bande de gueules, brochant sur le tout.

**MAREUIL DE VILLEBOIS**, Angoumois. — De gueules, au chef d'argent ; au lion cousu d'azur, brochant sur le tout.

**MARGAILLAN**, Dauphiné. — De gueules, à trois heaumes d'argent, posés de profil, 2 et 1.

**MARGUERIE (de)**. — D'azur, à trois marguerites d'argent, tigées et feuillées de sinople, 2 et 1.

**MARIE**, Normandie, Bourgogne et Champagne. — D'or, à une bande d'azur, chargée de trois fers de dard d'argent, et accostée de deux têtes de cerf de gueules, posées de profil.

**MARION DU MERSAN**, Bretagne. — D'argent, à trois fleurs de lis de gueules, 2 et 1.

**MARIOUZE (de La)**, Normandie. — D'azur, à une fasce d'argent, accompagnée de trois losanges d'or, 2 et 1.

**MARMET DE VALCROISSANT**, Provence. — D'argent, à trois chardons (*alias* roses) de gueules, tigés et feuillés de sinople, mouvant d'un tertre du même ; au chef d'azur, chargé de trois croissants entrelacés d'argent ; écartelé de Valcroissant.

**MARQUET DE MONTBRETON ET DE NORVINS**, Gascogne et Ile de France. — D'argent, à la fasce d'azur, accompagnée en chef d'un croissant versé de gueules, et en pointe d'un lionceau du même.

**MARQUETEL DE SAINT-EVREMOND**, Normandie. — D'or, à la quintefeuille de gueules.

**MARS DE LIVIERS**, Languedoc et Provence. — D'azur, à la bande d'or, accompagnée de deux étoiles du même ; au chef d'argent.

**MARSANGY (Guillaume de)**. — D'azur à la fasce d'or, accompagnée en chef d'une étoile, accostée de deux roses, et en pointe d'un rencontre de cerf, le tout du même.

**MARSCHALL DE BIEBERSTEIN**, Saxe. — D'argent, treillissé de gueules.

**MARTEL DE LAYET**, Dauphiné et Savoie. — D'or, à la bande de sable, chargée de trois étoiles (*aliàs* quintefeuilles) d'argent.

**MARTELLIÈRE (de La)**, Ile de France. — D'or, au chevron d'azur, accompagné de trois feuilles de laurier de sinople, 2 et 1.

**MARTIMPREY DE VILLEFONT**, Lorraine. — D'azur, à la fasce d'or, chargée de trois étoiles de gueules.

**MARTIN DE CAMPREDON**. — D'argent, au cavalier de gueules, chevauchant sur une terrasse de sinople.

**MARTIN DE CHOISEY**, Bourgogne et Champagne. — D'argent, à trois martinets (oiseaux) de sable; au chef du même, chargé de trois coquilles du champ.

**MARTIN DES HALRIÈRES**, Bretagne. — D'or, à trois branches de chêne de sinople, 2 et 1, englantées du même.

**MARTIN DU PLESSIS**, Bretagne. — D'azur, semé de billettes d'argent; au franc-quartier sénestre de gueules, chargé de trois rustres d'or, 2 et 1.

**MARTIN DE ROQUECOURBE**, Languedoc. — De gueules, à la rivière d'argent, mouvant de la pointe de l'écu, et surmontée de trois canards volants d'or, 2 et 1.

**MARTIN DU TYRAC DE MARCELLUS**, Guienne. — D'azur, à la tour d'argent, donjonnée à dextre d'une tourelle de même, le tout maçonné de sable.

**MARTIN DE VILLEVEUVE**, Orléanais. — D'azur, au chevron échiqueté d'or et de gueules de deux tires, accompagné en chef de deux étoiles d'or, et en pointe d'un cerf du même.

**MARTINEAU DES CHENEZ**, Poitou, Paris et Bourgogne. — Coupé : au 1er, d'argent, à trois annelets de sable, rangés en fasce ; mi-parti d'or, échiqueté de gueules, le tout soutenu par une divise d'or, chargée de trois étoiles de sable; au 2e, d'azur, à un croissant d'argent, surmonté d'un vol du même. — Couronne de baron. — Supports : deux chevaux. — Devise : *Sub umbra tuarum*.

**MARTINS DE PUYLAUBIER (des)**, Provence — D'azur, à la colombe essorante d'argent, portant en son bec un rameau d'olivier de sinople.

**MAS (du)**, Périgord. — D'azur, au chevron d'or, accompagné en pointe d'un lion d'argent, regardant une étoile du même, posée en chef à dextre du lion, et en chef de trois croissants d'argent rangés.

**MAS DE NAUSSAC (du)**, Auvergne. — D'argent, à trois tourteaux de gueules, 2 et 1.

**MAS DE PEYSSAC ET DE LA BEYLIE**, Périgord et Limousin. — Etartelé : aux 1er et 4e, de gueules, à la tour d'argent; aux 2e et 3e, de gueules, à la croix d'argent, cantonnée de quatre fleurs de lis d'or.

**MASCELLI (de)**, Naples. — De gueules, à une barre de gueules, ailée d'argent à dextre et d'or à sénestre, et chargée de trois fleurs de lis du dernier émail.

**MASCUREAU DE SAINTE-TÉRE**, Poitou et Angoumois. — Coupé : au 1er, fascé d'argent et de gueules de six pièces ; au 2e, d'argent, à trois étoiles de gueules, 2 et 1.

**MASIN (de)**, Italie et France. — Fascé d'or et de gueules, à une tige de chanvre de sinople. — La branche française a quelquefois porté simplement, comme cadette sans doute : d'or, à la tige de chanvre de sinople.

**MASSEY ou MASSEZ (de)**. — D'azur, à trois massues d'or.

**MASSIF DES CARREAUX**, Normandie. — D'azur, à la muraille crénelée de quatre pièces d'argent, maçonnée de sable.

**MASSON DU MONCEAU**, Orléanais. — D'or, à une cloche de sinople, bataillée de sable, et un chef d'azur, chargé d'un casque ouvert d'argent, accosté de deux étoiles du même.

**MASSUÉ DE RENNEVAL**, Picardie. — D'azur, au huchet d'or.

**MASTAI-FERRETTI (de)**, Lombardie. — Ecartelé : aux 1er et 4e, d'azur, au lion couronné d'or, ayant la patte sénestre de derrière posée sur un globe du même ; aux 2e et 3e, d'argent, à deux fasces de gueules.

**MASTIN (de Le)**, Poitou. — D'argent, à la bande de gueules, contre-fleurdelisée de six fleurs de lis d'azur.

**MATHAREL (de)**, Auvergne et Italie. — D'azur, à la croix d'or, cantonnée aux extrémités des trois bras supérieurs d'une étoile de même, et en pointe une champagne de gueules, à trois fusées d'or, accolées et brochant sur l'azur et le gueules. — Légende : *In hoc signo vinces*. — Supports : deux léopards lionnés. — Couronne de marquis.

**MATHIEU DE MAUVIÈRES**, Ile de France. — Ecartelé : au 1er, de sinople, à la croix ancrée d'or; au 2e, de gueules, à la muraille crénelée d'argent; au 3e, de gueules, à la fasce d'argent, chargée d'un croissant de sable et accompagnée de trois étoiles d'argent, deux en chef et une en pointe; au 4e, d'azur, à trois chevrons d'or.

**MATHIEU DE LA REDORTE**, LANGUEDOC. — Burelé d'argent et de sinople; au chef de gueules, chargé de trois étoiles d'or.

**MATINEL DE SAINT-GERMAIN**, NORMANDIE. — D'azur, à trois roses d'argent, 2 et 1; au chef d'or.

**MATRAIS (de La)**, MAINE. — D'argent, à trois quintefeuilles de gueules, posées 2 et 1.

**MAUBLANC (de)**, BOURGOGNE ET BRETAGNE. — D'azur, à trois roses d'or, 2 et 1.

**MAUCLER (de)**, FRANCHE-COMTÉ. — D'azur, à trois trèfles d'or, au verrou du même, péri en abîme. — Supports : deux levrettes. — Devise : *Ne voit qu'honneur*.

**MAUDUIT DE SÉMERVILLE**, NORMANDIE. — De gueules, au chevron de sable, accompagné en pointe de trois roues d'or, 2 et 1; au franc-quartier de gueules, bordé d'une filière d'argent, et chargé d'une branche de chêne d'argent.

**MAULMONT ou MAUMONT**, LIMOUSIN. — D'azur, à deux fasces d'or.

**MAUMIGNY (de)**, NIVERNAIS. — D'argent, au chevron de sable, accompagné en pointe d'une molette d'éperon de gueules; au chef cousu d'or.

**MAURIN DE PARDAILLAN**, NORMANDIE. — D'azur, à trois coquilles d'argent, 2 et 1.

**MAUROY (de)**, CHAMPAGNE. — D'azur, au chevron d'or, accompagné de trois couronnes ducales d'argent. — Devise : *Dampné n'es pas, sy ne le croys*.

**MAUTHEVILLE DE BOUCHET**, NORMANDIE. — D'azur, à deux croix d'or, accompagnées de trois molettes d'argent, deux en chef et une en pointe.

**MAY (du)**, BOURGOGNE, LANGUEDOC ET BRETAGNE. — D'azur, à un tronc écoté d'or, posé en fasce, surmonté de trois flanchis du même, rangés en chef, et accompagné en pointe d'une hure de sanglier aussi du même, défendue d'argent. — Couronne de vicomte. — Devise : *Cœlum non vulnera*.

**MAYAUD**, ANJOU. — D'argent, au mai de sinople en pal, soutenu d'un croissant d'azur.

**MAYNARD (de)**, POITOU. — D'argent, fretté d'azur. — Couronne de comte. — Devise : *Pro Deo et Rege*.

**MAYNARD DE SAINT-MICHEL**, QUERCY. — D'azur, à la main appaumée d'or, mise en pal.

**MAYNEAUD DE GENNELARD**, BOURGOGNE ET NIVERNAIS. — Ecartelé : aux 1er et 4e, d'argent, à trois merlettes de sable, 2 et 1; aux 2e et 3e, d'azur, à la tour d'or.

**MAYOL DE LUPÉ**, FOREZ. — D'or, à cinq pommes de pin de sinople, 2, 2 et 1; écartelé de Lupé.

**MAZIS (des)**, ARDENNES, MAINE ET BOURGOGNE. — De gueules, à la fasce d'or, chargée de trois molettes d'éperon de sable.

**MÉGRET D'ESTIGNY**, *alias* **D'ETIGNY**. — LYONNAIS ET BOURBONNAIS. — D'azur, à trois besants d'argent; au chef d'or, chargé d'une tête de lion arrachée de gueules.

**MÉHÉRENC DE SAINT-PIERRE**, BRETAGNE. — D'argent, au chef de gueules; à la bordure de même.

**MELOIZES (des)**. — Ecartelé : aux 1er et 4e, de gueules, à l'aigle d'argent becquée, membrée et couronnée d'azur, qui est de *Coligny*; aux 2e et 3e, d'or, au sautoir de sable, qui est de *Fresnoy*; et sur le tout : d'azur, au chevron d'or, accompagné en chef de deux quintefeuilles d'argent, et en pointe d'une fourmi de même, qui est de *des Meloizes*. — Couronne de marquis. — Cimier : un cerf issant. — Devise : *Droit partout*.

**MELUN (de)**, MELUN. — D'azur, à sept besants d'or, posés 3, 3 et 1; au chef d'or. — Devise : *A qui tienne*. — Cri de guerre : *A moy Meleun*. — Couronne ducale. — Supports : deux lions.

**MENOU (de)**, PERCHE. — De gueules, à une bande d'or. — Supports : deux anges tenant chacun une bannière; celle de droite d'hermines plein, qui est de *Bretagne*; celle de gauche d'azur, semé de fleurs de lis d'or, qui est de *France ancien*. — Cimier : un ange naissant, tenant d'une main une épée flamboyante, et de l'autre une bannière de gueules, à une bande d'or, qui est de *Menou*.

**MERCHIER DE CRIMINIL (Le)**, ARTOIS. — Ecartelé : aux 1er et 4e, d'argent, à trois fasces d'azur; aux 2e et 3e, parti, d'argent, à trois bandes d'azur, et d'azur, à la gerbe de blé d'or, accostée de deux étoiles du même.

**MERCIER DE MAISONCELLE (Le)**, BRETAGNE ET GUADELOUPE. — D'azur, au chevron d'argent, accompagné en chef de deux étoiles d'or, et en pointe d'un cœur du même.

**MERCIER DE TOURVILLE**, NORMANDIE. — D'argent, à trois cœurs de gueules; au chef d'azur.

**MERCY (de)**, LORRAINE. — D'or, à la croix d'azur.

**MERGOT DE MONTERGON**, Anjou. — D'azur, à trois chevrons d'or.

**MERIC DE BELLEFON**, Languedoc. — D'azur, à la biche d'argent.

**MERLE DE LA GORCE**, Languedoc. — Coupé : au 1er, de gueules, à l'épée d'argent en pal, la pointe en haut, la garde et la poignée d'or, 2 et 1; au 2e, échiqueté d'argent et de sable.

**MERLES DE REBÉ**, Beaujolais et Dombes. — D'or, à trois merles de sable.

**MERLIN**. — D'hermines, mantelé d'azur; au chevron de gueules brochant; au canton de gueules, chargé d'une épée d'argent en pal.

**MERLIN D'ESTREUX**, Flandre française. — Coupé : au 1er, d'azur, à trois haches d'or, 2 et 1 ; au 2e, de gueules, à trois tours d'argent, 2 et 1.

**MÉRODE (de)**, Franche-Comté et Belgique. — D'or, à quatre pals de gueules, à la bordure engrêlée d'azur. — Cimier : l'écu des armes en petit, accosté d'un vol éployé, dont un demi-vol est de gueules et l'autre d'or. — Supports : deux griffons d'or, ayant chacun l'une de ses deux ailes de gueules, et tenant un étendard aux armes de la maison. — Manteau et couronne ducale. — Devise : *Plus d'honneur que d'honneurs.*

**MESGRIGNY (de)**, Champagne.—D'argent, au lion de sable.

**MESNIEL DE SOMMERY (du)**, Normandie. — D'argent, à deux fasces de gueules, accompagnées en chef d'un léopard lionné de sable, armé et lampassé de gueules.

**MESNIL DU BUISSON (du)**, Normandie. — De sable, à un lion coupé d'or et d'argent, armé et lampassé de gueules. — Couronne de comte. — Supports : deux lions.

**MESNIL DE SAINT-FIRMIN**, Lorraine. — D'or, au chevron d'azur, accompagné en chef de trois étoiles de gueules, mal ordonnées, et en pointe d'un cygne nageant sur des ondes, le tout au naturel.

**MESSEY (de)**, Charolais. — D'azur, au sautoir d'or.

**MÉTIVIER**, Guienne et Gascogne. — D'azur, à une gerbe d'or; au chef d'or, à deux pavots de gueules.

**MEURISSE**, Hainaut. — De gueules, au chevron d'or, accompagné de trois roses d'argent, 2 et 1.

**MEYNARD. (de)**, Aunis et Quercy. — D'azur, à une main appaumée d'or, *alias* d'argent. — Couronne de comte.

**MEYNARD (de)**, Languedoc et Limousin. — D'or, à une fasce de gueules, accompagnée de trois trèfles de sinople et chargée d'un écusson d'argent chargé d'une main d'azur.

**MEYRAN DE LA GOYE ET D'UBAYE**, Provence. — Palé et contre-palé d'argent et d'azur, de six pièces; à la fasce d'or brochante.

**MEYSSONNIER DE CHATEAUVIEUX**, Vivarais.— D'azur, au sautoir d'or, accompagné en chef d'un croissant d'argent, en flancs de deux étoiles d'or, et en pointe de cinq besants, 2 et 3, du même.

**MICHAU DE MONTARAN**, Bretagne et Ile de France. — D'argent, à l'aigle au vol éployé de sable, membrée, becquée et languée de gueules.

**MICHEAU DE CHASSY**, Berry, Poitou et Champagne. — D'azur, au lion d'or. — Couronne de comte. — Supports : deux lions.

**MICHEL**, *alias* **MICHEL DE THARON**, Bretagne. — D'argent, au sautoir vairé, contre-vairé d'argent et d'azur, chargé en cœur d'un annelet de gueules, accompagné de quatre étoiles du même.

**MICHEL D'ORCIÈRES**, Dauphiné. — De sinople, au coq d'argent, la patte dextre levée, becqué, crêté, barbillonné et éperonné d'or.

**MICHELS DE CHAMPORCIN (des)**, Provence et Piémont. — D'azur, à un cor de chasse d'or, lié et virolé de même, surmonté à dextre d'une croix de Lorraine aussi d'or, et à senestre d'une épée d'argent, la pointe en haut.

**MIEULET DE RICAUMONT (de)**, Bourgogne. — D'azur, à trois ruches à miel d'or, et trois mouches du même, deux entre les deux ruches et la troisième en pointe.

**MIGIEU DE SAVIGNY**, Bugey, Franche-Comté et Bourgogne. — De sable, à trois étoiles d'argent, 2 et 1.

**MUEG DE BOFFSHEIM**, Stasbourg. — Coupé : au 1er, d'or, au lion léopardé de gueules, armé et lampassé d'azur, à la queue fourchée; au 2e, d'azur, à deux étoiles à sept rais d'or. L'écu timbré d'un casque d'argent à sept grilles, taré de demi-profil, orné de lambrequins et surmonté d'un cimier divisé par les mêmes émaux que le champ de l'écu. — Devise : *Virtus et honor.*

**MILET DE MUREAU**, Lorraine et Provence. — Parti : au 1er, de gueules, semé de fleurs de lis d'or; au 2e, de sable, semé d'aiglettes couronnées d'or.

**MILHET DE LA BORIE**, Auvergne. — D'azur, à la plante de millet d'argent, surmontée de trois étoiles d'or, en chef.

**MILLIN DE GRANDMAISON**, Ile de France. — D'azur, au chevron d'or, accompagné en chef de deux étoiles d'argent, et en pointe d'un croissant du même.

**MILLON DE CHATEAURIEUX**, Champagne. — D'argent, à quatre fusées et deux demies d'azur, posées en fasce et accolées; au chef de gueules.

**MINETTE DE BREUIL** (branche de la famille **MINETTE DE BEAUJEU**), Champagne. — D'or, au lion de gueules; vêtu de gueules, fretté d'or.

**MINIERI**, Naples. — De gueules, à trois pointes d'argent, accompagnées en chef de trois étoiles de même et une champagne d'or.

**MIORCEC DE KERDANET**, Bretagne. — D'azur, au hérisson d'or; au chef d'argent, chargé de trois mouchetures de sable.

**MIOTTE DE RAVANES**, Guienne et Orléanais. — D'azur, à trois trèfles d'or, 2 et 1.

**MIRE DE VIOLAINE** (Le), Bourgogne et Champagne — D'azur, au chevron d'argent, accompagné de trois pommes de pin d'or, deux en chef et une en pointe.

**MIREMONT D'ENVAL**, Auvergne. — D'azur, au lion d'or, lampassé, armé, vilené et couronné de gueules.

**MIRRASOL** (de). — D'argent, à un chêne de sinople, englanté d'or, posé sur une terrasse de sinople, et un mouton d'azur à dextre, broutant le milieu de l'arbre.

**MITZELBACH**, Bavière. — De gueules, à la feuille de scie d'argent, mise en fasce.

**MOAYSAN**, alias **MOISAN DE CODROSY**, Bretagne. — Bandé d'hermines et de gueules de six pièces, en onde.

**MOINE DE LA BRIARDIÈRE** (Le), Bretagne. — D'azur, au chevron d'argent, chargé de trois feuilles de houx de sinople, et accompagné de trois renards d'or.

**MOLÉ**, Champagne. — Ecartelé : aux 1er et 4e, de gueules, au chevron d'or, accompagné en chef de deux étoiles du même, et en pointe d'un croissant d'argent, qui est de *Molé*; aux 2e et 3e, d'argent, au lion de sable, qui est de *Mesgrigny*, en mémoire de l'alliance de Jean Molé.

**MOLEMBAIS** (de), Flandre. — D'argent, à deux étriers de gueules, les chapes liées d'or; au franc-quartier de gueules, chargé d'une bande d'argent.

**MOLEN DE LA VERNÈDE DE SAINT-PONCY**, Limousin et Auvergne. — D'azur, à trois sautoirs (ou flanchis) d'or.

**MOLINS** (de), France et Catalogne. — D'or, à la croix fleurdelisée de gueules, cantonnée de quatre meules de moulin d'azur, percée de sable.

**MOLY DE BILLORGUES**, Rouergue. — D'azur, à trois meules de moulin d'or, percées du champ; au chef cousu de gueules, chargé de trois étoiles d'or.

**MONCHY D'HOCQUINCOUT** (de), Picardie. — De gueules, à trois maillets d'or, 2 et 1.

**MONDION DE FAVANCOURT** (de), Normandie. — Fascé d'or et d'azur de six pièces, et trois roses de gueules posées en chef.

**MONDOT DE LA MARTHONIE**, Limousin. — De gueules, au lion d'or; au chef cousu de sable, chargé de trois étoiles d'argent.

**MONEINS DE TRÉVILLE**, Béarn et Languedoc. — D'argent, à la croix de gueules, la traverse de la croix chargée d'un léopard d'or, et de deux griffons affrontés, du même.

**MONGE DE PELUSE**, Bourgogne. — D'or, au palmier de sinople, terrassé du même; au franc-canton d'azur, au miroir d'or, en pal, autour duquel se tortille et se mire un serpent d'argent.

**MONISTROL** (de), Velay et Bretagne. — De sinople, à un mont d'or de six coupeaux, et un chef d'azur chargé de trois étoiles d'argent. — Couronne de comte. — Supports : deux lions, celui de dextre tenant une balance d'or, et celui de sénestre une épée nue d'argent garnie d'or. — Devise : *Justus et fortis*.

**MONSPEY** (de), Bresse. — D'argent, à deux chevrons de sable; au chef d'azur. — Couronne de marquis. — Supports : deux lévriers. — Devise : *J'en rejoindrai les pièces*.

**MONT DE BRIALMONT**, Pays-Bas. — D'argent, à cinq fusées de gueules, accolées et mises en fasce.

**MONTAIGNAC** (de), Limousin, Marche et Auvergne. — De sable, au sautoir d'argent, accompagné de quatre molettes d'or ; l'écu timbré d'un casque taré de front, orné de ses lambrequins, ayant pour cimier un lion de gueules, tenant de la patte dextre une épée d'argent garnie d'or. — Supports : deux griffons, tenant chacun une bannière de sable, au sautoir d'argent. — Devise : *Pro fide et patria*.

**MONTAIGU DE COUCHES**, Bourgogne. — De Bourgogne ancien; au franc-quartier d'hermines.

**MONTAL DE LA ROQUEBROU**, Auvergne. — D'azur, à trois coquilles d'or; au chef du même.

**MONTALEMBERT (de)**, Angoumois, Poitou, Aunis, Agenais et Limousin. — D'argent, à la croix ancrée de sable. — Supports : deux autruches. — Devise : *Ferrum fero, ferro ferir*.

**MONTARBY (de)**, Champagne. — De gueules, au chevron d'argent. — Couronne de marquis. — Supports : deux lévriers.

**MONTAUBAN (de)**. — D'azur, à trois tours d'or, maçonnées de sable, 2 et 1.

**MONTAUDOIN (de)**. — D'azur, à une montagne d'argent de six coupeaux.

**MONTAULT (de)**, Saintonge. — Fuselé d'argent et d'azur. — Couronne de marquis. — Cimier : une aiglette issante au vol abaissé.

**MONTBOISSIER (de)**, Auvergne et Beauce. — D'or, semé de croisettes de sable ; au lion rampant du même, brochant.

**MONTEJEAN DE MONTAUBAN**, Picardie. — De gueules, à la croix d'argent, chargée d'une coquille de sable, en abîme.

**MONTET DE LA TERRADE (du)**, Bourgogne et Franche-Comté. — D'argent, au chef de gueules, chargé de trois fermeaux d'or, l'ardillon en pal, la pointe en bas.

**MONTESQUIEU (de)**, Guienne. — D'azur, à deux coquilles d'or en chef, et un croissant d'argent en pointe.

**MONTESQUIOU DE FEZENSAC**, Armagnac. — Parti . au 1er, de gueules plein ; au 2e, d'or, à deux tourteaux de gueules, l'un au-dessus de l'autre, en pal.

**MONTEYNARD (de)**, Dauphiné. — De vair, au chef de gueules, chargé d'un lion issant d'or. — Supports : deux lions. — Couronne de marquis, à toque de vair. — Cimier : un lion issant. — Cri : *Plustôt mourir*. — Devise : *Pro Deo, fide et Rege* — L'écu environné du manteau de pair de France, à cercle et toque de baron.

**MONTGOMMERY (de)**, Normandie, Ecosse, Angleterre et France. — Ecartelé : aux 1er et 4e, d'azur, à trois fleurs de lis d'or ; aux 2e et 3e, de gueules, à trois coquilles d'or. — Couronne de comte. — Supports : deux anges. — Devise : *Garde bien*.

**MONTIGNY (de)**, Bourgogne. — De gueules, à cinq trangles d'or.

**MONTIGNY (de)**, Champagne. — Echiqueté d'argent et d'azur, à la bande engrêlée de gueules, brochant. — Couronne de marquis. — Supports : deux griffons.

**MONTIGNY DE CANGIS**, Ile de France. — D'argent, à la fusée d'or, surmontée en chef de trois étoiles rangées du même, et accompagnée en flanc et en pointe de trois roses d'argent.

**MONTLEZUN DE PARDIAC**, Bigorre et Gascogne. — D'argent, au lion de gueules, couronné du même ; à l'orle de neuf corneilles ou corbeaux de sable, becqués et membrés de gueules, 4, 2, 2 et 1.

**MONTLUC (de)**, Agenais. — Ecartelé : aux 1er et 4e, d'azur, au loup rampant d'or ; aux 2e et 3e, d'or, à un tourteau de gueules.

**MONTMIGNON**, Picardie. — D'azur, au chevron d'or, accompagné de trois cœurs du même, deux en chef et un en pointe.

**MONTMORENCY (de)**. — D'or, à la croix de gueules, cantonnée de seize alérions d'azur, quatre dans chaque canton. — La branche de Laval charge la croix de cinq coquilles d'argent ; les branches de Beaumont et de Luxembourg la chargent en cœur d'un écu d'argent, au lion de gueules.

**MONTSAULNIN (de)**, Nivernais, Bourgogne et Berry. — De gueules, à trois léopards d'or couronnés, posés l'un sur l'autre et contre-passants. — Couronne de comte. — Tenants : deux sauvages.

**MORANT (de)**, Normandie. — D'azur, à trois fasces d'or, chargées chacune de trois croisettes de gueules. — Couronne de marquis. — Cimier : un sauvage à mi-corps. — Tenants : deux sauvages. — Devise : *Impavidi*.

**MORANT (de)**. — De gueules, à la bande d'argent, chargée de cinq mouchetures d'hermines de sable.

**MORDANT DE MASSIAC (de)**. — De gueules, au sautoir d'argent, alésé et tréflé, accompagné de quatre besants d'or ; écartelé d'azur, au dextrochère d'argent, tenant une massue d'or en pal, qui est de *Massiac*. — Supports : deux dogues. — Couronne de marquis. — Devise : *Mordens hastem Domino fidelis*. — Cimier : un dogue naissant, la gueule ouverte, tenant un écusson aux armes de la ville de Vernon.

**MOREAU DU BREUIL**, Champagne. — D'argent, à trois fougères de sinople rangées.

**MOREAU DE MAUPERTUIS**, Bretagne. — D'or, au palmier de sinople.

**MOREL DE VINDÉ, DE FOUCAUCOURT ET DE BONCOURT**, Cambrésis, Artois et Picardie. — D'azur, à trois glands d'or renversés, posés 2 et 1, et une fleur de lis du même en abîme. — Supports : deux licornes. — Couronne de marquis. — Cimier : une licorne issante. — Devise : *Nescit labi virtus*.

**MOREL-D'AUBIGNY**, NORMANDIE. — D'or, au lion de sinople, armé et lampassé de gueules, couronné d'argent.

**MOREL DE BECORDEL**. — Echiqueté d'argent et d'azur, à bordure du dernier émail.

**MOREL DE CHANPEMONT**, NORMANDIE. — D'or, au lion de sinople, armé et lampassé de gueules, couronné d'argent.

**MOREL DE TANGRY**, ARTOIS ET FLANDRE. — D'argent, à la fasce vivrée, de sable.

**MORELLY**. — D'azur, à une nuée d'argent, en bande, traversée de trois foudres d'or posés en barre.

**MORELS DE MONTEVAL (des)**, CHAMPAGNE. — De gueules, au château d'argent, maçonné de sable.

**MOREL DE BOURNONVILLE**. — D'azur, à l'aigle au vol éployé d'or; et un chef du même, chargé de trois croix ancrées de gueules.

**MORET DE VALBONNOIS**, DAUPHINÉ. — D'or, à la croix de sable, cantonnée de quatre flammes de gueules.

**MORETON DE CHABRILLAN (de)**, DAUPHINÉ, — D'azur, à la tour crénelée de cinq pièces, donjonnée de trois donjons, le tout d'argent, maçonné de sable; et une patte d'ours d'or, mouvant du quartier sénestre de la pointe et touchant à la porte de la tour.

**MORIN D'AUVERS**, NORMANDIE. — D'or, à la croix engrêlée de sable, qui est de *Morin*; écartelé : d'argent, à deux fasces d'azur, accompagnées de six merlettes de gueules, 3, 2 et 1, qui est de *Sainte-Marie d'Equilly*. — Couronne de marquis. — Supports : deux griffons. — Devise : *Fortis fidelisque simul.*

**MORNAY DE MONTCHEVREUIL**, BERRY ET PICARDIE. — Burelé d'argent et de gueules, de huit pièces; au lion morné, de sable, couronné d'or, brochant sur le tout.

**MORTAIN (de)**, NORMANDIE. — D'argent, à trois glands de sinople, 2 et 1. — Couronne de comte. — Devise : *Vera fides.*

**MOSNIER DE ROCHECHINARD**, DAUPHINÉ. — D'argent, au chef d'azur; au lion de gueules, armé, lampassé, paré et couronné d'or, brochant sur le tout.

**MOSNIER DE THOUARÉ**, BRETAGNE. — D'azur, au chevron d'or, accompagné de trois roses du même, deux en chef et une en pointe.

**MOTHE-D'ISAULT (La)**, GASCOGNE.—Ecartelé : aux 1er et 4e, d'or, à trois aulx de sinople sur une motte ou terrasse du même, qui est de *La Mothe-d'Isault* ; au 2e, d'azur, au lion d'or; au 3e, d'argent, à trois fasces ondées de gueules, surmontées de deux tourteaux de gueules, qui est de *Lambès*.

**MOTIER DE LA FAYETTE**, AUVERGNE. — De gueules, et une bande d'or ; et une bordure de vair.

**MOTTE (de La)**, BRETAGNE ET ILE DE FRANCE. — D'argent, fretté d'azur de six pièces. — Couronne de comte.

**MOTTE DE BRION (La)**, VIVARAIS. — De gueules, à l'aigle au vol éployé, d'or.

**MOTTE DE PLEUMODAN (La)**, BRETAGNE.— De sable, à sept mâcles d'argent, 3, 3 et 1.

**MOUCHET DE L'AUBÉPIN (de)**, FRANCHE-COMTÉ. — De gueules, à la fasce d'argent, accompagnée de trois émouchets d'or, deux en chef et un en pointe.

**MOULINET**, *alias* **MOLINET D'HARDEMAR**, ILE DE FRANCE. — D'argent, à trois fers de moulin de sable, 2 et 1.

**MOULLART DE TORCY ET DE VILMAREST**, PICARDIE. — D'or, au lion de vair, lampassé et armé de gueules.

**MOUSSAYE (de La)**, BRETAGNE. — D'or, fretté d'azur de six pièces.

**MOUSSY DE LA CONTOUR**, BEAUVAISIS, TOURAINE, BERRY ET POITOU. — D'or, au chef de gueules, chargé d'un lion léopardé d'argent.

**MOUSTIER (de)**, FRANCHE-COMTÉ. — De gueules, au chevron d'argent, accompagné de trois alérions d'or. — Devise : *Moustier sera maugré le Sarrazin.*

**MOY (de)**, PICARDIE. — De gueules, fretté d'or de six pièces.

**MOYNE (Le)**, NORMANDIE ET MARCHE. — De gueules, au chevron d'or, accompagné de trois roses d'argent. — Couronne de comte.

**MOYNE DE TALHOUET (Le)**, BRETAGNE. — D'argent, à trois merlettes de sable, 2 et 1; au chef de gueules, chargé de trois besants d'argent.

**MOYNIER (de)**, LANGUEDOC ET NORMANDIE. — De sinople, à trois canettes d'argent, 2 et 1, les deux du chef affrontées ; et un chef d'azur chargé de trois étoiles d'or.

**MUGUET DE VARANGE**, ITALIE, LYONNAIS ET BOURGOGNE. — Parti : au 1er, de gueules, au phénix sur son immortalité d'or, fixant un soleil naissant du même, mouvant du canton dextre du chef; au 2e, d'or, coupé de sable, au lion couronné de l'un en l'autre.

**MURARD DE SAINT-ROMAIN (de)**, LYONNAIS ET DAUPHINÉ.— D'or, à la fasce crénelée de quatre pièces d'azur, accompagnée en chef de trois têtes d'aigle arrachées de sable rangées, et en pointe d'une flamme de gueules.

**MURAT DE LESTANG**, LYONNAIS. — D'azur, à trois fasces crénelées d'argent, maçonnées de sable, la 1re de cinq pièces, la 2e de quatre, la 3e de trois, ouverte en porte au milieu.

**MURAT DE ROCHEMAURE**, AUVERGNE. — D'argent, à la bande de sable (*aliàs* fasce de gueules), accompagnée de six merlettes de sable, en orle.

**MURAT DE SAINT-GENEST**, AUVERGNE, DAUPHINÉ ET LYONNAIS. — D'azur, à trois fasces muraillées et crénelées d'argent, la 1re de cinq créneaux, la 2e de quatre et la dernière de trois; celle-ci ouverte en porte ronde au milieu.

**MURAT-SISTRIÈRES (de)**, AUVERGNE. — Ecartelé : aux 1er et 4e, d'azur, à trois fasces muraillées et crénelées d'argent, la 1re de cinq créneaux, la 2e de quatre et la dernière de trois; celle-ci ouverte d'une porte ronde au milieu, qui est de *Murat*; aux 2e et 3e, d'azur, à un saint Michel d'or, tenant enchaîné sous ses pieds le démon, aussi d'or, et le frappant avec une épée flamboyante de gueules. — Couronne de comte, ayant pour cimier une épée d'argent garnie d'or, la pointe en bas. — Devise : *Vim utraque repello*.

**MURAT DE VERNINES**, AUVERGNE. — Losangé d'or et d'azur.

**MURE DE LARNAGE (de)**, DAUPHINÉ. — D'or, à un arbre terrassé de sinople, soutenu de deux lions de gueules.

**MURE DE PÉLANNE**, DAUPHINÉ. — D'or, à une fasce d'azur, accompagnée de trois mures de sable ou au naturel.

**MUSSET**, ÎLE DE FRANCE ET VENDOMOIS. — D'azur, à l'épervier d'or, chaperonné, longé et perché de gueules. — Devise : *Courtoisie, Bonne aventure aux Preuves*.

**NAGU DE VARENNES**, BOURGOGNE. — D'azur, à trois losanges d'argent, rangées en fasce.

**NANTIER DE QUETTEVILLE (Le)**, NORMANDIE. — D'or, fretté d'azur.

**NARBONNE-LARA**, LANGUEDOC. — De gueules plein. — Couronne de comte. — Supports : deux lions. — Devise : *No descendenos de reies, sino los reios de nos*.

**NARBONNE-PELET (de)**, DAUPHINÉ ET LANGUEDOC. — De gueules, à l'écu d'argent en abîme, ayant un chef de sable.

**NATTES (de)**, LANGUEDOC. — De gueules, à trois nattes d'or, 2 et 1.

**NATUREL DE BALLEURE**, BOURGOGNE. — D'or, à la fasce d'azur, accompagnée de trois merlettes de sable, deux en chef et une en pointe.

**NAU DES ARPENTIS**, ÎLE DE FRANCE. — D'azur, à 5 trangles d'or, et en chef une flamme aussi d'or.

**NAVAILLES-LABATUT (de)**, BÉARN. — Ecartelé : au 1er, d'azur, au lion d'or; au 2e, d'azur, à trois fleurs de lis d'or; au 3e, de gueules, à trois flèches d'or, ferrées d'argent; au 4e, d'or, à une épée à l'antique de gueules, posée en pal, la pointe en bas, qui est de *Saint-Jacques*.

**NAYS DE CANDEAU**, BÉARN. — D'or, à la croix ancrée d'azur.

**NÉDONCHEL (de)**, ARTOIS ET PICARDIE. — D'azur, à la bande d'argent. — Supports : deux lions. — Devise : *Antiquitas et nobilitas*.

**NÉELLE DE FALVY**, PICARDIE. — Burelé d'argent et d'azur de six pièces; à la bande de gueules, brochant sur le tout.

**NÉELLE D'OFFEMONT**, ARTOIS ET PICARDIE. — De gueules, semé de trèfles d'or; à deux bars adossés du même, brochant.

**NENCINI**, ITALIE ET FRANCE. — Parti : au 1er, de sinople, à trois dauphins en fasce, contournés d'or, l'un sur l'autre, surmontés d'un vase du même, sommé d'un bouquet de trois fleurs de gueules; au 2e, de gueules, au cerf élancé d'or.

**NEUFBOURG (de)**. — D'argent, à dix annelets de gueules, 3, 3, 3 et 1.

**NEPVEU D'URBRÉE (Le)**, BRETAGNE. — D'azur, à trois besants d'or, 2 et 1, chargés chacun d'une croix pattée de gueules.

**NETTANCOURT (de)**, CHAMPAGNE ET LORRAINE. — De gueules, au chevron d'or. — Cimier : un chien issant d'or, colleté de gueules. — Supports : deux griffons d'or.

**NEUF DE SOURDEVAL (Le)**, NORMANDIE. — De gueules, à trois coussins d'or, 2 et 1, avec leurs glands du même.

**NEUFVILLE DE MAGNAC**, ANGOUMOIS. — De gueules, à la croix d'argent, chargée d'une croix alésée d'or.

**NEUFVILLE DE VILLEROY**, ÎLE DE FRANCE. — D'azur, au chevron d'or, accompagné de trois croix ancrées du même, deux en chef et une en pointe.

**NEY DE LA MOSCOWA**, LORRAINE. — D'or, bordé d'azur; en cœur, un écusson du second, à l'orle du champ, accompagné à dextre et à sénestre d'une main de sable armée d'un sabre d'argent, la main dextre mouvante de sénestre, et la sénestre mouvant de dextre; le grand écu ayant un chef de gueules, semé d'étoiles d'argent.

**NICOLAS DE LA FALDENIÈRE**, Bretagne. — D'or, au lion de sable, armé, lampassé et couronné de gueules; au chef du second.

**NICOLAS DE LACOSTE**, Limousin et Périgord. — D'azur, au lion d'or, lampassé, armé et couronné de gueules, tenant de la patte dextre une épée d'argent, la pointe en haut.

**NICOLAS DE LUSSÉ**, Ile de France. — D'azur, au chevron d'or, accompagné en chef de deux mains dextres apaumées, en fasce, d'argent, et en pointe d'un croissant du même.

**NICOLAS DE TREVIDY**, Bretagne. — D'argent, à la fasce d'azur, au franc-canton vairé d'argent et de sable.

**NIETYXA**, Pologne. — De gueules, à la tête de Maure de sable, tortillée d'argent. (*Mora.*)

**NIGRI DE LA REDORTE ou LE NOIR**, Languedoc. — D'or, à trois redortes effeuillées et rangées de sable.

**NIQUEVARD**, Bourgogne. — Tranché d'or et d'azur; l'or chargé d'un lion naissant de gueules.

**NIEUWERKERKE** (de), Hollande et France. — De sinople, à douze besants d'or, posés 5, 4, 3, et un martel d'or en chef.

**NOAILLES** (de), Limousin et Ile de France. — De gueules, à la bande d'or.

**NOBLET DE CROISSY ET DE MORGARD**, Ile de France et Lorraine. — D'azur, à trois gerbes d'or, 2 et 1, surmontées d'une trangle d'or.

**NOBLET DE TERSILLAC**, Berry. — De gueules, au chevron d'or, accompagné en pointe d'une gerbe de blé du même.

**NOD DE CHARNAGE** (du), Franche-Comté. — De gueules, à la fasce d'argent, accompagnée de trois besants d'or, deux en chef et un en pointe; écartelé de *Charnage*.

**NOË** (de), Normandie. — D'azur, à la bande d'or, cotoyée de trois molettes de même, deux en chef et une en pointe.

**NOGARET DE SAINT-LAURENT**, Languedoc. — Écartelé : au 1er, d'azur, au croissant d'argent, accosté de deux étoiles du même ; aux 2e et 3e, d'or, au noyer terrassé de sinople; au 4e, d'azur, à la foi d'argent en bande.

**NOIR DE BOURCIEU** (du), Dauphiné. — De gueules, à la bande engrêlée d'argent.

**NOIR DE LA COCHETIÈRE** (Le), Anjou. — D'argent, à trois têtes de maure de sable, tortillées d'or, 2 et 1.

**NOIR DE JOUY** (Le), Beauce et Ile de France. — D'or, au chevron d'azur, chargé sur la cime d'une fleur de lis du champ, et accompagné de trois têtes de maure de sable, tortillées d'argent, deux en chef et une en pointe.

**NOIR DE LA REDORTE** (Le), Languedoc. — D'or, à trois redortes effeuillées et rangées de sable.

**NOIR DE TOURNEMINE** (Le), Bretagne. — D'azur, à trois chevrons d'or superposés ; au franc-canton de gueules, chargé d'une fleur de lis d'argent.

**NOMPÈRE DE CHAMPAGNY DE CADORE**, Forez et Bretagne. — D'azur, à trois chevrons brisés et alésés d'or.

**NORMAND D'ÉTIOLES** (Le), Orléanais et Ile de France. — Écartelé d'or et de gueules, à quatre rocs d'échiquier de l'un à l'autre; sur le tout : d'azur, à la fleur de lis d'or.

**NORMANT DE LA GRANDCOUR** (Le), Cahors. — Écartelé d'or et de gueules, à quatre rocs de l'un à l'autre, et un tourteau d'azur posé en cœur et chargé d'une fleur de lis d'or.

**NORMAND DE LAVERT** (Le), Bretagne. — D'azur, au lion léopardé d'or; au chef de gueules, soutenu d'argent, chargé d'un léopard d'or.

**NORMAND DE LA TRANCHADE**, Angoumois. — D'azur, à une bande d'or, accompagnée d'une croix de Malte d'argent en chef, et de trois glands d'or en pointe, rangés 2 et 1. — Devise : *In fide quiesco.*

**NOTTRET DE SAINT-LYS**, Champagne. — D'azur, au lion d'or; au chef cousu de gueules, chargé d'un croissant d'argent, accosté de deux étoiles d'or.

**NOUAIL DE LA VILLEGILLE**, Bretagne. — D'azur, au rencontre de cerf d'argent.

**NOURRY DE CRACOUVILLE** (Le), Normandie. — De gueules, à deux (*alias* un) chevrons d'argent, accompagnés de trois molettes d'éperon du même, deux en chef et une en pointe.

**NUZ DE PENVERN** (Le), Bretagne. — D'azur, à l'épée d'argent garnie d'or, posée en bande, la pointe en bas, et accostée de deux quintefeuilles d'or.

**OBERKAMPF**, Lyonnais. — Coupé d'argent et de gueules; d'argent, à un griffon naissant de gueules, couronné, becqué d'or et de gueules, à un pal d'argent, chargé d'une rose de gueules boutonnée d'or; l'écu timbré d'un casque. — Cimier : un griffon issant de gueules.

**OBERKAMPF**, Suisse et Ile de France. — D'azur, à la colonne d'argent, sommée d'un coq du même, la tête contournée; au chef cousu de gueules, chargé de trois annelets d'or.

**ODDE DE BONNIOT**, Dauphiné. — D'azur, à la tête de lion arrachée d'or, lampassée de gueules, accompagnée en pointe de deux roses d'argent.

**OHIER DE GRANDVAL**, Picardie. — De gueules, à deux épées d'argent garnies d'or, passées en sautoir, les pointes en haut.

**OLIVIER DE BOUIMEAU**, Provence. — D'argent, à l'olivier de sinople.

**OLIVIER DE LA GARDIE**, Languedoc. — Parti émanché d'azur et d'argent.

**OLIVIER**, *alias* **OLLIVIER DE LALLEU**, Bretagne. — D'or, au chevron de gueules, accompagné en chef de deux étoiles du même, et en pointe d'un olivier de sinople, fruité et terrassé du même.

**OLIVIER DE LEUVILLE**, Pays d'Aunis, Ile de France et Normandie. — D'azur, à six besants d'or, 3, 2 et 1 ; au chef d'argent, chargé d'un lion issant de sable, lampassé et armé de gueules ; écartelé de *Noviant*.

**OLIVIER DE SÉNOZAN**, Bourgogne. — Ecartelé : aux 1er et 4e, d'argent, à l'olivier de sinople; aux 2e et 4e, de *Grolée de Viriville*.

**OLLIER DE CHAMPFORT**, Dauphiné. — D'azur, au chevron d'argent, accompagné en pointe d'un lion d'or lampassé de gueules ; au chef d'or, chargé d'une étoile de gueules.

**ONCIEU DE CHAFFARDON**, Bugey, Dauphiné et Savoie. — D'or, à trois chevrons de gueules.

**ORCEAU DE FONTETTE**, Ile de France. — D'azur, à la licorne d'argent.

**ORIGNY (d')**, Champagne. — D'azur, à trois chandeliers d'or, 2 et 1.

**ORRY (d')**, Ile de France. — De pourpre, au lion d'or, grimpant sur un rocher d'argent mouvant à dextre.

**ORTHE DE VOULZY**, Champagne. — D'argent, au lion de gueules, chargé sur l'épaule d'une étoile d'azur.

**ORTHIOU DE LA PENISSIÈRE**, Poitou. — D'argent, à la croix de gueules.

**ORYOT D'ASPREMONT**, Lorraine. — Ecartelé : aux 1er et 4e, de gueules, à trois croissants d'or, 2 et 1 ; aux 2e et 3e, de gueules, à la croix d'argent, qui est d'*Aspremont*.

**ORYOT DE JUBAINVILLE**, Lorraine et Champagne. — De gueules, à trois croissants d'or, 2 et 1.

**OTTIKON**, Suisse. — D'azur, au phéon d'argent mis en pal.

**OUDET D'ANGECOURT**, Champagne. — D'azur, à un chevron d'or, accompagné en chef de deux annelets d'argent, et en pointe d'un lion aussi d'argent, morné.

**OULTREMAN**, Artois. — D'azur, au chevron d'argent.

**OUVRELEUIL D'ARTINVILLE**, Ile de France. — D'argent, à la bande d'azur, chargée en chef d'un soleil d'or, et en pointe d'un œil humain ajouré d'or.

**OZANARTE**, Roussillon. — D'or, à la bande de gueules, chargée de trois croix pattées, du champ, et accompagnée en chef d'une tour d'azur, maçonnée d'argent, et en pointe de deux demi-vols abaissés d'azur, posés l'un au-dessus de l'autre.

**PAJOL**. — Ecartelé : au 1er, d'azur, au chevron d'or, accompagné en chef de deux molettes d'éperon, et en pointe d'une épée haute en pal, le tout d'argent; au 2e, de gueules, à l'épée haute en pal d'argent ; au 3e, de pourpre, au lion rampant, la tête contournée d'or, tenant un drapeau du même ; au 4e, de sinople, au dextrochère d'argent, rebrassé d'azur et d'argent, tenant un foudre d'or.

**PAJOT**, Ile de France. — D'argent, au chevron d'azur, accompagné de trois têtes d'aigle de sable, becquées et membrées de gueules. — Couronne de marquis. — Supports : deux aigles au vol abaissé.

**PALIERNE DE CHASSENAY**, Nivernais. — D'azur, à trois mondes d'or, croisés et cintrés d'argent, posés 2 et 1 ; et trois larmes d'argent, posées 2 et 1.

**PALLUAU (de)**, Ile de France et Champagne. — D'or, au chevron de gueules, accompagné de trois œillets d'azur, tigés de sinople, deux en chef et un en pointe.

**PALUAT DE JALAMONDES**, Bresse. — D'or, à trois œillets de gueules sur une même tige de sinople.

**PAN (du)**. — Ecartelé : aux 1er et 4e, de gueules, à une claie d'or ; coupé d'azur, à deux bandes d'or; aux 2e et 3e, d'azur, à la fasce d'or abaissée, supportant un chevron du même, accompagné de trois roses d'argent, 2 et 1.

**PANDIN DE LUSSAUDIÈRE ET DE NARCILLAC**, Poitou, Angoumois, Saintonge, Pays d'Aunis et Languedoc. — D'azur, à trois pals d'argent ; au chef cousu de gueules, chargé de deux fasces d'or; à la bande du même, brochant sur le tout.

**PANNETIER DE VALDOTTE**, Bugey. — Coupé : au 1er, d'argent, à la bande d'azur, chargée de trois étoiles d'or; au 2e, de gueules, à trois croissants d'or, 2 et 1.

**PANNEVEYRE (de)**, Poitou et Limousin. — D'or, au lion d'azur, lampassé, armé et couronné de gueules.

**PANOUSE (de La)**, Rouergue. — D'argent, à six colices de gueules. — Supports : deux anges.

**PANTIN DE LA HAMELINIÈRE**, Poitou, Anjou et Bretagne. — D'argent, à la croix de sable, cantonnée de quatre molettes à cinq rais de gueules.

**PAOLI (de)**, Toscane. — D'azur, au chevron d'argent, accompagné de trois étoiles d'or, une en chef, deux en flanc, et d'une amphore aussi d'or en pointe. — Casque de chevalier. — Supports : deux lions.

**PAPE DE SAINT-AUBAN**, Dauphiné et Provence. — D'azur, à la croix d'argent.

**PAPELEU**, Belgique. — D'or, à la fasce de gueules, accompagnée de trois aiglettes de sable, deux en chef et une en pointe.

**PAPENBROCK**, Brabant. — D'or, à six flanchis de gueules, 3, 2 et 1.

**PAPILLON DE LA FERTÉ**, Champagne. — D'azur, au chevron d'argent, accompagné en chef de deux papillons d'or, et en pointe d'un coq hardi du même.

**PAPON DE BEAUREPAIRE**, Forez et Bourbonnais. — D'or, à la croix d'azur, au chef dentelé de gueules.

**PARADIS DE PAULHAC**, Lyonnais et Limousin. — D'argent, à trois oiseaux de paradis de sable, 2 et 1.

**PAVÉE DE VENDEUVRE**, Champagne. — D'or, au paon au naturel; au chef cousu d'azur, chargé d'une croisette d'or, entre deux étoiles du même.

**PAVÉE DE VILLEVIELLE**, Languedoc. — D'azur, à trois chevrons d'or.

**PAVET DE MONTPEYRAN**, Gascogne. — D'azur, au monde d'or.

**PAVIN (de)**, Poitou et Vivarais. — D'azur, au croissant d'argent, accompagné de trois étoiles du même, posées 2 et 1. — Supports : deux aigles.

**PECHPEYROU DE GUITAUT, DE COMMINGES ET D'ÉPOISSE**, Quercy. — Écartelé : aux 1er et 4e, d'or, au lion de sable, lampassé, armé et couronné de gueules, qui est de Pechpeyrou; aux 2e et 3e, de gueules, à la croix pattée d'argent, qui est de Comminges. — Couronne de marquis. — Supports : un léopard lionné à dextre pour Pechpeyrou; une licorne d'argent à sénestre pour Comminges. — Cimier : un lion issant de sable, lampassé, armé et couronné de gueules. — Devise : *Ut fata trahunt*.

**PECHPEYROU DE BEAUCAIRE**, Quercy. — D'or, au lion de sable, lampassé, armé et couronné de gueules.

**PARC DE BOISRENOUF (du)**, Normandie. — D'azur, à trois molettes d'argent, 2 et 1.

**PARC D'INGRANDE (du)**, Normandie et Anjou. — D'or, à deux fasces d'azur, accompagnées de neuf merlettes de gueules, 4, 3 et 2.

**PARC DE LOCMARIA (du)**, Bretagne et Normandie. — Écartelé : aux 1er et 4e, d'argent, à trois jumelles de gueules; aux 2e et 3e, d'or, à deux fasces d'azur, accompagnées de neuf merlettes de gueules, 4, 3 et 2; au franc-canton d'hermines. — Supports : un lion et une aigle. — Devise : *Vaincre ou mourir*.

**PARCHAPPE DE VINAY**, Champagne. — D'azur, au chevron d'or (*alias* d'argent), accompagné de trois colombes d'argent, membrées de gueules, 2 et 1.

**PARDIEU (de)**, Normandie. — D'or, au lion couronné de gueules. — Couronne de marquis.

**PARDIEU DE BOUTEVILLE**, Normandie. — De gueules, au sautoir d'or, accompagné de quatre aiglettes de même.

**PAREIL D'ESPÉRUC**, Limousin. — Écartelé : aux 1er et 4e, de gueules, à trois rocs d'échiquier d'argent, 2 et 1; aux 2e et 3e, d'azur, à trois fasces d'or.

**PARISOT DE BERNECOURT**, Lorraine. — Écartelé : aux 1er et 4e, d'or, à l'aigle de sable; aux 2e et 3e, d'argent, à la fasce de sable, accompagnée de trois glands de sinople, deux en chef et un en pointe.

**PARRON (de)**, Dauphiné. — D'azur, à une croix pattée d'argent; au chef du même, chargé de trois molettes de sable. — Couronne de vicomte.

**PARTHENAY DE BERNY**, Picardie. — De gueules, au chevron d'argent, accompagné de trois besants d'or, deux en chef et un en pointe.

**PASCALIS DE LONGPRA**, Italie et Dauphiné. — De sinople, au chef d'argent, chargé d'un pont de sable, sommé de quatre tours du même.

**PASQUET DE SALAIGNAC**, Limousin. —

D'azur, au cerf d'or, nageant dans une rivière d'argent, mouvante de la pointe de l'écu.

**PASSERAT DE SILANS**, Bugey et Beaujolais. — D'azur, à la fasce d'or, chargée d'un lion passant de gueules, et accompagné en pointe de deux vols d'or.

**PASTORET (de)**, Provence. — D'or, à la bande de gueules, chargée d'un berger d'argent, adextré d'un chien couché du même, la tête contournée. — Devise : *Bonus semper et fidelis*.

**PATRAS DE CAMPAIGNO (de)**, Gascogne et Picardie. — Parti : au 1er, de gueules, à la croix d'argent; au 2e, d'argent, au lion d'azur, armé, lampassé et couronné de gueules.

**PAUL DE LAMANON**, Provence et Toscane. — D'azur, au chevron d'argent, accompagné d'un croissant du même en pointe.

**PAULMIER DE LA BUCAILLE**. — D'azur, au lion d'or posé, la patte dextre levée; au chef d'or, chargé de trois tourteaux de gueules.

**PELLARD DE SEBBEVAL, DE BEAULIEU**, Beauce, Champagne, Poitou et Normandie. — D'argent, à l'aigle au vol éployé de sable, becquée et membrée de gueules.

**PELLAS DE MAILLANE**, Provence. — De gueules, au lion d'or, couronné d'argent, foulant aux pieds trois croissants du même; au chef d'argent, chargé de trois étoiles de gueules.

**PELERIN (de)**, Ile de France et Languedoc. — D'azur, à un bourdon d'or posé en bande, accompagné de trois coquilles du même, deux en chef et une en pointe. — Couronne de comte.

**PELLERIN DE GAUVILLE (Le)**, Normandie. — D'or, au chevron brisé, échiqueté d'argent et de gueules; au chef de sable, chargé de trois coquilles d'or.

**PELLETIER D'ESCROTS D'ESTRÉE (Le)**, Bourgogne. — D'azur, à la bande d'or, chargée de trois écrevisses de gueules, et accompagnée de trois molettes du second émail, deux en chef et une en pointe.

**PELLETIER DE GLATIGNY ET DE LIANCOURT (Le)**, Beauce et Ile de France. — D'azur, à la fasce d'argent, chargée d'un croissant de gueules, et accompagnée de trois étoiles d'or, deux en chef et une en pointe.

**PELLETIER DE MOLANDÉ (Le)**, Normandie. — D'azur, à trois losanges d'argent, 2 et 1; au chef d'or, chargé de trois roses de gueules.

**PELLETIER DES RAVINIÈRES (Le)**, Normandie et Martinique. — D'or, au chevron d'azur, chargé de trois roses du champ, et accompagné de deux molettes de gueules en chef, et d'un lion du même en pointe.

**PELLICIER (de)**. — De gueules, à la croix d'or, et une bordure de même, chargée de douze besants de gueules.

**PELLICORNE DE DURY**, Artois. — D'or, à trois trèfles de sinople, 2 et 1.

**PELOUX DE CLERIVAU (du)**, Dauphiné. — De sable, à la fasce d'or, accompagnée en chef de deux besants d'argent, et en pointe d'un croissant du même.

**PENANCOET DE KEROUALLE**, Bretagne. — Fascé de six pièces d'argent et d'azur.

**PENFENTENIO DE CHEFFONTAINE**, Bretagne. — Burelé de gueules et d'argent de dix pièces.

**PENNAUTIER (de)**, Languedoc. — D'argent, à une cannette de sable, becquée et membrée de gueules, nageant sur une mer de sinople; au chef cousu d'or, chargé de trois losanges de sable.

**PENOT DE TOURNIÈRES**, Ile de France. — D'azur, au mouton d'argent sur une terrasse de sinople, accompagné en chef de deux croissants d'argent.

**PEPIN DE BELLE-ISLE**, Bretagne. — D'azur, au chevron componné de sept pièces, trois d'argent et quatre de sable, accompagné de trois pommes de pin versées d'argent, deux en chef et une en pointe.

**PEPIN DE LA COUDRAYE**, Bretagne. — D'argent, au pin de sinople, chargé de trois pommes d'or; à la bande d'azur brochante.

**PERCIN DE NORTHUMBERLAND**, Angleterre et Ile de France. — Ecartelé : aux 1er et 4e, d'azur, à cinq fusées en fasce d'or; aux 2e et 3e, contre-écartelé : aux 1er et 4e, d'or, au lion d'azur; aux 2e et 3e, de gueules, à trois poissons d'argent, 2 et 1, en pal.

**PERCY (de)**, Normandie. — De sable, au chef endenté d'or. — Devise : *Espérance en Dieu*.

**PÉRÉ DE LIBOUREIX**, Limousin. — D'azur, à trois pals vairés d'argent et de gueules.

**PERIER (de)**, Normandie. — D'argent, à la fasce de sinople, accompagnée de quatre quintefeuilles du même, 3 et 2. — Couronne de comte. — Supports : deux lions.

**PERIER-DUMOURIEZ (du)**, Bretagne, Anjou et Provence. — D'azur, à la bande d'or, accompagnée au côté sénestre d'une tête de lion arrachée d'or, lampassée de gueules, couronnée d'argent; à la bordure dentelée de gueules.

**PÉRIOU ou PRIOUR DE BOCERET**, Bretagne. — De gueules, à la fasce d'argent, accompagnée en chef de trois coquilles rangées, et en pointe d'un trèfle aussi d'argent. — Couronne de marquis. — Supports : deux aigles.

**PERNETY.** — Ecartelé : aux 1er et 4e, d'azur, à la tour crénelée de quatre pièces d'argent, ouverte et maçonnée de sable, sommée à dextre d'un pavillon d'argent; au 2e, des barons militaires, de gueules, à une épée d'argent garnie d'or; au 3e, de gueules, au canon d'or, mouvant à demi du flanc dextre, sénestré en pointe d'une pile de boulets d'argent, et en chef de trois étoiles du même.

**PERRENEY DE CHARREY ET DE GROSBOIS**, Bourgogne. — D'azur, semé d'étoiles d'or.

**PERRENOT DE GRANVILLE**, Brabant. — D'argent, à trois bandes de sable; au chef d'or, chargé d'une aigle éployée de sable; écartelé de *Brederode*, qui est d'or, au lion de gueules, au lambel d'azur.

**PERRET DE LA TRONCHAIS**, Bretagne. — D'argent, à trois cœurs de gueules, 2 et 1; écartelé de la *Tronchais*.

**PERRIEN (de)**, Bretagne. — D'argent, à cinq fusées de gueules, accolées et posées en bande. — Couronne de comte. — Supports : deux lions.

**PERRIÈRE (de La)**. — D'argent, à une fasce de sable, abaissée sous trois têtes de léopard du même, lampassées et couronnées de gueules, et rangées en fasce.

**PERRINET D'ARZILLIERS**, Dauphiné. — D'or, au lion de sable, lampassé, armé et couronné de gueules; au chef d'azur, chargé de trois croissants d'argent.

**PERROTIN DE BARMOND**, Berry, Bretagne et Ile de France. — D'argent, à trois cœurs de gueules, 2 et 1.

**PERROTIN DE L'ÉTANG**, Dauphiné. — De gueules, à la licorne saillante d'argent.

**PERRY DE MALLEYRAND**, Limousin et Angoumois. — D'argent, à la bande de sable, accompagnée de deux lions de gueules.

**PERROCHEL DE MORAINVILLE**, Ile de France et Maine. — D'azur, à deux croissants d'or en chef, et une étoile du même en pointe.

**PERTHUIS (de)**, Provence et Orléanais. — D'azur, à la croix ancrée d'argent. — Supports : deux licornes d'argent. — Cimier : une licorne issante d'argent.

**PÉRUSSE DES CARS ou D'ESCARS (de)**, Marche. — De gueules, au pal de vair. — Supports : deux sauvages. — Cimier : un dextrochère tenant une épée. — Légende : *Sic per usum fulget.* — Devise : *Fais que dois, advienne que pourra.*

**PERUZZI**, Toscane et France. — D'azur, à six poires d'or, rangées en orle; écartelé des armoiries des Médicis.

**PESCHART.** — D'or, au dragon ou basilic de gueules.

**PETIT et DE PETIT**, France et Hollande. — De sable, à un croissant d'or à sénestre, et à un soleil aussi d'or à dextre; coupé : d'argent, à un chêne de sinople englanté d'or.

**PETIT DE BRECEY**, Bourgogne. — D'azur, au lion d'or.

**PEYRENE DE SAINT-CYR**, Dauphiné. — De gueules, semé de cailloux d'or; à la bande d'argent brochante.

**PEYRET**, Languedoc, Velay et Gévaudan. — D'azur, à une raie d'or, accostée de deux dauphins de même adossés; au chef cousu de gueules, chargé d'une fleur de lis d'argent.

**PEZET DE CORVAL**, Normandie. — D'azur, à une champagne d'or, surmontée d'un cor d'argent lié du même, accompagné en chef de trois étoiles d'or, mal ordonnées.

**PFERDSDORF**, Saxe. — D'argent, au cheval de sable.

**PHÉLIPPES DES ACRES**, Bretagne. — D'argent, à la tête de lion arrachée, au naturel.

**PHÉLIPPES DE FAROUVILLE**, Orléanais, Ile de France et Picardie. — D'argent, au chevron de gueules, accompagné de trois glands et de trois olives de sinople, un gland et une olive couplés et liés de gueules; au chef d'azur, chargé de trois étoiles d'or.

**PHILIPPE DE MARIGNY**, Normandie. — D'azur, au chevron d'or, accompagné en chef d'un croissant d'argent à dextre, et d'une étoile du même à sénestre, et en pointe d'un cygne aussi d'argent.

**PHILPIN**, Champagne. — D'or, au pin de sinople fruité; au chef de gueules, chargé d'une croisette d'argent. — Couronne de marquis. — Supports : deux lions.

**PIARRON DE CHAMOUSSET**, Ile de France. — De gueules, à trois pals d'argent, chargés chacun d'un diamant de sable, en losange; au chef cousu d'azur, chargé de trois besants d'or.

**PICART (Le)**, Picardie. — D'azur, au lion d'or.

**PICHARD (du)**, Bretagne, Limousin, Guienne, Poitou et Touraine. — Ecartelé : aux 1er et 4e, de gueules, à deux épées d'argent, garnies d'or, passées en sautoir, les pointes en bas ; aux 2e et 3e, d'azur, à la tour d'or, maçonnée et ajourée de sable ; l'écu timbré d'un casque de chevalier, grillé d'or, orné de ses lambrequins, et sommé d'une couronne de vicomte. — Supports : deux lions. — Devise : *In hoc signo vincam.*

**PICHON (de)**, Guienne. — D'azur, au chevron d'or, accompagné en chef de deux molettes d'éperon du même, et en pointe d'un croissant aussi d'or, surmonté d'un agneau d'argent. — Couronne de marquis. — Supports : deux griffons.

**PICOT DE DAMPIERRE**, Ile de France et Champagne. — D'or, au chevron d'azur, accompagné de trois fallots d'argent, allumés de gueules ; au chef du même.

**PICOT DE GOUBERVILLE**, Normandie. — De gueules, à la croix ancrée d'argent.

**PICHON DE PAREMPUYRE ET DE LONGUEVILLE**, Guienne. — D'azur, au chevron d'or, accompagné en chef de deux molettes du même, et en pointe d'un agneau d'argent, surmontant un croissant du même.

**PIERRE DE BERNIS**, Languedoc. — D'azur, à la bande d'or, accompagnée en chef d'un lion léopardé du même, armé et lampassé de gueules.

**PIERRE DE SAINCY**, Bourgogne et Nivernais. — D'azur, à la clef d'argent et un bourdon d'or, passés en sautoir, et accompagnés en chef d'une étoile d'argent, et en pointe d'une coquille d'or.

**PIGEON DE VIERVILLE (Le)**, Normandie. — D'azur, au chevron d'azur, accompagné de trois pigeons au naturel, deux en chef et un en pointe.

**PIGNATELLI**. — D'or, à trois marmites de sable, les deux du chef affrontées.

**PIGNOL ou PIGNIOL (de)**, Périgord et Touraine. — De gueules, au sautoir d'or, accompagné de quatre besants d'or. — Devise : *Deus et meus rex.*

**PILEUR DE BREVANES (Le)**, Ile de France. — D'azur, au lion d'or ; au chef d'argent, chargé de trois pélicans de sable.

**PILLET-WILL**, Savoie et France. — Ecartelé : aux 1er et 4e, d'argent, à un frêne arraché de sinople ; au chef d'or, abaissé sous un autre d'azur, chargé de trois étoiles d'argent, qui est de *du Fresne* ; aux 2e et 3e, d'or, à la pie de sable ; au chef d'azur, chargé d'une étoile d'or, qui est de *Pillet*. — Couronne de comte. — Supports : un griffon et un lévrier.

**PIMODAN (de)**, Lorraine. — D'argent, à cinq annelets de gueules posés en sautoir, accompagnés de quatre mouchetures d'hermines de sable. — Couronne de marquis. — Supports : deux licornes.

**PIMPIE DE SOLIGNAC**, Bourbonnais et Vivarais. — Parti : au 1er, d'azur, à la fasce d'or, surmontée d'un lévrier d'argent ; au chef cousu de gueules, chargé de trois étoiles d'or ; au 2e, d'azur, au lévrier passant d'argent, accompagné de trois fleurs de lis d'or.

**PIN DE CHENONCEAUX (du)**, Ile de France et Touraine. — D'azur, à trois coquilles d'argent, 2 et 1.

**PIN DE SAINT-BARBAN (du)**, Limousin. — D'argent, à trois bourdons d'azur.

**PINET DU BOUCHET**, Auvergne. — D'azur, au chevron d'or, accompagné de trois roses du même, deux en chef et une en pointe.

**PINGRÉ (de)**, Picardie. — D'argent, au pin arraché de sinople, fruité d'or et surmonté d'une grive de sable.

**PINON DE QUINCY**, Ile de France, Bretagne et Berry. — D'azur, au chevron d'or, accompagné de trois pommes de pin du même, deux en chef et une en pointe.

**PINON DE SAINT-GEORGES**. — D'azur, au chevron d'or, accompagné de trois pommes de pin d'or renversées. — Couronne de marquis. — Supports et cimier : trois lions d'or ; l'écu de la branche aînée est sommé de la couronne ducale et posé sur le manteau d'hermine. — Devise : *Te stante virebo.*

**PINOT**. — D'azur, à trois pommes d'or, 2 et 1.

**PINS (de)**, Guienne et Languedoc. — De gueules, à trois pommes de pin d'or, 2 et 1. — Couronne ducale. — Cri de guerre : *Du plus hault les Pins.*

**PINTEVILLE DE CERNON (de)**, Lorraine et Champagne. — D'argent, au sautoir de sable, chargé d'un lion d'or, armé et lampassé de gueules, brochant sur le tout.

**PIOT DE COURCELLES**, Champagne. — D'azur, au chevron d'or, accompagné de trois glands, tigés et feuillés du même, deux en chef et un en pointe.

**PIRE (du)**. — D'azur, à la fleur de lis d'or, surmontée de deux étoiles du même ; au chef aussi d'or, chargé d'une étoile de sable.

**PISCATORY DE VAUFRELAND**, Ile de France et Touraine. — Tiercé en bande :

au 1er, d'argent, à cinq mouchetures d'hermines de gueules; au 2e, d'azur, au poisson d'or; au 3e, d'or, à la tête de cheval au naturel, posée de trois quarts, traversée en bande d'un sabre courbé, la pointe en haut, de sable.

**PISTOLLET DE SAINT-FERJEUX**, Champagne. — Parti : au 1er, d'argent, à la montagne de sinople, issante de la pointe, surmontée d'un cerf couché au naturel; au 2e, de gueules, à deux lions affrontés d'or; sur le tout : d'azur, à deux pistolets d'or en sautoir.

**PLACE DE CHAUVAC (de La)**, Limousin. — D'azur, à trois glands d'or, tigés et feuillés du même. — Couronne de comte. — Supports : deux sauvages. — Devise : *Regi et Deo semper fidelis morior.*

**PLAN DE SIEYES DE VEYNES (de)**, Dauphiné. — D'or, à une fasce d'azur, accompagnée de trois roses de gueules. — Couronne de comte. — Devise : *Nul souci fors Dieu.*

**PLANCHE DE RUILLÉ (La)**, Anjou. — De sable, à cinq fasces ondées d'argent.

**PLASMAN (de)**, Orléanais. — D'azur, à un pal d'argent, chargé d'une fasce ondée de gueules, accompagnée de quatre abeilles d'azur, deux en chef et deux en pointe; le pal accosté de deux pattes de grue d'or.

**PLESSIS DE LA MERLIÈRE (du)**, Angoumois. — D'azur, à trois fasces d'or. — Couronne de comte.

**PLESSIS D'ARGENTRÉ (du)**, Bretagne. — De gueules, à dix billettes d'or, posées 4, 3, 2 et 1. — Couronne de marquis. — Supports : deux lions.

**PLESSIS DE BALISSON (du)**, Bretagne. — De gueules, à deux léopards d'or, l'un sur l'autre.

**PLESSIS DE GRÉNÉDAN (du)**, Normandie. — D'argent, à une bande de gueules, chargée de trois mâcles d'or, accompagnée en chef d'un lion de gueules, armé, couronné et lampassé d'or. — Cri de guerre : *Plessis Movron.* — Supports : deux lions. — Couronne de marquis. — Cimier : un lion issant.

**PLESSIS DE NELESSE (du)**, Bretagne. — D'hermines, à trois channes (poisson) de gueules, 2 et 1.

**PLESSIS DE MORNAY (du)**, Berry. — Fascé d'argent et de gueules de huit pièces; au lion morné de sable, couronné d'or, brochant.

**PLOMBY (de)**, Limousin. — D'or, à la fasce de sable, chargée d'une merlette d'or.

**POCQUET DE LIVONNIÈRE**, Anjou. — De gueules, à la fasce d'argent, chargée de trois croix de Malte du champ.

**POEZE (de La)**, Bretagne. — D'argent, à trois bandes de sable. — Devise : *Auxilium ad alta.* — Supports : deux chevaux d'hermines.

**POILLOUE DE SAINT-MARS**, Beauce. — D'argent, à trois chevrons partis de sinople et de sable.

**POIPE DE VERTRIEU (La)**, Dauphiné. — De gueules, à la fasce d'argent.

**POISBLANC DE NEUFVILLE**, Poitou et Picardie. — Ecartelé : aux 1er et 4e, d'azur, à trois besants d'argent, 2 et 1, surmontés d'un lambel du même; aux 2e et 3e, d'azur, au lion naissant d'or.

**POISSON DE MARIGNY**, Champagne et Ile de France. — De gueules, à deux bars adossés d'or.

**POITIERS DE SAINT-VALIER**, Dauphiné. — D'azur, à six besants d'argent, 3, 2 et 1. au chef d'or.

**POITTEVIN DE LA CROIX-VAUBOIS (Le)**, Normandie. — D'azur, au chevron d'or, accosté de deux maillets d'argent, et accompagné en chef d'une grappe de raisin d'or, et en pointe d'une croix pattée du même. — Couronne de comte. — Supports : deux lions.

**POIX (de La)**, Bretagne. — D'azur, au chevron d'argent, accompagné de trois coquilles d'or, posées 2 et 1; au chef d'or, chargé de trois bandes de gueules; l'écu timbré d'un casque de chevalier de profil, orné de ses lambrequins. — Devise : *En avant !*

**POIX DE MARÉCREUX**, Picardie et Berry. — De sable, à trois aiglettes d'or, 2 et 1.

**POLIGNAC (de)**, Velay. — Fascé d'argent et de gueules de six pièces. — Supports : deux griffons. — Devise : *Sacer custos pacis.*

**POLINIÈRE (de)**, Normandie. — D'hermines, à la croix d'or. — Couronne de baron. — Supports : deux lions. — Devise : *Sine Deo nihil.*

**POMEREU D'ALIGRE (de)**, Soissonnais et Bourgogne. — Ecartelé : aux 1er et 4e, d'azur, au chevron d'argent, accompagné de trois pommes d'or, tigées et feuillées du même, deux en chef et une en pointe; aux 2e et 3e, d'*Aligre.*

**PONS (de)**, Saintonge et Angoumois. — D'argent, à la fasce bandée d'or et de gueules de six pièces.

**PONS DE FRUGÈRES**, Auvergne. — De gueules, à trois fasces d'or.

**PONS DE LA GRANGE**, Auvergne. — De gueules, à trois fasces d'or.

**PONS DE RENNEPONT**, Champagne. — De sable, à la bande d'argent, chargée d'un lion de gueules, et accostée de deux étoiles d'argent, l'une en chef et l'autre en pointe.

**PONT-D'AUBERVOYE D'OYSONVILLE (du)**, Touraine, Anjou, Beauce et Bretagne. — D'argent, à deux chevrons de gueules, superposés.

**PONTAS DU MÉRIL**, Normandie. — D'or, à la foi de carnation, tenant un lis au naturel, entre deux épées de gueules passées en sautoir; au chef d'azur, chargé d'un lion d'or.

**PONTÉCOULANT (Doulcet de)**, Normandie. — D'argent, à la croix de sable fleurdelisée d'or.

**PONTÈVES (de)**, Provence. — De gueules, au pont à deux arches d'or, maçonné de sable.

**PONTON D'AMÉCOURT (de)**, Champagne. — De sable, à une fasce ondée d'argent (alias de sable, à une mer ondée d'argent). — Supports : deux lions. — Couronne de comte. — Devise : *Ayde à aultruy, Dieu t'aydera*.

**PORCHER DE RICHEBOURG**, Berry. — De gueules, à la main d'argent, surmontée de trois étoiles bien ordonnées du même.

**PORRET DE BLOSSEVILLE**, Normandie. — D'azur, à trois glands d'or, 2 et 1.

**PORRET DE BRUNIÈRE**, Dauphiné. — D'azur, au chevron d'argent, accompagné de trois carreaux d'or, deux en chef et un en pointe; au chef cousu de gueules.

**PORTE (de La)**, Anjou. — De gueules, à trois merlettes d'argent. — Couronne de comte.

**PORTE-AUX-LOUPS (de La)**. — D'azur, à la fasce componée d'or et de gueules de six pièces, accompagnée de deux loups passants d'or, un en chef et l'autre en pointe. — Supports : deux sauvages.

**PORTE DE REMAISNIL (La)**, Artois. — D'or, à la bande d'azur.

**PORTE DU THEIL (de La)**, Poitou. — D'or, au chevron de gueules.

**PORTE D'YSSERTIEUX (de La)**, Berry. — D'or, à la bande d'azur. — Couronne de marquis. — Supports : deux sauvages. — Devise : *Gardiatores de Porta*.

**PORTES DE SAINT-PÈRE (des)**, Bretagne. — D'azur, à trois fusées d'or, accolées et posées en fasce.

**PORTES (de)**, Guienne. — D'azur, à trois bandes d'or.

**PORTIER DE VILLENEUVE**, Champagne et Lorraine. — D'or, à deux branches de sinople passées en sautoir, l'une de palmier, l'autre de laurier; l'écu timbré d'un casque de chevalier, orné de ses lambrequins.

**POTERIE (de La)**. — D'argent, à trois fers de moulin de sable, et un chef d'azur, chargé de cinq besants d'or rangés en fasce.

**POTIER DE GESVRES**, Ile de France. — D'azur, à deux mains dextres d'or; au franc-quartier échiqueté d'argent et d'azur.

**POTIN DE LA MAIRIE**, Normandie. — D'azur, au lacs d'amour d'or.

**POUGET DE NADAILLAC (du)**, Quercy. — D'or, au chevron d'azur, accompagné en pointe d'un mont de six coupeaux de sinople. — Couronne de marquis. — Cimier : une Mélusine, en mémoire d'une alliance avec les Lusignan sous Louis XIII. — Supports : deux sauvages de carnation armés de leur massue. — Devise : *Virtus in hœredes*. — Légende : *Pour loyauté maintenir*.

**POUILLY (de)**, Champagne. — D'argent, au lion d'azur, armé, lampassé et couronné de gueules. — Cimier : un pélican avec sa piété. — Devise : *Fortitudine et caritate*. — Supports : deux griffons.

**POUSSEMOTHE DE GRAVILLE**, Navarre et Ile de France. — D'azur, à trois lis au naturel, 2 et 1; enté en pointe de sable, à l'étoile d'or.

**PRACOMTAL (de)**. — D'or, au chef d'azur, chargé de trois fleurs de lis du champ.

**PRAT (du)**, Auvergne. — D'or, à la fasce de sable, accompagnée de trois trèfles de sinople, deux en chef et un en pointe. — Couronne de marquis. — Supports : deux lions d'or, la tête contournée. — Cimier : un lion issant d'or. — Devise : *Spes mea Deus*.

**PRÉ DE SAINT-MAUR (du)**, Ile de France. — Parti : au 1er, d'azur, à la bande d'or, chargée de trois cosses de pois de sinople; au 2e, d'argent, à la fasce de sinople, accompagnée de trois trèfles du même, deux en chef et un en pointe.

**PREISSAC D'ESCLIGNAC (de)**, Gascogne. — Ecartelé : au 1er, d'argent, au lion de gueules, lampassé, armé et couronné d'azur; au 2e, d'azur, à trois fasces d'argent; au 3e, d'azur, au pal d'or; au 4e, de gueules, au lion d'or; à la bordure d'azur, chargée de huit fleurs de lis d'or.

**PRESTRE DE VAUBAN (Le)**, Nivernais. — D'azur, au chevron d'or, surmonté d'un croissant d'argent, et accompagné de trois trèfles d'or, 2 et 1.

**PREUD'HOMME DE FONTENOY (Le)**

LORRAINE. — De gueules, à trois chevrons d'or ; au chef cousu d'azur, chargé d'un lévrier passant d'argent.

**PRÉVERAUD DE SONNEVILLE**, ANGOUMOIS. — D'azur, au chevron d'or, accompagné de trois grenades fruitées de même, posées 2 et 1.

**PRÉVOST DE BASSERODE (Le)**, FLANDRE FRANÇAISE. — D'azur, au lion d'or, armé et lampassé de gueules. — Supports : deux griffons. — Cimier : le lion de l'écu issant, entre un vol banneret, dont la partie dextre est d'azur, à deux fasces d'or, et la sénestre d'or, à deux fasces d'azur. — Casque de chevalier, orné de ses lambrequins et du bourrelet. — Cri : *Rhodes, Rhodes*. — Devise : *Daesniel*.

**PRÉVOST DE CHANTEMESLE**, ILE DE FRANCE. — Parti d'azur et de gueules ; au chevron parti de l'un en l'autre, accompagné de trois étoiles d'argent, deux en chef et une en pointe.

**PRÉVOST DE LA BOUTETIÈRE-SAINT-MARS**, POITOU. — D'argent, à trois hures de sanglier de sable, défendues d'or, arrachées de gueules, 2 et 1.

**PRÉVOST DE L'ÉTORIÈRE ET DE GAGEMON**, POITOU ET AUNIS. — D'or, au lion de sinople, lampassé, armé et couronné de gueules.

**PRÉVOST DE LONGPÉRIER**, ILE DE FRANCE. — D'azur, à trois mâcles d'or. — Devise : *Sine maculâ maculœ*.

**PRÉVOST DE SAINT-JULIEN**, NORMANDIE, ARTOIS ET GASCOGNE. — De sinople, à l'épervier d'or, empiétant et becquetant une alouette d'argent ; au chef cousu de sable, chargé d'un croissant d'or.

**PRÉVOST DE SANSAC**, POITOU, SUISSE, ANGLETERRE ET RUSSIE. — D'argent, à deux fasces de sable, accompagnées de six merlettes du même, posées 3, 2 et 1.

**PRÉVOST DE TOUCHIMBERT ET DE TRAVERSAY**, POITOU. — D'argent, à deux fasces de sable, accompagnées de six merlettes du même, posées 3, 2 et 1. — Supports : deux sauvages.

**PRIGENT DE KERVIDIOU**, BRETAGNE. — D'argent, à trois tourteaux de sable, 2 et 1 ; au croissant du même en abîme.

**PROFILET DE DARDENAY**, CHAMPAGNE. — D'azur, à la bande d'or, accostée de deux étoiles d'argent.

**PROUSTEAU DE MONTLOUIS**. — De gueules, à la proue d'or ; au chef d'argent, chargé d'un lion passant de sable, armé et lampassé de gueules, chargé sur le flanc d'une étoile d'or. — Casque de chevalier. — Devise : *Prout sto in periculis ardentior*.

**PRUDHOMME (de)**, NORMANDIE, TOURAINE ET MAINE. — D'azur, à deux épées d'or passées en sautoir et accompagnées de trois merlettes du même, deux aux flancs de l'écu et une en pointe. — Couronne de comte. — Supports : deux lions.

**PRUNELÉ (de)**, BEAUCE. — De gueules, à six annelets d'or, posés 3, 2 et 1.

**PRUNIER DE SAINT-ANDRÉ**, DAUPHINÉ. — De gueules, à une tour d'argent, crénelée et sommée d'un donjon du même.

**PUGET DE BARBENTANE**, PROVENCE. — D'argent, à la vache de gueules, la tête surmontée d'une étoile d'or entre les cornes.

**PUIS DE CRESSONVILLE (du)**, PICARDIE. — D'azur, au dextrochère d'or, mouvant de sénestre, tenant une épée d'argent garnie d'or, accompagnée en chef d'une étoile d'argent, et en pointe d'une tour du même.

**PUPIL**, LYONNAIS. — D'azur, à trois larmes d'argent, 2 et 1.

**PUPIL DE SABLON**, LYONNAIS. — D'azur, à trois larmes d'argent, 2 et 1.

**PUTREIN D'AMBLERIEU**, DAUPHINÉ. — Palé d'argent et de gueules, à la fasce d'or, brochante.

**PUY (du)**. — De gueules, à l'aigle d'or, au vol abaissé, becquée et membrée d'azur.

**PUY DE BAHON (du)**, FRANCHE-COMTÉ. — D'azur, au chevron d'or, accompagné en pointe d'une rose du même.

**PUY DE LA FOREST (du)**, PÉRIGORD. — D'or, au chêne de sinople ; au chef d'azur, chargé de trois fleurs de lis d'or, et deux créneaux d'argent, mouvant du haut de l'écu, aux angles, et brochant sur le chef.

**PUY DE SAINT-REMY (du)**, LIMOUSIN. — De sable, au lion d'or, lampassé, armé et couronné de gueules ; au chef cousu du même, chargé de trois étoiles d'argent.

**PUYGUYON (de)**, POITOU. — D'or, à une tête de cheval effarouchée de sable. — Couronne de comte. — Supports : un lion à dextre, une aigle à sénestre.

**PUY-MONTBRUN (du)**, DAUPHINÉ. — D'or, au lion de gueules, armé et lampassé d'azur. — Couronne de marquis. — Supports : deux lions. — 1re Devise : *Agere et pati fortia*. — 2e Devise : *Virtute non genere niti*. — 3e Devise : *Vicit leo e tribu Juda*.

**PUY DU ROSEIL**, FOREZ. — Ecartelé : aux 1er et 4e, de gueules, au bélier passant d'argent, qui est de *Puy* ; aux 2e et 3e, d'argent, au lion de sinople, armé et lampassé de gueules, qui est de *Vert des Periers*.

**PUIS DE WATREMONT (du)**, Mons. — De gueules, à la bande engrêlée d'argent, chargée de trois flammes de gueules. — Cimier : un vol de gueules et d'argent, chargé en cœur d'une flamme du même.—Supports : deux lions.

**QUARRÉ DE VERNEUIL**, Bourgogne. — Echiqueté d'argent et d'azur; au chef d'or, chargé d'un lion de sable, armé, lampassé et couronné de gueules.

**QUARRÉ D'ALIGNY**, Bourgogne. — Echiqueté d'argent et d'azur, à la fasce de pourpre, brochant, et un chef d'or, chargé d'un lion léopardé de sable.

**QUATREBARBES DE LA RONGÈRE (de)**, Anjou et Maine. — De sable, à la bande d'argent, cotoyée de deux cotices du même.

**QUATRESOLS DE MAROLLES**, Brie. — D'azur, au lion d'or, accompagné en chef d'une étoile du même, et en pointe d'une palme aussi du même, mise en bande.

**QUÉDILLAC (de)**, Bretagne. — De gueules, à trois bandes d'argent.

**QUELEN (de)**, Bretagne. — Burelé d'argent et de gueules de dix pièces. — Devise : *En peo emser Quelen.*

**QUELLERIE DE CHANTERAINE (de)**, Cambrésis.—D'azur, au chevron d'or, accompagné de trois étoiles du même, 2 et 1.

**QUEMPER DE LANASCOL (de)**, Bretagne et pays de Cournouailles. — D'argent, au léopard de sable, surmonté de trois coquilles du même, rangées en chef. — Couronne de marquis.—Supports : deux lévriers. — Devise : *En bon repos.*

**QUÉNOUVILLE (de)**, Normandie. — D'argent, à la croix ancrée de gueules; au chef de sable.

**QUIQUEBEUF DE ROSSY**, Normandie. — D'argent, à deux bandes d'azur; au chef de gueules, chargé d'une aigle d'or, becquée et membrée de sable.

**QUIRIT DE COULAINES**, Poitou et Touraine. — De sinople, au cygne d'argent, nageant sur une rivière de même.

**RABOT D'ORILLAC**, Dauphiné. — D'or, à cinq pals flamboyants de gueules, deux mouvant du chef et trois de la pointe; au chef d'azur, chargé d'un lion léopardé d'or.

**RABUTIN DE BUSSY**, Bourgogne. — Cinq points d'or équipolés à quatre de gueules.

**RACAN (de)**, Maine et Anjou. — D'azur, au croissant d'argent, accompagné de six croix recroisettées, au pied fiché d'or, trois en chef et trois en pointe.

**RACAPÉ DE MAGNANE**, Anjou. — De sable, à six rocs d'échiquier d'argent, posés 3, 2 et 1.

**RACINE**, La Ferté-Milon. — D'azur, au cygne d'argent, becqué et membré de sable.

**RADIX DE CHEVILLON**, Lyonnais et Savoie. — D'azur, au lion d'or, posé sur un rocher d'argent, tenant dans ses deux pattes une branche de tournesol de sinople, fleurie d'or, accostée à dextre d'un soleil d'or.

**RAGET DE CHAMPBONIN (du)**, Champagne. — D'azur, au lion d'argent, accompagné en chef de trois étoiles d'or, et en pointe d'une rose du même.

**RAGUET DE BRANCION (de)**, Bourgogne, Bresse et pays Toulois. — Ecartelé : aux 1er et 4e, d'azur, à une tour d'argent, maçonnée de sable, surmontée d'un rat d'argent passant; aux 2e et 3e, d'azur, à trois fasces ondées d'or. — Couronne de comte.

**RAITY DE VITRÉ**, Poitou. — De gueules, au cygne d'argent, nageant sur une rivière au naturel, mouvant de la pointe; à la comète d'or, placée au canton dextre.

**RAMBAUD DE BEAUREPAIRE**, Dauphiné. — De sable, au cyprès au naturel, sur lequel est perchée une tourterelle d'argent.

**RAMPON**. — De gueules, à trois pyramides d'or, accompagnées en chef d'une redoute d'argent, surmontée d'un M d'or.

**RANCHIN DE FONFRÈDE**, Languedoc et Guienne. — D'azur, à la fasce d'or, accompagnée en chef de trois étoiles du même, et en pointe d'un puits d'argent, maçonné de sable.

**RANCONNET DE NOYAN**, Bretagne, pays d'Aunis et Périgord. — De gueules, à la fasce d'argent, sommée d'un taureau passant d'or.

**RAOUL DE CLERC DE LA DEVÈZE**, Languedoc.—D'azur, au chevron d'or, chargé de trois tourteaux de gueules, accompagné de trois pommes de pin d'or, 2 et 1. — Devise : *Virtute clara.*

**RAOUL DE KERLAN**, Bretagne. — D'argent, au croissant d'azur, cantonné de quatre croisettes (*aliàs* roses) du même.

**RASCAS DE CHATEAUREDON**, Limousin, Languedoc et Provence. — D'or, à la croix fleuronnée, au pied fiché de gueules; au chef d'azur, chargé d'une étoile à huit rais du champ.

**RASTEL DE ROCHEBLAVE**, Dauphiné.—

D'azur, à deux lions d'or, armés et lampassés de gueules, affrontés et soutenant de leurs pattes de devant un pal à dents de rateau de sable.

**RATYÉ DE LA PEYRADE**, Provence. — Parti : au 1er, d'azur, au lion d'or, tenant une quintefeuille du même ; à la fasce d'argent brochant sur le tout ; au 2e, d'or, au chevron de gueules, accompagné en pointe d'un trèfle de sinople ; au chef d'azur, chargé de deux étoiles du champ.

**RAULERS DE MAUROY**, Picardie. — D'or, au chevron d'azur, accompagné en chef de deux molettes de sable, et en pointe d'une rose de gueules.

**RAVEL (de)**. — De sinople, à deux chevrons d'argent, accompagnés de deux besants de même, et un chef d'or, chargé d'une étoile de gueules.

**RAVEL D'ESCLAPON**, Pise et Provence. — D'azur, au chevron d'or, accompagné en chef de deux roses du même, et en pointe d'un chien braque d'argent.

**RAVEL DE FERREIROLLES**, Auvergne. — D'azur, à sept étoiles d'or, posées 4 et 3, et deux croissants d'argent, l'un en chef et l'autre en pointe.

**RAVENEL DE SABLONNIÈRES**, Beauvoisis, Brie et Bretagne. — De gueules, à six croissants d'or, posés 2, 2 et 2, surmontés chacun d'une étoile du même ; à l'étoile aussi d'or en pointe.

**RAVERAT**, Dauphiné. — D'argent, à la bande d'azur, chargée d'une épée du champ ; au franc-quartier de baron militaire (de gueules, à une épée d'argent).

**RAVIÈRES DE LORMOY**, Bourgogne et Ile de France. — D'azur, au chevron d'or, accompagné en chef de deux roses d'argent, et en pointe d'un croissant du même.

**RAYMOND DE LA VISCLÈDE**, Languedoc et Provence. — D'or, à six tourteaux de gueules, posés 2, 2 et 2.

**RAYNAUD (de)**, Languedoc. — D'or, à l'aigle au vol éployé de sable ; au chef d'azur, chargé de trois molettes d'argent. — Devise : *Domine, probasti me*.

**REYNOUARD**, Provence. — D'azur, au chevron d'or, accompagné de trois croisettes de même, 2 et 1.

**REAU (du)**. — D'argent, à une bande de gueules, frangée de sable.

**RÉAULX (des)**, Nivernais, Brie et Champagne. — Écartelé : aux 1er et 4e, d'or, au lion monstrueux de sable, à la fasce humaine de carnation, barbée et chevelée de sable, qui est de *Réaux*; aux 2e et 3e, d'argent, à trois bandes ondées de sable, qui est de *Marin*. — Supports : deux sauvages d'or. — Couronne de marquis.

**RECHIGNEVOISIN (de)**, Berry et Poitou. — De gueules, à la fleur de lis d'argent.

**RECLUS DE GAGEAC (du)**, Poitou et Périgord. — D'azur, à trois chabots d'argent, mis en pal, 2 et 1.

**RÉGNARD DE LAGNY**, Brie. — Coupé : au 1er, d'argent, à la barre d'azur, chargée du signe de l'écrevisse d'or ; au 2e, d'azur, au renard passant d'or, sur une terrasse du même, accompagné en chef de trois étoiles d'argent.

**REGNAULD DE FONSBELLE**, Savoie et Lyonnais. — De gueules, à la fasce d'argent, accompagnée de deux losanges d'or, l'une en chef, l'autre en pointe.

**REGNAULD DE PARCIEU**, Savoie et Lyonnais. — De gueules, à la fasce d'argent, accompagnée de deux losanges d'or, l'une en chef et l'autre en pointe.

**REGNAULD DE LA SOUDIÈCE**, Angoumois. — D'argent, à trois fasces de pourpre accompagnées de six merlettes de sable, 3, 2 et 1.

**REGNAULT DE SÉGRAIS**, Normandie. — D'azur, au pal d'argent, accosté de deux croix de Lorraine du même.

**REGNAULT DE SAINT-JEAN-D'ANGELY**. — D'azur, à un coq d'argent, ayant la patte droite posée sur un 4 de sable, à l'étoile d'argent en chef, et une bordure componée d'or et de sable.

**REGNIER, duc DE MASSA**, Picardie. — D'hermines, à la fasce de sable, chargée de trois alérions d'or.

**REGNON (de)**, Poitou. — D'azur, à trois abeilles d'or, 2 et 1.

**REIDELLE DE CHAVAGNAC**, Bugey. — D'azur, au lion d'argent ; à la fasce de gueules, brochant sur le tout, chargée de deux étoiles d'or.

**REIFFENBERG (de)**, Allemagne et Belgique. — D'argent, à trois bandes de gueules. — Couronne de comte ; surmontée d'un heaume grillé et liseré d'or, orné de ses lambrequins d'argent et de gueules à dextre, d'argent et de sable à sénestre, et couronné d'or, ayant pour cimier un vol banneret aux couleurs de l'écu. — Supports : deux lions d'or, lampassés de gueules, tenant des bannières aux couleurs de l'écu, à la hampe d'or, houppées et crépinées du même. — Devise : *Vorwerts*.

**REIGNAC LAUGERAC (de)**, Languedoc et Touraine. — D'or, au lion coupé d'azur et de gueules.

**REISET (de)**, Lorraine. — D'azur, à un croissant d'argent, surmonté d'un trèfle d'or et soutenu d'une colline de trois coupeaux du même.

**RÉMOND (de)**, Bourgogne, Champagne et Île de France. — De gueules, à trois roses d'argent, posées 2 et 1. — Couronne de marquis.

**RÉMUSAT (de)**, Provence. — D'azur, au chevron d'or, accompagné en chef de deux roses du même, et en pointe d'une hure de sanglier aussi d'or.

**REMY DE COURNON**, Champagne et Lorraine. — D'azur, au chevron d'or, surmonté d'un croissant du même, entre deux étoiles d'argent, et accompagné en pointe d'un lion aussi d'argent.

**RENAUD D'ONGLES**, Provence. — De gueules, à six losanges d'or, posées 4, 4 et 2.

**REPELLIN**. — D'argent, à neuf clochettes de sable en orle, et au lion de gueules en cœur.

**RESSÉGUIER (de)**, Rouergue. — D'or, à un pin de sinople; au chef d'azur, chargé de trois quintefeuilles d'argent.

**REVIERS DE MAUNY (de)**, Normandie. — D'argent, à six losanges de gueules, 3, 2 et 1. — Supports : deux griffons. — Devise : *Ardent et fidèle*.

**REYNAUD**, Languedoc et Velay. — D'argent, au renard de gueules, passant sur une terrasse de sinople; au chef d'azur, chargé de trois étoiles d'or.

**REYNIAC (de)**, Sardaigne, Belgique et France. — D'or, à la fasce d'azur, chargée de trois étoiles d'argent, accompagné en chef d'un lion léopardé de gueules, et en pointe d'un lion rampant du même.

**RIBAULT DE LAUGARDIÈRE**. — De gueules, à la fasce d'argent, chargée de trois quintefeuilles de gueules, accompagnée de trois croix de Malte, 2 et 1, d'argent.

**RIBAUPIERRE (de)**, Alsace et Suisse. — D'argent, à trois écussons de gueules, 2 et 1.

**RICHARD DE PRADÈS**, Auvergne. — De sable, à la croix ancrée d'argent.

**RICHARD DE SOULTRAIT**, Comtat-Venaissin et Normandie. — Ecartelé : aux 1er et 4e, d'argent, à deux palmes de sinople, adossées et passées en chevron, accompagnées en pointe d'une grenade de gueules, tigée et feuillée de sinople; aux 2e et 3e, d'azur, à la corne d'abondance d'or.

**RICHE DE CHEVIGNÉ (Le)**, Poitou. — De gueules, au coq d'argent, crêté, barbillonné et onglé du même, posé sur une chaîne d'or, en fasce, ayant la patte droite levée et regardant une étoile d'or, posée à l'angle dextre du chef.

**RICHEMONT (de)**, France et Ecosse. — Ecartelé : au 1er, d'argent, au réseau de gueules; aux 2e et 3e, de sinople, à la tour d'argent, surmontée de trois étoiles; au 4e, d'argent, au lion d'azur.

**RICHER**, Normandie. — D'or, à trois chevrons d'azur, chargés chacun de cinq besants d'or; l'écu timbré d'un casque de chevalier, orné de ses lambrequins.

**RICOUARD D'HÉROUVILLE**, Flandre et Île de France. — D'azur, à l'ombre de soleil d'or; au chef d'argent, chargé d'un lion léopardé de sable, armé et lampassé de gueules.

**RICOURT (de)**. — De gueules, à trois bandes de vair; au chef d'or, chargé d'un lambel à trois pendants de gueules.

**RIEL DE BEURNONVILLE**, Bourgogne et Champagne. — D'azur, au lion couronné d'or, armé et lampassé de gueules, la queue fourchée et passée en sautoir, tenant de la patte dextre une épée d'argent garnie d'or.

**RIENCOURT (de)**, Picardie. — D'argent, à trois fasces de gueules frettées d'or.

**RIEU ou DURIEU (du)**, Agenais. — D'argent, à trois fasces ondées d'azur; au chef du même, chargé de trois fleurs de lis d'or. — Couronne de comte. — Supports : deux lions.

**RIEU DE MEYNADIER (du)**, Languedoc. — D'azur, à trois fasces ondées d'argent; au chef cousu d'azur, chargé de trois fleurs de lis d'or.

**RIEUMES (de)**, Guienne et Languedoc. — D'or, à trois bandes de gueules, accompagnées en chef, à sénestre, d'une croix pattée aussi de gueules; l'écu timbré d'un casque taré de front, orné de ses lambrequins, aux couleurs et émaux de l'écu, et surmonté d'une couronne de marquis.

**RIFFARDEAU DE RIVIÈRE**, Bourbonnais, Nivernais et Berry. — Palé d'argent et d'azur; au chevron de gueules, brochant sur le tout.

**RIGAUD DE VAUDREUIL**, Languedoc. — D'argent, au lion de gueules, couronné du même.

**RIGAULT DE ROCHEFORT.** — D'or, au coq de sable; au chef de gueules, chargé de trois épis d'argent. — Casque de chevalier, orné de ses lambrequins.

**RIGOLLIER DE PARCEY**, Dole. — De sable, au chef dentelé d'or.

**RIGOULT DE FENNEMARE**, Normandie. — D'azur, au chevron d'argent, accompagné de trois roses du même, deux en chef et une en pointe.

**RIOULT DE NEUVILLE (de)**, Normandie. — D'argent, à l'aigle éployée de sable, à la bordure engrêlée d'azur.

**RIPAULT DES ORMEAUX**, Orléanais et Bretagne. — De gueules, au sautoir échiqueté d'or et d'azur de deux tires, accompagné de quatre fleurs de lis du second émail.

**RIQUET DE CARAMAN**, Languedoc, Champagne et Belgique. — D'azur, à la bande d'or, accompagnée en chef d'une demi-fleur de lis du même, défaillante à dextre, et florencée d'argent, et en pointe de trois roses d'argent en orle.

**RIQUET DE CHIMAY**, Béziers. — D'azur, à la bande d'or, accompagnée en chef d'une demi-fleur de lis de même, défaillante à dextre et florencée d'argent, et en pointe de trois roses du dernier, qui est de *Riquetti-Mirabeau*. — La branche de Chimay écartèle : aux 2e et 3e, de gueules, à l'épée d'or, mise en bande, qui est de *Chimay*.

**RIQUETTI DE MIRABEAU (de)**, Provence et Italie. — D'azur, à la bande d'or, accompagnée en chef d'une demi-fleur de lis du même, défaillante à dextre et florencée d'argent, et en pointe de trois roses du dernier.

**RIVAGE (du)**, Bretagne. — De gueules, à la bande d'argent.

**RIVALLIÈRE (La)**, Touraine et Prusse. — D'azur, à trois quintefeuilles d'argent, 2 et 1.

**RIVIÈRE (de La)**, Champagne. — D'azur, au chevron d'or, accompagné de trois annelets de même, 2 et 1.

**RIVOIRE (de)**, Dauphiné. — Fascé d'argent et de gueules de six pièces, à la bande d'azur, chargée de trois fleurs de lis d'or, brochant. — Supports : deux lions. — Couronne de marquis pour la branche du Palais, et de comte pour celle de Romagneu et de La Batu. — Devise : *Semper honor et fidelitas*.

**RIVOIRE DE LA TOURETTE (La)**, Vivarais. — Écartelé : aux 1er et 4e, de gueules, au lion d'argent, armé et lampassé de sable, qui est de *La Rivoire*; aux 2e et 3e, d'or, au lion de gueules, qui est de *Ginestous*.

**ROAIX DE BELPUECH**, Languedoc. — De gueules, à trois roues d'arbalète d'or, 2 et 1.

**ROBAULX DE SOUMOY**, Hainaut. — D'azur, au chevron d'or, accompagné de trois chausse-trappes du même, deux en chef et une en pointe.

**ROBERT DE LARRIGUE (de)**, Languedoc. — D'azur, à un chevron d'or, accompagné de trois glands d'or, feuillés de sable, deux en chef et un en pointe; au chef de gueules, chargé d'un croissant d'or, accosté de deux étoiles du même.

**ROBERT DE BRIANÇON**, Provence. — D'azur, au lion d'or, armé et lampassé de gueules.

**ROBERT DE LA FORTELLE**, Île de France. — D'azur, à trois pattes de griffon d'or, 2 et 1.

**ROBERT DU CHATELET**, Béarn et Champagne. — De gueules, à l'aigle d'argent, le vol abaissé.

**ROBERT DU GARDIER**, Dauphiné. — D'azur, à un lion d'argent, regardant un soleil d'or, mouvant de l'angle dextre du chef de l'écu. — Supports : deux lévriers colletés chacun d'un collier de gueules, auquel est appendu un écusson du même émail, à une bande d'or, chargée de trois fleurs de lis d'azur. — Couronne de comte. — Devise : *Tant soleil luira, tant Gardier gardera*.

**ROBERT DE LIGNERAC**, Quercy. — D'argent, à trois pals de gueules.

**ROBERT DE LAMENNAIS**, Bretagne. — De sinople, au chevron d'or, accompagné en chef de deux épis, et en pointe d'une ancre, le tout du même.

**ROBIEN (de)**, Bretagne. — D'azur, à dix billettes d'argent, posées 4, 3, 2 et 1. — Devise : *Sans vanité ni faiblesse*. — Cri de guerre : *Roch Bihan*. — Supports : à dextre, un lion ; à sénestre, un hibou. — Couronne de marquis. — Cimier un taureau.

**ROBUSTE DE LAUBARIÈRE**, Angoumois. — De gueules, à deux lions d'or affrontés en chef, accompagnés en pointe d'un rocher. — Devise : *Ardüs superiores*.

**ROCHE (de La)**, Bourgogne, Bresse, Franche-Comté et Beaujolais. — Écartelé : aux 1er et 4e, d'argent, à trois fasces de gueules ; aux 2e et 3e, d'or, au chevron d'azur, accompagné de trois croisettes du même, deux en chef et une en pointe. — Couronne de comte. — Supports : deux lions, tenant chacun une épée d'argent. — Cimier : un soleil d'or. — Devise, au-dessus du cimier : *Sublimi feriam sidera vertice*. — Devise, au-dessous de l'écu : *Qui s'y heurte s'y brise*.

**ROCHEBRIANT (de La).** — Ecartelé d'or et d'azur.

**ROCHECHOUART DE MORTEMART (de),** Poitou. — Fascé, enté-nébulé d'argent et de gueules de six pièces. — Couronne de prince sur l'écu, et couronne ducale sur le manteau. — Supports : deux griffons de sable, colletés chacun d'un collier de gueules, bordé d'argent. — Devise : *Ante mare undæ.*

**ROCHEDRAGON (La).** — D'azur, au lion d'or, armé, lampassé et couronné de gueules.

**ROCHEFONTENILLES (de La),** COMTÉ DE BIGORRE. — D'azur, à trois rocs d'échiquier d'or. — Couronne de duc. — Supports : à dextre, une aigle ; à sénestre, un léopard lionné. — Cimier : un chevalier croisé, armé de toutes pièces, tenant de la dextre une épée d'argent garnie d'or, et de la sénestre une croix haute d'argent. — Cri : *Guyenne.* — Devise : *Deo duce, ferro comite.*

**ROCHEFORT (de),** AUVERGNE. — De gueules, à la bande ondée d'argent, accompagnée de six merlettes du même mises en orle.

**ROCHEFORT DE LA QUEILLE,** AUVERGNE. — Losangé d'or et d'azur ; à la bordure de gueules.

**ROCHER DE LA RESNAYS (du),** BRETAGNE ET PAYS-BAS. — Coupé : au 1er, écartelé ; aux 1er et 4e, d'azur, à une bande d'argent, accostée de deux molettes du même, qui est *du Rocher ;* aux 2e et 3e, d'argent, à trois fleurs de lis de gueules, qui est de *France ;* au 2e, d'or, à la bande de gueules, chargée de deux croissants d'argent, adossés et accompagnés de deux coquilles du même ; l'écu timbré d'un casque de chevalier, orné de ses lambrequins. — Cimier : une molette d'argent, soutenue par un croissant du même.

**ROCQUECAVE (de), Baron de Thuret,** AUVERGNE. — D'azur, à trois tours d'or ; au chef d'or, chargé de trois croissants de gueules.

**ROFFIGNAC (de),** LIMOUSIN. — D'or, au lion de gueules.

**ROGER.** — Parti : au 1er, d'azur, à l'étoile d'or ; au 2e, de pourpre, au chevron d'or, accompagné de trois roses d'argent.

**ROGER DE CAMPAGNOLLE,** NORMANDIE ET ANJOU. — D'argent, à trois léopards de sable ; au chef du même, chargé de trois roses du champ.

**ROGER DE ROSIÈRES,** LIMOUSIN. — D'argent, à la bande d'azur, accompagnée de six roses de gueules en orle.

**ROGRES DE CHAMPIGNELLE,** POITOU. — Gironné d'argent et de gueules de douze pièces.

**ROLIN DE BEAUCHAMP,** CHAMPAGNE. — D'azur, à trois clefs d'or, posées en pal, 2 et 1.

**ROLLAND DE CHAMBAUDOIN, D'ERCEVILLE,** LANGUEDOC, ILE DE FRANCE ET BEAUCE. — D'azur, au chevron d'or, surmonté de trois étoiles du même, rangées en chef, et accompagné en pointe d'une levrette courante aussi d'or, colletée d'un collier de gueules, bordé et bouclé d'or. — Couronne de comte. — Supports : deux levrettes, celle de dextre en barroque, et celle de sénestre gisante.

**ROMAND,** SUISSE, DAUPHINÉ, ORLÉANAIS ET TOURAINE. — D'azur, à cinq besants d'or, 3 et 2.

**ROMIEU (de),** PROVENCE. — D'or, à une gibecière ou bourse de pèlerin d'azur, houppée et frangée de gueules, et chargée en cœur d'une coquille d'argent.

**RONCHEROLLES (de),** NORMANDIE. — D'argent, à deux fasces de gueules. — Couronne de duc.

**ROQUE D'ESTUEL (La),** BRETAGNE. — D'azur, à trois rocs d'échiquier d'argent, 2 et 1.

**ROQUELAURE (de),** ARMAGNAC. — D'azur, à trois rocs d'échiquier d'argent.

**ROSIER D'HERMINIÈRES,** AUVERGNE. — D'azur, au chevron d'or, accompagné de trois roses d'argent, deux en chef et une en pointe.

**ROSIER DE MAGNIEU (du).** — D'azur, à trois chevrons d'or ; au chef d'or, chargé d'un lion naissant de sable.

**ROSIÈRES (de),** TOURAINE. — D'or, à deux léopards d'azur, contre-passant l'un sur l'autre, armés et lampassés de gueules, et une bordure engrêlée de gueules.

**ROSILY (de),** BRETAGNE. — D'argent, au chevron de sable, accompagné de trois quintefeuilles du même, 2 et 1.

**ROSSEL DE FONTARÈCHES,** LANGUEDOC. — D'argent, à la bande de gueules, accompagnée de deux quintefeuilles du même.

**ROUAULT DE CAYEUX et DE GAMACHES,** POITOU. — De sable, à deux léopards d'or, armés, lampassés et couronnés de gueules.

**ROUCY (de),** SOISSONNAIS, CHAMPAGNE ET PICARDIE. — D'or, au lion d'azur. — Couronne de comte. — Supports : deux anges au naturel, ailés d'or et vêtus d'une robe du même, semée de lions d'azur.

**ROUGÉ (de),** ANJOU. — De gueules, à la croix pattée d'argent. — Supports : deux lions. — Cimier : un griffon issant d'un vol banneret.

**ROUILLÉ DE BEAUCHAMP**, Ile de France et Maine. — D'azur, au chevron d'or, surmonté de deux burelles du même, accompagné en chef de deux étoiles, et en pointe d'un soleil, le tout du même; le soleil abaissé sous une nuée d'argent.

**ROUILLÉ DE BOISSY, DU COUDRAY**, Bretagne et Ile de France. — De gueules, à trois gants sénestres d'or; au chef du même, chargé de trois molettes d'éperon de gueules.

**ROUILLÉ D'ORFEUIL**, Normandie et Paris. — D'azur, au chevron d'or, accompagné en chef de deux roses d'argent, tigées et feuillées du même, et en pointe d'un croissant aussi d'argent. — Couronne de marquis. — Supports : deux lions.

**ROURE (du)**, Languedoc. — D'azur, au chêne d'or, à trois racines et quatre branches passées en sautoir, englanté du même; *alias* : d'argent, au chêne de sinople englanté d'or.

**ROUSSEAU DE CHAMOY**, Bourgogne, Berry, Touraine, Ile de France et Champagne. — D'azur, à trois bandes d'or.

**ROUSSEAU DE FERRIÈRES (du)**, Angoumois. — De gueules, au chevron d'argent, accompagné de trois besants du même, deux en chef et un en pointe; au chef d'argent, chargé de trois losanges du champ.

**ROUSSEL DE GODERVILLE**, Normandie. — Palé d'or et d'azur; au chef de gueules, chargé de trois merlettes d'argent.

**ROUSSEAU D'HIRAUMONT**, Champagne. — Taillé d'azur et d'or.

**ROUSSEAU DE LABROSSE**, Anjou. — Ecartelé : au 1er, d'or, au lion d'azur, armé, lampassé et couronné de gueules, qui est de *Rousseau*; au 4e, d'or, à la fasce d'azur, chargée de trois gerbes d'or, qui est de *Vernon*; aux 2e et 3e, à deux canettes d'argent, nageant sur une rivière de sinople, et à cinq étoiles d'argent posées en chef, 3 et 2, qui est de *Jaunay*. — Supports : une levrette à sénestre, et un lion à dextre; l'écu timbré d'un casque de profil, sommé d'une couronne de vicomte. — Cimier : un lion issant d'azur, armé, lampassé et couronné de gueules. — Devise : *Non me frustra lædes*.

**ROUSSEL**. — D'azur, à trois têtes de léopard d'or, lampassées de gueules, posées 2 et 1.

**ROUSSET DE MORFONTAINE**, Ile de France. — De gueules, au chevron d'argent, accompagné de trois étoiles du même, deux en chef et une en pointe.

**ROUX DE CHAMPFLEURY**, Dauphiné. — D'argent, à trois chênes de sinople, les branches entrelacées, englantées d'or, rangées en fasce.

**ROUX DE MONTBEL**, Languedoc. — De gueules, à six mouchetures d'hermines d'argent, posées 3, 2 et 1.

**ROUX DE SÉGREVILLE**, Gascogne. — Ecartelé : aux 1er et 4e, échiqueté d'or et d'azur, à la croix de gueules; aux 2e et 3e, d'azur, au lion d'or.

**ROUVROY DE SAINT-SIMON (de)**, Picardie. — Ecartelé : aux 1er et 4e, d'azur et d'azur; au chef d'azur, chargé de trois fleurs de lis d'or, qui est de *Vermandois*; aux 2e et 3e, de sable, à la croix d'argent, chargée de cinq coquilles de gueules, qui est de *Rouvroy*.

**ROVIGO (de)**. — D'azur, au chevron d'or, accompagné en chef de deux molettes d'éperon d'argent, et en pointe d'un sabre de cavalerie d'argent, posé en pal. — Couronne de duc.

**ROY**. — Tranché : au 1er, d'azur, au coq hardi d'or, crêté d'argent, surveillant un trésor (armes symboliques) de six besants, trois d'or et trois d'argent, posés et alternés en pyramide; au 2e, d'or, à la tour de sable, et une champagne de sinople.

**ROY DU CHATELIER (Le)**, Bretagne. — D'argent, à trois roses de gueules, boutonnées d'or, 2 et 1.

**ROY DE JUMELLES (Le)**, Picardie. — D'azur, à l'aigle au vol éployé d'or, accompagnée de trois roses du même, en chef.

**ROY DE LACHAISE ET DE LÉCLUSE**, Bourbonnais. — D'azur, au chevron d'or, accompagné de trois rencontres de bœuf du même, 2 et 1.

**ROY DE LONGEVILLE (Le)**, Champagne. — D'azur, au chevron d'or, accompagné de trois merlettes du même, deux en chef et une en pointe; au chef d'argent, chargé de trois gerbes de sinople.

**ROY DE LEUCHÈRES (Le)**, Angoumois. — D'argent, à la bande de gueules.

**ROY DE MAUPERTHUIS (Le)**, Bretagne. — D'or, à deux fleurs de lis d'azur, en fasce.

**ROYER DU COUDRÉ (Le)**, Bourgogne. — De gueules, à trois fasces d'argent.

**ROYER DE LA SAUVAGÈRE (Le)**, Bretagne et Touraine. — D'azur, à trois roues d'or, 2 et 1.

**ROYÈRE DE LA VERNADE**, Limousin. — D'azur, à trois demi-vols d'or, 2 et 1.

**ROYS (des)**, Auvergne. — D'azur, à la bande d'or, chargée de trois étoiles de gueules.

**RUAUX DE ROUFFIAC (des)**, Angoumois.

— De sable, semé d'étoiles d'or; au cheval effaré d'argent, brochant.

**RUBEMPRÉ (de).** — D'argent, à trois jumelles de gueules.

**RUE DE QUÉVAUVILLERS ET DE LA NEUVILLE (La)**, Picardie. — D'argent, à trois fasces de gueules.

**RUE DU ROZOY (La)**, Picardie. — Ecartelé : aux 1er et 4e, d'argent, à trois fasces de gueules; aux 2e et 3e, échiqueté d'or et d'azur.

**RUINART DE BRIMONT**, Champagne. — D'azur, au chevron d'or, accompagné en chef de deux étoiles d'argent, et en pointe d'un cœur du même; au chef d'or, chargé d'une rose de gueules. — Couronne de vicomte.

**RUOLZ (de)**, Suisse, Vivarais et Lyonnais. — D'azur, à trois fusées d'or, rangées en fasce et accolées. — Couronne de comte.

**SABRAN (de)**, Languedoc. — De gueules, au lion d'or. — Le duc porte : écartelé, aux 1er et 4e, de gueules, à la croix de Toulouse d'or, qui est de *Forcalquier;* aux 2e et 3e, d'azur, au rocher de trois pointes de sable, celle du milieu supérieure, surmontée d'une étoile d'or, qui est d'*Ariane*.

**SAHUGUET D'ESPAGNAC**, Béarn, Champagne et Limousin. — De gueules, à une coquille d'argent en chef, et un croissant du même en pointe, accostés de deux épées d'or, posées en pal, les pointes en bas. — Couronne de comte. — Supports : deux lions.

**SAIGE.** — D'or, à trois fusées d'azur, rangées en fasce, accompagnées en pointe d'un croissant du même.

**SAIGNARD DE LA FRESSANGE (de)**, Languedoc. — Ecartelé : aux 1er et 4e, d'azur, au sautoir d'or, qui est de *Saignard*; aux 2e et 3e, d'azur, à l'aigle au vol éployé d'argent, qui est d'*Allier de la Fressange*.

**SAIGNE DE SAINT-GEORGE (de La)**, Piémont, Bourbonnais et Auvergne. — Ecartelé : aux 1er et 4e, de sable, au lion d'argent, armé et lampassé de gueules; aux 2e et 3e, d'argent, à la croix de gueules. — Couronne de marquis. — Supports : à dextre, un sauvage; à sénestre, un lion.

**SAINCTHORENT (de)**, Berry, Limousin, Saintonge et Armagnac. — D'azur, à une tour crénelée d'argent, maçonnée de sable, sénestrée d'une croix de Malte aussi d'argent. — Couronne de marquis. — Supports : deux lions.

**SAINSBUT (de)**, Bourbonnais. — D'argent, à une barre d'azur, chargée de trois pommes de pin d'or.

**SAINT-AIGNAN (de)**, Normandie. — D'azur, à une tour d'or, accompagnée de trois croissants d'argent, 2 et 1.

**SAINT-BLAISE DE BRUGNY**, Champagne. — D'azur, à la pointe d'argent.

**SAINT-BONNET DE TOIRAS.** — De gueules, au lion d'or.

**SAINT-CHRISTOPHE**, Auvergne. — D'or, à la bande dentelée d'azur.

**SAINT-CIRGUE (de)**, Guienne et Saintonge. — D'azur, au chevron d'argent, chargé de trois étoiles de gueules, accompagné en chef d'une étoile d'or, accostée de deux roses du même, et en pointe d'une épée aussi du même, posée en pal, brochant sur la pointe du chevron. — Couronne de baron.

**SAINT-CRICQ (de)**, Béarn, Guienne et Saint-Domingue. — D'argent, à deux ancres de sable, passées en sautoir; au chef d'azur, chargé de trois étoiles d'or.

**SAINT-DENIS DE HARTRAY**, Normandie. — De sable, fretté d'argent; au chef d'argent, chargé d'un léopard de gueules.

**SAINT-ETIENNE (de).** — D'azur, au lion d'or, armé et lampassé de gueules.

**SAINT-GEORGES DE VÉRAC**, Poitou, Saintonge et Bourgogne. — Ecartelé : aux 1er et 4e, d'argent, à la croix de gueules, qui est de *Saint-Georges;* aux 2e et 3e, fascé, nébulé d'argent et de gueules, qui est de *Rochechouart*.

**SAINT-GERMAIN DE COURSON**, Ile de France. — D'argent, au nuage d'azur, chargé d'un cœur d'or.

**SAINT-JAILLE**, Dauphiné. — D'azur, au cygne d'argent, becqué et membré de gueules.

**SAINT-JEAN (de)**, Angleterre. — De gueules; au chef d'or, chargé de trois étoiles d'azur. — Devise : *Data fata secutus*.

**SAINT-LARY DE BELLEGARDE (de).** — Ecartelé : aux 1er et 4e, de gueules, à quatre otelles d'argent ; aux 2e et 3e, d'azur, à la cloche d'argent.

**SAINT-MARCEL D'AVANSON**, Dauphiné. — De gueules, à trois chevrons d'argent; au chef d'or.

**SAINTE-MARIE (de)**, Normandie. — De gueules, à la fleur de lis d'argent.

**SAINT-MESMIN (de)**, Orléanais. — D'azur, à la croix componée d'argent et de gueules, cantonnée de quatre lis d'or, et chargée en cœur d'une croisette du champ.

**SAINT-SUPLIX (de)**, Picardie. — D'or, à trois fasces de gueules, surmontées en chef d'une coquille d'azur.

**SAINT-MAURIS** (de), Bourgogne. — De sable, à deux fasces d'argent. — Tenants : deux Maures, tenant d'une main l'écu et une bannière en pennon au blason de l'écu, et de l'autre un badelaire nu. — Devise : *Antique, fier et sans tache*. — Couronne de marquis.

**SAINT-OUEN** (de), Normandie. — D'azur, au sautoir d'argent, accompagné de quatre aiglettes au vol abaissé du même. — Couronne de marquis. — Supports : deux lions.

**SAINT-PARDON**, Auvergne. — D'or, à la bande componée d'argent et d'azur.

**SAINT-PERN** (de), Bretagne. — D'azur, à dix billettes d'argent, percées en carré et posées 4, 3, 2 et 1.

**SAINT-PHALLE** (de), Champagne. — D'or, à une croix ancrée de sinople. — Supports : deux léopards lionnés d'or, couronnés du même, armés et lampassés de gueules. — Cimier : une tête de léopard lionné d'or. — Devise : *Cruce Deo, gladio regi jungor*. — Cri de guerre : *A moi, Saint-Phalle, c'est pour le roi !*

**SAINT-ROMAN** (de). — Cinq points d'argent équipollés à quatre de gueules. — Devise : *Nunquam timuit*. — Supports : deux lévriers. — Couronne de comte.

**SAINT-ROMAN** (Bacot de). — D'azur, à cinq besants d'or, posés 2 et 3 ; l'écu surmonté d'un casque de chevalier, orné de ses lambrequins.

**SAINT-VINCENT** (de), Lorraine. — Ecartelé : aux 1er et 4e, d'or, à un bœuf de gueules, clariné du même, et un canton sénestre d'azur, à la croix potencée d'or ; aux 2e et 3e, d'or, à la cloche de gueules. — Couronne de marquis. — Tenants : deux sauvages.

**SAINTE-ALDEGONDE** (de), Artois. — D'hermines, à la croix de gueules, chargée de cinq roses d'or.

**SAINTE-COLOMBE** (de). — D'azur, à trois bandes d'or.

**SAINTE-HERMINE** (de), Angoumois. — D'hermines plein.

**SAISSEVAL** (de), Picardie et Artois. — D'azur, à deux bars adossés d'argent.

**SAISSEVAL** (de). — D'argent, au chevron de gueules, accompagné de trois roses du même, tigées de sinople ; au chef d'azur, chargé de trois têtes de lion d'or.

**SAIZIEU** (de), Provence. — D'azur, à un mont de six coupeaux d'or, accompagné de trois étoiles d'or, deux en chef et une en pointe. — Couronne de baron. — Supports : deux aigles couronnées. — Cimier : une aigle couronnée d'or.

**SALES DE SALÈTES**, Languedoc. — De gueules, à deux licornes saillantes et affrontées d'argent ; au chef cousu d'azur, chargé de trois étoiles d'or.

**SALIS** (de), France, Suisse et Angleterre. — D'or, à un saule de sinople, coupé d'argent, à trois pals de gueules. — Couronne de comte. — Supports : à dextre, un léopard ; à sénestre, un griffon, tous deux d'or.

**SALLET DE QUILLY**, Artois. — D'argent, au cœur de gueules, accompagné en chef de deux roses du même.

**SALVANDY** (de). — Ecartelé : au 1er, d'argent, à deux lions affrontés de gueules ; au 2e, d'azur, à trois étoiles d'or, au 3e, de gueules, à la barre d'or ; au 4e, d'or, à deux taureaux de sable, la tête posée de front. — Couronne de comte.

**SALVERT** (de), Auvergne et Bourbonnais. — D'azur, à la croix ancrée d'argent. — Couronne de marquis. — Supports : deux griffons.

**SANGLE** (de La). — D'or, au sautoir de sable, chargé de cinq coquilles d'argent.

**SANGRO** (de). — D'or, à trois bandes d'azur. — Couronne de prince. — L'écu accolé de l'ordre de la Toison d'Or et de l'ordre de Malte.

**SANGUIN DE LIVRY**, Ile de France et Bretagne. — D'azur, à la bande d'argent, accostée en chef de trois glands d'or, et en pointe de deux pattes de griffon du même.

**SANGUIN DE MEUDON**, Ile de France. — D'argent, à la croix dentelée de sable, cantonnée de quatre merlettes du même.

**SANTEUL**, Paris. — D'azur, à une tête d'Argus d'or, les yeux au naturel.

**SANVITALE** (de). — D'argent, à la bande de gueules. — Couronne de marquis, pour la *Branche aînée* ; couronne de comte pour la branche cadette. — Cimier : une tour surmontée d'une couronne murale et d'une Victoire de carnation vêtue d'argent, couronnée de lauriers, portant une palme à dextre, et une lance à sénestre : la tour assaillie par deux griffons.

**SANZILLON** (de), Orléanais, Limousin et Périgord. — D'azur, à trois merlettes d'argent, 2 et 1. — Couronne de marquis. — Supports : deux lions.

**SAPINAUD** (de), Vendée. — D'argent, à trois merlettes de sable, 2 et 1. — Couronne de marquis.

**SARCUS** (de), Picardie. — De gueules, au sautoir d'argent, accompagné de quatre merlettes du même. — Couronne de marquis. — Tenants : deux anges.

**SARRAU**, Normandie. — De sable, à trois serres de griffon d'or, 2 et 1.

**SARRAZIN (de)**, AUVERGNE. — D'argent, à la bande de gueules, chargée de trois coquilles d'or. — Cimier : un Sarrasin, vêtu d'une tunique de gueules, à hiéroglyphes de sable. — Supports : deux sauvages. — Cri de guerre : *La Jugie* ou *La Juzie*.

**SARRAZIN DU MAZET**, LIMOUSIN. — De gueules, à trois fleurs de lis d'or, mal ordonnées.

**SARRET DE COUSSERGUES et DE FABRÈGUES**, LANGUEDOC ET AUVERGNE. — D'azur, à deux lions affrontés d'or, armés et lampassés de gueules, surmontés d'une étoile d'argent, et posés sur un rocher de six coupeaux du même.

**SARTIGES (de)**, AUVERGNE. — D'azur, à deux chevrons d'or, accompagnés de trois étoiles d'argent, deux en chef et une en pointe ; le chevron du chef surmonté d'une fleur de lis d'or. — Supports : deux griffons. — Couronne de comte.

**SATGÉ DE THOREN (de)**, LANGUEDOC ET ANGLETERRE. — Ecartelé : au 1er, d'or, à la tour de sable ; au 2e, d'or, à la bande d'azur, chargée de 3 croissants d'argent ; au 3e, d'azur, au chevron d'or, accompagné de trois abeilles du même ; au 4e, d'azur, à une étoile d'or, entourée de huit billettes du même ; au chef cousu de gueules, chargé de trois fleurs de lis d'argent. — Couronne de baron. — Devise : *Suives-moi*.

**SAUBOLE**, LANGUEDOC. — D'or, à la bande de gueules.

**SAUCIÈRE DE TENANCE**. — De gueules, au lion d'or, couronné du même.

**SAULX-TAVANNES (de)**, BOURGOGNE. — D'azur, au lion couronné d'or, lampassé et armé de gueules. — Devise : *Semper Leo*.

**SAUMAISE DE CHASANS**, BOURGOGNE. — D'azur, au chevron ployé d'or, accompagné de trois glands du même, deux en chef et un en pointe.

**SAUR (de)**, PALATINAT. — Ecartelé : au 1er, d'azur, au miroir d'or en pal, dans lequel se mire un serpent d'argent (franc-quartier des comtes sénateurs) ; aux 2e et 3e, au trèfle de sinople, qui est de *Saur* ; au 4e, tranché d'azur en pointe, et taillé en chef d'argent et de gueules, et une rose au naturel, brochant sur le tout.

**SAUSSURE DE BERCHIER**, LORRAINE ET SUISSE. — Parti, bandé, contre-bandé d'or et sable.

**SAUVAGE DES MARCHES ET DE SAINT-MARC**, BUGEY. — D'azur, au cor de chasse d'or, lié du même. — Devise : *Vive revicturus*.

**SAUVAGE DE POMMEREUL**, NORMANDIE. — De gueules, au chevron d'or, accompagné de trois molettes d'éperon du même, deux en chef, une en pointe.

**SAUVEUR DE LA CHAPELLE**, PICARDIE ET BRETAGNE. — D'azur, à la bande d'argent. — Cimier : un casque de chevalier, orné de ses lambrequins.

**SAVARY DE LANCOSME**, TOURAINE. — Ecartelé d'argent et de sable.

**SCARRON**, PICARDIE ET PIÉMONT. — D'azur, à une bande bretessée et contre-bretessée d'or.

**SCHAUENBOURG (de)**, LORRAINE ALLEMANDE. — D'or, à l'écusson d'azur, chargé d'un autre écusson d'argent ; au sautoir de gueules, brochant sur cet écusson.

**SÉBASTIANI**, CORSE. — D'azur, au griffon d'or.

**SEGAULT DE TENEUILLE**. — D'or, au lion de gueules.

**SÉGLIÈRES DE SOYECOURT**, PICARDIE. — D'azur, à trois épis de seigle d'or, 2 et 1.

**SÉGRAIS**, NORMANDIE. — D'azur, au pal d'argent, accosté de deux croix de Lorraine du même.

**SÉGUIER (de)**, LANGUEDOC ET ÎLE DE FRANCE. — D'azur, au chevron d'or, accompagné en chef de deux étoiles du même, et en pointe d'un mouton d'argent.

**SEGUIN DE JALLERANGE**, FRANCHE-COMTÉ. — D'azur, au chevron d'or, accompagné de deux quintefeuilles d'argent en chef, et d'un cygne essorant du même en pointe.

**SÉGUR (de)**, LIMOUSIN, GUIENNE, PÉRIGORD, ÎLE DE FRANCE ET CHAMPAGNE.. — Ecartelé : aux 1er et 4e, de gueules, au lion d'or ; aux 2e et 3e, d'argent plein. — Couronne de comte. — Supports : deux lions. — L'écu environné du manteau de pair.

**SELLE (de)**, PAYS-BAS, PARIS ET PROVENCE. — D'argent, à trois bandes de gueules et un chef d'azur, chargé de trois étoiles d'or. — Couronne de comte. — Supports : deux levrettes.

**SÉMALLÉ DE BONNEVAL**, PERCHE. — D'argent, à la bande de gueules, sur laquelle est perché un épervier de sable, armé d'or.

**SEMERPONT (de)**. — Ecartelé : aux 1er et 4e, d'argent, à trois mâcles de sable, et un chef de gueules ; aux 2e et 3e, d'argent, au lion de sable.

**SEMIN DE BRANSAC**, BOURBONNAIS. — De gueules, au chevron d'or, surmonté d'un soleil du même, et accompagné de trois cœurs d'argent, deux en chef et un en pointe.

**SEMUR (de).** — D'argent, à trois bandes de gueules.

**SENS DE MORSAN (Le)**, BOURGOGNE ET NORMANDIE. — De gueules, au chevron d'or, accompagné de trois encensoirs d'argent. — Supports : deux aigles. — Couronne de marquis.

**SENTIER DE CHUIGNES**, PERCHE. — D'azur, à deux bandes ondées d'or.

**SEQUIÈRE**, LANGUEDOC. — D'azur, à une sirène d'argent, tenant un peigne et un miroir, et nageant sur des ondes au naturel.

**SERENA (d'Altamura).** — D'argent, à une sirène couronnée d'or et nageant sur des ondes au naturel ; et un chef de gueules, chargé de trois fleurs de lis d'argent, abaissé ous un autre d'azur, chargé de trois étoiles d'or.

**SERGENT D'HENDECOURT (Le)**, ARTOIS, ANGLETERRE, BRETAGNE, NORMANDIE, PICARDIE, MANS. — D'azur, à trois gerbes d'or, liées de gueules. — Couronne de comte. — Tenants : deux sauvages.

**SERGEANT DE MONNECOVE (Le)**, ARTOIS. — D'azur, à trois gerbes d'or, liées de gueules. — L'écu timbré d'un casque de chevalier, orné de lambrequins. — Cimier : un lion issant. — Devise : *Nunquam retro nec clam*.

**SERIÈRE ou DE SERRIÈRE (de)**, LANGUEDOC. — D'or, au cerisier de sinople, fruité de gueules, et un chef d'azur, chargé de deux étoiles d'or.

**SERIZAY DE GRILLEMONT**, BRETAGNE.— Ecartelé : aux 1er et 4e, d'azur, à la fleur de lis d'argent, en abime, accompagnée de trois roses d'or, posées 2 et 1 ; aux 2e et 3e, d'argent, à trois guidons de gueules, posés en pal.

**SERPENTS DE GONDRAS (des)**, LANGUEDOC. — D'or, au lion d'azur, couronné, lampassé et armé de gueules.

**SERVINS D'HÉRICOURT**, ARTOIS ET ITALIE. — D'azur, au croissant d'or, accompagné de cinq étoiles d'argent, 3 et 2.

**SERVIÈRES (de)**, LIMOUSIN ET AUVERGNE. — Fascé d'or et de gueules de six pièces. Couronne de marquis. — Supports : deux lions.

**SESMAISONS (de)**, BRETAGNE ET NORMANDIE. — De gueules, à trois maisons ou châteaux d'or, 2 et 1, ouverts, ajourés et maçonnés de sable.— Couronne de comte.

**SÉVIGNÉ (de).** — Ecartelé d'argent et de sable.

**SEVIN DE PÉCILE**, SAVOIE ET AGENAIS.— D'azur, à une gerbe de blé d'or. — Devise : *Virescit vulnere virtus*.

**SEYMOUR DE CONSTANT**, ARTOIS. — D'argent, à l'aigle au vol éployé de sable. — Coupé : d'or, à deux lions affrontés, couronnés d'azur, tenant une épée d'argent, qui est de *Constant de Rebecque* ; mi-parti écartelé : aux 1er et 4e, d'or, à la pointe renversée de gueules, chargée de trois léopards du champ, accostée de six fleurs de lis d'azur, qui est de *Sommerset* ; aux 2e et 3e, de gueules, au vol renversé d'or, qui est de *Seymour*.

**SEYSSEL D'AIX**, SAVOIE ET BUGEY. — Gironné d'or et d'azur.

**SEYVERT D'URIGNY**, BOURGOGNE ET LYONNAIS. — Coupé : au 1er, d'argent, à trois bandes de gueules ; au 2e, d'azur, à trois roses d'argent, 2 et 1.

**SÈZE (de)**, BORDEAUX. — De gueules, au château du Temple d'argent, accompagné en chef de deux étoiles d'or, et en pointe de seize fleurs de lis d'argent, posées 7, 6 et 3. — Devise : 26 *décembre* 1792.

**SICRE DE FONTBRUNE (de)**, LANGUEDOC. — De gueules, à deux clefs d'or, passées en sautoir ; au chef cousu d'azur, chargé d'un croissant d'argent accosté de deux étoiles du même. — Couronne de marquis. — Supports : deux lévriers.

**SIMARD DE PITRAY**, GUIENNE. — D'azur, à un chevron d'argent, chargé de six billettes ou marcs de gueules, accompagné de trois têtes de lion d'or, couronnées du même. — Couronne de comte.— Supports : deux lions.

**SIMÉON (Comte).** — Ecartelé : au 1er, d'or, à la fasce d'azur, chargée de trois merlettes d'argent, accompagnée d'un soleil de gueules, mouvant de l'angle dextre de l'écu ; au 2e, de gueules, au cheval cabré d'argent ; au 3e, d'azur, à la galère d'argent, voguant sur une mer de pourpre ; au 4e, échiqueté d'or et de gueules de six tires ; au chef et à la champagne d'azur.

**SIMON DE PLAINMARAIS**, NORMANDIE.— De sinople, à trois lionceaux d'argent, 2 et 1.

**SIMON DE LA VILLEMOISAN**, BRETAGNE. — D'azur, à trois cygnes d'argent, 2 et 1.

**SINIBALDI (de)**, TOSCANE. — D'hermines, à la bande d'or (armes à enquerre). — Couronne de marquis. — Tenants : deux anges.

**SIOCHAN DE KERSABIEC**, BRETAGNE. — De gueules, à quatre dards en sautoir, passés dans un anneau, le tout d'or. — Couronne de comte. — Supports : deux sauvages. — Cimier : un lion issant.

**SIVRY (de)**. — D'azur, au lion d'or, la tête contournée, armé et lampassé de gueules, et un chef d'argent chargé d'un cœur de gueules.

**SOISSONS (de)**. — D'or, au lion de gueules.

**SOLAR DE LA MARGUERITE**. — D'azur, à trois bandes échiquetées d'or et de gueules, de trois tires.

**SOLÉRAC (Gilbert de)**, Champagne. — D'or, à trois croisettes de gueules, posées en pal. — Couronne de comte. — Supports : deux lions. — Cimier : un lion issant, tenant une épée.

**SOLIER DE MARCILLAC (du)**, Poitou. — De gueules, au lion d'or, tenant de la dextre une épée d'argent, la pointe en haut, la garde et la poignée d'or, et accosté de deux gantelets aussi d'or.

**SOLMS (de)**, Allemagne. — Coupé de gueules et d'argent, au léopard lionné et couronné de l'un en l'autre.

**SOMMYÈVRE (de)**, Champagne, Bourgogne, Auvergne, Languedoc, Flandre et Ile de France. — D'azur, à deux massacres de cerf d'or, posés l'un au-dessus de l'autre.

**SPADA (de)**, Toscane. — D'azur, à deux épées d'argent emmanchées, croisettées et pommetées d'or, posées en sautoir, la poignée vers le chef. — Couronne de marquis.

**STADION**, Bavière, Wurtemberg et Bohême. — De sable, à trois hameçons d'or, l'un sur l'autre.

**STALINS (de)**, Belgique et Flandres. — D'argent, à trois fers de fusil de sable, 2 et 1. — Couronne de comte. — Supports : deux sauvages.

**STAPLANDE (de)**, Flandre. — D'azur, au chevron d'argent, surmonté d'une étoile à dix rais d'or, accompagnée de trois mains de carnation, tenant chacune une poignée d'épis d'or, tigés du même, les deux en chef confrontées.

**STEPHANOPOLI DE COMNÈNE**, Corse. — D'or, à l'aigle d'empire, traversée par une épée d'argent à poignée d'or, surmontée d'une couronne impériale d'or. — Devise : *Fama manet, fortuna perit*.

**STOGNIEW (de)**, Pologne. — De gueules, au fer de cheval d'argent, accompagné de deux croix pattées du même, l'une en chef, soutenue par le fer, et l'autre placée entre ses deux branches.

**STRATEN (de)**. — Fascé d'azur et d'argent de huit pièces, et un chef d'or, chargé de trois pattes d'aigle de sable, arrachées de gueules. — Supports : deux aigles éployées de sable, tenant chacune une bannière fascée d'azur et d'argent, de huit pièces. — Devise : *Preux et loyal*. — Couronne à huit fleurons.

**SUBERVIE**. — Ecartelé : au 1er, d'azur, à la tour d'or, sur une terrasse de sinople ; au 2e, de baron militaire ; au 3e, d'azur, au cheval ruant d'or ; au 4e, d'azur plein.

**SUBLET DE NOYERS**, Normandie et Lorraine. — D'azur, au pal brétessé d'or, maçonné de sable, chargé d'une vergette du même.

**SUSANNE DE CLARIEL**, Normandie. — D'or, à deux arbres arrachés de sinople, passés en sautoir, et accompagnés de trois étoiles d'azur, une en chef et deux en flanc.

**SUSINI**, de Sartène (Corse). — Parti : au 1er, d'or, à la tour de sable surmontée d'une aigle au vol abaissé du même, tenant une branche de laurier de sinople ; au 2e, d'azur, au cavalier terrassant un Maure d'argent, à la figure de sable, et une molette d'or posée en chef. — Supports : des guirlandes de lauriers et de roses. — Couronne de marquis. — Devise : *Salva meus Deus*.

**SUSLEAU DE MALROY (de)**. — De gueules, à la fasce d'argent, accompagnée en chef de deux boulets de même, 1 et 1, et un canon mis en pal, brochant sur le tout, surmonté d'une bombe éclatée et enflammée, de gueules.

**SUZANNE DE CERNY**, Champagne. — De sable, à trois annelets d'argent, 2 et 1.

**TABASSI**, maison patricienne de Sulmona. — D'argent, à la fasce d'or, chargée des lettres S. P. Q. R. d'or, accompagnée en chef d'un rosier de gueules, acosté de deux dragons du même, affrontés, et en pointe d'une rose de gueules.

**TAFFIN (de)**. — D'argent, à trois têtes de Maure de sable, tortillées du champ, 2 et 1.

**TAILLE (de La)**, Gatinais. — De sable, au lion d'or, couronné et armé du même, lampassé de gueules.

**TAILLEFER DE ROUSSILLE**, Marche. — De gueules, à trois fasces d'or.

**TAILLEPIED DE BONDY (de)**, Normandie. — D'azur, à trois croissants d'or, 2 et 1, et un chef cousu de gueules, chargé de trois molettes d'or. — Couronne de marquis. — Cimier : une aigle. — Supports : deux aigles contournées. — Devise : *Aspera non terrent*.

**TAITBOUT DE MARIGNY**, Ile de France. — D'azur, à la cloche d'argent, bataillée de sable; au chef cousu de gueules, chargé de trois molettes d'or.

**TALARU (de)**, Forez. — Parti d'or et d'azur, à la cotice de gueules, brochant sur le tout.

**TALHOUET (de)**, Bretagne. — D'argent, à trois pommes de pin de gueules, 2 et 1. — Couronne de marquis sur l'écu, et couronne de baron sur le manteau.

**TALLEMANDIER DE GUERY**, Auvergne. — De gueules, à la hure de sanglier d'argent.

**TALON**, Ile de France. — D'azur, au chevron d'or, accompagné de trois épis sortant chacun d'un croissant, aussi d'or, 2 et 1.

**TARDIF DE POMMEROUX ET DE BORDESOULLE**, Berry. — D'azur, au dextrochère armé d'argent, tenant une épée du même garnie d'or, et mouvant du flanc sénestre.

**TARDIF D'HAMONVILLE**, Touraine, Ile de France et Lorraine. — D'or, à trois palmes de sinople, 2 et 1.

**TARDY DE MONTRAVEL**, Languedoc, Lorraine et Vivarais. — D'argent, à trois cyprès arrachés de sinople, rangés en pal; au chef de gueules, chargé de trois besants d'or.

**TARTEREAU DE BERTHEMONT**, Languedoc, Champagne et Ile de France. — De gueules, au chevron d'or, accompagné de trois tourterelles du même, celles du chef affrontées.

**TARTERON DE MONTIERS**, Lorraine. — D'or, au crabe de sable; au chef d'azur, chargé de trois étoiles d'argent.

**TARTRE DE L'AUBESPIN (du)**, Franche-Comté. — D'azur, à deux bars adossés d'argent, accompagnés de quatre croisettes du même, une en chef, deux en flanc et une en pointe.

**TASSIN DE NONNEVILLE**, Orléanais. — D'argent, au chevron de gueules, sommé d'un croissant du même, et accompagné en chef de deux étoiles d'azur, et en pointe d'un lis de sable.

**TAVEAU DE COURSEC et DE VEAUCOURT**, Bourgogne, Poitou et Bourbonnais. — Coupé : au 1er, de gueules, à deux pals de vair ; au 2e, d'or plein.

**TEIL (du)**, Comtat-Venaissin, Provence, Vivarais, Auvergne, Picardie, Dauphiné et Lorraine. — D'or, au chevron de gueules, accompagné en pointe d'un tilleul de sinople, et au chef de gueules, chargé d'une fleur de lis d'argent, accostée de deux étoiles du même. — Supports : deux lions. — Couronne de marquis.

**TEISSIER DE MARGUERITTE**, Languedoc. — D'or, au porc-épic de sable sur une terrasse du même; au chef de gueules, chargé d'un croissant d'argent, accosté de deux étoiles du même.

**TELLIER D'IRVILLE (Le)**, Normandie. — D'azur, au chevron d'argent, accompagné de trois roses du même, 2 et 1.

**TELLIER DE BLANRIEZ**, Picardie. — D'azur, au chevron d'or, chargé d'une pomme de pin de sinople, et accompagné de trois pommes de pin d'argent, deux en chef et une en pointe.

**TEMPLE DE ROUGEMONT (du)**, Pays Chartrain. — Ecartelé : aux 1er et 4e, d'azur, au chevron d'or, accompagné de trois étoiles du même, qui est de *du Temple*: aux 2e et 3e, d'hermines plein, qui est de *Paris de Boisrouvray*.

**TENON DE LA GUERCHE**, Nivernais. — Ecartelé : aux 1er et 4e, de sable, à la fasce d'or ; aux 2e et 3e, de sable, à deux lions léopardés d'or.

**TENREMONDE (de)**, Flandre. — Plumeté d'or et de sable.

**TERRADE (de La)**, Gascogne. — D'azur, à deux fasces d'or.

**TERSAC DE MONTBERAULT**, Languedoc. — De gueules; au chef cousu d'azur, soutenu d'or, et chargé de trois fleurs de lis du même.

**TERTRE DE FIENNES ET D'ESCUFFON (du)**, Artois et Picardie. — D'argent, à trois aigles éployées de gueules, becquées et membrées d'or, 2 et 1.

**TERTRE DE KERNILIEN (du)**, Bretagne. — De gueules, au rencontre de bœuf d'argent.

**TERTRE DE PENVERN (du)**, Bretagne. — D'argent, au rencontre de cerf de gueules, accompagné en chef de trois fleurs de lis du même.

**TESTARD DE SANCY**, Ile de France. — D'or, au chevron de gueules, accompagné de trois molettes de sable, deux en chef et une en pointe.

**TEXIER D'HAUTEFEUILLE**, Poitou et Orléanais. — De gueules, au lévrier d'argent, colleté du champ, le collier cloué, bouclé et virolé d'or, accompagné en chef d'un croissant aussi d'or.

**TEXTOR DE RAVIZI**, Forez. — D'argent, à l'épée d'or, la pointe en haut, accompagnée de trois étoiles de sable, 2 et 1.

**THEILARD DE BEAUVÈSE**. — D'or, à l'arbre de gueules.

**THIARD DE BISSY (de)**, Bourgogne. — D'or, à trois écrevisses de gueules. — Devise : *Retrocedere nescit*.

**THIBAUT DE LA CARTE**, Poitou. — D'azur, à la tour crénelée d'argent, maçonnée de sable.

**THIBAUT DE GUERCHY**, Berry et Nivernais. — De gueules, à trois tours d'or, 2 et 1.

**THIBAUD DE NOBLET**, Bourgogne. — D'argent, au chevron d'azur et au chef de même, qui est de *Thibaud;* écartelé d'azur, au sautoir d'or alésé, qui est de *Noblet*.

**THIEFFRIES DE BEAUVOIS**, Pays-Bas et Ile de France. — D'argent, à quatre jumelles de gueules en bande, accompagnées de neuf merlettes de sable, en orle.

**THIREL DE BOISMORAND**, Normandie. — D'azur, au lion d'argent, cantonné de quatre molettes d'éperon du même.

**THOISY (de)**, Bourgogne. — D'azur, à trois glands d'or, posés 2 et 1.

**THOLON DE SAINTE-JALLE**, Dauphiné. — De sinople, au cygne d'argent, membré d'or.

**THOMÉ DE KERIDEC**, Bretagne. — De gueules, au héron d'argent sur un rocher du même.

**THONEL D'ORGEIX (de)**, Comté de Foix. — D'azur, à trois épis de blé posés en pal, accostés de deux tours d'argent, sommées de trois tourelles du même, crénelées, maçonnées et ajourées de sable. — Couronne de marquis. — Devise : *Semper fidelis*.

**THOU (de)**. — D'argent, au chevron de sable, accompagné de trois taons du même.

**TILLET (du)**, Angoumois, Bretagne, Poitou, Brie et Ile de France. — D'or, à la croix pattée et alésée de gueules. — Couronne de marquis. — Supports : deux lions. — Cimier : un lion issant. — Devise : *Nihil parum, nil nimis*.

**TILLY (de)**, Normandie. — D'or, à la fleur de lis de gueules. — Couronne de marquis. — Supports : deux lions. — Devise : *Nostro sanguine tinctum*.

**TINELLY DE CASTELLET**, Provence. — Ecartelé : aux 1er et 4e, de gueules, au lion d'or ; aux 2e et 3e, d'azur, à trois besants d'or, 2 et 1.

**TINGUY (de)**, Bretagne. — D'azur, à quatre fleurs de lis d'or cantonnées.

**TIRCUY DE CORCELLES**, Bourgogne et Lyonnais. — D'azur, à la fasce d'or.

**TISON D'ARGENCE**, Angoumois. — D'or, à deux lions léopardés de gueules, posés l'un sur l'autre ; au lambel du même, de trois pendants.

**TIVOLEY (de)**, Dauphiné. — De gueules, à la bande d'or, chargée de trois losanges et deux demies de sable accolées.

**TIXIER-DAMAS DE SAINT-PRIX**, Bourgogne et Bretagne. — D'azur, à la fasce ondée d'argent.

**TONNELIER DE BRETEUIL, (Le)**, Beauvoisis. — D'azur, à l'épervier essorant d'or, longé et grilleté du même. — Couronne de comte. — Supports : deux éperviers. — Devise : *Nec spe, nec metu*.

**TORNIELLE DE CHALANT ET DE GERBEVILLER**, Lorraine et Piémont. — De gueules, à l'écusson d'or, chargé d'une aigle éployée de sable, et accostée de deux massues d'or.

**TORON D'ARTIGNOSC**, Provence. — D'azur, au chien barbet d'argent, surmonté de trois besants du même ; écartelé de *la Cépède*.

**TORREBREN (Larrey de)**, Armagnac. — D'argent, à trois pins de sinople terrassés du même.

**TOUCHE DE LA LIMOUSINIÈRE (La)**, Bretagne. — D'or, à trois tourteaux de gueules, 2 et 1.

**TOUCHEBŒUF (de)**, Périgord. — D'azur, à deux bœufs passants d'or, l'un au-dessus de l'autre.

**TOULONGEON (de)**. — De gueules, à trois fasces d'or. — Couronne de marquis.

**TOULOUSE (de)**. — De gueules, à la croix cléchée, vidée et pommetée d'or.

**TOUR D'AUVERGNE (de La)**. — D'azur, à la tour d'argent, ajourée et maçonnée de sable. — Supports : deux griffons. — Couronne de prince.

**TOUR DE MOGEVILLE (La)**, Champagne et Lorraine. — D'azur, au cygne d'argent.

**TOUR DE MONTBELET (La)**, Bourbonnais. — De gueules, à trois tours d'or, 2 et 1.

**TOUR DE PENESTANG (La)**, Bretagne. — D'azur, à la tour donjonnée d'or.

**TOUR-DU-PIN (de La)**, Auvergne et Dauphiné. — Ecartelé : aux 1er et 4e, d'azur, à la tour à trois créneaux d'argent, maçonnée de sable ; au chef cousu de gueules, chargé de trois casques d'or, tarés de profil ; aux 2e et 3e, d'or, au dauphin d'azur, crêté et oreillé de gueules. — Devises : *Turris fortitudo*, et *Courage et loyauté*.

**TOUR DE SAINT-VIDAL (La)**, LANGUEDOC. — D'or, à la tour de gueules, maçonnée de sable.

**TOURNAY D'ASSIGNIES D'OISY**, ARTOIS. — D'or, à trois lions naissants de gueules, armés et lampassés d'argent, 2 et 1.

**TOURNEMINE (de)**, BRETAGNE. — Ecartelé d'or et d'azur.

**TOURNET D'HERCULAIS**, DAUPHINÉ. — D'azur, à trois tours d'argent, 2 et 1, maçonnées de sable, crénelées d'une pièce et de deux demies.

**TOURNOIS DE BONNEVALLET**, ILE DE FRANCE, DAUPHINÉ ET ARTOIS. — D'azur, au chevron d'or, accompagné en pointe d'une tour d'argent; au chef du même, chargé de trois noix de sable, tigées de sinople.

**TOURTEAU DE SEPTEUIL**. — D'azur, à la tour d'argent, surmontée de deux colombes de sinople, ailées d'argent.

**TOURTOULON (de)**, LANGUEDOC. — D'azur, à la tour crénelée d'argent, ouverte et maçonnée de sable, surmontée d'un étendard de deux bandes ondoyantes d'argent, à la hampe d'or, et accompagnée de trois colombes d'argent, l'une contournée au canton droit du chef, les deux autres affrontées à la base, vis-à-vis le pied de la tour; en pointe, une molette d'éperon d'or. — Supports : deux lions.

**TOUSTAIN DE LA COLOMBE**, NORMANDIE. — De gueules, à trois colonnes d'argent, 2 et 1, la troisième colonne surmontée d'une colombe du même.

**TOUSTAIN DE FRONTEBOSC ET DE CARENCY**, BRETAGNE. — D'or, à la bande échiquetée d'or et d'azur de deux traits.

**TOUSTAIN DE FALTOT**, NORMANDIE. — D'argent, à deux fasces d'azur, accompagnées de trois merlettes de sable, 2 et 1.

**TRAMECOURT (de)**. — D'argent, à une croix ancrée de sable.

**TREMOLET DE MONTPEZAT**, LANGUEDOC. — D'azur, au canard d'argent sur une rivière du même; au chef d'azur, chargé de trois étoiles d'or.

**TRANQUIER**, AUVERGNE. — D'azur, à la hache d'armes d'argent, emmanchée de sable, posée en bande, cantonnée de quatre losanges d'argent.

**TRAZEGNIES (de)**, ARTOIS ET PICARDIE. — Bandé d'or et d'azur de six pièces, à une ombre de lion brochant sur le tout, et une bordure engrêlée de gueules.

**TREDERN (de)**, BRETAGNE. — Echiqueté d'or et de gueules, et un canton fascé d'argent et de gueules de six pièces. — Couronne de marquis. — Supports : deux lions. — Devise : *Ha souezvec*.

**TRÉMOILLE (La)**, POITOU. — D'or, au chevron de gueules, accompagné de trois aiglettes d'azur, becquées et membrées de gueules. — La branche aînée, seule subsistante aujourd'hui, a souvent porté écartelé : au 1er, de France; au 2e, de Naples-Aragon; au 3e, de Laval; au 4e, de Bourbon, et sur le tout, les armes de La Trémoille, comme ci-dessus; l'écu timbré d'une couronne royale, fermée, croisettée et environnée du manteau de pair, sommé de la couronne de duc.

**TREVEY DE CHARMAIL**, BRETAGNE ET GUIENNE. — D'or, au sautoir tréflé d'azur.

**TRICORNOT DU TREMBLOY**, FRANCHE-COMTÉ. — D'azur, à trois cors de chasse d'or, posés 2 et 1.

**TRIPIÈRE (de)**. — D'azur, à un lion d'or couronné.

**TRISTAN (de)**, PICARDIE, BERRY ET ORLÉANAIS. — De gueules, à la bande d'or; l'écu surmonté d'une couronne de marquis et timbré d'un casque de chevalier, orné de ses lambrequins. — Supports : deux sauvages. — Cimiers : deux trompes de chasse.

**TRONCHAY (du)**, ILE DE FRANCE. — D'azur, à l'aigle d'or, regardant un soleil du même, placé au premier canton de l'écu.

**TROUSSET D'HÉRICOURT (du)**, CHAMPAGNE ET ILE DE FRANCE. — De sinople, au lion d'or, armé et lampassé de gueules.

**TRYON DE MONTALEMBERT (de)**, PÉRIGORD ET ANGOUMOIS. — D'argent, à deux bandes d'azur, accompagnées en chef d'une croisette ancrée de gueules.

**TUFFIN DE LA ROIRIE**, BRETAGNE. — D'argent, à la bande de sable, chargée de trois croissants d'argent.

**TULLE DE VILLEFRANCHE (de)**, NAPLES, PIÉMONT, COMTAT-VENAISSIN, PROVENCE ET BOURGOGNE. — D'argent, au pal de gueules, chargé de trois papillons du champ, miraillés d'azur. — Couronne de marquis sur l'écu, et couronne de baron sur le manteau.

**TURENNE (de)**, LIMOUSIN. — Coticé d'or et de gueules. — La branche des seigneurs du Bac, de Saint-Martin, de Soursac, écartelé avec les armes de Beaufort : d'argent, à la bande d'azur, accompagnée de six roses de gueules en orle.

**TURGOT (de)**, ILE DE FRANCE ET NORMANDIE. — D'hermines, treillissé de gueules de dix pièces.

**TURRETINI**. — Fascé d'or et de gueules.

**TUSSEAU DE MAISONTIERS**, Poitou. — D'argent, à trois croissants de gueules, 2 et 1.

**ULINSKI**, Pologne. — D'azur, au fer de cheval d'argent, cloué de sable, surmonté d'une croix à huit pointes d'or, et accompagné en pointe d'une flèche du second émail, le dard en bas. (*Dolenga*.)

**URVOY DE CLOSMADEUC**, Bretagne. — D'argent, à trois chouettes de sable, becquées, membrées et allumées de gueules, 2 et 1.

**UZZANO**, Toscane. — D'or, à la rose de gueules.

**VACHON DE BELMONT**, Dauphiné. — Ecartelé : aux 1er et 4e, de sable, à la vache d'or, qui est de *Vachon*; aux 2e et 3e, d'azur, à la croix d'or, qui est de *Briançon*. — Couronne de marquis. — Supports : deux hommes d'armes tenant chacun un poignard élevé. — Devise : *Solerti simplicitate in melius.*

**VAILLANT**. — D'azur, au chevron d'or, accompagné de trois oiseaux du même, 2 et 1.

**VAISSIÈRE DE CANTOINET (Le)**, Rouergue. — D'azur, au coudrier d'or ; à la bande de gueules brochante.

**VAIVRE**, Franche-Comté et Champagne. — D'argent, au sautoir de sable, chargé de cinq macles d'or.

**VAL DE VAUMONTEL (du)**, Normandie. — D'argent, à la bande de gueules.

**VAL DE DAMPIERRE (du)**, Normandie et Champagne. — De gueules, à la tête et col de licorne d'argent.

**VAL D'ESSERTENNE (du)**, Champagne et Franche-Comté. — D'azur, à la bande d'argent. — L'écu timbré d'un casque taré de front, accompagné de ses lambrequins, ayant pour cimier un chevalier armé à mi-corps, entre deux plumes de paon, coiffé d'une toque à plume rouge, tenant dans la main dextre une hache d'armes, et portant sur le bras sénestre l'écu des armes de la maison du Val. — Supports : deux griffons d'or, armés et lampassés de gueules. — Devise : *En tout candeur.*

**VAL DE TERTYS (du)**, Guienne et Champagne. — D'argent, à trois trèfles de sinople, 2 et 1.

**VALETTE DE CORNUSSON (La)**, Languedoc. — De gueules, à l'arbre d'argent, accosté de deux lions d'or.

**VALIDIRE**, Bretagne. — D'azur, au chef de gueules, chargé de trois quintefeuilles d'argent, percées d'or.

**VALLÉE DE PIMODAN (de La)**, Ile de France. — D'azur, au pal d'argent, accosté de deux aigles affrontées d'or.

**VALEROT DE SENÈCEY**, Champagne. — D'or, à cinq oiseaux d'azur, posés en sautoir.

**VALLETEAU DE CHABREFY ET DE VALMER**, Normandie et Touraine. — Parti : au 1er, d'argent, à l'aigle au vol abaissé de sable; au 2e, d'argent, à trois monts mal ordonnés de sinople, chacun de trois coupeaux, le premier mont sommé d'un coq au naturel.

**VALLIER (de)**, Dauphiné. — D'or, à un chevron d'azur abaissé sous une fasce du même, et un chef dentelé aussi d'azur. — Couronne de comte.

**VALLIN (de)**, Dauphiné et Ile de France. — De gueules, à la bande componée d'argent et d'azur de six pièces.

**VALLOIS (Le)**, Normandie. — D'azur, au chevron d'hermines, accompagné de trois têtes de lion arrachées d'or, 2 et 1.

**VALOIS DE MURÇAY ET DE VILETTE (Le)**, Normandie, Ile de France et Poitou. — D'azur, au chevron d'or, accompagné de trois croissants d'argent, deux en chef et un en pointe; au chef d'argent, chargé de trois roses de gueules.

**VALLOIS (de)**, Bretagne. — D'azur, à deux vautours affrontés d'argent, enchaînés d'or par le col.

**VALOIS DE SAINT-RÉMY**, Champagne. — D'argent, à la fasce d'azur, chargée de trois fleurs de lis d'or.

**VALON D'AMBRUGEAC (de)**, Quercy, Limousin, Auvergne et Normandie. — Ecartelé d'or et de gueules. — La branche aînée a longtemps porté : écartelé, aux 1er et 4e, contre-écartelé d'or et de gueules, qui est de *Valon*; aux 2e et 3e, d'or, à trois lions de gueules, qui est de *Boucheron*, par substitution à la famille de ce nom au quinzième siècle.

**VALORI (de)**, Anjou, Touraine et Maine. — D'or, au laurier de sinople, et un chef de gueules.

**VALOUS (de)**, Auvergne. — De gueules, à l'hermine passante au naturel, et un chef cousu d'azur, chargé de trois étoiles d'or.

**VAN DEN STEEN**, Belgique. — De sable, au chef d'argent, chargé de trois maillets du champ.

**VAN PRADELLES DE PALMAERT**, Flandre et Artois. — Ecartelé d'or et de sable, à la bande de gueules, brochant sur le tout. — Devise : *La lenteur avance souvent plus.*

**VANÇAY (de)**, Maine et Bourgogne. — D'azur, à trois besants d'argent, chargés chacun d'une moucheture d'hermines, et posés 2 et 1.

**VARADIER DE SAINT-ANDIOL**, Provence. — D'or, à trois annelets d'azur, 2 et 1.

**VARENARD DE BILLY**, Beaujolais. — Vairé d'or et d'azur, au renard rampant d'argent, brochant.

**VARNIER DE LA GIRONDE**, Champagne. — De sinople, à la montagne d'argent, chargée d'un Mercure couché, adextré de son caducée de gueules ; à la divise d'or et au chef d'azur, chargé de neuf fleurs de lis d'or, posées 4 et 5.

**VASSEUR DE GUERNONVAL (Le)**, Artois. — D'azur, au chevron d'or, accompagné de trois gerbes du même, deux en chef et une en pointe.

**VASSINHAC D'IMÉCOURT**, Limousin et Champagne. — D'azur, à la bande d'argent chargée d'une autre bande de sable.

**VASSOIGNE ou VASSOUGNE**, Angoumois. — D'or, au lion de sable, couronné de même, armé et lampassé de gueules, accompagné de trois écots de sable, 2 et 1, en pal.

**VAUCEL DE VAUCARDEL (du)**, Normandie. — D'azur, au rencontre de cerf d'or.

**VAUCHAUSSADE DE CHAUMONT**, Auvergne. — D'azur, à l'étoile d'argent, surmontée d'un croissant du même.

**VAUCOCOUR (de)**, Périgord. — D'azur, à trois fleurs de lis d'or ; au chef cousu de gueules, chargé de trois yeux d'argent de fasce. — Supports : deux lions d'or.

**VAULCHIER (de)**, Bourgogne. — D'azur, au chevron d'or, accompagné de trois étoiles du même, 2 et 1.

**VAULX (de)**. — D'or, à trois merlettes de sable, 2 et 1.

**VAUQUELIN DES YVETEAUX**, Normandie. — D'azur, au sautoir engrêlé d'argent, accompagné de quatre croissants d'or.

**VAYER DE QUÉDILLAC (Le)**, Bretagne. — De gueules, à neuf losanges d'or, 3, 3 et 3.

**VEAU (de)**, Languedoc. — De gueules, à un taureau d'argent, et un chef cousu d'azur, chargé d'un croissant d'or renversé, accosté de quatre étoiles d'argent. — Couronne de marquis. — Supports : deux sauvages.

**VEDEL (de)**, Languedoc et Monaco. — Écartelé : au 1er, d'azur, à l'épée d'argent, la pointe en haut ; aux 2e et 3e, d'argent, au lion de gueules, tenant un badelaire du même ; au 4e, de pourpre, à trois couleuvres d'or, posées en fasce, 2 et 1, celle de la pointe en se mordant la queue ; surmontées de trois étoiles d'argent, rangées en chef ; sur le tout : de sable, au tronçon d'idole saxonne d'argent, à trois seins, surmonté d'un soleil d'or.

**VEDRILHES ou VEDRILLES (de)**, Languedoc. — D'or, à trois glands de sinople, posés 2 et 1 ; au chef d'azur, chargé de trois étoiles d'argent. — Supports : deux centaures. — Couronne de comte.

**VEFVE DE MÉTIERCELIN (La)**, Champagne. — D'argent, au rencontre de buffle de gueules, bouclé de sable, surmonté de deux étoiles du second émail.

**VEINY D'ARBOUZE**, Bourbonnais, Auvergne et Limousin. — Écartelé : aux 1er et 4e, d'or, à l'arbousier de sinople ; aux 2e et 3e, de gueules, à la colombe d'argent fondante en bande ; sur le tout : d'azur, à trois molettes d'éperon d'or, 2 et 1, et au bâton de gueules alésé, péri en bande.

**VELUT DE LA CRONIÈRE**, Ile de France. — D'azur, à trois hures de sanglier d'argent, 2 et 1 ; au chef cousu de gueules, chargé de trois étoiles d'argent.

**VENANT DE SAINTE-CROIX (Le)**, Artois et Bourgogne. — D'or, à la bande componée de gueules et d'hermines de sept pièces, accompagnée de deux fleurs de lis d'azur.

**VENDOMOIS DE FONTAINES**, Gascogne et Vendomois. — D'hermines, au chef d'or, chargé de trois fasces de gueules.

**VENEUR DE TILLIÈRES (Le)**, Bretagne et Normandie. — D'argent, à la bande d'azur, frettée d'or.

**VÉNIARD DE BOURGMOND**, Normandie et Canada. — D'azur, à un sauvage au naturel, assis sur une montagne d'argent.

**VENOIS D'ANCTOVILLE**, Normandie et Champagne. — D'or, à six fleurs de lis de sable, 3, 2 et 1.

**VER DE CAUX (Le)**, Picardie. — D'argent, à trois verrats ou sangliers de sable passants, 2 et 1, accompagnés de neuf trèfles du même, trois en chef et trois en pointe.

**VERCHÈRE DE REFFYE**, Bourgogne. — De sable, à la fasce d'or, accompagnée d'un croissant d'argent en chef, et de trois étoiles d'or en pointe ; l'écu sommé d'un casque de profil, grillé d'or et orné de ses lambrequins. — Cimier : une étoile de l'écu. — Supports : deux sauvages.

**VERDELIN DE MONTAGUT**, Ile de France, Gascogne et Comtat-Venaissin. — D'argent, à la fasce d'azur, surmontée d'un verdelet du même, membré de gueules.

**VERDIER DE SUZE**, Provence. — De

gueules, à un perron de trois degrés d'argent, et un chef cousu d'azur, chargé de trois étoiles d'or.

**VERGÉ DE MARBRÉ (du)**, BRETAGNE. — D'argent, à la bande de gueules.

**VERGIER DE LA ROCHEJAQUELEIN (du)**, POITOU. — De sinople, à la croix d'argent, chargée en cœur d'une coquille de gueules et cantonnée de quatre coquilles d'argent. — Couronne de marquis. — Supports : deux étendards de grenadiers à cheval de la garde du roi, passés en sautoir derrière l'écu et réunis par une banderolle de sable où sont tracés en lettres d'or ces mots : *Vendée, Bordeaux, Vendée.*

**VERGNE DE MEYSSAC ET DE JUILLAT (La)**, QUERCY. — D'or, à la rose de gueules.

**VERGNE DE TRESSAN (La)**, LANGUEDOC. — D'argent, au chef de gueules, chargé de trois coquilles du champ.

**VÉRINAUD DE CHAMPAGNAC**, LIMOUSIN. — De sable, à trois croissants d'argent, 2 et 1.

**VERITÉ (de)**, FLANDRE ET PICARDIE. — D'azur, au chevron d'argent, accompagné en chef de deux croissants d'or, et en pointe d'un soleil du même; l'écu sommé d'un casque de chevalier, orné de ses lambrequins.

**VERJUS DE CRÉCY**, ILE DE FRANCE. — D'azur, au lion d'argent; au chef du même, chargé d'une treille de vigne de sinople.

**VERNET (du)**. — D'argent, à une croix de gueules.

**VERNEUIL (de)**, BOURGOGNE. — Echiqueté d'argent et d'azur, et un chef d'or, chargé d'un lion léopardé de sable, armé, lampassé et couronné de gueules. — Couronne de comte. — Devise : *Quadrati æquales undique recti.*

**VERNIER**, NORMANDIE. — D'azur, à un lion d'or couronné.

**VERNOT DE JEUX (de)**, BOURGOGNE. — D'or, au chevron de gueules, accompagné en chef de trois étoiles d'azur, et en pointe d'une croix de gueules, surmontée d'une étoile d'azur. — Couronne de comte. — Devise : *Tacere qui nescit, nescit loqui.*

**VERNOU DE BONNEUIL (de)**, POITOU. — D'azur, au croissant d'argent.

**VÉRON DE FARAINCOURT**, FRANCHE-COMTÉ, CHAMPAGNE. — D'azur, à trois vérons (poissons) d'argent, émaillés de gueules, posés en fasce, l'un sur l'autre.

**VESC (de)**, DAUPHINÉ. — De gueules, au château d'argent, sommé de trois tours du même, maçonné de sable.

**VESINS (de)**, ROUERGUE. — De gueules, à trois clefs d'argent, 2 et 1.

**VESSEL DU TERTRE (Le)**, ANJOU, MAINE, BRETAGNE. — D'argent, à une croix de sable fleurdelisée. — Couronne de comte. — Supports : deux aigles.

**VIALART D'ORVILLIERS**, ILE DE FRANCE, CHAMPAGNE ET AUVERGNE. — D'azur, au sautoir d'or, accompagné de quatre croix potencées du même.

**VIALETTE DE MONTARIEU**, LANGUEDOC. — Ecartelé : aux 1er et 4e, d'or, à quatre pals d'azur; aux 2e et 3e, de sable, au cor lié d'or.

**VICOMTE DE BLANGY (Le)**, NORMANDIE. — D'azur, à trois coquilles d'or, sans oreilles, posées 2 et 1.

**VIDART (de)**, NAVARRE ET GASCOGNE. — Ecartelé : aux 1er et 4e, de gueules, au sanglier de sable, passant contre un cyprès de sinople, accompagné de huit croix de Saint-André d'or, 3, 2 et 3; au 2e, de gueules, à trois dards d'argent, fûtés et empennés d'or, empoignés, la pointe en bas; au 3e, de gueules à trois dards rangés d'or, fûtés et empennés d'argent, la pointe en bas. — Supports : deux lévriers. — Devise : *Aux Maures.*

**VIDAUD DE LA TOUR**, COMTAT-VENAISSIN. — D'azur, à la fasce d'or, accompagnée de trois fleurs de lis, rangées en chef, et d'un lion du même en pointe.

**VIDEAU DU DOGNON**, LYONNAIS, LIMOUSIN ET ANGOUMOIS. — D'azur, au lion léopardé d'or, sommé d'une trangle du même, chargée d'un thyrse de sinople, et surmontée de trois fleurs de lis d'or, rangées en chef.

**VIEL-LUNAS D'ESPEUILLES (de)**, NORMANDIE ET NIVERNAIS. — De gueules, à une enceinte fortifiée d'argent, accostée de deux étoiles du même.

**VIENNOIS (de)**, DAUPHINÉ. — D'or, au dauphin d'azur, peautré et lorré de gueules, et un filet du même, posé en barre, brochant.

**VIESSE DE MARMONT DE RAGUSE**, BOURGOGNE. — Ecartelé : aux 1er et 4e, d'argent, à trois bandes de gueules; au 2e, d'or, à l'étendard futé de sable, posé en bande et chargé d'une croix d'argent; au 3e, parti d'azur, à la croix de Lorraine d'or; et de gueules, à l'épée flamboyante d'argent posée en pal; au chef ducal de l'empire.

**VIEUVILLE (de La)**, BRETAGNE. — Ecartelé : aux 1er et 4e, fascé d'or et d'azur, à trois annelets de gueules, brochant sur les deux premières fasces, qui est de *Viefville*; aux 2e et 3e, d'hermines, au chef dentelé de gueules; et sur le tout d'argent, à sept feuilles de houx d'azur, posées 3, 3 et 1, qui est de *Coskaer.*

**VIGAN (de)**, Guienne, Normandie et Picardie. — Ecartelé : aux 1er et 4e, de sable, à trois molettes d'éperon d'or; aux 2e et 3e, de sable, à deux épées d'argent, garnies d'or, passées en sautoir, la pointe en bas, qui est de la *Lande*: sur le tout, d'argent, au chevron d'azur, accompagné de trois roses de gueules, posées 2 et 1, et de cinq mouchetures d'hermines, les trois du chef mal ordonnées, et les deux de la pointe, placées l'une au dessus et l'autre au dessous de la rose, qui est de *Vigan*. — Supports : deux griffons. — Couronne de comte. — Cimier : un dextrochère armé de fer et armé d'une épée.

**VIGIER (de)**, Saintonge. — D'argent, à trois fasces de gueules,

**VIGNAUD DE VILLEFORT (du)**, Limousin. — D'azur, au chevron d'argent, accompagné en chef de deux étoiles d'or et en pointe d'un croissant du second émail.

**VIGNE (de La)**, Maine. — D'or, au cep de vigne, terrassé de sinople, chargé de trois grappes de pourpre. — Devise : *Manco capac*.

**VIGNES DE PUYLAROQUE (de)**, Languedoc. — D'argent, à la vache de gueules, clarinée d'argent, paissant sur une terrasse de sinople.

**VIGNORY (de)**, Champagne. — D'argent, à une *hamaide* de gueules.

**VIGUIER DE LATOUR DU BOSC**, Quercy. — Parti : au 1er, d'azur, à l'épée d'argent; au 2e, d'azur, à trois bandes d'or.

**VILLAGES**, Provence. — D'argent, à un double delta, ou deux triangles entrelacés l'un dans l'autre de sable, enfermant un cœur d'or.

**VILLARDY DE QUINSON**, Provence et Italie. — D'azur, au dextrochère armé d'argent, issant de sénestre, et tenant une palme d'or.

**VILLARS (de)**, Lyonnais. — D'azur, à trois molettes d'éperon d'or, et un chef d'argent, chargé d'un lion léopardé de gueules.

**VILLE DE FÉROLLES (de La)**, Poitou. — D'argent, à la bande de gueules. — Supports : deux lions d'or, armés et lampassés de gueules. — Cimier : un lion passant d'or. — Devise : *Tiens ta foy*. — Couronne de marquis.

**VILLEDIEU DE TORCY**, Bourgogne. — D'azur, à deux pals d'or; au chef d'hermines.

**VILLEHARDOUIN (de)**, Champagne. — De gueules, à la croix ancrée d'or.

**VILLE DE LACÉPÈDE (La)**. — Ecartelé : aux 1er et 4e, d'or, à la bande de gueules, chargée de trois chevrons d'argent, au lambel d'azur, brochant en fasce sur le premier quartier; au 2e, de gueules, à l'aigle d'argent, becquée, membrée et couronnée d'or; au 3e, bandé d'or et d'azur, à la bordure de gueules, et au franc-canton d'or; sur le tout, d'or, à la croix de gueules; au chef de sinople, à la bande d'argent, chargée de trois roses de gueules.

**VILLENEUVE DE PÉLINEC**, Bretagne. — D'argent, au lion de sable.

**VILLENEUVE DE GRANE**, Dauphiné. — D'azur, au lion d'argent.

**VILLERS (de)**, Lorraine. — D'azur, à l'écusson d'argent, accompagné de neuf billettes du même en orle.

**VILLERS-LA-FAYE (de)**, Bourgogne et Franche-Comté. — D'or, à la fasce de gueules. — Supports : deux lévriers colletés d'or. — Cimier : un lévrier issant, colleté du même. — Devise : *Fidèles de Villers-la-Faye*.

**VILLETTE DE TANNEC**, Bretagne. — D'azur, à la croix d'argent, bordée d'or.

**VINCENT DE BONLIEU**, Dauphiné. — De gueules, au foudre d'or, lié et lancé d'argent, ailé de sinople.

**VINCENT D'HANTÉCOURT**, Picardie. — D'azur, au chevron d'or, accompagné de trois licornes d'argent saillantes, deux en chef et une en pointe.

**VIPART DE SILLY**, Ile de France et Touraine. — D'argent, au lion de sable, lampassé et armé de gueules.

**VIRIEU (de)**, Dauphiné. — D'azur, à trois vires d'or. — Devise : *Virescit vulnere virtus et sine fine*.

**VISSAGUET DE LA TOURETTE**, Auvergne. — D'argent, à la fasce de gueules, accompagnée en chef de trois étoiles du même, et en pointe d'un lévrier de sable.

**VISTE DE MONTBRIAN (Le)**, Ile de France et Lyonnais. — De gueules, à la bande cousue d'azur, chargée de trois croissants d'argent.

**VOGÜÉ (de)**, Vivarais. — D'azur, au coq d'or, crêté, barbé et membré de gueules. — Supports : deux lions. — Devise : *Sola vel voce leones terreo*.

**VOYER DE PENHOET (Le)**, Bretagne. — D'argent, à la fleur de lis de sable.

**WALCOURT DE ROCHEFORT**. — D'or, à l'aigle de gueules, chargée en cœur d'un croissant d'or.

**WALDECK (de)**. — D'or, à l'étoile de sable.

**WALDNER DE FREUNDSTEIN (de)**, Alsace. — D'argent, à trois pointes de sable, sommées chacune d'une merlette de gueules. — Supports : deux levrettes. — Couronne de comte.

**WULF**, Flandre. — De gueules, à la tête de loup d'argent.

**WALON** (du). — D'azur, au chevron d'or, accompagné en chef de deux étoiles du même, et en pointe d'un croissant d'argent, surmonté d'une croix d'or.

**WAREL**, Soissonnais. — D'azur, au chevron d'or, accompagné de trois étoiles d'argent, rangées en chef, et d'un lion d'or, en pointe.

**WAVRIN DE VILLIERS-AU-TERTRE (de)**, Cambrésis. — D'azur, semé de billettes d'argent, et un écusson du même en abîme. — Ils portent depuis peu : d'azur, à un écusson d'argent en cœur, qui sont les armes pleines de *Wavrin*.

**WIDRANGES (de)**, Lorraine. — D'azur, à trois cygnes d'argent, posés 2 et 1, becqués et membrés d'or; l'écu sommé d'un casque et d'un bourrelet de chevalier. — Cimier : un cygne d'argent, becqué d'or, issant du casque.

**WIGNACOURT (de)**, Picardie, Pays-Bas, Alsace et Champagne. — D'argent, à trois fleurs de lis de gueules, au pied coupé. — Devise : *Durum patientia frango*. — Cri : *Quieret*. — Supports : deux lions. — Couronne de marquis.

**WISSOCQ (de)**, Artois et Picardie. — De gueules, à la fasce d'argent, accompagnée de trois losanges d'or.

**WITTE (de)**, Belgique. — De gueules, au chevron d'argent, accompagné de trois mouettes de même ; l'écu surmonté d'un casque d'argent, orné de ses lambrequins de gueules et d'argent, et sommé de la couronne de baron néerlandais. — Cimier : une mouette éployée d'argent. — Devise : ***Tute vide***.

**WOOT DE FINLOT**, Belgique. — D'argent, au lion de sable, couronné et lampassé d'or, tenant de la patte dextre un croissant du même.

**YON**, Lyonnais. — D'azur, à la montagne d'argent, chargée de trois fleurs de pensée au naturel, feuillées et tigées de sinople, 2 et 1, et une bordure engrêlée d'or.

**YVOR**, Ile de France. — D'or, à la croix alésée d'azur.

**ZANGIACOMI**, Corse. — D'hermines, à la branche d'olivier de sinople, au franc-quartier des barons propriétaires (de gueules, à l'épée en pal d'argent.)

**ZIÉGLER**, Saxe. — D'argent, à la fasce crénelée de deux pièces et deux demies de gueules.

**ZWICKEN**, Suisse. — De sable, au château flanqué de deux tours d'argent, ouvert du champ, sur une montagne de trois coupeaux, d'or.

**AAGE (de L')**, Bretagne. — De gueules, à l'aigle éployée d'or, becquée et membrée d'azur.

**ACHÉ (d')**, *alias* **ACHEY DE MARBEUF**, Normandie. — Chevronné d'or et de gueules de six pièces.

**ACLOQUE D'HOCQUINCOURT**, Picardie. — Tiercé en fasce : au 1er, de gueules, au lis au naturel, sénestré d'un chien couché d'argent, moucheté de sable ; au 2e, d'azur, au chevron d'or, accompagné de trois cloches du même ; au 3e, d'or, à deux épées de sable passées en sautoir.

**AFFAUX DE GLATAS (d')**, Beaujolais. — D'azur, à deux faulx d'argent, posées en sautoir.

**AGIS DE SAINT-DENIS**, Normandie. — Coupé : au 1er, parti, à dextre, coupé d'azur et d'argent, l'azur chargé de trois lis feuillés et tigés d'argent, et l'argent d'une fasce d'azur ; à sénestre, de gueules, à la branche de chêne d'argent ; au 2e, de gueules, à trois besants d'argent.

**AGRAIN DES HUBAS**, Vivarais. — D'azur, au chef d'or.

**ALBIGNAC (d')**, Rouergue, Languedoc et Guienne. — D'azur, à trois pommes de pin d'or ; au chef du même.

**ALRICS (des)**, Vivarais, Dauphiné et Comtat-Venaissin. — Tiercé en fasce : d'argent, au soleil de gueules ; de gueules, au chevron d'or, accompagné de trois croisettes de même ; et d'or, semé de fleurs de lis et de tours d'azur.

**AMAUDRIC**, Provence. — De sable, à une oie d'or ; au chef cousu de gueules, chargé de trois besants d'argent.

**AMBEL**, Dauphiné. — D'or, au moulin à vent, de deux tours d'argent, l'une carrée et l'autre ronde, les ailes de gueules, posé sur un tertre de sinople.

**AMBRAIS (des)**, Dauphiné. — D'argent, treillissé de gueules, cloué d'or ; à la bande d'azur brochante, chargée de trois fleurs de lis d'or.

**ANDRÉ (d')**, Provence. — D'or, au sautoir de gueules.

**ANGENOUST**, Ile de France et Champagne. — D'azur, à deux épées d'argent garnies d'or, passées en sautoir, les pointes en haut.

**ANGLADE (d')**, Guienne. — D'azur, à l'aigle d'or au vol éployé.

**ANGUIBERT (d')**, Ile de France. — D'or, au chevron de gueules.

**ANTHOINE (d')**, Franche-Comté et Brabant. — D'argent, au chevron d'azur, chargé de six étoiles à six rais d'or, et accompagné de trois taux du même.

**ANTHOINE DE SAINT-JOSEPH**, Provence. — De sable, au cœur d'argent, traversé d'une flèche de gueules, posée en bande, et accompagné en pointe d'un croissant aussi d'argent ; au chef d'or, chargé de trois étoiles de gueules.

**ANTIGNY (d')**, Bourgogne. — D'or, au lion issant de sable.

**ANTRAS (d')**, Guienne. — De gueules, au chevron d'or, accompagné de trois roses d'argent.

**ARBOUZE (d')**, Auvergne. — D'or, à un arbousier de sinople.

**ARCHAMBAULT (d')**, Orléanais. — D'azur, à trois lions d'or ; en cœur un écusson d'argent, au pal de gueules, chargé de trois flanchis d'or.

**ARGENT DE DEUX-FONTAINES**, Hainaut et Champagne. — D'azur, au lion d'argent ; au chef d'or, chargé de trois étoiles de gueules.

**ARGENTAYE (d')**, Bretagne. — D'argent, à une bande vivrée de gueules, et six merlettes de même en orle.

**ARGIOT DE LA FERRIÈRE**, Languedoc. — De gueules, à la bande d'argent, chargée de trois flèches de sable, la pointe en haut. — Supports : deux lions. — Couronne de comte.

**ARLANDE (d')**, Dauphiné. — D'azur, au croissant renversé d'or en chef, et une étoile d'argent en pointe.

**ARMAND DE MISON**, Provence. — D'azur, à une fasce rehaussée d'or, accompagnée en chef d'une couronne ducale, et en pointe d'un chevron, le tout d'or.

**ARMENEC (d')**, Bretagne. — D'or, à la fasce d'azur, accompagnée de trois molettes de même.

**ARNAL**, *alias* **ARNAIL**, Languedoc. — D'or, à l'arbre arraché de sinople, au chef d'azur, chargé de trois étoiles du champ.

**ARNAUD (d')**, Provence. — De gueules, à un cœur d'or, soutenu d'un croissant d'argent ; au chef cousu d'azur, chargé de trois étoiles d'or.

**ARONDEL (d')**, Pays-Bas. — De gueules, au lion d'argent.

**AROUET DE VOLTAIRE**, Ile de France. — D'azur, à trois flammes d'or.

**ARRAGON (d')**, DAUPHINÉ.— Écartelé : aux 1er et 4e, d'azur, à l'aigle d'or ; aux 2e et 3e, d'azur, au chevron d'or, accompagné de trois étoiles d'argent.

**ARQUIER (d')**, PROVENCE. — D'or, au lion de sable, couronné de même, et un hameïde ondé d'argent.

**ARUNDEL DE CONDÉ (d')**, NORMANDIE. — D'argent, au chevron de gueules, accompagné de trois hirondelles de sable, 2 en chef et une en pointe.— Couronne de marquis. — Supports : deux lions.

**ARVILLARS (d')**, DAUPHINÉ. — D'or, à l'aigle d'azur, membrée, becquée et couronnée de gueules.

**ASINARI DE SAINT-MARSAN**, PIÉMONT. — D'azur, à une tour d'or crénelée ; à la bordure componée d'argent et de gueules.

**ASSELINE (d')**, ILE DE FRANCE. — D'azur, au chevron d'hermines, accompagné en chef de deux étoiles d'or, et en pointe d'un croissant d'argent.

**ASTRUC (d')**, VIVARAIS. — Fascé d'or et de gueules, *aliàs* contre-fascé de six pièces d'or et de gueules.

**AUBERMONT (d')**, FLANDRE. — De sable, à la fleur de lis épanouie d'argent.

**AUBERT DE SAINT-GILLES**, BRETAGNE. — Palé de six pièces d'argent et de gueules ; à la fasce d'azur brochant sur le tout.

**AUBIER DE LA MONTEILLE**, AUVERGNE. — D'or, au chevron de gueules, accompagné en chef de deux molettes d'éperon d'azur, et en pointe d'un croissant du même.

**AUMONT DE VILLEQUIER**, PICARDIE ET NORMANDIE.—D'argent, au chevron de gueules, accompagné de sept merlettes du même, quatre en chef, dont deux l'une sur l'autre, et trois en pointe.

**AUTEROCHE (d')**, AUVERGNE.. — D'azur, à la bande d'argent, chargée de trois mouchetures d'hermines de sable, et accompagnée de deux croisettes d'or ; en chef trois burelles ondées d'argent.

**AUTUN DE PORTES**, LANGUEDOC.— D'azur, au cœur d'argent, percé de quatre flèches du même en sautoir, et accompagné en chef d'un croissant d'or.

**AUVÉ DE LA VENTROUSE**, BEAUCE. — D'argent, à la croix de gueules, cantonnée de douze merlettes de même.

**AUX-COUTEAUX**, PICARDIE.— De gueules, à trois couteaux d'argent, garnis d'or.

**AYCELIN DE MONTAIGU**, AUVERGNE. — De sable, à trois têtes de lion arrachées d'or, lampassées de gueules et posées 2 et 1.

**AYRENX (d')**, CONDOMOIS. — D'or, à une corneille de sable, becquée et membrée de gueules.

**BARET DE ROUVRAY**, AUVERGNE.—D'azur, à trois bars d'or, 2 et 1.—Couronne de comte. — Devise : *Tout à Dieu et au roi.*

**BARNIER**, LYONNAIS.— Coupé : au 1er d'or, à la bande d'azur ; au 2e, d'azur, à la tête de jeune fille au naturel, accolée de deux besants d'argent.

**BAUCHERON (de)**, BERRY. — D'or, au chevron d'azur, accompagné de trois tourteaux du même.

**BAUDART DE SAINT-JAMES**, PICARDIE. — Écartelé : au 1er, d'azur, à un dard d'or emmanché du même, en pal, qui est de *Baudart de Saint-James* ; au 2e, d'hermines, à deux bars adossés, de gueules, qui est de *Gaucourt* ; au 3e, d'argent, à un chevron de gueules, accompagné de trois molettes de sable, 2 en chef et 1 en pointe, qui est de *Thibault du Bois* ; au 4e, d'azur, au chevron d'or, accompagné en chef de deux croissants d'argent, et en pointe, d'une montagne du même, qui est de *Fiebet*. — Couronne de baron. — Supports : deux levrettes. — Devise : *A beau dard, noble but.*

**BECQUEY**, VITRY-EN-PERTHOIS. — De gueules, à deux épées d'argent, garnies d'or, passées en sautoir, les pointes en haut, accompagnées en chef d'une étoile d'or à cinq rais, en pointe, d'un croissant d'argent montant et de deux trèfles d'argent, posés 1 à chaque fleur. — Couronne de comte. — Supports : deux levrettes.

**BERMONT ou BELMONT**, BOURGOGNE. — Burelé d'argent et d'azur de dix pièces.

**BERNARD DE LAUSIÈRE**, BERRY, DAUPHINÉ et PROVENCE. — De gueules, au lion couronné d'or, à la bande d'azur, chargée d'un croissant d'argent, entre deux étoiles d'or, brochant sur le tout.

**BESSEY DE CONTENDON**, FOREZ. — D'argent, à la croix de gueules, chargée de cinq losanges du champ.

**BETHUNE DE SULLY**, NORMANDIE. — D'argent, à la fasce de gueules.

**BEZIADE D'AVARAY**, BÉARN. — D'azur, à la fasce d'or, chargée de deux étoiles de gueules, et accompagnée en pointe d'une coquille d'or ; à l'écusson de *France*, brochant sur la fasce.

**BIENCOURT (de)**, PICARDIE. — De sable, au lion d'argent, lampassé et armé de gueules, et couronné d'or.

**BIGNICOURT (de)**, Champagne et Picardie. — D'azur, à une fasce d'argent, chargée de trois merlettes de sable. — Couronne de marquis. — Supports : deux lévriers.

**BLANQUEFORT (de)**, Languedoc. — Parti contrefascé d'or et de gueules.

**BOIS-BOUESSEL (du)**, Bretagne. — D'hermines; au chef de gueules, chargé de trois macles d'or.

**BOISSET (de)**, Auvergne. — De gueules, au lion d'or, affrontant un pin de sinople; au chef cousu d'azur, chargé de trois fleurs de lis d'or. — Couronne de vicomte.

**BORT**, Marche, Berry et Auvergne. — D'or, au lion d'azur.

**BOSCHET (du)**, Bretagne. — D'azur, à deux levrettes d'argent, colletées de gueules, bouclées d'or.

**BOSQUET (de)**, *alias* **DU BOSQUIEL**, Flandre. — D'azur, au franc-canton d'argent, chargé d'un écureuil de sable.

**BOSSU DE CHIMAY (Le)**, Flandre. — De gueules, à la bande d'or.

**BOUBERS-TUNC (de)**, Picardie. — De gueules, à trois *bers* ou berceaux d'or.

**BOUCAULT**, Provence. — D'argent, à la fasce de gueules, chargée d'une coquille entre deux étoiles d'or, et accompagnée de trois arbres de sinople, deux en chef et un en pointe.

**BOUCHEL DE MEREUVÈNE**, Artois. — D'azur, à la croix d'argent, chargée d'un cœur de gueules, et cantonnée en chef de deux croissants d'argent, et en pointe de deux étoiles d'or.

**BOUCHER DE PERTHES**, Champagne et Picardie. — Parti : au 1er, d'azur, à trois étoiles d'or, 2 et 1, et un croissant d'argent en cœur, qui est de *Boucher de Crèvecœur*; au 2e, d'azur, à l'épée d'argent, croisée et pommetée d'or, supportant une couronne royale d'or, et côtoyée de deux fleurs de lis de même, qui est de *Perthes*.

**BOUCHET (du)**, Auvergne. — D'argent, semé de trèfles de sinople; au lion d'or et un filet de gueules, brochant sur le tout.

**BOUCHUT D'APCHIER (du)**, Auvergne. — D'argent, à trois têtes de Maure de sable, tortillées d'or.

**BOUGAINVILLE (de)**, Ile de France. — D'or, à l'aigle éployée de sable.

**BOULLAYE (La)**, Bretagne. — D'azur, à trois merlettes d'or.

**BOULLENGER (Le)**, Normandie. — D'or, à trois palmes de sinople contournées, accompagnées en chef d'une étoile de gueules.

**BOUNAM DE RYCKLOLT**, Belgique. — D'argent, au lion de gueules; coupé d'or, au croissant de gueules.

**BOURBEL-MONTPINÇON (de)**, Normandie. — D'azur, à trois besants d'or.

**BOURDEILLE (de)**, Auvergne. — D'azur, à trois demi-vols d'or, 2 et 1.

**BOURGOIN (de)**, Normandie et Ile de France. — D'argent, au chevron de sable, accompagné de trois trèfles de même.

**BOURGUET (de)**, Languedoc. — D'or, à cinq billettes d'azur en pal.

**BOURZÈS ou BOURZEYS (de)**, Rouergue. — D'azur, au chevron d'or, accompagné de trois bourgeons de vigne d'argent, 2 et 1. — Couronne de marquis. — Supports : deux lions.

**BOUSSAC (de)**, Limousin. — D'azur, au sautoir denché (*alias* bretessé) d'or, accompagné de quatre croissants d'argent.

**BOYER DE SUGNY**, Forez. — D'azur, à la tour d'argent et une fasce d'or, brochant sur le tout; au chef de gueules, chargé de trois étoiles d'or.

**BOYER DE LA GAUTRAYE**, Languedoc, Guienne, Ile de France et Normandie. — De gueules, à une colonne d'argent, la base et le chapiteau d'or, entortillés d'un serpent d'argent; au chef d'or, chargé d'une aigle de sable.

**BRAGELONGNE (de)**, Bourgogne, Orléanais et Ile de France. — De gueules, à la fasce d'argent, chargée d'une coquille de sable, et accompagnée de trois molettes d'éperon d'or, posées 2 et 1. — Couronne de marquis. — Supports : deux griffons.

**BRANDIN DE SAINT-LAURENT**, Normandie. — D'azur, à la flamme d'argent, accompagnée de trois molettes d'éperon de même.

**BREZA DE GORAY**, France, Pologne et Prusse. — D'argent, mantelé d'azur; parti de gueules.

**BRIDIERS (de)**, Marche et Berry. — De gueules, à la bande d'argent, *alias* d'or, à la bande de gueules.

**BRIEUC (du)**, Bretagne. — D'azur, à trois fasces ondées d'argent; à la croix de gueules sur le tout.

**BRIFFE (La)**, Armagnac et Bourgogne. — D'argent, au lion de gueules; à la bordure d'argent, chargée de six merlettes de sable, une en chef, deux à chaque flanc, et l'autre en pointe.

**BRIGNON DE LEHEN**, Bretagne. — D'azur,

à la tête de léopard d'or, accompagnée de trois merlettes de même, deux en chef et une en pointe.

**BROSSARD (de)**, Normandie et Picardie. — De sable, au chevron d'or, accompagné en chef de 2 besants de même, et en pointe d'une molette d'éperon aussi d'or.

**BRUGELLES (de)**, Guienne. — D'azur, à trois faucons d'argent.

**BRUN DE CASTELLANE**, Provence. — D'azur, à une hache d'armes d'argent, emmanchée d'or; écartelée de *Castellane*.

**BUCHÈRE DE L'ÉPINOY**, Ile de France. — D'argent, au chevron d'azur, accompagné en chef d'une étoile et d'un croissant de même, et en pointe d'un mouton de sable.

**BUGET DES LANDES**, Poitou. — D'azur, semé de trèfles de sable (à enquerre); au chevron du même (à enquerre), chargé de cinq molettes d'éperon d'argent.

**BUISSON (du)**, Normandie. — D'argent, au chevron de gueules, accompagné de trois trèfles de sinople.

**BULLION (de)**, Bourgogne. — D'argent, à trois fasces ondées de gueules, surmontées d'un lion naissant de même.

**BURDETT DE DUNMORE**, Normandie et Irlande. — D'azur, à deux fasces d'or, et un croissant en chef.

**BUSSON DE LA MARINIÈRE**, Bretagne. — D'argent, au lion de sable, armé, lampassé et couronné d'or.

**CACQUERAY DES LANDES**, Normandie et Martinique. — D'or, à trois roses de gueules.

**CADOUDAL**, Bretagne. — D'argent, à la croix engrêlée de sable.

**CAIGNARD**, Bretagne. — De gueules, au lion d'argent.

**CAGNICOURT (de)**, Artois. — De sinople, à trois lis d'or.

**CAIGNART (de)**, Bretagne. — De gueules, au lion d'argent.

**CAILHOL**, Provence. — D'or, au chevron d'azur, accompagné de trois cailles d'azur; au chef du second, chargé de trois étoiles du dernier.

**CAILLOT DE POMMARES**, Normandie. — D'azur, à deux épées d'argent, garnies d'or, passées en sautoir, cantonnées d'une caille d'or, en flanc de deux étoiles d'argent, et en pointe d'un croissant du même.

**CAILLEAU DE COURTENAIN**, Guienne. — Ecartelé : aux 1er et 4e, de gueules, à trois pals d'or; aux 2e et 3e, de gueules, à trois bandes d'or; à la bordure d'argent, chargée de treize tourteaux de sable.

**CAISSAC (de)**, Limousin et Auvergne. — D'argent, au chevron d'azur, accompagné en chef de deux étoiles, et en pointe d'un lion de même, lampassé et armé de gueules.

**CAIX DE SAINT-AYMOUR (de)**, Picardie, Quercy, Franche-Comté. — Ecartelé : aux 1er et 4e, d'or, au chevron d'azur, accompagné en pointe d'un lion de gueules; au chef du même, chargé d'un croissant d'argent accosté de deux étoiles du même, qui est de *Caix*; aux 2e et 3e, contre-écartelé, aux 1er et 4e, d'argent, à trois bandes de sable; au chef d'or, chargé d'une aigle à deux têtes, au vol éployé de sable; aux 2e et 3e, d'or, à la bande d'azur, qui est de *Saint-Aymour*, alias de *Saint-Aymour*; sur le tout des grands quartiers, un écusson fascé de vair et de gueules de six pièces; l'écu timbré d'un casque d'argent, grillé et bordé d'or, orné de ses lambrequins et sommé d'une couronne de comte. — Cimier : un lion issant, de gueules, armé, lampassé et couronné d'or. — Supports : deux lions d'or, la tête contournée, armés et lampassés de gueules. — Devise : *Valor, virtus et fides*.

**CALF DE NOIVANS**. — D'argent, à deux palmes adossées de sinople, liées d'argent. — Couronne de comte. — Supports : à dextre, une panthère la tête contournée; à sénestre, un homme d'armes, tenant une banderolle qui porte l'inscription : *Virtus et aves*. — Devise : *Valeur et droiture*.

**CALLOUET**, Bretagne. — D'or, à la fasce d'azur, surmontée d'une merlette du même.

**CALVEZ DE KERSALOU**, Bretagne. — D'or, à la bande de gueules, chargée de trois étoiles d'argent.

**CALVIÈRE DE VEZENOBRE**, Languedoc. — D'or, à trois fasces de sable, chacune chargée de deux besants d'argent; au chef cousu du même, chargé d'un sanglier de sable.

**CALVIMONT (de)**, Périgord. — Ecartelé : aux 1er et 4e, de sable, au lion d'or; aux 2e et 3e, de gueules, à la tour d'or.

**CAMAIN (de)**, Limousin. — De gueules, à la colonne d'or, accostée de deux lions affrontés d'argent; au chef cousu d'azur, chargé d'une croisette accostée de deux étoiles d'or.

**CAMBIS**, Comtat-Venaissin. — D'azur, au chêne d'or, mouvant d'une montagne à six coupeaux du même, et soutenu de deux lions aussi d'or.

**CAMBOUT DE COISLIN (du)**, Bretagne. — De gueules, à trois fasces échiquetées d'argent et d'azur de deux traits.

**CAMPAIGNE (de)**, *aliàs* **CAMPAGNE D'HAVRICOURT**, Artois et Picardie. — De gueules, semé de trèfles d'or, à trois croisettes ancrées d'argent, brochantes.

**CAMPE DE ROSAMEL (du)**, Pays-Bas, Artois et Picardie. — D'argent, à deux fasces de gueules.

**CANCLAUX (de)**, Ile de France. — D'argent, à trois merlettes rangées de sable; au chef bandé d'or et d'azur.

**CANILLAC (de)**, Auvergne. — D'azur, au lion rampant d'argent, armé et colleté de gueules; à la bordure crénelée d'or.

**CANLER (de)**, ou **CAULERS**, Artois et Picardie. — D'argent, à la bande d'azur, chargée de trois chandeliers d'or.

**CANTELEU (de)**, Picardie. — Losangé d'or et de sable.

**CAPDENAC (de)**, Rouergue. — De gueules, au buste d'homme de carnation, posé de front, paré d'azur, ayant la barbe et les cheveux d'or.

**CAPDEVILLE (de)**, Guienne. — Ecartelé : au 1er, d'or, au lion de gueules; aux 2e et 3e, d'azur, à la bande d'or, accostée de deux étoiles du même; au 4e, d'or, au cœur de gueules, traversé de trois flèches de sable, ensanglantées du second émail, deux en sautoir et l'autre en pal.

**CARADEUC DE LA CHALOTAIS**, Bretagne. — D'argent, à la fasce de gueules, chargée d'une molette d'or, et accompagnée de trois croissants du second.

**CARDAILLAC DE SAINT-SERNIN (de)**, Quercy et Auvergne. — De gueules, au lion d'argent, armé, lampassé et couronné d'or, à treize besants d'argent en orle.

**CARDEILHAC (de)**, Bigorre. — D'azur, à une tige de trois chardons d'or, feuillée de sinople.

**CARDINAL DE KERNIER (Le)**, Bretagne. — Ecartelé : aux 1er et 4e, coupé d'argent et de gueules, au lion de l'un en l'autre; aux 3e et 4e, d'argent, au chef denché de gueules.

**CARETTO**, *aliàs* **DEL CARETTO**, Piémont et Naples. — De gueules, à cinq cotices d'or, *aliàs* d'or, à cinq bandes de gueules.

**CARON (Le)**, Artois. — Ecartelé : aux 1er et 4e, d'argent, à deux fasces de sable; aux 2e et 3e, de gueules, à trois coquilles d'argent.

**CARUYER (de)**, Normandie. — D'azur, à trois gerbes d'or, 2 et 1.

**CARMANTRAND (de)**, Auvergne. — De gueules, à la fasce d'or, accompagnée de trois besants du même.

**CARPONT DE KERBILIC**, Bretagne. — D'argent, à deux haches d'armes de gueules, en pal, surmontées d'un croissant du même.

**CASSARD (de)**, Dauphiné. — D'azur, à la licorne passant d'argent.

**CASTAING (de)**, Béarn. — De gueules, à trois besants d'or.

**CASTELMUR (de)**, Suisse. — De gueules, à la tour d'argent.

**CASTON DES ESTIVAUX DE FOUGEROLLES**, Forez. — D'azur, au chevron d'or, accompagné en chef de deux étoiles du même, et en pointe d'une tour d'argent.

**CAUSSIN**, Languedoc. — D'azur, à un lion d'or, rampant contre un arbre du même, accompagné de neuf besants d'argent, posés en orle autour de l'écu.

**CAUVIGNY (de)**, Normandie. — D'argent, au chevron de sable, accompagné de trois merlettes de même; au chef de sable, chargé de trois coquilles d'argent.

**CAVERSON (de)**, Brabant. — De gueules, au dauphin vif d'argent, couronné d'or.

**CAZENAVE (de)**, Guienne. — D'azur, à la maison d'or; au chef d'argent, chargé de deux canards de sable.

**CÉCILLON (de)**, Bretagne. — D'argent, à trois fusées d'or, 2 et 1 (à enquerre).

**CHAMBGE DE LIESSART (du)**, Flandre. — D'argent, au chevron de gueules, accompagné en chef de deux merlettes de sable, et en pointe d'un trèfle de sinople.

**CHAMBLY (de)**, Beauvoisis. — D'argent, à la croix engrêlée d'azur, chargée de cinq fleurs de lis d'or, cantonnée au canton dextre d'un écu de Chambly ancien.

**CHAMPION (de)**, Bretagne. — D'azur, à trois écussons d'argent, chargés chacun de trois bandes de gueules.

**CHAMPION DE CRESPIGNY**, Normandie et Angleterre. — Ecartelé : aux 1er et 4e, d'argent, au lion rampant de sable, armé et lampassé de gueules, accosté d'un fer de moulin du second; au 2e et 3e, d'azur, à trois fasces d'or.

**CHAMPS (de)**, Auvergne. — D'azur, au chevron d'or, accompagné de trois molettes d'éperon d'argent, 2 et 1.

**CHANAL (de)**, Bresse. — D'azur, à la bande ondée d'argent, accompagnée de deux lions du même.

**CHANCEREL D'ARDAINE**, Orléanais. —

De gueules, au chevron d'or, accompagné de trois abeilles du même.

**CHANDIEU (de)**, Forez et Suisse. — De gueules, au lion d'or, lampassé et armé d'azur, *aliàs* de sable.

**CHANTAREL DE SAINT-AREY**, Dauphiné. — D'azur, à la bande d'argent, accompagné de trois étoiles d'or, deux en chef et une en pointe, celle du chef mouvant de la bande.

**CHARLES DE BERNARD DU GRAIL**, Auvergne. — D'azur, à trois têtes de lion, arrachées d'or, 2 et 1. — Supports : deux lions. — Couronne de comte.

**CHARLONNIE DE LA BLOTAIS (de La)**, Angoumois. — Coupé : au 1er, d'argent, au chevron de gueules, accompagné de trois étoiles de sable; au 2e, d'azur, au chevron d'or, accompagné de trois étoiles d'argent.

**CHASSAIGNE (de La)**, Bourgogne. — D'argent, à une bande de sable de trois pièces; écartelé d'argent, à trois quintefeuilles de sable.

**CHASSAIN (de)**, Auvergne. — D'argent, au châtaignier de sinople, fruité d'or.

**CHASSAY (de)**, Bourgogne. — D'azur, à une fasce d'argent, et en chef, deux étoiles d'or.

**CHASTEL DE BLANGERVAL (du)**, Flandre. — D'azur, au chevron d'or, accompagné de trois croix recroisettées, au pied fiché du même, deux en chef et une en pointe.

**CHASTELLIER (du)**, Bretagne. — D'argent, à l'aigle éployée de sable, membrée et becquée de gueules, couronnée d'or.

**CHATEAUNEUF D'APCHIER**, Languedoc. — D'or, au château sommé de trois tours, à deux guidons, posés en pal, mis aux deux côtés de la tour du milieu, le tout de gueules et maçonné de sable.

**CHATEAUVIEUX (de)**, Bresse. — Ecartelé : aux 1er et 4e, d'azur, à trois fasces ondées d'or; aux 2e et 3e, d'azur, à la fleur de lis d'or.

**CHAUCHART (de)**, Bretagne. — D'azur, à trois têtes de cygne d'argent, arrachées et becquées de gueules.

**CHAUNAY DE CHERONNE**, Maine. — D'argent, à deux lions léopardés de sable, l'un sur l'autre.

**CHAUVEAU (de)**, Bretagne. — D'azur, au léopard d'or; au chef d'argent, chargé de trois étoiles de gueules.

**CHAUVIGNÉ (de)**, Maine. — D'argent, à trois fasces de gueules, accompagnées de huit mouchetures de sable, 4, 3 et 1; les quatre en chef, entre trois tourteaux de gueules.

**CHAVAILLE (de)**, Dauphiné, Guienne et Limousin. — D'argent, à trois cœurs de gueules, et une étoile d'azur en abîme.

**CHAVIGNY (de)**, Brie. — D'argent, à la croix alésée de gueules, endentée de sable, et surmontée d'un lambel de trois pendants, aussi de sable.

**CHEFDUBOIS DE KERLOZRET**, Bretagne. — Ecartelé : aux 1er et 4e, palé d'or et d'azur; aux 2e et 3e d'azur, à trois têtes d'aigle d'argent.

**CHEMILLÉ (de)**, Bretagne. — D'or, papelouné de gueules.

**CHESNE DE BELLECOURT (du)**, Bretagne. — D'argent, à trois cœurs de gueules, couronnés d'or.

**CHESNE DE COURCY (du)**, Vitry-en-Perthois. — D'argent, au chêne de sinople, englanté d'or, accosté de deux étoiles de gueules.

**CHEVALIER**, Bretagne. — D'azur, au héron d'argent.

**CHEVIGNÉ (de)**, Bretagne. — De gueules, à quatre fusées d'or, accolées en fasce, accompagnées de huit besants du même.

**CHIRON- (de)**, Limousin. — D'azur, à trois échelles d'or, 2 et 1, accompagnées de trois étoiles du même, deux en chef et une en pointe.

**CHOART DE MAGNY**, Ile de France et Champagne. — D'or, au chevron d'azur, accompagné de trois merlettes de sable, 2 et 1.

**CHOCQUARD DE SAINT-ÉTIENNE**, Picardie. — D'argent, au chevron de sable, accompagné de trois merlettes du même, 2 et 1; *aliàs* de sinople, au chevron d'argent, accompagné de trois merlettes du même, 2 et 1.

**CHOLET** *aliàs* **CHOLLET DE SURLAVILLE**, Normandie. — Bandé d'argent, *aliàs* d'or, et de sable de six pièces.

**CHOULY DE PERMANGLE**, Limousin. — D'azur, à la fasce d'argent, accompagnée en chef de trois fleurs de pavot du même, et en pointe d'une feuille de châtaignier d'or.

**CHOUSANT (de)**, Bretagne. — De sinople, au lion d'or, couronné du même.

**CIERZAY (de)**, Anjou. — De gueules, à six annelets d'argent.

**CILLART DE SURVILLE (de)**, Bretagne. — De gueules, au cor de chasse d'argent. — Cimier : couronne de comte. — Devise : *Mon cors et mon sang*.

**CIREY (de)**, Bourgogne. — D'azur, à

deux lévriers rampants et affrontés d'argent, colletés de gueules, bouclés et cloués d'or.

**CLARAC (de)**, Guienne et Gascogne. — Ecartelé : aux 1er et 4e, d'azur, au lion d'or ; aux 2e et 3e, de gueules, à la cloche d'argent.

**CLARIS (de)**, *aliàs* **CLARY DE FLORIAN**, Languedoc. — D'argent, à l'aigle éployée de sable; au chef d'azur, chargé d'un soleil d'or.

**CLAVEL (de)**, Dauphiné et Lyonnais. — D'azur, au chevron d'or, accompagné de trois mouchetures d'hermines de sable.

**CLAVIÈRES (de)**, Vivarais. — De gueules, à la main d'argent, tenant deux faucons d'or, longés de sable.

**CLÉMENT DU MEZ**, Languedoc. — D'or, à la bande de gueules.

**COCHIN DE CLÉRY**, Vexin, Ile de France et Normandie. — Coupé : au 1er, d'hermines, au canton de gueules, chargé de trois boucles ou fermeaux d'or, 2 et 1 ; au 2e, d'azur, à l'étendard d'argent, portant la légende : *Pro Deo et rege.*

**COETDON (de)**, Bretagne. — D'or, à l'épée d'azur en pal, accostée de deux croissants de gueules.

**COETANDON (de)**, Bretagne. — D'or, au lion de gueules, armé, lampassé et couronné d'azur.

**COIFFIER**, *aliàs* **COEFFIER**, Auvergne.— D'azur, à trois coquilles d'or, 2 et 1.

**COLLENEL DE FONTET**, Lorraine. — D'or, à deux chevrons de gueules, crénelés d'azur et accompagnés en chef de deux roses aussi de gueules, boutonnées d'argent, et en pointe d'un croissant montant du même.

**COLLET DU CLOS**, Champagne. — D'azur, à la bande d'argent, chargée de trois étoiles de gueules.

**COLLIN DE L'ISLE**, Champagne. — D'argent, à la bande d'azur, chargée de trois molettes d'or, et accompagnée de deux cotices d'azur.

**COLNET DE MONTPLAISIR**, Hainaut et Picardie. — D'argent, au bras de gueules, vêtu d'argent, mouvant du flanc vers la pointe; la main ayant un gantelet d'or, portant sur le poing un faucon au naturel, chaperonné de gueules, et accosté de deux branches de fougère de sinople.

**COMMARIEU (de)**, Ile de France. — De sable, à trois fasces d'or; au franc-canton d'hermines.

**COMTE DU THEIL (Le)**, Poitou.— D'azur, au lion d'or, armé et lampassé d'or, cantonné de quatre étoiles d'argent.

**CONDAMINE (La)**, Languedoc, Ile de France, Lorraine et Angleterre.— D'azur, à la tige de blé de trois épis d'argent, tigés et feuillés du même.

**CONDÉ (de)**, Hainaut et Ile de France. — D'or, à la fasce de gueules.

**CONQUERET**, Agenais. — De gueules, à la fasce d'argent; écartelé d'azur, au léopard lionné d'or, couronné d'hermines, armé, lampassé et flanqué de gueules.

**CONSTANT (de)**, Auvergne et Champagne. — De gueules, à trois fasces d'or; au chef du même, chargé de trois bandes de gueules.

**CORBINIÈRE (de La)**, Bretagne. — D'argent, à trois têtes de corbeau arrachées de sable.

**CORDELIER DE CHENNEVIÈRES (Le)**, Picardie et Champagne. — D'azur, à trois gerbes d'or ; au franc-canton d'argent, chargé d'un lion de sable.

**CORN D'AMPARE**, Quercy et Rouergue. — D'azur, à deux cors de chasse d'or, liés, enguichés et virolés de gueules, et contreposés.

**CORNULIER DE LUCINIÈRE**, Bretagne. — D'azur, au rencontre de cerf d'or, sommé d'une moucheture d'hermines d'argent.

**CORRE DE KERUSORÉ (Le)**, Bretagne. — D'or, à trois trèfles d'azur.

**COSSART D'ESPIÉS**, Picardie.— De gueules, à la croix ancrée, d'or, chargée de cinq ancres de navire de sable.

**COSSETTE (de)**, Picardie. — D'or, à la croix échiquetée de gueules et de sable, de deux traits.

**COUPERIE**, Bretagne. — D'argent, à trois têtes de lévriers de sable, colletées et bouclées d'or, clouées du champ.

**COURCY**, Normandie et Bretagne. — D'azur, au chevron d'or, accompagné de trois quintefeuilles du même.

**COURTARVEL DE PEZÉ**. — D'azur, au sautoir d'or, cantonné de seize losanges du même, posés quatre en croix et douze en orle.

**COURTHILLE DE SAINT-AVIT**, Auvergne et Marche. — D'argent, au chevron de gueules, accompagné de neuf merlettes de sable, quatre en chef, deux en flancs, et trois en pointe, 1 et 2.

**COUX (de)**. — D'argent, à trois fasces

d'azur, et une bande de gueules, brochant sur le tout.

**COVET**, *alias* **COUVET**, Bresse, Provence et Lyonnais. — D'or, à deux pins entrelacés et passés deux fois en sautoir de sinople, fruités d'argent.

**COYNART**, Ile de France. — Echiqueté d'argent et de sinople, de quatre tirs; au chef d'argent, soutenu de gueules, et chargé de six piles de sinople.

**CRÉCY (de)**. — De gueules, à trois pals de vair; au chef, d'or, chargé d'une merlette de sable au premier canton.

**CRÉMENCE (de)**, Bretagne. — D'argent, à trois pommes de pin d'azur.

**CRESSY (de)**, Picardie et Bourgogne. — D'argent, au lion de sable, armé, lampassé et couronné d'or; à la bordure denchée de gueules.

**CROC (du)**, Auvergne. — D'or, à deux fasces de sinople.

**CROCQ (du)**, Picardie. — D'argent, au chevron de gueules, accompagné de trois losanges de sable.

**CROIX D'EVRY (La)**, Bourgogne, Ile de France et Lorraine. — Ecartelé : aux 1er et 4e, d'azur, à la croix pattée d'or; aux 2e et 3e, de gueules, au lion d'argent, couronné, armé et lampassé d'or; sur le tout, d'or plein.

**CROS (du)**, Dauphiné. — D'azur, à deux serpents mis en caducée d'argent, accompagnés dans leurs replis de deux grenades d'or, ouvertes de gueules, en chef, et d'une autre de même, dans le repli de la pointe.

**CROSET (du)**, Auvergne. — D'azur, à la bande d'argent, chargée de trois roses de gueules.

**CRUSSOL (de)**, Languedoc. — Fascé d'or et de sinople de six pièces.

**CUMONT (de)**, Poitou, Anjou, Maine et Bretagne. — D'azur, à trois croix pattées d'argent, posées 2 et 1.

**CUNY (de)**, Lorraine. — Coupé : au 1er, d'or, à une aigle d'empire de sable, et de gueules, à trois cors de chasse d'argent, virolés d'azur, posés en pal.

**CURSAY (de)**, Poitou, Saintonge et Angoumois. — D'argent, au cœur enflammé de gueules, soutenu d'un croissant du même.

**CUVILLON (de)**, Artois. — De gueules, à une autruche d'argent, tenant en son bec un fer de cheval du même.

**DAILLANCOURT**, Lorraine. — De gueules, au chevron d'argent, accompagné de trois étoiles d'or.

**DAINVILLE (de)**, Champagne. — D'argent, à la bande de gueules, chargée de trois aiglettes d'or, et accompagnée de trois larmes de sable.

**DAMPIERRE (de)**, Champagne. — D'or, au chevron de gueules, chargé de trois croissants d'argent, et accompagné de trois autres croissants du second émail.

**DANÈS DE MARLY**, Ile de France. — D'azur, au chevron d'or, accompagné en chef de deux têtes de loup de sable, et en pointe d'une rose de gueules.

**DANIEL**, *alias* **DANUEL DE KERDANET**, Bretagne. — D'azur, à deux coupes couvertes d'or.

**DANGLADE**, Gascogne et Bretagne. — D'azur, au poignard d'argent en pal, garni d'or, la pointe en haut, accosté en chef d'une étoile et d'un croissant d'argent.

**DANGUY DE VUE**, Bretagne. — D'argent, à l'if, *alias* au pin de sinople, le tronc accosté de deux mouchetures d'hermines d sable.

**DANTIL DE LIGONNEZ**, Auvergne. — Parti : au 1er, d'argent, à trois chevrons de gueules; au 2e, d'azur, au lion d'or.

**DANZEL**, Picardie. — D'azur, au daim contourné, passant et ailé d'or.

**DENIS DE CUZIEU**, Forez et Beaujolais. — D'azur, à la bande d'argent, chargée de trois écrevisses de gueules, le champ semé à dextre de besants d'argent sans nombre, à sénestre d'étoiles d'or sans nombre.

**DESAUBRAY**, Bretagne. — De gueules, à trois crosses d'or, 2 et 1.

**DESGABETS D'OMBALE**, Ile de France. — De sable plein.

**DESMARAIS**, Normandie et Limousin. — De gueules, à la croix ancrée d'argent; à la bande de sable brochante et chargée de trois coquilles d'argent.

**DIACRE DES ESSARTS (Le)**, Normandie. — Ecartelé : aux 1er et 4e, d'or, à la croix de Lorraine pattée, au pied fiché de gueules; aux 2e et 3e, d'or, au chevron d'azur.

**DIESBACH**, Suisse. — De sable, à la barre vivrée d'or.

**DIESBACH DE BELLEROCHE**, Suisse. — Ecartelé : aux 1er et 4e, parti de gueules et d'argent, au croissant de l'un en l'autre; aux 2e et 3e, de sable, à la bande vivrée d'or, accompagnée de deux lions contournés du même.

**DIEULEVEULT**, Bretagne. — D'azur, à six

croissants contournés d'argent, mis en orle. — Devise : *Dieu le volt.*

**DIXMUDE DE MONTBRUN**, Flandre et Picardie. — Burelé d'or et d'azur de huit pièces; au sautoir de gueules (*alias* au canton de gueules, chargé d'un lion d'argent).

**D'ORESMIEUX**, Artois. — D'or, à trois roses de gueules; à la tête de Maure en abime, tortillée d'argent.

**DOUEZY D'OLLANDON**, Normandie. — De gueules, au chevron d'or, accompagné de trois besants d'argent.

**DOUGLAS DE MONTRÉAL**, Ecosse, Canada et Bugey. — D'azur, au château à trois tours d'argent, donjonnées du même; chargé d'un écusson d'argent à un cœur de gueules, couronné d'or, et un chef d'azur, chargé de trois étoiles d'argent.

**DRAGON DE GOMICOURT**, Artois. — D'or, à la bande de sable. — Couronne de comte. — Tenants : deux sauvages.

**DRÉE**, Bourgogne. — De gueules, à cinq merlettes d'argent, 2, 2 et 1.

**DROUART DE BOUSSET**, Bourgogne. — D'azur, au chevron d'or, accompagné en chef de deux molettes d'argent, chacune enfermée dans un anneau du même, et en pointe d'une flèche d'or.

**ÉCLUSE (de L')**, Artois. — D'azur, au chevron d'or, accompagné de trois étoiles du même, deux en chef et une en pointe.

**ELBÈNE (d')**, Toscane et France. — D'azur, à deux bâtons, tigés par le pied de trois racines et fleurdelisées par le haut, posés en sautoir, le tout d'argent.

**ENGILBOUD (d')**, Dauphiné. — De gueules, au lion d'argent; à la fasce d'or brochante, chargée de trois coquilles de sinople.

**ÉPINE (de L')**, Artois. — D'or, à l'arbre sec d'épines, arraché de sable.

**EPPLÉ DE FŒLANDEN (d')**, Suisse. — D'or, au lion contourné d'azur, *alias* de gueules, ayant une queue de pan.

**ERRARD (d')**, Lorraine. — D'azur, à la tour d'or, bâtie en pyramide, maçonnée de sable, fermée de gueules, et surmontée de trois étoiles d'or.

**ESCANNEVELLE (d')**, Champagne. — D'argent, à six coquilles de gueules, 3, 2 et 1.

**ESCHAFFIN (d')**, Dauphiné. — D'azur, à la colombe d'argent, tenant à son bec un rameau de laurier d'or.

**ESCLABISSAC (d')**, Bretagne et Auvergne. — D'or, à deux lions affrontés de gueules, accompagnés de deux étoiles de sinople en chef, et d'un croissant d'azur en pointe.

**ESCOUROLLES (d')**, Auvergne. — D'azur, à trois lionceaux d'or, les deux en chef, soutenant un chevron d'argent; au chef cousu de gueules, chargé de trois étoiles d'or.

**ESMARD (d')**, Berry. — D'or, à trois lionceaux de gueules.

**ESPARRON (d')**, Provence. — D'or, à la fusée d'azur, accompagnée de trois arcs de gueules.

**ESPINACE (d')**, Normandie. — Ecartelé : aux 1er et 4e, d'azur, au croissant d'argent; aux 2e et 3e, d'azur, à l'étoile d'argent.

**ESPINCHAL (d')**, Rouergue. — D'azur, au griffon d'or, accompagné de trois épis de blé du même.

**ESPRONNIÈRE DE VRIS (L')**, Pays d'Aunis et Bretagne. — D'hermines, fretté de gueules.

**ESTBAC (d')**, Suisse. — D'azur, à la fasce d'or, accompagnée de trois têtes de cheval contournées d'argent, deux en chef et une en pointe.

**ESTIENNE DE GARS (d')**, Bretagne. — D'argent, à trois fasces de gueules, accompagnées de huit mouchetures d'hermines de sable, posées 2, 2 et 2; au chef cousu d'or, chargé de deux fleurs de lis de sable.

**ESTIENNE DE KERMEZ (d')**, Bretagne. — D'argent, au lion d'azur, chargé de trois fasces de sable.

**ESTIENNE DE MÉSLEN (d')**, Bretagne. — D'azur, au chevron d'argent, accompagné de trois coquilles d'or, deux en chef, une en pointe.

**ESTRELIN (d')**, Berry. — D'azur, à l'estrelot (oiseau) d'or, sur une terrasse de sinople; au chef cousu de gueules, chargé de trois étoiles d'argent.

**ESTISSAC (d')**, Périgord. — Palé d'argent et d'azur de six pièces, *alias* d'azur, à trois pals d'argent.

**EUZENOU (d')**, Bretagne. — Ecartelé : aux 1er et 4e, d'azur plein; aux 2e et 3e, d'argent, à la feuille de houx de sinople en pal.

**FABRI**, Suisse et Piémont. — D'azur, à la bande d'or, chargée d'une rose de gueules, et accompagnée de deux étoiles d'or.

**FAGNIER DE VIENNE**, Champagne. — D'azur, au chevron d'or, chargé de deux lions de gueules affrontés, et accompagné de trois molettes d'or, deux en chef et une en pointe.

**FAREZ D'OGIMONT**, Flandre. — D'or, au

chevron d'azur, accompagné de trois moucheture d'hermines de sable.

**FARGE (La)**, Auvergne. — De sable, à la bande d'argent, accompagnée en chef d'une étoile du même.

**FARGUE (La)**, Périgord. — D'azur, à trois maillets d'argent; à la bordure cousue de gueules.

**FARINGTON**, Angleterre. — De sable, à trois licornes courant l'une sur l'autre, d'argent.

**FAUCIGNY DE LUCINGE**, Savoie et Bresse. — Palé d'or et de gueules de six pièces.

**FAULCON DE RIS**, Toscane et France. — De gueules, à la patte de lion, posée en bande d'or.

**FAULQUE ou FOULQUE DE JONQUIÈRES**, Provence. — De gueules, à deux hêtres d'or, accompagnés en chef d'un faucon d'argent.

**FAUTREAU D'YÈRES**, Normandie. — D'azur, à trois croissants d'or, 2 et 1.

**FAUVEAU**, Limousin. — D'argent, à la bande de gueules, chargée de trois étais d'or.

**FAVERIES**, Perche. — D'azur, au chevron d'argent, accompagné de trois losanges du même, 2 et 1.

**FAVIÈRES**, Ile de France. — D'azur, au pélican d'or dans sa piété.

**FAYE DE BORN (La)**, Périgord. — D'or, à deux fasces de gueules; au lambel de cinq pendants d'azur.

**FAYET (du)**, Auvergne. — D'azur, à la tour d'argent, ajourée de sable, adextrée d'un croissant d'argent, et sénestrée d'une étoile d'or.

**FÉBURE DE SAINT-ILDEFONT (Le)**, Normandie. — D'azur, au croissant d'or, accompagné de trois croissants d'argent, deux en chef et un en pointe.

**FELICI (de)**. — D'azur, à trois épis de grains d'or en gerbe, accompagnés en chef, à dextre, d'une comète d'argent, tortillante en bande; coupée de gueules, à deux griffes de lion en sautoir d'or.

**FER DE BONABAN (Le)**, Bretagne. — Echiqueté d'or et de gueules, *alias* échiqueté d'argent et d'azur.

**FERCHAULT DE RÉAUMUR**, Saintonge et Ile de France. — D'argent, au lion de sinople, lampassé de gueules.

**FÉRIET (de)**. — D'or, à une croix de sable, au canton de gueules, chargé d'une tour d'argent.

**FERMONT**, Champagne. — De gueules, à trois tours d'or, à la bordure de sable.

**FERNEX (de)**, Lyonnais et Suisse. — Ecartelé : aux 1er et 4e, d'argent, à un lion de gueules; aux 2e et 3e, de gueules, à un lion d'argent.

**FERRAND DE MAUVEZIN**. — D'argent, à trois fasces de sable.

**FERRERO DE MASSERAN**, Piémont et France. — Ecartelé : au 1er, d'argent, au lion d'azur, armé et lampassé de gueules; aux 2e et 3e, d'argent, à l'aigle, à deux têtes de sable, couronnées du même; sur le tout, de *Fieschi*.

**FLACHAT DE SAINT-BONNET (de)**, Lyonnais. — D'azur, au lion d'or, tenant de la patte une pique d'argent, fûtée d'or.

**FLEURIAU**, Touraine et Ile de France. — D'azur, à l'épervier d'argent, membré, longé et grilleté du même, perché sur un bâton de gueules; au chef d'or, chargé de trois glands feuillés et tigés de sinople.

**FLEURY**, Bretagne. — D'azur, fretté d'argent.

**FLEURY**, Languedoc. — D'azur, à trois roses d'or.

**FLO DE BRANHO (Le)**, Bretagne. — D'argent, à trois trèfles de sinople, 2 et 1.

**FLOQUET (du)**, Auvergne. — D'azur, à la croix engrêlée d'or, cantonnée aux 1er et 4e, d'une étoile d'argent, et aux 2e et 3e, d'une pomme de pin d'or.

**FLORIT DE LA TOUR DE CLAMOUSE**, Vivarais et Languedoc. — D'azur, au cygne d'argent; au chef d'or, chargé d'un casque de sable.

**FOLLENAY DE LA HERNYAIS**, Bretagne. — D'azur, à l'aigle d'or, *alias* à la gerbe d'or.

**FONS DE LA PLESNOYE (de La)**, Picardie. — D'argent, à trois hures de sanglier de sable, butées et arrachées de gueules.

**FONSÈQUE DE SURGÈRES**, Saintonge. — Ecartelé : aux 1er et 4e, d'or, à cinq étoiles de gueules, à huit rais, en sautoir; aux 2e et 3e, de gueules, au lion couronné d'or.

**FONTAINE (La)**, Bretagne. — D'azur, au chevron d'or, accompagné de trois besants du même, deux en chef et un en pointe.

**FORCEVILLE (de)**, Picardie. — De gueules, au sautoir d'argent, accompagné de quatre molettes, *alias* merlettes du même.

**FORÈS DE CALENCAS**, Languedoc et Bretagne. — Coupé d'or et d'azur; au pin de sinople, fruité d'or, accosté de deux griffons de l'un en l'autre, brochants.

**FOREST DE TREGOUET**, Ile de France et Bretagne. — D'argent, à trois glands de sinople; au chef d'azur, chargé de deux molettes d'or.

**FORESTIE DES AUBAS (La)**, Limousin et Comtat-Venaissin. — D'or, à la forêt de sinople; au chef d'azur, chargé de trois étoiles du champ.

**FORGES (des)**, Lorraine et Champagne. — D'azur, au chevron d'argent, chargé de cinq croisettes fleuronnées et fichées de sable, et accompagné de trois rencontres de cerf d'or.

**FORGES DE LA GAUDINAYE (des)**, Bretagne. — D'or, à deux fasces de gueules.

**FORGET**, Touraine, Ile de France et Auvergne. — D'azur, au chevron d'or, accompagné de trois coquilles du même.

**FOSSERIES DE GONNES**, Bigorre et Gascogne. — De gueules, à la croix d'argent, chargée en cœur d'un léopard rampant d'azur.

**FOUBERT**, Normandie. — D'argent, à la fasce d'azur, chargée d'un léopard d'or.

**FOUGÈRE**, Bretagne. — D'or, à la plante de fougère de sinople.

**FOUIN DE BEAUTERNE (Le)**, Ile de France. — D'azur, à la gerbe d'or.

**FOURNEL (du)**, Lyonnais. — De gueules, au chef d'argent, chargé de trois bandes de sable.

**FOY (de)**, Flandre. — D'azur, semé d'étoiles d'argent; à la barre du même, chargée de trois tourteaux de sable.

**FRONTIN DES BUFFARDS**, Normandie. — D'argent, au chevron de gueules, accompagné de trois branches de trois feuilles chacune de sinople.

**FROST (du)**, Bretagne. — D'argent, à trois têtes de coq de sable, crêtées et barbées de gueules.

**FULCHIRON (de)**, Lyonnais. — D'azur, à la rivière d'argent, surmontée d'une flèche du même, fûtée d'or; au chef d'or, chargé de trois tourteaux de gueules.

**GAETANI DE TEANO**, Rome et Naples. — D'argent, aliàs d'or, à la jumelle ondée d'azur, périe en bande.

**GAIGNON (de)**, Maine et Blaisois. — D'hermines, à la croix de gueules.

**GAIGNIÈRES (de)**, Orléanais. — D'azur, à trois besants d'or, 2 et 1.

**GAJOT**, Provence. — D'argent, au citronnier de sinople, fruité de trois citrons d'or; au chef d'azur, chargé de trois étoiles d'or.

**GALIBERT**, Guienne. — D'hermines, à la fasce d'azur, chargée d'une aigle éployée d'or, accostée de deux léopards affrontés d'argent.

**GALLARD DE BRASSAC DE BÉARN**, Gascogne. — Ecartelé : aux 1er et 4e, d'or, à trois corneilles de sable, becquées et membrées de gueules, 2 et 1; aux 2e et 3e, d'or, à deux vaches passant l'une sur l'autre, de gueules, accornées, ancornées, colletées et clarinées d'azur.

**GALLOIS**, Provence. — De sable, au sautoir d'or.

**GANNAY**, Berry. — De gueules, à trois chevrons renversés d'or; au chef cousu d'azur, chargé de trois étoiles d'argent.

**GARANÉ (du)**, Gascogne. — Parti : au 1er, d'azur, à la croix d'or; au 2e, d'azur, à la croix d'argent.

**GARDE (de La)**, Limousin, Quercy, Auvergne et Périgord. — D'azur, à l'épée antique d'argent, mise en bande.

**GARGES**, Ile de France. — D'or, au lion de gueules, aliàs d'azur, au lion d'or.

**GARIDEL (de)**, Provence. — D'azur, à la croix de calvaire, pattée et fichée d'or, accostée en pointe de deux triangles d'argent.

**GARIN**, Normandie. — De gueules, à trois coquilles d'or, 2 et 1.

**GARNIER (de)**, Ile de France. — D'azur, au chevron d'or, chargé de trois étoiles de sable, et accompagné en chef de deux trèfles du second émail, et en pointe d'une foi de carnation.

**GARNIER DE LABAREYRE**, Dauphiné. — D'azur, au chevron d'or, accompagné de trois étoiles d'argent; au chef cousu de sinople, chargé de deux bandes d'argent, accompagnées de trois besants du même en barre.

**GAUCELIN (de)**, Provence. — D'azur, au croissant versé d'argent.

**GAUCHERET (de)**, Ile de France. — D'or, au pal d'azur; au chef du même, chargé d'une aigle d'argent.

**GAULEJAC (de)**, Quercy. — Parti d'argent et d'azur.

**GEFFROI (de)**, Normandie. — D'argent, à trois mains dextres appaumées de gueules, 2 et 1.

**GEMIT DE LUSCAN (de)**. — D'azur, à trois chevrons d'or.

**GENTIL DE LA BREUILLE**, LIMOUSIN ET BOURGOGNE. — D'azur, au chevron d'or, accompagné de trois roues de Sainte-Catherine du même ; à l'épée nue d'argent, posée en pal, la pointe en haut, brochant sur le tout.

**GENTOLI**, MILANAIS. — Coupé : au 1er, d'argent, à un cep de vigne au naturel ; au 2e, fascé de sable et d'or de six pièces ; parti d'azur, à l'étoile à huit rais d'or.

**GENTON (de)**, BERRY. — De gueules, à la licorne passant d'or ; au chef d'argent, chargé d'une molette de sable.

**GIBANEL (de)**, LIMOUSIN ET BRETAGNE. — Parti : au 1er, d'azur, à trois coquilles d'or, en pal ; au 2e, de gueules, à la demi-molette d'argent.

**GIBERT (de)**, PROVENCE. — D'or, au lion de gueules ; au chef d'azur, chargé de trois étoiles du champ.

**GIGORT DE NOGARET (de)**, LANGUEDOC. — De gueules, à une rose d'argent ; au chef cousu d'azur, chargé de trois faucons d'argent.

**GILLY (de)**, LANGUEDOC ET ÎLE DE FRANCE. — D'azur, au phénix d'or, sur son immortalité de gueules, posé sur un autel d'argent ; au soleil d'or, naissant, mouvant de l'angle dextre du chef de l'écu.

**GINESTOUX DE SAINT-CLERGE**, LANGUEDOC, DAUPHINÉ ET PROVENCE. — D'or, au lion de gueules, lampassé, armé et vilené de sable.

**GIRARD DE BOËN**, FOREZ. — D'or, au chevron de gueules, accompagné en chef de deux lions de gueules affrontés, et en pointe d'un cœur de même. — Couronne de comte.

**GIRARD DE SAINT-GERAND**, AUTUNOIS. — D'azur, à trois bandes d'or. — Couronne de comte.

**GIRARDIER (de)**, NEUFCHATEL ET FOREZ. — D'azur, à la licorne effarée et issante d'un croissant, accompagnée en chef de trois étoiles, posées 1 et 2, le tout d'argent ; à la champagne de pourpre. — Couronne de comte. — Tenants : deux sauvages. — Cimier : une licorne issante.

**GISSEY (de)**, CHAMPAGNE. — De gueules, à trois chandeliers d'église d'or, 2 et 1, surmontés de trois étoiles du même.

**GIUDICE (del)**, AMALFI. — Ecartelé : aux 1er et 4e, de gueules, et aux 2e et 3e, de sable, à la croix dentelée d'argent, cantonnée au premier canton d'un croissant d'or.

**GLAPION (de)**, NORMANDIE. — D'azur, à trois fasces d'or ; à la bordure de gueules.

**GODON (de)**, DAUPHINÉ. — D'azur, au cygne d'argent, couronné d'or.

**GOESLARD (de)**, NORMANDIE. — De gueules, au sautoir d'argent, accompagné de quatre maillets du même.

**GONDIN D'ARAMON**, LANGUEDOC. — D'azur, au lion d'or.

**GONDRECOURT (de)**, LORRAINE ET CHAMPAGNE. — Ecartelé : aux 1er et 4e, d'azur, à la fasce d'argent, accompagnée de deux éperviers d'or en chef, et d'une molette du même ; aux 2e et 3e, d'azur, à trois anneaux d'argent, deux en chef et un en pointe.

**GORET DE LA GRANDRIVIÈRE**, BRETAGNE. — D'or, à trois hures de sanglier de sable.

**GORRON**, NORMANDIE ET CHAMPAGNE. — D'argent, à la fasce de sable, accompagnée de trois trèfles de gueules, deux en chef et un en pointe.

**GOUBERT (de)**, NORMANDIE ET BRETAGNE. — De gueules, au grélier contourné d'or, lié du champ, accompagné en pointe d'une molette du second.

**GOUESLIER (Le)**, NORMANDIE. — D'azur, à trois molettes d'éperon d'or, 2 et 1.

**GRESLIER DU FOUGEROUX.** — D'argent, à deux roses de gueules en chef et une fleur de lis d'azur en pointe.

**GRIMONVILLE (de)**, NORMANDIE. — De sinople, à trois jumelles d'argent, posées en bandes.

**GUÉRIN DU CALIA**, AUVERGNE ET LANGUEDOC. — De gueules, à six besants d'argent, 3, 2 et 1 ; au chef cousu d'azur.

**GUIBAL (de)**, LANGUEDOC. — Ecartelé d'or et de gueules.

**GUIBERT DE LA ROSTIDE**, TOURAINE, PROVENCE ET LANGUEDOC. — D'azur, au gui de chêne fleuri d'or, accompagné de trois étoiles du même, 2 et 1.

**GUICHARD**, CHAMPAGNE ET LORRAINE. — D'argent, à trois cors de chasse, enguichés, garnis et liés d'azur, *alias* d'or, rangés en pal.

**GUIGUE (de)**, PICARDIE ET CHAMPAGNE. — D'argent, à trois maillets de gueules, 2 et 1.

**GUILLARD DE KERHUELEN**, BRETAGNE. — D'or, au coq de sable.

**GUILLAUME DE LA VIEUVILLE**, BRETAGNE. — De gueules, au lion d'argent, couronné et lampassé d'or.

**GUILLEMIN DE LA MAIRIE**, TOURAINE. — Ecartelé : aux 1er et 4e, d'argent, à la fasce de sable, chargée de trois coquilles d'or; aux 2e et 3e, parti d'hermines et de gueules, qui est de *Bailleul*.

**GUINEBAULD DE LA MILIÈRE** (de), POITOU. — De gueules, à trois roses d'argent, 2 et 1.

**GUISANCOURT** (de), PICARDIE. — D'or, à trois merlettes de sable, 2 et 1.

**GUYON DE VOSLOGER**, NORMANDIE. — D'argent, au cep de vigne de sinople, fruité de gueules et soutenu d'un échalas de sable. — Couronne de comte.

**HAMEL DE MANIN** (du), ARTOIS. — D'argent, à la croix de gueules, chargée de cinq boucles d'or.

**HANGEST** (de), PICARDIE. — D'argent, à la croix de gueules, chargée de cinq coquilles d'or.

**HANMER DE CLAYBROOKE** (de), ANGLETERRE ET PICARDIE. — D'argent, à la croix pattée de gueules.

**HARGENVILLIERS** (d'), PICARDIE ET LANGUEDOC. — D'hermines, papelonné de gueules.

**HARVILLE** (d'), BEAUCE. — De gueules, à la croix d'argent, chargée de cinq coquilles de sable.

**HAUTOY** (du), LUXEMBOURG ET LORRAINE. — D'argent, au lion à la queue fourchée de gueules, armé, lampassé et couronné d'or.

**HAYE** (de La), BRETAGNE. — D'azur, au léopard d'or; à la cotice de gueules brochante.

**HAYE** (de La), PICARDIE. — D'azur, fretté d'or; à l'orle de chausse-trapes d'argent.

**HÉMERY** (d'), CHAMPAGNE. — D'azur, au griffon d'or; au chef cousu de gueules, chargé de trois émerillons d'or.

**HENNECOURT** (d'), PICARDIE. — D'argent, à trois maillets de sable, 2 et 1.

**HERBELIN** (d'), BRETAGNE. — D'azur, au chevron d'or, accompagné de trois haches d'argent, deux en chef affrontées et une en pointe.

**HÉRISSON** (d'), CHAMPAGNE. — D'azur, à trois roses d'argent, 2 et 1.

**HERTE DE SEPTOUTRE**, PICARDIE. — D'azur, à trois soucis tigés et feuillés d'or, 2 et 1.

**HERSANT DES TOUCHES** (d'), FRANCHE-COMTÉ. — Coupé : au 1er, d'azur, semé d'étoiles d'or; à la rose tigée et feuillée d'argent, en cœur; au 2e, de gueules, à deux flèches d'argent, en sautoir, les pointes en bas, empoignées d'or; à la bordure componée d'or et de sable.

**HERVILLY** (d'), PICARDIE. — De sable, semé de fleurs de lis d'or.

**HEUDELOT** (d'), CHAMPAGNE. — De gueules, au chevron d'or, accompagné de trois trèfles d'argent, deux en chef et un en pointe.

**HEUSLIN** (d'), SOISSONNAIS — D'argent, à deux merlettes de sable en chef, et une quintefeuille de gueules en pointe.

**HOPPIER DE LANGENHART**, SUISSE. — Parti de gueules et d'azur, à l'étoile à six rais d'or, brochante.

**HORDAL DU LYS**, LORRAINE ET CHAMPAGNE. — D'azur, à l'épée d'argent, garnie d'or, soutenant une couronne royale, et accostée de deux fleurs de lis du même.

**HORNBERG** (de), ALSACE. — D'or, au cor de chasse de gueules, sur un rocher du même, mouvant de la pointe.

**HUE DE LA BLANCHE**, FOREZ. — Ecartelé : aux 1er et 4e, de gueules, à trois molettes d'éperon d'or, 2 et 1 ; au cœur d'argent, en abîme ; aux 2e et 3e, d'or, à trois écussons de gueules, qui est de du *Bost*. — Couronne de comte.

**HUET** (d'), NORMANDIE. — D'azur, à trois grelots d'or, contre-posés, surmontés de deux mouchetures d'hermines d'argent.

**HUILLIER DE LA MALMAISON** (l'), ILE DE FRANCE, LANGUEDOC ET CHAMPAGNE. — D'azur, à trois coquilles d'or, 2 et 1.

**HULOT D'OZERY**, ILE DE FRANCE. — Coupé : au 1er, parti de sable au dextrochère d'argent, mouvant du flanc dextre, et de gueules, à l'épée haute en pal d'argent; au 2e, d'azur, au griffon d'argent, couché, soutenu d'or, la patte dextre sur un boulet d'or.

**HUON DE KERLAN**, BRETAGNE. — D'or, au lion de sable; à la fasce en divise de gueules, brochante.

**IRECOURT** (d'), NORMANDIE. — D'argent, à la croix de gueules, cantonnée de quatre lions d'azur.

**ISSONCOURT** (d'), LORRAINE. — De gueules, à la croix d'argent.

**JACQUIN DE CASSIÈRES**, CHAMPAGNE, BOURGOGNE ET PICARDIE. — D'azur, à la colonne d'argent, surmontée de trois étoiles du même, posées en comble. — Couronne de comte. — Supports : deux lions.

**JAQUOT DE ROSEY**, FRANCHE-COMTÉ. — D'argent, à trois fleurs de violettes au naturel, tigées et feuillées de sinople, et posées 2 et 1.

**JARRIGE (de)**, LIMOUSIN. — D'azur, au chevron d'or, surmonté d'une croisette du même, et accompagné en chef de deux palmes d'argent, et en pointe d'une tour du même, maçonnée de gueules.

**JAY DE MAISON-ROUGE (Le)**, ILE DE FRANCE ET PICARDIE. — D'azur, à l'aigle d'or, regardant un soleil du même, mis au canton dextre, et cantonnée aux trois autres cantons de trois aiglettes aussi d'or.

**JEANNIN DE CASTILLE DE MONTJEU**, BOURGOGNE ET ILE DE FRANCE. — Ecartelé : aux 1er et 4e, d'azur, au château sommé de trois tours d'or, qui est de *Castille ;* aux 2e et 3e, de *Jeannin.*

**JEUNE DE MALHERBE (Le)**, BRETAGNE. — D'argent, au chevron d'azur, accompagné de trois molettes de gueules, deux en chef et une en pointe.

**JOLBERT (de)**, CHAMPAGNE. — D'argent, au chevron d'azur, surmonté d'un croissant de gueules, et accompagné de trois roses du même, deux en chef et une en pointe.

**JOLY DE BAMMEVILLE**, POITOU ET TOURAINE. — Mi-parti : au 1er, d'azur, à deux gerbes d'or en fasce, au chef cousu de gueules, chargé de deux larmes d'argent; au 2e, coupé : au 1er, de sinople, au chef d'argent, à une épée de pourpre en fasce; au 2e, d'or, à la bande d'azur, chargée de deux coquilles d'or. — Couronne de comte. — Tenants : deux sauvages.

**JOSSERAND (de)**, BOURGOGNE. — De sable, à la croix denchée d'or.

**JOSSIER**, ILE DE FRANCE. — De gueules, à la tour d'or, accostée de deux lézards renversés et affrontés du même.

**JOURNEL (de)**, BOURGOGNE ET LYONNAIS. — D'or, à la bande de gueules, chargée d'une main d'or, accostée de deux étoiles du même, et accompagnée de six croisettes de sable, trois en chef, 2 et 1, et trois en pointe, 1 et 2. — L'écu timbré d'un casque sommé d'une tête de cerf. — Devise : *Dextra cruce vincet.*

**JUGEALS DE PEYRAC**, PÉRIGORD ET AUVERGNE. — D'azur, à la fasce d'or, accompagnée de trois étoiles d'argent.

**JUSSIEU**, LYONNAIS ET ILE DE FRANCE. — Vairé de gueules et d'argent; au chef d'azur, chargé d'un soleil d'or.

**KERALIOU (de)**, BRETAGNE. — D'argent, à cinq mouchetures de sable; au chef denté du même.

**KERATRY (de)**, BRETAGNE. — D'azur, au grêlier d'argent, surmonté d'une rose du même en pal.

**KERCADORET**, BRETAGNE. — D'azur, à trois cyprès d'or, accompagnés en chef d'un croissant et d'une fleur de lis d'argent.

**KERGARIOU (de)**, BRETAGNE. — Parti : au 1er, d'argent plein, au 2e, d'argent fretté de gueules de six pièces; au franc canton de pourpre, chargé d'une tour d'argent.

**KERSAUZON DE PENANDREF**, BRETAGNE. — De gueules, au fermail d'argent, ardillonné du même.

**KINSKY**, BOHÊME ET AUTRICHE. — De gueules, à trois dents de loup d'argent, mouvantes de sénestre et courbées du côté de la pointe de l'écu.

**LAIZER DE SIOUGEAT**, AUVERGNE ET ARTOIS. — De sable, à la bande d'or, accostée en chef d'une étoile et d'une rose d'argent et en pointe d'une rose et d'une étoile du même.

**LAJEARD (de)**, LIMOUSIN ET ANGOUMOIS. — D'azur, au lion contourné d'argent, lampassé et armé de gueules, surmonté d'un croissant d'argent.

**LALLEMAND (de)**. — D'argent, à la fasce de sable, accompagné de trois trèfles de gueules, deux en chef, un en pointe.

**LAMBLAIN DE CLÉVAN**, LORRAINE. — D'azur, au chevron d'or, accompagné en chef de deux étoiles, et en pointe d'une tête de lion arrachée du même; au chef d'or, chargé de trois tourteaux de gueules.

**LANDAIS DE LA TOUCHE**, BRETAGNE ET TOURAINE. — D'azur, à la fasce alésée et échancrée d'or, surmontée en chef d'un croissant entre deux étoiles du même, et accompagnée en pointe d'une rose aussi d'or.

**LARMINAT (de)**, LORRAINE. — D'azur, à un pal d'argent, chargé d'un tourteau d'azur.

**LARNAC (de)**, LANGUEDOC. — D'or, au chevron de gueules, accompagné en chef de deux renards rampants et affrontés de sable, et en pointe d'un croissant d'azur; au chef du même, chargé de trois étoiles d'or.

**LASSET (de)**, LANGUEDOC. — De gueules, au lion d'or.

**LASTOURS (de)**, LIMOUSIN. — D'azur, semé de fleurs de lis d'or, à trois tours d'argent brochantes.

**LAURENS (de)**, PICARDIE ET NORMANDIE. — De gueules, à trois croisettes d'argent, 2 et 1.

**LAURENT DE BRIEL**, CHAMPAGNE. — D'azur, au chevron renversé d'or, et au cor de chasse du même, suspendu au chevron par un lien de gueules.

**LAVAISSIÈRE (de).** — D'hermines, à une fasce denchée de gueules.

**LAVAUR DE SAINTE-FORTUNADE (de),** Auvergne. — D'argent, au chevron de gueules, accompagné de trois croissants du même; au chef d'azur, chargé de trois étoiles d'or. — Couronne de comte..

**LELAY, alias LE LAY DE VILLEMAREST,** Bretagne. — D'argent, à la fasce d'azur, accompagnée en chef de trois annelets de gueules, et en pointe d'une aigle éployée de sable, becquée et membrée de gueules.

**LENTILHAC (de),** Quercy, Rouergue et Limousin. — De gueules, à la bande d'or.

**LÉPIC (de),** Languedoc. — Coupé : au 1er, parti d'or, à trois grenades de sable, enflammées de gueules, et de gueules, à l'épée haute, en pal, d'argent; au 2e, d'azur, au faisceau à l'antique d'argent, accosté de deux lions d'argent affrontés, surmontés chacun d'une étoile d'argent, celui de sénestre armé d'un badelaire d'argent, le tout soutenu d'une champagne de sinople.

**LESCALOPIER, alias L'ESCALOPIER,** Italie et Ile de France. — De gueules, à la croix d'or, cantonnée de quatre croissants du même.

**LESPINE (de),** Périgord. — D'argent, à trois roses de gueules, tigées et feuillées de sinople, mal ordonnées.

**LEUZE (de),** Languedoc. — D'or, au chêne de sable, soutenu de deux lions du même.

**LEVINGE (de),** Angleterre. — De sinople, au chevron d'or, accompagné de trois coquilles d'argent en chef.

**LEZAY-MARNÉZIA (de).** — Burelé d'argent et d'azur, à l'orle de huit merlettes de gueules; au franc-quartier du même.

**LE LIÈVRE DE LA GRANGE,** Ile de France, Bourbonnais et Brie. — D'azur, au chevron d'or, accompagné en chef de deux quintefeuilles d'argent.

**LIGNIÈRES (de).** — D'argent, à la croix ancrée de gueules.

**LOCQUET,** Ile de France. — D'azur, à trois croissants d'argent, surmontés d'un cœur et de deux étoiles rangés du même.

**LONG DU DRENEUX ( Le ),** Bretagne. — — D'or, à la quintefeuille de sable.

**LONGUEVILLE (de),** Bretagne. — D'or, au chevron de gueules.

**LORD (de).** — De sable, à une croix ancrée d'argent, chargée en cœur d'une fleur de lis de gueules, et une bordure engrêlée d'argent.

**LORDELOT DE BELLEGARDE,** Ile de France et Guienne. — D'argent, à un ours rampant de sable.

**LORMIER D'ÉTOGES ET DE CHEMILLY,** Ile de France. — De gueules; au chef d'or, chargé d'un lion de sable, accosté de deux aiglettes éployées du même.

**LORT DE SÉRIGNAN,** Guienne. — D'azur, au lion d'or, surmonté en chef d'une étoile d'argent.

**LOURDOUEIX,** Bretagne.

**LOUVART DE PONT-LE-VOYE,** Poitou, Bretagne et Normandie. — D'or, à trois têtes de Maure de sable, 2 et 1, tortillées d'argent.

**LUPIAC (de),** Gascogne. — Ecartelé : aux 1er et 4e, d'azur, au lion d'or; aux 2e et 3e, d'argent, au loup ravissant de sable; à la bordure d'argent, chargée de neuf canettes de sable, membrées d'or.

**MACQUART,** Picardie, Beauce, Lorraine et Flandre. — D'or, à la palme de sinople.

**MACQUART DE RUAIRE,** Lorraine et Normandie. — D'argent, à l'épée d'azur, posée en pal, sommée d'une couronne du même, et accostée de deux fleurs de lis aussi d'azur; au chef du même, chargé de deux étoiles d'argent.

**MAGNIN DE GASTE,** Suisse, Comtat-Venaissin et Dauphiné. — D'azur, au chevron d'or, accompagné de trois coquilles du même, deux en chef et une en pointe.

**MAHIEX DE MALLEVAL,** Beaujolais. — D'argent, au chêne terrassé de sinople et au lion grimpant du même; au chef d'azur.

**MAILHAR DE BALORRE,** Bourgogne. — D'or, au feu de trois flammes de gueules, et au maillet de sable, posé en bande; au chef de gueules, chargé de trois étoiles d'or.

**MALESCOT (de),** Bretagne. — D'hermines, au rencontre de cerf de gueules, ramé du même.

**MALET,** Picardie. — D'azur, à trois trèfles d'or, 2 et 1.

**MALHERBE (de),** Bretagne. — D'hermines, à trois roses de gueules, 2 et 1.

**MANGOT DE VILLANCEAUX,** Poitou. — D'azur, à trois éperviers d'or, membrés, longés et becqués de gueules, chaperonnés d'argent.

**MANNOURY DE CROISILLES (de),** Normandie. — D'argent, à trois mouchetures d'hermines de sable. — Couronnne de marquis. — Supports : deux licornes.

**MARCHANT ( Le ),** Bretagne et Norman-

DIE. D'azur, au chevron d'or, accompagné de trois trèfles, *aliàs* molettes du même, 2 et 1.

**MARMIER**, Champagne et Franche-Comté. — De gueules, à la marmotte d'argent. — Ecartelé *de Choiseul*.

**MARSEUL (de)**, Perche. — D'azur, à trois lances hautes, d'argent, le fer d'or, posées 2 et 1.

**MARTIMPREY (de)**, Lorraine et Champagne. — De sable, à une bande ondée d'argent, accompagnée de deux croix recroisettées, au pied fiché, aussi d'argent.

**MASQUEREL (de)**, Normandie. — D'argent, à la fasce d'azur, diaprée d'or, accompagnée de trois roses de gueules, 2 en chef et 1 en pointe.

**MAUPEOU (de)**, Ile de France. — D'argent, au porc-épic passant de sable.

**MAURAIGE (de)**, Cambrésis. — Echiqueté d'or et de sable.

**MAZANCOURT (de)**, Picardie. — D'azur, au chevron d'or, accompagné de trois coquilles du même, 2 en chef et 1 en pointe.

**MÉNARS (de)**. — D'or, à la fasce d'azur, chargée de deux roses d'argent et accompagnée de trois roses de gueules.

**MÉNISSON (de)**, Champagne. — D'or, à la croix ancrée de sable.

**MÉRITENS (de)**, Languedoc et Gascogne. — D'azur, à un pin de sinople, au pied duquel broche un lévrier d'argent arrêté. — Couronne de comte. — Supports : deux lions.

**MESNAGER (de)**, Ile de France et Picardie. — D'argent, au chevron de gueules, accompagné de trois trèfles de sinople; au chef d'azur, chargé de trois merlettes d'argent.

**MICHON DE VOUGY**, Forez. — D'azur, à la fasce d'or, accompagnée de trois besants d'argent, 2 en chef et 1 en pointe.

**MOLETTE DE MORANGIÈS**, Languedoc. — D'azur, au cor de chasse d'argent, lié de gueules, accompagné de trois molettes d'or, 2 en chef et 1 en pointe.

**MOLLIEN**, Normandie. — D'azur, à la gerbe liée d'argent, adextrée de trois chevrons d'or l'un sur l'autre, sénestrée de trois étoiles rangées en chef.

**MONTBRUN (de)**, Languedoc et Ile de France. — D'azur, au lévrier courant, d'argent, colleté du même, bouclé d'or.

**MONTCORNET (de)**, Picardie. — De gueules, à l'aigle essorante, d'argent.

**MONTFORT (de)**, Savoie. — Ecartelé : aux 1er et 4e, d'azur, à la tour d'argent, maçonnée de sable; aux 2e et 3e, d'or, à trois pals d'azur.

**MONTLAUR (de)**, Languedoc. — D'or, au lion couronné de vair.

**MONTMARTIN (de)**, Bretagne. — D'argent, fretté de gueules; au chef échiqueté d'or et de gueules.

**MONTUREUX (de)**, Franche-Comté. — D'or, à la bande d'azur.

**MORAINVILLE (de)**, Normandie. — D'argent, à trois merlettes de sable.

**MORARD D'ARCES**, Guienne. — D'azur, au franc-canton d'or, adextré d'une rose d'argent.

**MORGUES (de)**, Velais. — De gueules, en sautoir d'or; au chef cousu d'azur, chargé de trois étoiles d'or.

**MORIN DU TERTRE**, Bretagne. — D'argent, à l'arbre de sinople, planté sur une terrasse du même; au porc-épic de sable, brochant sur le fût de l'arbre.

**MORY (de)**. — D'or, à une fasce d'azur et une bande du même, chargée de trois étoiles d'or, brochantes.

**MOTTE-FOUQUET (La)**, Bretagne et Normandie. — De sable, *aliàs* d'azur, à la fasce d'or.

**MULLER**, Lorraine. — D'argent, à l'anille de sable, surmontée d'un trèfle de sinople.

**MURRAY**, Écosse. — D'argent, au fermail d'azur; au chef du même, chargé de trois étoiles du champ.

**NADAL (de)**, Provence et Antilles Françaises. — D'or, à l'aigle éployée et couronnée de sable, chargée d'un cœur surmonté d'une croisette de gueules.

**NEUVILLE (de)**, Auvergne. — D'azur, à la croix échiquetée de sable et d'argent, de deux tires.

**O'BRIEN**, Irlande et France. — De gueules, à trois léopards d'or, l'un sur l'autre.

**O'DONELL**, Irlande, France et Espagne. — De gueules, au sénestrochère de pourpre, vêtu d'azur, tenant une croix recroisettée, au pied fiché d'or.

**OISY (d')**, Artois. — D'argent, au croissant de gueules.

**O'NEILL DE TYRONE**, Irlande, Martinique et France. — D'argent, à deux lions de gueules, affrontés, supportant une main dextre du même, appaumée et posée en pal; les deux lions accompagnés en chef de trois étoiles à six rais de gueules, et en pointe d'une rivière au naturel, au milieu de laquelle nage un saumon, aussi au naturel, posé en fasce.

**ORCIÈRES** (d'), DAUPHINÉ. — Coupé : d'argent et de gueules, à l'ours en pied de sable, tenant une couronne d'or brochante.

**ORIGNY** (de), NORMANDIE ET BOURGOGNE. — D'argent, à la croix ancrée de sable, chargée en cœur d'un losange de sable.

**ORIOCOURT** (d'), LORRAINE ET CHAMPAGNE. — De gueules, à trois pals de vair; au chef d'or, chargé d'un lion léopardé de gueules.

**PALATIN DE DIO DE MONTPÉROUX**, BRESSE, SAVOIE, BOURGOGNE ET BRETAGNE. — Fascé d'or et d'azur de six pièces ; à la bordure de gueules.

**PARIS (de)**, BOURGOGNE. — D'azur, à une fasce d'or, accompagnée en chef de trois épis rangés d'or et en pointe d'une tour d'argent.

**PARMENTIER**, FLANDRE ET ARTOIS. — D'argent, au chevron d'azur, chargé d'un chevron d'or, et accompagné de trois trèfles de sinople, 2 en chef et 1 en pointe.

**PASQUIER DE FRANCLIEU**, ILE DE FRANCE. — D'azur, au chevron d'or, accompagné en chef de deux têtes de Maures de sable, posées de profil, tortillées d'argent, et en pointe de trois pâquerettes d'or, tigées du même, posées 1 et 2, et mouvantes d'une terrasse aussi d'or, celle du milieu plus élevée.

**PAYS DE LA RIBOISSIÈRE (Le)**, DAUPHINÉ ET BRETAGNE. — D'argent, au chevron de sable, accompagné en chef d'une hure de sanglier du même, et en pointe d'une rose de gueules.

**PENNEC (Le)**, BRETAGNE. — De gueules, à trois bustes de pucelle d'argent, chevelées d'or.

**PERCY (de)**, NORMANDIE. — D'azur, à cinq fusées en fasce d'or.

**PERETTI**, *aliàs* **PERRETTI**, ROME. — D'azur, au lion d'or, tenant une branche de poirier chargée de trois poires au naturel; à la bande pliée de gueules, brochante, et chargée d'une comète d'or et d'une montagne à trois coupeaux d'argent.

**PÉRIER (du)**, BÉARN, BRETAGNE, PRUSSE, PROVENCE, PÉRIGORD ET GUIENNE. — D'azur, à trois poires d'or, 2 et 1 ; à l'oiseau d'or, en cœur, perché sur un écot du même.

**PÉRIGNY (de)**, ILE DE FRANCE ET PAYS CHARTRAIN. — Losangé d'or et de sable, accolé d'azur, à trois croissants d'or, surmontés d'une trangle de même, écartelé d'argent, à une vache de gueules, sommée entre les deux

cornes d'une étoile d'or, et sur le tout, de gueules, à une cuirasse d'argent.

**PERREAUD DE FEUILLASSE**, BOURGOGNE, PAYS DE GEX ET SUISSE. — De gueules, au chevron d'or, accompagné en chef de deux étoiles d'argent, et en pointe d'un arbre du même.

**PERRÉE DE LA VILLESTREUX**, BRETAGNE ET ILE DE FRANCE. — De gueules, au chevron d'or, accompagné en chef de deux étoiles, et en pointe d'une ancre, le tout d'or.

**PICOT DE BAZUS**, LANGUEDOC. — Écartelé : aux 1$^{er}$ et 4$^e$, d'azur, à trois fers de lance d'argent, au chef de même, chargé d'un coq issant, de sable, crêté et barbillonné de gueules; aux 2$^e$ et 3$^e$ d'or, à l'arbre de sinople, fruité de gueules; au lion léopardé, du même, brochant.

**PIGAULT DE LÉPINOY**. — D'azur, à la croix ancrée et givrée d'argent.

**PILLON DU COUDRAY DE LA THILLAYE**, NORMANDIE. — D'or, à la fasce d'azur, accompagnée de trois molettes de gueules, 2 en chef et 1 en pointe.

**PIOGER**, NORMANDIE, BRETAGNE ET CHAMPAGNE. — D'argent, à trois écrevisses de gueules, posées en pal, 2 et 1.

**PIOLLE DE FONTIENNE**, PROVENCE. — D'argent, à deux branches de laurier de sinople, mises en couronne ; au chef d'azur, chargé de trois molettes à huit rais d'or.

**PITHOU DE THOROTTE**, FLANDRE FRANÇAISE ET CHAMPAGNE. — De vair, à la bande de gueules.

**PLANCHÉS (des)**, NORMANDIE. — D'argent, à la croix ancrée de sable, accompagnée de trois étoiles du même.

**PLASSE**, *aliàs* **DE PLACE (de)**, LIMOUSIN. — D'azur, à trois besants d'or, 2 et 1.

**POINTE DE GEVIGNY ( de )**, BOURGOGNE. — Écartelé : aux 1$^{er}$ et 4$^e$, d'azur, à trois lions de sable, couronnés du même ; aux 2$^e$ et 3$^e$, bardé d'or et de gueules de dix pièces. — Couronne de comte.

**POIX DE FRÉMINVILLE (La)**, BOURGOGNE ET BRETAGNE. — D'azur, au chevron d'argent, accompagné de trois coquilles d'or, 2 en chef, 1 en pointe; au chef du même, chargé de trois bandes de gueules.

**PONCHEL (du)**, ARTOIS. — Bandé d'or et d'azur; au franc-canton d'or, chargé d'un lion de sable.

**PORTAL (de)**, FRANCE ET ANGLETERRE. — D'argent, au lion rampant de sable, lampassé de gueules; au chef d'azur, chargé de six étoiles d'or, 3 et 3. — Couronne de baron. — Supports : à dextre un lion et à sénestre un sauvage.

**POTIER DE COURCY**, Normandie et Bretagne. — De gueules, à la fasce d'argent, accompagnée de trois croisettes du même.

**POULLAIN DU PARC**, Bretagne. — D'argent, à trois feuilles de houx de sinople, en pal; au chef de gueules, chargé d'une croix dentelée d'argent.

**POUPART DE NEUFLIZE**, Champagne. — D'azur, au chevron d'or, accompagné de trois roses d'argent, tigées et feuillées du même, 2 en chef et 1 en pointe; au chef d'argent, chargé d'un croissant de sable entre deux étoiles de gueules.

**POURROY DE QUINSONNAS**, Béarn et Dauphiné. — D'or, à trois pals de gueules; au chef d'azur, chargé de trois molettes d'argent.

**POYEN (de)**, Rouergue et Guadeloupe. — De gueules, à un paon d'argent passant sur une terrasse de sinople, et un chef cousu d'azur chargé de trois étoiles d'or.

**PRATO (del)**, Naples. — De gueules, à une fasce d'or, accompagnée en chef d'une fleur de lis, et en pointe semé de rose feuillées et soutenues de même.

**PRÉVILLE (de)**, Touraine. — D'argent, à la bande d'azur, chargée de trois annelets d'or.

**PREZ DE VILLETUAL (des)**, Bretagne. — D'azur, au chevron d'or, accompagné de trois roses d'argent.

**PRUDHOMME D'AILLY**, Artois et Flandre française. — De sinople, à l'aigle d'or, becquée et membrée de gueules.

**PUTREIN D'AMBLERIEU**, Dauphiné. — Palé d'argent et de gueules, à la fasce d'or brochante.

**PUY DE CURIÈRES (du)**, Auvergne. — Parti : au 1er, d'azur, à trois têtes de lion arrachées d'or, 2 et 1; au 2e, d'azur, au chevron d'argent, accompagné de trois croissants d'or, 2 en chef et 1 en pointe.

**PUY DE CHATELARD (du)**, Forez. — D'or, à la bande de sable, chargée de trois roses d'argent; au chef d'azur, chargé de trois étoiles d'or.

**QUARANTA**, Naples (des seigneurs de Fossulupara). — D'or, à la fasce de gueules, chargée de quatre X d'argent, accompagnée de trois étoiles du même, posées 2 en chef et 1 en pointe, celle en pointe au-dessus d'une vipère que surmontent trois monts. — L'écu posé d'une aigle d'Empire.

**QUERHOENT (de)**, Bretagne. — Losangé d'argent et de sable.

**QUINSON (de)**, Dauphiné. — D'hermines, à la bande de gueules.

**RABUAU DE LA HAMONNAYE**, Bretagne. — D'argent, à trois rocs d'échiquier de gueules, celui de la pointe soutenu d'un chevron renversé, *alias* brisé et alésé de même, et une bordure de sinople. — L'écu timbré d'un casque orné de ses lambrequins.

**RAFFELIS DE SAINT-SAUVEUR**, Comtat-Venaissin et Provence. — D'or, à la croix alésée et recroisettée d'azur.

**RAINCOURT (de)**, Franche-Comté et Champagne. — De gueules, à la croix d'or, cantonnée de dix-huit billettes du même, 5 rangées en sautoir à chaque canton du chef, 4 rangées 2 et 2 à chaque canton de la pointe.

**RAOUSSET-BOULBON (de)**, Provence. — D'or, à la croix pattée de sable, bordée de gueules.

**RAPATEL (de)**, Bretagne. — Parti : au 1er, d'azur, au dextrochère armé d'or, tenant un guidon d'argent; au 2e, d'or, à l'épée de sable, sommée d'une couronne de laurier de sinople.

**RÉGIS (de)**, Languedoc. — D'or, à trois losanges de sable.

**REIGNAC (de)**, Guienne. — D'argent, à l'aigle de sable, au chef d'azur, chargé d'un croissant d'argent.

**REVERONY (de)**, Comtat-Venaissin et Lyonnais. — D'azur, à un soleil naissant d'or, coupé de gueules, à un joug d'or, posé en face.

**RICARD (de)**, Provence. — D'or, au griffon de gueules, au chef d'azur chargé d'une fleur de lis du champ.

**RICHARDIE (La)**, Auvergne. — De gueules, à la bande d'argent, chargée de trois étoiles de sable.

**RIGNAC**, Languedoc et Provence. — D'azur, au lion d'or, accompagné de cinq canettes d'argent, mises en orle, 2, 2 et 1.

**RIGNY (de)**, Lorraine. — D'azur, au chevron d'argent, accompagné en chef de deux étoiles à six rais du même, et en pointe d'une perdrix d'or.

**ROCHE (de La)**, Bourbonnais. — D'azur, au chevron d'or, accompagné de trois trèfles du même. — Couronne de comte.

**ROCHE-ESNARD (La)**, Poitou. — D'argent, à trois fasces de gueules, chargées de cinq fusées de sable.

*h*

**ROCHEBARON** (de), Bourgogne. — De gueules, au chef échiqueté d'argent et d'azur, de deux tires.

**ROCHETTE** (de la). — De gueules, à trois quintefeuilles d'argent.

**ROQUET D'ESTRESSES,** Limousin. — D'azur, au chevron d'argent, accompagné de trois roquets ou fers de lance du même, 2 en chef et 1 en pointe.

**ROSSEL** (de), Picardie, Bourgogne et Saintonge. — D'azur, à trois tortues d'or, 2 et 1.

**ROUGEMONT** (de), Bugey et Bourgogne. — De gueules, au lion d'or.

**ROUGEMONT** (de), Franche-Comté et Champagne. — D'or, à l'aigle de gueules, membrée, becquée et couronnée d'azur.

**ROUHIER** (de), Bourgogne. — D'argent, à la bande d'azur, chargée de trois roues d'or.

**ROUX DE SAINT-LAURENS**, Provence. — Fascé d'argent et de gueules, de six pièces; au chef d'azur, chargé d'une molette d'or.

**ROY** (Le), Bourgogne. — Tiercé en pal : d'azur, d'argent et de gueules.

**ROY DE BRUIGNAC** (du), Guienne et Gascogne. — Parti : émanché de gueules et d'argent de six pièces et deux demies; au chef d'azur, chargé d'un croissant d'argent entre six besants d'or, 3 de chaque côté, mal ordonnés.

**ROY DE MIROU** (Le), Bretagne.—D'azur, à l'épée d'argent en pal, la pointe en bas.

**ROYER DE SAINT-MICAULT**, Bourgogne. — Ecartelé : aux 1er et 4e, d'azur, au lion d'or, accompagné de trois étoiles du même, 2 en chef et 1 en pointe ; aux 2e et 3e, d'azur, à la fasce d'argent, chargée de trois aiglettes de sable, et accompagnée de trois étoiles d'or, 2 en chef et 1 en pointe.

**RUE** (de La), Limousin et Champagne. — D'azur, au chevron d'or, accompagné de trois losanges d'argent, 2 en chef et 1 en pointe.

**RUFFIER** (de), Bretagne. — D'azur, semé de billettes d'argent, au lion du même, brochant.

**SACCONAY** (de), Pays de Gex, Suisse et Lyonnais. — De sable, à trois étoiles d'argent; au chef du même, chargé d'un lion naissant de gueules.

**SAILLY** (de), Artois. — D'argent, au lion de gueules, armé, lampassé et couronné d'azur, aliàs d'or.

**SAINT-ANDRÉ** (de), Dauphiné. — D'argent, à l'aigle d'azur, membrée de gueules.

**SAINT-AVY** (de), Berry et Champagne. —D'azur, à trois fasces d'argent, accompagnées en chef de trois besants du même.

**SAINT-FÉLIX** (de), Languedoc. — D'azur, au lévrier rampant d'argent, colleté de gueules, bouclé et cloué d'or.

**SAINT-LARY DE BELLEGARDE** (de), Guienne — D'or, à une cloche d'azur, bataillée d'argent, surmontée d'un loup de gueules, et soutenue d'un autre du même.

**SAINT-MARTIN** (de), Normandie et Picardie. — D'azur, à l'épée d'argent, mise en bande, la pointe en haut, et accompagnée de trois trèfles d'or, 2 et 1.

**SAINT-QUENTIN DU DOIGNON**, Poitou. — D'argent, à neuf mouchetures de sable.

**SAINT-OURS** (de), Dauphiné. — D'azur, à un ours passant d'or, surmonté à dextre d'un croissant d'argent. — Couronne de comte.

**SAINT-REMY** (de), Maine. — De sable, au chevron d'argent, accompagné de trois fleurs de lis d'or, 2 en chef et 1 en pointe.

**SAINT-YON** (de), Picardie. — D'azur, à la croix d'or, losangée de gueules, cantonnée de quatre cloches d'or, bataillées d'azur.

**SAINTE-MARIE** (de), Normandie. — Ecartelé : aux 1er et 4e, d'or, au croissant de gueules; aux 2e et 3e, d'azur plein.

**SAISSAC** (de), Gascogne. — Burelé d'argent et de gueules.

**SAISSEVAL** (de), Picardie et Artois. — D'azur, à deux bars adossés d'argent.

**SALMON DU CHASTELLIER**, Vendomois. et Bretagne. — D'azur, au chevron d'or, accompagné de trois têtes de lion du même, lampassées de gueules, 2 en chef et 1 en pointe.

**SAMPIGNY** (de), Lorraine, Auvergne et Ile de France. — De gueules, au sautoir d'argent.

**SAUZET** (du), Limousin et Rouergue. — — De gueules, à six fusées d'argent, en fasce, surmontées de quatre canettes du même; aliàs au chef d'argent, chargé de cinq molettes de sable.

**SEVERAC D'ARPAJON**, Rouergue et Ile de France. — D'argent, à quatre pals de gueules.

**SOLIGNAC** (de), Languedoc. — D'argent, au chef de gueules.

**SORBIERS** (de), Berry, Touraine et Gascogne.—De gueules, au chef d'argent, chargé d'un lion léopardé d'azur, armé, lampassé et couronné d'or. — Couronne de marquis. — Supports : deux anges.

**STRADA (de)**, ALLEMAGNE ET AUVERGNE. Coupé : au 1er, d'or, à l'aigle couronnée de sable; au 2e, parti tiercé de sable, d'argent et de gueules, et bandé de gueules et de sable.

**SURVILLE (de)**, VIVARAIS. — D'azur, à trois roses d'argent, 2 et 1; au chef d'hermines.

**TALLEVAST (de)**, NORMANDIE. — De sable, à un sautoir d'or, accosté à dextre d'une flèche d'argent renversée, et à sénestre d'une épée d'argent.

**THOMASSIN DE BIENVILLE**, CHAMPAGNE. — D'argent, au pin de sinople, terrassé du même, sommé d'une merlette de sable.

**THOYNET DE BIGNY**, FOREZ. — D'or, à trois œillets de sinople, posés 2 et 1, au chef d'azur, chargé de trois étoiles d'argent.

**TOCQUEVILLE (de)**, NORMANDIE. — D'azur, une licorne saillante d'argent.

**TOUR (de La)**, GUIENNE. — D'azur, à trois fasces d'or.

**TOURNEBŒUF (de)**, BERRY. — D'azur, à trois têtes de bœuf d'or, 2 et 1.

**TOURZEL (de)**, BOURBONNAIS. — De gueules, à la tour d'argent, maçonnée de sable, et accostée de six fleurs de lis d'or.

**TREMBLAY (du)**, PICARDIE ET FRANCHE-COMTÉ. — D'argent, à trois fasces d'azur.

**TROUSSEAU (de)**, TOURAINE. — De gueules, à la bande de vair.

**TUFFET (de)**, PROVENCE. — D'argent, au lion de gueules; au chef d'azur, chargé de trois étoiles d'or.

**TURQUAND**, POITOU. — D'azur, à trois lions d'or, posés 2 et 1. — Couronne de marquis.

**TUTEL DE GUÉMY**, ANGLETERRE ET PICARDIE. — D'argent, au gantelet mis en fasce, cantonné aux 1er, 3e et 4e cantons de trois lances brisées d'azur, jetant des flammes de gueules, et au 2e, d'un coutelas et d'une massue, aussi d'azur, passés en sautoir.

**VACQUERIE (La)**, ILE DE FRANCE. — Échiqueté d'argent et d'azur, au chef de gueules.

**VAISSIÈRE DE LA VERGNE (La)**, ROUERGUE ET ILE DE FRANCE. — D'azur, au coudrier d'or; à la bande de gueules, brochante; au chef cousu de gueules, chargé de trois molettes d'argent.

**VAL (du)**, ARTOIS ET CHAMPAGNE. — D'azur, à la bande d'argent.

**VALENCE DE MINARDIÈRE (de)**, FOREZ. — Burelé d'argent et d'azur, à neuf merlettes de gueules, en orle sur l'argent, 4, 2, 2 et 1.

**VALETTE DE MORLHON (La)**, LANGUEDOC. — Parti : au 1er, de gueules, au gerfaut d'argent, la patte dextre levée; au 2e, de *Morlhon*.

**VALIER (de)**. — D'azur, à deux fasces de sinople.

**VAN SCHALKWYCK**, HOLLANDE ET GUADELOUPE. — Coupé : au 1er, d'or, à une aigle de sable, au vol éployé; au 2e, d'azur, à la molette d'or.

**VAVASSEUR (Le)**, ILE DE FRANCE. — D'azur, au chevron d'argent, accompagné de trois étoiles d'or, 2 en chef et 1 en pointe.

**VAYRENC ou VEYRENC (de)**, LANGUEDOC. — De vair, parti de gueules, à une colonne d'argent, la base et le chapiteau d'or, couronnée du même.

**VERNADE (de La)**, VIVARAIS ET PICARDIE. De gueules, à l'arbre arraché d'or, accosté de deux étoiles du même.

**VERGER (du)**, POITOU. — D'azur, à trois croissants d'or, 2 et 1.

**VERGNETTE (de)**, NORMANDIE ET ROUERGUE. — D'azur, au chevron d'argent, chargé de trois étoiles de gueules, et accompagné de quatre étoiles d'or; 3 en chef et 1 en pointe.

**VEYRIÈRES (de)**, AUVERGNE. — D'argent, à une branche de laurier de sinople en bande, accompagnée de trois verres à pied de gueules.

**VEZINS (de)**, GASCOGNE. — De gueules, à trois bandes d'or, celle du milieu chargée de trois corneilles de sable.

**VILLEVIEILLE (de)**, SAINTONGE ET BOURGOGNE. — D'azur, à une vielle d'or, posée en fasce, et un soleil de même, naissant de l'angle sénestre du chef.

**VION DE GAILLON**, BOURGOGNE ET VEXIN FRANÇAIS. — De gueules, à trois aiglettes d'argent, membrées et becquées d'or, 2 et 1.

**VOSSEY (de)**, CHAMPAGNE ET ARTOIS. — D'azur, à la bande d'argent, chargée de deux hures de sanglier de sable.

# ARMORIAL

# DU PREMIER EMPIRE FRANÇAIS

1808 — 1814

N s'asseyant sur le trône où l'avait porté la volonté nationale, l'Empereur Napoléon I$^{er}$ eut l'immense tâche de reconstituer la société qui lui confiait ses destinées. Il appliqua à cette œuvre sa vaste et puissante intelligence; il la saisit, à la fois, dans son ensemble et dans ses diverses parties; et il la termina avec cette dévorante activité qu'il mettait à atteindre le but poursuivi.

La révolution avait vu les autels brisés par la tourmente révolutionnaire : il les releva par le Concordat.

Les lois flottaient incertaines entre les vieilles coutumes du passé et la législation souvent arbitraire qu'avait produite l'enfantement du monde nouveau: il les fixa par le Code auquel son nom est attaché.

La société française, ne se contentant pas d'abolir les castes, avait proscrit toutes distinctions honorifiques entre ses membres, et en était arrivée ainsi à rayer les glorieuses traditions historiques et à laisser le mérite ou la vertu sans récompense morale : le nouvel Empereur, qui savait comment s'excitent les grands dévouements et les nobles émulations, créa une noblesse accessible à tous, et qui, par conséquent, devait être estimée et ambitionnée de tous.

C'est bien moins, comme on l'a trop souvent répété, pour entourer la majesté de son trône d'un éclat indispensable, qu'il rétablit la hiérarchie nobiliaire, que pour ramener la nation française à ces justes et saines traditions qui font la vie des peuples. Quel besoin était-il pour le vainqueur de Marengo, pour l'homme qui avait contemplé du haut de sa gloire les Pyramides de la vieille Egypte, de chercher pour son trône un éclat qui ne vînt pas de lui? Napoléon s'entoura d'une noblesse pour qu'elle témoignât de la récompense qui attendait les services rendus, et non pour augmenter le prestige de sa couronne; il ne la prit pas comme un intermédiaire obligé entre la nation et lui, il la voulut pour ce qu'elle est réellement, une institution sociale. Tous ses actes attestent cette pensée, et les vrais et intelligents défenseurs de la noblesse ne sauraient assez s'en pénétrer.

En créant des dignitaires dans son empire, Napoléon I$^{er}$ renouait, avons-nous dit, la chaîne brisée des traditions, et c'est aussi dans ces traditions que nous le voyons puiser pour la création des distinctions honorifiques qu'il dispensera à ceux qui auront bien mérité. Non-seulement il y puise, mais il les restaure. Ainsi, dans les beaux jours de l'ancienne monarchie, les titres placés au sommet de la hiérarchie nobiliaire, comme celui de duc par exemple, avait toujours pour base, pour corrélation obligée un fief correspondant; l'Empereur ne voulut pas qu'il en fût autrement, et par l'acte de déclaration du 30 mars 1806, il érigea six duchés, grands fiefs de l'Empire, dans le royaume de Naples qu'il venait de conquérir. Ce furent les duchés de Bénévent, de Pontécorvo, d'Otrante, de Gaëte, de Tarente et de Reggio. Il agit de même pour les douze provinces d'Istrie, de Dalmatie, de Trévise, de Conégliano, de Bellune, de Feltre, de Frioul, de Bassano, de Vicence, de Cadore, de Padoue et de Rovigo, qu'il donna à ses généraux ou à ses ministres, comme grands fiefs transmissibles à leur descendance par ordre de primogéniture. Les ducs à brevet, cette dérogation aux véritables principes héraldiques, Napoléon I$^{er}$ n'en voulut pas. La rigoureuse logique de son esprit lui faisait, en quelque sorte, deviner les lois de ce code nobiliaire, auquel il n'avait certainement que très-peu appliqué son intelligence. Aimant, avant tout, ce qui était clair, net, lucide, il repoussait les fictions jusque dans un ordre de choses où elles seraient presque permises : à côté du titre il plaçait le fief, à côté du duc il mettait un duché.

Le rétablissement des majorats ne fut que la conséquence de ces idées. Si, par le décret du 1$^{er}$ mars 1808, il donnait le titre de *prince* et d'*altesse sérénissime* aux grands dignitaires de l'Empire, et celui de *duc* à leurs fils aînés, il était observé que ces titres ne seraient transmissibles qu'à la condition d'instituer des majorats d'un chiffre déterminé. L'organisation de la noblesse impériale fut aussi logique que complète, aussi méthodique que bien déterminée dans sa hiérarchie. Après les grands dignitaires et leurs fils aînés, *princes* et *ducs*, venaient les ministres, les sénateurs, les conseillers d'Etat, les présidents du Corps législatif, les archevêques, investis du titre de *comte;* les présidents des colléges électoraux, les évêques, les présidents des Cours de comptes, d'appel et de cassation, les maires des trente-sept *bonnes villes*, prenaient le titre de *baron;* enfin celui de *chevalier* étaient réservé aux membres de la Légion d'honneur.

Ainsi réglementée la noblesse impériale avait très-peu à craindre des usurpations. La loi ne reconnaissant d'autre hiérarchie nobiliaire que celles émanant des institutions impériales, tous les titres se rattachant à une fonction, souvent même à une condition d'état civil, la fraude était à peu près impossible. Les familles titrées de l'ancienne monarchie durent faire confirmer leurs titres et leurs blasons pour qu'ils eussent une existence légale; et cette confirmation, en soumettant tous les titres anciens aux prescriptions du sénatus-consulte du 16 août 1806, faisait disparaître la confusion et les trop nombreuses usurpations nobiliaires qui avaient signalé les deux derniers siècles de la royauté. Nous ne dissimulons pas qu'il y eut là des droits respectables injustement sacrifiés. Ainsi, les titres de *marquis* et de *vicomte* n'étant pas reconnus par la chancellerie impériale, ceux qui les portaient avant 1790, durent y renoncer pour en prendre d'autres n'ayant aucune signification pour leur passé historique. Les anciennes familles ducales se virent exclues de leur titre, réservé aux seuls grands dignitaires de l'Empire. Là, nous le répétons, était le côté vicieux de cette organisation; mais si l'on veut se reporter à l'époque où elle fut faite, si l'on songe que la société renaissait tout entière; que cette renaissance était l'œuvre de l'Empereur, qu'il avait tout relevé, tout réédifié, tout rendu à la vie enfin, on comprendra qu'il ait voulu que toute noblesse s'absorbât dans celle qu'il avait instituée.

Nous avons dit, au commencement de cet ouvrage, que le blason était le langage de la noblesse; l'Empereur en jugeait ainsi, car il voulut que toutes les armoiries émanant de sa chancellerie, ou vérifiées par elle, fissent reconnaître à première vue le rang, le titre et la dignité des personnes et des familles.

Ces marques constituaient les ornements extérieurs et les signes intérieurs, que nous allons successivement énumérer en les accompagnant d'exemples choisis dans l'*Armorial* de Simon.

## ORNEMENTS EXTÉRIEURS

*Princes grands dignitaires.* — Toque de velours noir, retroussée de vair, avec porte-aigrette d'or, surmontée de sept plumes et accompagnée de six lambrequins d'or; le tout sur un manteau d'azur, semé d'abeilles d'or, doublé d'hermines, et sommé d'un bonnet d'azur, retroussé d'hermines.

*Ducs.* — Toque de velours noir, retroussée d'hermines, avec porte-aigrette d'or, surmontée de sept plumes et accompagnée de six lambrequins d'or; le manteau doublé de vair.

*Comtes sénateurs ou militaires.* — Toque de velours noir, retroussée de contre-hermine, avec porte-aigrette or et argent, surmontée de cinq plumes, accompagnée de quatre lambrequins, les deux supérieurs d'or, les deux autres d'argent.

*Comtes archevêques.* — Comme les comtes sénateurs; le tout surmonté d'un chapeau rouge à larges bords, avec cordons de soie de même couleur, entrelacés l'un dans l'autre, pendants aux deux côtés de l'écu, et terminés par cinq houppes chacun (1, 2, 3, 4 et 5), comme dans l'ancien blason.

*Barons militaires.* — Toque de velours noir, retroussée de contre-vair, avec porte-aigrette d'argent, surmontée de trois plumes, accompagnée de trois lambrequins d'argent.

*Barons évêques.* — Comme les barons militaires; le tout surmonté d'un chapeau vert, à larges bords, avec des cordons de soie de même couleur entrelacés l'un dans l'autre, pendants aux deux côtés de l'écu, et terminés par quatre houppes chacun (1, 2, 3 et 4).

*Chevaliers.* — Toque de velours noir, retroussée de sinople et surmontée d'une aigrette d'argent.

# SIGNES INTÉRIEURS

### CHEFS.

Les PRINCES grands dignitaires chargeaient leurs armes d'un *chef d'azur semé d'abeilles d'or*.

Les DUCS les chargeaient d'un *chef de gueules semé d'étoiles d'argent*.

### FRANC-QUARTIER A DEXTRE.

Les COMTES avaient tous, pour signe distinctif dans leurs armes, un *franc-quartier à dextre*, qui variait suivant leurs dignités ou leurs fonctions.

Les COMTES SÉNATEURS portaient : *D'azur, au miroir d'or en pal, autour duquel se tortille et se mire un serpent d'argent.*

**D'ABOVILLE.** — De sinople, au château flanqué de deux tours d'or, le tout maçonné et ajouré de sable; la tour à sénestre surmontée d'un mât d'or, sur lequel est hissé un pavillon de sinople portant trois lettres N et quatre G de sable; au franc-quartier *d'azur, au miroir d'or en pal, autour duquel se tortille et se mire un serpent d'argent.*

Les COMTES ARCHEVÊQUES : *D'azur, à la croix pattée d'or.*

**CHAMPION DE CICÉ**, archevêque d'Aix, comte de l'Empire. — Écartelé : au 1er, d'azur, à la croix pattée d'or ; aux 2e et 3e, d'azur, à trois écussons d'argent, chargés de trois bandes de gueules; au 4e, de gueules, à la fasce d'hermines.

Les COMTES MILITAIRES : *D'azur, à l'épée haute d'argent posée en pal et garnie d'or.*

**BONARDI DE SAINT-SULPICE.** — De gueules, à trois bandes de sable bordées d'or; au franc quartier *d'azur, à l'épée haute d'argent posée en pal et garnie d'or.*

**DE MENOU-BOUSSAY.** — De gueules, à la bande dentelée d'or; au franc-quartier *d'azur à l'épée haute d'argent posée en pal et garnie d'or.*

Les COMTES MINISTRES : *D'azur, à la tête de lion arrachée d'or.*

**TWENT DE ROSEMBERG**, ancien ministre en Hollande. — Écartelé : au 1er, de sinople à trois vaches d'or, 2 en chef arrêtées et 1 en pointe couchée; au 2e, d'argent, à la fasce de gueules, surmontée de trois croissants du même; au 3e, d'argent, à deux pals de gueules, celui à dextre chargé de deux quintefeuilles, celui à sénestre d'une tour, le tout d'argent; au franc-quartier, *d'azur, à la tête de lion arrachée d'or.*

Les COMTES CONSEILLERS D'ÉTAT : *Échiqueté d'or et d'azur.*

**COLLIN DE SUSSY.** — D'azur, au caducée d'or; au franc-quartier *échiqueté d'or et d'azur.*

**DE CASTELLANE.** — Parti : au 1er, de comte conseiller d'État; au 2e, d'or, à trois chabots de gueules en pal, 2 et 1, coupé de gueules, à la tour donjonnée de trois tourelles d'or ouvertes, ajourées et maçonnées de sable.

Les **comtes présidents du corps législatif** : *D'azur, aux tables de la loi d'or.*

**DE FONTANES.** — De sable, chargé d'une fontaine d'argent sur une terrasse de même; au franc-quartier *d'azur, aux tables de la loi d'or.*

Les **comtes officiers de la maison de l'empereur** : *D'azur, au portique ouvert à deux colonnes, surmonté d'un fronton d'or, accompagné des lettres initiales D A du même.*

**BARTHELOT DE RAMBUTEAU.** — Parti : au 1er, d'azur, au chevron d'or, accompagné de trois trèfles du même, deux en chef et un en pointe; au 2e, coupé : au 1er, d'azur, à trois fasces d'or, surmontées en chef de trois annelets du même; au 2e, de gueules plein, au franc-quartier *d'azur, au portique ouvert à deux colonnes, surmonté d'un fronton d'or, accompagné des lettres initiales D A du même.*

Les **comtes officiers de la maison des princes** : *D'azur, au portique ouvert à deux colonnes, surmonté d'un fronton d'or, accompagné des lettres initiales D J du même.*

**MEJEAN.** — D'or, au peuplier de sinople, terrassé du même, soutenu d'une rivière d'argent chargée d'un poisson d'azur; sur le tout d'azur, au caducée d'or, au franc-quartier *d'azur, au portique ouvert à deux colonnes, surmonté d'un fronton d'or, accompagné des lettres initiales D J du même.*

Les **comtes ambassadeurs** : *D'azur, à la tête de lion arrachée d'argent.*

**DE NARBONNE.** — De gueules plein, au franc-quartier *d'azur, à la tête de lion arrachée d'argent,* rochant au neuvième de l'écu.

Les **comtes préfets** : *D'azur, à la muraille crénelée d'or, surmontée d'une branche de chêne du même.*

**LECLERC.** — Écartelé : au 1er, *d'azur, à la muraille crénelée d'or, surmontée d'une branche de chêne du même*; au 2e, d'azur, à la pensée d'or, surmontée d'un soleil levant, cantonné à dextre en chef du même; au 3e, d'argent, à la tête de Maure de sable, tortillée et colletée d'or; au 4e, d'azur, à trois têtes de cheval d'argent.

Les **comtes maires** : *D'azur, à la muraille crénelée d'or.*

**FAY DE SATHONNAY.** — D'azur, au lévrier passant, la tête contournée d'argent, surmonté d'un soleil rayonnant d'or; au franc-quartier *d'azur, à la muraille crénelée d'or.*

Les **comtes présidents de colléges électoraux** : *D'azur, à trois fusées d'or, rangées en face.*

**DE RÉMUSAT.** — Parti d'un filet d'argent, adextré de gueules, au chevron d'or, accompagné en chef de deux étoiles à six rais de même, et en pointe d'une hure de sanglier de sable défendue d'argent; le tout surmonté à dextre, un franc-quartier *d'azur, à trois fusées d'or rangées en face.*

Les **comtes membres des colléges électoraux** : *D'azur, à la branche de chêne d'or, posée en bande.*

**JOLY DE FLEURY.** — Écartelé : au 1er, *d'azur, à la branche de chêne d'or, posée en bande;*

aux 2e et 3e, d'azur, au lis d'argent tigé et feuillé de sinople ; au comble d'or, chargé d'une croix pattée de sable; au 4e, d'azur, au léopard d'or, lampassé et armé de gueules.

Les comtes propriétaires : *D'azur, à l'épée en pal.*

DE LA LEYEN. — D'azur, au pal d'argent et un franc-quartier *d'azur, à l'épée en pal*, séparé du champ par un orle d'or, et chargé par grâce spéciale de deux abeilles d'or.

FRANC-QUARTIER A SÉNESTRE.

Les barons avaient tous dans leurs armes, comme signe distinctif, un *franc-quartier à sénestre* qui variait d'après leurs dignités ou leurs fonctions.

Les barons tirés de l'armée portaient : *de gueules, à l'épée haute d'argent, posée en pal.*

DE LORT. — Ecartelé : au 1er, d'or, au casque de sable taré de fasce, doublé de gueules, grillé du champ, panaché de gueules; au 2e, *de gueules, à l'épée haute d'argent, posée en pal;* au 3e, d'azur, à la barre d'argent, chargée d'une étoile du champ; au 4e, d'argent, au lion de gueules.

Les barons évêques : *De gueules, à la croix alésée d'or.*

COUSIN DE GRAINVILLE. — Ecartelé : aux 1er et 4e, d'azur, à trois molettes d'or; au 2e, *de gueules, à la croix alésée d'or;* au 3e, d'argent, au bœuf de sable, onglé et corné d'or.

Les barons officiers de la maison de l'empereur : *De gueules, au portique ouvert à deux colonnes, surmontées d'un fronton d'argent, accompagné des lettres initiales D A du même.*

DE BEAUSSET. — D'azur, au chevron d'or, accompagné en chef de deux étoiles à six rais d'or, et en pointe d'un rocher à trois coupeaux d'argent; au franc-quartier *de gueules, au portique ouvert à deux colonnes, surmontées d'un fronton d'argent, accompagné des lettres initiales D A du même.*

Les barons officiers de la maison des princes : *De gueules, au portique ouvert à deux colonnes surmontées d'un fronton d'argent, accompagné des lettres initiales D J.*

DE CANISY. — D'azur, à trois tourteaux d'hermines; au franc-quartier *de gueules, au portique, ouvert à deux colonnes, surmontées d'un fronton d'argent, accompagné des lettres initiales D J.*

Les barons ambassadeurs : *De gueules, à la tête de lion arrachée d'argent.*

DE BOURGOING. — D'azur, à la croix ancrée d'or, à une champagne de gueules au signe de chevalier; au franc-quartier *de gueules à la tête de lion arrachée d'argent.*

Les barons tirés du conseil d'état : *Échiqueté d'or et de gueules.*

BASSET DE CHATEAUBOURG. — D'azur, à la fasce contre-bretessée d'or; au franc-quartier *échiqueté d'or et de gueules.*

Les **barons préfets** : *De gueules, à la muraille crénelée d'argent, surmontée d'une branche de chêne du même.*

**HIMBERT DE FLEGNY.** — D'azur, au griffon d'or, au franc-quartier *de gueules, à la muraille crénelée d'argent, surmontée d'une branche de chêne du même.*

Les **barons sous-préfets** : *De gueules, à la muraille non crénelée d'argent, surmontée d'une branche d'olivier du même.*

**DE FLAVIGNY.** — Échiqueté d'argent et d'azur, à l'écusson en abîme de gueules; au franc-quartier *de gueules, à la muraille non crénelée d'argent, surmontée d'une branche d'olivier du même.*

Les **barons maires** : *De gueules, à la muraille crénelée d'argent.*

**D'AZEMAR.** — D'azur, à la bande d'argent chargée de trois croissants de sable, et sénestrée d'un lion contre-rampant d'or; au franc-quartier *de gueules, à la muraille crénelée d'argent.*

Les **barons présidents et procureurs généraux de la cour de cassation** : *De gueules, à la balance d'argent.*

**BARRIS.** — Écartelé, au 1er, d'hermines; au 2e, *de gueules, à la balance d'argent*; au 3e d'azur, au lion d'argent; au 4e, d'or, à trois fasces de sable.

Les **barons présidents et procureurs généraux des cours impériales** : *De gueules, à la toque de sable retroussée d'hermines.*

**D'HAUBERSART.** — D'azur, au chevron d'or, accompagné en chef de deux étoiles du même, et en pointe d'une balance d'argent; au franc-quartier *de gueules, à la toque de sable retroussée d'hermines.*

Les **barons présidents de colléges électoraux** : *De gueules, à trois fusées d'argent rangées en fasce.*

**DE GAUTIER DE SAINT-PAULET.** — De gueules, au chicot alésé d'or, en bande; au franc-quartier *de gueules, à trois fusées d'argent rangées en fasce.*

Les **barons membres des colléges électoraux** : *De gueules, à la branche de chêne d'argent posée en bande.*

**DURUD, Baron D'ANGLES.** — D'azur, à la croix d'argent, dentelée de sable; au franc-quartier *de gueules, à la branche de chêne d'argent posée en bande*, brochant au neuvième de l'écu.

Les **barons membres des corps savants** : *De gueules, à la palme d'argent posée en bande.*

**NOUGARÈDE DE FAYET.** — Coupé : au 1er, parti d'azur et de gueules, l'azur à trois étoiles en fasce d'argent, surmontées d'un croissant contourné de même; *de gueules à la palme d'argent posée en bande;* au 2e, d'argent, chargé à dextre d'un chêne terrassé de sinople, sénestré d'un héron de sable allumé du champ.

Les barons propriétaires : *De gueules, à l'épée en pal.*

**DE ROCHEFORT D'ALLY.** — De gueules, à la bande ondée d'argent, accompagnée de six merlettes de même, rangées en orle; au franc-quartier *de gueules, à l'épée en pal d'argent.*

### CROIX DE LA LÉGION-D'HONNEUR.

Les chevaliers plaçaient comme signe distinctif, dans leur écu, *un pal de gueules chargé d'une croix de la Légion d'Honneur*, ou portaient cette croix sur une des pièces honorables de leur blason.

**BRESSON DE VALMABELLE.** — D'or, au berceau de sable; au comble d'azur chargé de trois étoiles d'or, et une bordure de gueules; à *un pal de gueules, chargé d'une croix de la Légion d'honneur*, posée au troisième point, en chef.

**BONNET DE VILLER.** — D'azur, à la bande de gueules, au *pal de gueules, chargé d'une croix de la Légion d'honneur*, accompagné en chef d'un lion armé d'un sabre d'argent, et en pointe d'une tête de cheval du même, bridée de même.

**DE CHASTEIGNIER.** — D'or, au lion de sinople, armé, lampassé et allumé de gueules, tiercé en champagne de gueules; au signe de chevalier.

Ces marques distinctives étaient en principe une bonne chose; mais l'application en était-elle également bonne, ne pouvait-il en résulter aucun inconvénient?

Il est certain qu'après avoir organisé, du premier échelon jusqu'au dernier, une hiérarchie nobiliaire, Napoléon I$^{er}$ voulait avec raison que l'armoirie indiquât immédiatement le rang, le titre, la fonction de celui qui la portait. Comme dans la noblesse impériale était venue ou devait venir s'absorber celle d'avant 1790; comme en rectifiant les armoiries des anciennes familles ou en leur donnant des lettres de confirmation, la chancellerie de l'Empire avait, en quelque sorte, contrôlé toutes les distinctions honorifiques reconnues dans la société française, rien de mieux que d'ajouter aux blasons quelques marques, dont l'origine serait trop facilement connue pour qu'il pût y avoir usurpation ou confusion. Mais si, au lieu d'une durée éphémère, l'Empire se fût sans interruption continué jusqu'à nos jours, cette confusion et cette usurpation ne se seraient-elles pas forcément produites?

En chargeant l'écu de tel ou tel chef, emblème d'une fonction souvent passagère; en y introduisant des pièces compliquées, dans le même but temporaire, n'arrivait-on pas à voir les armoiries garder ces signes distinctifs, alors qu'ils n'avaient plus de raison d'être; ou bien ne plaçait-on pas les familles dans l'obligation de changer à chaque instant leur blason, et d'obtenir, à cet effet, autorisation sur autorisation?

On ne saurait nier ce double inconvénient, et il a une gravité telle qu'il suffit à faire condamner, selon nous, les *signes intérieurs* du blason impérial. Ajoutons encore que ces signes, s'ils étaient presque toujours un symbole clair et exact de ce qu'ils devaient révéler, ils manquaient fort souvent, par contre, de caractère vraiment héraldique. Que ces marques distinctives se fussent bornées à être des ornements extérieurs, il n'y avait plus d'inconvénients à redouter, et la pensée de l'Empereur recevait une application à laquelle nous serions les premiers à demander qu'on revînt aujourd'hui.

Nous le demanderions, car la loi sur les usurpations nobiliaires nous dit assez que l'héritier de Napoléon I$^{er}$ a porté sur le trône les idées du fondateur de la dynastie impériale, relativement à la noblesse, à son rôle, à son organisation et à ses marques et signes distinctifs.

# TABLE GÉNÉRALE

# DES NOMS DE FAMILLES

CONTENUS DANS L'OUVRAGE.

| | | | | | |
|---|---|---|---|---|---|
| Aage (de l') | 280 | Albis (d') | 184 | Amours de la Londe (des) | 186 |
| Abadie d'Arbocave | 185 | Albon (d') | 186 | Amyot (d') | 70 |
| Abbadie (d') | 1 | Aldin (d') | 186 | Amyot | 145 |
| Abbé de Morvilliers (l') | 69 | Alègre (d') | 186 | Andigné (d') | 70 |
| Abbeville | 185 | Aleman | 70 | Andigné de la chasse (d') | 187 |
| Aboville (d') | 303 | Alès (d') | 17-186 | Andras de Beost | 188 |
| Abric de Fenouillet | 2 | Alesso | 186 | André | 187 |
| Absolut de la Gastine | 185 | Alexandre de Bailloncourt | 186 | André (d') | 187 |
| Abzac (d') | 69 | Alexandre du Haldat du Lys | 183 | André de la Fresnaye | 187 |
| Achard | 21 | Alexandre de Rouzat (d') | 17 | Andrey de Fontenay | 187 |
| Achard-Ferrus | 185 | Alfaro (d') | 2 | Angelis (d') | 2 |
| Achard de le Luardière et de Bonvouloir | 185 | Aligre (d') | 186 | Angély | 187 |
| Aché de Marbeuf (d') | 69-280 | Alinges (d') | 69 | Angennes (d') | 187 |
| Achey de Toraise | 185 | Allain de Barbières | 186 | Angenoust | 280 |
| Acloque d'Hocquincourt | 280 | Allain de la Bertinière | 186 | Anger ou Angier | 187 |
| Acquet de Férolles | 21 | Allane (d') | 69 | Angerville d'Auvrecher (d') | 2 |
| Acres de Laigles (des) | 185 | Allard | 186 | Anglade (d') | 280 |
| Acton | 185 | Alleman de Montrigaud | 186 | Anglois de Buranville (l') | 187 |
| Adhémar de Grignan | 185 | Almont (d') | 123 | Anglois de la Chaise (l') | 187 |
| Adhémar de St-Maurice (d') | 185 | Alorge (d') | 70 | Angosse Destornez | 187 |
| Affaux de Glatas (d') | 280 | Alrics (des) | 280 | Angot | 187 |
| Agard de Maurepas | 185 | Alsace (d') | 17 | Angot des Rotours | 187 |
| Ages (des) | 69 | Alvimare ( ) | 17-186 | Anguibert | 280 |
| Agis de Saint-Denis | 280 | Alton-Shée | 185 | Angulos | 170 |
| Agoult (d') | 21-69 | Amariton de Montfleuri | 186 | Anneville de Merville | 187 |
| Aguesseau (d') | 185 | Amarzit (d') | 186 | Anouilh de Saliès | 187 |
| Affry de la Monnoye | 185 | Amandrie | 280 | Anselme (d') | 70-183 |
| Agrain des Hubas | 280 | Ambel | 280 | Anthoine de Saint-Joseph | 280 |
| Aiguirande (d') | 176 | Ambly (d') | 186 | Antigny (d') | 165 |
| Ailly (d') | 167-185 | Amboise (d') | 186 | Antigny (d') | 280 |
| Aimeret de Gazean | 185 | Ambrais (des) | 280 | Antras (d') | 280 |
| Aisné de Parvilly (l') | 186 | Amé de Saint-Didier | 186 | Anvin de Hardenthum | 187 |
| Ajasson (d') | 4-69 | Amey de Champvans | 186 | Aoust (d') | 666 |
| Alary | 186 | Amiens (d') | 70 | Aquin | 187 |
| Alban de Villeneuve | 186 | Amiguet de Vernon (d') | 70 | Arbalestrier, aliàs Arbaleste de Melun (de l') | 70 |
| Albertas (d') | 186 | Amiot | 1 | | |
| Albignac (d') | 280 | Amirault de Lormaye et de Noircourt (l') | 236 | Arblade de Pardaillan-Gondrin (d') | 2 |
| Albine (d') | 186 | Amours de Courcelles (des) | 188 | | |

| | | |
|---|---|---|
| Arbouze (d') | 280 | Aubert de Saint-Georges |
| Arc (d') | 159 | du Petit-Thouars... 188 |
| Arcambal (d') | 2 | Aubert de Saint-Gilles.... 284 |
| Arces (d') | 151 | Aubert de Tourny....... 188 |
| Archambault (d') | 280 | Aubert de Trégomain..... 188 |
| Archiac | 187 | Auberville de Cantelon... 188 |
| Archier de Gonneville | 187 | Aubery de Vatan........ 188 |
| Arcy ou Darcy (d') | 3 | Aubespine (de l')....... 188 |
| Ardres (d') | 187 | Aubier de la Monteille... 281 |
| Ardres de Cresecques (d') | 170 | Aubigné (d')........... 188 |
| Aremberg (d') | 3 | Aubourg de Boury....... 188 |
| Arestel d'Hostel | 188 | Aubry d'Arancey........ 188 |
| Argent de Deux-Fontaines | 280 | Aubusson de la Feuillade.. 280 |
| Argentaye (d') | 280 | Audibert de Lussan...... 18 |
| Argenteau | 187 | Audiffret (d')........... 25 |
| Argicourt (d') | 188 | Audigier (d')........... 184 |
| Argiot de la Ferrière | 280 | Audouin d'Espinay...... 188 |
| Argout (d') | 187 | Augereau de Castiglione.. 189 |
| Arjuzon | 187 | Augustin (d')........... 3 |
| Arlande (d') | 280 | Aulnette de Nanteuil.... 189 |
| Arlincourt (Prévôst d') | 187 | Aumaistre des Fernaux... 189 |
| Arlos ou Arloz (d') | 187 | Aumale (d')............ 71 |
| Arlot de Cumond | 188 | Aumont de Verrières..... 189 |
| Armagnac (d') | 71 | Aumont de Villequier.... 281 |
| Armand | 187 | Aupoys ou d'Aupoix (d').. 72 |
| Armand de Mison | 280 | Aure (d').......... 72-189 |
| Armenec (d') | 280 | Auriol............ 182-189 |
| Arménie (d') | 187 | Autay (d')............. 71 |
| Armoises (des) | 71 | Anteroche (d').......... 251 |
| Armynot du Chatelet | 25 | Autier de la Bastide..... 71 |
| Arnal | 280 | Autier de Villemontet.... 72 |
| Arnaud (d') | 280 | Auton de Portes........ 284 |
| Arnaud de Ronfaud | 183 | Auvergne (d').......... 72 |
| Arnaud de Vitrolles | 188 | Auvé de la Ventrouse.... 281 |
| Arnauld (d') | 3 | Auvet ou Dauvet (d').... 93 |
| Arnauld de Boucx | 188 | Auvray de Coursanne et de |
| Arnauld | 3 | la Candonnière........ 189 |
| Arnauld (d) | 71 | Auvray de Meurville..... 189 |
| Arnauld de Calavon | 71 | Aux (d')......... 152-189 |
| Arnoult de Berry (d') | 25 | Aux Couteaux.......... 281 |
| Arondel (d') | 280 | Auxy (d').............. 189 |
| Arouet de Voltaire | 280 | Avesgo (d')............ 189 |
| Arquet (d') | 151-188 | Avesnes............... 189 |
| Arquier (d') | 280 | Aviau de Piolant....... 25 |
| Arquinvilliers (d') | 166 | Avignon (d')........... 189 |
| Arrac de Vignes | 188 | Aycelin de Montaigu..... 281 |
| Arragon (d') | 281 | Ayrault de Sainthenis.... 189 |
| Arras (d') | 21-188 | Ayrenx (d')............ 281 |
| Arrighi de Padoue | 188 | Aymard............... 189 |
| Artefeuille (d') | 188 | Azemar (d')............ 306 |
| Artis (d') | 71 | |
| Arundel de Condé (d') | 280 | Babin de Lignac........ 189 |
| Arvillars (d') | 280 | Bacciochi.............. 189 |
| Asiès (d') | 183 | Bacot de Romant....... 29 |
| Asinari de Saint-Marsan | 281 | Baderon de Saint-Geniez.. 189 |
| Asnens de Delley de Blancmesnil | 188 | Bagnan, alias Baiant-Mareuil............ 72 |
| Asnières de la Chataigneraye (d') | 188 | Bahuno (de)........... 72 |
| Aspit de Saint-Amand (d') | 148 | Baile de Mirebel........ 189 |
| Assailly (d') | 1 | Baillard des Combaux.... 189 |
| Asseline (d') | 281 | Baille de Beauregard..... 189 |
| Assignies | 188 | Baillet (de)............ 189 |
| Astorg (d') | 188 | Bailleul d'Alenc........ 189 |
| Astouaud | 71 | Baillivy (de)........... 73 |
| Astruc (d') | 281 | Baillon de Forges..... 152-189 |
| Athalin | 188 | Baillon de Saillant...... 189 |
| Aubé de Braquemont | 71-188 | Baillot de la Dournac.... 189 |
| Auberi de Bellegarde | 188 | Baillou (de)............ 189 |
| Auberjon de Murinais | 67 | Bailly (de)............. 73 |
| Aubermont (d') | 281 | Bailly de Lardenoy...... 189 |
| Aubert (d') | 188 | Bailly de Saint-Mars..... 149 |

| | |
|---|---|
| Bajot de Conantre........ | 189 |
| Balalud de Saint-Jean.... | 176 |
| Balathier (de)........... | 189 |
| Balestrier (de).......... | 29 |
| Balme du Goust......... | 190 |
| Balon de Saint-Julien.... | 73 |
| Bancalis de Maurel d'Aragon | 190 |
| Bancs de Gardonne (de)... | 190 |
| Banson (de)............ | 165 |
| Bar (de).............. | 29 |
| Baraton de la Romagère.. | 190 |
| Barbançois (de)...... 73-190 |
| Barbarin............... | 190 |
| Barbazan (de).......... | 190 |
| Barbe de la Forterie..... | 190 |
| Barbentane-Puget (de).... | 190 |
| Barberin............... | 190 |
| Barberot d'Autay........ | 190 |
| Barbey de Fontenailles.... | 190 |
| Barbézières (de)......... | 73 |
| Barbier de Calignon..... | 190 |
| Barbier de la Rivière..... | 190 |
| Barbier de la Serre...... | 190 |
| Barbotan, alias Barbotau.. | 73 |
| Barbotte............... | 190 |
| Barchout de Penhoen.... | 190 |
| Bardon de Lairaudière... | 190 |
| Bardoville de Surville..... | 190 |
| Barenton (de).......... | 190 |
| Bariasson (de).......... | 73 |
| Bavillon............... | 150 |
| Barin de la Galissonnière.. | 190 |
| Barjac de Rochegude.... | 190 |
| Barjot (de)............. | 73 |
| Barnier................ | 281 |
| Baron de Layac........ | 190 |
| Baroncelli (de).......... | 190 |
| Barquin (de)........... | 100 |
| Barral (de)............ | 190 |
| Barral d'Arènes (de)..... | 68 |
| Barras (de)............ | 74 |
| Barrau (de)............ | 74 |
| Barrault (de).......... | 29 |
| Barre de Bois-Jullien (la). | 190 |
| Barre de Gouverville (la).. | 190 |
| Barré des Aulieux....... | 190 |
| Barré de Montfort....... | 191 |
| Barres (des)........... | 149 |
| Barrés de Cussigny (des).. | 191 |
| Barrès du Molard....... | 191 |
| Barris................ | 306 |
| Barrois de Sarigny...... | 191 |
| Barrois d'Orgeval....... | 191 |
| Barruel de Saint-Pons.... | 191 |
| Barry (de)............. | 191 |
| Barry (du)............. | 74 |
| Barry de Colomé (du)... | 191 |
| Barry de Merval (du)... | 30 |
| Barthe de Thermes (de la). | 74 |
| Barthélemy (de)..... 183-191 |
| Barthélemy-Sauvaire..... | 191 |
| Barthelot de Rambuteau. | 304 |
| Barton de Montbas...... | 191 |
| Barville de Nossey...... | 191 |
| Bas de Courmont (le).... | 74 |
| Bassayns de Montbrun (des). | 74 |
| Bascle d'Argenteuil (le).. | 191 |
| Basire (de)............ | 30 |
| Basire de Villodon...... | 191 |
| Basquiat de Toulouzette... | 191 |
| Bassecourt (de)......... | 5 |
| Basset de Chateaubourg. | 191-305 |

| | | | | | |
|---|---|---|---|---|---|
| Bassompierre | 191 | Bellier du Charmeil | 4 | Beschard de Colboc | 194 |
| Basta (de) | 191 | Bellière de Chavoy (la) | 193 | Bessas de la Mégie (de) | 36 |
| Bastard (de) | 34 | Bellissen (de) | 193 | Besse de Bouhebent | 76 |
| Bastier de Bez (le) | 32 | Bellœuvre de Charbon | 35 | Bessey de Contendon | 281 |
| Bataille de Mandelot | 191 | Bellot de Granville | 193 | Besson de Mondiol | 194 |
| Baucberon (de) | 281 | Belloy de Candas | 193 | Bethancourt (de) | 194 |
| Baudéan de Saint-James | 281 | Belloy de Castillon et de Candas | 193 | Béthune (de) | 3 |
| Baudéan de Parahère | 191 | | | Béthune de Sully | 284 |
| Baudenet | 183 | Belot | 174 | Beudon | 76 |
| Baudet de la Fenestre | 191 | Benac | 172 | Beuf d'Osmoy (le) | 195 |
| Baudier | 35 | Benard de Botot | 193 | Beugnot | 195 |
| Baudin (de) | 74 | Benard de Monville | 193 | Beugny d'Hagerne | 195 |
| Baudin de Saint-Pol | 150 | Beneyton | 34 | Beurnonville | 195 |
| Baudin de Saint-Pol | 190 | Benoist | 193 | Beyssac | 195 |
| Baudot (de) | 34 | Bentzmann (de) | 5 | Beziade d'Avaray (de) | 195 |
| Baudrand de Pradel | 191 | Ber de Trouville (le) | 193 | Beziade d'Avarayde | 281 |
| Baudry de Balzac | 191 | Bérard | 75 | Bézieux (de) | 36 |
| Baudry de Bretteville | 191 | Bérard Montalet-Alais (de) | 34 | Biancourt (de) | 5 |
| Baudry de Piencourt | 191 | Berard de Montalet de Villebreuil | 193 | Biados de Castéja | 195 |
| Baudry de Semilly | 191 | | | Bichi | 163 |
| Bauffremont (de) | 4 | Béraud de Courville | 193 | Biencourt (de) | 281 |
| Baulny (de) | 191 | Béraud de Croissy | 193 | Bigault de Casanove (de) | 65 |
| Bault de Langy | 191 | Berbisy ou Berbisey (de) | 152 | Bigant de Bermeny | 195 |
| Baume d'Hostun (la) | 191 | Berckeim | 193 | Bigars de la Londe | 195 |
| Baux (de) | 74 | Berel (de) | 75 | Bignicourt (de) | 281 |
| Bayard du Terrail | 191 | Bérenger (de) | 193 | Bigny de Chevenon (de) | 76 |
| Bayly (de) | 75 | Bérenger de Laladon | 193 | Bigot | 76-195 |
| Bazan de Flamanville | 192 | Bérenger de Montmouton | 193 | Bigot de Morogues et de la Touanne | 195 |
| Béarn (de) | 148 | Bergoet de Keraliou | 193 | | |
| Beaucorps-Créquy (de) | 3 | Berluc de Pérussis (de) | 28 | Billard de Saint-Laumer | 195 |
| Beaufort (de) | 192 | Bermont ou Belmont | 281 | Billard de Lorière | 195 |
| Beaufort de Pothemont | 192 | Bernard | 193 | Billet (de) | 165 |
| Beaufranchet (de) | 192 | Bernard (de) | 75 | Billy (de) | 195 |
| Beaujeu (de) | 4 | Bernard d'Avernes | 193 | Binet de Marcognet | 195 |
| Beaujeu-Jauge (de) | 4 | Bernard de Bazoges | 193 | Biolière (de) | 76 |
| Beaulieu (de) | 35 | Bernard de Beaulieu | 193 | Bionneau d'Eyragues | 195 |
| Beaulieu de Barneville | 192 | Bernard de Calonne | 36 | Bisson | 195 |
| Beaumanoir de Laverdin | 192 | Bernard de Jalavoux | 193 | Bittenheim | 195 |
| Beaumanoir de Quincy | 192 | Bernard de Lausière | 36-281 | Bize (de) | 77 |
| Beaumont (de) | 34-168 | Bernard de Marigny | 193 | Bizet | 158 |
| Beaumont d'Autichamp | 192 | Bernard de Moismont | 193 | Blacas (de) | 36 |
| Beaumont-Rochemure | 192 | Bernard de Montbrison | 193 | Blaisel (du) | 195 |
| Beaunay (de) | 192 | Bernard de Montessus | 193 | Blanc | 38 |
| Beaupoil de Saint-Aulaire | 157-192 | Bernard de Pelagey | 194 | Blanc de Chateauvillard (le) | 37 |
| Beausacq (de) | 175 | Bernard de la Vernette | 36 | Blanc de Lanaute d'Hauterive | 195 |
| Beausset (de) | 305 | Bernardi de Valernes | 75-194 | | |
| Beaussier (de) | 4 | Bernes de la Comté | 158 | Blanc Montbrun (de) | 176 |
| Beauvarlet de Moimont | 192 | Bernet (du) | 194 | Blanc de Prébois (le) | 195 |
| Beauveau (de) | 192 | Bernieudes de Rabodanges | 194 | Blanchaud | 195 |
| Beauvilliers de Saint-Aignan | 192 | Bernin le Valentinay | 194 | Blanchebarbe de Grand-Bourg | 195 |
| Becdelièvre (de) | 192 | Bernou (de) | 194 | | |
| Bechon (de) | 192 | Berny (de) | 76 | Blanchefort d'Asnois | 195 |
| Becker de Mons | 182 | Bertalis | 170 | Blanchet de Sormont | 163 |
| Becquet de Cocove | 192 | Bertelde Gorse | 194 | Blanchetti (de) | 40 |
| Becquey | 281 | Bertheau | 194 | Blanquart de Bailleul | 195 |
| Bécu de Haucourt | 192 | Berthelin | 194 | Blanquefort (de) | 282 |
| Bedeau | 192 | Berthelin | 5 | Blanquet de Rouville et du Chayla (de) | 195 |
| Bedée de Lanneau | 192 | Berthet de Puydigon | 194 | | |
| Bedouze du Cros (de) | 192 | Berthier de Bizy | 194 | Blayn de Marcel (de) | 77 |
| Beffroy (de) | 184 bis | Berthier de Grandry et de Vivier | 194 | Blin de Bourbon | 195 |
| Bégué (de) | 192 | | | Blondeau (de) | 77 |
| Bègue d'Amby | 75 | Berthier de Sauvigny | 194 | Blondel | 37 |
| Bègue de Germiny (le) | 192 | Berthus de l'Anglade | 5 | Blondel d'Aubers | 195 |
| Bègue de Majainville | 192 | Bertins de Champeville | 194 | Blondel de Beauregard | 195 |
| Beissier de Pisany | 192 | Bertoult de Saint-Vaast | 194 | Blondin de Baizieux | 5 |
| Bélin de Chantemèle | 192 | Bertrand de Beaumont (de) | 76-194 | Blondy de la Croix | 77 |
| Bellaigue de Bughas | 193 | Bertrand de Frazin | 194 | Blosset de Torcy | 196 |
| Bellecombe (de) | 75 | Bertrand de Geslin | 194 | Blozizewo Gajewska (de) | 77 |
| Belledame d'Ingreville | 193 | Bertrand de Marimont | 194 | Bocage de Bleville | 196 |
| Bellesmanières (de) | 75 | Bertrand de Saint-Vaulry | 194 | Bocanègre (de) | 162 |
| Belleval (de) | 181 | Berty (de) | 151 | Bocsozel | 196 |
| Belliard | 193 | Bérulle (de) | 76-194 | Bodard de la Jacopière (de) | 7 |

| | | |
|---|---|---|
| Boessière (de la) | 196 | |
| Boessière de Brantonnet | 196 | |
| Boessière de Lannuic (de la) | 77 | |
| Boessière de Villejouan (la) | 196 | |
| Bœuf de Millet (le) | 196 | |
| Bogaerde (Van den) | 38 | |
| Bohier de Saint-Cierges | 196 | |
| Boileau | 196 | |
| Boileau (de) | 77 | |
| Boileau de Castelnau | 196 | |
| Bois (du) | 196 | |
| Bois des Arpentis (du) | 196 | |
| Bois d'Auberville (du) | 196 | |
| Bois de Béaulac | 196 | |
| Bois Berthelot (du) | 78 | |
| Bois-Bouessel (du) | 78-282 | |
| Bois de Brenignant (du) | 196 | |
| Bois de Coetsaliou (du) | 196 | |
| Bois de la Cotardière (du) | 196 | |
| Bois de la Feronnière (du) | 77-196 | |
| Boisguéhenneuc (du) | 196 | |
| Boisgueret | 196 | |
| Bois-Halbran (du) | 175 | |
| Bois de Kerlosquet | 196 | |
| Bois de Pessal (du) | 196 | |
| Bois, alias Bouës de Romand (du) | 196 | |
| Bois de Tertu (du) | 196 | |
| Bois de la Villerabel (du) | 6 | |
| Boislève (de) | 80 | |
| Boissard (de) | 333 | |
| Boisseau de la Galernerie | 6 | |
| Boissel de Monville | 196 | |
| Boisset (de) | 282 | |
| Boisset de la Salle | 196 | |
| Boissier | 196 | |
| Boissy d'Anglas | 196 | |
| Boistard de Prémagny | 6 | |
| Boistel de Martinsart | 197 | |
| Boistouset d'Ormenans | 196 | |
| Boisvin de Bacqueville | 197 | |
| Boivin de la Martinière | 78-197 | |
| Bombelles (de) | 39 | |
| Bonadona (de) | 6 | |
| Bonafos (de) | 197 | |
| Bonafos de Teyssieu | 197 | |
| Bonafous (de) | 37-197 | |
| Bonald | 197 | |
| Bonamy | 38 | |
| Bonar (de) | 38 | |
| Bonard de Lignières | 197 | |
| Bonardi du Ménil | 197 | |
| Bonardi de Saint Sulpice | 303 | |
| Bonchamps | 197 | |
| Bonet de la Chapoulie | 197 | |
| Bonfils-Lapeyrouse (de) | 7 | |
| Bonfils de Saint-Loup | 197 | |
| Bongars (de) | 78 | |
| Bonin de Curpoé | 197 | |
| Bonnamy (de) | 6 | |
| Bonnari | 197 | |
| Bonnaud de Sauzel | 78 | |
| Bonnault (de) | 176 | |
| Bonnay (de) | 197 | |
| Bonneau (de) | 7 | |
| Bonneau de Lestang | 7 | |
| Bonneau de Purnon | 197 | |
| Bonneau de Saint-Mesme (de) | 78 | |
| Bonnefond de Kerdoual | 149 | |
| Bonnefont (de) | 39 | |
| Bonnefoy (de) | 197 | |
| Bonnefoy de Bretteauville | 197 | |
| Bonnemain (de) | 197 | |
| Bonnet de la Beaume | 197 | |
| Bonnet de Maureillan | 197 | |
| Bonnet de Viller | 307 | |
| Bonneval (de) | 197 | |
| Bonnevie (de) | 181-197 | |
| Bonnieu de la Rivaudière | 7 | |
| Bonnin de Chalucet | 197 | |
| Bonninière de Beaumont (la) | 197 | |
| Bordeaux | 197 | |
| Borde (de la) | 157 | |
| Borel du Chambon | 197 | |
| Borelli | 197 | |
| Borghèse | 39 | |
| Borne de Grandpré | 197 | |
| Bort | 282 | |
| Bos (du) | 78-197 | |
| Bosanquet (de) | 39 | |
| Boscal de Réals | 197 | |
| Boschet (du) | 282 | |
| Bosquet (de) | 282 | |
| Bosseu de Chimay (le) | 282 | |
| Bossuet | 198 | |
| Bost ou de Bost | 198 | |
| Bost de Montfleury (du) | 198 | |
| Bot de Roquesalière | 197 | |
| Botdern (du) | 198 | |
| Botherel de la Bretonnière | 41 | |
| Botmilliau | 198 | |
| Boubers (de) | 198 | |
| Boubers-Tunc (de) | 282 | |
| Boucault | 282 | |
| Bouchard de Méhérenc | 198 | |
| Bouchard de la Poterie | 198 | |
| Bouchard de Saint-Privat | 198 | |
| Bouchareno (de) | 41 | |
| Bouchel de Mereuvène | 282 | |
| Bouchelet de Vendegies | 198 | |
| Boucher (le) | 79 | |
| Boucher d'Ailly (le) | 79 | |
| Boucher d'Hérouville (le) | 198 | |
| Boucher de Milly | 159 | |
| Boucher de la Motte | 198 | |
| Boucher d'Orsay | 198 | |
| Boucher de Perthes | 282 | |
| Boucherat | 158 | |
| Boucherie du Margat (la) | 198 | |
| Bouchet (du) | 79-198-282 | |
| Bouchet de Sources | 198 | |
| Bouchu de Lessard de Loisy | 198 | |
| Bouchut d'Apchier | 282 | |
| Boucq de Castro (le) | 198 | |
| Boudard de Couturaille | 198 | |
| Boudet de Puymaigre | 198 | |
| Boudrac (de) | 163 | |
| Boué de Verdier | 198 | |
| Bouet de Portal | 198 | |
| Boufflers (de) | 198 | |
| Bouezo de Kercaradec | 43 | |
| Bouez d'Amazy (de) | 34 | |
| Bougainville | 198-282 | |
| Bouillant | 198 | |
| Bouillé (de) | 198 | |
| Boula de Mareuil | 199 | |
| Boulais (de) | 79 | |
| Boullaye (la) | 282 | |
| Boullenger (le) | 282 | |
| Boulogne | 198 | |
| Boulon | 79 | |
| Boulongne ou Boullogne | 79 | |
| Bouloy de Cremoux | 198 | |
| Bouly de Lesdain | 192 | |
| Bounain de Ryckfolt | 289 | |
| Bouquetot | 79 | |
| Bourbel-Montpinçon | 282 | |
| Bourbon | 149 | |
| Bourbon-Busset (de) | 199 | |
| Bourcet | 199 | |
| Bourdaye | 199 | |
| Bourdeille (de) | 282 | |
| Bourdin de Montréal | 7 | |
| Bourdon | 78 | |
| Bourg (du) | 199 | |
| Bourgeilas (de) | 79 | |
| Bourgeois du Marais | 6 | |
| Bourgoing (de) | 199-282-305 | |
| Bourgogne | 199 | |
| Bourguet (de) | 282 | |
| Bourmont (de) | 199 | |
| Bourblanc d'Apreville | 199 | |
| Bourcier de Montureux | 199 | |
| Bourdais | 199 | |
| Bourdeilles (de) | 199 | |
| Bourée de Fervillers | 199 | |
| Bourgeois (de) | 199 | |
| Bourgoin de Faulin | 199 | |
| Bourke | 199 | |
| Bourrée de Corberon | 199 | |
| Bourrousse de Laffore (de) | 199 | |
| Bourzès ou Bourzeys (de) | 282 | |
| Bousquet de Saint-Pardoux (du) | 184 | |
| Boussac (de) | 282 | |
| Bout de Marnhac | 199 | |
| Boutaud | 199 | |
| Boutant | 199 | |
| Boutault | 199 | |
| Bouteville | 199 | |
| Boutray (de) | 151 | |
| Boutin (de) | 199 | |
| Bouton de Chantemerle | 199 | |
| Bautray (de) | 200 | |
| Bouyn (de) | 42 | |
| Bouzier d'Esponceaux | 200 | |
| Bouzitat de Célines | 200 | |
| Bovis (de) | 200 | |
| Boyer (de) | 200 | |
| Boyer de la Gautraye | 282 | |
| Boyer de Pouze | 200 | |
| Boyer de Sugny | 282 | |
| Boynet de Brizay | 200 | |
| Boysset (de) | 200 | |
| Boysseulli (de) | 200 | |
| Brac | 200 | |
| Brac de Bourdonnel et de la Perrière | 200 | |
| Brachet | 80 | |
| Brachet du Péruse et de Maslaurent | 80 | |
| Bragelongne (de) | 67-282 | |
| Brancas (de) | 8 | |
| Branda de Terrefort | 200 | |
| Brandin de Saint-Laurent | 282 | |
| Branque (de) | 80 | |
| Bras-de-Fer (de) | 8 | |
| Brassier de Jocas | 176 | |
| Brassier de Saint-Simon (de) | 45 | |
| Brauer (de) | 8 | |
| Braux (de) | 200 | |
| Breban | 200 | |
| Bréchard (de) | 200 | |
| Breda-Vassenaer (de) | 8 | |

| | | | | | |
|---|---|---|---|---|---|
| Braux (de) | 200 | Brun de Kerprat (le) | 81 | Camain (de) | 78-283 |
| Breban | 200 | Brunet d'Evry | 201 | Cambis | 283 |
| Bréchard (de) | 200 | Brunet de Castelpers | 201 | Cambier de Buhat | 43 |
| Breda-Vassenaer (de) | 8 | Bruni (de) | 201 | Cambout de Coislin (du) | 286 |
| Bréhan (de) | 200 | Bruno (de) | 51 | Cambry (de) | 203 |
| Brehant | 200 | Bruslé | 46 | Camœns (Le) | 142 |
| Breil (du) | 8 | Brussaut (de) | 202 | Campaigne (de), *aliàs* Campagne d'Havricourt | 284 |
| Breil du Vigneux (du) | 200 | Bruyère (la) | 81 | |
| Brenas (de) | 8 | Buchère de l'Epinoy | 283 | Campe de Rosamel (du) | 284 |
| Brendlé (de) | 158 | Budé (de) | 202 | Campet du Saujon | 202 |
| Bressoles (de) | 80 | Budes des Portes | 169 | Camps (des) | 83 |
| Bresson de Valmabelle | 307 | Bueil de Racan | 202 | Camus (Le) | 83 |
| Bret de Flacourt (le) | 200 | Bufférant (de) | 81 | Camus du Martroy | 202 |
| Bretel de Lanquetot | 200 | Buffon-Montbard | 202 | Camus de Pontcaré | 203 |
| Breteuil (de) | 200 | Bugeaud de la Piconnerie et d'Isly | 202 | Camusat de Riancey | 169 |
| Bretigny (de) | 150 | | | Canclaux (de) | 283 |
| Breton (le) | 200 | Buget des Landes | 283 | Candolle (de) | 46 |
| Bretonnière (de la) | 80 | Buisseret de Blarenghien | 202 | Canelle (de) | 83 |
| Brets (des) | 200 | Buisson | 82 | Canillac (de) | 283 |
| Breuil (du) | 43-80 | Buisson (du) | 283 | Canisy (de) | 305 |
| Breuilly (de) | 43 | Buisson de Champigny | 202 | Cailers ou Caulers (de) | 154-284 |
| Brevedent (de) | 80 | Buissy (de) | 82 | Canning | 203 |
| Breza de Goray | 282 | Bulhac | 202 | Capdenac (de) | 284 |
| Brezons (de) | 81 | Bullion (de) | 282 | Capdeville (de) | 284 |
| Briant de Laubrière | 176 | Bunault de Montbrun | 202 | Capellis (de) | 83 |
| Brias (de) | 200 | Buor de Lavoy | 202 | Capendu de Boursonne | 203 |
| Bridiers (de) | 81-282 | Burdett de Dunmore | 283 | Captal (de) | 84 |
| Bridieu (de) | 9 | Burges (de) | 202 | Captal de Saint-Jory | 203 |
| Brienc (du) | 282 | Burgues de Missiessy | 82 | Caradeuc de la Chalotais | 284 |
| Briey (de) | 43 | Burguet | 9-183 | Carbonnel (de) | 203 |
| Briey de Landres | 200 | Burlé | 82 | Carbonnel de Canisy (de) | 203 |
| Briffe (la) | 282 | Busancy-Pavant (de) | 202 | Carbonnel d'Hierville (de) | 203 |
| Brigitte de Sarsfield | 201 | Bussi-Rabutin | 202 | Carbonnel de Sourdeval | 203 |
| Brignon de Lehen | 201-282 | Busson de la Marinière | 283 | Carbonnières (de) | 203 |
| Brigode (de) | 200 | Butot | 202 | Cardaillac de Saint-Sernin (de) | 284 |
| Brilliac *aliàs*, Brilhac (de) | 81 | Buysson (du) | 82-202 | |
| Brillac d'Argy | 200 | | | Cardeilhac (de) | 284 |
| Brillon | 200 | | | Cardevaque d'Havricourt | |
| Brindejonc de Treglodé | 200 | Cabanes (de) | 202 | Cardinal de Cuzey | 46 |
| Briolle (de) | 31 | Cabassole | 202 | Cardinal de Kernier (Le) | 284 |
| Brives de Peyrusse (de) | 9 | Cabot de Dampmartin | 47 | Cardon | 203 |
| Broc (du) | 201 | Cabot de la Fare | 47 | Cardon de Montigny | 203 |
| Broca (du) | 201 | Cabrière (de) | 202 | Cardon de Sandrans (de) | 47-84 |
| Brochant de Villiers | 201 | Cabroi de Mouté | 202 | Caretto | 284 |
| Brochard de la Rochebrochard | 201 | Cacqueray des Landes | 283 | Cargouet (de) | 173 |
| | | Cadeau d'Acy | 202 | Caritat de Condorcet (de) | 84 |
| Brog | 81 | Cadenet de Charleval | 202 | Carlier (Le) | 84 |
| Broke | 201 | Cadier de Veusce (de) | 82 | Carlot de Cestayrols | 203 |
| Bronac (de) | 201 | Cadot de Sebbeville | 202 | Carmentrand (de) | 63-284 |
| Broon (de) | 201 | Cadoudal | 283 | Carné (de) | 203 |
| Brossard (de) | 283 | Cagnicourt (de) | 283 | Carnegy de Balinhard | 203 |
| Brossard (de) | 201 | Caignard | 283 | Caron (Le) | 284 |
| Brossard de Corbigny | 201 | Caignart (de) | 283 | Caron de la Massonnerie | 203 |
| Brosses du Goulet (des) | 201 | Cailhol | 283 | Carpentier | |
| Broue (de la) | 201 | Cailleau de Courtenay | 283 | Carpentier de Changy | 47-83 |
| Brougham | 201 | Caillot de Pommares | 282 | Carpon de Kerbileau | 203 |
| Brousse de Verteillac (de la) | 46-201 | Cailly (de) | 155 | Carpon de Kerliver | 203 |
| | | Caire du Lauset | 202 | Carpont de Kerbilic | 284 |
| Bruc (de) | 81 | Cairon (de) | 82 | Carra de Saint-Cyr | 203 |
| Bruch | 171 | Caissac (de) | 283 | Carrel (de) | 153 |
| Bruc-Montplaisir (de) | 201 | Caix de Saint-Aymour (de) | 283 | Carrey de Bellemare | 203 |
| Bruchard (de) | 201 | Calf de Noivans | 283 | Carrière (de) | 9 |
| Brugelles (de) | 283 | Callais de Gonneville | 202 | Cartier de la Malmaison | 9 |
| Bruges (de) | 147-201 | Callouet | 283 | Cartier ou Le Cartier | 203 |
| Brugier de Rochebrune | 201 | Calmels-Pontis | 176 | Carruel de Mérey | 203 |
| Brugière de Barante | 201 | Calmont (de) | 83 | Caruyer (de) | 284 |
| Bruière (de la) | 82 | Calonne (de) | 202 | Carvoisin d'Armancourt | 9 |
| Brulard de Genlis et de Sillery | 201 | Calonne de Beaufait | 202 | Casabianca (de) | 203 |
| | | Calvez de Kersalou | 283 | Cassagne (de) | 176 |
| Brun de Castellane | 283 | Calvière de Boucoiran | 202 | Cassagnet (de) | 95 |
| Brun de Champignolle (le) | 201 | Calvière de Vezenobre | 283 | Cassard (de) | 284 |
| Brun de Kermorven (le) | 201 | Calvimont (de) | 283 | Casses (de) | 84 |

| | | |
|---|---|---|
| Castaing (de)............ | 284 | Chamillart de la Suze (de) 48-205 |
| Castelbajac............. | 175 | Chamont................ 86 |
| Castellane (de)........ | 84-303 | Champeaux de la Boulaye |
| Castelmur (de)........ | 284 | (de).................. 205 |
| Castera d'Artigues ou Casteras................ | 84 | Champion (de)......... 284 |
| | | Champion de Cicé...... 303 |
| Castet de Boulbène...... | 203 | Champion de Crespigny... 284 |
| Castillon de Saint-Victor (de).................. | 203 | Champion de Nansouty... 205 |
| | | Champron (de).......... 205 |
| Castillon (de).......... | 84 | Champs (des)........... 86 |
| Caston des Estivaux de Fougerolles..........'... | 284 | Champs (de)............ 205 |
| | | Champs de Marsilly (des).. 205 |
| Casy-Auribeau.......... | 204 | Chanal (de)............ 284 |
| Cat de Bazancourt....... | 204 | Chanaleilles (de)........ 10 |
| Cathelane ou Catalane... | 204 | Chancerel d'Ardaine..... 284 |
| Cattenbroeck............ | 204 | Chandieu (de).......... 285 |
| Caucabane.............. | 83 | Chandon (de).......... 205 |
| Cauchon de Lery et de Maupas................. | 204 | Changy (de)............ 86 |
| | | Chantarel de Saint-Arcy... 285 |
| Caumont de la Force (de).. | 204 | Chantelot de la Chaise.... 205 |
| Caumont-Lauzun (de).... | 169 | Chantemerle (de)........ 87 |
| Caurel de Taigny (du).... | 204 | Chanteprime............ 87 |
| Caussade (de).......... | 204 | Chantereau de la Tour (de). 87 |
| Caussia de Mauvoisin (de) | 42-204 | Chapdelaine (de)........ 205 |
| Caussin................ | 284 | Chapel (de)............ 173 |
| Cauvigny (de).......... | 284 | Chapel de la Salle........ 205 |
| Caux de la Tombelle (Le). | 204 | Chapelain de Pucheyrac... 205 |
| Cavaignac.............. | 204 | Chapelle (de la)........ 87 |
| Cavé d'Haudicourt....... | 204 | Chapelle de Jumilhac..... 205 |
| Caverson (de).......... | 284 | Chapperon.............. 154 |
| Caylar d'Anglas (du)..... | 204 | Chaponnel (de)......... 205 |
| Caze (de).............. | 42 | Chappes (de)........... 162 |
| Cazenave (de).......... | 204-284 | Chapt de Rastignac...... 206 |
| Cazenove (de).......... | 177 | Chaptal de Chanteloup... 206 |
| Cazenove de Pradines.... | 204 | Chapuis de Montlaville.... 206 |
| Cazes (de)............. | 204 | Charbonnel (de)......... 206 |
| Ceccaldi............... | 204 | Charbonnel............. 206 |
| Cecil de Salisbury....... | 204 | Charbonnier de Granjeac. 206 |
| Cécillon (de).......... | 284 | Chardebœuf de Pradel... 206 |
| Celle de Chateaubourg (de la)................. | 10 | Chardon du Havet...... 206 |
| | | Charenton (de)......... 87 |
| Celle de Châteauclos (La) | 85-204 | Charette (de).......... 206 |
| Cellot................ | 85 | Chargères (de)......... 68 |
| Cessac (de)........... | 85 | Charil des Mazures..... 206 |
| Chaban (de).......... | 47 | Charitte (de).......... 206 |
| Chabannes (de)....... | 48-204 | Charles de Bernard du Grail. 285 |
| Chabans (de)......... | 86-204 | Charles de Nonjon...... 206 |
| Chabaud-Latour....... | 204 | Charlet............... 206 |
| Chabenat de Bonneuil... | 204 | Charlonnie de la Blotais (de la)............. 285 |
| Chabert (de).......... | 204 | |
| Chabert.............. | 86 | Charlot (de).......... 166 |
| Chabot de Souville..... | 204 | Charlus de la Borde..... 206 |
| Chabou de Nantouin..... | 204 | Charnacé (de)......... 206 |
| Chabron (de)......... | 68 | Charnière (de)......... 206 |
| Chabron de Solilhac (de).. | 204 | Charpin de Fougerolles... 206 |
| Chaignon des Lans...... | 204 | Charrier de Chandrans... 206 |
| Chaillon de Jonville..... | 204 | Charron de Nozieux..... 87 |
| Chaisne de Bourmont.... | 204 | Charry (de)........... 87 |
| Chalamont de la Viselède.. | 205 | Charry des Gouttes..... 206 |
| Chaltin (de).......... | 86 | Chartier de la Varignère.. 206 |
| Challudet de Liffermeau.. | 205 | Chartraire............. 88 |
| Chalons de Virmel...... | 205 | Chaslus de Lambron..... 206 |
| Chalup (de)........... | 205 | Chaslus de Prondines.... 206 |
| Chalus (de)........... | 205 | Chaspoux de Verneuil.... 206 |
| Chalvet de Fenouillet.... | 205 | Chassaigne (de la)....... 285 |
| Chalvet de Nastrac...... | 205 | Chassain (de).......... 285 |
| Chalvet de Rochemonteux. | 205 | Chassay (de).......... 285 |
| Chambes de Montsoreau.. | 205 | Chassebœuf de Volney... 206 |
| Chambge de Liessart (du).. | 205 | Chasseloup Laubat (de)... 206 |
| Chambly (de)......... | 205 | Chassepot de Beaumont.. 206 |
| Chamborant (de)....... | 86-205 | Chassin de Roufflat..... 149 |
| Chamillard de Villate.... | 205 | Chassiron (de)......... 206 |

| | |
|---|---|
| Chassy (de)............ | 87 |
| Chasteau.............. | 177 |
| Chasteignier (de)...... | 307 |
| Chastel de Blangerval... | 285 |
| Chastel de Mesle (du)... | 207 |
| Chastellier (du)....... | 285 |
| Chastellier d'Etréac (du)... | 207 |
| Chastellux (de)....... | 88-207 |
| Chastenay (Le)........ | 150 |
| Chasténay (de)....... | 207 |
| Chastenet de Puységur (de).. | 42 |
| Chastillon............ | 207 |
| Chat (Le)............ | 88 |
| Chat de Kersaint (le).... | 207 |
| Chateaubriand (de)..... | 207 |
| Chateauneuf (de)...... | 88 |
| Chateauneuf d'Apchier... | 285 |
| Chateauneuf-Randon (de).. | 207 |
| Chateauvieux (de)..... | 88-285 |
| Chateigner de la Roche-Posay (de)........ | 167 |
| Chatelain de Pronville... | 207 |
| Chatelet de Moyencourt... | 207 |
| Chatellerault (Hamilton-Douglas de)........ | 207 |
| Chatillon de Blois (de)... | 207 |
| Chatton ou Chaton des Morandais............ | 48 |
| Chauchart (de)........ | 285 |
| Chaumeil (de)........ | 207 |
| Chaumejean de Fourille... | 207 |
| Chaumont de Quitry (de).. | 207 |
| Chaunac de Lanjac (de)... | 207 |
| Chaunay de Cheronne.... | 285 |
| Chausse de Luneste (La).. | 207 |
| Chaussegros de Lioux..... | 207 |
| Chauveau (de)........ | 285 |
| Chauvelin (de)........ | 88-207 |
| Chauvenet (de)....... | 65 |
| Chauveton de Saint-Léger. | 207 |
| Chauvigné (de)....... | 285 |
| Chauvin (de).......... | 88 |
| Chauvin des Orières..... | 11 |
| Chavagnac (de)....... | 207 |
| Chavagnac de Terisses... | 207 |
| Chavaille (de)........ | 285 |
| Chavaille de Fougeras... | 207 |
| Chavigny (de)........ | 285 |
| Chazelles (de)........ | 11 |
| Chazelles de Bargues.... | 207 |
| Chefdebien d'Armissan (de). | 11 |
| Chefdebien Zagarriga (de). | 10 |
| Chefdubois de Kerlozret... | 285 |
| Cheilus ou Cheylus (de)... | 88 |
| Chellet............... | 65 |
| Chemillé (de)......... | 285 |
| Chenin de Milescu...... | 207 |
| Chenu de Clermont..... | 207 |
| Chenu de Thuet et de Gastines............. | 89-207 |
| Chergé (de).......... | 177 |
| Chérisey ou de Chérisy.... | 207 |
| Chesnard (de)........ | 89 |
| Chesne de Bellecourt (du).. | 207 |
| Chesne de Courcy (du)... | 285 |
| Chesne de Saint-Léger (du). | 207 |
| Chétardie de Paviers (la). | 154 |
| Cheval de Fontenay..... | 208 |
| Chevalerie (La)....... | 208 |
| Chevalerie (de la)..... | 153 |
| Chevalier............ | 285 |
| Chevalier du Coudray.... | 154 |

| | | |
|---|---|---|
| Chevalier de Montrouant.. 207 | Coetmen.............. 90 | Cornet............... 210 |
| Chevalier du Portal...... 207 | Cœuret de Nesle........ 68 | Cornets de Groot de Kraa- |
| Chevenon de Bigny....... 207 | Coiffler, *alias* Cœffier.... 286 | yenburg,............. 210 |
| Chevery (de) ........... 208 | Coignet de Courson..... 209 | Cornette (de).......... 11 |
| Chevigné (de)........... 285 | Coigneux de Belabre (le).. 209 | Cornon de Gorrevod..... 210 |
| Chiche (de)............. 89 | Coigny de Bréauté........ 209 | Cornot de Cussy........ 210 |
| Chicoineau de la Valette.. 89 | Colas de la Motte........ 209 | Cornudet de Chomettes... 210 |
| Chifflet................ 208 | Colbert (de).......... 91-209 | Cornulier de Lucinière.... 286 |
| Chimera............... 156 | Coligny (de)............ 209 | Coroller............... 210 |
| Chinoir de Chambrécy.... 208 | Colin de la Brunerie...... 35 | Corre de Kerusoré (le)... 286 |
| Chirol de la Brousse..... 10-89 | Collart ................ 91 | Correur (le)............ 92 |
| Chiron................ 208 | Collemont (de)......... 91 | Cortois de Pressigny..... 210 |
| Chiron (de)............. 285 | Collenel de Fontet....... 286 | Cos de la Hitte (du)...... 177 |
| Choart de Magny........ 285 | Collet de la Chasserie.... 209 | Coskaer de Rosambo (du). 92 |
| Chocquard de Saint-Etienne. 285 | Collet du Clos.......... 286 | Coskaer le Peletier de Ro- |
| Choiselas ............. 208 | Collin de l'Isle........... 286 | sambo................ 210 |
| Choiselat ............. 89 | Collin de Sussy....... 209-303 | Cosnac (de)............ 210 |
| Choiseuil (de).......... 89 | Colloredo.............. 209 | Cosne (de)............. 92 |
| Cholet, *alias* Chollet de Sur- | Colnet de Montplaisir.... 286 | Cosne de Cardanville (le).. 210 |
| laville............... 285 | Colomb (Christophe).... 209 | Cossart d'Espiès........ 286 |
| Cholier de Cibeins (de).. 89-208 | Colomb de Battine....... 209 | Cossé-Brissac.......... 162 |
| Choppin d'Arnouville..... 90 | Colombe (de).......... 177 | Cosseron de Villenoisy... 210 |
| Chouly de Permangle..... 285 | Colombes.............. 209 | Cossette (de).......... 286 |
| Chousant (de).......... 285 | Colonna Waleswki (de)... 91 | Costaing de Pusignan..... 210 |
| Chreptowiez........... 208 | Combaret (de)......... 48 | Costardaye (la)......... 210 |
| Chrestien de Lihus....... 32 | Combarel de Gibanel..... 209 | Coste de Champeron...... 51 |
| Chrétien de Théveneuc et | Combarel de Leyval (de).. 91 | Costecaude (de)........ 31 |
| de la Masse........... 208 | Combe (de la).......... 166 | Costé de Triquerville et de |
| Cierzay (de)............ 285 | Combles (de).......... 91 | Saint-Supplin......... 210 |
| Cillart de Kermainguy (de) 90-208 | Comeau (de)........... 153 | Cot de Chastelard........ 211 |
| Cillart de Surville....... 285 | Comeau de Créancy...... 209 | Coucy (de)............ 211 |
| Cirey (de)............. 285 | Comines (de).......... 209 | Couëdic (du).......... 211 |
| Clairambault (de)........ 208 | Commarieu (de)........ 286 | Couet de Marignanes..... 211 |
| Clarac (de).......... 208-286 | Comminges (de)...... 48-209 | Coulanges (de)......... 211 |
| Claret de la Touche...... 10 | Compague de Barjoneau.. 209 | Coulret de Boulot....... 211 |
| Clarke de Feltre........ 208 | Compasseur de Courtivron | Couperie.............. 286 |
| Claris (de), *alias* Clary de | (le).................. 50 | Cour (de la)........... 12 |
| Florian.............. 286 | Comps (de)............ 50 | Cour de Balleroy (la).... 211 |
| Clavel (de)............. 286 | Comte (le)............. 91 | Courbon (de).......... 93 |
| Claveson (de).......... 90 | Comte du Theil (le)...... 286 | Courbon de Blenac...... 211 |
| Clavières (de)........ 90-286 | Conceyl (de).......... 92 | Courcelles (Gars de).... 211 |
| Clebsattel (de)......... 208 | Condamine (de la)...... 209 | Courcy................ 286 |
| Clément de Beauvais..... | Condamine (la)......... 286 | Courson (de)........... 156 |
| Clément de Saint-Marcq (Le) 208 | Condé (de).......... 50-286 | Court de la Villetasselz (le). 49 |
| Clément du Mez........ 286 | Condren (de).......... 209 | Courtais (de).......... 211 |
| Clerc de Bussy (Le)..... 208 | Conducher (de)......... 92 | Courtarvel (de)......... 211 |
| Clerc de Fleurigny (Le)... 208 | Conigliano (de)........ 11 | Courtavel de Pezé...... 286 |
| Clerc de Juigné (Le)..... 208 | Conqueret............. 286 | Courtemanche (Le Maire de |
| Clerc de Lesseville (Le)... 208 | Constant (de).......... 286 | Millières et de)....... 211 |
| Clerc de Mazerolles. ... 208 | Contades (de).......... 209 | Courtenay (de)........ 93 |
| Clerc de Vesins (Le)..... 208 | Conte des Graviers (le).. 92 | Courteville de la Buissière. 211 |
| Clercl de Tocqueville..... 208 | Conte de Montullé (le)... 209 | Courthille de Saint-Avit.. 286 |
| Clermont-Gallerande (de). 90 | Conte de Nonant (le)..... 209 | Courtilloles (de)........ 211 |
| Clermont-Tonnerre .... 10-208 | Coppens (de).......... 210 | Courtils de Merlemont (de). 211 |
| Cleron d'Haussonville.... 208 | Coppin de Beausaint (de). 210 | Courtin............... 94 |
| Cléry................. 208 | Coquelin de Germigney... 210 | Courtin de Torsay....... 211 |
| Cléry de Serans........ 208 | Coral (de)............. 33 | Courtin d'Ussy......... 211 |
| Cleux (de)............. 90 | Corbeau de Lanfrey...... 210 | Courtois de Minut....... 153 |
| Clos du Channy (du)..... 208 | Corbeau de Vaulserre (de). 11 | Courtot de Cissey....... 50 |
| Clicquot de Toussicourt... 208 | Corberon (Bourrée de)... 210 | Courtray de Pradel..... 211 |
| Clutin de Villeparisis..... 208 | Corbière (de la)........ 210 | Courty (de)............ 12 |
| Coaraze (de).......... 90 | Corbière de Juvigné (la)... 210 | Courvol (de)........... 211 |
| Coat de Kerveguen (Le)... 209 | Corbières ............. 210 | Cousin de Granville..... 305 |
| Cocherel.............. 209 | Corbinière (de la)....... 286 | Coustard (de).......... 211 |
| Cochin de Cléry......... 286 | Corcin................ 210 | Coustin du Masnadaud (de). 66 |
| Cochon de Lapparent..... 209 | Corday d'Orbigny (de).... 177 | Coutte (de)............ 94 |
| Cocq de la Magdelaine (Le). 209 | Cordelier de Chennevières. 286 | Couvreur (le).......... 159 |
| Codere de Lacan........ 38 | Corette (de)........... 92 | Coux (de)............. 286 |
| Coctandon (de)......... 286 | Corgne de Bonabry (le)... 52 | Covet, *alias* Couvet...... 286 |
| Coetdon (de).......... 286 | Cormery (de).......... 90 | Coynart............... 287 |
| Coetlogon (de)...... 91-209 | Corn d'Ampare......... 286 | Crécy (de)........... 94-287 |
| Coetlosquet (de)........ 209 | Corneille.............. 210 | Creil (de)........... 94-156 |

| | | |
|---|---|---|
| Crémence (de).......... | 287 | Daniel de Bois-d'Aunemetz, de Vauguyon et de Grangues...... 212 | Dortant de Marterey...... 213 |
| Créquy (de).......... | 211 | | Douglas de Montréal..... 288 |
| Crespin de Billy (de)...... | 50 | | Douai (de).......... 96 |
| Crespin du Bec-Crespin... | 211 | Daniel de Kerhervé...... 212 | Doublet de Persan...... 13 |
| Crespy le Prince (de)..... | 52 | Danois de Cernay (le).... 212 | Douczy d'Ollandon...... 288 |
| Cressy (de).......... | 287 | Danois de Tourville des Essarts (le)........ 12 | Douhet (de).......... 214 |
| Crest de Villeneuve (du)... | 94 | | Doulcet de Pontécoulant... 214 |
| Creton d'Hestourmel..... | 211 | Dantil.......... 150 | Doullé (de).......... 96 |
| Creuilly (de)........ | 94 | Dantil de Ligonnez...... 287 | Douville de Mailléfeu..... 214 |
| Crevant (de).......... | 94 | Danzel.......... 287 | Doyen.......... 214 |
| Crevant d'Humières..... | 211 | Daru.......... 212 | Doynel de la Sausserie.... 214 |
| Croc (du).......... | 287 | Dassier des Brosses...... 212 | Dragon de Gomicourt.... 288 |
| Crocq (du).......... | 287 | Dauphin.......... 212 | Drée (de).......... 288 |
| Croismare (de).......... | 211 | Davet de Benery.......... 52 | Dreux-Brézé (de)...... 214 |
| Croix (de).......... | 211 | David de Beaufort........ 57 | Dronion.......... 96 |
| Croix (La).......... | 94 | David de Boisroger...... 212 | Drouart.......... 164 |
| Croix de Castries (de la). | 52-211 | Davy de la Pailleterie.... 212 | Drouart de Bousset...... 288 |
| Croix de Chevrières de Sayves (de la).......... | 211 | Dejean.......... 212 | Drouet de Montgermont... 214 |
| | | Del Bue.......... 46 | Drouillard de Saint-Gilles. 214 |
| Croix d'Evry (la)...... | 287 | Delecey de Changey... 184 bis | Droullin de Menilglaise (de) 214 |
| Croiziers de Lacrivier..... | 177 | Delley de Blancmesnil et d'Avaize.......... 212 | Drouot.......... 214 |
| Croisier de Sainte-Legraux (de).......... | 37 | | Dru de-Mongelas....... 214 |
| | | Delmont.......... 95 | Druays de Franclieu..... 214 |
| Cropte de Bourzac et de Chanterac (la).......... | 211 | Delort.......... 212 | Drummond-Melfort...... 214 |
| | | Delpuech de Commeiras... 213 | Dubreton.......... 214 |
| Cros (du).......... | 287 | Demidoff.......... 213 | Duc de la Duquerie (le)... 214 |
| Croset (du).......... | 285 | Démours d'Ivory (le)..... 213 | Duc de la Fontaine (le)... 96 |
| Crospi (de).......... | 211 | Denis (de).......... 95 | Ducampe de Rosamel..... 214 |
| Crotay de Blainville (du).. | 212 | Denis de Cuzieu....... 287 | Duchier.......... 214 |
| Croy (de).......... | 212 | Denis de Keranot.......... 213 | Duclot.......... 214 |
| Crozant de Bridiers (de)... | 12 | Denis du Peage.......... 52 | Dudley.......... 214 |
| Crugeot de Villemans..... | 212 | Denis de Prathamon...... 213 | Dumas.......... 214 |
| Crugy de Marcillac...... | 212 | Denis de Trobriant...... 213 | Dumas de Marveille...... 214 |
| Crussol (de).......... | 287 | Dopéry.......... 12 | Dumas de la Pailleterie... 214 |
| Crussol d'Uzès.......... | 212 | Derrien de Roslan........ 213 | Dumay.......... 214 |
| Cugnac (de).......... | 212 | Derval de Gueron........ 213 | Dunin.......... 214 |
| Culant (de).......... | 212 | Desaubray.......... 287 | Duperré.......... 214 |
| Cumont (de)........ | 287 | Descartes.......... 217 | Dupin des Lèzes......... 211 |
| Cunningham.......... | 212 | Desgabets d'Ombale...... 283 | Dupont.......... 214 |
| Cuny (de).......... | 287 | Desmarais.......... 287 | Dupuy.......... 214 |
| Curel (de).......... | 212 | Dessey de Leyris........ 217 | Dupuy de Bordes........ 214 |
| Cursay (de).......... | 287 | Dessole.......... 212 | Dupuytren.......... 215 |
| Cuseau (de).......... | 167 | Destutt de Tracy........ 213 | Derban (de).......... 53 |
| Cussigny de Vianges..... | 212 | Desvignes de Davaye..... 213 | Durcet (de).......... 215 |
| Cusson (de).......... | 95 | Deu de Vieux Dampierre.. 213 | Duret d'Archiac.......... 215 |
| Custine (de).......... | 52 | Devezeau.......... 213 | Durey de Noinville...... 215 |
| Cuverville (de).......... | 212 | Devonshire (de).......... 53 | Durfort (de).......... 13 |
| Cuvier (de).......... | 95 | Dexmier d'Olbreuse...... 213 | Duroc de Frioul.......... 215 |
| Cuvillon (de).......... | 287 | Diacre des Essarts (le).... 283 | Durousseau de Ferrières, de Fayolle, de Coulgens. 215 |
| Czarnkowski.......... | 95 | Dibarrart d'Etchegoyen... 217 | |
| | | Diesbach.......... 283 | Durat (de).......... 96 |
| | | Diesbach de Belleroche... 287 | Durud d'Angles (baron)... 306 |
| | | Dieuleveult.......... 287 | Duverne de Presle....... 215 |
| Dadvisart ou d'Avisard.... | 212 | Digard de Palcy.......... 29 | Duvidal de Montferrier.... 215 |
| Daguet de Beauvoir...... | 212 | Digeon de Monteton...... 213 | Dury.......... 96 |
| Daillancourt.......... | 287 | Digoine du Palais (de)..... 12 | Dzialynski.......... 215 |
| Daillon du Lude........ | 212 | Dillon (de).......... 95 | |
| Dainville (de).......... | 287 | Dion (de).......... 213 | |
| Dalberg (de).......... | 212 | Divonne.......... 213 | Ecuyer de Muret (l')..... 215 |
| Dalmas (de).......... | 212 | Dixmude de Montbrun.... 288 | Egmont (d').......... 215 |
| Damas-Jouancy (de).... | 164 | Dode de la Brunerie...... 173 | Elbée (d').......... 215 |
| Damas (de).......... | 52 | Dodun (de).......... 213 | Emé de Marcieu......... 215 |
| Dambray.......... | 212 | Doisy de Villargennes .... 42 | Emmery de Grozyeulx.... 215 |
| Dammartin (de).......... | 212 | Doléga Mycielska....... 96 | Engrie ou Angrie.......... 152 |
| Dampierre (de).......... | 287 | Dollin du Fresnel........ 33 | Entraigues (d').......... 215 |
| Dandel d'Asseville ...... | 212 | Domants.......... 159 | Eon.......... 215 |
| Danès de Marly.......... | 286 | Dombrowski.......... 213 | Epervier de Béron (l')... 215 |
| Danglade.......... | 287 | Domis de Semerpont...... 213 | Epine (de l').......... 97 |
| Danguy de Vue.......... | 287 | Donhoff ou Denhoff...... 213 | Ernault d'Olivet.......... 215 |
| Daniel.......... | 95 | Donze de Belfort........ 213 | Ernecourt de Montreuil (d') 215 |
| Daniel, alias Danuel de Kerdanet.......... | 287 | Dorgeoise de Tivollière... 213 | Escale (de l').......... 215 |
| | | Dorlodot de Préville...... 213 | Escayeul (d').......... 215 |

| | | | | | |
|---|---|---|---|---|---|
| Escayrac de Lauture (d')..| 215 | Faubournet de Montferrand. | 217 | Fleyres (de)............ | 99-150 |
| Eschassériaux............ | 215 | Faucher (de)............. | 217 | Flo (le)................. | 219 |
| Escorchebeuf (d')........ | 215 | Faucher de la Ligerie (de). | 217 | Floques (de)............. | 161 |
| Escorches de Sainte-Croix (d')................. | 215 | Faucompré (de)........... | 217 | Florian.................. | 219 |
| | | Faucon de Mayac......... | 217 | Flotte (de).............. | 219 |
| Escot de Cournon......... | 215 | Faucon de Villaret....... | 217 | Flotte d'Agoult.......... | 219 |
| Escotais (des)............ | 215 | Faudoas (de)............. | 98 | Foix (de)................ | 219 |
| Escoubeau de Sourdis (d'). | 215 | Faulte de Vantaux........ | 217 | Folin de Villecomte...... | 219 |
| Escoubès de Montlaur..... | 215 | Faur de Bessol (du)...... | 217 | Folliot de Crenneville.... | 219 |
| Escumont de Poilières.... | 215 | Faur de Pibrac (du) ..... | 217 | Font de Savines (la)...... | 219 |
| Espades (d')............. | 216 | Faure de Berlise......... | 217 | Fontaine (de)............ | 219 |
| Espagne Montespan (d')... | 97 | Faure de Saint-Silvestre.. | 160 | Fontaine de Belesire (la).. | 219 |
| Esparbès de Lussan....... | 216 | Faurie de Monbadon (la).. | 217 | Fontaine de la Cochais (la). | 219 |
| Esparron (d')............ | 215 | Fauvel de Doudeauville... | 217 | Fontaine de Cramayel..... | 219 |
| Esparvier (d')............ | 216 | Faverolles (de).......... | 98 | Fontaine Solare (la)...... | 219 |
| Espiard (d').............. | 216 | Favier de Lancry......... | 217 | Fontanes (de)............ | 304 |
| Espinassy (d')............ | 54 | Fay de la Tour-Maubourg (de)............... | 99-218 | Fontanges de Chambon... | 219 |
| Espinay Saint-Luc........ | 216 | | | Fontenay (de)............ | 99 |
| Espine de Grainville (l')... | 216 | Fay de Sathonay...... | 217-304 | Fontvieille (de).......... | 219 |
| Espine du Puy (d')....... | 216 | Fay de Maulevrier (du)... | 217 | Forbin-Janson et d'Oppède | 219 |
| Espivent de la Villeboisnet. | 216 | Fay de la Sauvagère (de).. | 217 | Forcade (de la).......... | 219 |
| Espouy (d').............. | 66 | Fayard de Sinceny....... | 218 | Forceville (de)........... | 219 |
| Essars (des).............. | 54 | Faydeau................ | 218 | Forest d'Armaillé (de la).. | 220 |
| Essars de Maigneux et de Lignières (des)......... | 216 | Faydit de Tersac (de).... | 218 | Forest de Bulhon (la)..... | 220 |
| | | Faye (de la)............ | 218 | Forest de Divonne (la).... | 220 |
| Estampes (d')............ | 216 | Faye-Meschatins (de la)... | 99 | Forest de Gesmeraye (la).. | 220 |
| Estang de Tourtoulon..... | 216 | Fayet (de).............. | 54 | Forest de Jouy.......... | 220 |
| Este (d')................. | 216 | Fayette (de la)........ | 162-218 | Foresta (de)............. | 220 |
| Esterhazy (d')............ | 54 | Fayolle (de)............ | 218 | Foresta de Bandole....... | 220 |
| Estienne de Chaussegros de Lioux (d')............. | 216 | Fayot de Villegruy...... | 55-218 | Forestier de Kervaec (le).. | 220 |
| | | Febvre de Laitre (le).... | 218 | Forestier de Kervasin (le). | 220 |
| Estienne de Launay...... | 216 | Febvre de Laubrière (le).. | 218 | Forestier d'Osseville (le).. | 220 |
| Estourmel............... | 216 | Febvre du Mouchel (le)... | 218 | Forestier de Villeneuve.... | 220 |
| Estourneau de Pinateau... | 216 | Febvre de Plinval (le).... | 139 | Foret................... | 99 |
| Eudel (d')............... | 98 | Féuclon de Salignac..... | 218 | Forges de Parny......... | 220 |
| Eudes................... | 216 | Fénice ou de Fénis (de)... | 218 | Forget (de).............. | 100 |
| Eudes de Frémont....... | 216 | Féron d'Eterpigny (le)... | 17 | Forgue de Bellegarde (de la)................. | 220 |
| Eudes de Mirville........ | 216 | Ferrand................ | 99 | | |
| Eustache d'Omonville.... | 216 | Ferré des Ferris........ | 218 | Formé de Framicourt..... | 220 |
| Euvillers (d')............ | 98 | Ferres de Réauville...... | 218 | Formeville (de).......... | 220 |
| Evêque de Gravelle (l').. | 216 | Ferrier du Chatelet...... | 218 | Fornel (de).............. | 55 |
| Evesque de Laferrière (l').. | 215 | Ferrière de Tessé....... | 218 | Fortin de la Hoguette.... | 220 |
| Exea (d')................ | 216 | Ferron du Chesne....... | 218 | Fos (de)............. | 100-220 |
| Eynard.................. | 54 | Ferron de la Ferronnays.. | 218 | Fos de Méry (du)........ | 220 |
| | | Ferroul de Laurens...... | 218 | Fosseux (de)............ | 100 |
| | | Ferry de Bellemare...... | 218 | Fouant de la Tombelle.... | 220 |
| Fabre de la Martillière.... | 216 | Ferté-Melun (de la)..... | 99 | Foubert de Laize......... | 220 |
| Fabre de la Valette et de Montvaillant.......... | 216 | Feuardent (de).......... | 218 | Foucault de Pontbriant... | 220 |
| | | Feuillot de Varange...... | 218 | Foucault de Quijac...... | 220 |
| Fabry d'Autrey.......... | 217 | Feutrier................ | 218 | Foucher (de)............ | 220 |
| Fabry de Berty.......... | 217 | Fèvre de Cormont (le)... | 218 | Fouchier (de)............ | 13 |
| Fadate de Saint-Georges.. | 217 | Fèvre d'Ormesson (le)... | 218 | Fougeret de Montpreuil... | 220 |
| Fages de Chasaux........ | 217 | Fèvre de Sormont (le).... | 99 | Fouquet de la Varenne et de Sainte-Suzanne..... | 220 |
| Faget de Quennefer...... | 217 | Feydeau de Brou....'... | 218 | | |
| Faguet de Champcourt.... | 177 | Fiennes (de)............ | 218 | Four de Prade (du)...... | 220 |
| Faillonnet de Valleroy.... | 217 | Figuières (de).......... | 218 | Four de Teysseras (du) | 153-220 |
| Falcoz de la Blache...... | 217 | Filhol de Caillavet...... | 218 | Fourc de Laneau (du).... | 220 |
| Falletans (de)........... | 217 | Filleul des Chesnets..... | 218 | Fourier de Bacourt...... | 220 |
| Fallon (de).............. | 217 | Filtz................... | 167 | Fourmestraux (de)....... | 220 |
| Falloux (de)............. | 217 | Firmas de Périès........ | 218 | Fournas de la Brosse..... | 220 |
| Famin.................. | 178 | Fisson du Montet (de)... | 219 | Fournier d'Alléray....... | 220 |
| Fare (de la)............. | 162 | Fite de Pelleporc (de la).. | 219 | Fournier de Bellevue..... | 221 |
| Faret de Fournès........ | 217 | Fitzgerald-Kenney...... | 172 | Fournier de la Chataigne-raye................. | 100 |
| Farge (de la)............ | 217 | Fitte (de la)........... | 45-219 | | |
| Farges-Chauveau de Rochefort.................. | 217 | Fitte de Soucy......... | 160 | Fournier de Maxeville.... | 221 |
| | | Flahault (de)........... | 219 | Fournier des Rioux...... | 221 |
| Fargues (de)............ | 217 | Flamen d'Assigny....... | 219 | Fournier de Taron....... | 221 |
| Fariaux de Maulde (de)... | 98 | Flavigny (de).......... | 219-306 | Fournier de la Villate.... | 221 |
| Farnow (de)............. | 98 | Flécelles (de)........... | 219 | Fournoulx (de).......... | 100 |
| Faton de Favernay....... | 217 | Flers (de).............. | 219 | Foy (de).............. | 184 bis. |
| Fau (du)................ | 98 | Fleury (de)............. | 219 | Fradet de Saint-Aoust.... | 221 |
| Faubert (de)............ | 98 | Fleury (Rosset de)...... | 219 | Fraguier de Dannemarie... | 221 |

| | | |
|---|---|---|
| Frain de Villegontier.... | 221 | |
| Fraisse (du)............ | 221 | |
| Fraissy de Veirac....... | 221 | |
| Franberge de Lésigny.... | 221 | |
| Franc de Bacouel (du).... | 221 | |
| France (maison impériale de):................ | 160 | |
| France (de)............ | 221 | |
| Franceschi............. | 221 | |
| Franchessin (de)........ | 55 | |
| François de Monval (le)... | 221 | |
| François de Neufchâteau.. | 221 | |
| Franquetot de Coigny..... | 221 | |
| Franqueville (de)........ | 221 | |
| Fransures (de).......... | 221 | |
| Fréard du Castel........ | 221 | |
| Frédeville (de).......... | 100 | |
| Fréjacques de Bar (de).... | 184 | |
| Fremin du Sartel........ | 221 | |
| Frémin de Lessard...... | 221 | |
| Frémont de Rozay...... | 221 | |
| Freuilly................ | 221 | |
| Fresnay de Lievin....... | 221 | |
| Fresnel (de)............ | 100 | |
| Fresnoy (de)............ | 100 | |
| Fresnoye de Landrethun.. | 221 | |
| Fretat de Boissieux...... | 221 | |
| Freteau de Peny........ | 221 | |
| Fréville de Lorme....... | 221 | |
| Frévol (de)............. | 221 | |
| Frevol d'Aubignac de Ribains (de)............ | 44 | |
| Frézeau de la Frézelière.. | 222 | |
| Friand de Favernay...... | 222 | |
| Frieucourt de Tully...... | 222 | |
| Frigoult de Liesville..... | 222 | |
| Froidefond (de).......... | 222 | |
| Froissard (de).......... | 51-222 | |
| Frolois de Ludre........ | 222 | |
| Froment de Castille..... | 222 | |
| Fromentin de Saint-Charles................ | 178-222 | |
| Fromont d'Andilly...... | 101 | |
| Frotier de la Messelière, de Bagneux et de Champmartin.............. | 222 | |
| Frotter de la Coarenne (le). | 222 | |
| Frotter de Lesvern (le)... | 101 | |
| Froulay de Tessé........ | 222 | |
| Fruict de la Gacherie..... | 222 | |
| Fulque d'Oraison........ | 222 | |
| Fusier du Verger........ | 222 | |
| Fuzée de Voisenon...... | 222 | |
| | | |
| Gaalon de Dorière ...... | 222 | |
| Gabriac (de)............ | 55 | |
| Gachet de la Motte....... | 222 | |
| Gaigneau de Champvallins (de)................ | 56 | |
| Gaigneau de Château-Morand................ | 222 | |
| Gaillard (de)........... | 222 | |
| Gaillard de Ferré (de).... | 102 | |
| Gaillard de Lonjumeau.... | 222 | |
| Gaillard de Vaucocour.... | 13 | |
| Gain de Linars et de Montaignac............. | 222 | |
| Galard de Béarn......... | 222 | |
| Galaup de la Pérouse..... | 222 | |
| Galbaud du Fort........ | 184 | |
| Galbert (de)............ | 56 | |
| Galhault (de)........... | 13 | |
| Galian alias-Gallian...... | 222 | |
| Galichon de Courchamp... | 222 | |
| Galliens de Chabons...... | 222 | |
| Gallier de Veaussert..... | 222 | |
| Gallifet de Martigues (le).. | 222 | |
| Gallisson .............. | 223 | |
| Gallo de Salamanca...... | 223 | |
| Gallot de Favières....... | 223 | |
| Ganay (de).............. | 158 | |
| Gantelme (de).......... | 102 | |
| Garaby de Pierrepont..... | 223 | |
| Garcin de Chatelard..... | 223 | |
| Garcin de Saint-Germain.. | 223 | |
| Gardane (de)........... | 223 | |
| Garde (de la)........... | 178 | |
| Garde du Cleuziou (la)... | 223 | |
| Garde de Tranchelion (la).. | 223 | |
| Garden de Lessart....... | 223 | |
| Gardette (de la)........ | 223 | |
| Gardeur de Tilly (le)..... | 102 | |
| Gardon de Calamaud..... | 223 | |
| Gargan (de)............ | 223 | |
| Gargiolli............... | 56 | |
| Garnier................ | 223 | |
| Garnier du Fougerat..... | 223 | |
| Garnier des Garets...... | 223 | |
| Garnier de Salins....... | 223 | |
| Garnier de Touloujon..... | 223 | |
| Garnot de Sénancourt..... | 223 | |
| Garrisson (de).......... | 155 | |
| Gascon de Garidech...... | 223 | |
| Gasq (de).............. | 223 | |
| Gassendi............... | 223 | |
| Gassier (de)............ | 223 | |
| Gast de Lussault........ | 223 | |
| Gastine de Saint-Aignan (la). | 223 | |
| Gaston de Polier et de Vauvineux................ | 223 | |
| Gaubert (de)............ | 178 | |
| Gaucourt (de).......... | 223 | |
| Gaudechart de Quérieu... | 223 | |
| Gaudry du Bost......... | 224 | |
| Gauléjac (de)........... | 14 | |
| Gaullier des Bordes...... | 224 | |
| Gaullier de la Celle...... | 224 | |
| Gaulmin de Beauvoir..... | 224 | |
| Gaultier de Beaurepaire... | 224 | |
| Gaultier de Brécy....... | 224 | |
| Gaultier de Girenton..... | 224 | |
| Gaultier d'Hauteserve.... | 224 | |
| Gaultier de Montgaultier.. | 224 | |
| Gaumont (de).......... | 102 | |
| Gauthier de Pouilladou... | 224 | |
| Gauthier de Rougemont... | 224 | |
| Gautier d'Aiguines...... | 224 | |
| Gautier de la Lauzière.... | 224 | |
| Gautier de Saint-Paulet (de)................ | 224-306 | |
| Gauvain................ | 224 | |
| Gay de la Fautrière (le)... | 224 | |
| Gay de Planhol......... | 224 | |
| Gay de Puydanché...... | 224 | |
| Gayan................. | 102 | |
| Gayant de Varatre...... | 224 | |
| Gayffier (de)............ | 184 bis | |
| Gayan de la Peyrière..... | 224 | |
| Gaze de Rouvray....... | 224 | |
| Geay de Convalette...... | 224 | |
| Gédoin de la Dobais..... | 224 | |
| Geffroy de la Bégassière. | 224 | |
| Geffroy de Tréoudal..... | 224 | |
| Gellé de Sainte-Marie..... | 224 | |
| Gemier des Périchons.... | 224 | |
| Gendre de Luçay (le)...... | 224 | |
| Gendred'Onsenbray.(le). | 175-224 | |
| Gendre de Villemorien (le). | 225 | |
| Genestet de Chairac..... | 56 | |
| Genevois de Blagny (le)... | 225 | |
| Genibrouso (de)......... | 225 | |
| Gentil d'Artaize (de)..... | 102 | |
| Gentil de Moncan........ | 225 | |
| Gentil de Paroy (le)..... | 225 | |
| Gentil de Rosmorduc (le).. | 225 | |
| Gentil de Langalerie (de) | 102-225 | |
| George d'Ollières (de).... | 225 | |
| Georges de Mihoys...... | 102 | |
| Georgin de Mardigny.... | 66 | |
| Geouffre de Chabrignac... | 225 | |
| Geps de Flavigny....... | 225 | |
| Gérard............... | 49 | |
| Gerbé de la Maillière..... | 182 | |
| Gérente de Sénas....... | 225 | |
| Géris (de)............. | 103 | |
| Germain............... | 225 | |
| Gervais du Tertre....... | 225 | |
| Gestas (de)............ | 225 | |
| Ghaisne de Bourmont.... | 225 | |
| Ghistelles (de).......... | 103 | |
| Gibon de Porhoet....... | 225 | |
| Gibouin de la Héronnière. | 39 | |
| Giboust de Chastellust... | 225 | |
| Giedroyc.............. | 225 | |
| Gicy (de).............. | 225 | |
| Gigault de Bellefonds.... | 103 | |
| Gigault d'Orainville..... | 225 | |
| Gigon de la Groix....... | 225 | |
| Gilbert des Voisins...... | 225 | |
| Gilbertès.............. | 103 | |
| Gilihert de Merlhiac..... | 225 | |
| Gillet de Laumont....... | 225 | |
| Gillet de la Renommière. | 226 | |
| Gilley de Franquemont... | 225 | |
| Gillot d'Alligny......... | 226 | |
| Ginestous (de).......... | 226 | |
| Girard de Charnacé..... | 226 | |
| Girard de Châteauvieux... | 226 | |
| Girard de Cohorn....... | 226 | |
| Girard du Lac.......... | 226 | |
| Girard de Ste-Radegonde.. | 226 | |
| Giraud des Escherolles... | 226 | |
| Giraudon du Teil (de).. | 226-42 | |
| Girault de Prangey...... | 226 | |
| Giresse de la Beyrie..... | 226 | |
| Gironde (de)........... | 226 | |
| Gitton de la Ribellerie.... | 226 | |
| Giverlay (de).......... | 103 | |
| Giverville (de).......... | 226 | |
| Givès de Creuzy et de Montguignard............ | 226 | |
| Givodan (de)........... | 226 | |
| Gladat de Gacé........ | 226 | |
| Glas (le).............. | 103 | |
| Goarant de Tromelin (le). | 115-226 | |
| Goazre de Toulgoet (le)... | 226 | |
| Gobillon (de).......... | 103 | |
| Godard d'Aucourt....... | 226 | |
| Godart de Belbeuf...... | 226 | |
| Godart du Planty....... | 226 | |
| Goddes de Varennes..... | 33 | |
| Godefroy (le).......... | 104 | |
| Godefroy de Méniglaise.. | 226 | |
| Godièges............... | 104 | |

| | | |
|---|---|---|
| Godon (de)............ | 226 | Gruel de Boisemont...... 229 | Harcourt (de)............ 57 |
| Goff de Kergadiou (Le)... | 227 | Gruel de Fontagier....... 229 | Hardouin de la Girouardière 231 |
| Gogué ou Goguier de Chaligny................ | 227 | Grzymala de Bilganow.... 106 | Hardy de la Masserie...... 231 |
| | | Guardia (de)............ 229 | Hardy de la Trousse...... 231 |
| Goislard (de)........... | 104 | Guasco................ 229 | Harenc de la Condamine... 231 |
| Goislard de Villebresme (de) | 14 | Guay-Trouin (du)....... 229 | Harivel................ 231 |
| Gondallier de Tugny...... | 227 | Gué de Bagnols (du)..... 229 | Harlay de Champvallon.... 231 |
| Gontaut-Biron (de)....... | 227 | Guéau de Gravelles et de Reverseaux............ 229 | Harpaillé du Perray...... 231 |
| Gorgue (de Le).......... | 227 | | Harscouet de Saint-Georges................ 14-231 |
| Gosse de Serlay......... | 227 | Guelton-Pignet.......... 229 | |
| Goublaye de Menorval (La) | 227 | Guénégaud de Plancy..... 229 | Hastings de Huntingdon... 231 |
| Goudon de Saint-Séver... | 227 | Guer de Pont-Callec...... 229 | Haubersart (d')........ 231-306 |
| Gougenot des Mousseaux.. | 227 | Guérapin de Vauréal...... 229 | Haudicquer de Blancourt et du Quesnoy............ 231 |
| Goujon de Thuisy et de Gasville........... 167-227 | | Guéret de Moncrif....... 229 | |
| | | Guère (de la)........... 179 | Haugen................ 234 |
| Goulaine (de)............ | 227 | Guérin................ 106 | Hault de Lassus (de)...... 15 |
| Gour de Chaillouvres (du). | 227 | Guérin (de)............ 229 | Hauteclaire (de).......... 157 |
| Gourdon de Genouilhac... | 227 | Guérin d'Agon.......... 229 | Hauteclocque............ 231 |
| Gourgaut............... | 227 | Guérin de Flaux........ 229 | Hautefaye (d')........... 107 |
| Gourgues (de).......... | 227 | Guérin de Tencin....... 229 | Hautefort (de)........ 107-231 |
| Gourio du Refuge....... | 227 | Guérin de Tournel...... 229 | Hautefort de Surville..... 231 |
| Gourlez de la Motte..... | 227 | Guernonval d'Esquelbecq. | Hauteville (de).......... 107 |
| Gourreau............... | 104 | Guersans, alias Guersant (de) 106 | Hautin................ 154 |
| Gouvello (de)........... | 14 | Guestre de Préval....... 229 | Hautpoul (d').......... 231 |
| Gouy d'Arcy........... | 227 | Gueuly de Rumigny..... 229 | Hautvillar (de).......... 107 |
| Goyet (de)............. | 104 | Guez de la Pommeraye (des) 229 | Havrincourt (d')........ 108 |
| Goyon (de)............ | 227 | Guiccioli de Montelcone.. 229 | Hay de Slade........... 178 |
| Graçay (de)........... | 104 | Guichard de Montguers... 229 | Haye d'Anglemont (La)... 231 |
| Graffard d'Ornay....... | 227 | Guiche (de la).......... 230 | Haye de la Batisse (La)... 232 |
| Graillet de Boine....... | 227 | Guidotti (de).......... 230 | Haye de Gondart (La)... 232 |
| Gramont (de).......... | 227 | Guidi (de)............. 44 | Haye d'Ommoy (La)..... 232 |
| Gramont de Guiche (de).. | 227 | Guignard de Saint-Priest d'Almazan........... 230 | Haye de Saint-Hilaire (La). 232 |
| Grammont (de)........ | 227 | | Haye-Ventelay (de La)... 156 |
| Grand (de)............ | 56 | Guignot ou Guinot (de)... 106 | Hayes de Bonneval (des).. 232 |
| Grand de Bellussière.... | 174 | Guilbert de Pixérécourt... 230 | Hayeux (des)............ 232 |
| Grand de Plainville (Le)... | 228 | Guilhem (de).......... 230 | Hazon de Saint-Firmin.... 232 |
| Grandin............... | 228 | Guilhen de Lagondie..... 230 | Hebrail................ 232 |
| Granet (de)........ 56-228 | | Guillart d'Arcy (de)...... 230 | Hector de Tirpoil........ 232 |
| Grange (de La)........ | 104 | Guillaume de Marchangy.. 230 | Hédouville (de)..... 108-232 |
| Gras (de)............. | 228 | Guillaume-Rey.......... 230 | Hellouin de Cénival...... 232 |
| Gras du Luart (Le)..... | 228 | Guillaume de la Vicuville.. 230 | Hellouin de Ménilbus.... 232 |
| Grasset (de).......... | 228 | Guillebon............. 230 | Helyes de la Roche-Esnard. 232 |
| Grateloup (de)........ | 31 | Guillchouch (de)........ 106 | Hémart................ 108 |
| Gratet du Bouchage.... | 228 | Guillemeau de Fréval et de Saint-Souflet.......... 230 | Hémard de Denonville.... 232 |
| Gravelle des Fourneaux.. | 228 | | Hénault (de)............ 108 |
| Gravier de Vergennes.... | 228 | Guillemin de Courchant... 230 | Hénissart ou d'Hénissart... 15 |
| Graziani............... | 14 | Guillemin de la Mairie.... 230 | Hennequin d'Ecquevilly... 232 |
| Green de Saint-Marsault.. | 104 | Guillois............... 106 | Hennin-Cuvillier (d')..... 232 |
| Greffier de Boislaunay... | 228 | Guiot du Doignon....... 230 | Hennoff (d')........... 232 |
| Greffin des Tournelles... | 228 | Guironnet de Massas..... 43 | Henrion d'Haussonville... 232 |
| Greffulhe............. | 228 | Guitois d'Arquien....... 107 | Henrion de Magnoncourt.. 232 |
| Grégoire.............. | 228 | Guizot................ 230 | Henry de Chamblay..... 15 |
| Gresle de Dormeson (de).. | 105 | Guyard de Saint-Chéron.. 230 | Henry d'Obéville........ 232 |
| Grignan (de).......... | 105 | Guynemer (de)...... 14-230 | Henry de Ponthuet....... 232 |
| Gril de Saint-Michel..... | 228 | Guyon de la Chevalerie... 230 | Henrys................ 57 |
| Grille d'Estoublon (de)... | 105 | Guyon de Montlivault..... 230 | Herbeline de Rubercy.... 232 |
| Grimaudet de Rochebouet. | 228 | Guyot de Saint-Remy..... 230 | Herhemont (d')......... 15 |
| Grimoard de Beauvoir et du Roure................ | 228 | | Héricart de Thury....... 232 |
| | | | Héricart (d')........... 232 |
| Gris de Bellœuvre (Le)... | 228 | Habert de Montmort...... 230 | Hermite de la Rivière (de L') 101 |
| Gris de la Pommeraye (Le). | 228 | Hallé de la Haule......... 230 | Héron de Villefosse...... 232 |
| Grivel (de)............ | 152 | Hallencourt de Droménil.. 230 | Hersart de Buron........ 232 |
| Grognet de Vassé....... | 228 | Hamel (du)............ 230 | Hersart de la Villemarqué. 232 |
| Groiselliers (des)....... | 106 | Hamon de Lavalot...... 231 | Herte (de)............. 108 |
| Groiseilliez (de)........ | 57 | Han de Martigny (du).... 231 | Hertel de Cournoyer..... 232 |
| Grolée (de)........... | 106 | Hangest (de).......... 107 | Herwyn de Nevèle....... 232 |
| Gros de Laugren....... | 228 | Hangouwart (d')....... 231 | Hespel (d')........... 233 |
| Grossin de Bouville..... | 228 | Hanin................ 231 | Hesselin de Gondrecourt.. 233 |
| Grossolles de Flamarens (de) | 228 | Hanivel de Pont-Chevron.. 231 | Heu (de).............. 108 |
| Grouchy (de).......... | 229 | Hannedouche (de)....... 107 | Heurtaut (de).......... 108 |
| Grout de Beaufort....... | 229 | Hantier de Rousselin (Le). 231 | Heuze de Baudran (de la). 164 |
| Grout de Saint-Paër..... | 229 | Harchies (de)...... 107-231 | Hibon de Mervoy........ 233 |

| | | | | | | |
|---|---|---|---|---|---|---|
| Hières de Charancieu | 233 | Jacquesson de la Chevreuse. | 234 | Keramoch | | 236 |
| Hilaire de Jovyac | 233 | Jacquet de Bray | 234 | Kéranflech (de) | | 236 |
| Hillerin (de) | 233 | Jacquot d'Andelarre | 234 | Kératry (de) | | 163 |
| Himbert de Flegny | 306 | Jagensdorf | 234 | Kerdanouara | | 236 |
| Hinnisdal (de) | 15 | Jagu de Kerlivio | 234 | Kerdrel (de) | | 236 |
| Hinselin de Myames | 107 | Jahan | 234 | Kergariou (de) | | 236 |
| Himène de Fontevaux | 233 | Jaillard de la Marronnière | 235 | Kergoet du Guilly | | 236 |
| Hindreux (de) | 108 | Jaladon de la Barre | 31 | Kergorlay (de) | | 236 |
| Hocquart de Curtot | 233 | Jambon de Saint-Cyr | 235 | Kerguelen de Penaorun | | 236 |
| Hodeneau de Brévignon | 233 | Jambourg de Monstrelet | 235 | Kerguern de Penfrat | | 236 |
| Hoorenbeke | 233 | James (de) | 235 | Kerimel (de) | | 40 |
| Hornes (de) | 233 | Jan de la Hamelinaye et de la Saudraye | 235 | Kerliviou (de) | | 236 |
| Houben (d') | 233 | | | Kersalaun (de) | | 236 |
| Houchin de Longastre | 233 | Janikowski | 235 | Kermarec | | 236 |
| Houdetot (d') | 158 | Janvier de la Motte | 16 | Kermorial de Kermorvan | | 236 |
| Houel de la Pommeraye | 233 | Jarente (de) | 107 | Kersauson (de) | | 236 |
| Houlle de Kermassonnet | 233 | Jassaud (de) | 44 | Kessel (de) | | 236 |
| House de Josey | 233 | Jastrembiec de Sarnow | 107 | Kirgener de Planta | | 236 |
| Houssaye (de La) | 107 | Jaszkowski | 235 | Kochanowski | | 236 |
| Housset ou Houssaye | 173 | Jaubert (de) | 235 | Kontski (de) | | 156 |
| Houx de Dombasle (du) | 233 | Jaubert de Saint-Gelais | 235 | Koperny | | 237 |
| Houx de Vioménil (du) | 233 | Jauche de Mastaing | 235 | Korsakof | | 237 |
| Hozier (d') | 233 | Jaucourt (de) | 235 | Kosciuszko | | 237 |
| Huart (de) | 107 | Jausselin de Brassay | 235 | Komar | | 236 |
| Huart (d') | 233 | Java | 235 | Koniecpolski | | 236 |
| Hubert d'Humières | 233 | Jay de Bellefond (le) | 235 | Krasicki | | 237 |
| Huc de Monsegou (d') | 15 | Jean de Launac et de Saint-Projet | 235 | Kergoet de Coetridiou | | 236 |
| Huchet de la Bédoyère | 233 | | | Kergoet de Guilly | | 236 |
| Hue de Baligny | 233 | Jegou de Keramel | 235 | Kerouartz (de) | | 109 |
| Hue de Miroménil | 233 | Jehan de Preissac | 235 | Kosakowski | | 237 |
| Hue de Montaigu | 233 | Jobal de Pagny | 235 | Krosnowski | | 109 |
| Hue de Nathan | 233 | Jobelot de Montureux | 169 | Kerleviou (de) | | 109 |
| Huet de Montbrun | 233 | Johannis de Verclos | 235 | Kerdren (de) | | 108 |
| Hugleville | 233 | Joinville (de) | 235 | Kerisac (de) | | 109 |
| Hugo | 233 | Joly (de) | 235 | Kontski | | 236 |
| Hugon de la Reynie | 233 | Joly de Fleury | 235-304 | Kourakin | | 237 |
| Huguet de Sémonville et de Montaran | 234 | Jonquières (de) | 235 | Krainski | | 237 |
| | | Jordan de Lury | 255 | | | |
| Huguet de Graffigny | 234 | Joret des Closières | 30 | | | |
| Huillier de la Mardelle (l') | 234 | Joris de Frihois | 235 | Labanoff | | 237 |
| Humes de Cherisy | 234 | Josne de Contay (le) | 235 | Labarthe de Termes | | 237 |
| Humières (d') | 234 | Joubert (de) | 107 | Labat | | 237 |
| Hunolstein (d') | 234 | Joubert | 235 | Labbe de Champgrand | | 237 |
| Huon de Kermadec | 234 | Joubert de la Bastide et de Châteaumorand | 16 | Labbé de Coussey | | 237 |
| Hupais (d') | 57 | | | Laborde (de) | | 178 bis |
| Hurault de Chiverny | 234 bis | Joubert de Briollay | 108 | Lacarre (de) | | 109 |
| Hurt-Binet | 184 | Jouenne d'Esgrigny | 235 | Lacépède (de la Ville de) | | 237 |
| Husson de Grailly et de Sampigny | 234 | Jouffroy, alias Joffroy d'Albans | 236 | Lacombe (de) | | 16 |
| | | | | Lacuée de Cessac | | 237 |
| Hutin de Vermeilles | 234 | Jourda de Vaux | 16 | Ladoucette | | 237 |
| | | Jourdain de Villemont | 236 | Lafontan | | 237 |
| | | Journu-Aubert | 236 | Lagadec (de) | | 109 |
| Igonain du Mazet | 234 | Jouy (de) | 108 | Lage de Cerbof | | 237 |
| Illiers (d') | 234 | Joyant (le) | 178 | Lage de Puylaurens | | 237 |
| Imbert de la Bazecque | 234 | Jubert (de) | 108 | Lagarrigue | | 237 |
| Isarn de Castanet | 234 | Jubert de Bouville, de Brécourt et du Thil | 236 | Lagrené (de) | | 237 |
| Isle de Penemprat (l') | 234 | | | Laidet (de) | | 109-237 |
| Isnard d'Oddefret | 234 | Juchault de la Moricière | 236 | Laidin de la Bouterie | | 237 |
| Izarn de Freissinet | 234 | Juges de Frégeville | 236 | Laisné de Keranguriec | | 237 |
| Izarn de Villefort | 224 | Juglart de la Grange | 178 | Laisné de Parvilly | | 237 |
| Izycki | 234 | Juglet de Lormaye | 236 | Lalaing d'Audenarde (de) | | 237 |
| | | Julien de Courcelles | 236 | Lally-Tollendal | | 237 |
| | | Jullien ou Julien | 108 | Lalot | | 109 |
| Jacob de Tigné | 234 | Jullien de Villeneuve | 236 | Lamartine (de) | | 237 |
| Jacobé de Goncourt | 183 | Jumentier (le) | 108 | Lambert de Boisjan | | 237 |
| Jacobs | 234 | Junczik | 108 | Lambert de Cambray | | 237 |
| Jacobs d'Ascq (de) | 234 | Junosta-Galecki | 108 | Lambert de Frondeville | | 237 |
| Jacomel (de) | 234 | | | Lambert d'Hautefare | | 238 |
| Jacopi (de) | 107 | | | Lambert d'Herbigny | | 238 |
| Jacqueminot | 234 | Kalbrenner | 66 | Lambertie (de) | | 110 |
| Jacques de la Chassaigne | 234 | Karuel de Merey | 236 | Lambertye (de) | | 238 |
| Jacques de Gasches | 234 | Kellermann de Valmy | 236 | Lambin d'Anglemont | | 238 |

| | | |
|---|---|---|
| Lambron de Lignim.... 67-110 | Lebrun.................. 239 | Lomet (de)............. 241 |
| Lamenais (de)........... 238 | Lebrun de Plaisance...... 239 | Long de Chenillac (le).... 241 |
| Lamock (de)............ 110 | Lebrun de Rochemond.... 239 | Longueval de Buquoy..... 241 |
| Lamoignon (de)......... 238 | Leclerc................. 305 | Lonlay de Villepail...... 241 |
| Lamont (de)............ 110 | Lecourt de Béru......... 239 | Loques de Puymichel..... 241 |
| Lamote-Baracé de Senonnes 238 | Lecourt de Prévert....... 239 | Lorde (de).............. 18 |
| Lamoureux de Lignières... 238 | Ledoux de Montigny..... 239 | Lorgne d'Ideville (le).... 241 |
| Lamperière de Montigny.. 238 | Lefebvre de Plinval...... 139 | Loron de Limanton...... 241 |
| La Lance (de)........... 238 | Legendre de Luçay....... 239 | Lort (de)............... 305 |
| Lanckorouski............ 238 | Legrand................ 239 | Lossandières (de)....... 113 |
| Lancry-Raray (de)....... 238 | Leigonie (de)........... 112 | Lostanges (de).......... 241 |
| Lancry de Ronlcroy...... 238 | Leisseigues de Légerville. 240 | Lotin de Charny........ 241 |
| Landais de Soisel........ 238 | Lelièvre de la Grange..... 240 | Lottieri d'Aquino........ 241 |
| Lande de Kerveguen (la).. 238 | Lemarrois.............. 240 | Louer de Calfinière (la)... 241 |
| Landrian............... 238 | Lemercier.............. 240 | Louet (de).............. 241 |
| Landskoronski........... 110 | Lennox d'Aubigny....... 240 | Louis du Vivier......... 241 |
| Langlois de Mauteville, du Bouchet, et d'Estaintot............... 178 bis | Lentilhac (de).......... 240 | Loup (le);.............. 241 |
| | Lequien de Guernonval... 240 | Loup de Bellenave...... 241 |
| | Leriget de la Faye....... 240 | Louvat de Luppé........ 241 |
| Languet de Sivry et de Gercy.............. 238 | Lescot de Lissy......... 240 | Louvat de Rosset........ 242 |
| | Lescouet de la Moquelays.. 240 | Louvel de Glisy......... 113 |
| Lanjuinais (de).......... 238 | Lescours (de)........... 240 | Louverval (de).......... 242 |
| Lange (de).............. 238 | Lesguisé (de)........... 112 | Lubersac (de).......... 242 |
| Langeac de Coligny, de Juillac, du Crest et de Dalet. 238 | Leshénaut de Bouillé.... 240 | Lubienski (de).......... 114 |
| | Lesmaes (de)........... 112 | Luc (de)................ 242 |
| Langlade du Chayla...... 238 | Lespinasse (de)......... 66 | Lucas de Montigny...... 242 |
| Langlet (de)............ 110 | Lespinasse de Chazelles... 240 | Lucassière (de la)....... 242 |
| Langlois de la Fortelle (de). 110 | Lesquon de la Villemencust. 240 | Ludre (de).............. 242 |
| Langlois de Ramentières.. 110 | Lesrat (de)............. 112 | Luillier de Chalandos..... 242 |
| Lannes de Montebello... 16-238 | Leizour (le)............ 112 | Luillier d'Orcières....... 242 |
| Lannoy (de)............. 111 | Lestrade (de).......... 171 | Lullin (de)............. 114 |
| Lapelin (de)............. 97 | Léotard d'Entrages...... 240 | Lullin de Châteauvieux. 114-242 |
| Laplace................. 238 | Leszcyc de Radolin-Radolinski............. 240 | Luppé (de)............. 242 |
| Larbre (de)............. 111 | | Lur de Saluces......... 242 |
| Larcher de Chamont...... 238 | Lessert (de)........... 240 | Lusignan (de).......... 242 |
| Larchier................ 149 | Lestang de Kerléan...... 240 | Lussé (de)............. 114 |
| Laridon de Penguilly..... 238 | Léotoing de Montgon..... 240 | Lybault (de)............ 114 |
| Larocque-Latour (de).. 178 bis | Lettes de Montpezat..... 240 | Lynam (de)............. 114 |
| Lart de Bordeneuve (de).. 67 | Lévis (de).............. 240 | Lyonne ou Lionne....... 242 |
| Lartigue (de)............ 239 | Leyen (de la).......... 305 | Lyons.................. 242 |
| Lascases (de)........... 239 | Lhomme de la Pinsonnière 240 | Lyons (des)............. 136 |
| Lasteyrie du Sailliant (de). 239 | Lhoste de Moras........ 241 | |
| Laszez (de)............. 111 | Lichtervelde............ 241 | Mac-Carthy (de)......... 242 |
| Latier de Bayane......... 239 | Liechtenstein - Nicolsbourg (de)............... 241 | Mac-Mahon (de)......... 242 |
| Lattier ou Latier......... 111 | | Macaire d'Iséran (de)..... 242 |
| Lattre de Neuville....... 239 | Liège (de).............. 16 | Macé de Gastines........ 60 |
| Lau d'Allemans (du)...... 239 | Liège de Puychaumeix et d'Aunis (du).......... 241 | Macé de la Pillardière..... 242 |
| Laubier (de)............ 172 | | Machat-Pompadour (de).. 242 |
| Laubigeois (de).......... 239 | Lieur de Ville-sur-Arce (le). 112 | Machault d'Arnouville... 242 |
| Laugier de Beaurecueil... 239 | Ligne (de)............. 112 | Machault de Tierceville... 242 |
| Laugier de Montblanc..... 239 | Ligniville (de).......... 241 | Maçon de Trèves (le).... 242 |
| Laugier-Villars (de)...... 239 | Limieu (de)............ 148 | Madeuc ou Guémadeuc (de) 114 |
| Launay (de)............ 159 | Linage (de)............ 65 | Madie.................. 242 |
| Launay de Gelin......... 239 | Lingendes (de)......... 112 | Mador de la Porte....... 151 |
| Laur (de)............... 239 | Linièresdela Motterouge (de) 241 | Madrid de Montaigle..... 242 |
| Laurent de la Groye...... 111 | Liniers (de)............ 241 | Magdelaine de Ragny (la). 242 |
| Laurens (de)........... 113 | Lions d'Espaulx (des).... 241 | Magne (de)............. 60 |
| Laurens................. 156 | Liotard (de)............ 113 | Magnin du Collet........ 242 |
| Laurens de Beaujeu...... 239 | Lippe-Detmold (de).... 241 | Magnin de la Cornière... 242 |
| Laurent de la Bezge...... 239 | Lisle de Kervidou....... 241 | Magnoncourt (de)...... 242 |
| Laurin de Saint-Léger.... 239 | Lissac de la Borie....... 241 | Magny (de)............. 53 |
| Laurière de Moncaut..... 239 | Livet de Barville........ 241 | Magon................. 242 |
| Lautrec (de)............ 111 | Loas ou Loyas (de)..... 113 | Magy................... 243 |
| Lauzanne (de)....... 111-239 | Lobet de Falaveau...... 241 | Mahé de la Villeglé...... 66 |
| Lauzon (de)............. 150 | Lockhart............... 60 | Maichin................ 243 |
| Laval (de).............. 111 | Loere (de la).......... 113 | Maignard de la Vaupallière. 243 |
| Lavaur de Gimel........ 239 | Loir du Lude (du)...... 241 | Maignault (de).......... 18 |
| Lavisez (de)............ 164 | Loisel (de)........... 18-113 | Maillard de la Gournerie. 248 |
| Law de Lauriston........ 239 | Loisson (de)........... 241 | Maillefaud (de).......... 13 |
| Lawœstine (de)......... 239 | Loisson de Guinaumont... 60 | Maillé................. 243 |
| Layrolles (de)........... 51 | Lomagne de Firmacou.... 231 | Mailly (de)............. 243 |
| Léaumont de Puygaillard.. 239 | Lombelon des Essarts..... 241 | |

| | | |
|---|---|---|
| Mainbeville (de) | 115 | Mark de Bazentin (de la).. 117 |
| Maingard | 243 | Marmet de Valcroissant... 244 |
| Maingot de Surgères | 243 | Marolles (de) 117 |
| Maire de Courtemanche et de Millières (le) | 243 | Marpon (de) 182 |
| | | Marquessac (de) 49 |
| Maire de Parisifontaine (le) | 243 | Marquet 184 bis |
| Mairley (de) | 115 | Marquet de Montbreton et de Norvins 244 |
| Maisniel (du) | 243 | |
| Maisons du Paland (des) | 243 | Marquetel de Saint-Evremond 244 |
| Maistre de la Garelais (le) | 243 | |
| Maistre ou Mestre (de) | 116 | Marquière (de) 117 |
| Maistre de Sacy (le) | 243 | Mars de Liviers 244 |
| Maitre de Laage (le) | 243 | Marschall de Bieberstein. 245 |
| Maitre de Relibert et de Laage | 116 | Marsucco 61 |
| | | Martel (de) 19 |
| Maitz de Goimpy (du) | 243 | Martel de Layet 245 |
| Maizière (de) | 165 | Martellière (de la) 245 |
| Maizières (de) | 116 | Martimprey de Villefont.. 245 |
| Majorie de Sourzac (la) | 243 | Martin de Campredon 245 |
| Maladière de Quincieu | 243 | Martin de Choisey 245 |
| Malarmé (de) | 243 | Martin des Halrières 245 |
| Malartic (de) | 243 | Martin du Plessis 245 |
| Malat de la Bertinière | 116 | Martin de Roquecourbe 245 |
| Malavois | 60 | Martin du Tyrac de Marcellus 245 |
| Malet | 19-166-243 | |
| Malet de Berlettes | 243 | Martin de Villeveuve 245 |
| Malet de la Jorie | 243 | Martineau des Chenez 245 |
| Malet de Coupigny | 243 | Martins de Puylaubiers (des). 245 |
| Malet de Lussard | 243 | Martrin de Jartraux 117 |
| Malet de Vandègre | 116 | Mas (du) 245 |
| Malétie (de la) | 243 | Mas de Naussac (du) 245 |
| Maleville (de) | 243 | Mas de Peyssac et de la Boylie 245 |
| Malherbe (de) | 116-243 | |
| Malissy (de) | 166 | Masbourg (de) 117 |
| Mallard ou Malard de la Varende | 243 | Mascelli (de) 245 |
| | | Mascureau de Sainte-Tère. 245 |
| Mallat (do) | 60 | Masin (de) 245 |
| Mallet (de) | 243 | Massey ou Massez (de) 245 |
| Mallevaud de Marigny | 244 | Massif des Carreaux 245 |
| Malvezzi (de) | 244 | Massillon 145 |
| Malvin de Montazet (de) | 116-244 | Massimo 47 |
| Manara | 61 | Masson du Monceau 245 |
| Mandat de Grancey | 61 | Massonneau (de) 117 |
| Maniban (de) | 116 | Massougnes (de) 178 bis |
| Manny (de) | 244 | Massué de Renneval 245 |
| Manolesso | 244 | Mastai Feretti (de) 245 |
| Mansard de Sagone | 244 | Mastin (de Le) 245 |
| Maquillé | 244 | Matharel (de) 245 |
| Marandon de la Maisonfort. | 244 | Mathefelon (de) 117 |
| Marbeuf (de) | 151 | Mathieu de Mauvières 245 |
| Marbotin de Conteneuil | 244 | Mathieu de la Redorte 246 |
| Marbré du Fresne | 244 | Martinel de Saint-Germain. 246 |
| Marbré de Trénon | 244 | Matrais (de la) 246 |
| Marc (du) | 18 | Maublanc (de) 246 |
| Marca de la Marque | 244 | Maucler (de) 246 |
| Marcenat | 244 | Mauduit de Sémerville 246 |
| Marchal de Sainscy | 244 | Maulbon d'Arbaumont 31 |
| Marcilly | 167 | Maulmont ou Maumont 246 |
| Marcoussis (de) | 244 | Maumigny (de) 246 |
| Mare de la Londe (de la) | 61 | Maurin de Pardaillan 246 |
| Marec de Navalet (le) | 244 | Mauro d'Averso (di) 178 bis |
| Maréchal | 244 | Mauroy (de) 246 |
| Marengi (de) | 169 | Maussabre (de) 118 |
| Marest d'Allart (des) | 244 | Mautheville de Bouchet 246 |
| Mareste de Chavanne | 244 | Mauvoisin (de) 118 |
| Mareuil de Villebois | 244 | May (de) 118 |
| Marin de Montmarin | 61 | May (du) 246 |
| Marie | 244 | Mayand 246 |
| Margaillan | 244 | Maynard (de) 246 |
| Marguerie (de) | 244 | Maynard de Saint-Michel 246 |
| Marion du Mersan | 244 | Mayneaud de Gennelard 246 |
| Mariouze (de la) | 178 bis | Mayol de Lupé 246 |

| | |
|---|---|
| Mazis (des) | 247 |
| Mégret d'Etigny | 184 |
| Méhérenc de Saint-Pierre | 246 |
| Mejean | 304 |
| Meloizes (des) | 246 |
| Melun (de) | 246 |
| Menou (de) | 118 |
| Menou Boussay (de) | 303 |
| Mer (de la) | 118 |
| Merchier de Criminil (le) | 246 |
| Mercier (le) | 118 |
| Mercier de Maisoncelle (le) | 246 |
| Mercier de Tourville | 246 |
| Mercy (de) | 246 |
| Mergot de Montergon | 247 |
| Meric de Belléfon | 247 |
| Meritens (de) | 118 |
| Merle de Beaufond (le) | 49 |
| Merle de la Gorce | 247 |
| Merle de Rebé | 245 |
| Merlin | 247 |
| Merlin d'Estreux | 247 |
| Mérode (de) | 247 |
| Mesgrigny (de) | 247 |
| Mesniel de Sommery (du) | 247 |
| Mesnil du Buisson (du) | 247 |
| Mesnil de Saint-Firmin | 247 |
| Messey (de) | 247 |
| Métivier | 247 |
| Meurisse | 247 |
| Meynard (de) | 247 |
| Meyran de Goye et d'Ubaye | 247 |
| Meyssonnier de Chateauvieux | 247 |
| Michau de Montaran | 247 |
| Micheau de Chassy | 247 |
| Michel de la Morinerie | 62 |
| Michel d'Orcières | 247 |
| Michel de Tharon | 247 |
| Michels de Champorcin (des) | 248 |
| Miculet de Ricaumont | 247 |
| Migieu de Savigny | 247 |
| Milet de Mureau | 247 |
| Milhau (de) | 62 |
| Milhet de la Borie | 247 |
| Milleret (de) | 179 |
| Millet (de) | 118 |
| Milleville (de) | 119 |
| Millin de Grandmaison | 248 |
| Millon de Châteaurieux | 248 |
| Milly (de) | 119 |
| Minette de Beaujeu (le) | 18 |
| Minette de Breuil (branche de la famille Minette de Beaujeu) | 248 |
| Minieri | 248 |
| Miorcec de Kerdanec | 248 |
| Miotte de Ravanes | 248 |
| Mire de Violaine (le) | 248 |
| Miremont d'Enval | 248 |
| Miron | 62 |
| Mirrassol (de) | 248 |
| Mitzelbach | 248 |
| Moaysan, aliàs Moisan de Codrosy | 248 |
| Moges (de) | 62 |
| Moine de la Briardière (le) | 248 |
| Moisson (de) | 119 |
| Molé | 248 |
| Molembais (de) | 248 |
| Molen de la Vernède de Saint-Poncy | 248 |

323

| | | |
|---|---|---|
| Molins (de) | 248 | |
| Moly de Billorgues | 248 | |
| Monaco la Valetta | 180 | |
| Monchy d'Hocquincourt (de) | 248 | |
| Mondion de Favancourt (de) | 248 | |
| Mondot de la Marthonie | 248 | |
| Moneins de Tréville | 248 | |
| Monestay-Chazeron (de) | 119 | |
| Monge de Peluse | 248 | |
| Monginot (de) | 120 | |
| Monistrol (de) | 240 | |
| Monnier | 179 | |
| Mons (de) | 119 | |
| Monspey (de) | 248 | |
| Mont de Brialmont | 248 | |
| Montaignac (de) | 248 | |
| Montaigu de Couches | 248 | |
| Montal de la Roquebron | 248 | |
| Montalembert (de) | 249 | |
| Montarby (de) | 249 | |
| Mautauban (de) | 249 | |
| Montaudoin (de) | 249 | |
| Montault (de) | 163-249 | |
| Montboissier (de) | 249 | |
| Montclar (de) | 119 | |
| Montejean de Montauban | 249 | |
| Montendre (de) | 62 | |
| Montesquieu (de) | 249 | |
| Montesquiou de Fezensac | 249 | |
| Montet de la Terrade | 249 | |
| Monteynard (de) | 181-249 | |
| Monferrand (de) | 119 | |
| Montfort (de) | 163 | |
| Montfort-l'Amaury (de) | 120 | |
| Montgommery (de) | 249 | |
| Montigny (de) | 19-120-249 | |
| Montigny de Cangis | 249 | |
| Montlaur (de) | 120 | |
| Montlezun de Besmaux (de) | 120 | |
| Montlezun de Pardiac | 249 | |
| Montlhéry (de) | 120 | |
| Montluc (de) | 249 | |
| Montmignon (de) | 248 | |
| Montmorency (de) | 249 | |
| Montpezat (de) | 19 | |
| Montsaulnin (de) | 249 | |
| Morand | 62 | |
| Morant | 249 | |
| Mordant de Massiac (le) | 249 | |
| Moré de Pontgibaud (de) | 40 | |
| Moreau du Breuil | 249 | |
| Moreau de Maupertuis | 249 | |
| Moreilles (de) | 165 | |
| Morel d'Aubigny | 250 | |
| Morel de Becordel | 250 | |
| Morel de Bournonville | 250 | |
| Morel de Champemont | 250 | |
| Morel de Tangry | 250 | |
| Morel de Vindé, de Foucaucourt et de Boncourt | 249 | |
| Morelly | 250 | |
| Morels de Monteral (des) | 250 | |
| Morest de Valbonnois | 250 | |
| Moreton de Chabrillan | 120 | |
| Morice | 121 | |
| Moriès (de) | 179 | |
| Morin d'Anvers | 250 | |
| Mornay de Montchevreuil (de) | 121-250 | |
| Mortain (de) | 250 | |
| Mosnier de Rochechinard | 250 | |
| Mosnier de Thouaré | 250 | |
| Mothe-d'Isault (la) | 250 | |
| Motier de la Fayette | 250 | |
| Motte (de la) | 19-121-250 | |
| Motte de Brion (la) | 250 | |
| Motte de Pleumodan (la) | 250 | |
| Mottier de Champetières | 121 | |
| Mouchet de l'Aubépin (de) | 250 | |
| Moulin (du) | 20 | |
| Moulinet, aliàs Molinet d'Hardemar | 250 | |
| Moullart de Torcy et de Vilmarest | 250 | |
| Moussay (du) | 164 | |
| Moussaye (de la) | 250 | |
| Mousse (de la) | 121 | |
| Moussy (de) | 121 | |
| Moussy de la Contour | 250 | |
| Moustier (de) | 63-250 | |
| Moy (de) | 250 | |
| Moyne (le) | 250 | |
| Moyne de Talhouet (le) | 250 | |
| Moynier (de) | 175-250 | |
| Mueg de Boffsheim | 247 | |
| Muguet de Varange | 250 | |
| Mun (de) | 121 | |
| Murard de Saint-Romain (de) | 173-250 | |
| Murat (de) | 122 | |
| Murat de Lestang | 251 | |
| Murat de Rochemaure | 251 | |
| Murat de Saint-Genest | 251 | |
| Murat-Sistrières (de) | 251 | |
| Murat de Vernines | 251 | |
| Mure de Larnage (de) | 251 | |
| Mure de Pélanne | 251 | |
| Muret (de) | 122 | |
| Musset (de) | 154 | |
| Musset | 251 | |
| Nadau du Treil (de) | 122 | |
| Nagu de Varennes | 251 | |
| Naguet (de) | 122 | |
| Nancé | 122 | |
| Nantier de Quetteville | 122 | |
| Narbonne (de) | 122-305 | |
| Narbonne-Lara | 251 | |
| Narbonne Pelet (de) | 122 | |
| Nattes (de) | 251 | |
| Naturel de Balleure | 251 | |
| Nau des Arpentis | 251 | |
| Navailles-Labatut (de) | 251 | |
| Nays de Candeau | 251 | |
| Nédonchel (de) | 251 | |
| Néelle de Falvy | 251 | |
| Néelle d'Ofbemont | 251 | |
| Nencini | 251 | |
| Nepveu d'Urbrée (le) | 251 | |
| Nery (de) | 122 | |
| Nesmond (de) | 159 | |
| Nettancourt (de) | 251 | |
| Neuchèze (de) | 123 | |
| Neuf de Sourdeval (le) | 251 | |
| Neufbourg (de) | 251 | |
| Neufville de Magnac | 251 | |
| Neufville de Villeroy | 251 | |
| Ney de la Moskowa | 251 | |
| Nicolaï (de) | 152 | |
| Nicolas de la Faldenière | 252 | |
| Nicolas de Lacoste | 252 | |
| Nicolas de Lussé | 252 | |
| Nicolas de Trevidy | 252 | |
| Nietyxa | 252 | |
| Nieuwerkerke (de) | 252 | |
| Nigri de la Redorte | 252 | |
| Niquevard | 252 | |
| Noailles (de) | 123-252 | |
| Noblet de Croissy et de Morgard | 252 | |
| Noblet de Tersillac | 124-252 | |
| Nod de Charnage (du) | 252 | |
| Noé (de) | 252 | |
| Nogaret (de) | 124 | |
| Nogaret de Saint-Laurent | 252 | |
| Noir (le) | 124 | |
| Noir de Bourcieu (le) | 252 | |
| Noir de la Cochetière | 252 | |
| Noir de Jouy (le) | 252 | |
| Noir de la Redorte | 252 | |
| Noir de Tournemine | 252 | |
| Nompar de Caumont la Force (de) | 124 | |
| Nompère de Champagny de Cadore | 252 | |
| Normand d'Etioles (le) | 252 | |
| Normand de Lavert (le) | 252 | |
| Normand de la Tranchade | 252 | |
| Normant de la Grandcour (le) | 252 | |
| Nottret de Saint-Lys | 252 | |
| Nouail de la Villegille | 252 | |
| Nougarède de Fayet | 306 | |
| Nourry de Cracouville (le) | 252 | |
| Nowina de Borkovo | 124 | |
| Nuz de Penvern (le) | 252 | |
| Oberkampf | 252 | |
| Odde de Bonniot | 253 | |
| Odyniec | 124 | |
| Ogier de Baulny | 63 | |
| Ohier de Grandval | 253 | |
| Olive (d') | 63 | |
| Olivier de Bouimeau | 253 | |
| Olivier de la Garvie | 253 | |
| Olivier de Leuville | 253 | |
| Olivier de Sénozan | 253 | |
| Ollier de Champfort | 253 | |
| Ollivier de Lalleu | 253 | |
| O' Murphy | 124 | |
| Oncieu de Chaffardon | 253 | |
| Orceau de Fontette | 253 | |
| Oresmieux (d') | 288 | |
| Origny (d') | 253 | |
| Ornano (d') | 63 | |
| Orry (d') | 253 | |
| Ostrog (d') | 125 | |
| Orthe de Voulzy | 253 | |
| Orthiou de la Penissière | 253 | |
| Orty (d') | 125 | |
| Ottikon | | |
| Oudet d'Angecourt | 253 | |
| Oultreman | 253 | |
| Ouvreleuil d'Artinvillo | 171-253 | |
| Oryot d'Aspremont | 253 | |
| Oryot de Jubainville | 253 | |
| Ozanarte | 253 | |
| Padiglione | 179 | |
| Pagany (de) | 125 | |
| Pagèse de la Vernède | 20 | |
| Paignon Dijonval | 125 | |
| Pajol | 253 | |

| | | |
|---|---|---|
| Pajot | 253 | |
| Paleyrac (de) | 125 | |
| Palierne de Chassenay | 253 | |
| Paluat de Jalamondes | 253 | |
| Palluau (de) | 253 | |
| Pan (du) | 253 | |
| Pandin de Lussaudière et de Narcillac | 253 | |
| Panévinon (de) | 63 | |
| Panisse (de) | 125 | |
| Pannetier de Valdotte | 254 | |
| Panneverre (de) | 125 | |
| Panneveyre (de) | 254 | |
| Panouse (de la) | 254 | |
| Pantin de la Hamelinière et de la Guère | 179 | |
| Paoli (de) | 254 | |
| Pape | 63 | |
| Pape de Saint-Auban | 254 | |
| Papeleu | 254 | |
| Papenbrock | 254 | |
| Papillon de la Ferté | 254 | |
| Papon de Beaurepaire | 254 | |
| Paradis de Paulhac | 254 | |
| Parc de Boisrenouf (du) | 254 | |
| Parc d'Ingrande (du) | 254 | |
| Parc de Locmaria (du) | 254 | |
| Parchappe de Vinay | 254 | |
| Pardaillan-Gondrin (de) | 20 | |
| Pardieu (de) | 254 | |
| Pardieu de Bouteville | 254 | |
| Pareil d'Espéruc | 254 | |
| Parent | 126 | |
| Parker (de) | 126 | |
| Parisot de Bernecourt | 254 | |
| Paris | 170 | |
| Parron (de) | 254 | |
| Parthenay de Vinay | 254 | |
| Pascal | 147 | |
| Pascalis de Longpra | 254 | |
| Pasquet de Salaignac | 254 | |
| Passage (du) | 126 | |
| Passerat de Silans | 255 | |
| Pastoret (de) | 255 | |
| Patras de Campaigno (de) | 255 | |
| Patu de Saint-Vincent | 179 | |
| Paul de Lamanon | 255 | |
| Paulmier de la Bucaille | 255 | |
| Pauze de Lartigue (de) | 147 | |
| Pavée de Vendeuvre | 255 | |
| Pavée de Villeville | 254 | |
| Pavet de Montpeyran | 254 | |
| Pavin (de) | 254 | |
| Pays de Bourjolly (le) | 20 | |
| Pays de Kernabat (du) | 20 | |
| Pechpeyrou de Beaucaire | 254 | |
| Pechpeyrou de Guitaut, de Comminges et d'Epoisse | 254 | |
| Pèlerin (de) | 40-255 | |
| Pelletier d'Aunay et de Villeneuve (le) | 166 | |
| Pelot | 169 | |
| Peloux de Clerivau (du) | 255 | |
| Pellard de Lerbeval, de Beaulieu | 255 | |
| Pellas de Maillane | 255 | |
| Pellerin de Gauville (le) | 255 | |
| Pellerin de Saint-Loup (de) | 22 | |
| Pelleterat de Borde | 22 | |
| Pelletier d'Escrots d'Estrée (le) | 255 | |
| Pelletier de Glatigny et de | | |
| Liancourt (le) | 255 | |
| Pelletier de Molandé (le) | 255 | |
| Pelletier des Ravinières (le) | 255 | |
| Pellicier (de) | 255 | |
| Pellicorne de Dury | 255 | |
| Penancourt de Kerouallc | 255 | |
| Penfentenio de Cheffontaine | 255 | |
| Pennautier (de) | 255 | |
| Pennec (le) | 179 | |
| Penot de Tournières | 255 | |
| Pepin de la Coudraye | 255 | |
| Pepin de Belle-Isle | 255 | |
| Percin de Northumberland | 255 | |
| Percy (de) | 255 | |
| Péré (de) | 126 | |
| Péré de Liboureix | 255 | |
| Perier (de) | 255 | |
| Perrier-Dumouriez (du) | 255 | |
| Périou de Bocéret | 32-256 | |
| Pernety | 256 | |
| Perpessac (de) | 68 | |
| Perreney de Charrey et de Grosbois | 256 | |
| Perrenot de Granville | 256 | |
| Perret de la Tronchais | 256 | |
| Perrien (de) | 256 | |
| Perrier (du) | 126 | |
| Perrière (de la) | 256 | |
| Perrinet d'Azilliers | 256 | |
| Perrochel | 126 | |
| Perrochel de Morainville | 256 | |
| Perrot | 161 | |
| Perrotin de Barmond | 256 | |
| Perrotin de l'Etang | 256 | |
| Perry de Malleyrand | 256 | |
| Perthuis (de) | 256 | |
| Perusse des Cars (de) | 64-256 | |
| Peruzzi | 256 | |
| Peschart | 256 | |
| Peschart d'Ambly | 64 | |
| Peschin (du) | 127 | |
| Petit et de Petit | 256 | |
| Petit d'Avennes (le) | 127 | |
| Petit de Brécey | 256 | |
| Peyre (de) | 127 | |
| Peyrene de Saint-Cyr | 256 | |
| Peyret | 256 | |
| Peyronny (de) | 21 | |
| Peytes de Moncabrié (de) | 180 | |
| Pezet de Corval | 256 | |
| Pferdsdorf | 256 | |
| Pire (du) | 257 | |
| Phelippe de Billy | 64 | |
| Phélippes-Beaulieu | 30 | |
| Phélippes de Farouville | 256 | |
| Philippe de Marigny | 256 | |
| Philpin | 256 | |
| Piarron de Chamousset | 256 | |
| Piat de Braux | 182 | |
| Pic de la Mirandole | 174 | |
| Picart (le) | 257 | |
| Pichard (du) | 257 | |
| Pichon (de) | 127-257 | |
| Pichon de Parempuyre et de Longueville | 257 | |
| Pichot | 22 | |
| Picot de Dampierre | 257 | |
| Picot de Gouberville | 257 | |
| Picot de Vaulogé | 64 | |
| Pierre de Bernis (de) | 128-257 | |
| Pierre de Saincy | 127 257 | |
| Pierrefeu (de) | 128 | |
| Pierrepont (de) | 22 | |
| Pigache | 64 | |
| Pigeon de Vierville (le) | 257 | |
| Pignatelli | 257 | |
| Pignatelli-d'Egmont | 128 | |
| Pignol ou Pigniol (de) | 64-257 | |
| Pileur de Brevanes (le) | 257 | |
| Pillet-Will | 257 | |
| Pillot de Chenecey de Culigny | 174 | |
| Pimodan (de) | 257 | |
| Pimpie de Solignac | 257 | |
| Pin de Chenonceaux (du) | 257 | |
| Pin de Saint-Barban (du) | 257 | |
| Pindray (de) | 22 | |
| Pinet des Forets | 66 | |
| Pinet du Bouchet | 257 | |
| Pingre (de) | 257 | |
| Pinon de Quincy | 257 | |
| Pinon de Saint-Georges | 257 | |
| Pinot | 257 | |
| Pins (de) | 257 | |
| Pinteville de Cernon (de) | 257 | |
| Piot de Courcelles | 257 | |
| Piscatory de Vaufreland | 257 | |
| Pistollet de Saint-Ferjeux | 258 | |
| Place de Chauvac (de la) | 258 | |
| Plan de Sieyes de Veynes (de) | 258 | |
| Planche de Ruillé (la) | 258 | |
| Piasman (de) | 258 | |
| Plessis d'Argentré (du) | 258 | |
| Plessis de Balisson (du) | 258 | |
| Plessis de Grénédan (du) | 258 | |
| Plessis de la Merlière (du) | 258 | |
| Plessis de Mornay (du) | 258 | |
| Plessis de Nelesse (du) | 258 | |
| Plomby (de) | 258 | |
| Ploree (de) | 128 | |
| Pocquet de Livonnière | 258 | |
| Poeze (de) | 258 | |
| Poilloue de Saint-Mars | 258 | |
| Poipe de Vertrieu (la) | 258 | |
| Poisblanc de Neufville | 258 | |
| Poisson de Gastines | 128 | |
| Poisson de Marigny | 258 | |
| Poitiers de Saint-Valier | 258 | |
| Poittevin de la Croix-Vaubois (le) | 285 | |
| Poix (de la) | 258 | |
| Poix de Marécreux | 258 | |
| Polignac (de) | 128 | |
| Polinière (de) | 258 | |
| Pomereu d'Aligre (de) | 258 | |
| Pompadour (de) | 128 | |
| Pons | 22 | |
| Pons de Frugères | 258 | |
| Pons de la Grange | 259 | |
| Pons de Rennepont | 259 | |
| Pont d'Aubervoye d'Oysonville (de) | 259 | |
| Pontas du Méril | 259 | |
| Pontbriand (de) | 130 | |
| Pontécoulant (Doulcet de) | 259 | |
| Pontèves (de) | 259 | |
| Pontevez (de) | 167 | |
| Ponton d'Amécourt (de) | 259 | |
| Porcher de Richebourg | 259 | |
| Porret de Blosseville | 259 | |
| Porret de Brunière | 259 | |
| Port de Pontcharra (du) | 23 | |

| | | | | | |
|---|---|---|---|---|---|
| Porte (de la) | 259 | Puy de Tenant (du) | 140 | gely | 262 |
| Porte-aux-Loups (de la) | 259 | | | Regnauld de la Soudière | 262 |
| Porte de Remaisnil (la) | 259 | | | Regnier, (duc de Massa) | 262 |
| Porte du Theil (de la) | 259 | Qabuan de la Hamonnaye | 297 | Regoon (de) | 262 |
| Porte d'Yssertieux (de la) | 259 | Quaranta | 297 | Reidelle de Chavagnac | 262 |
| Portes de Saint-Père (des) | 259 | Quarré | 130 | Reiffenberg (de) | 131 |
| Portes (de) | 259 | Quarré d'Aligny | 261 | Reignac (de) | 297 |
| Portier de Villeneuve | 259 | Quarré de Verneuil | 261 | Reignac Laugerac (de) | 263 |
| Poterie (de la) | 259 | Quatrebarbe de la Rougère (de) | 261 | Reille | 154 |
| Potier de Courcy | 297 | Quatresols de Marolles | 261 | Reims (ville de) | 168 |
| Potier de Gesvres | 259 | Quédillac (de) | 261 | Reiset (de) | 263 |
| Potin de la Mairie | 259 | Quelen (de) | 130-261 | Rémond (de) | 263 |
| Pouget de Nadaillac (du) | 259 | Quellerie de Chantereine | 261 | Rémusat (de) | 263-304 |
| Pougin de Maisonneuve | 130 | Quemper de Lanascol (de) | 261 | Remy de Cournon | 263 |
| Pouilly (de) | 180-259 | Quénouville (de) | 261 | Renaud d'Ongles | 263 |
| Poullain des Dodières | 180 | Querhoent (de) | 297 | Repaire (de) | 131 |
| Poullain du Parc | 297 | Quesnoy (du) | 51 | Repellin | 263 |
| Poupart de Neuflize | 297 | Quinson (de) | 297 | Rességuier (de) | 263 |
| Pourroy de Quinsonnas | 297 | Quiquebeuf de Rossy | 261 | Reveillé de Bauregard | 24 |
| Poussemothe de Graville | 259 | Quirit de Coulaines | 261 | Reverend du Mesnil | 178 bis |
| Pouy de Bonnegarde (du) | 23 | | | Reverony (de) | 297 |
| Pouzols (de) | 130 | | | Reviers de Mauny (de) | 263 |
| Poyen (de) | 297 | | | Reynaud (de) | 26 |
| Pracomtal (de) | 259 | Rabensteiner | 146 | Reynaud | 263 |
| Pradines d'Aureilhan (de) | 23 | Rabot d'Orillac | 261 | Reyniac (de) | 263 |
| Prat (du) | 259 | Rabutin de Bussy | 261 | Reynouard | 262 |
| Prato (de) | 297 | Racan (de) | 261 | Ribault de Laugardière | 263 |
| Pré de Saint-Maur | 259 | Racapé de Magnane | 261 | Ribeaupierre (de) | 131-263 |
| Preissac d'Esclignac (de) | 259 | Racine | 261 | Ricard (de) | 297 |
| Prestre de Vauban (le) | 259 | Radix de Chevillon | 261 | Riccis ou Riccé (de) | 131 |
| Prud'homme de Fontenoy (le) | 259 | Raffart de Marcilly | 131 | Richardie (la) | 297 |
| Préveraud de Sonneville | 260 | Raffelis de Saint-Sauveur | 297 | Richard de Prades | 263 |
| Préville (de) | 297 | Raffin (de) | 131 | Richard de Soultrait | 263 |
| Prévost de Basserode (le) | 260 | Raffinie d'Anterive (de la) | 131 | Riche (le) | 132 |
| Prévost de Chantemesle | 260 | Raget de Champbonin (du) | 261 | Riche de Chevigné | 263 |
| Prévost de la Boutetière-Saint-Mars | 260 | Raguet de Brancion | 261 | Richemont (de) | 263 |
| Prévost de l'Etorière et de Gagemon | 260 | Raincourt (de) | 297 | Richer (de) | 263 |
| | | Rainty de Vitré | 261 | Richer de Monthéard | 180 |
| Prévost de Longpérier | 260 | Rambaud de Beaurepaire | 261 | Ricouard d'Hérouville | 263 |
| Prévost de Saint-Julien | 260 | Rampon | 261 | Ricourt (de) | 263 |
| Prévost de Sansac | 260 | Ranchin de Fonfrède | 261 | Riel de Beurnonville | 263 |
| Prévost de Touchimbert et de Traversay | 260 | Ranconnet (de) | 131 | Riencourt (de) | 132-263 |
| | | Ranconnet de Noyan | 261 | Rieu ou Durieu (du) | 263 |
| Prez de Villetual (des) | 297 | Raoul de Clerc de la Devèze | 261 | Rieu de Meynadier (du) | 263 |
| Prie de Planes (de) | 170 | Raoul de Kerlan | 261 | Rieumes (de) | 263 |
| Prigent de Kervidiou | 260 | Raousset-Boulbon (de) | 297 | Riffardeau de Rivière | 263 |
| Priour de Boceret | 180 | Rapatel (de) | 297 | Rigaud de Vaudreuil | 263 |
| Profilet de Dardenay | 260 | Raquet (du) | 23 | Rigault de Rochefort | 264 |
| Prousteau de Montlouis | 260 | Rascas de Chateauredon | 261 | Rignac | 297 |
| Prudhomme (de) | 260 | Rastel de Rocheblave | 261 | Rigny (de) | 297 |
| Prudhomme d'Ailly | 297 | Ratyé de la Peyrade | 262 | Rigollier de Parcey | 264 |
| Prunelé (de) | 260 | Raulers de Mauroy | 262 | Rigoult de Fennemare | 264 |
| Prunier de Saint-André | 260 | Ravel (de) | 262 | Riols de Fonclare (de) | 24-40 |
| Puel de Parlan (de) | 23 | Ravel d'Esclapon | 262 | Riondet de Falieuse | 24 |
| Puget de Barbentane | 260 | Ravel de Ferreirolles | 262 | Riouilt de Neuville (de) | 264 |
| Puis de Cressonville (du) | 260 | Ravenel de Sablonnières | 262 | Ripault des Ormaux | 264 |
| Puniet (de) | 180 | Raverat | 262 | Riquet de Caraman | 264 |
| Pupil | 260 | Ravières de Lormoy | 262 | Riquet de Chimay | 264 |
| Pupil de Sablon | 260 | Raymond de la Visclède | 262 | Riquetti de Mirabeau (de) | 264 |
| Putrein d'Amblerieu | 260 | Raynaud (de) | 262 | Rivage (du) | 264 |
| Puy (du) | 160-260 | Rayssac (de) | 23 | Rivalière (la) | 264 |
| Puy de Bahon (du) | 260 | Reau (du) | 262 | Rivière (de la) | 264 |
| Puy de Chatelard (du) | 297 | Reaulx (des) | 262 | Rivoire (de) | 264 |
| Puy de Curieres (du) | 297 | Rechignevoisin (de) | 262 | Rivoire de la Tourette | 264 |
| Puy de la Forest (du) | 260 | Reclus de Gageac (du) | 262 | Roaix de Belpuech | 264 |
| Puyguyon (de) | 297 | Recourt (de) | 161 | Robaulx de Soumoy | 264 |
| Puy-Montbrun (du) | 260 | Regis (de) | 297 | Robert (de) | 132 |
| Puy du Roseil | 260 | Regnard de Lagny | 262 | Robert de Briançon | 264 |
| Puy de Saint-Remy | 260 | Regnauld de Fonsbelle | 262 | Robert du Chatelet | 264 |
| Puis de Watremont | 261 | Regnauld de Parcieu | 262 | Robert de la Fortelle | 264 |
| | | Regnault de Ségrais | 262 | Robert du Gardier | 264 |
| | | Regnault de Saint-Jean-d'An- | | Robert de Larrigue (de) | 264 |

| | | | | | |
|---|---|---|---|---|---|
| Robert de Lamennais | 264 | Routier de Maisonville (de) | 105 | Saint-Bonnet de Toiras | 267 |
| Robert de Lignerac | 264 | Rouvroy Saint-Simon (de) | 266 | Saint-Christophe | 267 |
| Robien (de) | 264 | Roux de Campagnac | 133 | Sainte-Colombe (de) | 268 |
| Robin de Barbentane | 24 | Roux de Champfleury | 266 | Saint-Denis de Hartray | 267 |
| Robuste de Laubarière | 264 | Roux de Laric et de Clansayes | 173 | Saint-Etienne (de) | 267 |
| Roche (de la) | 132 264-297 | | | Saint-Félix (de) | 298 |
| Rochebaron (de) | 298 | Roux de Lamanon | 133 | Saint-Georges de Nerac | 267 |
| Rochebriant (de la) | 265 | Roux de Montbel | 266 | Saint-Germain de Courson | 267 |
| Roche-Chemerault | 161 | Roux de Ségreville | 266 | Saint-Jaille | 267 |
| Rochechouart de Mortemart (de) | 265 | Roux de Saint-Laurens | 298 | Saint-Lary (de) | 267 |
| | | Rouyer (de) | 133 | Saint-Lary de Bellegarde (de) | 298 |
| Rochedragon (la) | 265 | Rouzier (de) | 133 | Saint-Marcel d'Avanson | 267 |
| Roche-Esmard (la) | 297 | Rovigo (de) | 266 | Sainte-Marie (de) | 268 |
| Roche-Fontenilles (de la) | 265 | Roy | 266 | Saint-Martial (de) | 161 |
| Rochefort (de) | 132-265 | Roy (le) | 298 | Saint-Mesmin (de) | 268 |
| Rochefort d'Ally (de) | 307 | Roy de Bruignac (du) | 298 | Sainte-Aldegonde (de) | 268 |
| Rochefort de la Queille | 265 | Roy de Chatelier (le) | 266 | Saint-Belin (de) | 147 |
| Rochefoucauld (de la) | 132 | Roy de Jumelles (le) | 266 | Saint-Gery (de) | 134 |
| Roche la Carelle (de la) | 179 | Roy de Lachaise et de Lécluse | 266 | Sainte-Hermine (de) | 268 |
| Rochelambert (de la) | 147 | | | Saint-Jullien (de) | 134 |
| Rocher de la Resnays (du) | 265 | Roy de Leuchères (le) | 266 | Saint-Martin (de) | 298 |
| Rochette (de la) | 298 | Roy de Longeville (le) | 266 | Saint-Mauris (de) | 268 |
| Rocbin de Beauchamp | 265 | Roy de Mauperthuis (le) | 266 | Saint-Meloi (de) | 135 |
| Rochon de Lapeyrouse (de) | 44 | Roy de Mirou (le) | 298 | Saint-Ouen (de) | 268 |
| Rocque de Varengeville | 132 | Roye de Wichen (de) | 49 | Saint-Ours | 298 |
| Rocquigny (de) | 181 | Royer de Coudré (le) | 266 | Saint-Pardon | 268 |
| Roffignac (de) | 265 | Royer du Saint-Micault | 298 | Saint-Pern (de) | 26-268 |
| Roger | 265 | Rozycki | 134 | Saint-Phalle (de) | 268 |
| Roger de Campagnolle | 265 | Royer de la Sauvagère (le) | 266 | Saint-Quentin du Doignon | 298 |
| Roger de Rosières | 265 | Royère (de) | 134 | Saint-Remy (de) | 298 |
| Rogres de Champignelle | 265 | Royère de la Vernade | 266 | Saint-Romain (de) | 34 |
| Rola (de) | 133 | Roys (des) | 266 | Saint-Roman (de) | 268 |
| Rolland | 265 | Ruaux de Rouffiac (des) | 266 | Saint-Suplix (de) | 268 |
| Rolland d'Erceville | 265 | Rubempré (de) | 267 | Saint-Vincent (de) | 268 |
| Rollands (des) | 133 | Rue (de la) | 298 | Saint-You (de) | 298 |
| Romand | 265 | Rue de Quevauvilliers et de la Neuville (la) | 267 | Saissac (de) | 298 |
| Romien (de) | 152-265 | | | Saisseval (de) | 150-268 |
| Ronca-Usano | 181 | Rue du Rozoy (la) | 267 | Saizien (de) | 268 |
| Roncherolles (de) | 265 | Ruel de Bellisle (de) | 24 | Saladin | 135 |
| Ronvisy (de) | 157 | Ruffier (de) | 298 | Sales de Salètes | 268 |
| Roos | 152 | Ruinart de Brimont | 267 | Salle (de la) | 135 |
| Roque d'Estuel (la) | 265 | Ruolz (de) | 267 | Sallet de Quilly | 268 |
| Roquelaure (de) | 265 | Russel (Lord John) | 155 | Salmon du Chastellier | 298 |
| Roquet d'Estresses | 298 | Russel de Bedford | 134 | Salperwick (de) | 170 |
| Rosier d'Herminières | 265 | Russie (Maison Impériale de) | 267 | Salvandy (de) | 268 |
| Rosier de Magnieu (du) | 265 | | | Salvert (de) | 268 |
| Rosières (de) | 265 | Ruthie (de) | 134 | Samatan (de) | 26 |
| Rosily (de) | 265 | | | Sampigny (de) | 298 |
| Rossel (de) | 298 | | | Sancerre (de) | 135 |
| Rossel de Fontarèches | 265 | Sablon du Corail (de) | 33 | Sangle (de la) | 268 |
| Rotours (des) | 41 | Sabran (de) | 267 | Sangro (de) | 268 |
| Rouault de Cayeux | 265 | Sacconay (de) | 298 | Sanguin de Livry | 268 |
| Rouault de Gamaches | 265 | Sachy (de) | 134 | Sanguin de Meudon | 268 |
| Roucy (de) | 265 | Sahuguet d'Espagnac | 267 | Sanvitale (de) | 268 |
| Rougé (de) | 266 | Saige | 267 | Santeul | 268 |
| Rougemont (de) | 68-298 | Saignard de la Fressange (de) | 267 | Santo-Domingo (de) | 182 |
| Rouhier | 298 | | | Sanzillon (de) | 268 |
| Rouillé de Beauchamps | 266 | Saignard de Sasselanges | 267 | Sapinaud (de) | 269 |
| Rouillé de Boissy du Coudray | 266 | Saigne de Saint-George (de la) | 32-267 | Sappin des Raynauds | 26 |
| Rouillé d'Orfeuil | 266 | Saillans (de) | 157 | Sarcus (de) | 269 |
| Roure (du) | 266 | Sailly (de) | 298 | Sardaigne (Maison Royale de) | 269 |
| Rous | 37 | Sainsbut (de) | 267 | | |
| Rousseau de Chamoy | 266 | Saint-Aignan (de) | 267 | Sarrau (de) | 26-269 |
| Rousseau de Ferrières (du) | 266 | Saint-André (de) | 298 | Sarrazin (de) | 25 |
| Rousseau d'Hiraumont | 266 | Saint-Avy (de) | 298 | Sarrazin du Mazet | 269 |
| Rousseau de Labrosse | 266 | Saint-Blaise de Brugny | 161 | Sarret de Coussergues et de Fabrègues | 269 |
| Rousseau de Villerussien (de) | 133 | Saint-Chamant (de) | 156 | | |
| | | Saint-Cheron (de) | 134 | Sargent | 135 |
| Roussel | 266 | Saint-Cirgue (de) | 267 | Sarsfield | 135 |
| Roussel de Goderville | 266 | Saint-Cricq (de) | 267 | Sartiges (de) | 269 |
| Rousset de Morfontaine | 266 | Saincthorent (de) | 267 | Satgé de Thoren (de) | 269 |

| | | | | | |
|---|---|---|---|---|---|
| Saubole | 269 | Sintzer | 137 | Tauzia (de) | 174 |
| Saucière de Tenance | 269 | Siochan de Kersabiec | 271 | Taveau de Coursec | 272 |
| Saulnier de Praingy | 85 | Sistrières (de) | 146 | Tavignon de Kertanguy (de) | 140 |
| Saulx-Tavannes (de) | 269 | Sivry (de) | 271 | Teil (du) | 27-272 |
| Saumaise de Chassans | 269 | Soissons (de) | 271 | Teilhard | 140 |
| Sauniac de Messillac | 135 | Solages (de) | 137 | Teissier de Marguerite | 272 |
| Saur (de) | 269 | Solar de la Marguerite | 271 | Tellier de Blanriez | 272 |
| Saussure de Berchier | 269 | Solérac (Gilbert de) | 175 | Tellier d'Irville (le) | 272 |
| Sauvage des Marches et de Saint-Marc | 269 | Solignac (de) | 299 | Temple de Rougemont (du) | 272 |
| | | Solier de Marcillac | 271 | Teneur ou le Tenneur (le) | 140 |
| Sauvage de Pommereul | 269 | Solmignac (de) | 137 | Tenon de la Guerche | 272 |
| Sauvanelle (de) | 135 | Solms (de) | 271 | Tenremonde (de) | 272 |
| Sauveur de la Chapelle | 269 | Soltam | 137 | Terrade (de la) | 272 |
| Sauzet (du) | 298 | Sommièvre (de) | 168 | Terrasson (de) | 140 |
| Savary de Lancosme | 269 | Sommièvre de Lignon | 271 | Terrier de la Chaise | 299 |
| Savoie (Duché de) | 136 | Sorbier (de) | 24 137 | Tersac de Montberault | 272 |
| Saxe (Royaume de) | 168 | Sorhiers (de) | 299 | Tertre de Fiennes et d'Escuffon (du) | 272 |
| Sayn-Vitigenstein (de) | 136 | Soudant | 138 | | |
| Savalette | 169 | Soulas (de) | 138 | Tertre de Kerniliez (du) | 272 |
| Scarron | 269 | Spada (de) | 271 | Tertre de Penvern (du) | 273 |
| Scépaux (de) | 170 | Sparre (de) | 180 | Tessier de Coulonges (le) | 178 bis |
| Schalkwyck (Van) | 299 | Stalins (de) | 271 | Testard de Sancy | 273 |
| Schauenbourg (de) | 269 | Stadion | 271 | Teste (de) | 141 |
| Schesnaye (de) | 168 | Staplande (de) | 271 | Testu de Ballincourt | 157 |
| Schwerin | 171 | Stephanopoli de Comnène | 271 | Texier d'Hautefeuille | 273 |
| Sébastiani | 269 | Stogniew (de) | 271 | Textor de Ravizi | 273 |
| Sède (de) | 184 | Strada (de) | 299 | Thay (de) | 141 |
| Segault de Tencuille | 269 | Strampfer | 138 | Theilard de Beauvèse | 273 |
| Séglières de Soyecourt | 269 | Straten (de) | 271 | Thery (de) | 141 |
| Ségrais | 269 | Streniavra Kwilecki | 138 | Thiard de Bissy (de) | 273 |
| Séguier (de) | 136-270 | Subervie | 271 | Thibalier | 170 |
| Séguin (de) | 136 | Sublet de Noyers | 271 | Thibaud de Noblet | 273 |
| Seguin de Jallerange | 270 | Sucur (le) | 138 | Thibaut de la Carte | 273 |
| Ségur (de) | 270 | Suffise (de) | 138 | Thibaut de Guerchy | 273 |
| Selle (de) | 270 | Sugny (de) | 151 | Thieffries de Beauvois | 273 |
| Semen de Bremont (de) | 136 | Sully (de) | 138 | Thiennes (de) | 141 |
| Semerpont | 270 | Surtainville (de) | 138 | Thirel de Boismorand | 273 |
| Semallé de Bonneval | 270 | Surville | 299 | Thoisy (de) | 273 |
| Semin de Bransac | 270 | Susleau de Marloy (de) | 271 | Tholon de Sainte-Jalle | 273 |
| Semur (de) | 270 | Susini de Sartène | 271 | Thomas | 165 |
| Sénéchal de Carcado-Molac (le) | 26 | Suzanne de Cerny | 271 | Thomassin de Bienville | 299 |
| | | Suyn (de) | 184 bis | Thomassin de Saint-Paul | 161 |
| Sens de Mortan (le) | 270 | Syer (de) | 139 | Thomé de Keridec | 273 |
| Sentes (de) | 136 | Symons | 67 | Thouel d'Orgeix (de) | 273 |
| Sentier de Chuignes | 270 | Syrmond (de) | 140 | Thou (de) | 273 |
| Sequière | 270 | Szczuka | 140 | Thoynet de Bigny | 299 |
| Serena | 270 | | | Thumery (de) | 141 |
| Séran (de) | 181 | | | Tiercelin (de) | 170 |
| Serizay de Grillemont | 270 | | | Tiersonnier (de) | 141 |
| Sergeant d'Hendecourt (le) | 178 | Tabassi | 272 | Tillet (du) | 44-273 |
| Serigny (de) | 182 | Taffin (de) | 272 | Tilloloi de Senarmont (de) | 169 |
| Sermizelles (de) | 28 | Tahureau | 164 | Tilly (de) | 141-273 |
| Sérocourt (de) | 136 | Taille (de la) | 272 | Tinelly de Castellet | 273 |
| Serpents de Gondras (des) | 270 | Taillefer de Roussille | 272 | Tinguy (de) | 273 |
| Serrière (de) | 270 | Taillepied de Bondy (de) | 272 | Tircuy de Corcellel | 273 |
| Servières (de) | 137-270 | Taitbout de Marigny | 272 | Tison d'Argence | 273 |
| Servins d'Héricourt | 270 | Talaru (de) | 272 | Titon du Tillet | 27 |
| Sesmaisons (de) | 270 | Talhouet (de) | 272 | Tivoley (de) | 273 |
| Severac d'Arpajon | 299 | Tallemandier de Guery | 272 | Tivollier (de) | 38 |
| Sévigné (de) | 270 | Tallevast (de) | 299 | Tixier-Damas de Saint-Prix | 273 |
| Sevin (de) | 137 | Talon | 272 | Tocqueville (de) | 279 |
| Sevin de Pécile | 270 | Tancarville (de) | 149 | Tonduti de la Balmondière | 31 |
| Seymour de Constant | 270 | Tardif d'Hamonville | 272 | Tonnelier de Breteuil (le) | 273 |
| Seyssel d'Aix | 270 | Tardif de Pommeroux et de Bordesoulle | 272 | Tornielle de Chalant et de Gerbeviller | 273 |
| Sicre de Fontbrune (de) | 270 | | | | |
| Sigand (de) | 32 | Tardy de Montravel | 272 | Toron d'Artignosc | 273 |
| Sigogné (de) | 137 | Tartereau de Berthemont | 272 | Torrebren (Larrey de) | 273 |
| Simard de Pitray | 270 | Tarteron de Montiers | 272 | Tort (le) | 141 |
| Siméon (Comte) | 271 | Tartre de l'Aubespin (du) | 272 | Touche de la Limousinière (la) | 273 |
| Simon de Plainmarais | 271 | Tascher de la Pagerie | 27 | | |
| Simon de la Villemoisan | 271 | Tassin de Nonneville | 272 | Touchebœuf (de) | 273 |
| Sinibaldi (de) | 271 | Taulignan (de) | 140 | Toulongeon (de) | 273 |

| | | | | | |
|---|---|---|---|---|---|
| Toulouse (de) | 274 | Vacquerie (la) | 299 | Venoge (de) | 181 |
| Tour (de la) | 299 | Vaillant | 275 | Venois d'Anctoville | 277 |
| Tour d'Auvergne (de la) | 142 | Vaisière de Cantoinet (le) | 275 | Verchère de Reffye | 277 |
| Tour d'Auvergne-Lauraguais (de la) | 27 | Vaissière de la Vergne (la) | 299 | Verdelin (de) | 144 |
| | | Vaivre | 275 | Verdelin de Montagut | 277 |
| Tour-Beaulieu (de la) | 142 | Val (du) | 299 | Vergé de Marbré (du) | 277 |
| Tour-Gouvernet (de la) | 274 | Val de Dampierre (du) | 275 | Verger (du) | 299 |
| Tour de Mogeville (la) | 274 | Val d'Esserienne (du) | 275 | Vergier de la Rochejaquelin (du) | 277 |
| Tour de Montbelet (la) | 274 | Val de Tertys (du) | 275 | | |
| Tour de Penestang (la) | 274 | Val de Vaumontel (du) | 275 | Vergne de Meyssac et de Juillat | 277 |
| Tour du Pin (de la) | 145 | Valence de Minardière (de) | 299 | | |
| Tour de Saint-Vidal (la) | 274 | Valentin (de) | 67 | Vergne du Tressan (la) | 277 |
| Tour de Vinay (la) | 299 | Valerot de Senecey | 275 | Vergnette (de) | 299 |
| Tournay d'Assignies d'Oisy | 274 | Valette de Morlhon (la) | 299 | Vergy (de) | 144 |
| Tournebœuf (de) | 299 | Valette Parisot (de la) | 143 | Vérinaud de Champagne | 277 |
| Tournelle (de la) | 142 | Valette de Cornusson (la) | 275 | Vérité (de) | 277 |
| Tournemine (de) | 274 | Validire | 275 | Verjus de Crécy | 277 |
| Tournet d'Erculais | 274 | Valier (de) | 299 | Vernade (de la) | 299 |
| Tournois de Bonnevallet | 274 | Vallée (de la) | 143 | Vernet (de) | 144-277 |
| Tourteau de Septeuil | 274 | Vallée de Pimodan (de la) | 275 | Vernet (du) | 277 |
| Tourtoulon (de) | 182 | Valleton (de) | 28 | Verneuil (de) | 277 |
| Tourzel (de) | 299 | Valletot de Chabrefy et de Valmer | 275 | Vernier | 277 |
| Toustain | 142 | | | Vernot de Jeux (de) | 277 |
| Toustain de la Colombe | 274 | Vallier (de) | 275 | Vernou de Bonneuil (de) | 277 |
| Toustain de Faltot | 274 | Vallier de By | 40 | Véron de Faraincourt | 277 |
| Toustain de Frontebosc et de Carency | 274 | Vallin (de) | 275 | Versoris | 147 |
| | | Vallin de Saint-Didier | 275 | Vesc (de) | 277 |
| Touton (de) | 142 | Vallois (le) | 275 | Vesins (de) | 277 |
| Tramecourt (de) | 274 | Vallois (de) | 276 | Vessel du Tertre (le) | 277 |
| Trappes (des) | 155 | Vallois de Murçay et de Vilette (le) | 275 | Veyrac (de) | 144 |
| Tranquier | 274 | | | Veyrenc (de) | 299 |
| Trazegnies (de) | 274 | Valois de Saint-Rémy | 276 | Veyrières (de) | 299 |
| Tredarin (de) | 274 | Valon d'Ambrugeac (de) | 276 | Vezins (de) | 299 |
| Tremblay (du) | 299 | Valori (de) | 276 | Vialard d'Orvilliers | 277 |
| Trémoille (la) | 274 | Valory (de) | 143 | Vialette de Montarieu | 277 |
| Tremolet de Montpezat | 274 | Valous (de) | 276 | Viart (de) | 164 |
| Trenqualye (de) | 32 | Valsemey (de) | 143 | Vicomte (le) | 144 |
| Trevey de Charmail | 274 | Van Pradelles de Palmaert | 276 | Vicomte de Blangy (le) | 277 |
| Tricornot | 142 | Van den Steen | 276 | Vidal (de) | 144 |
| Tricornot du Trembloy | 274 | Vançay (de) | 276 | Vidart (de) | 277 |
| Trieu (du) | 143 | Varadier de Saint-Andiol | 276 | Vidaud de la Tour | 278 |
| Tripière (de) | 274 | Varenard de Billy | 276 | Videau du Dognon | 278 |
| Tristan (de) | 274 | Varnier de la Gironde | 276 | Viel-Lunas d'Espeuilles (de) | 279 |
| Tronchay (du) | 275 | Vasselot (de) | 163 | | |
| Trousseau (de) | 299 | Vasseur de Guermontal (le) | 276 | Vicnnois (de) | 278 |
| Trousset d'Héricourt | 275 | Vassinhac d'Imécourt | 276 | Viesse de Marmont de Raguse | 278 |
| Trousset d'Obsonville (de) | 143 | Vassoigne | 276 | | |
| Truchis-Kulenthal | 163 | Vaucel de Vaucardel | 276 | Vieuville (de la) | 278 |
| Trunel (de) | 157 | Vauchassade de Chaumont | 276 | Vigan (de) | 278 |
| Tryon de Montalembert (de) | 275 | Vauclerois (de) | 149 | Vigier (de) | 278 |
| Tuffet (de) | 299 | Vaucocour (de) | 276 | Vignaud de Villefort (du) | 278 |
| Tuffin de la Roirie | 275 | Vaulchier (de) | 276 | Vigne (de la) | 278 |
| Tulle de Villefranche | 275 | Vaulx (de) | 276 | Vignes de Puylaroque (de) | 278 |
| Turenne (de) | 275 | Vauquelin des Yvetaux | 276 | Vignolles (de) | 144 |
| Turennes (de) | 157 | Vavasseur (le) | 299 | Vignory (de) | 278 |
| Turgot (de) | 275 | Vayer de Quédillac (le) | 276 | Viguier de Latour du Bosc | 278 |
| Turquand | 299 | Veylac d'Eudeville (de) | 28 | Viguières (de) | 144 |
| Turrétini | 274 | Vayrene (de) | 299 | Vilaines (de) | 145 |
| Tusseau de Maisontiers | 275 | Veau (de) | 276 | Villages | 278 |
| Tutel de Guémy | 299 | Vedel (de) | 276 | Villardy de Quinson | 278 |
| Twent de Rosemberg | 303 | Vedrilhes | 276 | Villars (de) | 145-278 |
| | | Vefve de Métiercelin (la) | 276 | Ville (de la) | 28 |
| | | Veiny d'Arbouze | 276 | Ville de Férolles (de la) | 278 |
| Ubaldini | 155 | Velut de la Cronière | 276 | Ville de Lacépède (la) | 278 |
| Ubertin | 27 | Venant de Sainte-Croix (le) | 277 | Villebresme (de) | 145 |
| Ugo | 181 | Vencro (de) | 144 | Villedieu de Torcy | 278 |
| Ulinski | 275 | Véniard de Bourgmond | 277 | Villehardouin (de) | 278 |
| Urbain (d') | 27 | Ver de Caux (le) | 277 | Villeneuve de Grane | 278 |
| Urre (d') | 143 | Verdier de Suze | 277 | Villeneuve de Pélinee | 278 |
| Urvoy de Closmadeuc et de Portzempart | 103-275 | Villiers-Champagne (de) | 133 | Villers (de) | 278 |
| | | Vendomois de Fontaines | 277 | Villers-La-Faye (de) | 278 |
| Uzzano | 275 | Veneur de Tillières (le) | 276 | Villette de Tannec | 279 |

| | | | | | |
|---|---|---|---|---|---|
| Villevielle (de) | 300 | Voyer de Penhoet | 279 | Wignacourt (de) | 279 |
| Villiers (de) | 144 | Vyau | 28 | Will | 155 |
| Villy (de) | 162 | | | Wildre (de) | 146 |
| Vincent de Bonlieu | 279 | | | Wissocq (de) | 279 |
| Vincent d'Hantécourt | 279 | Waha | 146 | Witte (de) | 279 |
| Vintimille (de) | 145 | Waldeck (de) | 279 | Woat de Finlot | 279 |
| Vion de Gaillon | 299 | Waldner de Freudstein de | 279 | Wulf | 279 |
| Vipart de Silly | 279 | Walcourt de Rochefort | 279 | | |
| Virieu (de) | 171 | Walon (du) | 279 | Yon | 279 |
| Visien (de) | 30 | Walleran (de) | 146 | Yvor | 279 |
| Vissaguet de la Tourette | 279 | Walsh de Serant (de) | 166 | Yvonne (d') | 154 |
| Viste de Montbrian (le) | 278 | Warel | 279 | | |
| Vivie de Régie (de) | 184 | Wavrin de Villiers-au-Tertre | 279 | Zangiacomi | 279 |
| Vogué (de) | 279 | | | Ziégler | 279 |
| Vossey (de) | 300 | Widranges (de) | 279 | Zwicken | 279 |
| Voyer d'Argenson (de) | 55 | | | | |

FIN DE LA TABLE.

Paris, imprimerie de Paul Dupont, rue de Grenelle-Saint-Honoré, 45. (181)

Conditions de la Souscription
À LA
# SCIENCE DU BLASON
ACCOMPAGNÉE D'UN
## ARMORIAL GÉNÉRAL DES FAMILLES NOBLES DE L'EUROPE
PUBLIÉE PAR
### M. LE VICOMTE DE MAGNY
Directeur de l'Institut héraldique.

Un volume grand in-8° (publié en trois parties), enrichi de 2,000 *blasons gravés*, de vignettes, etc., etc.

**PRIX : 25 FRANCS**

EN VENTE LA PREMIÈRE PARTIE

*Les deuxième et troisième parties sont sous presse et paraîtront incessamment.*

Cet ouvrage, composé d'après les plus savantes autorités, sur le plan de Palliot, sera à la fois le traité de blason le plus complet qui ait jamais été offert au public, et, par ses 2,000 écussons gravés et ses 10,000 armoiries, le tableau le plus brillant et le plus vaste de la Noblesse existante.

La SCIENCE DU BLASON établira les armoiries exactes et authentiques de chaque maison, telles qu'elles doivent être, et, de plus en transmettra l'empreinte gravée afin qu'elle supplée aux définitions souvent compliquées qui ne peuvent suffire aux personnes peu familiarisées avec les termes scientifiques du blason.

Cet ouvrage, dégagé de toutes les longueurs d'une publication généalogique, ne mentionnera que les noms des familles nobles et leurs armoiries, et formera le véritable CATALOGUE DE LA NOBLESSE DE FRANCE. Il sera d'un grand secours pour les personnes qui voudront connaître les armoiries de leurs alliés, ou dresser leurs quartiers généalogiques, et aussi pour les historiens, les archéologues et les artistes, graveurs, sculpteurs et peintres.

Les deux mille premiers souscripteurs ont droit à la reproduction de leurs Armoiries gravées en noir dans l'ouvrage.

Le montant de la Souscription est exigible en recevant la première partie de l'ouvrage.

Pour souscrire, et pour avoir ses armoiries gravées dans l'ouvrage, il suffit d'envoyer de suite et *franco* au Directeur de l'INSTITUT HÉRALDIQUE, 48, rue Sainte-Anne, à Paris (ci-devant 22, rue Saint-Marc) : 1° Son adhésion par lettre ; — 2° l'empreinte ou la description exacte de ses armoiries.

Toute personne noble est invitée à envoyer la description exacte de ses armoiries, quand bien même elle ne souscrirait pas à l'ouvrage.

La description des armoiries est insérée GRATUITEMENT.

OUVRAGE DU MÊME AUTEUR
# NOBILIAIRE UNIVERSEL
## RECUEIL GÉNÉRAL
DES
### GÉNÉALOGIES HISTORIQUES DES MAISONS NOBLES
DE LA FRANCE ET DE L'ÉTRANGER

PUBLIÉ SOUS LA DIRECTION DE
### M. LE VICOMTE DE MAGNY
Directeur de l'INSTITUT HÉRALDIQUE.

En vente les Tomes I, II, III & IV.
Sous presse les Tomes V et VI.
**Prix : 20 fr. le Volume.**

PARIS — IMPRIMERIE DE DUBUISSON ET C‍ie, 5, RUE COQ-HÉRON.

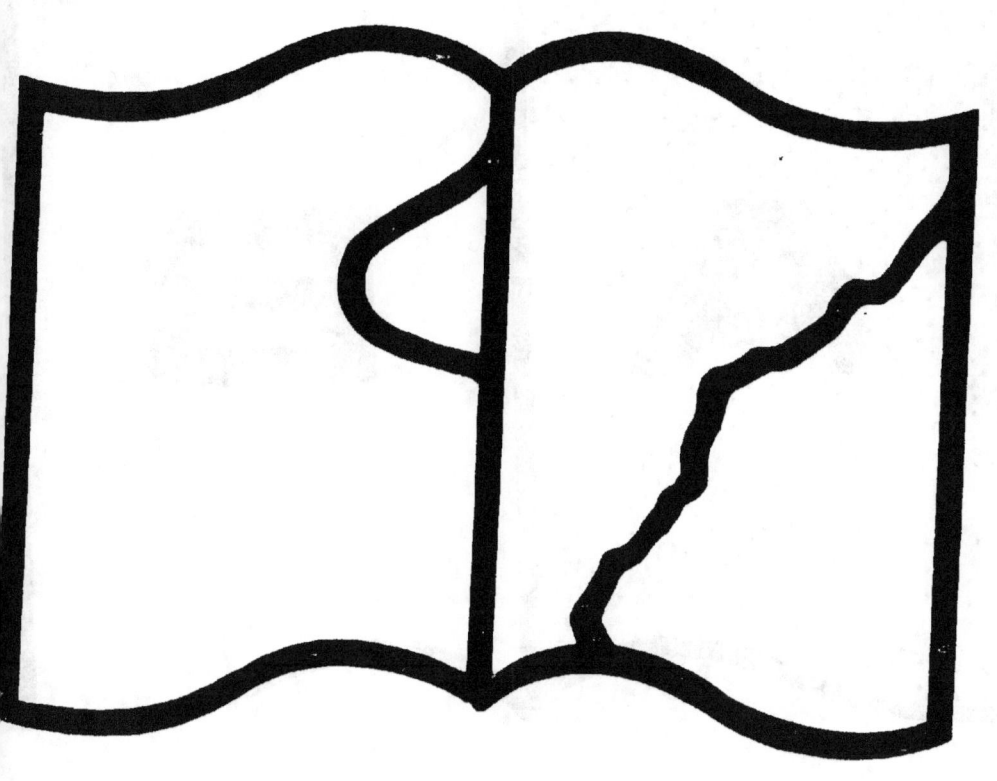

Texte détérioré — reliure défectueuse

**NF Z 43**-120-11

Contraste insuffisant

**NF Z 43**-120-14

www.ingramcontent.com/pod-product-compliance
Lightning Source LLC
Chambersburg PA
CBHW071913230426
43671CB00010B/1597